A PROVA NO PROCESSO DO TRABALHO

OS DIVERSOS MEIOS DE PROVA ADMITIDOS NO PROCESSO DO TRABALHO

1.ª edição — 1983
2.ª edição — 1984
3.ª edição — 1985
4.ª edição — 1988
5.ª edição — 1989
6.ª edição — 1994
7.ª edição — 1997
8.ª edição — 2003
9.ª edição — 2010
10.ª edição — 2014
11.ª edição — 2017
12.ª edição — 2022
13.ª edição — 2024

AUTORIA
MANOEL ANTONIO TEIXEIRA FILHO

LTr®

A PROVA NO PROCESSO DO TRABALHO

OS DIVERSOS MEIOS DE PROVA ADMITIDOS NO PROCESSO DO TRABALHO

13ª EDIÇÃO
2024

LTr Editora Ltda.

Rua Jaguaribe, 571
CEP 01224-003
São Paulo, SP — Brasil
Fone: (11) 2167-1101
www.ltr.com.br
Janeiro, 2024

Projeto Gráfico e Editoração Eletrônica: Peter Fritz Strotbek - The Best Page
Projeto de Capa: Danilo Rebello
Impressão: LOG & PRINT GRÁFICA LOGÍSTICA

Versão impressa: LTr 6437.1 — ISBN 978-65-5883-279-9
Versão digital: LTr 9903.3 — ISBN 978-65-5883-280-5

Dados Internacionais de Catalogação na Publicação (CIP)
(Câmara Brasileira do Livro, SP, Brasil)

Teixeira Filho, Manoel Antonio
A prova no processo do trabalho / Manoel Antonio Teixeira Filho. — 13. ed. — São Paulo : LTr Editora, 2024.

Bibliografia.
ISBN 978-65-5883-279-9

1. Direito processual do trabalho 2. Direito processual do trabalho — Brasil 3. Prova (Direito) 4. Prova (Direito) — Brasil I. Título.

23-180621 CDU-347.941:331(81)

Índice para catálogo sistemático:

1. Brasil : Prova : Direito processual do trabalho
347.941:331(81)

2. Prova : Direito processual do trabalho
347.941:331(81)

Tábata Alves da Silva - Bibliotecária - CRB-8/9253

À minha esposa,
Rosangela,
e aos nossos filhos,
Manuel Neto e João Luís.

Índice Sistemático da Matéria

Prefácio ... 19

Preâmbulo à 11.ª Edição ... 23

Preâmbulo à 10.ª Edição ... 25

Preâmbulo à 9.ª Edição ... 27

Preâmbulo ... 29

Primeira Parte — Generalidades

Capítulo I — Natureza Jurídica do Instituto ... 33
Comentário ... 33

Capítulo II — Conceito de Prova Judiciária ... 36
Comentário ... 36

Capítulo III — Verdade Real e Verdade Formal ... 41
Comentário ... 41

Capítulo IV — Objeto da Prova ... 45
Os fatos. Conceito processual ... 45
Fatos controvertidos, relevantes, determinados e pertinentes ... 46
Fatos que independem de prova ... 49
Fatos notórios ... 50
Fatos confessados ... 52
Fatos incontroversos ... 53
Fatos que a lei presume existentes ou verdadeiros ... 54
Fatos que são do conhecimento pessoal do juiz ... 55
Prova do direito invocado ... 59

Direito municipal, estadual, estrangeiro ou consuetudinário 60
Acordos e convenções coletivas 62
Regulamentos de empresa 64
Tratados e convenções internacionais 65

Capítulo V — Finalidade da Prova 66
Comentário 66

Capítulo VI — Princípios Reitores da Prova 68
Necessidade da prova 69
Unidade (ou comunhão) da prova 70
Lealdade ou probidade da prova 70
Contradição 71
Igualdade de oportunidades 72
Legalidade 74
Imediação 74
Obrigatoriedade da prova 76

Capítulo VII — Momento e Lugar de Produção da Prova 78
Prova documental 78
Prova testemunhal 81
Prova pericial 82
Inspeção judicial 82
O problema de prova pré-constituída 82
A produção de provas no procedimento sumariíssimo 84
A juntada de documento em grau de recurso 86

Capítulo VIII — Classificação das Provas 88
Classificação de Malatesta 88
a) quanto ao objeto 88
b) quanto ao sujeito 89
c) quanto à forma 89
As classificações de Devis Echandía, Carnelutti, Bentham e Bonnier.. 89

Capítulo IX — Meios de Prova 93
Os meios especificados no CPC 93
Os meios moralmente legítimos 95

A prova emprestada ... 96
a) produzida entre as mesmas partes ... 98
b) entre uma das partes e terceiro ... 100
c) entre terceiros ... 101
d) produzida no juízo criminal ... 101
Máximas de experiência ... 103
Máximas de experiência e fato notório ... 105
Máximas de experiência e indícios ... 105
Máximas de experiência e prova *prima facie* ... 106
Máximas de experiência e usos e costumes ... 106
Máximas de experiência e processo do trabalho ... 107
A produção de prova por meio eletrônico ... 108
a) provar a existência do fato ... 110
b) provar a autoria do fato ... 110

Capítulo X — Ônus da Prova ... 113
Sinopse histórica ... 113
A moderna concepção doutrinária ... 116
Ônus e obrigação ... 117
Ônus e dever ... 118
Ônus objetivo e ônus subjetivo ... 119
A distribuição da carga da prova no processo civil ... 120
O problema do ônus da prova no processo do trabalho ... 121
Convenção sobre o ônus da prova ... 130
A prova do fato negativo ... 133

Capítulo XI — Procedimento Probatório ... 135
A proposição ... 135
O deferimento ... 136
A produção ... 139
A iniciativa do Juiz do Trabalho quanto à produção de provas: princípios dispositivo e inquisitivo ... 140
O processo do trabalho em face de ambos os princípios ... 142

Capítulo XII — Valoração da Prova ... 145
Sistemas ... 145
a) da prova legal ... 145

b) da livre convicção ... 147
c) da persuasão racional ... 148
O princípio *in dubio pro misero* e a apreciação da prova ... 149
Considerações finais: as indagações de Eduardo Couture e de Sentis Melendo ... 151

Capítulo XIII — Revelia e Produção de Provas ... 154
Comentário ... 154
a) Quando pretender elidir a revelia, perante o Tribunal ... 158
b) Quando se tratar de exame pericial obrigatório ... 159
c) Quando se tratar de liquidação mediante artigos ... 160
d) Na execução ... 161

Capítulo XIV — Produção Antecipada de Provas ... 163
Nota introdutória ... 163
Origem. O direito estrangeiro ... 165
Medidas preventivas e preparatórias ... 167
O procedimento da produção antecipada de provas ... 169
Cabimento da produção antecipada de provas ... 171
Valoração da prova produzida antecipadamente ... 176
O procedimento judicial ... 176
1. Petição inicial ... 176
1.1. Juízo a que é dirigida (I) ... 181
1.2. Nomes, prenomes, estado civil, existência de união estável, profissão, número de inscrição no CPF ou no CNPJ, domicílio e residência do autor e do réu (II) ... 182
1.3. O fato e os fundamentos jurídicos do pedido (III) ... 183
1.4. O pedido e suas especificações (IV) ... 187
1.5. Valor da causa (V) ... 188
1.6. As provas com que o autor pretende demonstrar a verdade dos fatos alegados (VI) ... 194
1.7. A opção do autor pela realização ou não de audiência de conciliação ou de mediação (VII) ... 195
2. Citação dos interessados ... 195
A atuação do oficial de justiça ... 212
3. Ausência de pronunciamento do juiz sobre o fato (CPC, art. 382, § 2.º) ... 219

4. Cumulação de provas (CPC, art. 382, § 3.º) 219
5. Ausência de defesa ou de recurso (CPC, art. 382, § 4.º) 219
6. Os autos do procedimento 220

Capítulo XV — Produção de Provas em Ação Rescisória 221

Capítulo XVI — Prova e Cognição 227
Comentário 227
Resumo 232

Segunda Parte — Deontologia Processual

Capítulo Único — Dos Deveres Processuais das Partes e de Terceiros 237
Deveres das partes 238
a) Expor os fatos conforme a verdade 238
b) Não formular pretensão ou de apresentar defesa quando cientes de que são destituídas de fundamento 245
c) Não produzir provas e não praticar atos inúteis ou desnecessários à declaração ou à defesa do direito 246
d) Cumprir com exatidão as decisões jurisdicionais, de natureza provisória ou final, e não criar embaraços à sua efetivação 246
e) Declinar, no primeiro momento que lhes couber falar nos autos, o endereço residencial ou profissional onde receberão intimações, atualizando essa informação sempre que ocorrer qualquer modificação temporária ou definitiva 247
f) Não praticar inovação ilegal no estado de fato de bem ou direito litigioso 247
Inovação do estado de fato 247
Ilegalidade do ato inovador 248
g) Dever de praticar ato que lhe for determinado 248
h) Outros deveres 249
Deveres de terceiros 250
a) Dever de informar ao juiz 250
b) Dever de exibir documento ou coisa 250

Terceira Parte — Meios de Prova, em Espécie

Capítulo I — Interrogatório das Partes 255
Interrogatório e depoimento 255

Interrogatório 255
Depoimento 256
Distinção entre ambos 256
A matéria na CLT 257
Quem deve ser interrogado 260
Interrogatório do menor de dezoito anos 264
Interrogatório mediante intérprete 265
A proibição de desconto no salário 267
Técnica do interrogatório 268
a) A ordem do interrogatório. A inversão 268
b) Proibição de a parte que ainda não depôs ouvir o interrogatório da outra 271
c) Perguntas. Reperguntas. Indeferimento 273
Recusa de depor 277
Fatos sobre os quais a parte não é obrigada a depor 279
a) Fatos criminosos ou torpes 279
b) Manutenção de sigilo 280
c) Sobre os quais não possa responder sem desonra própria, de seu cônjuge, de seu companheiro ou de parente em grau sucessível.. 281
d) Que coloquem em perigo a vida do depoente ou das pessoas mencionadas na letra *"c" retro* 281
O interrogatório nas ações de rito sumário sui generis 281
O interrogatório no procedimento sumariíssimo 283

Capítulo II — Confissão 284
Conceito 284
Confissão não é pena 286
Elementos da confissão 286
a) Elemento objetivo 286
b) Elemento subjetivo 287
c) Elemento intencional 288
Espécies de confissão 288
a) Judicial 288
b) Extrajudicial 289
O problema da ficta confessio no processo do trabalho 290
Quem pode confessar 299

Efeitos da confissão ... 300
O princípio legal da indivisibilidade da confissão ... 301
Revogação da confissão ... 302
a) Erro ... 302
b) Dolo ... 303
c) Coação ... 303

Capítulo III — Prova Documental ... 307
Conceito. Conteúdo ... 307
Classificação ... 309
1. quanto ao seu autor, sua origem ou procedência ... 309
2. quanto ao meio, à maneira ou ao material usado na sua formação 309
3. quanto ao seu conteúdo ... 309
4. quanto à sua finalidade ... 309
5. quanto à forma ... 309
6. quanto à forma em si ... 309
Formação e eficácia dos documentos públicos ... 310
Documento feito por oficial público incompetente ... 311
Documentos não originais: eficácia ... 311
Declarações constantes em documento particular ... 315
Autenticidade de documento particular ... 316
A data do documento particular ... 317
O autor do documento particular ... 318
As cartas e os demais registros domésticos ... 318
A nota escrita pelo credor em parte do documento ... 319
Telegrama, radiograma e outros meios de transmissão ... 320
O *e-mail* impresso como meio de prova judicial ... 321
Os livros comerciais e a escrituração contábil ... 325
Exibição de livros comerciais e de documentos do arquivo ... 326
As reproduções mecânicas ... 326
Cópias de documentos particulares ... 327
Documento contendo entrelinha, emenda, borrão ou cancelamento ... 328
Cessação da fé quanto ao documento público ou particular ... 329
Cessação da fé quanto ao documento particular ... 329
O ônus da prova a respeito dos documentos ... 330
Requisição de documentos ... 331

Da exibição de documento ou coisa ... 332
Da arguição de falsidade documental ... 335
Documentos eletrônicos ... 338
Documentos típicos das relações trabalhistas ... 339
a) Carteira de Trabalho e Previdência Social — CTPS ... 339
b) Recibos de quitação ... 340
Desentranhamento de documentos ... 343

Capítulo IV — Prova Testemunhal ... 345
Considerações introdutórias ... 345
Conceito de testemunha ... 346
O problema da inverdade das declarações ... 349
Espécies de testemunhas ... 350
A obrigação de testemunhar ... 352
Pessoas que não podem depor como testemunha ... 353
a) Incapazes ... 353
b) Impedidas ... 356
c) Suspeitas ... 359
Inquirição de pessoas impedidas ou suspeitas ... 366
Fatos sobre os quais a testemunha não é obrigada a depor ... 367
a) Graves danos ... 368
b) Manutenção de sigilo ... 369
Obrigações e direitos da testemunha ... 370
A produção da prova testemunhal no processo do trabalho ... 371
O serventuário da Vara arrolado como testemunha ... 377
Admissibilidade e inadmissibilidade da prova testemunhal ... 377
Inquirição antecipada ... 379
A inquirição mediante carta precatória ... 380
Limite legal do número de testemunhas. Ações individuais e plurais. A testemunha referida. A testemunha única ... 381
A técnica da inquirição. A ordem de inquirição e a separação das testemunhas ... 384
A qualificação. A contradita ... 385
O compromisso. A advertência ... 388
A formulação das perguntas. O indeferimento ... 389

A acareação ... 393
A gravação dos depoimentos das testemunhas ... 394

Capítulo V — Prova Pericial ... 400
Conceito de perícia e de perito ... 400
Perito e testemunha ... 402
Espécies de prova pericial ... 403
Classificação da prova pericial ... 403
Indeferimento da prova pericial ... 405
Requerimento ... 406
a) Nomeação de perito habilitado e compromisso ... 407
b) Determinação para que indique, previamente, o dia, horário e local em que terão início as diligências ... 408
c) Fixação de prazo para a entrega do laudo ... 409
d) Indicação de assistentes e formulação de quesitos ... 410
e) Depósito parcial e prévio dos honorários periciais ... 412
A escusa e a recusa do perito e dos assistentes técnicos ... 416
Substituição do perito ou dos assistentes técnicos ... 416
Perícia mediante carta ... 417
O desempenho das funções de perito e de assistente ... 418
Perícia e atentado ... 419
A lavratura do laudo ... 420
Dilação do prazo para a entrega do laudo ... 420
Apresentação do laudo ... 421
O laudo e o princípio da persuasão racional ... 423
Nova perícia ... 424
Perícia relativa à falsidade ou autenticidade de documento, letra ou assinatura ... 426
A falsidade do laudo ... 428
Produção antecipada da prova pericial ... 428
Dispensa da prova pericial ... 429
O depoimento do perito ... 430

Capítulo VI — Inspeção Judicial ... 434
Considerações preambulares ... 434
Conceito ... 435

Lugar da inspeção 436
O ato de inspeção 437
Inspeção cumulada com perícia 438
Auto de inspeção 438

Capítulo VII — Presunções e Indícios 440
Presunções 440
Indícios 441
Distinção entre ambos 442
Presunção e ficção 442
Espécies de presunção 443

Capítulo VIII — Justificação Judicial 446
Comentário 446

Capítulo IX — Ata Notarial 449
Comentário 449

Bibliografia 451

*"Nada há mais difícil do que desarraigar ideias
recebidas e passadas em julgado
sem exame."*

Barão Homem de Mello (1863)

Prefácio

1. Dizia Carnelutti que a prova é o coração do processo. O tema é antigo e vasto, sobretudo em processo civil e penal. Assinala R. Bordeaux que *"la théorie de la preuve em general est un dês plus vastes sujets qui puissent s'ouvrir devant l'esprit humain, la philosophie toute entière serait comprise, puis qu'elle même a pour objet la découverte de la vérité"*.

Antônio Dellepiane enfatiza que a teoria da prova judicial é um capítulo de lógica aplicada e, como tal, compreende o conhecimento ou a referência de problemas de psicologia e até de metafísica, o que foi reconhecido por *Bonnier,* que procurou assentar as bases filosóficas da prova judicial.

O objetivo da prova, para Chiovenda, *é criar* no espírito do Juiz uma convicção que lhe permita conhecer quem, das partes do processo, tem razão e direito.

Só há pouco tempo que a prova vem interessando aos estudiosos do Direito Processual do Trabalho.

A CLT, que engloba o Direito Material e o Direito Processual do Trabalho, dedica apenas treze artigos às provas (art. 818 ao art. 830), quase todos relativos à prova testemunhal. Trata da prova documental apenas no art. 830, tal qual acontecia no México, antes do advento da reforma do processo laboral, de 4 de janeiro de 1980, que entrou em vigor em 1.º de maio do mesmo ano, e dedica ao assunto toda uma Seção do Capítulo XII, em dezessete artigos.

O nosso CPC, art. 332, admite como hábeis a provar a verdade dos fatos da causa tanto os meios legais como os moralmente legítimos, ainda que não especificados no Código, "o que significa prova produzida às claras, sem subterfúgios, sem surpresas, sem armadilhas e com absoluto respeito à personalidade humana". São palavras de Serrano Neves, que aduz, a propósito: "Aí está, com efeito, uma codificada aspiração da civilização jurídica. Aí está um pressuposto essencial, na ausência do qual a prova se torna, numa sociedade democrática, apenas um zero à esquerda".

2. Mister se fazia uma obra especializada sobre a prova no processo do trabalho. Surge ela, agora, de autoria do jovem e culto magistrado e professor paranaense Manoel Antonio Teixeira Filho, apreciando na mais alta região

da teoria as questões indispensáveis e escudando-se numa bibliografia rica e apropriada, nas três partes e nos vinte e cinco capítulos em que desdobra o livro. Seu valor de processualista de escola já ficara demonstrado em *Os Embargos de Declaração na Justiça do Trabalho* e nos *Comentários às Súmulas Processuais do TST*, que vieram a lume, pela LTr Editora, em 1979 e em 1981, respectivamente.

Sem dúvida, uma tarefa difícil, de que se saiu galhardamente o autor, porque a temática é ampla e nova, envolvendo a possibilidade de uma teoria própria sobre a prova no processo do trabalho em relação com os princípios em que se funda a autonomia do Direito Processual do Trabalho e, em especial, as questões da indisponibilidade, da posição do Juiz do Trabalho, seus poderes e a ordem público-social, a extensão da atividade probatória inquisitiva, os graus de liberdade na apreciação da prova, a maior distribuição da carga da prova sobre a empresa, com o aventado pelo espírito percuciente e brilhante de Héctor-Hugo Barbagelata, e o axioma de que a inversão do ônus da prova é feita para favorecer o empregado, como sustentamos em congresso internacional (São Paulo, 1972).

Desde o preâmbulo, Manoel Antonio Teixeira Filho situa a prova no seu campo específico, que é, hoje, o processual, e não mais o material, como o faz o legislador brasileiro de 1973. No Capítulo IX da primeira parte, alonga-se em considerações sobre as máximas de experiência, demonstrando a sua ampla aplicação no processo do trabalho. Ao autor não escapou a correta conclusão de que o CPC de 1973, repudiando os sistemas da "prova legal ou tarifada", que tem sua origem no processo bárbaro, e da "íntima convicção", segundo a consciência, com ampla liberdade, seguiu aquele adotado pelos romanos e hoje predominante, de "persuasão racional", conforme o qual, nas palavras de Sálvio de Figueiredo Teixeira, o Juiz, ao decidir, deve agir de acordo com o seu convencimento, sem embargo da necessidade de fundamentar a sua decisão, que carece, por sua vez, alicerçar-se na lei (não na sua literalidade, mas nos seus aspectos valorativos, axiológicos), nos fatos carreados aos autos (salvo os notórios) e nas presunções legais absolutas. Teixeira Filho teve a sensibilidade de distinguir, ainda, que tal se dá também no processo individual do trabalho, mas não na ação coletiva (dissídio coletivo), em que prepondera o sistema do livre convencimento, "pois não ocorre, necessariamente, a vinculação da decisão à prova dos autos", sob pena de se subtrair a normatividade da sentença coletiva e seu caráter jurígeno peculiar (Capítulo XII da primeira parte). No Capítulo antefinal, versando sobre presunções e indícios, corretamente não os qualifica como meios de prova, pois, como ressalta Miguel Canton Moller, a presunção resulta das deduções ou conclusões a que chega o julgador ao analisar e valorar as provas existentes nos autos, quer dizer, da análise dos fatos conhecidos se deduzem outros desconhecidos.

Da profunda incursão doutrinária sobre o instituto da prova no processo trabalhista resulta o seu raciocínio límpido de que ela é instrumento umbilicalmente ligado ao Direito Material do Trabalho, que tem caráter tuitivo, em face do que deste não se deve alienar. Vaticina, quanto à prova — como esperam os que se dedicam ao Direito Processual do Trabalho —, "que, *de lege ferenda*, se dote satisfatoriamente o processo do trabalho de disposições relativas à prova, de modo a evitar essas incursões ao processo civil, que, quando realizadas sem a necessária reflexão (e adequação, diríamos nós), tanto mal têm causado ao processo do trabalho".

Bem poderia o autor dispensar o prefaciador e dizer desta obra o que afirmou Francisco das Neves e Castro sobre a *Teoria das Provas e sua Aplicação aos Actos Civis*, cuja sistematização iniciou no longínquo ano de 1862: "reduzir a um sistema e tratar com a maior concisão e clareza tudo o que há de mais relevante sobre este importante assumpto e facilitar o estudo de cada uma das matérias, foi a ideia que nos animou a emprehender este trabalho".

Foi o que fez, e bem feito, Manoel Antonio Teixeira Filho.

Coqueijo Costa

Preâmbulo à 11.ª Edição

Esta edição foi, totalmente, revista e atualizada de acordo com a Lei n. 13.015, de 16 de março de 2015, instituidora do atual Código de Processo Civil, e com a Lei n. 13.256, de 4 de fevereiro de 2016, que alterou algumas disposições da Lei anterior.

Em razão disso, entre outras modificações, inserimos, na Terceira Parte do livro: a) no Capítulo III, um item sobre os documentos eletrônicos; b) o Capítulo IX, destinado à ata notarial, prevista no art. 384, do CPC.

Determinadas opiniões, manifestadas nas edições anteriores, foram reformuladas, em razão de se haverem tornado incompatíveis com as disposições do novo CPC.

Algumas notas de rodapé foram incorporadas ao texto; e outras, suprimidas.

Curitiba, fevereiro de 2017.

O Autor

Preâmbulo à 10.ª Edição

Nesta edição, incluímos comentários sobre o uso de mensagens eletrônicas — especialmente, de *e-mails* — como meio de prova em juízo.

Embora, para esse estudo, tenhamos levado em consideração, fundamentalmente, o *e-mail* impresso, não deixamos de dedicar alguma atenção ao *e-mail* não impresso, ou seja, existente apenas no banco de dados.

Conquanto o inciso V, do art. 365, do CPC, declare que os extratos digitais de bancos de dados fazem a mesma prova dos originais — desde que atestado por seu emitente —, procuramos alertar para a vulnerabilidade das mensagens eletrônicas, uma vez que podem ser capturadas e ter os seus dados alterados por terceiros.

Idealmente, é desejável que norma legal venha a disciplinar, com minúcias, o uso do *e-mail* como meio prova judicial, levando em conta as suas marcantes particularidades, além de impor a sua validade, por exemplo, à existência de assinatura eletrônica por autoridade certificadora brasileira.

Curitiba, inverno de 2013.

O Autor

Preâmbulo à 9.ª Edição

Entre a primeira edição (1985) deste livro e a oitava (2003) ocorreram diversas alterações nos sítios da doutrina, da jurisprudência e da legislação incidente no processo do trabalho, máxime na pertinente ao CPC, obrigando--nos à constante revisão do livro, para mantê-lo atualizado.

Na nona edição, além de darmos continuidade a essa prática de permanente atualização do texto: a) reformulamos alguns pontos de vista manifestados em edições pretéritas, em decorrência, muitas vezes, das alterações introduzidas na própria legislação; b) reiteramos opiniões expressas anteriormente — que não foram perfilhadas pela doutrina e pela jurisprudência majoritárias —, não por apego à heterodoxia, mas para prestigiar o texto da lei e por fidelidade às circunstâncias históricas que ditaram a redação da norma.

Por outro lado, cuidamos de separar, no que diz respeito a determinadas opiniões expostas no livro, o jurista, que imaginam sermos, do magistrado efetivamente que fomos. Essas opiniões singulares são produto exclusivo do pensamento do jurista. Por isso, o magistrado nem sempre agiu de acordo com elas por uma razão elementar: enquanto o pensamento do jurista pertence ao universo efervescente e descompromissado das ideias, a atuação do magistrado se dá nos casos concretos submetidos à sua cognição. E, justamente, por tratar-se de casos concretos, não deve o magistrado surpreender as partes com a adoção de certas ideais particulares do jurista, que estão em desconformidade com o pensamento predominante. Afinal, aos litigantes deve ser sempre propiciada a indispensável *segurança jurídica* — essa cláusula fundamental aos Estados Democráticos de Direito, como é, felizmente, o caso do Brasil.

Por fim, dedicamos atenção ao moderno sistema de gravação audiovisual das audiências, adotado por algumas Varas do Trabalho, analisando, ainda que de maneira breve, os seus aspectos positivos e os negativos, para, sopesando-os, concluir que os primeiros sobrepujam os segundos.

Curitiba, inverno de 2010.

O Autor

Preâmbulo

O sistema da *livre convicção* do julgador — de origem romana e amplamente utilizado pelos germânicos — eclodiu como uma espécie de reação ao da *prova legal,* em que o valor de cada meio probante era previamente tarifado pela lei, tolhendo, assim, qualquer liberdade do julgador nesse campo.

A *livre convicção* consistia em permitir-se ao juiz prolatar a sentença segundo a sua consciência e a sua íntima convicção ("suivant votre conscience et votre intime conviction", conforme se proclamou em França), sem vincular a formação do seu convencimento à prova produzida nos autos.

Hoje, felizmente, já não vigora nenhum desses critérios.

Cientes da inconveniência do sistema da *livre convicção,* porque extremamente liberal, trataram os legisladores (embora não dentro de uma cronologia uniforme) de instituir um outro, em que se pudesse condicionar o convencimento jurídico do julgador à prova dos autos — ou seja, à verdade denominada *formal.*

Resultado desse propósito, sem dúvida, é o sistema da *persuasão racional,* oriundo dos códigos napoleônicos e hoje adotado por grande parte das legislações do Ocidente, como é o caso do Brasil.

Com efeito, dispõe o art. 131 de nosso CPC que "O juiz apreciará livremente a prova, atendendo aos fatos e circunstâncias constantes dos autos, ainda que não alegados pelas partes; *mas deverá indicar, na sentença, os motivos que lhe formaram o convencimento"* (grifamos); daí por que a doutrina também vem denominando, com acerto, de *livre convencimento motivado* ao sistema da *persuasão racional.*

Modernamente, portanto, no plano do processo civil brasileiro — e por extensão no do trabalho — se exige que o juiz indique, na sentença, os *motivos* que influíram na formação do seu convencimento jurídico a respeito da matéria trazida à sua cognição jurisdicional, cuja exigência decorre de razões ético-políticas.

Sendo assim, a sua liberdade racional está rigidamente delimitada pelo conjunto probatório existente nos autos e do qual não está autorizado, por princípio, a afastar-se.

Tais fatos bastam para demonstrar a extraordinária importância que a prova representa para a ciência processual, como elemento vinculante que é da persuasão do julgador.

O processo do trabalho, todavia, se ressente, à evidência, de melhor sistematização do instituto jurídico da prova; os seus poucos artigos que versam sobre a matéria são insuficientes, no conjunto, para abranger a heterogeneidade de casos que a realidade prática oferece; via de consequência, essa precariedade — ou mesmo omissão, em certas hipóteses — da CLT acaba compelindo o intérprete trabalhista a incursionar pelos domínios do processo civil para buscar, lá, normas aptas à solução dos problemas diante dos quais o processo do trabalho se revelou incapaz.

Essa adoção supletiva de normas processuais civis — consentida, em termos, pelo art. 769 da CLT —, porém, quando efetuada de maneira irrefletida, pode implicar perigosa transubstanciação do processo do trabalho, com inevitáveis reflexos prejudiciais à sua própria identidade enciclopédica.

Reside neste particular, aliás, um dos motivos que nos animaram a compor esta obra, posta à frente a preocupação de advertir quanto ao risco de uma tal adoção impensada de dispositivos do processo comum, notadamente em matéria de prova.

O outro foi o de procurar contribuir, ainda que com um cêntimo, para o acertamento doutrinário do processo do trabalho, com vistas a uma desejada repercussão *de lege ferenda,* a fim de evitar que ele siga se afastando daquela que entendemos ser a sua razão teleológica fundamental e indeclinável: servir ao *direito material* correspondente, do qual, em verdade, é mero instrumento de atuação concreta.

Por aí se vê, inclusive, que o processo do trabalho (e os seus estudiosos) não se devem deixar impressionar com o princípio doutrinário civilista assente, quanto a ser a ação um direito autônomo, vale dizer, cujo exercício independe da existência de um direito subjetivo material.

A irrestrita aceitação dessa teoria a propósito da natureza jurídica da ação poderia levar, em seu paroxismo, à equivocada suposição de que o processo do trabalho deva ser algo absolutamente alienado do direito substancial a que corresponde.

O que seria, sobremaneira, desastroso.

Eis, em resumo, o modesto desígnio que se instila nas páginas deste livro e cujo julgamento acerca do seu acerto e do seu êxito haverá de ser produto do tempo.

Curitiba, 1985.

O Autor

Primeira Parte
Generalidades

Capítulo I

Natureza Jurídica do Instituto

Comentário

Há alguns anos, sustentava-se, notadamente na doutrina estrangeira, que a prova pertencia ao direito material(1). O argumento dos que assim entendiam se lastreava no fato de que, muitas vezes, ela preexiste ao processo, como no caso da prova *pré-constituída* — conceituada por Pedro Batista Martins (*Comentários ao Código de Processo Civil*. v. II, n. 249, p. 385. 1941) como aquela que tem por finalidade a "garantia e segurança do negócio jurídico"(2), porquanto não busca, em rigor, produzir efeitos em juízo, "embora possa, eventualmente, servir a fins de natureza jurídica" (*ibidem*).

Pontes de Miranda (*Tratado de Direito Privado*. tomo III, § 345, p. 404), perfilhando o mesmo entendimento, advertia, a propósito, que: "Pensar-se em prova judicial quando se fala em prova é apenas devido à importância espetacular do litígio, nas relações jurídicas entre os homens".

Já a esse tempo, contudo, diversos autores de nomeada(3) proclamavam, em sentido algo oposto, a natureza exclusivamente *processual* da prova judiciária.

Conquanto a doutrina se houvesse cindido, basicamente, em duas concepções acerca dessa questão, Amauri Mascaro Nascimento (*Curso de direito processual do trabalho*. São Paulo: Saraiva, 1978. p. 199) indica a existência, no particular, de cinco correntes, que podem ser assim sintetizadas: a) a prova é um fenômeno material; b) é um fenômeno de natureza mista, ou seja, material

(1) A. Nikisch, Leo Rosenberg, Isidoro Eisner, Carlos de Carvalho e outros.

(2) Expressão que os pandectistas germânicos preferem a *ato jurídico*, consagrada por nosso direito positivo (Código Civil de 1916, art. 81 e segs.; o CC de 2002 passou reger as figuras do *negócio jurídico* no art. 104 e segs. e do *ato jurídico* no art. 185 e segs.).

(3) Chiovenda, Goldschmidt, Wach, Prieto-Castro, Jaime Guasp, Silva Melero, Hugo Alsina, apenas para citar alguns nomes expressivos. Particularmente, o mestre italiano asseverava que "a matéria das provas pertence por inteiro ao direito processual. Não deve a localização das normas sobre as provas nos códigos de direito substantivo induzir a acreditar-se que elas tenham caráter dispositivo" (*apud* REZENDE FILHO, Gabriel de. *Curso de direito processual civil*. 3. ed. São Paulo: Saraiva, 1953. v. II, p. 193).

e processual, pois existem normas que disciplinam a prova fora do processo e outras que se dirigem ao juiz, a quem compete aplicá-las; c) é unicamente processual, uma vez que se destina, exclusivamente, ao convencimento do julgador; d) há uma divisão das normas sobre prova em dois ramos, cada qual com natureza própria, substancial e processual; e) a prova pertence ao denominado *direito judicial,* entendido como aquele que tem por objeto uma relação jurídica entre a Justiça e o indivíduo.

Não há negar que as disputas doutrinárias são, até certo momento, extremamente benéficas e necessárias ao acertamento e à consolidação dos conceitos dos institutos jurídicos[(4)], bem assim para a solução das controvérsias derivantes da omissão ou da imprecisão científica ou terminológica dos textos legais. Cumpre observar, porém, que nos dias atuais já não estão presentes os motivos que determinaram o estabelecimento da cizânia doutrinária a respeito da natureza jurídica da prova, na medida em que o Código de Processo Civil — a partir de 1939 — avocou a regulamentação geral dessa matéria e revogou as disposições genéricas contidas no ordenamento material. No mesmo sentido, o pensamento de Pestana de Aguiar (*Comentários ao Código de Processo Civil.* São Paulo: Revista dos Tribunais, 1977. p. 1).

Segue-se, portanto, que com o advento do CPC o instituto da prova passou a possuir, ao menos no caso brasileiro, natureza exclusivamente processual, sendo necessário ressaltar que não se pode considerar como prova o elemento formal que o direito substancial impõe para a validade do ato, sob pena de incidir-se no equívoco de supor que este direito ainda continua encerrando disposições concernentes à prova.

A regulamentação geral do instituto jurídico da prova pelo atual CPC de 1973, entretanto, não se fez de maneira incontroversa. Na Câmara Federal, por exemplo, o deputado Francisco Amaral chegou a propor a supressão de todos os artigos do projeto relativos à matéria, entendendo que esta se encontrava regulada pelo Código Civil e que eventuais preceitos inovadores do instituto deveriam ser apreciados por uma reforma da lei material e não da processual, como era o caso. O parecer exarado pela Comissão Especial, todavia, opinou contrariamente à emenda proposta, sob o correto argumento de que "Embora bastante minucioso — e talvez excessivamente — o projeto, na subsecção aludida, versa, contudo, matéria de direito processual, e, portanto, a sede própria é o Código de Processo Civil".

Nunca é inútil rememorar que o CPC de 1939 estatuía, em seu art. 208, serem admissíveis em juízo "todas as espécies de prova *reconhecidas nas*

---

(4) Lembremo-nos, como ilustração histórica, da famosa cinca entre os romanistas alemães Windscheidt e Muther, travada em meados do século XIX, acerca do conceito jurídico da *ação,* que tanto contribuiu para a elucidação da matéria.

leis civis e comerciais" (destacamos), ao passo que o estatuto processual de 1973 estabelecia, por seu art. 332, *litteris:* "Todos os meios legais, bem como os moralmente legítimos, ainda que não especificados neste Código, são hábeis para provar a verdade dos fatos, em que se funda a ação ou a defesa".

Constata-se, assim, que o CPC de 1973 abandonou a referência às leis materiais, feita pelo de 1939, tendo dedicado todo o Capítulo VI, Título VIII, do Livro I, ao instituto da prova (arts. 332 a 443), procurando, com isso, minudenciar o disciplinamento da matéria que atraiu para si. O CPC atual dispõe: "As partes têm o direito de empregar todos os meios legais, bem como os moralmente legítimos, ainda que não especificados neste Código, para provar a verdade dos fatos em que se funda o pedido ou a defesa e influir eficazmente na convicção do juiz" (art. 369).

Concluímos, por essa razão, com Pestana de Aguiar (ob. cit., p. 3), no sentido de que embora o direito, sob o ponto de vista ontológico, deva ser sempre concebido como uma *unidade,* onde se fundem o material e o processual, na verdade é a ciência do processo "a única que se dedica ao estudo sistematizado e completo do instituto da prova, perquirindo sob todos os ângulos seus fins, suas causas e efeitos".

A CLT, conforme veremos ao longo desta obra, se ressente, em sua parte processual, de melhor tratamento sistemático a respeito da prova[(5)], obrigando, em face disso, que, frequentemente, todos os exercentes de profissões forenses trabalhistas se valham, em caráter supletivo, das normas processuais civis concernentes à matéria, desde que satisfeito o requisito essencial da compatibilidade (CLT, art. 769).

Idealmente, todavia, é de esperar-se que, *de lege ferenda,* se dote satisfatoriamente o processo do trabalho de disposições relativas à prova, de modo a evitar essas incursões ao processo civil que, quando realizadas sem a necessária reflexão, tanto mal têm causado a este processo especializado[(6)].

Preocupação de tal ordem, aliás, presidirá, em muitos momentos, a elaboração deste livro.

---

(5) A Seção IX, do Título X ("Do Processo Judiciário do Trabalho") da CLT, dedica à prova somente treze artigos (818 a 830), sendo que o 826 foi revogado, de maneira implícita, por incompatibilidade lógica, pelo art. 3.º da Lei n. 5.584/70 (Decreto-lei n. 4.657, de 4-9-42, art. 2.º, § 1.º).

(6) O IV Congresso Ibero-Americano de Direito do Trabalho e Previdência Social (São Paulo, 1972) recomendou, a propósito, que "nos países onde não esteja regulado o ônus da prova em matéria processual do trabalho, isso se faça de forma expressa, para evitar a *prática* generalizada de aplicar subsidiariamente a lei processual civil".

Capítulo II

Conceito de Prova Judiciária

Comentário

Em sentido amplo, o vocábulo prova (originário do latim *proba,* de *probare* = demonstrar) significa tudo o que demonstra a veracidade de uma proposição ou a realidade de um fato, sem nos esquecermos, ainda, dos sentidos de indício, sinal, ensaio, experiência, que ele também sugere (CALDAS AULETE. *Dicionário contemporâneo da língua portuguesa*. Rio de Janeiro: Delta, 1964. p. 3.300).

Talvez, por isso, Devis Hernando Echandía (*Teoría general de la prueba judicial*. 2. ed., tomo I, p. 9) tenha sido levado a observar que a prova não se circunscreve ao âmbito do Direito, se não que se espraia pelas ciências em geral, integrantes do conhecimento humano, assim como alcança a própria vida prática cotidiana.

Armando Porras López (*Derecho procesal del trabajo*. Puebla: José M. Cajica Jr., sem data. p. 241), todavia, informa não ser pacífica, entre os estudiosos, a questão relativa à etimologia da palavra: "El término prueba se deriva, por algunos autores, del adverbio latino 'probe', cuya significación es la de honradamente u honradez; para otros juristas, la mencionada voz se deriva de 'probandum', que significa patentizar, experimentar, hacer fe respecto de alguna cosa".

Dissenções etimológicas à parte, é certo que não se afasta dessa noção central de *demonstração da verdade* o significado do vocábulo no plano da ciência jurídica processual — nada obstante possamos afirmar, sem receio de perdermos o senso das proporções, haver aqui tantos conceitos quantos são os autores, cujos pronunciamentos díspares decorrem, por certo, da ausência de qualquer definição legal a respeito desse importante instituto.

Com efeito, o CPC de 1973 — à dessemelhança do que fez, nem sempre em escorreito didatismo, quanto a outros institutos, como, *v. g.,* os da conexão (art. 103), da continência (art. 104), da citação (art. 213), da intimação (art. 234), etc. — não esboçou nenhum conceito de prova judicial. Neste ponto, o legislador processual civil, por suposto, curvou-se prudentemente ao conselho das fontes romanas, segundo o qual *"omnis definitio in iure civile periculosa est"* ("toda definição em direito civil é perigosa"), hoje elevado à categoria de brocardo jurídico. O CPC de 2015 também não formula o conceito de prova judicial.

A CLT, por sua parte, menos sistemática do que o CPC, não se dedicou, como princípio, a emitir conceitos a propósito dos institutos processuais que a integram; fê-lo, apenas, em relação a alguns casos de direito material, como o do *empregador* (art. 2.º), do *empregado* (art. 3.º), da força maior (art. 501) e de uns poucos mais.

Curiosa, entretanto, era a disposição, pouco técnica, das Ordenações Filipinas (Livro III, Título 63), de que "A prova é o farol que deve guiar o juiz nas suas decisões"; em rigor, não se enunciava, com tal redação, qualquer conceito de prova: indicava-se, somente, em linguagem metafórica, impregnada de romanticismo, um dos aspectos da sua finalidade no processo.

Na doutrina estrangeira moderna colhemos, dentre tantos, os seguintes conceitos: a prova é a demonstração da verdade de um fato ou também o mesmo meio que as partes empregam para demonstrar o fato discutido (Laurent, da Escola Exegética)(7); é o meio regulado pela lei para descobrir e estabelecer com certeza a verdade de um fato controvertido (Domat)(8); é um fato suposto ou verdadeiro que se considera destinado a servir de causa de credibilidade para a existência ou inexistência de um fato (Bentham)(9); provar significa fazer conhecidos ao juiz os fatos controvertidos e duvidosos e dar-lhe a certeza do seu modo de ser (Carlo Lessona)(10); provar é estabelecer a existência da verdade, e as provas são os diversos meios pelos quais a inteligência chega ao descobrimento da verdade (Eduardo Couture)(11); é o conjunto de diversos meios pelos quais a inteligência chega ao descobrimento da verdade (Bonnier)(12); é a soma dos meios produtores da certeza (Mittemaier)(13); é o meio objetivo

---

(7) *Apud* Armando Porras López. *Derecho procesal del trabajo.* Puebla: Cajica. p. 242.

(8) *Idem.*

(9) *Apud* Amauri Mascaro Nascimento. *Curso de direito processual do trabalho.* São Paulo: Saraiva, 1978. p. 198.

(10) *Apud* Armando Porras López, *idem.*

(11) *Apud* Martinez Silva. *Tratado de pruebas judiciales.* Buenos Aires, 1947. p. 21.

(12) *Apud* Armando Porras López, *idem.*

(13) In: *Traité dês Preuves.* p. 1. *apud* Pestana de Aguiar. *Comentários ao Código de Processo Civil.* São Paulo: Revista dos Tribunais, 1977. p. 4.

pelo qual o espírito humano se apodera da verdade (Malatesta)[(14)]; é a consequência legítima que decorre de um fato, cuja certeza leva a concluir que um outro fato, do qual se ignora a verdade, é verdadeiro ou não (Merlin)[(15)].

Russomano, por sua vez, em feliz metáfora, afirmou ser a prova o "pedestal da sentença" (*Comentários à Consolidação das Leis do Trabalho*. Rio de Janeiro: José Konfino, 1977. p. 1.196).

Advirta-se, todavia, que o problema atinente à formulação de um conceito doutrinário da prova — como de resto, aliás, se dá com os institutos jurídicos em geral — é algo ardiloso, uma vez que este instituto possui contornos sutis, delimitadores do seu conteúdo, que embora sejam definidos não se revelam suficientemente nítidos a quem se propõe a apreendê-los; por isso, muitos autores, não raro, acabam extravasando, inadvertidamente, desses limites, cuja consequência tem sido a elaboração de conceitos que não refletem, com a necessária fidelidade científica, o que representa, em essência, o instituto da prova judiciária. Tal nos parece, *data venia,* o caso de Laurent, Domat, Couture, Bonnier, Mittermaier e do próprio Malatesta, cujos pensamentos tivemos a honra de reproduzir, que acabaram tomando a *prova em si* pelos *meios de prova* — que constituem, sabidamente, coisa distinta.

Nesse mesmo equívoco parece haver incorrido o eminente Coqueijo Costa (*Direito Judiciário do Trabalho*. Rio de Janeiro: Forense, 1978. p. 284), ao declarar que pelo sentido mais amplo a prova "é o complexo de *elementos* de que um Juízo dispõe para o conhecimento dos fatos relevantes para a solução de uma demanda" (destacamos).

Com quanta razão, portanto, pôde Bentham asseverar: *"La prueba tiene mucho de enganador puesto que se utiliza para designar en principio, el medio y el fin de la prueba"*[(16)].

Dissentimos, por esse motivo, de Pestana de Aguiar (ob. cit, p. 5) quando afirma ser possível atribuir-se ao simples *meio* o conceito de prova[(17)], sob o argumento de que há, quanto a isso, uma tendência de nosso direito positivo, e que, muitas vezes, "um só meio conduz ao resultado, confundindo-se aquele com este", aduzindo, ainda, o ilustre jurista que "o meio de prova já nasce destinado à obtenção do resultado, que é a própria prova" (*ibidem*).

---

(14) In *A lógica das provas em matéria criminal*. Lisboa, 1927. v. I, p. 21.

(15) *Apud* Raphael Cirigliano. *Prova civil*. 2. ed. São Paulo: Revista dos Tribunais, 1981. p. 34.

(16) BENTHAM. *Tratado de las pruebas judiciales*. Buenos Aires, 1971.

(17) No mesmo sentido, Devis Echandía. *Teoría general de la prueba judicial*. Buenos Aires: Victor P. de Zavaglia Editor, 1972. p. 29, ns. 9, 11 e 33

Pela nossa parte, *venia permissa,* entendemos que prova é *resultado* e não meio[18], nada obstante reconheçamos que o CPC vigente, tal como o revogado, atribuiu, em manifesta erronia, ao *meio* o caráter de prova. Ora, a ser assim, ter-se-ia de admitir, inevitavelmente, por exemplo, que qualquer documento juntado aos autos constituiria, por si só, prova do fato a que se refere, ignorando-se, com isso, a apreciação judicial acerca desse meio de prova, apreciação que resultaria na revelação do *resultado* que tal meio produziu, conforme tenha eficácia para tanto. Ademais, se o meio é a prova, como sustentar-se essa afirmação diante de declarações conflitantes de duas testemunhas sobre o mesmo fato? Ambas, nessa hipótese, teriam provado a existência de *duas* verdades? Não nos parece que isso seja aceitável, processual e logicamente, pois no caso fixado é curial que apenas se poderia admitir *um* dos depoimentos, segundo o critério de valoração da prova, desprezando-se necessariamente o outro, porquanto se referem a um fato comum. Não é, pois, a prova um resultado?

Dentro da linha de advertência formulada por *Bentham* extrai-se, como consectário prático, uma fundamental regra de cautela, que deve ser observada por todos quando da elaboração de qualquer conceito de prova judiciária e segundo *a* qual ao jurista se impõe ater-se, rigidamente, ao aspecto ontológico (ou substancial) desse instituto poliédrico, cuidando para não adentrar em outros, sob pena de conduzir a uma confusão entre os significados de *prova* e de *meio* probante. Postas essas considerações, damo-nos à liberdade de ensaiar, a seguir, o nosso conceito de prova: (1) É a demonstração (2), segundo as normas legais específicas (3), da verdade dos fatos (4) relevantes (5) e controvertidos (6) no processo.

Dissemos (1) *demonstração,* porque, em concreto, a atividade probatória, que às partes preponderantemente incumbe em decorrência do ônus objetivo que a lei lhes atribui (CLT, art. 818), consiste em trazer aos autos elementos que demonstrem a verdade dos fatos alegados e com base nos quais deverão desenvolver um raciocínio lógico, tendente a influir na formação do convencimento do órgão jurisdicional; (2) *segundo as normas legais específicas,* porque o direito processual não apenas estabelece as modalidades de prova admitidas em juízo (CPC, art. 369), mas também disciplina o procedimento probatório das partes; (3) *da verdade dos fatos,* porque, regra genérica, o objeto da prova são os fatos (CPC, art. 369), como tais considerados todos os acontecimentos do mundo sensível capazes de provocar repercussão na ordem jurídica; só excepcionalmente se exigirá prova do direito (CPC, art. 376); (4) *relevantes,* porque a prova não deve incidir sobre quaisquer fatos narrados na ação, mas somente em relação àqueles que se revelam importantes (relevantes) para

(18) Perfilhamos, no particular, o entendimento de Castro Mendes (*Do conceito de prova em processo civil.* Lisboa, 1971. p. 271).

a justa composição da lide; (5) e *controvertidos,* porquanto devem ficar fora do campo da prova os fatos incontroversos, assim entendidos os que, sendo afirmados por uma das partes, são confessados pela parte contrária (CPC, art. 374, II); os admitidos no processo como incontroversos (CPC, art. 374, III), bem assim os notórios (art. 374, I) e aqueles em cujo favor milita a presunção legal de existência ou de veracidade (art. 374, IV); (6) *no processo,* porquanto os fatos a serem provados são os que foram trazidos pelas partes ao conhecimento do juiz; assim, os fatos que permaneceram à margem do litígio (embora pudessem ser relevantes), ou que foram narrados intempestivamente, não podem ser destinatários da prova — *"Quod non est in actis non est in mundo"* ("O que não está nos autos não está no mundo"), adverte o conhecido apotegma jurídico, de larga e proveitosa aplicação na realidade forense.

João Monteiro (*Programa do Curso de Processo Civil.* 3. ed., v. II, § 122, nota 2, p. 93) anota, a propósito, que a prova não é unicamente um fato processual, "mas ainda uma indução lógica, é um meio (*sic*)(19) com que se estabelece a existência positiva ou negativa do fato probando, e é a própria certeza dessa existência", acrescentando Pontes de Miranda (*Comentários ao Código de Processo Civil.* Rio de Janeiro: Forense, 1979. p. 311) que a prova atine "à existência e à inexistência no mundo fáctico(20) ou no mundo jurídico", que conclui, em sua linguagem peculiar, haver "prova de fatos do mundo fáctico (*sic*) e prova de fato do mundo jurídico (= de suportes fácticos (*sic*) + entrada no mundo jurídico)".

Em verdade, contudo, os fatos do mundo jurídico (a lei, por exemplo) prescindem, em princípio, de prova (CPC, art. 377), conforme veremos oportunamente.

(19) O festejado jurista, todavia, toma aqui o *resultado pelo meio,* deixando-se pilhar, a nosso ver, na mesma erronia técnica.

(20) Prefira-se a forma *factual.* O adjetivo *fático* — comumente utilizado na linguagem jurídica como sinônimo de *factual* —, se refere à função da linguagem que se concentra no próprio canal de comunicação.

Capítulo III

Verdade Real e Verdade Formal

Comentário

A busca da verdade constitui, em todos os tempos, grande preocupação da maioria dos filósofos; alguns deles, diante da dificuldade em apreendê-la, chegaram até mesmo a descrer da sua existência. Agostinho, o Mestre do Ocidente, por exemplo, quando envolvido pelos erros do maniqueísmo, na informação de Johannes Hirschberger (*História da filosofia da Idade Média*. São Paulo: Herder, 1966. p. 33), pôs-se, inclusive, a duvidar da verdade. Já outros, como o notável Sócrates (Platão. In: *Fédon*), foram condenados à morte por amá-la e defendê-la. Segundo Bertold Brecht (*Galileu Galilei*), ela é filha do tempo; não da autoridade.

Não apenas à religião, à filosofia e à arte, contudo, interessa a verdade, mas também à ciência em geral, e em particular à jurídica, dentre cujos ramos sobressai o processual.

Daí por que o conceito de verdade varia, necessariamente, segundo a óptica sob a qual se procura defini-la: filosófica, religiosa, jurídica, científica, etc.

O interesse do Direito pela verdade reside, entre outros motivos, em que, uma vez demonstrada nos autos, ela tem eficácia para constranger o julgador a decidir em consonância com o que espelha ou parece espelhar (CPC, art. 371); isso significa, portanto, que a verdade, consubstanciada na prova dos autos, vincula a formação do convencimento do juiz, no tocante aos fatos da causa.

No próprio âmbito da ciência processual, entretanto, o conceito de verdade não é unitário; fraciona-se, para tornar-se, no mínimo, dicotômico, porquanto aqui se proclama a existência de uma verdade *real* (ou substancial) e de outra, *formal* (ou processual).

Real é a que se pode denominar de verdade em si, vale dizer, aquilo que efetivamente aconteceu no mundo sensível; *formal é* a que se estabelece nos autos, como resultado da atividade probatória desenvolvida pelas partes. Nem sempre, todavia, a verdade formal corresponde à real, o que é sobremaneira lamentável e atentatório à respeitabilidade do processo como instituição jurídica e como instrumento estatal de composição dos conflitos intersubjetivos de interesses.

Observa Lopes da Costa (*Apud* Antônio Lamarca. *Ação na justiça do trabalho*. Rio de Janeiro: Edições Trabalhistas, 1968. p. 115), com percuciência, que a investigação da verdade não se reduz a um problema de *lógica,* pois também o é *político; e* conclui: "a verdade, que no processo se apura, pode coincidir com a *verdade real,* mas também pode desta afastar-se, sem embargo de ser como verdade proclamada".

A causa desse descompasso entre ambas só pode ser atribuída à incúria, à negligência da parte, que não quis ou não soube (não pôde é inadmissível, em face da ampla possibilidade legal) trazer a juízo a verdade real. Admitamos, *e. g.*, que o empregado tenha, realmente, trabalhado em jornada excedente à ordinária, ou no período noturno, postulando, em decorrência, os direitos que desses fatos derivam. Esta seria, na hipótese, a verdade real. Para que ela seja reconhecida pela sentença (e, como consectário, para que o empregado tenha acolhida a sua pretensão), contudo, há necessidade de ser *demonstrada* por quem a sua admissão beneficiar. Ausente a prova, quanto a isto, e tendo o empregador juntado aos autos cartões de ponto, ou outro registro formal de controle da jornada, nos quais conste (embora falsamente) a inexistência de horas extraordinárias e de trabalho no período noturno, prevalecerá a jornada neles indicada; por outras palavras: prosperará a *verdade formal,* representada pelos referidos documentos — muito embora discordemos da manifestação doutrinária e jurisprudencial que, quase à unanimidade, comete, em tais casos, o ônus *probandi* ao trabalhador. Reservamo-nos para revelar os fundamentos jurídicos de nossa convicção no Capítulo X.

Desta maneira, e em que pese ao fato de o processo visar, fundamentalmente, à verdade *real*, é, em concreto, a *formal* que vincula a formação do convencimento (que de certo modo *também é formal*) do julgador, na medida em que a lei o compele a respeitá-la (CPC, art. 371). Podemos afirmar, por isso, que o processo somente atinge, com plenitude, a sua verdadeira razão teleológica quando a verdade *formal coincide* com a *real.*

Divergimos, a poder dessas considerações, de todos os que sustentam que o processo não se volta para o conhecimento dos fatos com a finalidade de procurar estabelecer a verdade destes, mas, apenas, de buscar obter uma fixação formal deles. A ser assim, ter-se-ia de admitir, inevitavelmente, que o processo despreza a verdade e se deixa impressionar (e se satisfazer) com a sua versão, com a mera verossimilhança dos fatos, hipervalorizando categorias cediças de falsas-verdades (não há contradição nesta afirmativa), que o próprio senso comum repele. Não se pode ignorar, ademais, que o processo é dotado de um conteúdo eminentemente ético, que autoriza o julgador, sempre que entender necessário, a sobrepor-se à negligência da própria parte para tomar a iniciativa de procurar, onde se encontre, a verdade real. O veto que a lei impõe à iniciativa ao magistrado é restrito à deflagração do processo (CPC, art. 2.º), não abrangendo a iniciativa quanto ao descobrimento da verdade real. É oportuno lembrar que o juiz do trabalho possui ampla liberdade na direção do processo (CLT, art. 765) podendo, por isso, determinar, *ex officio*, a produção de provas. O CPC de 2015, por sua vez, dispõe no art. 370, *caput*: "Caberá ao juiz, de ofício ou a requerimento da parte, determinar as provas necessárias ao julgamento do mérito".

Exemplo típico de manifestação da liberdade do juiz na perseguição à verdade real é o da *ficta confessio,* cuja configuração, ao contrário do que se possa supor, não obsta a que o magistrado colha o depoimento do litigante presente na audiência e proceda à inquirição de testemunhas, na árdua tarefa de encontrar a mencionada verdade. Desenvolveremos este assunto no Capítulo II, Terceira Parte, desta obra.

Soube fazer-se sábio, de conseguinte, o legislador ao estabelecer que os Juízes do Trabalho terão ampla liberdade na direção do processo, podendo determinar qualquer diligência necessária ao esclarecimento dos fatos relacionados à causa (CLT, art. 765).

Ao juiz, inegavelmente, faz sobressaltar a mera possibilidade de saber que terá, em determinado caso e sem culpa sua, de tomar a nuvem por Juno (ou seja, a verdade formal pela real), que se é afligente para ele é pior para o processo e desastroso para a credibilidade do próprio Poder Judiciário, notadamente aos olhos do vencido, com quem a verdade real igualmente terá sucumbido.

Felizmente, porém, o Direito brasileiro permite que a verdade real possa ser resgatada, mesmo após o trânsito em julgado da sentença; isso será possível pelo instrumento da ação rescisória, nas hipóteses em que a sentença se houver fundamentado em prova, cuja falsidade tenha sido apurada em processo criminal ou seja provada na própria rescisória (CPC, art. 966, VI); quando o autor, posteriormente ao trânsito em julgado, obtiver prova nova, cuja existência ignorava, ou de que não pôde fazer uso capaz, por si só, de lhe assegurar pronunciamento favorável (VII)[21].

---

(21) Ao contrário do que constava do art. 836, da CLT, e da orientação adotada pela Súmula n. 169, do TST (antigo Prejulgado n. 49), sempre entendemos que as causas para a rescindibilidade da sentença eram as previstas pelo art. 485 (incs. I a IX) do CPC de 1973, conforme procuramos demonstrar em obra anterior (*Comentários às Súmulas Processuais do TST*. São Paulo: LTr, 1981. p. 180/181). Posteriormente à 1.ª edição deste livro, publicou-se a Lei n. 7.351, de 27-8-85 (DOU de 28-8-85), que deu nova redação ao art. 836 da CLT, para efeito não apenas de admitir a ação rescisória na Justiça do Trabalho, mas para declarar que as

Desconstituídos, por tal meio, os efeitos da *res iudicata,* a verdade real, antes solapada, aflorará nos autos, redimindo, assim, o próprio processo no plano da epistemologia jurídica e do juízo popular.

Castro Mendes (*Do conceito de prova em processo civil.* Lisboa, 1961, p. 401, ns. 89, 96 e 418, *apud* João Carlos Pestana de Aguiar*,* ob. cit., p. 31-32), no entanto, propugna o banimento das expressões "verdade formal", "convicção formal" e congêneres, por entender que se trata de meros *flatus voci,* um combinado de palavras destituídas de qualquer significado.

Não compartilhamos, *venia permissa,* esse entendimento. O conceito de verdade formal não é vão nem inútil, como sugere o ilustre jurista português, pois se presta para demonstrar o caráter anfibológico da verdade na ordem jurídica, a par de ser aquela a quem a sentença deve obediência, visto ser provida de eficácia legal para levar ao espírito e à consciência do julgador a certeza de ser verdadeiro — embora formalmente — determinado fato deduzido na ação. O conceito de certeza, a propósito, está em Caravantes (*apud* Eduardo R. Stafforini. *Derecho procesal social.* Buenos Aires: Ed. Argentina, 1955. p. 534): é *"ese estado de ánimo que se ve impulsionado a afirmar la realidad de un hecho por los numerosos motivos que excluyen la posibilidad del hecho contrario".*

Prova legal e prova formal, todavia, não se confundem; enquanto a primeira representa o método de integração da verdade, visando, na observação de Pestana de Aguiar (ob. cit., *idem*), *a* "evitar o antigo *non liquet* dos magistrados romanos", a segunda constitui o *resultado* desse método.

Subsumem-se no predicamento da prova legal as presunções *iuris et de iure* (absolutas) e a *ficta confessio,* que serão analisadas a seu tempo.

causas de rescindibilidade são as referidas pelo art. 485 daquele CPC. Tempos depois, edita-se a Lei n. 11.495, de 22-6-2007, para exigir o depósito prévio de 20% do valor da causa, com vistas ao exercício da ação rescisória, "salvo prova de miserabilidade jurídica do autor".

Capítulo IV

Objeto da Prova

Os fatos. Conceito processual

O objeto da prova são os fatos (do latim *factum,* de *facere* = fazer, causar) narrados pelo autor, pelo réu ou por terceiros, que na técnica processual se referem aos *acontecimentos jurídicos* (fatos jurídicos naturais), ou aos *atos jurídicos* ou *ilícitos* (fatos jurídicos voluntários), originadores do conflito intersubjetivo de interesses. Daí por que o art. 369 do CPC se refere à prova da "verdade dos *fatos,* em que se funda o pedido ou a defesa" (sublinhamos).

Em outro sentido, os fatos, se correlacionados com o *direito,* indicam o evento em si, ou seja, aquilo que realmente ocorreu ou se alega haver ocorrido; já o direito atine à norma ou ao princípio legal em que as partes fundamentam as suas pretensões. Aos litigantes incumbe demonstrar apenas a veracidade dos fatos articulados, a fim de que o juiz faça incidir, concretamente, a regra jurídica apta para reger a espécie e, com isso, solver a controvérsia: *"da mihi factum, dabo tibi ius"* ("dá-me o fato e te darei o direito") — proclama o vetusto aforismo latino, que constitui uma espécie de síntese feliz da própria função jurisdicional.

O juiz, entrementes, não está obrigado a aplicar à espécie a norma legal em que a parte assentou a sua pretensão; sendo assim, feita a prova do fato narrado, e reconhecida a existência do direito, caberá ao julgador acolher o pedido, conquanto até mesmo por fundamento jurídico diverso do apontado pela parte, sempre que, evidentemente, este for o caso. Trata-se, aqui, de necessária — e perfeitamente admissível — adequação dos fatos à regra de direito positivo pertinente. Por outras palavras, incumbirá sempre ao juiz proceder à categorização jurídica dos fatos, designadamente quando foram postos na inicial ou na contestação sem qualquer técnica jurídica. O que ao juiz não se permite é o inverso: admitir a existência de fatos que não foram alegados, a pretexto de aplicar o dispositivo de lei, ou a norma jurídica, em que a parte apoiou o pedido. Repita-se: *"quod non est in actis, non est in mundo"*; todavia, se depois de ajuizada a ação algum outro fato constitutivo, modificativo ou extintivo do direito surgir com eficácia para influir no julgamento do feito, deverá o juiz tomá-lo em consideração, por sua iniciativa ou a requerimento da parte interessada, no ensejo da prolação da sentença (CPC, art. 493), verificando, contudo, para que: a) não resulte escoriado o princípio indeclinável do contraditório, que informa o processo moderno, e possui assento constitucional (CF, art. 5.º, LV); b) a proibição legal da denominada decisão surpresa (CPC, arts. 9.º e 10). Nem sejam contravindas as regras inscritas nos arts. 141 e 492, do mesmo estatuto processual, delimitadoras da quantidade de prestação jurisdicional realizável e da natureza do correspondente provimento, respectivamente.

Esclareça-se, além do mais, que a apreciação de tais fatos, pelo juiz, só será possível se as novas alegações da parte: a) se relacionarem a direito superveniente; b) delas competir ao juiz conhecer de ofício; ou c) por expressa disposição legal, puderem ser formuladas em qualquer tempo e juízo (CPC, art. 342, I a III), como no caso de incompetência absoluta (CPC, art. 64, § 1.º). Fora disso, qualquer outra alegação estará fulminada pela preclusão temporal, que decorrerá da perda do momento processual oportuno para formulá-la.

A prova quanto aos fatos pode ser direta ou indireta. No primeiro caso, se demonstra a existência do próprio fato narrado nos autos; no segundo, se põe em evidência um outro fato, a partir do qual, "por raciocínio lógico, se chega a uma conclusão a respeito dos fatos dos autos" (THEODORO JÚNIOR, Humberto. *Processo de conhecimento*. Rio de Janeiro: Forense, 1978. p. 518). A prova indireta é, por esse motivo, também denominada de *indiciária* ou *por presunção,* sendo recomendável observar que a sua produção somente deverá ser admitida na hipótese de não ser possível a prova direta, cuja eficácia processual é superior.

Fatos controvertidos, relevantes, determinados e pertinentes

Nas edições anteriores deste livro, afirmamos que nem todos os fatos devem ser objeto da prova, mas, unicamente, os *controvertidos,* os *relevantes* e os *determinados. Incluímos, agora, os pertinentes.* Conseguintemente, inexistindo contestação ao fato, este se torna *incontroverso, razão* por que o problema se resume a uma simples aplicação do direito ao caso concreto.

O art. 341 do CPC, que consubstancia o princípio doutrinal da *impugnação especificada*[22], aliás, impõe ao réu "manifestar-se precisamente sobre as alegações de fato constantes da petição inicial", sob pena de serem presumidos verdadeiros os não contestados, salvo se (1) não for admissível, a seu respeito, a confissão; (2) a petição inicial não estiver acompanhada do instrumento público que a lei considerar da substância do ato; ou (3) se estiverem em contradição com a defesa, considerada em seu conjunto.

---

(22) Trata-se, na verdade, do princípio da *impugnação especificada dos fatos;* o da *eventualidade,* mencionado no texto, tem sede no art. 336 do CPC.

Já não vigora, portanto, em nosso sistema de direito positivo, a antiga afirmação de que, se o autor não fizer prova dos fatos alegados, o seu pedido será rejeitado, *mesmo que o réu não os tenha impugnado* (*"actore probante, qui convenitur, et si nihil praestat obtinebit"*).

Modernamente, o encargo da prova não é atribuído, apenas, ao autor, mas *dividido* entre as partes, conforme seja o interesse que possuam na admissibilidade, pelo órgão judicial, quanto a serem verdadeiros os fatos narrados.

Concordamos, porém, com Moacyr Amaral Santos (*Comentários ao Código de Processo Civil*. Rio de Janeiro: Forense, 1977. p. 42), quando afirma nada impedir que, a despeito de alguns fatos não terem sido impugnados, determinadas circunstâncias exijam a sua prova, como, *e. g.*, no caso de o juiz necessitar formar, com mais segurança, o seu convencimento, a sua *certeza jurídica,* enfim.

Há de se observar, por outro lado, que sob certas circunstâncias a presunção de veracidade dos fatos não expressamente impugnados não deve produzir, de plano, os efeitos processuais que lhe são inerentes, pois estes poderiam esbarrar na prova constante dos autos. Temos verificado, por exemplo, com certa frequência, o réu não se pronunciar quanto à alegação do autor de que a sua jornada diária de trabalho excedia à ordinária, embora junte os cartões de ponto pelos quais se constata que a jornada sempre foi ordinária, tal como fixada em lei. Conquanto lhe tenha sido aberto vista desses documentos, o autor não os impugna. Seria desarrazoado supor-se, na espécie mencionada, que a matéria relativa à jornada extraordinária seria incontroversa, em face de o réu não haver contestado expressamente a alegação do autor; ora, bem, a junção dos cartões de ponto pelo réu constituiu, sem dúvida, uma forma de manifestação oposta às alegações expendidas pelo autor quanto à duração da jornada de trabalho. Não se quer, com isso, insinuar que os aludidos cartões se tornariam um meio de prova prevalecente, absoluto, mas, sim, que a sua existência nos autos seria suficiente para *configurar uma controvérsia* sobre a matéria, impondo-se, por isso, a inclusão da jornada de trabalho como um dos pontos sobre os quais deverá incidir a instrução do procedimento.

Relevantes são os fatos relacionados diretamente com a ação, os que se revestem de eficácia para influenciar na formação do convencimento jurídico do magistrado. Disto decorre o motivo de serem igualmente designados de *influentes,* pela doutrina.

Em raciocínio oposto, pode-se dizer que ficam excluídos da prova os fatos despiciendos, inúteis, isto é, os que não exercerão qualquer influência no julgamento da causa, pois *"frustra probatur quod probatum non relevat"* (em tradução livre: "não se devem provar os fatos irrelevantes"), conforme ensina o vetusto anexim latino.

A distinção entre fatos relevantes e irrelevantes é tarefa que caberá ao juiz, em cada caso concreto, pois este ato se insere no conjunto dos que compõem *o amplo poder diretivo* que a lei lhe concedeu (CLT, art. 765).

É elementar que estamos cogitando de fatos relevantes, mas, acima de tudo, *pertinentes* à causa; dessa forma, se impertinentes o forem, devem, por mais forte razão, ser postos à margem do *thema probandum,* com o que se evitará uma perniciosa deflexão do rumo da instrução processual.

O insigne Moacyr Amaral Santos (ob. cit., p. 43) entende serem irrelevantes os fatos *impossíveis* (*"impossibilem allegans no audiatur"*: não se ouve a quem alega o impossível), embora reconheça que o conceito de impossibilidade é muito (e cada vez mais) relativo. O citado autor também inclui entre os irrelevantes aqueles fatos que, não obstante sejam em si possíveis, a prova quanto a eles é impossível. Dentro desse entendimento, assevera que a impossibilidade da prova pode ocorrer: a) por disposição de lei; ou b) pela natureza do fato. Relativamente ao primeiro caso, teríamos os fatos alegados "ao encontro de uma presunção *iuris et de iure*", porquanto a lei veda tal prova, por inútil, na medida em que a presunção subsistiria mesmo que fossem verdadeiros. Quer nos parecer, *data venia,* que para a configuração do exemplo os fatos deveriam ir de (e não *ao*) encontro à presunção *iuris et de iure,* pois somente assim haveria a pretendida colisão com esta. No segundo caso (pela natureza do fato), a impossibilidade da prova se verificaria quando, *ad exemplum,* as condições peculiares ao fato impedissem a realização da prova por determinado *meio.*

Na Justiça do Trabalho, cabe registrar, há casos em que a realização da prova pericial, tendente à apuração da existência ou não de insalubridade, se torna *impraticável* (CPC, art. 464, III), porque o estabelecimento ou o local onde o empregado trabalhava já não existe, porque foi demolido, porque se incendiou, passou por profunda reforma e o mais.

Ciente disso, deverá o juiz indeferir a perícia, uma vez que a verificação, conforme dissemos, do fato é *impraticável* — segundo a declaração do inc. III do art. 464 do CPC. Em algumas situações, entrementes, o juiz poderá utilizar-se de outros meios de prova (TST, SBDI-1, OJ n. 278).

Determinados são os fatos individualizados, especificados, os que possuem características capazes de diferençá-los de quaisquer outros, que com eles possam se assemelhar. Cumpre às partes, desse modo, *precisar* os fatos que constituem o supedâneo da inicial e da contestação (ou da resposta *lato sensu*), conforme seja a hipótese. É, aliás, com vistas a essa exigência que se deve interpretar a recomendação feita pelo § 1.º do art. 840 da CLT, de que a parte deverá efetuar "uma breve exposição dos fatos de que resulte o dissídio"; caso contrário, a brevidade aí sugerida seria causa inevitável de formação das indesejáveis "zonas grises", a que tão bem se referiram Anastasi e Deveali, que tanto dificultam o entendimento da pretensão deduzida, e, consequentemente, o próprio direcionamento da atividade probatória.

Não estamos a insinuar que deva a exposição dos fatos ser feita de maneira exaustiva, prenhe de minúcias, dispersiva mesmo, mas, ao contrário, que seja suficiente para trasladar aos autos uma reprodução clara e precisa dos fatos probandos, de sorte a propiciar a que o juiz os possa compreender sem dificuldade. De fatos mal narrados não se pode esperar, por certo, uma satisfatória entrega da prestação jurisdicional. O poder de síntese na articulação dos fatos — convém observar — é virtude que, infelizmente, nem sempre está presente nas petições trabalhistas, onde a brevidade, em harmonia com a clareza e a fidelidade, é, além de necessária, respeitosa da realidade prática dos órgãos judicantes, caracterizada por uma pletora incomum de ações: *"Esto brevis et placebis"* ("Sê breve e agradarás") — recomenda o brocardo latino, com indiscutível sabedoria prática.

É imprescindível chamar a atenção para o fato de que essa exigibilidade de síntese e clareza mais se avulta no processo do trabalho, onde, como sói acontecer, as pretensões (causa de pedir + pedido) são múltiplas e heterogêneas.

Pertinentes. Um fato pode ser, ao mesmo tempo, controverso, relevante e determinado, mas não possuir relação com a causa, ou seja, não ser *pertinente*. Digamos, por exemplo, que um trabalhador esteja postulando, exclusivamente, a condenação do réu ao pagamento de horas extras; nesse contexto, é irrelevante saber se ele foi vítima de assédio moral durante a vigência do contrato.

Por fim, Armando Porras López (ob. cit., p. 245), apoiando-se em Garsonnete César-Bru, considera que os fatos, para que possam ser objeto de prova, devem apresentar os seguintes requisitos: a) sejam alegados pelas partes; b) sejam contestados; c) não sejam admitidos legalmente como verdadeiros; d) não esteja proibida a prova quanto a eles; e) sejam admissíveis — cuja apreciação já pudemos efetuar, *mutatis mutandis,* no Capítulo II.

Fatos que independem de prova

Excepcionando a regra geral, dispõe o art. 374 do CPC que não dependem de prova os fatos: a) notórios; b) afirmados por uma parte e confessados pela contrária; c) admitidos, no processo, como incontroversos; d) em cujo favor milita presunção legal de existência ou de veracidade.

Como veremos a seguir, há, em boa parte, fundamento lógico para o estabelecimento dessas exceções legais.

Fatos notórios

É conhecido o aforisma do Direito canônico, que acabou sendo incorporado ao Direito tradicional, segundo o qual *"non probandum factum notorium"*. Em tradução mais ou menos livre: os fatos notórios não necessitam de prova.

Leciona Pontes de Miranda (ob. cit., p. 351) que os fatos notórios que estão na ordem dos fatos empíricos, com as proposições evidentes na ordem lógica, compreendem a notoriedade *iuris* e a *facti.* O *notorium iuris é* absoluto quando se trata de norma jurídica, e relativo se emana de sentença transitada em julgado; o *notorium facti,* por sua vez, decorre de fato que é conhecido de todos os que integram determinado círculo social, "de modo que não há dúvida a respeito de tal fato".

A mais difundida definição de fato notório é a formulada por Calamandrei: é aquele "cujo conhecimento faz parte da cultura normal própria de determinado círculo social no tempo em que ocorre a decisão"[(23)].

A doutrina alienígena, contudo, nos fornece diversas outras definições: fatos notórios são os conhecidos em um círculo maior ou menor por uma multidão ou que são percebidos nas mesmas condições, contanto que também sejam conhecidos pelo Tribunal (Rosenberg)[(24)]; são os fatos conhecidos por todos ou pelo menos por um grande número de pessoas (Schonke)[(25)]; são os fatos conhecidos por todo mundo ou por um grande número de pessoas (Kisch)[(26)]; notório é o fato certo para a generalidade das pessoas fora da lide, ainda que concretamente no processo seja discutido (Michelí)[(27)]; são os que, mediante consenso humano geral, se reputam certos e indiscutíveis, seja porque pertencem à história, ou às leis naturais, ou à ciência, ou às ocorrências da vida pública; fala-se, além disso, de uma notoriedade mais restrita, isto é, dos fatos ordinariamente conhecidos em determinada circunscrição, de sorte que qualquer pessoa aí residente esteja em condições de dar notícias dele (Chiovenda)[(28)].

Embora seja possível reproduzirem-se inúmeros outros conceitos de fato notório, que variarão conforme o ponto de vista que se adote, parece-nos irrepreensível a afirmação de que a nenhum deles deverão faltar os elementos essenciais de *generalidade* e *verdade.* De resto, trata-se de meras manifestações idiossincráticas da inteligência humana, o que é absolutamente normal.

---

(23) *Apud* Moacyr Amaral Santos. *Primeiras linhas de direito processual civil.* São Paulo: Saraiva, 1979. p. 46.

(24) *Apud* Amauri Mascaro Nascimento. Ob. cit., p. 200.

(25) *Idem, ibidem.*

(26) *Idem.*

(27) *Idem.*

(28) *Apud* Wilson de Souza Campos Batalha. *Tratado de direito judiciário.* São Paulo: LTr, 1977. p. 498.

Procurando justificar a desnecessidade da prova dos fatos notórios, assim se expressou Gusmão: "O que é necessário é que se tenha sempre presente ao espírito o exato conceito da notoriedade, a qual consiste em ser a verdade da existência ou inexistência do fato tão pública e tão geralmente conhecida, que a ninguém seja possível, senão por teimosia ou por capricho, negá-la ou pô-la em dúvida"[(29)]. E conclui: "Exigir-se a prova de um fato revestido de tal publicidade é o suprassumo da extravagância, ou zombar do senso humano[(30)].

O busílis da questão, todavia, reside exatamente em se fixar o "exato conceito da notoriedade" do fato, a que se referiu o mencionado autor, pois esse conceito se caracteriza justamente por sua relatividade. Como lembra Moacyr Amaral Santos[(31)], há fatos conhecidos em todo o mundo cristão (como o Natal), sendo que outros o são apenas em determinado país (a colheita do café, no Brasil). Além disso, para que um fato seja reputado notório, não há necessidade de que com ele tenham se relacionado diretamente os integrantes de cada círculo social: "Notório é que a Independência do Brasil se deu a 7 de setembro de 1822, sem embargo de não termos vivido naquela época", conclui o ilustre jurista (*ibidem*).

Parece-nos inafastável, contudo, o reconhecimento de que a matéria concernente ao fato notório não está suficientemente elucidada pela doutrina. Basta que se indague, por exemplo, se deve ser considerado notório o fato que, embora sendo do conhecimento dos litigantes, é desconhecido pelo juiz.

De acordo com os autores citados — à exceção de Rosenberg —, a resposta é afirmativa. Temos, porém, entendimento divergente. De efeito, se a parte a quem a notoriedade do fato prejudica admite a sua existência, resulta claro que será irrelevante cogitar-se se o juiz o conhece, ou não, porquanto a notoriedade foi aceita pelo litigante a quem, por princípio, interessava negá-la. Nesta hipótese, a questão perde, à evidência, o seu interesse prático. Se, ao contrário, o litigante não admite que o fato narrado pelo *ex adverso* seja notório (em que pese efetivamente o seja) e o juiz, por qualquer razão, também o desconhecer, como sustentar-se a afirmação de que a ignorância pelo julgador não exigirá a comprovação da notoriedade? A ser assim, a) ou o juiz diligencia no sentido de constatar se o fato é notório, e neste caso estará buscando a prova da sua existência (contrariando, com isso, o que estatui o art. 374, inc. I do CPC), ou b) o juiz não realiza essa investigação e julga (1) a favor da parte a quem a notoriedade beneficia, ou (2) contra ela. Na primeira hipótese, com que convicção o fará, se ele próprio, julgador, não tem cognição do fato? Na segunda, como justificar a sua atitude em face do precitado dispositivo do CPC, que torna dispensável a prova dos fatos notórios?

---

(29) *Ibidem*, p. 497.

(30) *Idem*.

(31) Ob. cit., p. 46-47.

Venia concessa da manifestação doutrinária predominante (que tem na lei, sem dúvida, o seu maior argumento), entendemos que, em determinadas circunstâncias *excepcionais*, será lícito ao juiz exigir da parte a prova da notoriedade do fato. Saiba-se, contudo, que não é o ser conhecido pelo juiz ou pelo Tribunal que confere ao fato a notoriedade de dispensá-lo de prova, assim como a confissão é ineficaz contra a notoriedade inequívoca.

Por outro lado, embora a parte a quem a notoriedade prejudica não possa, em regra, produzir prova quanto a não ser notório o fato, não se há como negar-lhe o direito de demonstrar que o fato é *inverídico,* é preciso ter-se em mente que a notoriedade nem sempre está, como deveria, assentada na verdade. Admitamos, à guisa de exemplo, que se tenha como notório o fato de certo estabelecimento comercial haver encerrado as suas atividades (os meios de comunicação divulgaram amplamente notícia nesse sentido; as portas do estabelecimento estão fechadas; as placas com o nome foram retiradas, etc.). Sucede, contudo, que na realidade o estabelecimento está funcionando normalmente, conquanto de maneira sub-reptícia, porque isso convém ao seu proprietário. Sabendo disso, ao empregado, que está em juízo, se deverá permitir não a prova da inexistência da notoriedade do fato (estar o estabelecimento fechado), mas, sim, que é falso o pressuposto em que a notoriedade se apoia (ou seja, a cessação das atividades).

As considerações que expusemos servem para demonstrar que, a despeito de ser intensa a contribuição doutrinária para a solução das questões referentes ao tema, a controvérsia, como dissemos, ainda subsiste, acerba e crescente, provavelmente até mesmo em decorrência das oscilações semânticas que o vocábulo *notório* apresentou ao longo dos anos.

Lorenzo Carnelli (*O fato notório. Apud* Pestana de Aguiar, ob. cit., p. 94), em concepção que merece ser detidamente apreciada, e com a qual simpatizamos, chegou a dedicar ao problema excelente monografia, na qual concluiu pela condenação desse instituto processual, considerando-o "perigoso, de nome incorreto, discutido e discutível na sua constituição, nos seus fins e no seu alcance". O respeitado jurista uruguaio chegou a essa inferência após analisar a afinidade e a analogia do fato notório com outros institutos e o consequente risco de um elastecimento do conceito de notoriedade, que, a seu ver, passaria a ser utilizado como meio de injustiças na investigação da verdade, abrindo, dessa maneira, uma indesejável fenda no princípio dispositivo que informa a relação jurídica processual.

Fatos confessados

Embora a confissão, como meio de prova, venha a ser apreciada, com minudência, no Capítulo II, Terceira Parte, desta obra, convém antecipar, por oportuno e apenas *en passant,* que também os fatos narrados por uma das partes e confessados pela outra não dependem de prova, ao teor do inc. II do art. 374 do CPC.

A dicção legal, quanto a isso, é absolutamente lógica, pois o pressuposto da prova quanto aos fatos é que, em relação a eles, haja controvérsia; se, todavia, a parte admite a veracidade do fato, que é contrário ao seu interesse e favorável ao do adversário, resta caracterizada a confissão (CPC, art. 389), sendo assim desnecessária qualquer outra prova a respeito. A confissão pode ser real ou fictícia. A primeira se subdivide em espontânea e provocada. Espontânea é a que se realiza por iniciativa da parte, sendo produto, pois, de sua vontade; provocada é a que se forma contra a vontade da parte, sendo frequente a sua ocorrência no momento do depoimento pessoal. A confissão dita fictícia (ou presumida) deriva da ausência (injustificada) de depoimento da parte.

Fatos incontroversos

As mesmas razões lógicas que levaram o legislador a dispensar de prova os fatos confessados se aplicam aos incontroversos (CPC, art. 374, III).

À risca, aliás, os fatos confessados *também são incontroversos.*

Quer nos parecer, por isso, que o legislador processual, ao estabelecer (CPC, art. 374) que independem de prova (II) os fatos afirmados por uma parte e confessados pela parte contrária e (III) os admitidos no processo como incontroversos, incorreu em manifesto vício tautológico, porquanto as hipóteses previstas em ambos os incisos são idênticas: esta é a conclusão inevitável que decorre do cotejo entre as expressões legais utilizadas. Bastaria, a nosso ver, que ele houvesse dito, de maneira aglutinada e mais coerente, que não dependeriam de prova os *fatos incontroversos,* admitidos nos autos.

Não é suficiente, contudo, para afastar a presunção de veracidade, que a parte impugne os fatos; impõe-se que o faça especificamente, ou seja, manifestando contrariedade em relação a cada um deles, porquanto não mais se admite a denominada *contestação genérica.* E assim o é porque "O réu deve tomar posição definida quanto aos fatos articulados na petição (inicial)", conforme dispunha o Código de Processo Civil português (art. 494). Ademais, o art. 341, *caput,* do CPC, exige que o réu se manifeste, de maneira precisa, sobre os fatos alegados na petição inicial, sob pena de serem considerados verdadeiros os que não forem objeto de impugnação específica.

Tal como Calmon de Passos (*Comentários ao Código de Processo Civil.* Rio de Janeiro: Forense, 1979. p. 377), entendemos que o CPC vigente atribuiu *reciprocamente às partes* o ônus de impugnar, com precisão, os fatos alegados pela adversa, sempre que tenham de manifestar-se a propósito deles. Destarte, embora o art. 341 do CPC só faça referência ao réu (pois está a tratar da contestação), é de elementar conclusão que o *princípio* contido nessa norma legal é aplicável também ao autor, sempre que este dever se pronunciar acerca de fato alegado pelo adversário.

No processo do trabalho, esse ônus, não raro, produz efeitos extremamente contundentes, quanto mais não seja para o réu que aduz, oralmente, em audiência, a sua resposta (CLT, art. 845). Não nos parece possível, entretanto, mesmo neste caso, qualquer abrandamento dos efeitos legais inerentes à ausência de impugnação específica dos fatos, não apenas porque esse presuntivo poder não se compreende dentre os que a lei defere ao Juiz do Trabalho (CLT, art. 765), como também não compete ao juiz auxiliar o réu a formular a sua exceção, contestação ou reconvenção, sob pena de tornar-se parcial e de render ensejo à alegação de sua suspeição.

Pestana de Aguiar (ob. cit., p. 96), por sua parte, reconhece quatro modalidades de fatos incontroversos:

a) os que decorrem da admissão expressa da parte contrária;

b) os que provêm do silêncio (admissão tácita) da parte contrária;

c) os que assim se tornam pela dedução que se extrai do pronunciamento do litigante adverso;

d) os que são incontroversos por sua própria natureza.

A inexistência de controvérsia quanto ao fato, contudo, não impede que o juiz, em determinadas hipóteses, exija a prova correspondente, como quando percebe que as partes estão agindo em conluio, com a finalidade de simular algum ato. Ísis de Almeida (*Teoria e prática das provas no processo trabalhista*. São Paulo: LTr, 1980. p. 15) cita, a respeito, o caso em que o réu admite a relação de emprego pretendida pelo autor (e que em verdade inexistiu) para, dessa forma, propiciar-lhe obter alguns benefícios perante a Previdência Social. Convencendo-se disso, pelas circunstâncias da causa, o juiz proferirá sentença que obste aos objetivos das partes, por força do disposto no art. 142 do CPC.

Fatos que a lei presume existentes ou verdadeiros

Igualmente não dependem de prova os fatos em cujo favor milita presunção legal de existência ou de veracidade (CPC, art. 374, IV).

As presunções que derivam de um processo de raciocínio lógico do juiz são designadas de *simples;* as que promanam de um preceito de lei denominam-se *legais.* As presunções *simples, comuns* ou de *homem* (*hominis*) são sinônimas.

Cumpre esclarecer, todavia, que a regra legal que afirma independerem de prova tais fatos deve ser entendida *stricto sensu,* pois ela não autoriza, como se possa imaginar, que a parte que invoca uma presunção legal nada tenha de provar. Na lição de Moacyr Amaral Santos (ob. cit., p. 49), quem chama em seu favor uma presunção "deverá necessariamente demonstrar que está na situação de poder invocá-la".

As *praesumptionis iuris* requerem, para a sua constituição, o concurso de três pressupostos: a) um fato conhecido (fato-base); b) um fato desconhecido; c) um nexo de causalidade. Anota Coppola (Presuncione. In: *Nuovo Digesto Italiano*, n. 8. *Apud* Eduardo Couture. *Fundamentos del derecho procesal civil*. 1951, n. 91) que, na realidade, o que fica fora do campo do objeto da prova são os dois últimos elementos, ou seja, o fato desconhecido e a relação de causalidade. E acrescenta: "Porém nada subtrai da atividade probatória a demonstração do fato em que a presunção deve apoiar-se".

À vista de tais considerações, é possível estabelecer-se que a parte invocadora da presunção legal de existência ou de veracidade do fato não está obrigada a provar o fato presumido, mas, sim, o fato no qual a lei assenta a presunção.

Em sentido convergente está Aguillera de Paz (*apud* Moacyr Amaral Santos, ob. cit., p. 50), quando observa que, se a demonstração de veracidade é quanto ao fato-base, "não pode haver dúvida alguma de que sua prova compete ao favorecido pela presunção".

O ordenamento legal trabalhista contempla alguns casos de presunção dessa natureza, bastando verificar-se o art. 447 da CLT, pelo qual, inexistindo acordo ou prova sobre condição essencial ao contrato firmado oralmente, esta se *presume existente* como se a tivessem ajustado os interessados na conformidade dos preceitos jurídicos adequados à sua legitimidade. Também no parágrafo único do art. 456, do mesmo texto, se lê que na falta de prova ou inexistindo cláusula expressa, entende-se (isto é, *presume-se*) que o empregado se obrigou a todo e qualquer serviço compatível com a sua condição pessoal.

Fatos que são do conhecimento pessoal do juiz

Uma das regras fundamentais, ditadas por lei (CPC, art. 139, I), que norteia a atividade do juiz na direção do processo, é a da sua *imparcialidade*. Disso resulta que, colocado *entre* as *partes* e *acima* delas, impõe-se-lhe dispensar um tratamento processual rigorosamente equânime, sem propender, emotiva, ideológica, ou por qualquer outra razão, para este ou para aquele lado.

Essa imparcialidade do julgador integra a garantia do *due process of law*, consagrada pelas legislações modernas e, em particular, pela Constituição Federal vigente em nosso meio (art. 5.º, inciso LIV).

Foi visando a assegurar, teoricamente, uma igualdade de tratamento às partes que o direito processual brasileiro erigiu os obstáculos do impedimento e da suspeição do magistrado (CLT, art. 801, *caput,* CPC, arts. 144 e 145), chegando até mesmo a autorizar que o próprio julgador se declare suspeito *por motivo íntimo* (CPC, art. 145, § 1.º), sem necessitar declarar as suas razões (*ibidem*).

É incontestável que, por sua finalidade salutar, o dever de neutralidade do magistrado, como integrante de um Poder constitucionalmente instituído para compor os conflitos intersubjetivos de interesses, deve ser sempre exigido, sob pena de a sua inobservância conduzir à nulidade da sentença, ou do acórdão, ou de todo o processo, a implicar, assim, enormes prejuízos às partes, além de acarretar irrecuperável dispêndio de atividade jurisdicional.

A afirmação do imperativo da imparcialidade do juiz, contudo, não importa em contradição ou renúncia ao nosso entendimento, que será oportunamente manifestado no curso desta obra, de que, assim como o direito material, o processual deve nutrir-se, o quanto possível, de um propósito protetivo do trabalhador, em razão da sua hipossuficiência.

Embora coexistam, simbioticamente, Judiciário e processo, o caráter protecionista que a este se tem pretendido conferir não se comunica nem altera a imparcialidade daquele.

É precisamente desse dever legal de neutralidade diante dos litigantes que se extrai a proibição de o juiz decidir com fundamento no conhecimento *pessoal* do fato controvertido, pois, a ser deste modo, ele estaria atuando como *testemunha* da parte a quem o reconhecimento do fato aproveita. Conforme observou Chiovenda (*Instituições de direito processual civil.* 1945, vol. 2, p. 474. *Apud* Raphael Cirigliano. *Prova Civil.* 2. ed. São Paulo: Revista dos Tribunais, 1981. p. 31), se o juiz pudesse decidir de acordo com a sua cognição privada dos fatos, isto seria psicologicamente incompatível com as suas funções, visto que estaria controlando por si as próprias observações, quando o que se lhe exige é formar uma convicção pessoal mediante o controle de observações alheias.

Eis, em síntese, o princípio que emana da lei.

Sucede, todavia, que o mandamento legal que ordena ao juiz abster-se de julgar de acordo com a sua ciência pessoal dos fatos, se observado rigidamente, poderá acarretar, em alguns casos, considerável lesão ao conteúdo *ético* do processo. Justifiquemos.

A poder do princípio medular, que veta ao juiz a possibilidade de decidir com base em sua cognição pessoal do fato, este não poderia, *v. g.*, se ausente dos autos qualquer prova produzida pela parte, reconhecer a jornada de trabalho do empregado, mencionada na inicial (que indica a presença de horas extraordinárias), mesmo que soubesse ser ela verdadeira porque o viu, diversas vezes, trabalhando após o período ordinário.

É imperioso indagar, diante disso, se em nome da imparcialidade do juiz será sempre obrigatório que ele decida em consonância com o princípio mencionado, mesmo que tal atitude possa constituir um poderoso estímulo para que a parte mal-intencionada utilize o processo como instrumento para acobertar, talvez em definitivo, *a* verdade que lhe é desfavorável? Como exigir-se que o juiz, em audiência, sabendo que a parte ou suas testemunhas, em tais casos, estão, às escâncaras, faltando com a verdade, deva ficar inerte, preso em si e às regras processuais, vendo à sua frente a respeitabilidade do processo e do próprio Judiciário ser afrontada, não apenas impunemente, mas com grande proveito para o infrator? Nem se perca de vista o fato de a própria lei processual (CPC, art. 80) haver criado a figura do litigante de má-fé (*improbus litigator*), exatamente para desestimular ou punir propósitos dessa índole.

Não se pode ignorar que se o conhecimento pessoal do fato houvesse decorrido de inspeção judicial (CPC, art. 481), a sua admissibilidade no processo seria indiscutível. Não nos parece *venia permissa* que a justificativa, na hipótese, possa sempre residir na circunstância de as partes estarem presentes à inspeção (CPC, art. 483, parágrafo único); nem sempre estão, embora houvessem sido previamente intimadas. Neste caso, o juiz toma conhecimento dos fatos sem o acompanhamento das partes e de seus advogados; e o que presenciou poderá utilizar no julgamento, sem receio de perpetrar, com isso, alguma lesão a direitos dos litigantes.

Apressamo-nos a esclarecer que não estamos propugnando que o juiz, quando for o caso, deva invariavelmente decidir com fulcro na cognição pessoal do fato — embora isso, num plano ideal, fosse desejável, como fator de credibilidade nos julgadores. Queremos dizer que, em face da peculiaridade da Organização Judiciária trabalhista, as normas processuais civis nem sempre incidem em sua plenitude, devendo, em face disso, sujeitar-se às adaptações que essa mesma particularidade reclama.

Ponha-se claro, acima de tudo, a *reciprocidade* da exceção, *id est*, o conhecimento do fato, pelo juiz, sempre que isso ocorresse, aproveitaria, por igual, ao réu (empregador), pois estariam presentes os mesmos pressupostos, voltados à preservação da respeitabilidade e da dignidade do processo e do Judiciário, como instituições extremamente necessárias para a garantia da estabilidade social.

Conquanto o magistrado não possa *decidir* com fulcro no conhecimento pessoal dos fatos da causa, isso não significa reconhecer que ele esteja proibido de valer-se dessa cognição particular para os efeitos da *instrução processual*. A este respeito, devemos narrar um episódio ilustrativo. O prédio no qual se encontrava instalado o fórum trabalhista não possuía estacionamento para o automóvel do juiz da única Vara da cidade. Em frente ao fórum havia um grande estabelecimento comercial, que, por gentileza, cedia uma das vagas de seu estacionamento ao magistrado. Ocorre que o juiz encerrava o seu expediente por volta das 19 h e o referido estabelecimento fechava as portas ao público às 18 h. Todavia, o juiz, para ter acesso ao estacionamento da empresa, tinha que passar pelo interior dela. Nessas ocasiões, ele percebia que alguns empregados estavam ainda trabalhando, especialmente, na reposição de mercadorias nas prateleiras. Pois bem. Deu-se que, posteriormente, um desses empregados foi designado para atuar como preposto da referida empresa em uma ação trabalhista ajuizada naquela Vara (o réu não arguiu a suspeição do magistrado, nem este se considerou suspeito por motivo íntimo). O autor alegava que embora a sua jornada de trabalho devesse encerrar-se às 18 h, ele continuava trabalhando, diariamente, até às 20 h ou mais. O juiz, por diversas vezes, presenciou esse empregado e o preposto no interior do estabelecimento, por volta das 19 h (quando o magistrado se dirigia ao estacionamento). Ao perguntar ao preposto a que horas se encerrava a jornada de trabalho do autor, o juiz recebeu a resposta de que isso ocorria sempre às 18 h (conforme constava da defesa). O juiz perguntou, então, ao preposto, a que hora este deixava o estabelecimento, recebendo a mesma resposta: também às 18 h. Ficou evidente, para o juiz, que o preposto estava mentindo. Calmamente, o magistrado, como quem se dedicava a uma digressão casual, disse-lhe: "Eu conheço você; e você, me conhece?". Receando ser desmascarado pelo próprio juiz se dissesse que não o conhecia, o preposto respondeu de maneira afirmativa: "Eu conheço o senhor" — ao que o juiz acrescentou: "Mas é a primeira vez que eu o vejo no fórum; então, de onde será que eu conheço você?". A essa altura, o preposto estava visivelmente embaraçado, e não teve como deixar de responder: "Acho que o senhor me conhece da empresa". "Ah, sim, da empresa", exclamou o magistrado, prosseguindo: "Mas o curioso é que eu também o conheço da empresa, mas não sou cliente dela; então, como é que você me vê na empresa?". Mais embaraçado ainda, disse o preposto: "Porque o senhor passa pelo meu setor para pegar o seu automóvel no estacionamento". Veio, em seguida, a pergunta fatal feita pelo juiz: "E a que hora eu passo pelo seu setor?". Certamente, o preposto não se atreveria responder que o juiz passava pelo referido setor às 18 horas, pois na verdade isso acontecia às 19 h. E o pior é que o preposto já havia respondido que nenhum empregado (inclusive ele) permanecia trabalhando após as 18 h. O magistrado, pacientemente, pôs-se a aguardar a resposta do preposto; este, porém, entrara em pânico, face ruborizada, sudorese intensa, sem conseguir articular qualquer palavra. Percebendo a gravidade das circunstâncias, o advogado da empresa dirigiu-se ao juiz, dizendo possuir uma proposta de acordo.

Após breves negociações, o acordo foi firmado. O episódio aqui narrado bem demonstra que embora o juiz não possa *decidir* com base em conhecimento pessoal do fato, ele pode fazer uso regular dessa cognição particular na instrução do processo, designadamente na fase oral, em sua incessante busca pela verdade real.

Uma nota complementar: soube-se que o juiz perdeu o direito de fazer uso do estacionamento da empresa...

Prova do direito invocado

Dispunham as Ordenações Filipinas (Livro 3.º, Título LIII, 7) que "... e se tal Direito for escrito, posto que dele se possa articular, não será a parte obrigada depor a ele, assim, como não é obrigada depor ao artigo fundado em Direito Comum"[32], a expressar, desse modo, o princípio universal de que o *direito não depende de prova* (*"ius allegatur, non probatur"*).

Assenta-se esse princípio no pressuposto de que o juiz conhece o direito (*iura novit curia*); de tal arte, aos litigantes cabe narrar os fatos, incumbindo ao magistrado aplicar a norma legal incidente (*"da mihi factum dabo tibi ius"*). A Súmula n. 408, do TST, após reconhecer que mesmo em sede de ação rescisória ao juiz caberia realizar a subsunção dos fatos à norma legal aplicável ao caso concreto, ressalvava: "No entanto, fundando-se a ação rescisória no art. 485, inc. V, do CPC, é indispensável expressa indicação, na petição inicial da ação rescisória, do dispositivo legal violado, por se tratar de causa de pedir da rescisória, não se aplicando, no caso, o princípio *iura novit cúria*".

Posteriormente, o TST deu nova redação à Súmula, sem alterar-lhe a essência: "AÇÃO RESCISÓRIA. PETIÇÃO INICIAL. CAUSA DE PEDIR. AUSÊNCIA DE CAPITULAÇÃO OU CAPITULAÇÃO ERRÔNEA NO ART. 966 DO CPC DE 2015. ART. 485 DO CPC DE 1973. PRINCÍPIO *"IURA NOVIT CURIA"* (nova redação em decorrência do CPC de 2015) – Res. n. 208/2016, DEJT divulgado em 22, 25 e 26-4-2016.

Não padece de inépcia a petição inicial de ação rescisória apenas porque omite a subsunção do fundamento de rescindibilidade no art. 966 do CPC de 2015 (art. 485 do CPC de 1973) ou o capitula erroneamente em um de seus incisos. Contanto que não se afaste dos fatos e fundamentos invocados como causa de pedir, ao Tribunal é lícito emprestar-lhes a adequada qualificação jurídica (*"iura novit curia"*). No entanto, fundando-se a ação rescisória no art. 966, inciso V, do CPC de 2015 (art. 485, inciso V, do CPC de 1973), é indispensável expressa indicação, na petição inicial da ação rescisória, da

---

(32) Direito *comum*, aí, se refere àquele que era aplicável a todas as pessoas, em contraposição ao direito *singular*, que não se exigia fosse do conhecimento do julgador.

norma jurídica manifestamente violada (dispositivo legal violado sob o CPC de 1973), por se tratar de causa de pedir da rescisória, não se aplicando, no caso, o princípio '*iura novit curia*' (ex-Ojs ns. 32 e 33 da SBDI-2 – inseridas em 20-9-2000)".

Uma das características da norma legal é, precisamente, a sua obrigatoriedade; daí, a advertência constante da Lei n. 12.376, de 30-12-2010 (Lei de Introdução às Normas do Direito Brasileiro (art. 3.º), de que "Ninguém se escusa de cumprir a lei, alegando que não a conhece". E o conhecimento da legislação mais se exige do juiz, que é um técnico nessa matéria e a quem compete aplicá-la. Por este motivo, o CPC vigente estabelece que "O juiz não se exime de decidir sob a alegação de lacuna ou obscuridade do ordenamento jurídico (art. 140, *caput*)". Conquanto o CPC de 2015 não tenha reproduzido a regra contida na parte final do art. 126, do CPC de 1973, esta foi, tacitamente, recepcionada pelo novel Código. Dispunha o art. 126: "No julgamento da lide caber-lhe-á aplicar as normas legais; não as havendo, recorrerá à analogia, aos costumes e aos princípios gerais de direito".

Ao julgador, portanto, a norma processual veda escusar-se de efetuar a entrega da prestação jurisdicional alegando que o ordenamento jurídico é lacunoso ou obscuro, do que se conclui que ele não apenas está "condenado à atividade", pois a lei o pune por parar — conforme asseverou Pontes de Miranda —, como, também, está obrigado a conhecer, em regra, as normas legais invocadas pelos litigantes. Já não se admite, portanto, nos modernos sistemas processuais, o *non liquet* ("não está claro") oriundo do Direito romano antigo, que facultava ao magistrado deixar de proferir sentença quando declarasse que o caso concreto não lhe parecia claro.

Direito municipal, estadual, estrangeiro ou consuetudinário

Seria desarrazoado impor-se ao juiz que conhecesse, além do direito federal, também o municipal, o estadual, o estrangeiro e o consuetudinário.

Foi prudente, por isso, o legislador processual civil ao atribuir à parte que invoca, em seu benefício, quaisquer desses direitos, o encargo de provar-lhe o teor e a vigência (CPC, art. 376). É preciso atentar-se, contudo, para a particularidade de que o litigante não está, automaticamente, obrigado a produzir tal prova: para que isto ocorra, há necessidade de que o juiz o determine ("se assim o juiz determinar", diz o artigo citado). O art. 376 do CPC reproduz, em parte, a regra contida no art. 14, da Lei de Introdução às Normas do Direito Brasileiro, segundo a qual: "Não conhecendo a lei estrangeira, poderá o juiz exigir de quem a invoca prova do texto e da vigência".

Via de regra, na Justiça do Trabalho, o direito das partes (logo, também, o seu interesse) está contido em leis *federais,* porquanto a Constituição da

República atribui competência privativa à União para legislar sobre Direito do Trabalho e Direito Processual, entre outros (art. 22, I).

É interessante observar que o CPC se refere não somente à prova do conteúdo (teor) da lei, mas também da sua *vigência.* Isso significa que, quando assim ordenar o juiz, a parte deverá demonstrar que a lei invocada ainda está em vigor — prova que, em certas hipóteses, não será tão fácil quanto se possa supor. Afinal, como pondera Moacyr Amaral Santos (ob. cit., p. 62), as leis não foram feitas para serem revogadas. Sendo esse o princípio, provado o seu teor, seria de presumir-se que ainda estivesse a viger a norma legal.

Entendemos que a prova da vigência, quando necessária, deva ser feita mediante declaração do Poder Público competente, ou por parecer de jurisconsulto especializado na matéria sobre que versa o texto legal.

Quanto ao direito consuetudinário, afirma Santiago Sentis Melendo (*El juez y el derecho.* 1957, p. 172-185 e 229-252. *Apud* José Frederico Marques. *Instituições...*, 1962, v. III, p. 372-373) que a prova pode também ser feita via presunções ou exames periciais.

Aliás, não se há de confundir direito consuetudinário (ou costumeiro) com usos e costumes; aquele "se irradia de repetição de atitudes humanas que o meio social fez regras jurídicas"; estes, ao contrário, constituem simples repetições de atos que não se inserem no sistema jurídico (PONTES DE MIRANDA. *Comentários ao CPC,* p. 368).

O costume se forma pela tradição, pela prática uniforme, reiterada e generalizada de determinados atos da vida dos povos, daí por que se podem estabelecer alguns requisitos essenciais para a sua admissibilidade como direito: a) a uniformidade; b) a iteratividade; c) a generalidade; d) a moralidade; e e) a obrigatoriedade.

Uniformidade, porque a prática deve ser sempre a mesma; *iteratividade,* porque dela se exige a constância, a continuidade (embora, no sistema do direito positivo brasileiro vigente não se fixe prazo para a configuração do costume, quanto ao fator tempo, valendo lembrar que a Lei de 18 de agosto de 1769, em seus §§ 12 e 14, estabelecia o prazo de cem anos para a juridização do costume); *generalidade,* porque deve abranger todo o grupo social, que geograficamente pode estar limitado a uma cidade, a uma região, a um Estado-membro, etc.; *moralidade,* porque o costume, se contrário à moral, não tem eficácia jurídica; *obrigatoriedade,* sabendo-se que ele deve se impor ao grupo social, constrangendo-o a acatá-lo.

Os costumes são admitidos, porém, nas hipóteses de lacuna ou falha legal; por esse motivo, devem ser sempre repelidos os costumes *contra legem* (e, consequentemente, contra a moral).

A dificuldade quanto à prova do costume, diante da sua imutabilidade, em alguns casos, está refletida na velha máxima latina *"consuetudo est dificilime probationis quia modo est alba modo est nigra"* ("é dificílimo provar o costume, pois ora ele é branco, ora é preto").

Acordos e convenções coletivas

É inegável que tanto os acordos (CLT, art. 611, § 1.º) quanto as convenções coletivas de trabalho (art. 611, *caput*) devem ter a sua existência demonstrada nos autos, desde que neles se fundamente a pretensão das partes.

Mesmo as convenções coletivas (que são instrumentos normativos intersindicais) de âmbito nacional não fogem à regra, pois não se compreendem no conceito de *fato notório,* como se tem imaginado. Cumpre lembrar, aliás, que a lei não exige que sejam publicadas[(33)], determinando, apenas, que se deposite uma de suas vias, para fins de registro e arquivo, no Departamento Nacional do Trabalho (atualmente, Secretaria de Emprego e Salário), ou nos órgãos regionais do Ministério do Trabalho, conforme seja o caso (CLT, art. 614, *caput*).

Dessa maneira, calcando o empregado o seu pedido em cláusula constante de acordo ou de convenção coletiva, caberá a ele provar-lhe o teor e a vigência (embora esta, em regra, venha expressa no próprio instrumento), sob pena de ser rejeitada a sua pretensão, uma vez que, diante da maré-montante de tais ajustes coletivos existentes no País, seria insensato exigir-se que o juiz tivesse conhecimento de *todos* eles.

O fato de uma via desse instrumento ser, necessariamente, depositada nos órgãos previstos em lei não libera a parte interessada do ônus de provar-lhe a existência, sob a suposição de que, para tanto, bastaria o juiz determinar que se oficiasse ao órgão administrativo, a fim de informar a respeito. Se assim acaso o fizer, terá sido por ato de mera liberalidade, pois a lei não o compele a tanto.

Entendemos, contudo, que na hipótese de o juiz ter conhecimento da existência de determinado acordo ou convenção coletiva (porque, por exemplo,

---

(33) Em que pese ao justo propósito, pareceu-nos, *data venia,* dissociada da realidade forense a conclusão a que chegaram os participantes do IV Congresso Ibero-Americano de Direito do Trabalho e Seguridade Social (São Paulo, setembro de 1972), de que "as sentenças, convenções e acordos coletivos, que reúnam todos os requisitos formais exigidos pelo ordenamento jurídico de cada país, presumem-se conhecidos pelo julgador".

Essa mesma conclusão, contudo, mais adiante, em disposição que se nos depara algo colidente com a primeira parte, estabelece, *verbis:* "Recomenda-se, por necessário, a obrigação de publicar, em órgãos oficiais da imprensa, as sentenças, *convenções* e *acordos coletivos*" (sublinhamos). A obrigação (legal), todavia, de publicação só concerne às sentenças (melhor: acórdãos) normativas, e não aos acordos e às convenções.

constante de outros autos de processo, que tramita ou tramitou pela mesma Vara), nada o impede de ordenar à Secretaria para expedir certidão do teor daquele instrumento, a fim de ser juntada aos autos relativos ao caso *sub judice*. Essa faculdade está compreendida na disposição muito ampla do art. 765 da CLT.

Procurando evitar a formação de controvérsia quanto à existência, ou não, de acordo ou convenção coletiva de trabalho, algumas entidades sindicais passaram, sistematicamente, logo após a assinatura do respectivo instrumento, a entregar à Secretaria da Vara uma via do ajuste coletivo, devidamente formalizada e arquivada (geralmente na Delegacia Regional do Trabalho). A praxe que, quanto a isso, se constituiu em algumas localidades, nada obstante não esteja prevista em lei, não causa nenhuma lesão às normas processuais trabalhistas. E ela mais se justifica quando a entidade sindical está, constantemente, ministrando assistência judiciária aos empregados, não sendo razoável exigir-se que a cada ingresso em juízo tenha de juntar cópia do acordo ou da convenção coletiva.

É verdade, porém, que se houver interposição de recurso haverá necessidade, em alguns casos, de a parte interessada juntar às suas razões — sem receio de perpetrar ofensa à Súmula n. 8, do TST — certidão da Secretaria da Vara concernente ao teor e à vigência do ajuste, para que o Tribunal *ad quem* tenha, assim, elementos para apreciar a matéria sobre que versa o apelo.

Analisando o problema relativo à atitude do juiz diante da invocação, por qualquer das partes, quanto à existência de acordo ou convenção coletiva, assim se manifestou Eduardo R. Stafforini (*Derecho Procesal Social*. Buenos Aires: Tipogr. Editora Argentina, 1955. p. 566): "Pero teniendo en cuenta el procedimiento inquisitivo y la actitud dinámica que frente al proceso caracteriza al juez del trabajo, puede concluirse que, invocada la convención colectiva por alguna de las partes, el juez posee la *facultad* (sublinhamos) de ejercitar todos los medios que la ley pone a su alcance para tomar conocimiento de la existencia y del texto de la convención invocada, no con el propósito de suplir la omisión de las partes al respecto, sino de agotar los medios a su alcance para resolver la controversia de acuerdo a derecho".

Verificamos, portanto, que embora o ilustre jurista argentino tenha apreciado a questão à luz do direito positivo vigente em seu país, a conclusão a que chegou é a mesma que, particularmente, adotamos, pois qualquer diligência do juiz, visando a apurar a existência e o conteúdo de acordo ou convenção coletiva de trabalho, emanará sempre de uma *faculdade* e não de um dever ou uma obrigação legal.

Ulteriormente às primeiras edições deste livro, a SDI-I do TST adotou a Orientação Jurisprudencial n. 36 para dispor: "Instrumento normativo.

Cópia não autenticada. Documento comum às partes. Validade. O instrumento normativo em cópia não autenticada possui valor probante, desde que não haja impugnação ao seu conteúdo, eis que se trata de documento comum às partes". Por outras palavras, a jurisprudência da mencionada SDI admite a eficácia probante de documento comum às partes, cujo conteúdo não tenha merecido impugnação pelo litigante contrário, mesmo que o documento tenha sido apresentado sob a forma de fotocópia não autenticada. Por outro lado, a OJ n. 134, da mesma SDI, dispõe: "Autenticação. Pessoa jurídica de direito público. Dispensa. Medida Provisória n.1.360, de 12-3-1996 (inserida em 27-11-1998). São válidos os documentos apresentados, por pessoa jurídica de direito público, em fotocópia não autenticada, posterior à edição da Medida Provisória n. 1.360/96 e suas reedições".

É oportuno observar, ainda, que, por força da nova redação imposta pela Lei n. 11.925, de 17-4-2009, ao art. 830, da CLT, o advogado poderá declarar, sob sua responsabilidade pessoal, serem autênticas as cópias por ele juntadas aos autos do processo. Sendo impugnada a autenticidade das cópias, cumprirá ao juiz intimar a parte, que as juntou, para apresentar cópias devidamente autenticadas ou o original; neste último caso, caberá ao serventuário do juízo proceder ao cotejo entre os originais e as cópias e declarar a conformidade destas com aqueles (*ibidem,* parágrafo único).

Embora o *caput* do art. 830 da CLT somente faça alusão ao *advogado*, é absolutamente necessário que se reconheça essa mesma faculdade à própria *parte,* quando estiver postulando pessoalmente (*ius postulandi*, CLT, art. 791).

Regulamentos de empresa

Assim como os instrumentos normativos, os regulamentos de empresa, sempre que a sua existência e seu conteúdo se relacionarem diretamente com a controvérsia estabelecida na ação, deverão ser juntados aos autos.

Se a existência do regulamento for incontroversa, mas as partes discutirem apenas sobre a redação, o alcance, etc., de um ou mais dos dispositivos que o compõem, é evidente que o encargo da prova é do empregador; na eventualidade, porém, de este negar a existência de norma *interna corporis,* não há como deslocar do empregado o encargo da prova.

Ocorrendo, todavia, de o empregado — ciente de que é seu o ônus *da prova* quanto à existência do regulamento — requerer, em juízo, na forma do art. 355 e segs., do CPC, a exibição desse documento e o empregador, intimado a tanto, deixar de efetuar a exibição, não apresentar qualquer declaração no prazo do art. 398 (5 dias), ou tiver a sua recusa havida por ilegítima, o juiz, ao decidir o pedido, "*admitirá* como verdadeiros os fatos que, por meio do documento ou da coisa, a parte pretendia provar" (grifamos), segundo a regra do art. 400, *caput* do CPC.

Perceba-se que a lei, aqui, não se refere à *possibilidade* de o juiz tornar concreta a presunção de veracidade quanto ao documento; se assim pretendesse o legislador, teria utilizado a expressão verbal "*poderá admitir*". Ao dizer, contudo, que o juiz *admitirá* tal veracidade, *a* lei se fez cogente, impositiva, encerrando uma presunção absoluta (*iuris et de iure*).

Tratados e convenções internacionais

A prova da existência, do conteúdo e da vigência dos tratados e das convenções internacionais deverá ser feita, nos autos, pela parte interessada. Conquanto um e outro não constituam, à risca, o *direito estrangeiro* a que alude o art. 376 do CPC, somos de parecer que se deva aplicar, analogicamente, à espécie, o mesmo critério contido nesse artigo; importa em dizer: a parte somente estará obrigada a produzir prova da existência de tratado ou convenção internacional invocada *se o juiz assim o determinar.*

Não se ignore, além disso, que em certos casos as convenções internacionais da OIT, quando ratificadas pelo Brasil, se incorporam ao nosso direito positivo.

Determinando o juiz que a parte junte aos autos comprovante da existência de quaisquer desses instrumentos e considerando que a publicação sempre é feita em língua estrangeira (como nos casos das publicações da OIT), a juntada deve ser precedida de versão, para o Português, tramitada por via diplomática ou pela autoridade central, ou firmada por tradutor juramentado do teor do documento (CPC, art. 192, parágrafo único), porquanto o nosso direito exige em todos os atos e termos processuais o uso da língua portuguesa, conforme consta do art. 192, *caput*, do CPC[(34)].

(34) O CPC de 1973 se referia ao uso de *vernáculo* (art. 156), o que era incorreto, pois o vocábulo vernáculo significa aquilo que é da própria terra, aborígene, ou seja, a língua tupi, tupi-guarani etc..

Capítulo V

Finalidade da Prova

Comentário

Visa a prova, fundamentalmente, a convencer o juiz, que figura, desse modo, como o seu *principal destinatário* (*iudice fit probatur*).

Diríamos não apenas convencer, mas, sobretudo, constringir e nortear a formação do seu convencimento, pois sabemos que, em princípio, o julgador não pode decidir *contra* a prova existente nos autos, sob pena de nulidade da sentença. O que lhe é lícito fazer é, na fase de valoração, optar por aquela que lhe pareça a *melhor prova*. O princípio da persuasão racional, que havia sido adotado pelo CPC de 1973 (art. 131),desautorizava o juiz a julgar segundo a sua íntima convicção, impondo-lhe que o fizesse de maneira fundamentada; a fundamentação, no caso, era feita com vistas à prova produzida e traduzia — como ainda traduz — uma exigência constitucional (Const. Federal, art. 93, inciso IX).

O mencionado princípio reside no art. 371, do CPC de 2015: "O juiz apreciará a prova constante dos autos, independentemente do sujeito que a tiver produzido, e indicará na decisão as razões da formação do seu convencimento".

Tem razão, portanto, Pontes de Miranda (ob. cit., p. 332), ao afirmar que o Estado impõe ao magistrado certas regras de convicção, mais ou menos rígidas, a que tem de obedecer, "regras que vão do máximo (sistema da livre convicção do juiz) até o mínimo de liberdade (sistema da taxação da prova)".

Também podemos afirmar, com Armando Porras López (ob. cit., p. 246), que a finalidade da prova "es el de hacer que el juez, mediante el procedimiento lógico del razonamiento, encuentre la verdad" — *verdade formal,* acrescente-se, na medida em que, como dissemos (Capítulo III), nem sempre a *real* acaba sendo transportada para os autos.

Em resumo: é da prova que nasce a certeza jurídica do julgador (*"ex probatione oritur fides iuridica"*).

A partir da prova existente nos autos, o juiz inicia, por um processo ou método de raciocínio indutivo (extraindo uma conclusão geral dos fatos particulares), a justa composição da lide. Metáfora à parte, é possível asseverar-se que a prova constitui o caminho por onde deve, obrigatoriamente, passar o seu raciocínio em busca da verdade. "Con las pruebas aportadas por el actor y el demandado, ambas partes tratan que la congruencia entre la idea que ellos tienen de una cosa y la cosa misma (la verdad de ellos), sea la que se estructure en el espíritu del juez, naturalmente, según sea el actor, o el demandado", observa, por outro lado, Porras López (*idem*).

De certo modo, a prova dos fatos, além de finalisticamente visar a convencer o juiz ou o Tribunal, constitui, para ele, uma justificativa para decidir em detrimento dos interesses da parte contra a qual a prova foi produzida, porquanto o julgador deve ser, por força de rígido princípio legal (CPC, art. 139, I), neutro, imparcial, não lhe sendo dado conferir maior ou menor credibilidade a esta ou àquela alegação.

Não haverá deslise, contudo, em afirmar-se que em certos casos a prova se dirige, *também, a* convencer a parte contrária. Tem-se visto, *e. g.*, o empregado postular o recebimento de repouso semanal remunerado, de adicional noturno e o mais, e o empregador, em sua contestação, juntar documentos comprovativos de que o pagamento foi feito — documentos esses que acabam sendo reconhecidos como verdadeiros pelo empregado, em audiência. Como negar-se, diante disso, que a prova não tenha sido produzida para convencer a parte adversa, ou seja, o empregado? E o que não dizer, ainda, do empregado que, pretendendo, apenas, que o empregador *comprove* o recolhimento dos valores devidos ao FGTS (obrigação de fazer), vê diante de si, também em audiência, a prova de que os recolhimentos foram feitos — chegando, muitas vezes, em decorrência disso, a desistir da ação?

Podemos concluir, por esse motivo, que embora a prova se destine, precipuamente, a convencer o juiz, não se pode negar que, em um plano secundário, ela busca, por igual, a persuasão da parte contra a qual foi produzida, conquanto essa finalidade *a latere* raramente obtenha êxito na prática.

Capítulo VI

Princípios Reitores da Prova

O douto Amauri Mascaro Nascimento (ob. cit., p. 199) aponta, como princípios regentes da prova no processo do trabalho, os seguintes:

a) *da necessidade da prova,* em virtude do qual os fatos que são do interesse das partes devem ser demonstrados em juízo, não bastando que sejam meramente alegados. O próprio juiz só pode julgar de acordo com o alegado e provado;

b) *da unidade da prova,* que embora possa ser constituída por diversos meios, se corporifica em um todo, uno, que deverá ser apreciado englobadamente;

c) *da lealdade ou probidade da prova,* segundo o qual há um interesse de todos em que a verdade seja encontrada, sem deformações, razão por que as partes devem colaborar para que a vontade da lei possa incidir no caso concreto, via prestação jurisdicional, sem vícios ou falsos pressupostos;

d) *da contradição,* porque a parte contra quem foi produzida a prova tem o direito de impugná-la, de produzir contraprova, sendo, por isso, inadmissível a produção secreta de provas;

e) *da igualdade de oportunidade de prova,* com o que se garante às partes a mesma oportunidade para requererem a produção de provas, ou mesmo para produzi-las;

f) *da legalidade,* que vincula a produção de provas à forma prevista na lei;

g) *da imediação,* que significa não apenas a direção da prova, pelo Juiz, mas a direta intervenção deste na instrução, notadamente nos sistemas que adotam a oralidade;

h) *da obrigatoriedade da prova,* a poder da qual "sendo a prova de interesse não só das partes, mas do Estado que quer o esclarecimento da verdade, as partes devem ser compelidas pelo juiz a apresentar no processo determinada prova, sofrendo sanções no caso de omissão, especialmente as presunções que passam a militar contra aquele que se omitiu e a favor de quem solicitou".

Fazendo uma breve análise desses princípios, temos:

Necessidade da prova

Com efeito, os fatos narrados em juízo devem ser cabalmente provados para que o órgão judicante os admita como verdadeiros.

O encargo da prova incumbirá a quem a existência do fato aproveite, conforme seja a hipótese, e de acordo com os critérios de partição desse ônus, fixados em lei (CLT, art. 818). Esse *onus probandi,* contudo, como vimos, não compreende os fatos notórios, os incontroversos e aqueles que a lei presume existentes ou verdadeiros (CPC, art. 374 e incs.). A *necessidade* está em que o juiz não se pode deixar impressionar com meras alegações expendidas pelas partes, exigindo-lhe a lei que decida, que forme a sua convicção, com apoio na prova produzida nos autos (CPC, art. 371).

Incide no particular, portanto, a regra latina *"secundum allegata et probata iudex iudicare debit"* ("o juiz deve julgar conforme o alegado e provado"), que dá conteúdo aos sistemas processuais dispositivos.

Sobre ser dispositivo, inquisitivo ou misto o sistema adotado pelo processo do trabalho, veremos no Capítulo X, desta Primeira Parte.

Dessa maneira, podemos formular a seguinte regra, algo insólita: ao juiz, tangido pelo dever legal de imparcialidade, e consciente de que crer em ambas as partes é impossível (por uma questão elementar de lógica formal), resta apenas a alternativa de, até prova em contrário, não acreditar em nenhuma delas.

Desse princípio também se extrai a regra de que o juiz não pode decidir com base no seu conhecimento pessoal dos fatos controvertidos — ressalvado o nosso entendimento, já manifestado em página anterior, de que, em certas situações especiais, a exceção se torna mais importante do que a regra.

Sob certo aspecto, a prova está vinculada com o próprio regime democrático adotado em nosso país. Com efeito, se levarmos em conta o fato de a prova constituir um dos fundamentos dos pronunciamentos jurisdicionais; que esse fundamento é exigido pela Constituição Federal (art. 93, IX); e que a República Federativa do Brasil está constituída sob a forma de Estado Democrático de Direito (CF, art. 1.º, *caput*) não teremos dificuldade em reconhecer uma íntima relação entre a prova judicial e o regime político imperante em nosso meio. O fundamento das decisões judiciais, exigido pela Constituição Federal, traduz medida indispensável para evitar a arbitrariedade dos juízes. Não satisfaz às imposições legais e constitucionais, portanto, o fato de o juiz decidir as causas submetidas à sua cognição: é essencial que demonstre as razões jurídicas, os fundamentos de que se valeu para chegar à decisão.

Unidade (ou comunhão) da prova

É curial que a prova deva ser apreciada como um todo (CPC, art. 371). Isso não significa, porém, que diante do *complexo probatório* o juiz só possa decidir, exclusivamente, a favor desta ou daquela parte. Essa atitude somente será exigível se a controvérsia concernir, apenas, a um *fato eficiente,* como, por exemplo, quando o empregado alegar que foi despedido sem justa causa (postulando, como consectário, o aviso prévio, o 13.º salário proporcional, as férias proporcionais, as guias para a liberação do FGTS, etc.) e o empregador, manifestando a sua contrariedade, sustentar que o empregado se demitiu. Nesse caso, impõe-se que o juiz, com fundamento nas provas, acolha como verdadeiro apenas um dos dois fatos-base mencionados (despedida injusta ou demissão).

Considerando, todavia, que as petições iniciais trabalhistas, em geral, contêm inúmeros pedidos, que decorrem, muitas vezes, de causas (fatos eficientes) heterogêneas, é palmar que ante o conjunto probatório — e sempre com fulcro nele — o juiz acolha parte dos pedidos do autor (e, consequentemente, parte dos pedidos do réu), sempre que for o caso.

Assim, o princípio em exame está a indicar que as provas devem ser apreciadas em seu *conjunto*, sem que se tenha de decidir, com exclusividade, em favor de um dos litigantes, só porque teria provado a maioria dos fatos em que se apoiam os seus pedidos. Para esse efeito, pouco importa que o conjunto probatório seja constituído por uma miscigenação de *meios* (documentos, testemunhas, perícia e todos os demais, moralmente legítimos, previstos em lei); sobreleva, sim, o fato de que esses meios, indistintamente, se revistam de eficácia para provar o que pretendem, atuando, dessa maneira, na formação do convencimento do julgador a respeito dos fatos da causa.

Lealdade ou probidade da prova

A prova, tal como o processo em geral, tem um propósito marcadamente *ético;* por isso, em um plano ideal pode-se afirmar que todos os sujeitos do processo (juiz, partes, advogados, membros do Ministério Público e o mais) têm interesse em que a verdade dos fatos seja encontrada pura, sem laivos de meia-verdade ou de falsa verdade. O anseio, nesse sentido, visa a resguardar, sob um aspecto mais amplo, a própria respeitabilidade do Poder Judiciário e das decisões por ele proferidas.

Na prática, contudo, sabemos que não raro esse desiderato só se manifesta na consciência de quem tem o poder-dever constitucional de julgar, porquanto, propulsionadas às vezes por interesses subalternos, as partes se empenham em acobertar a verdade que lhes é prejudicial, valendo-se, nesse afã, de meios desleais e antiéticos.

Andou certo, por conseguinte, o legislador processual ao instituir uma punição ao litigante de má-fé, que se caracteriza, dentre outras coisas, por alterar, intencionalmente, a verdade dos fatos e por fazer uso do processo com o intuito de conseguir objetivo ilegal (CPC, art. 80, II e III, respectivamente).

O inalienável conteúdo ético do processo fez com que a lei, até mesmo, tenha procurado impedir que as partes, em conchavo, pudessem se servir do processo para praticar ato simulado ou conseguir fim defeso por lei, determinando, para tanto, que o juiz, disso se convencendo, profira sentença "que impeça os objetivos das partes, aplicando, de ofício, as penalidades da litigância de má-fé" (CPC, art. 142).

Logo, o objetivo de apreender a verdade, de materializá-la nos autos por intermédio de elementos palpáveis e apropriados, nem sempre preside o comportamento dos litigantes, a quem, ao contrário, em determinadas circunstâncias a *verdade real* não convém, razão por que se interessam em construir, nos autos, uma verdade formal que não coincida com aquela. Tais atitudes escusas, de que por vezes se valem as partes, não eliminam nem comprometem o caráter ético do processo, embora seja forçoso reconhecer que possam pôr em risco a sua respeitabilidade, aos olhos dos jurisdicionados em geral.

Contradição

O contraditório não é uma peculiaridade da prova, se não que uma das características mais profundas de todo o processo (as audiências serão públicas: CLT, art. 813, *caput*), que encontra raízes na máxima latina *"audiatur et altera pars"*. Note-se que a doutrina e o direito alemães aludem à bilateralidade da audiência (*"grundsatz des beiderseitigen gehors"*), no qual se enastra, por certo, o da contradição quanto à prova. Observam, a propósito, Cintra, Grinover e Dinamarco (*Teoria geral do processo*. São Paulo: Revista dos Tribunais, 1979. p. 25) que "No princípio do contraditório também se estriba outro direito de natureza constitucional: o direito de defesa (art. 153, § 15), segundo o qual *"nemo inauditus damnari potest"*". Atualmente, essa referência feita pelos citados autores é ao art. 5.º, inciso LV, da Constituição Federal de 1988.

Desta forma, a parte contra quem se produziu ou se vai produzir a prova tem o direito de impugná-la pelos meios previstos em lei, estabelecendo-se, assim, o contraditório. Na linha dessa garantia legal, a parte tem o direito de manifestar-se no prazo de quinze dias (CPC, arts. 436 e 437, § 1.º) sobre os documentos juntados pela ex adversa, podendo: a) impugnar a admissibilidade da prova documental; b) impugnar a autenticidade do documento; c) suscitar a falsidade do documento, com ou sem instauração do incidente; d) manifestar-se sobre o conteúdo do documento (CPC, art. 436, I a IV).

A contradição, todavia, não se resume à impugnação da prova produzida ou que se vai produzir (ato elisivo); pode a parte, inclusive, realizar a contraprova (ato elisivo-constitutivo), com o que estará não somente eliminando a prova elaborada pelo adversário, mas constituindo outra, que a substitui opostamente.

Já não se admite que a prova seja produzida secreta ou sub-repticiamente, como outrora; tanto assim é que sempre que uma das partes juntar documentos aos autos a outra deverá, necessariamente, ser intimada para manifestar-se a respeito no prazo de quinze dias (CPC, art. 437, § 1.º), sob pena de nulidade processual — salvo se dessa omissão do juiz não resultar nenhum prejuízo para a parte contra a qual o documento foi produzido (CLT, art. 794).

Igualdade de oportunidades

O tratamento igualitário que o juiz, por expressa disposição legal (CPC, art. 139, I), deve administrar às partes, também se manifesta — e quem sabe com maior intensidade — no capítulo da prova. Por força desse princípio, aos litigantes se deve conceder a mesma oportunidade para requererem a produção de provas, ou para produzi-las, sob pena de a infringência dessa garantia conduzir, virtualmente, à nulidade do processo, por restrição do direito de defesa.

Já dissemos, em linhas pretéritas, que a lei não exige que a parte produza prova, mas, sim, que lhe seja assegurada a *oportunidade* de, querendo, produzi-la. Este é, pois, o conteúdo e o alcance do princípio da igualdade de oportunidades.

É certo que, também aqui, só se declarará a nulidade se houver manifesto prejuízo à parte a quem não se concedeu a mesma oportunidade para produzir provas, pois o prejuízo constitui, fundamentalmente, como vimos, o pressuposto legal para a configuração daquela: di-lo, claramente, o art. 794 da CLT, que deu concreção ao princípio doutrinário universal da *transcendência,* que informa o sistema das nulidades processuais e que se identifica na máxima francesa *"pás de nullité sans grief"*.

O prejuízo, contudo, por si só, não basta; tratando-se de nulidade relativa, devem as partes argui-la na primeira vez em que tiverem de falar em audiência ou nos autos (CLT, art. 795, *caput*). Note-se que a locução legal "tiverem de" traz implícita a ideia de um direito de a parte manifestar-se, que se articula com o momento processual oportuno para exercitá-lo. De tal arte, não se deve consentir, *v. g.*, em nome da boa ordem processual, que o litigante, ato contínuo à prática do ato (ou ausência da prática de ato necessário) que entende ensejar a declaração de nulidade, se pronuncie em audiência ou nos autos, arguindo-a. É preciso que o faça *no instante oportuno.*

Temos visto, por exemplo, o juiz permitir que seja consignado na ata o "protesto" do advogado cujo requerimento, formulado ou apreciado em audiência, no sentido de determinar a intimação das testemunhas do seu constituinte, foi indeferido. Estamos pressupondo, à evidência, que o indeferimento ocorreu ao início da audiência.

Data venia, naquele momento o advogado não *tinha de falar,* segundo o sentido legal da expressão. Ademais, esse "protesto" não tem assento no processo do trabalho legislado[35], sendo produto exclusivo da praxe forense. Se a parte interessada pretendia, no caso, arguir a nulidade do processo a partir do instante em que o seu requerimento foi indeferido, deveria fazê-lo nas razões finais, que constituiriam, na hipótese, o momento processual adequado. Estamos a referir-nos, como é evidente, à denominada "audiência de instrução". Se se tratasse de audiência "inicial" (segundo a praxe que se constituiu, no tocante ao procedimento ordinário, de fragmentar-se a audiência em três sessões: inicial, instrução e julgamento), é certo que a parte deveria manifestar, desde logo, o seu "protesto" quanto a determinado ato judicial aí praticado, ou que deixou de ser praticado, porquanto, se se reservasse para fazê-lo na audiência seguinte (de "instrução"), seguramente o juiz iria considerar precluso esse direito.

Ultrapassada a oportunidade própria, sem que a parte interessada tenha inquinado de nulo o ato, este se convalida, tornando-se hábil à produção dos efeitos que a lei prevê — salvo, *é* certo, se tratar-se de nulidade *absoluta*, que pode ser alegada pela parte *em qualquer tempo* ou grau de jurisdição (CPC, art. 69, § 1.º), devendo ser declarada *ex officio* (*ibidem*). E assim o é porque o ato nulo é natimorto, ou seja, não tem existência eficaz na ordem jurídica processual.

Por aí se vê que houve deslize técnico do legislador trabalhista ao supor que as nulidades (em sentido amplo), para serem declaradas, devem ser alegadas pelo interessado nos momentos que previu (CLT, art. 795, *caput*). Somente as anulabilidades e as nulidades relativas se submetem a esse comando legal, pois seria equivocado supor-se que a preclusão temporal incidisse em matéria de nulidade absoluta.

Verificada, entretanto, que seja a causa da anulabilidade ou da nulidade relativa, nem por isso será pronunciada; ocorre que o propósito político de salvar o processo das nulidades (Pontes de Miranda), que dá conteúdo ao art. 796 da CLT, determina que a declaração não seja feita sempre que se puder suprir a falta ou repetir-se o ato (letra *a*). Aí reside, como se vê, o princípio doutrinário da *proteção.*

---

(35) E, em rigor, nem no processo civil vigente.

Declarada a nulidade absoluta, esta só afetará os atos decisórios (CLT, art. 795, § 1.º). Conquanto seja esse o princípio legal, nada obsta a que o juiz, em determinados casos, após a declaração de nulidade, mande repetir alguns atos pertinentes à instrução processual. Não nos parece incompatível com o processo do trabalho a regra do art. 282, do CPC: "A pronunciar a nulidade, o juiz declarará que atos são atingidos e ordenará as providências necessárias a fim de que sejam repetidos ou retificados". (destacamos)

Legalidade

O direito à produção de provas não pode ser exercido ao talante exclusivo das partes; a lei, prudente, o subordina à observância de determinados requisitos, como os de tempo, lugar, meio, adequação, etc.

Tempo, porque há momentos oportunos para que sejam produzidas. Assim, salvo exceções, não se admite a produção de provas em grau de recurso (Súmula n. 8 do TST), sabendo-se que esses momentos são fixados, igualmente, na fase de conhecimento; *lugar,* porque, em princípio, as provas devem ser elaboradas em audiência, designadamente, as orais, conquanto a própria norma legal contemple algumas exceções (CPC, art. 454); *meio,* porque a lei especifica quais meios são hábeis para demonstrar a verdade dos fatos controvertidos na ação "e influir eficazmente na convicção do juiz"(CPC, art. 369); *adequação,* porque certos fatos só podem ser provados mediante determinada espécie de meio. O pagamento de salários, *e. g.*, só se prova documentalmente (CLT, art. 464), assim como a comprovação da existência de atividades ou locais insalubres, e a consequente graduação, só é admissível por meio de prova pericial (CLT, art. 195, § 2.º). A adequação significa, em resumo, que o meio de prova deve ser condizente (ou compatível) com a natureza do fato probando.

Por tudo isso, podemos afirmar que as partes estão submetidas a uma rígida *disciplina probatória,* criteriosamente estabelecida em lei, que as impede de agir segundo seu livre-arbítrio nesse campo.

Imediação

O processo moderno já não é, como antes, *coisa das partes* (*sachen der parteien*), na medida em que dele não podem dispor, conforme lhes aprouver. Nem o juiz é mera figura apática, inerte, que fica de braços cruzados a ver os litigantes se digladiarem livremente, como se fosse uma espécie de "convidado de pedra" no processo; ele, ao contrário, é *sujeito do processo,* competindo-lhe dirigi-lo com exclusividade (CLT, art. 765), acompanhando e fiscalizando, *pari passu,* a atividade dos litigantes, acolhendo ou rejeitando requerimentos dirigidos à produção de provas, podendo, inclusive, tomar a iniciativa de "determinar qualquer diligência necessária ao esclarecimento" das causas (CLT, art. 765) e de indeferir, em decisão fundamentada, "as diligências inúteis ou meramente protelatórias" (CPC, art. 370, parágrafo único).

O princípio da imediação (ou imediatidade), do qual o da oralidade deriva, se manifesta com mais nitidez no interrogatório das partes e na inquirição das testemunhas, do perito e dos técnicos, em que pese o fato de, no processo moderno, vigorar uma oralidade mista, uma vez que a genuína somente se verificou, segundo as fontes, entre os romanos, como procedimento, no período das ações da lei e, mais tarde, também entre os germanos invasores. Lecionam, a propósito, Cintra, Grinover e Dinamarco (ob. cit., p. 290) que: "Mais do que a verdadeira oralidade, em seu sentido primitivo, a oralidade moderna representa um complexo de ideias e de caracteres que se traduzem em vários princípios distintos, ainda que intimamente ligados entre si, dando ao procedimento oral seu aspecto particular: os princípios da *concentração,* da *imediação* ou *imediatidade,* da *identidade física do juiz,* da *irrecorribilidade das interlocutórias*".

Esse princípio, segundo informa Pestana de Aguiar (ob. cit., p. 45), está, há muito, consagrado na doutrina alemã (*"Unmittelbarkeit"*) e foi subdividido por Goldschmidt em dois outros: a) sob o ângulo subjetivo ou formal, temos o que estabelece que deva o juiz manter contato pessoal e imediato com os meios de prova, sobretudo o oral; b) sob o ângulo objetivo ou material, temos o que preconiza que os meios probantes devem estar, o quanto possível, mais próximos da percepção sensorial do juiz e das partes[36].

Uma breve nota adicional: não somos infensos ao processo eletrônico; todavia, estamos convencidos de que a instrução oral do processo — compreendendo o interrogatório das partes, a inquirição de testemunhas e do perito — deve ser sempre realizada sob a forma presencial. Nossa afirmação se funda no exercício, por mais de duas décadas, das funções de juiz do trabalho. O magistrado precisa ter diante de si, fisicamente, a pessoa a ser interrogada ou inquirida, para poder analisar as reações psicológicas ou emocionais, desta. Foram muitas as vezes em que percebemos que a parte ou a testemunha estava a mentir, baseando-nos em algumas de suas reações às perguntas que lhe foram formuladas, como: movimento inquieto dos olhos, sudorese, movimento nervoso das mãos, etc. Tais reações, dificilmente, podem ser percebidas quando se trata de inquirição por meio eletrônico. Para além disso, somente na instrução processual pela modalidade clássica, significa dizer, *presencial* é que o juiz tem condições de exercer o controle visual da audiência para saber, por exemplo, se está havendo comunicação da parte ou

(36) Convém salientar que, modernamente, o grau de credibilidade das declarações orais das partes e das testemunhas pode ser avaliado segundo os métodos da *psicologia judiciária,* preconizada por estudiosos como Altavila e Myra y Lopez.

da testemunha com o advogado ou com terceiro, se uma e outra estão a consultar respostas preestabelecidas, lançadas em aparelhos como teleprompter, colocado diante de suas vistas, mas sem que o juiz possa notar.

Obrigatoriedade da prova

Dissentimos do entendimento doutrinário predominante, segundo o qual a parte tem a *obrigação* de provar em juízo a verdade dos fatos em que se assenta a inicial ou a resposta, conforme seja a hipótese. Dessa forma, se a sentença não acolher o pedido da parte que deixou de produzir a necessária prova, foi porque não se convenceu (e nem mesmo o poderia) de que os fatos narrados por ela fossem verdadeiros — sendo equivocado ver-se nesse pronunciamento jurisdicional desfavorável uma *sanção processual,* pois não ocorreu o inadimplemento de nenhuma *obrigação.* As partes têm, apenas, um *ônus objetivo* de provar, perante o juiz, a veracidade dos fatos alegados, cujo encargo a lei lhes atribui em consonância com o interesse em verem admitida judicialmente tal verdade(37).

A doutrina civilista, aliás, se refere ao princípio da *autorresponsabilidade das partes,* que, posta à margem a redundância da expressão, significa exatamente que elas devem suportar as consequências de sua inércia, de sua incúria processual, de seus erros insanáveis e até mesmo dos seus atos maliciosos — sem que se deva vislumbrar aí (e, particularmente, nos dois primeiros casos) qualquer *sanção.*

Sem embargo de esses princípios regentes da prova serem, no geral, satisfatórios para revelar os diversos caracteres desse instituto processual (exceção feita, a nosso ver, ao da *obrigatoriedade*), outros podem ser acrescidos ao elenco(38), como, por exemplo, o do *livre convencimento motivado,* consistente na liberdade que possui o juiz na apreciação das provas, desde que atenda aos fatos e às circunstâncias dos autos, mesmo que não tenham sido alegados pelas partes, cabendo-lhe, neste caso, indicar, na sentença, os motivos que lhe formaram o convencimento (CPC, art. 371); da *coercitibilidade,* conforme o qual o juiz não pode decidir contra a prova dos autos, ou à margem dela. Este princípio, como se nota, se conjuga com o do livre convencimento

---

(37) Eduardo Couture (*Fundamentos del derecho procesal civil.* 1974, n. 153, p. 241-243), por exemplo, entende que há uma imposição e uma sanção processual à parte que não produz a prova que lhe incumbia.

(38) Devis Echandía (*Teoría general de la prueba judicial.* Buenos Aires: 1972. tomo I, p. 137) chega a mencionar quase três dezenas de princípios; outros autores costumam extrair subprincípios em virtude do fracionamento de alguns princípios de acordo com o critério que adotam.

motivado, embora não se confundam. O princípio medular determina que o magistrado decida com fundamento na prova produzida (daí a coercitibilidade), nada obstante possa atender a outros fatos e circunstâncias mencionados nos autos, como faculta a lei, ainda que não tenham sido alegados pelas partes (livre convencimento motivado).

Capítulo VII

Momento e Lugar de Produção da Prova

O procedimento judicial é composto de uma sequência lógica de fases (postulatória, conciliatória, instrutória, decisória, recursal, executória), cada qual com finalidade específica; tais fases, por sua vez, são constituídas, organicamente, por um encadeamento — igualmente lógico — de atos preordenados e necessários, que devem ser praticados pelas partes, sob pena, em regra, de preclusão extintiva do correspondente direito de realizá-los.

Desse modo, a disciplina processual que a lei impõe às partes, com o objetivo de nortear a sua atividade em juízo, também se revela em cada fase do procedimento, marcadamente na instrutória; daí por que a doutrina se refere, com propriedade, a uma *disciplina probatória,* por força da qual são legalmente fixados os *momentos* (e em alguns casos os *lugares*) próprios para a produção das provas de que necessitam para demonstrar a veracidade das suas alegações.

Tais momentos e lugares variarão segundo a *natureza* do fato a ser provado.

Feitas as necessárias adaptações, as normas processuais civis a respeito dessa matéria incidem, supletivamente, no processo do trabalho, onde o anseio de celeridade do procedimento exige uma tal *conduta disciplinada* das partes.

Vejamos, agora, em escorço, como esse disciplinamento repercute no processo especializado. Antes, devemos esclarecer que embora, em princípio, as provas devam ser produzidas em audiência — máxime, as orais —, há exceções, como no caso dos arts. 453 e 454, do CPC.

Prova documental

Na terminologia processual, por instrução se entende a produção das provas que as partes realizam para demonstrar a veracidade dos fatos alegados, ou a própria *oportunidade* para que essa produção seja feita.

Na Justiça do Trabalho, generalizada a praxe de cindir-se, no procedimento ordinário, a audiência em três partes, ou sessões, a segunda se destina, especificamente, à instrução oral. Nela, em consequência, os litigantes serão interrogados, inquirindo-se, a seguir, as testemunhas, o perito e os técnicos, se houver (CLT, art. 848 e § 2.º).

Não é exato afirmar-se, entrementes, que a denominada fase instrutória somente se inicia na segunda audiência; ora, estatui a lei (CLT, art. 787) que os documentos em que se fundar a ação deverão desde logo acompanhar a petição inicial — conquanto, na prática, lamentavelmente, não se venha fazendo observar esse mandamento legal. Uma vez oferecidos esses documentos com a peça vestibular, não há como negar que a instrução processual tenha se iniciado no instante mesmo em que a petição foi protocolada na Secretaria da Vara, ou entregue ao Distribuidor, conforme seja a hipótese.

De outro lado, estabelece o art. 434 do CPC, de aplicação supletória, sem dúvida, ao processo do trabalho (CLT, art. 769), que também o réu deverá instruir a sua resposta (contestação, reconvenção, etc.) com os documentos que a fundamentam, cuja disposição, aliás, está expressa, em caráter genérico, no art. 845 da CLT, segundo o qual: "O reclamante e o reclamado comparecerão à audiência acompanhados das suas testemunhas, apresentando, nessa ocasião, as demais provas".

Segue-se, portanto, que na Justiça do Trabalho a instrução se inicia no próprio momento em que a petição inicial é ajuizada (se este for o caso, certamente), *continuando* na primeira audiência, quando a resposta do réu é oferecida (geralmente sob a forma de contestação), desenvolvendo-se e encerrando-se na segunda.

Cremos que a razão de se haver denominado de *instrutória* à segunda audiência decorreu não apenas do fato de ela destinar-se, preponderantemente, à coleta das provas, mas, também, porque nela o princípio da oralidade atua com maior eficácia, atribuindo-lhe um caráter mais solene e até mesmo espetacular, em relação à anterior, porquanto enseja a ampla participação de todos os interessados na apuração da verdade (juiz, partes, advogados). Nessa audiência, portanto, o que se realiza, em princípio, é a instrução *oral* do processo.

Temos, então, que, tripartida a audiência trabalhista (inicial, instrução e julgamento), o processo especializado, adaptando-se a esse fracionamento, fixa três momentos próprios para a produção de provas no procedimento ordinário: 1. com a inicial; 2. com a resposta do réu (na primeira audiência); 3. na audiência de instrução (que é a segunda), valendo observar que, quanto à prova documental, a sua produção deve restringir-se aos dois primeiros *momentos,* ressalvada a hipótese do art. 435 do CPC.

Se, em determinados casos, houver condições de tornar concreto o desejo da lei, no sentido de assegurar, no procedimento ordinário, a indivisibilidade da audiência (CLT, art. 849), dois serão os momentos oportunos para a elaboração de provas: 1. com a inicial; 2. na audiência (que será a única), onde o réu, além de responder à ação, será interrogado, juntamente com o autor, procedendo-se, posteriormente, à inquirição das testemunhas, do perito e dos técnicos, caso haja (CLT, art. 848). É o que se passa no procedimento sumariíssimo (CLT, art. 852-H).

Consente-se, contudo, que as partes juntem aos autos, *em qualquer tempo,* documentos novos destinados a fazer provas de fatos ocorridos após os articulados, ou para contrapô-los aos que foram produzidos nos autos (CPC, art. 435). Na aplicação desse dispositivo, um elementar preceito de cautela recomenda que o juiz verifique se as partes não estão se afastando das razões teleológicas que inspiraram o legislador processual a permitir a junção de documentos fora dos momentos oportunos, sob pena de, não o fazendo, render ensejo *a* uma perigosa distensão da disciplina processual a que elas estão submetidas, com reflexos tumultuários no procedimento.

Realmente, muitas vezes, se verifica que as partes, embora pudessem ter juntado os documentos à inicial e à contestação, porque já os tinham em seu poder, se reservam para fazê-lo somente na audiência dita de instrução, com a finalidade indisfarçável de colher de surpresa o adversário. O processo, *concessa venia,* não se presta a tais rasgos de sensacionalismo; por esse motivo, se deve tolher, o quanto possível, procedimento dessa natureza, porquanto prejudica a parte contra quem se produziu o documento de poder, na ansa do seu interrogatório, sobre eles manifestar-se satisfatoriamente, não se podendo esquecer, ademais, que nesse caso ela teria o prazo de quinze dias para pronunciar-se (CPC, arts. 436 e 437, § 1.º). Nem ignoremos, além do mais, que não raro são apresentados em audiência diversos documentos, que ascendem a dezenas, dificultando, sobremaneira, a manifestação da parte contra quem foram produzidos.

Por mais forte razão, se deve dar cobro ao costume de requerer-se a junção aos autos de documentos *após* o interrogatório das partes (e isso ocorre, muitas vezes, até mesmo após a inquirição das testemunhas), sempre que não se verifiquem as hipóteses previstas no art. 435 do CPC. Não se amparando, pois, requerimento dessa índole no permissivo do referido artigo, deverá o juiz indeferi-lo, sem receio de estar perpetrando imaginário cerceamento de defesa. Há que se pôr à frente o fato inomitível de que, como dissemos, as partes estão jungidas a uma disciplina processual, ditada por lei, que visa a ordenar-lhes a conduta (inclusive, ética) em juízo e a assegurar, com isso, a boa marcha processual, cuja inobservância resultará, quase sempre, em incontroláveis consequências perniciosas ao procedimento.

Prova testemunhal

A prova que se pretende fazer por intermédio de testemunhas deve, por expressão da lei (CPC, art. 453), ser produzida *em audiência.* Ao contrário da *documental,* que preexiste à propositura da ação, a prova testemunhal, em regra, é feita no curso desta. Daí decorre serem inadmissíveis, para essa finalidade, as conhecidas declarações obtidas extrajudicialmente, uma vez que, dentre outras coisas: a) dificultam, por precariedade de elementos informativos, a contradita de quem formulou a declaração; b) não possibilitam a formação do contraditório, pois a parte contra quem a declaração é desfavorável não pode reinquirir o declarante; c) causam lesão ao princípio da *imediatidade,* no qual se compreende o da *oralidade;* d) não permitem a verificação quanto à existência de algum vício do consentimento.

No caso da ata notarial, a sua eficácia probatória, no processo do trabalho, não é absoluta, pois os fatos nela documentados podem e devem ser objeto de perquirição judicial e sem prejuízo do ônus da prova. Dizendo-se de outro modo: impugnada a ata e o seu conteúdo, incumbirá à parte que a trouxe aos autos valer-se de prova, produzida em juízo — como a testemunhal — para demonstrar a veracidade do conteúdo da ata. Em suma, desconsidera-se a ata e produz-se a prova por outros meios, com a indeclinável participação neutral do magistrado e em atendimento aos princípios constitucionais do contraditório e da ampla defesa.

Excepcionalmente, contudo, determinadas pessoas, em virtude do cargo que ocupam, são inquiridas fora da audiência, conferindo-lhes a lei a prerrogativa de o serem em sua residência ou no local em que exercem a função. Tal ocorrerá quando se tratar das seguintes pessoas: a) o presidente e o vice-presidente da República; b) os ministros de Estado; c) os ministros do Supremo Tribunal Federal, os conselheiros do Conselho Nacional de Justiça e os ministros do Superior Tribunal de Justiça, do Superior Tribunal Militar, do Tribunal Superior Eleitoral, do Tribunal Superior do Trabalho e do Tribunal de Contas da União; d) o procurador-geral da República e os conselheiros do Conselho Nacional do Ministério Público; e) o advogado-geral da União, o procurador-geral do Estado, o procurador-geral do Município, o defensor público-geral federal e o defensor público-geral do Estado; f) os senadores e os deputados federais; g) os governadores dos Estados e do Distrito Federal; h) o prefeito; i) os deputados estaduais e distritais; j) os desembargadores dos Tribunais de Justiça, dos Tribunais Regionais Federais, dos Tribunais Regionais do Trabalho e dos Tribunais Regionais Eleitorais e os conselheiros dos Tribunais de Contas dos Estados e do Distrito Federal; k) o procurador-geral de justiça; l) o embaixador de país que, por lei ou tratado, concede idêntica prerrogativa ao agente diplomático do Brasil (CPC, art. 454, I a XII).

Nesses casos, o juiz solicitará à autoridade que designe dia, hora e local para ser inquirida, remetendo-lhe cópia da petição inicial ou da resposta da parte, que a arrolou como testemunha (*ibidem,* parágrafo único).

Outras exceções legais há, ainda, quanto ao princípio de que as testemunhas são inquiridas em audiência, conquanto não se trate, agora, de prerrogativa. Assim é que em relação às pessoas que, por doença ou outro motivo relevante, estiverem impossibilitadas de comparecer a juízo, *mas não de depor,* o juiz designará dia, hora e lugar para serem inquiridas (CPC, art. 453).

As testemunhas que prestarem depoimento antecipadamente (CPC, art. 453, I) e as que forem inquiridas mediante carta precatória ou rogatória (art. 453, II), bem como as referidas (CPC, art. 461, I), prestam, em regra, depoimento em audiência, sendo que, no primeiro e no terceiro caso, o fazem no juízo competente para julgar a ação (embora antes da audiência instrutória típica), e, no segundo, no juízo deprecado ou rogado.

Nesses casos, aliás, não há como atender-se ao princípio legal da incomunicabilidade, de acordo com o qual o juiz deve inquirir as testemunhas de maneira separada e sucessiva, primeiro as do autor e depois as do réu, "e providenciará para que uma não ouça o depoimento das outras" (CPC, art. 456).

Prova pericial

A prova pericial, por sua própria natureza, é realizada fora da audiência, em que pese à particularidade de o perito e os assistentes técnicos, quando for o caso, serem nela inquiridos.

Exemplo típico é o da prova destinada à apuração da existência de periculosidade ou de insalubridade e, no último caso, à fixação correspondente do grau (CLT, art. 195, § 2.º). Enfim, de modo geral, os exames periciais são realizados fora da audiência, embora sob o controle imediato do juiz.

Inspeção judicial

Assim como a perícia, a inspeção judicial é efetuada fora da audiência. A própria norma legal declara que "O juiz irá ao local onde se encontre a pessoa ou coisa" (CPC, art. 483). Em ambos os casos (perícia e inspeção), portanto, se verifica a presença de inevitáveis exceções ao princípio legal de que as provas devem ser produzidas em audiência.

O problema de prova pré-constituída

Prova pré-constituída, segundo De Plácido e Silva (*Vocabulário Jurídico.* Rio de Janeiro: Forense, 1967. p. 1.257), "é aquela que já se encontra ou se conserva em poder da pessoa, como assecuratória de seu direito, antes que se fira o litígio ou antes que se inicie a demanda".

A prova pré-constituída difere, profundamente, da *casual,* entendida como o testemunho produzido em um escrito, que não se fez com o direto intuito, por parte de seu autor, de provar alguma coisa (Pontes de Miranda in: Neves e Castro, p. 75. *Apud* Campos Batalha, ob. cit., p. 501). A prova casual também se produz no curso da ação.

Temos certa reserva quanto à admissibilidade dessa espécie de prova no processo do trabalho — que, aliás, não encontra apoio no direito processual brasileiro moderno, genericamente considerado.

Nossas restrições se fundamentam no fato de que se permitir a prévia constituição de provas, para virem, mais tarde, a ser utilizadas contra a parte adversa, será aceitar não apenas a violação de certos princípios doutrinários fundamentais, como o da contradição (*"nemo tenettur edere contra se"*), mas, acima de tudo, ver desrespeitada a garantia constitucional do indivíduo, que se assenta na contraditoriedade da instrução, sendo certo que esta não se resume à esfera criminal (CF, art. 5.º, LV).

Somente seria admissível a prova pré-constituída se do negócio jurídico a que ela se refere não resultasse nenhum conflito intersubjetivo de interesses, que devesse ser composto pelo Poder Judiciário. Por isso, somos levados a concordar com Valentim Silva Melero (*La prueba procesal.* Madrid, 1963. tomo I, p. 43), quando chama a atenção para o indiscutível valor extraprocessual dessa prova sempre que o direito se realize de modo normal, ou seja, conforme havia sido estabelecido por aqueles que participaram do ato jurídico.

Daí por que, no processo do trabalho, os documentos relativos à relação de emprego (recibos em geral, cartões de ponto, comunicações feitas ao empregado, etc.), que permanecem em poder do empregador e integram, em tese, a classe das provas pré-constituídas, não possuem eficácia probante absoluta, admitindo-se, em consequência, a produção de prova (casual) oposta, tendente a demonstrar serem inverídicas as declarações ou os fatos neles expressos; quando não, que o próprio empregador prove a veracidade dessas declarações.

E o valor dessa modalidade de prova haverá de ser nenhum sempre que o documento contiver manifestação de renúncia do trabalhador, relativamente a direitos subjetivos, mesmo que não protegidos por norma substancial de ordem pública.

Por esse motivo, ao empregador se imporá sempre a produção de outras provas capazes de demonstrar, em juízo, que a renúncia do empregado (ou as declarações que lhe são desfavoráveis) efetivamente ocorreu[39].

Cumpre, pois, à doutrina trabalhista rever certas considerações assentes a propósito, principalmente a respeito da prova documental (quase sempre pré-constituída), empenhando-se em construir uma teoria que respeite a real situação do empregado em face do empregador e sob a qual são obtidas as suas assinaturas. A primeira medida para essa reconstrução doutrinária parece ser uma cautelosa interpretação das normas processuais civis concernentes à prova documental, pois uma adoção impensada daqueles dispositivos forâneos poderá, em muitos casos, cometer a imprudência de ignorar a realidade a que nos referimos.

Tratando-se, porém, de ação de mandado de segurança, temos uma situação verdadeiramente excepcional, porquanto, aqui, a prova *deve* ser pré-constituída, valer dizer, estar materializada em *documento.* É por meio de documentos que o impetrante demonstrará, de plano, a existência de um seu "direito líquido e certo" (art. 1.º, *caput*, da Lei n. 12.016, de 7 de agosto de 2009), como pressuposto essencial à obtenção da segurança pretendida. A este respeito dispõe a Súmula n. 415, do TST: "MANDADO DE SEGURANÇA. PETIÇÃO INICIAL. ART. 321 DO CPC DE 2015. ART. 284 DO CPC DE 1973. INAPLICABILIDADE (atualizada em decorrência do CPC de 2015) – Res. n. 208/2016, DEJT divulgado em 22, 25 e 26-4-2016. Exigindo o mandado de segurança prova documental pré-constituída, inaplicável o art. 321 do CPC de 2015 (art. 284 do CPC de 1973) quando verificada, na petição inicial do *'mandamus'*, a ausência de documento indispensável ou de sua autenticação. (ex-OJ n. 52 da SBDI-2 – inserida em 20-9-2000)".

A produção de provas no procedimento sumariíssimo

A Lei n. 9.957, de 12 de janeiro de 2000 (DOU de 13 do mesmo mês), instituiu o procedimento sumariíssimo, no processo do trabalho.

Interessa-nos, por enquanto, examinar essa norma legal sob a perspectiva do momento e do lugar de produção das provas.

E esse respeito, estabelece o art. 852-H, *caput*, da CLT: "Todas as provas serão produzidas na audiência de instrução e julgamento, ainda que não requeridas

(39) Admitir-se que qualquer documento, mesmo assinado pelo trabalhador, contendo manifestação de renúncia a direito possuísse força probante absoluta em juízo seria consagrar-se, desacauteladamente, uma tal modalidade de prova pré-constituída, em ofensa ao princípio do contraditório, informativo do processo em geral, e especialmente do trabalho, máxime quando as declarações fossem prejudicadas ao trabalhador — como seria o caso.

previamente", sendo oportuno lembrar a determinação contida no art. 852-C de que as ações sujeitas ao procedimento sumariíssimo sejam instruídas e julgadas em audiência única.

Conforme dissemos, em livro específico (*O procedimento sumariíssimo no processo do trabalho*. 2. ed. São Paulo: LTr, 2001. p. 108): "Em primeiro lugar, a afirmação de que *todas* as provas serão produzidas em audiência, mais do que ousada, é imprudente. Ora, o *exame pericial* — que é meio de prova — não é realizado em audiência, mas *fora* dela. O que pode ocorrer é de o perito comparecer à audiência para prestar esclarecimentos (CPC, art. 452), mas isso é coisa diversa. Fica evidente, portanto, que a prova pericial, por sua natureza técnica, não pode ser compreendida pelo adjetivo *todas*. Não menos exato é que essa espécie de prova é admissível no procedimento sumariíssmo, como revela o § 4.º do artigo *sub examen*. Também a prova *documental*, a cargo do autor, não deve ser produzida em audiência, pois a lei exige que petição inicial seja instruída com os documentos em que se fundar (CLT, art. 787). Essa regra do procedimento ordinário, não se pode negar, é plenamente compatível com o procedimento sumariíssimo.

Em segundo, mesmo que esse adjetivo ponha de lado a prova pericial e a documental afeta ao autor, dentre outras, ainda assim é merecedor de crítica. Efetivamente, o ideal legislativo da audiência única (na qual todos os atos processuais seriam praticados, aí incluído o proferimento da sentença) fora manifestado, muitos anos antes, com relação ao procedimento *ordinário* (CLT, arts. 846 a 850); no entanto, esse ideal acabou sendo lançado por terra pelas incontroláveis *forças da realidade prática*, de tal modo que, como já assinalamos diversas vezes, os juízes que atuam nos grandes centros urbanos foram forçados, em sua maioria, a fragmentar a audiência, decompondo-a em inicial, de instrução e de julgamento, segundo a praxe que se consagrou.

Os fatos de, no procedimento sumariíssimo,

a) o juiz poder registar na ata, de maneira resumida, os atos essenciais do processo, as afirmações fundamentais das partes e as informações úteis das testemunhas (art. 852-F); e

b) o número de testemunhas ser reduzido a dois (art. 852-H, § 1.º) é insuficiente para permitir que *toda* a instrução e os demais atos integrantes do *due process of law* sejam realizados numa só audiência.

Destarte, será razoável presumir que dentro de breve tempo, como já salientamos, os juízes — mesmo adotando 'pauta especial' a ser cumprida por juízes auxiliares (CLT, art. 852-B, III) —, pressionados pelas forças da realidade, acabarão depondo as armas e passarão, em consequência, a fracionar a audiência do procedimento sumaríssimo em 'inicial', 'de instrução' e 'de julgamento', numa repetição melancólica do que se verificou, pelos mesmos motivos, desde há muito, no procedimento ordinário.

De outro lado, a declaração (ou determinação) legal de que "todas as provas serão produzidas na audiência" por sua má redação pode fazer supor que até mesmo a prova *documental* do autor deva ser produzida nessa ocasião! Assim, a petição inicial seria instruída, apenas, com a procuração, pois os documentos com os quais o autor pretendesse comprovar os fatos alegados nessa peça seriam apresentados na audiência — surpreendendo, com isso, o réu, cuja defesa teria sido elaborada sem a ciência prévia desses documentos. Ora, a produção de provas, pelo autor, *também* no procedimento sumaríssimo, é regida pelo art. 787 da CLT, segundo o qual a petição inicial deverá ser, "desde logo, acompanhada dos documentos em que se fundar". Os documentos que o autor possa juntar na audiência são, unicamente, aqueles a que se refere o art. 435 do CPC, vale dizer, os *novos*, "destinados a fazer prova de fatos ocorridos depois dos articulados, ou para contrapô-los aos que foram produzidos nos autos".

Quanto à nossa previsão, feita há muitos anos, em edições anteriores deste livro, de que alguns juízes do trabalho acabariam por fracionar a audiência referente ao procedimento sumariíssimo em inicial, de instrução e de julgamento — convertendo-o em "ordinariíssimo" — a realidade está a demonstrar que estávamos certos em nossa antevisão.

A juntada de documento em grau de recurso

Vimos que, no processo do trabalho, os documentos em que se funda ação deverão, desde logo, ser juntados à petição inicial, conforme determina o art. 787, da CLT. O CPC contém disposição análogo (art. 434). A propósito, no sistema do processo do trabalho não há norma específica sobre o momento da produção de prova documental pelo réu. O que se tem é norma genérica, assim enunciada: "O reclamante e o reclamado comparecerão à audiência acompanhados das suas testemunhas, *apresentando, nessa ocasião, as demais provas*" (CLT, art. 845; destacamos). O art. 434, do CPC — há pouco referido — estabelece que a contestação deverá ser instruída com os documentos destinados a comprovar as alegações formuladas. Essa norma pode ser aplicada ao processo do trabalho, com o qual é compatível (CLT, art. 769). Um pequeno retoque de ordem doutrinária: não só a contestação, como espécie, mas qualquer resposta do réu, como gênero, deve ser instruída com documentos, sempre que for o caso.

A juntada de documento, em grau de recurso, só se justifica nas situações indicadas na Súmula n. 8, do TST, a saber: a) quando comprovado o justo impedimento para a apresentação oportuna; b) quando disser respeito a fato posterior à sentença, como se dá, por exemplo, quando réu visa a elidir a sua revelia (TST, Súmula n. 122).

É necessário esclarecer que a orientação jurisprudencial cristalizada na Súmula n. 8, do TST, só se aplica às partes.

Sendo o recurso interposto por *terceiro prejudicado* (CPC, art. 996, *caput*), é evidente que se for a primeira vez que este vier a manifestar-se nos autos, poderá, nessa oportunidade, juntar documentos tendentes a comprovar a veracidade de fato por ele alegado, ou a refutar fato afirmado por uma das partes do processo. Do ponto de vista da legitimidade e do interesse, ao terceiro cumprirá demonstrar a possibilidade de a decisão proferida atingir direito de que afirma ser titular ou cuja relação jurídica possa submeter à apreciação judicial ou na qualidade de substituto processual (*idem*, parágrafo único). Em princípio, pode parecer estranho o fato de essa norma do CPC estar a referir-se à *substituição processual*, em tema de *terceiro prejudicado*, sabendo-se que o substituto não é terceiro, e sim, *parte*. Ocorre que, em situações excepcionais, como nas ações de mandado de segurança impetrado contra ato de autoridade esta, em alguns casos, ser considerada terceiro por haver praticado o ato impugnado na qualidade de substituta da pessoa jurídica de direito público.

Pode acontecer de o documento juntado pela parte ou pelo terceiro prejudicado vir a ser objeto de arguição de falsidade, nos termos dos arts. 430 a 433, do CPC. Sobre essa arguição iremos nos manifestar, mais adiante, de maneira detalhada, no Capítulo III da Terceira Parte, deste livro.

Capítulo VIII

Classificação das Provas

Classificação de Malatesta

Embora haja diversas classificações doutrinárias da prova[40], foi a sugerida por Malatesta que teve melhor aceitação, sendo amiúde citada pelos autores de obras sobre processo[41].

Essa classificação leva em conta três critérios: o do *objeto,* o do *sujeito* e o da *forma da* prova.

a) O *objeto* da prova, como vimos (Cap. IV), são os fatos. E quanto a estes a prova se subdivide em *direta* e *indireta.*

Direta é a que se relaciona ao fato probando; a que tem por finalidade os fatos que constituem o motivo da controvérsia. Tradicionalmente, se tem mencionado como prova direta por excelência a inspeção judicial, na medida em que, ao realizá-la, o juiz conhece diretamente os fatos, prescindindo da intermediação de quem quer que seja, "ao passo que em todas as demais provas — na exata observação de Arruda Alvim (*Manual de direito processual civil.* São Paulo: Revista dos Tribunais, 1978. p. 242) —, embora vigore o princípio, se constituem em substitutivos do conhecimento direto do juiz". Direta será, igualmente, a prova no caso, *ad exemplum,* das testemunhas que presenciaram pessoalmente o fato sobre o qual controvertem as partes (trabalho em jornada extraordinária, causa da despedida do empregado, etc.), bem como o documento que se refira ao motivo da controvérsia (pagamento, ou não, de salários, de férias, de indenização e o mais).

Diz-se, porém, que a prova é *indireta* quando não se refere ao fato probando, mas, sim, a outro, a partir do qual, por um processo de raciocínio lógico, se chega àquele. Bentham *a* tem como um fato supostamente verdadeiro, que se considera como devendo servir de motivo de credibilidade quanto à

(40) Como as de Carnelutti, Bentham, Neves e Castro, João Monteiro e outros.

(41) Moacyr Amaral Santos, Arruda Alvim, Pestana de Aguiar, Gabriel de Rezende Filho.

existência ou inexistência de outro fato. Dentro dessa modalidade de prova também se situariam, para alguns autores, os *indícios* e as *presunções*[42].

As provas diretas e as indiretas correspondem, na classificação feita por Carnelutti, às *histórias* e às *críticas* (ou lógicas) respectivamente. Esse ilustre jurista, a propósito, entende que a diferença entre a prova direta e a indireta é apenas de estrutura, uma vez que o processo probatório dessa última é complexo, comparativamente ao da prova direta, que é mais simples, embora tanto uma quanto outra convirjam para um fim comum: a percepção de um fato, pelo juiz.

b) O *sujeito* da prova é a pessoa ou coisa de onde dimana a prova; as pessoas, no caso, são o juiz e as partes.

Conforme for esse sujeito, a prova será *pessoal* ou *real*.

Pessoal é a que decorre de uma afirmação da própria parte ou das testemunhas, assim como a que emana de documento contendo declarações das partes.

Real é a prova atinente ao fato probando, passível de ser materialmente verificável, seja por intermédio de documento, de perícia, etc.

c) Quanto à *forma*, a prova pode ser documental, testemunhal e material — embora a doutrina também se refira, no mesmo sentido, à prova literal (ou documental) e vocal, sendo que nesta se enfeixam todas as formas de manifestação *oral* perante o juiz (depoimento das partes, das testemunhas, dos informantes, do perito e de outros).

As classificações de Devis Echandía, Carnelutti, Bentham e Bonnier

Por ser extremamente minuciosa, convém indicar, ainda, a classificação proposta por Devis Echandía em sua *Teoría General de la Prueba Judicial* (Buenos Aires: Victor P. de Zavalia Editor, 1972. v. I, p. 519), que levou em consideração os seguintes critérios:

a) quanto ao *objeto:* prova direta e indireta. Neste particular, como se nota, a sua classificação coincide com a de Malatesta; entretanto, Echandía acrescenta, paralelamente, e sob o mesmo critério, as provas *principais* ou *acessórias,* conforme seja o fato ao qual se referem e constituam "parte do fundamento fático da pretensão ou exceção, ou do ilícito investigado, em cujo caso sua prova é indispensável, ou que, ao contrário, apenas

(42) Divergimos, contudo, desse entendimento. As razões estão no Capítulo VII, Terceira Parte, desta obra.

indiretamente se relaciona com os supostos da norma por aplicar, razão pela qual a sua prova não é necessária";

b) quanto à *forma:* escritas ou orais — *ad instar,* da classificação de Malatesta;

c) quanto à *estrutura* ou *natureza:* pessoais e reais ou materiais, cuja classificação, uma vez mais, se identifica com a do notável jurista italiano;

d) quanto à *função:* históricas, críticas ou lógicas. Em verdade, como havíamos observado anteriormente, as provas históricas e as críticas são mencionadas na classificação de Carnelutti e correspondem às provas diretas e indiretas, respectivamente, a que faz referência a de Malatesta — agora repetidas por Echandía. Lemos em Carnelutti, a propósito das provas históricas, críticas ou lógicas: "Em certas ocasiões, o meio de prova subministra ao juiz uma imagem do fato a provar, quer dizer, tem uma função representativa de tal fato e é, portanto, um fato representativo de outro fato real acontecido ou de uma experiência; a prova fixa historicamente esse fato, descreve-o tal como ocorreu e foi percebido por quem o comunica ao juiz, pelo que se denomina histórica; quando o juiz decide com fundamento nessa espécie de prova, sua atividade e sua função se assemelham à do historiador e exigem a concorrência de outro sujeito, a saber, quem transmite a imagem do objeto representado mediante seu discurso, seu escrito ou seu desenho; exemplo dessa classe de provas são as testemunhas, a confissão, a perícia (provas pessoais) e o documento, o desenho, a planta, a fotografia (provas reais). Outras vezes, a prova carece de função representativa e não desperta na mente do juiz nenhuma imagem distinta da coisa examinada, mas subministra um termo de comparação para obter um resultado probatório mediante um juízo, não tanto para a comprovação quanto para a formação da imagem do fato, razão pela qual é denominada *crítica* pela maioria dos autores, ou lógica e jurídica, por outros; tal é o caso dos indícios, as presunções, a inspeção..." (*Apud* Amauri Mascaro Nascimento, ob. cit., p. 202);

e) quanto à *finalidade:* prova e contraprova, conforme for o seu objetivo; e aí se distinguem as provas formais e as substanciais: aquelas são apenas *ad probationem* e têm função exclusivamente processual; estas são *ad solemnitatem* e possuem, além de valor processual, também substancial;

f) quanto ao *resultado:* plenas, perfeitas ou completas e imperfeitas ou incompletas: plenas quando, por si só, apresentam eficácia para influir na formação do convencimento do juiz; perfeitas quando só em conjunto se revestem dessa eficácia; imperfeitas (ou incompletas) quando não atuam no estabelecimento da convicção do magistrado;

g) quanto ao *grau* ou à *categoria:* primárias, as que se relacionam diretamente ao fato probando; secundárias, as que se dirigem a comprovar outra prova;

h) quanto aos *sujeitos proponentes:* de ofício, das partes e de terceiros. Também aqui a classificação de Echandía se inspirou na de Malatesta, sobre a qual já nos manifestamos;

i) quanto ao *momento da produção:* processuais (ou judiciais), extrajudiciais, preconstituídas e casuais. O critério, *data venia,* nos parece imperfeito, pois não se trata de *momento,* mas, sim, de *lugar* onde a prova é produzida. Remetemos, a respeito disso, o leitor à rememoração do princípio da *legalidade,* um dos que informam o instituto da prova judiciária (Cap. VI, *retro*);

j) quanto à sua *contradição:* sumárias ou controvertidas, segundo sejam contraditas ou não em juízo;

k) quanto à *utilidade:* conducentes e inconducentes, pertinentes e impertinentes, ou irrelevantes, úteis e inúteis, possíveis ou impossíveis. Conducentes são as provas permitidas por lei, inconducentes são as não autorizadas pelo ordenamento legal. Pertinentes são as que se voltam para fatos relativos ao litígio; impertinentes, as que se referem a fatos que estão à margem da causa. Úteis são as que contribuem para dirimir a controvérsia; inúteis, as que não se prestam a tanto. Possíveis, as que podem ser realizadas; impossíveis, as que não podem;

l) segundo a sua *relação com outras provas,* simples e compostas ou complexas e concorrentes ou contrapostas. Simples, quando um só meio é suficiente para influir na formação do convencimento do juiz; composta ou complexa, quando a convicção do julgador é obtida mediante um desdobramento de atos. Concorrente é a que se completa com outras provas; contraposta é a que conflita com outra;

m) quanto à sua *licitude* ou *ilicitude:* lícitas, as que estão autorizadas por lei; ilícitas, as que não o estão. Parece, contudo, que reside aqui certa tautologia metodológica, porquanto, sob o critério da utilidade, o ilustre jurista já houvera feito referência às provas conducentes e inconducentes, cujo conteúdo coincide com o das lícitas e ilícitas, respectivamente.

Em realidade, a classificação das provas variará conforme for o ângulo óptico utilizado pelo autor. Carnelutti, por exemplo, adota como ponto de referência o juiz, a quem reconheceu como *sujeito da prova;* por isso, estabeleceu as categorias fundamentais da prova direta e da indireta, a serem sempre produzidas perante o juiz. As provas diretas, para ele, se subdividem em *históricas* e *críticas, históricas* porque as testemunhas narram os fatos, representam-nos, traduzem-nos, o mesmo acontecendo com os documentos; *críticas* porque apenas fornecem ao magistrado elementos que poderão influenciar no seu convencimento quanto à inexistência do fato: são, assim, os indícios e as presunções.

Segundo ainda o eminente jurista italiano, três são os processos lógicos de verificação das provas, segundo a divisão que fez em diretas e indiretas: percepção, representação e indução; desse modo, essa verificação, no caso das provas históricas, se opera pela *representação*, e nas críticas, pela *indução,* sendo certo que é comum a ambos a *percepção.*

Bentham, por sua parte, distinguiu nove categorias de provas:

a) prova pessoal e prova real;

b) prova direta e prova indireta circunstancial;

c) prova pessoal voluntária e prova pessoal involuntária;

d) prova por depoimento e prova por documento;

e) prova pré-constituída e prova casual;

f) prova independente e prova emprestada;

g) prova original e prova não original;

h) prova perfeita e prova imperfeita;

i) prova inteira e prova mutilada ou inferior.

Já Bonnier aponta a existência de quatro *fontes de certeza,* que são:

a) evidência interna;

b) evidência externa;

c) evidência derivada da indução;

d) evidência derivada da dedução, cuja classificação conduz às provas diretas e indiretas; as primeiras decorrem da evidência interna e externa, demonstrando imediatamente ser existente o fato controvertido; as segundas, contudo, são obtidas apenas pelo processo do raciocínio indutivo ou dedutivo, revelando, assim, as presunções.

Conforme dissemos, todavia, dentre todas as classificações doutrinárias propostas, foi a de Framarino Dei Malatesta (ob. cit., p. 105) a que se tornou prevalecente, conquanto a de Bentham, no que concerne à subdivisão das provas diretas em *pré-constituídas* e *casuais,* também tenha obtido a simpatia da doutrina.

A tais classificações se submetem, por inteiro, as provas pertencentes ao processo do trabalho.

Capítulo IX

Meios de Prova

Os meios especificados no CPC

Meios ou instrumentos são as fontes por intermédio das quais o juiz obtém os elementos de prova necessários ao estabelecimento da verdade formal. Tais *elementos* ou *motivos,* para Pontes de Miranda (*Comentários*..., p. 327), são os informes sobre fatos, ou julgamento a respeito deles, que derivam do emprego dos referidos meios.

Armando P. Lopez (ob. cit., p. 246) lembra que os meios ou instrumentos de prova se denominavam, antigamente, de *classes* e foram manifestados nestes versos latinos:

> "*Aspectum, scultum, testis, notoria, escriptum.*
> *Jurans, confessus, presumptio, fama, probavit*".

São dois, basicamente, os sistemas legais relacionados aos meios de prova: o *enumerativo,* que ao especificar quais são os meios admissíveis os limita, e o *exemplificativo,* que embora enumere alguns desses meios permite ao juiz valer-se de outros, não indicados.

Na vigência do Código Processual de 1939, formou-se, na doutrina brasileira, intensa polêmica quanto a ser taxativa ou enunciativa a lei acerca dos meios probantes; entrementes, o Diploma de 1973, ao estatuir que "Todos os meios legais, bem como os moralmente legítimos, *ainda que não especificados neste Código,* são hábeis para provar a verdade dos fatos, em que se funda a ação ou a defesa" (sublinhamos), deixou clara a *enunciatividade.* Esse princípio foi reproduzido, com algumas nuanças de literalidade, pelo art. 369, do CPC de 2015: "As partes têm o direito de empregar todos os meios legais, bem como os moralmente legítimos, ainda que não especificados neste Código, para provar a verdade dos fatos em que se funda o pedido ou a defesa e influir eficazmente na convicção do juiz".

Obraram com acerto os legisladores processuais de 1973 e de 2015, pois, na provecta lição de Carnelutti, "Quando a busca da verdade material está limitada de tal modo que esta não possa ser concebida *em todo o caso e com qualquer meio,* o resultado, seja mais ou menos rigoroso o limite, é sempre o de que *não se trata já de uma busca da verdade material, senão um processo de fixação formal dos fatos* (*La Prueba Civil*. Buenos Aires: 1955. Trad. Alcalá-Zamora y Castillo, p. 25).

O CPC em vigor especifica os seguintes meios de prova: *a)* depoimento pessoal (arts. 385 a 388); *b)* confissão (arts. 389 a 395); *c)* prova documental (arts. 396 a 441); *d)* prova testemunhal (arts. 442 a 463); *e)* prova pericial (arts. 464 a 480); e *f)* inspeção judicial (arts. 481 a 484), embora admita todos os demais, desde que moralmente legítimos[(43)-(44)].

Os indícios e as presunções, conforme demonstraremos oportunamente, não constituem meio de prova.

A CLT, todavia, se revela omissa quanto a uma previsão sistemática dos meios de prova admissíveis no processo do trabalho, conquanto faça referência: a) ao interrogatório das partes (art. 848); b) à confissão (art. 844, *caput*); c) à prova documental (arts. 787, 830); d) à prova testemunhal (arts. 819, 820, 821 a 825, 828, 829, 848, § 2.º); e) à prova pericial (arts. 827, 848, § 2.º). Salvo quanto ao interrogatório e à prova testemunhal, a CLT, como se disse, se ressente de uma sistematização dos demais meios probantes aludidos. Relativamente à perícia, ainda, a Lei n. 5.584, de 26 de junho de 1970, que dispôs sobre normas de direito processual do trabalho, fez breves menções no art. 3.º, *caput e* seu parágrafo único, que não chegam, porém, a satisfazer às exigências técnicas da matéria.

Quanto à inspeção judicial, a lacuna da CLT é plena, porquanto não faz qualquer referência a essa modalidade de prova, que, nada obstante, incide supletivamente no processo do trabalho, pois ausente o obstáculo da incompatibilidade.

---

(43) A exibição de documento ou coisa (CPC, arts. 396 a 404) não constitui meio de prova, e, sim, *procedimento probatório,* que é coisa diversa.

(44) Cumpre registrar, como apontamento histórico, que na fase de elaboração legislativa a Câmara Federal rejeitou a emenda que fora proposta ao projeto de lei que visava a instituir o novo CPC e segundo a qual se propunha a seguinte redação ao então art. 336: "Todos os meios legais, bem como os ministrados pelas conquistas científicas, desde que compatíveis com os princípios de ordem pública e com a dignidade humana, ainda que não especificados no direito positivo, são hábeis para provar a verdade dos fatos em que se funda a ação ou a defesa" (In: *Diário do Congresso Nacional*, Seção I, Suplemento ao n. 99, ed. de 28-IX-72). O argumento, contido na emenda rejeitada pelo Plenário da Câmara, era de que a expressão "Todos os meios legais, bem como os moralmente legítimos", como constava, era tautológica, além do que conduzia a confundir-se entre *moral* e *direito.* A tautologia estava em que *meios legais* e *meios legítimos* eram, fundamentalmente, a mesma coisa: "Só é legítimo o que é legal, pelo que, se o meio de prova não encontrar amparo na lei, não se legitima para ser admitido, por melhor que seja o princípio moral em que se lastrear". No Senado Federal, contudo, nenhuma emenda foi apresentada. A Constituição Federal em vigor não admite as provas obtidas por *meios ilícitos* (art. 5.º, LVI).

Dessa forma, seja porque é omissa a CLT, seja porque é incompleta em relação aos meios de prova a que alude, superficialmente, o intérprete é forçado a recorrer às disposições do CPC, com fundamento no permissivo do art. 769 do texto consolidado.

Impõe-se que o faça, contudo, com a necessária cautela, porquanto a adoção irrefletida de normas processuais civis pode implicar uma perigosa transubstanciação do direito processual do trabalho, fazendo com que se distancie da influência que sobre ele exerce o direito material do trabalho. É preciso não se esquecer de que o processo civil se lastreia no dogma da *igualdade formal das* partes, que informa o direito substancial comum e que constitui, mesmo, o sustentáculo de todo o direito positivo liberal e racionalista, que se edificou no processo histórico da Revolução Francesa de 1789. Já o direito material do trabalho, ao contrário, consagra a *desigualdade real* das partes, fixada como pressuposto para a atuação protetiva do trabalhador, cujo caráter está muito bem expresso nas palavras de Gallart-Folch — "Eminentemente desigual, o Direito do Trabalho se propõe compensar com uma superioridade jurídica a inferioridade econômica do trabalhador" —, hoje erigidas em verdadeiro lema doutrinário desse Direito especializado.

É precisamente da *desigualdade real* das partes, no plano das relações jurídicas materiais intersubjetivas, que devem ser extraídos os princípios fundamentais que, *de lege ferenda,* deverão reger o direito processual correspondente.

Os meios moralmente legítimos

A questão relativa aos meios de prova moralmente legítimos é muito mais complexa do que se possa conceber, a partir do fato de inexistirem critérios objetivos para se determinar a moralidade ou a imoralidade do meio ou instrumento de que se valeu a parte para produzir a prova pretendida.

Parece-nos, todavia, que possam ser considerados imorais os meios que atentem contra os *direitos da personalidade,* particularmente quanto à *liberdade de pensamento* e à *privacidade,* que foram alcandorados à categoria dos direitos constitucionais (art. 5.º, IV, X, XI, XII).

Cabe enfatizar, neste aspecto, a inviolabilidade do sigilo da correspondência e das comunicações telegráficas e telefônicas, que conduz à inaceitabilidade da produção sub-reptícia de provas, como as gravações de conversações telefônicas, telegráficas, etc., porque obtidas mediante violação desses direitos. O STF, entretanto, tem admitido a prova mediante gravação de conversação telefônica, desde que a gravação tenha sido feita por uma das partes.

Frederico Marques (ob. cit., p. 178) inclui, também, as provas obtidas mediante tortura, narcoanálise e outros meios clandestinos.

Na prática, a questão se torna tormentosa para o juiz, a quem incumbirá declarar se o meio utilizado é imoral ou não, sendo inevitável que tenha, para tanto, de recorrer ao direito material e à própria Constituição, pois se sabe que "não fica às leis dizer, a seu arbítrio, o que se há de entender por sigilo da correspondência e das comunicações telegráficas e telefônicas" — lembra Pontes de Miranda (*Comentários*..., p. 344), que conclui: "Aliás, produzir prova, sem ser em segredo, em juízo, equivale a publicar".

A prova emprestada

A prova emprestada, para Bentham (*Apud* Martins Catharino. *Contrato de emprego*. Bahia: Ed. Trabalhistas, 1962. p. 338), é a que "já foi feita juridicamente, mas em outra causa, da qual se extrai para aplicá-la à causa em questão". Esclareça-se que a prova *emprestada* nada tem a ver com a *pré-constituída,* do mesmo modo que, em regra, só se refere à prova *testemunhal,* porquanto a *documental* e a *pericial* mantêm a sua eficácia mesmo fora dos autos ou do juízo em que foram produzidas(45).

Segue-se, por conseguinte, que a prova *emprestada* concerne às denominadas provas *casuais,* ou seja, às "que se colhem ou se produzem no curso do processo, sem que tenham sido intencionalmente constituídas e preparadas para a demonstração dos fatos ali deduzidos pelos litigantes" (Moacyr Amaral Santos. Ob. cit., p. 321).

Sintetizando: a prova emprestada atine àquelas de natureza *oral,* que são, por princípio, produzidas em audiência e, invariavelmente, na presença do juiz (depoimentos das partes, das testemunhas, dos peritos).

Muito se discutiu, na doutrina, acerca da admissibilidade dessa prova, em outros autos ou juízo.

Affonso Fraga (*Instituições*..., cits., II, p. 369) sustentava a impossibilidade da admissão, argumentando que a verdade resultante da prova é uma só, em qualquer tempo e lugar, razão por que produz efeito entre as partes; e aduzia: "Outra, porém, deve ser a solução se a ulterior controvérsia se ferir entre qualquer das partes e terceiro, por isso que, nesta hipótese, a prova dos fatos contestados não se faz em presença e em contradição deste, conforme preceitua a lei; e assim, lhe não poderá ser oposta".

Em verdade, o fundamento básico da corrente doutrinária que entendia não ser possível a aceitação da prova emprestada residia, como se pode

---

(45) No tocante à prova pericial, todavia, a sua realização será indispensável sempre que as condições de fato, relativas à causa atual, não coincidam com aquelas que motivaram a realização do exame pericial, no processo anterior.

constatar pelo próprio pensamento de Affonso Fraga, no fato de que, ao admiti-la, se estaria escoriando o princípio da identidade física do juiz (que, por sua vez, integra o da oralidade), porquanto importaria consentir que a prova fosse produzida sem a sua presença.

Esse argumento, contudo, restou prostrado diante da determinação legal de que a inquirição de testemunhas residentes em outra jurisdição fosse feita por intermédio de carta precatória. Sendo assim, como exigir-se que a prova deva ser sempre produzida na presença do juiz da causa? Ademais, na eventualidade de o processo ser anulado, por exemplo, em virtude de incompetência absoluta, estabelece o art. 64, § 4.º, do CPC: "Salvo decisão judicial em sentido contrário, conservar-se-ão os efeitos de decisão proferida pelo juízo incompetente até que outra seja proferida, se for o caso, pelo juízo competente".

Não só a fragilidade do argumento dos que entendiam que a prova emprestada colidia com o princípio da identidade física do juiz levou a melhor doutrina, contrariamente, a admitir essa modalidade de prova, como, também, o reconhecimento de que ela contribui, sobremaneira, para a economia — e a consequente celeridade — do procedimento. Com efeito, essa prova, quando trasladada para outra ação, evita, em muitos casos, um dispêndio de atividade probatória das partes (com grande economia de tempo), visto que a verdade dos fatos já está nela demonstrada, razão por que o seu aproveitamento deve ser, o quanto possível, admitido pelo juízo.

Estamos até mesmo convencidos de que em nenhum outro processo judiciário, como no do trabalho, deva a prova emprestada incidir com tanta intensidade — exatamente em decorrência da economia processual que pode acarretar. Justifiquemos.

Um empregado ingressa em juízo postulando horas extraordinárias; o réu contesta. O órgão judicante, contudo, já teve oportunidade de, em diversas ações anteriores, propostas em face do mesmo réu, conceder as horas extras pedidas, pois sempre restou provado que a jornada de trabalho, então indicada, era igual para *todos* os empregados e, além disso, coincidente com a que esse autor está alegando. Diante disso, indaga-se: qual a necessidade de, nessa última ação, proceder-se à inquirição de testemunhas (que, não raro, são as mesmas) se a *causa petendi* (trabalho em jornada extraordinária) já foi objeto de provimentos jurisdicionais pretéritos, com trânsito em julgado? É evidente que razões de ordem lógica, articuladas à inafastável necessidade de economia processual, autorizam a que se faça, neste caso, o *empréstimo* da prova anteriormente produzida, desde que, à evidência, a sua produção tenha sido regular, com obediência aos princípios legais regentes, como, notadamente, o da contraditoriedade.

O exemplário, quanto ao cabimento da prova emprestada no direito processual do trabalho, é vasto, cujos matizes variarão conforme os casos concretos em que se verifiquem. O que se deve pôr em realce, nessa matéria, é que tal espécie de prova é plenamente compatível com o processo especializado, em atenção ao qual, aliás, parece ter sido concebida.

Não queremos com isso dizer, porém, que a prova emprestada deva ser, obrigatoriamente, aceita pelo juiz; como diretor do processo, por certo que haverá de submeter-se ao seu prudente arbítrio a admissibilidade, ou não, dessa prova.

Criteriosa, a doutrina estabeleceu algumas regras de ordem prática, relacionadas à eficácia da prova emprestada, que deverão ser observadas em conjunto; ei-las: a) a prova emprestada de natureza oral, mantém a eficácia do processo em que foi produzida, segundo seja o poder de convencimento que traga consigo; b) a eficácia e o aproveitamento dessa prova (também de natureza oral) estão na razão inversa da possibilidade de sua produção; c) a eficácia da prova emprestada equivale à da que se colheu mediante carta precatória.

Cumpre ressaltar, entrementes, que essas regras estão vinculadas às diversas situações em que se encontram as partes em relação à prova emprestada. Desse modo, "consideradas as pessoas dos litigantes no processo para o qual é transportada, será de se distinguir a prova conforme tenha, no processo anterior, sido produzida: a) entre as mesmas partes; b) entre uma das partes daquele e terceiros; c) entre terceiros" (SANTOS, Moacyr Amaral. Ob. cit., p. 322-323).

Acrescentamos, ainda, pela nossa parte, *d*) a prova que, tendo sido produzida no juízo criminal, seja trasladada para o juízo do trabalho.

a) produzida entre as mesmas partes

É elementar que, por princípio, a prova produzida anteriormente, em outros autos de processo, entre as mesmas partes que estão outra vez a litigar, guarda, em relação a elas, eficácia absoluta. Lembramo-nos de um caso concreto no qual o empregado, alegando que a sua jornada diária de trabalho era das 8 h às 23 h, ajuizou ação postulando, apenas, as horas extraordinárias daí oriundas. A Vara, em face da prova produzida, admitiu como verdadeira essa jornada e condenou o empregador ao pagamento de tais horas. Posteriormente, já transitada em julgado a sentença, o empregado ingressa com nova ação, pleiteando, desta feita, o adicional noturno (das 22 h às 23 h), pois houvera omitido esse pedido na ação anterior. Diante disso, a Vara, considerando que naquela ação o empregador negara o trabalho no período noturno (logo, não poderia ter recibos de pagamento dessa parcela), entendeu desnecessária a produção de provas quanto à jornada de trabalho, porquanto, como se disse, já fora feita em outros autos. Nem poderia ser de maneira diversa, pois a instrução, nesse último caso, seria de nenhuma utilidade. Correta foi, portanto, a determinação da Vara para que se tomasse por *empréstimo* aquela prova, com manifesta economia de tempo e de atividade jurisdicional, a par de constituir medida garantidora da harmonia da ordem jurídica, evitando, assim, a existência de sentenças eventualmente conflitantes.

Sem embargo, admitamos que não se procedesse assim e que, na segunda ação, o empregado não fizesse prova de ser verdadeira a jornada de trabalho que constituía o pressuposto de fato (*causa petendi*) do seu pedido; ter-se-ia, então, de negar-lhe o adicional noturno pretendido, por força do ônus da prova que lhe incumbia, muito embora essa jornada houvesse, em outros autos, sido admitida por sentença com trânsito em julgado.

Essa desarmonia na ordem jurídico-processual seria, inegavelmente, nefasta sob todos os aspectos; afinal, ainda que *formal*, *a* verdade há de ser uma só. Desse modo, a sua eficácia há de espraiar-se por onde quer que se encontrem a litigar essas partes e desde que a controvérsia se refira à jornada de trabalho existente no período em que vigorou o contrato.

Em outro caso, por exemplo, o empregado pretendeu obter uma declaração judicial de existência de relação de emprego com o réu e a consequente condenação deste ao pagamento dos salários retidos e da indenização por tempo de serviço, em vista de ter sido despedido sem justa causa legal. Nada mais pediu. O réu, desatento ao princípio processual da *eventualidade* (CPC, art. 336)[46], limitou-se a contestar a existência do vínculo de emprego, deixando de impugnar os demais fatos. A sentença, exaurida a instrução processual, acolheu integralmente os pedidos do autor. Mais tarde, ele voltou a juízo com outra ação, postulando os 13.ºs salários, e as férias, uma vez que se descuidara de fazê-lo na ação transata, na qual, aliás, também restou comprovado que ele era assíduo ao serviço. Ora, bem. Admitida, pela sentença, *a* existência de um contrato de trabalho entre as partes, tacitamente estabelecido, no período mencionado na inicial, a atitude que ao réu se impunha era, exclusivamente, de negar o direito do autor às parcelas pretendidas, opondo-lhe, talvez, um fato modificativo, impeditivo (faltas excessivas ao serviço — que não era o caso) ou extintivo (pagamento). Nada mais. Logo, transportada daqueles para estes autos a prova quanto ao tempo de serviço, à assiduidade do empregado, ao valor da remuneração, etc., a instrução concernente à segunda ação estaria completa, sendo injustificável que se tivesse de *repetir* todas essas provas.

Nem há por que alegar-se cerceamento de defesa, na medida em que a prova fora colhida com rigorosa observância aos princípios legais que informam esse instituto processual.

---

(46) E, também, ao da impugnação específica dos fatos (CPC, art. 341).

Novamente aqui a prova emprestada, quando inequívoca a sua admissibilidade, demonstra acentuada utilidade como fator de economia processual, bem assim o seu caráter de elemento mantenedor da harmonia das resoluções judiciais.

b) entre uma das partes e terceiro

Talvez seja esta uma das hipóteses mais encontradiças no processo do trabalho.

Sabemos que certos empregadores se encontram, constantemente, figurando como parte passiva nas relações processuais que se estabelecem na Justiça do Trabalho. O próprio exemplo que formulamos em página anterior se ajusta, com perfeição, à hipótese em exame. Outros, contudo, podem ser trazidos. Vejamos.

Um empregado (A) promove ação em face do ex-empregador (B), asseverando que começava a trabalhar às 6 h da manhã pois tinha de ordenhar, juntamente com outro empregado (C), cerca de quinze vacas antes de iniciar o seu serviço na parte da lavoura, pertencente ao mesmo ex-empregador. Considerando que a sua jornada se encerrava por volta das 18 h, *A* pediu a condenação de *B ao* pagamento de horas extras, sabendo-se que o seu intervalo intrajornada era de uma hora. O réu contesta não apenas os pedidos, mas em particular a existência desses animais em sua propriedade, alegando, ainda, que a única atividade lá explorada era a agrícola, razão por que o autor (A) iniciava a sua jornada sempre às 8 h, assim como *C* — em que pese ao fato de este não figurar na ação. A prova, todavia (inclusive mediante inspeção judicial), demonstrou que o réu estava faltando com a verdade, pois se constatou não somente a existência daquele número de reses, mas também que ele comercializava, com terceiros, o leite extraído por *A* (e por *C*). Consequentemente — e também porque se provou que a ordenha se iniciava, realmente, às 6 h —, as horas extras foram deferidas pela sentença.

Pouco tempo depois, o outro empregado (C) ajuíza ação em face do mesmo ex-empregador (B), pleiteando horas extras, pois a sua jornada de trabalho era idêntica à de *A*. Pergunta-se: considerando-se que, na ação anterior, o próprio réu admitiu que *C* era seu empregado e que tanto ele quanto *A* faziam os mesmos serviços (embora tenha alegado que não havia extração de leite na fazenda), cuja jornada se encerrava às 18 h e que, acima de tudo, se demonstrou que a ordenha se iniciava às 6 h, dela também participando *C,* por que motivo se procederia, aqui, à instrução processual, a não ser para satisfazer a despiciendos anseios psicológicos do réu, articulados, por certo, a um propósito subjacente de procrastinar a prolação da sentença, que já a pressentia desfavorável?

Nada mais racional e necessário, pois, do que trasladar-se para esses autos a prova anteriormente produzida.

Conforme veremos, com maior profundidade, no Capítulo II, Terceira Parte desta obra, a prova emprestada — desde que a sua produção tenha sido correta e a sua inserção em outros autos, possível — pode, até mesmo, neutralizar, em certos casos, a eficácia dos efeitos inerentes à *ficta confessio,* resultante da ausência injustificada de uma das partes à audiência em que deveria ser interrogada.

Uma ponderação: o ideal é que a prova emprestada não seja imposta pelo magistrado às partes, e, sim, que seja objeto de avença entre essas. Vale dizer, a prova emprestada deve ser consensual. Há casos, por exemplo, em que a prova foi mal produzida nos autos, de tal modo que a parte, agora, deseja produzi-la (em outros autos) com maior eficiência persuasiva. Negar-lhe essa possibilidade será, quase sempre, render ensejo à nulidade do processo, pois a parte haverá de alegar, com certa razão, o clássico "cerceamento de defesa". Será sempre aconselhável, portanto, que o juiz obtenha das partes o consentimento para que a prova produzida em autos anteriores seja aproveitada nos autos atuais. Outra solução que poderia ser adotada pelo magistrado consistiria em permitir que as partes produzissem a prova desejada, embora determinasse a juntada aos autos da prova produzida em processo anterior, que figuraria, no processo atual, como uma espécie de elemento adminicular ou suplementar.

c) entre terceiros

São infrequentes, na Justiça do Trabalho, as hipóteses em que possa ocorrer o aproveitamento da prova produzida em ação envolvendo terceiros.

Nada obsta, contudo, por princípio, o empréstimo dessa prova, conquanto a sua eficácia, em relação aos autos para os quais é transportada, não possa ser equiparada àquela que apresenta a prova que foi acolhida entre as mesmas partes, ou entre uma das partes e terceiro. A resposta é evidente: neste caso, a nenhuma das partes se possibilitou contraditar a prova anteriormente produzida entre terceiros ou mesmo oferecer contraprova. Aqui, mais do que nunca, a sua admissibilidade deverá subordinar-se à extrema prudência do juiz, sendo de reiterar-se que, mesmo admitida, os seus efeitos serão quase nenhum.

d) produzida no juízo criminal

A prova judiciária, como instituto processual, é, inegavelmente, una; variará a sua *origem,* porém, segundo seja o juízo em que for obtida (civil, criminal, trabalhista, etc.).

Essa unidade científica (ontológica) da prova poderia fazer supor, consequentemente, que ela devesse ter, em outros juízos, a mesma eficácia que possui no juízo em que foi produzida, pois *per summa ratio* a prova é una.

Inferência neste sentido, todavia, não seria correta e muito menos admissível, do ponto de vista do direito processual do trabalho, sendo conveniente esclarecer que nenhum dispositivo legal obriga a que o juízo do trabalho acolha a prova elaborada em outro, como no caso o criminal, pois nem sempre os objetivos que norteiam a colheita da prova são idênticos aos diversos juízos. Como bem observa Campos Batalha (ob. cit., p. 531), "os pressupostos da responsabilidade penal não se confundem com os pressupostos da responsabilidade trabalhista".

Pode o Juiz do Trabalho, em virtude disso, proceder à instrução processual, segundo as normas e os princípios específicos da CLT e da doutrina trabalhista — suplementados pelas disposições do CPC —, sempre que houver necessidade, ficando a prova colhida no juízo criminal como uma espécie de pano de fundo, ou de adminículo para o julgador, que nela poderá se estribar para *dar* início ao interrogatório das partes e das testemunhas.

A trasladação pura e simples da prova produzida no juízo criminal, para o do trabalho, com o consequente sacrifício da instrução processual próprio deste e com o propósito de fazer com que também aqui ela se revista da mesma eficácia que possui no juízo de origem, é, *venia permissa,* procedimento que deve ser evitado, pois, a ser assim, estar-se-á golpeando a fundo o processo do trabalho em um dos seus momentos mais significativos — o que constituiria, acima de tudo, meio passo para a transfiguração da sua identidade científica, com reflexos deletérios na busca de sua autonomia enciclopédica.

Não se trata de menoscabo à prova criminal, mas, ao contrário, de preservação dos princípios nucleares que animam a prova trabalhista; eis a diferença vital, que autoriza ao juiz do trabalho a rejeitar aquela, ou a deixá-la vir aos autos como um ponto de referência em relação aos fatos que devam ser objeto da instrução neste juízo.

Caso, porém, o juiz do trabalho entenda ser conveniente, por alguma razão ponderosa especial, sobrestar a ação trabalhista, até que sobre o fato comum se pronuncie a justiça criminal, poderá fazê-lo com espeque no art. 313, V, *a*, do CPC, de subsidiariedade restrita. Advirta-se, contudo, que a expressão legal revela meramente uma *faculdade* do juiz, sendo errôneo afirmar-se que haja, aí, um comando impositivo que o constranja a agir dessa maneira.

Não negamos que, excepcionalmente, deva ser determinado o sobrestamento da ação trabalhista como medida destinada a garantir o equilíbrio do ordenamento jurídico, visto que, a não se proceder dessa maneira, estar-se-ia criando a possibilidade de dois juízos se pronunciarem de maneira conflitante sobre um mesmo fato submetido à sua cognição jurisdicional.

Temos, assim, que a sabedoria e a prudência do magistrado do trabalho deverão ser convocadas para atuarem, com segurança, sempre que tiver de — entre as necessidades de manutenção da estabilidade da ordem jurídica e a de preservação dos princípios fundamentais que informam o processo do trabalho — optar por uma delas — tarefa que, na prática, se torna tormentosa, quanto mais não seja quando se perde de vista que a preeminência é desta última.

Se a própria prova obtida no juízo criminal não constrange o juízo trabalhista, muito menos o farão os depoimentos colhidos em inquéritos policiais, autênticos procedimentos administrativos a cargo da polícia judiciária, nos quais nem sempre são observados os princípios constitucionais que tutelam o indivíduo. Tais inquéritos podem, quando muito, constituir um elemento de orientação (ou de informação) do juízo trabalhista, relativamente a determinados fatos que devam ser objeto de indagação às partes e às testemunhas. Nada mais que isso — salvo se a parte, em audiência, confirmar as declarações constantes do inquérito, que lhe são desfavoráveis.

Com razão, portanto, Galdino Siqueira (*Curso de processo criminal*. 1930, p. 306. *apud* Campos Batalha, ob. cit., p. 532), quando afirma que esse inquérito não constitui um ato judicial, um processo regular, por força do qual possa haver condenação ou absolvição, mas, sim, um ato extrajudicial, uma informação preparatória e preventiva feita enquanto não intervém a autoridade judiciária competente.

Máximas de experiência

Dispõe o art. 375 do CPC: "O juiz aplicará as regras de experiência comum subministradas pela observação do que ordinariamente acontece e, ainda, as regras de experiência técnica, ressalvado, quanto a estas, o exame pericial". Conforme se percebe, o art. 375 do CPC reproduziu, mutatis, mutandis, a regra inscrita no art. 335, do CPC de 1973, assim redigido: "Em falta de normas jurídicas particulares, o juiz aplicará as regras de experiência comum subministradas pela observação do que ordinariamente acontece e ainda as regras da experiência técnica, ressalvado, quanto a esta, o exame pericial", com o que incorporou ao direito positivo brasileiro as "máximas de experiência" a que se refere a doutrina. O Código de 1939 não continha disposição nesse sentido.

A teoria das regras ou máximas de experiência (*"Algemeine Erfharugssatze"*) foi elaborada por Stein, para quem elas consistiam "em condições ou juízos hipotéticos de conteúdo geral, independentes do caso concreto que se tem de julgar e de seus elementos particulares, e que são adquiridos pela experiência, mas que são autônomas em face dos casos particulares, de cuja observação se deduzem e que pretendem ter valor em relação aos novos casos" (*La Scienza Privata del Giudice*. 1893, p. 103 e segs., *apud* Moacyr Amaral Santos, ob. cit., p. 51-52). Delas também disse Rosenberg: "Máximas de experiência são tanto as regras de experiência e cultura gerais como as regras de uma perícia ou erudição especiais nas artes, na ciência, no ofício ou na profissão, no comércio e no tráfico (também os costumes do tráfico, os usos do comércio, etc.): em parte se extraem da observação do modo de viver e obrar das pessoas, em parte são o resultado da investigação científica ou de uma atividade profissional ou artística. Servem para a apreciação jurídica (subsunção) dos fatos, particularmente, quando a aplicação do direito depende de juízos de valor; e, portanto, representam elementos essenciais da mesma norma jurídica aplicável, da premissa maior jurídica no silogismo do Juízo judicial; ou servem para a comprovação de fatos, em particular, na apreciação da prova para examinar o valor probatório do meio de prova e para concluir dos fatos não controvertidos ou provados a verdade de outros fatos discutidos; e formam, assim, a premissa maior do silogismo judicial em relação à estimação das afirmações sobre os fatos" (*Tratado de Derecho Procesal Civil*. 2 v., p. 211).

As máximas de experiência constituem, portanto, na expressão legal, *regras* de que o juiz poderá valer-se para atingir a verdade dos fatos e cuja importância ainda mais se avulta nos sistemas que consagram o princípio da livre apreciação da prova. Ditas máximas, contudo, não poderão atuar quando houver *norma jurídica* a reger a espécie, exatamente porque o pressuposto legal para a sua invocação é a inexistência de normas jurídicas específicas[47]. Por esse motivo, anota Moacyr Amaral Santos (ob. cit., p. 53) que "Assim, por exemplo, o juiz não poderá valer-se de máximas de experiência em face de presunções legais, mas, necessariamente, delas se utilizará, como premissa maior, em face do indício, para extrair uma presunção de homem".

A lei (CPC, art. 375) se refere às *regras de experiência comum* e às *regras de experiência técnica* (ressalvado, quanto a esta, o exame pericial), como conteúdo das máximas de experiência.

As *regras da experiência comum* se formam com base na observação, pelo juiz, daquilo que habitualmente acontece ("*Eo quod plerunque accidit*") e são por ele livremente aplicadas — "malgrado seja hoje uma liberdade de

(47) Michele Taruffo (*Studi sulla rilevanza della prova*. Padova, 1970. *Apud* Pestana de Aguiar, ob. cit., p. 106) faz referência a alguns autores, dentre os quais Schwinge, que considerou como *normas em branco,* porque enseja a utilização genérica das máximas de experiência.

Mesmo assim — convém esclarecer — as máximas, quando possível a sua incidência no caso concreto, não se transformam em normas jurídicas: apenas suplementam a estas, pois "Não se juridicizam tais regras de experiência, apenas delas se faz conteúdo de regra jurídica" (PONTES DE MIRANDA. *Comentários ao CPC* (de 1973). Forense: Rio de Janeiro: 1979. p. 361).

certo modo vinculada às máximas que se forem consagrando", aduz Pestana de Aguiar (ob. cit., p. 106). Essas máximas integram o cabedal de cultura do julgador, que, por isso, não deve ignorá-las quando tiver de apreciar, por exemplo, o teor de um depoimento ou de um documento, pois elas são úteis para conduzir à verdade dos fatos aí relatados.

As *regras de experiência técnica,* ao contrário das anteriores, não integram o conhecimento geral, de que normalmente é dotado o juiz, se não que provêm de conhecimentos *especializados* e relativos às ciências, às partes ou às profissões. "São regras desconhecidas ou imperfeitamente conhecidas pelo juiz, que solicita para bom entendimento a cooperação do perito" (Moacyr Amaral Santos, ob. cit., p. 54). Há que se observar, contudo, que nem sempre o magistrado deverá socorrer-se dos conhecimentos especializados do perito, porquanto, em certas hipóteses, nada obsta a que ele se valha, nesse mister, "de livros ou de informes periciais havidos em outros processos" (Rosenberg, ob. cit., p. 212), ou até mesmo supra a sua insciência ou a sua insuficiência de conhecimentos acerca do fato mediante investigação pessoalmente efetuada.

Máximas de experiência e fato notório

Tanto as máximas de experiência quanto os fatos notórios integram o patrimônio de noções pacificamente armazenadas por uma determinada esfera social, na qual se insere o juiz, a que se pode denominar *cultura* (CALAMANDREI. Per la definizione del fatto notório. In: *Riv. di Diritto Procesuale Civile*, 1925, p. 292 e segs.); a diferença entre ambos, todavia, está em que falta às máximas de experiência a evidência dos fatos a serem comprovados, de que são possuidores os fatos ditos, por isso mesmo, notórios. Aquelas, ademais, no correto magistério de Pestana de Aguiar (ob. cit., p. 106), dependem "de uma atividade intelectual de certo modo mais complexa, ainda que independente de cultura jurídica, pois consistente num raciocínio dedutivo com base em experiência vivencial adquirida". De outra parte, o fato notório não requer, para a sua configuração, uma repetição costumeira, como ocorre com os fatos que ensejam o estabelecimento das máximas.

Máximas de experiência e indícios

Segundo Pontes de Miranda (*Comentários ao Código de Processo Civil.* Rio de Janeiro: Forense, 1979. p. 361), o indício é o fato que conduz a outro ato, enquanto a máxima geral de experiência é atividade intelectual do juiz. Pedro Batista Martins (*Comentários ao CPC.* 1942. v. III, n. 225, p. 281), por sua vez, identifica como aspecto comum a ambos o emprego do método indutivo, mediante o qual se busca estabelecer a presunção *hominis* ou *facti,* embora não deixe também de reconhecer uma dessemelhança sutil, considerando que as máximas se assentam exclusivamente na experiência vivencial para a dedução a ser extraída, ao passo que os indícios se lastreiam nas próprias circunstâncias que envolvem o caso concreto.

Observa, a propósito, Devis Hernando Echandía (ob. cit., p. 250, 5. vol.) que o magistrado não pode desprezar as máximas de experiência quando aprecia a prova de indícios, uma vez que somente com o auxílio delas poderá reconhecer, nesses vários indícios, o mérito de formar a necessária e suficiente convicção. É do eminente jurista a assertiva: "Essa qualificação de indício necessário e a capacidade indicadora dos não necessários, conforme sua conexão entre si e com o fato por se provar, não podem reconhecer-se sem o auxílio das regras de experiência, pois de outra maneira não poderia o juiz aplicá-los".

Máximas de experiência e prova *prima facie*

A prova *prima facie,* também denominada *prova de primeira aparência* (*"Beweis des ersten Anscheins"*), segundo as fontes doutrinárias, teria surgido na Alemanha, com Rumelin. Com apoio nessa espécie de prova, o juiz forma o seu convencimento segundo princípios práticos da vida e da observação daquilo que costumeiramente ocorre. Não se trata de um juízo oriundo de conhecimentos privados do magistrado, nada obstante se forme fora dos elementos probantes existentes nos autos. No dizer de Pestana de Aguiar (ob. cit., p. 106-107) constitui, "sob certo ângulo de visão, uma exceção à regra *'quod non est in actis non est in mundo'*, mas que se forma por meio de noções pertencentes ao patrimônio cultural comum, eis que se sustém naquilo que de ordinário acontece".

Em verdade, as máximas de experiência se constituíram em fonte da prova de primeira aparência.

Máximas de experiência e usos e costumes

Ponha-se ao largo eventual equívoco entre um e outro; enquanto as máximas (ou regras) de experiência se apresentam como proposições acerca de determinados fatos, os usos e costumes são aqueles fatos que comumente se verificam, são a própria vida em si, faltando a eles "a contemplação que se nota nas máximas da experiência", como bem salientou Pontes de Miranda (*Comentários...*, p. 371).

Efetivamente, as máximas decorrem de uma *observação* acerca daquilo que ordinariamente sucede, ao passo que os usos e costumes são os próprios fatos que soem acontecer na existência de uma comunidade ou de qualquer agregação social, com as características que lhe são inerentes.

O legislador processual permitiu que somente as máximas de experiência sejam invocadas pelo juiz para a formação de sua convicção jurídica a propósito dos fatos que foram articulados pelas partes. Não os usos e costumes, aos quais apenas se reservou o atributo de serem fontes diretas de direito.

Máximas de experiência e processo do trabalho

Entendemos que as máximas de experiência têm ampla aplicação, em caráter supletório, no processo do trabalho, principalmente se considerarmos que o juízo trabalhista é especializado, o que lhe possibilita, sem dúvida, uma efetiva observação dos fatos que ordinariamente acontecem nos sucessivos casos que lhe são submetidos ao conhecimento, por intermédio das ações aforadas.

É preciso não esquecer, contudo, que as regras de experiência, a serem aplicadas ante a inexistência de normas jurídicas, devem se referir à *experiência comum,* ou seja, àquela que integra o patrimônio de conhecimentos ou noções acumuladas por determinados círculos sociais, não se admitindo, consequentemente, que a pretexto de invocação dessas máximas o juiz se valha, apenas, da sua cognição pessoal.

No plano da Justiça do Trabalho podem ser mencionadas, exemplificativamente, como regras de experiência comum — cuja aplicabilidade, contudo, haverá de ajustar-se às peculiaridades de cada caso concreto —, as observações feitas em relação aos fatos de que, quando ocorre intensa precipitação pluvial, não há atividade na lavoura (logo, em geral, o empregado não trabalha nesses dias); nas épocas de balanço, em certos períodos do ano (Natal, Páscoa, etc.), determinados estabelecimentos, que comerciam produtos cuja procura nessas ocasiões é intensa, funcionam até mais tarde; os motoristas de caminhão percebem salário à base de percentagem sobre o valor do frete; nos períodos de safra, a atividade rural é mais intensa, etc.

Convém enfatizar que as regras de experiência derivam, na prática, não somente da observação de fatos que em geral acontecem em âmbito nacional, se não que igualmente de fatos que possam estar circunscritos a uma região do País, a um só Estado da Federação, a uma região dentro do Estado, a uma só cidade, a determinada espécie de atividade econômica, a um grupo de empresas ou, até mesmo, a uma só empresa. O que efetivamente importa, para o estabelecimento dessas máximas, é a *iteração* dos fatos que lhe deram conteúdo ("observação do que ordinariamente acontece", diz a lei) e sua cognição pelo magistrado e por um grupo social, a constituir-lhes, desse modo, um certo acréscimo cultural satisfatoriamente sedimentado; daí por que a utilização, em concreto, dessas máximas de experiência encontra amparo na própria consciência cultural do referido agrupamento humano.

Estabelecida, no entanto, determinada máxima de experiência, isso não significa que ela se torna definitiva, imutável; afinal, nem mesmo às leis se reconhece esse atributo. Dessa maneira, modificada que seja a situação de fato que lhe deu causa, a máxima — mero efeito de observação — haverá de ser reformulada, para ajustar-se à nova realidade, sendo imperativo, em outros casos, a sua revogação, ou desfazimento.

Essa possibilidade (ou melhor: *necessidade*) de mutação das regras de experiência, a propósito, também fora detectada pela mente arguta de Eduardo Couture (ob. cit., p. 272-273), para quem o progresso da ciência é constituído pela derrogação de algumas máximas de experiência por outras, mais exatas; e aduz: "y aun frente a los principios de la lógica tradicional, la lógica moderna muestra como el pensamiento humano se halla en constante progreso en la manera de razonar".

A observação do eminente jurista uruguaio é irretorquível.

A produção de prova por meio eletrônico

A denominada *prova digital* nada mais é do que a utilização de tecnologia eletrônica para demonstrar a verdade dos fatos controvertidos em uma causa judicial. Controvertidos, porque, em princípio, os fatos incontroversos não necessitam ser destinatários de prova (CPC, art. 374). Também podemos conceituar essa espécie de prova como o meio de demonstrar a existência de um fato ocorrido em ambiente digital.

Incluem-se como prova digital, por exemplo, o envio de *e-mail* e de aplicativo de mensagens (como WhatsApp), seja por meio de texto, seja por meio de áudio ou de cópia de base de *softwares*. Também é possível a utilização de dados de geolocalização, de biometria, de rastreamento de protocolo de rede (*Internet Protocol — IP*), entre outros. As provas digitais podem ser extraídas tanto de fontes abertas quanto de fechadas.

Em uma sociedade digital e interconectada, como a atual, dominada pela "indústria 4.0", não é possível ignorar ou impedir o uso, em juízo, de prova produzida por meio eletrônico.

O TST elaborou um box, por meio do qual apresentou as vantagens da utilização da prova digital (Fonte: https://www.tst.jus.br/provas digitais: "Especial: Justiça do Trabalho é pioneira no uso de provas digitais", 13-12-2021).

Decompondo esse *box*, reproduzimos as aludidas vantagens:

a) provas robustas e concretas baseadas em elementos técnicos e materiais;

b) consonância total com a Lei Geral de Proteção de Dados (LGPD);

c) maior proximidade com a verdade real do caso;

d) registros objetivos, mais confiáveis do que as provas testemunhais;

e) processo com resultado mais justo para ambas as partes;

f) mais recursos para identificar patrimônio de devedores trabalhistas;

g) uso efetivo das novas tecnologias em harmonia com as legislações;

h) novas possibilidades para solucionar processos com maior celeridade.

Temos dúvidas quanto a algumas dessas vantagens, nomeadamente, em relação às mencionadas nas alíneas *"c"* e *"e"*.

A utilização de prova digital, entretanto, não pode ser efetuada de maneira arbitrária, assim entendida a que desrespeita as normas legais — constitucionais ou infraconstitucionais — pertinentes ao assunto, integrantes do devido processo legal (*due process of law*), assegurado pelo art. 5.º, LIV, da Constituição da República.

A esse respeito, é necessário chamar a atenção ao fato de a Constituição Federal vedar as provas obtidas por meio ilícito (art. 5.º, LVI), assim como as que atentem contra a inviolabilidade da intimidade, da vida privada, da honra e da imagem das pessoas (art. 5.º, X).

Não confundamos, todavia, *meios ilícitos* com *atos ilícitos*. Estes últimos, muitas vezes, são praticados em ambientes fechados, nos quais se encontravam apenas o autor do ato e a vítima, como sói ocorrer, *e. g.,* nos casos de assédio sexual ou de assédio moral. Em tais situações, a vítima pode valer-se de meio eletrônico para provar a verdade do fato, trazendo a juízo conversas feitas mediante aplicativos de mensagens ou *e-mails*, momentos antes ou depois da prática do ato ilícito. Os metadados, por exemplo, são capazes, em determinados casos, de identificar as páginas da *internet* visitadas pelo autor do ilícito e, com base nesses acessos, obter indícios de que ele, efetivamente, praticou o ato que lhe foi imputado pela vítima.

Havendo indícios da ocorrência do ilícito, cumprirá ao juiz determinar ao responsável pela guarda o fornecimento de registros de conexão ou de registros de acesso a aplicações de *internet* (Lei n. 12.965/2014, art. 22, I). É oportuno rememorar a regra inscrita no art. 378, do CPC, conforme a qual "Ninguém se exime do dever de colaborar com o Poder Judiciário para o descobrimento da verdade". Vale lembrar, também, a declaração contida no art. 6.º, do mesmo Código: "Todos os sujeitos do processo devem cooperar entre si para que se obtenha, em tempo razoável, decisão de mérito justa e efetiva". A *razoabilidade de tempo*, no caso, deriva da regra estampada no art. 5.º, LXXVIII, da Constituição da República.

Do ponto de vista prático, devemos dizer que dois critérios devem ser observados, com vistas a provar o fato obtido por meio da *internet,* a saber:

a) provar a existência do fato

À parte interessada cabe comprovar que determinado conteúdo foi publicado em *site*, em *e-mail*, em perfil, etc. Para esse efeito, a jurisprudência não tem admitido a mera utilização de *print* (*printscreen*) como prova, por tratar-se de simples mensagem exibida na tela de computador ou de telefone celular, e, principalmente, pela ausência de comprovação da autenticidade da mensagem. Ademais, constitui fato notório a ocorrência de constantes manipulações dessas mensagens, distorcendo-as da realidade ou do contexto, além dos denominados "conteúdos virais". Nem se ignore o caráter volátil dessas mensagens, que podem ser apagadas ou adulteradas. Daí, a necessidade de ser comprovada não só a existência do fato, mas a veracidade do conteúdo da imagem.

Sob este aspecto, a *ata notarial* (Lei n. 8.935, de 18-11-1994, art. 6.º, III; CPC, art. 384) manifesta a sua utilidade. Assim afirmamos, porque o tabelião pode verificar e transcrever, integralmente, todo o conteúdo apresentado sob forma digital, como textos, áudios, vídeos, imagens, etc., fazendo com que esse conteúdo, sendo registrado em ata, não possa sofrer alterações, ou melhor, adulterações. A ata digital propicia, enfim, segurança quanto à inalterabilidade do conteúdo, preservando, assim, a sua autenticidade. É oportuno referir o parágrafo único do art. 384, do CPC: "Dados representados por imagens ou som gravados em arquivos eletrônicos poderão constar da ata notarial".

b) provar a autoria do fato

Algumas vezes, a autoria do conteúdo da *internet* não é identificada. O ônus da prova, quanto a isso, tanto pode ser do autor como do réu, conforme o fato seja favorável àquele ou a este. Nada obsta a que o juiz inverta o encargo da prova, com fundamento no § 1.º do art. 818, da CLT. Imagine-se a dificuldade que teria em desincumbir-se do ônus probatório a parte que não tivesse condições ou conhecimentos suficientes para acessar à *internet* — lembrando que o art. 791, da CLT, ainda vigente, atribui capacidade postulatória aos litigantes, significa dizer, concede-lhes a faculdade de empreender a defesa, em juízo, de seus direitos ou interesses, sem a representação por advogado.

É de suprema importância, por isso, advertir que, em termos gerais, o processo eletrônico não pode impedir ou embaraçar o exercício do direito de ação e de ampla defesa — garantias constitucionais fundamentais ao Estado Democrático de Direito, assim como não pode ficar à margem dos princípios regentes do processo em geral como método estatal de solução de conflitos de interesses protegidos pelo ordenamento jurídico. Em suma, o processo eletrônico não representa um mundo à parte, senão que se traduz num elemento do universo processual.

No plano infraconstitucional, temos as seguintes normas legais alusivas ao tema sobre o qual estamos a versar:

a) Lei n. **12.965, de 23-4-2014**, que estabelece princípios, garantias, direitos e deveres para o uso da *internet* no Brasil, cujo art. 7.º dispõe:

> Art. 7º O acesso à internet é essencial ao exercício da cidadania, e ao usuário são assegurados os seguintes direitos:
>
> I – Inviolabilidade da intimidade e da vida privada, sua proteção e indenização pelo dano material ou moral decorrente de sua violação;
>
> II – Inviolabilidade e sigilo do fluxo de suas comunicações pela *internet*, salvo por ordem judicial, na forma da lei;
>
> III – inviolabilidade e sigilo de suas comunicações privadas armazenadas, salvo por ordem judicial.

A mesma norma legal trata da *requisição judicial de registros*:

> Art. 22. A parte interessada poderá, com o propósito de formar conjunto probatório em processo judicial cível ou penal, em caráter incidental ou autônomo, requerer ao juiz que ordene ao responsável pela guarda o fornecimento de registros de conexão ou de registros de acesso a aplicações de internet.
>
> Parágrafo único. Sem prejuízo dos demais requisitos legais, o requerimento deverá conter, sob pena de inadmissibilidade:
>
> I – fundados indícios da ocorrência do ilícito;
>
> II – justificativa motivada da utilidade dos registros solicitados para fins de investigação ou instrução probatória; e
>
> III – período ao qual se referem os registros.
>
> Art. 23. Cabe ao juiz tomar as providências necessárias à garantia do sigilo das informações recebidas e à preservação da intimidade, da vida privada, da honra e da imagem do usuário, podendo determinar segredo de justiça, inclusive quanto aos pedidos de guarda de registro.

b) Lei **n. 13.709, de 14-8-2018**, Lei Geral de Proteção de Dados Pessoais (LGPD), que estabelece:

> Art. 5º Para os fins desta Lei, considera-se:
>
> I – dado pessoal: informação relacionada a pessoa natural identificada ou identificável;

II – dado pessoal sensível: dado pessoal sobre origem racial ou étnica, convicção religiosa, opinião política, filiação a sindicato ou a organização de caráter religioso, filosófico ou político, dado referente à saúde ou à vida sexual, dado genético ou biométrico, quando vinculado a uma pessoa natural.

É elementar que, produzida por uma das partes a prova digital, o juiz, por força do princípio da bilateralidade e do contraditório (CF, art. 5.º, LV; CPC, arts. 436/437), deverá abrir vista à parte contrária, para manifestar-se. O fato de tratar-se de prova digital não inibe a possibilidade de ser suscitado, quando for o caso, o incidente de falsidade de que se ocupam os arts. 430 a 433, do CPC, nem a realização de exame pericial.

De resto, a utilização de documento eletrônico no processo físico dependerá de sua conversão à forma impressa e da verificação de sua autenticidade (CPC, art. 439). Não havendo essa conversão, o juiz apreciará o valor probante do documento, assegurando às partes o acesso ao seu conteúdo (art. 440). Se o documento eletrônico foi produzido e conservado sem observância da legislação incidente, não será admitido (art. 441).

Capítulo X

Ônus da Prova

Sinopse histórica

A preocupação doutrinária em estabelecer um critério preciso para a partição do ônus da prova entre os litigantes remonta a épocas priscas.

Lembra Campos Batalha (ob. cit., p. 488) que, na Antiguidade, Aulus Gellius (*Noctes Atticae*. Livro XIV, Cap. II), inspirando-se em seu mestre, o filósofo Favorinus (apoiado nos ensinamentos de Catão), afirmava que, se as provas produzidas não convencessem, dever-se-ia decidir a favor do litigante mais probo; na hipótese de ambos possuírem a mesma reputação, a decisão deveria propender em favor do réu. Tratava-se, como se vê, de um critério de natureza *complementar* (somente incidiria se *a* prova não fosse suasória), que se assentava na *honorabilidade* das partes. O subjetivismo de que era provido, contudo, revela a falibilidade desse critério.

Foi no Direito Romano que se concebeu a regra *"semper onus probandi ei incumbit qui dicit"*, ou "*semper necessitas probandi incumbit illi qui agit*" (o ônus da prova incumbe a quem afirma ou age). Assim se dispôs porque quem por primeiro ingressava em juízo era o autor; conseguintemente, como era ele quem *afirmava,* o ônus *probandi* lhe era atribuído (*"actori incumbit onus probandi"*: *"ao autor incumbe o ônus da prova"*). Desse modo, o encargo da prova não se transferia ao réu, mesmo que negasse os fatos alegados pelo autor ("ei incumbit probatio qui dicit, non negat": Paulus, *Digesto*. Livro XXII, Título III, de "probationibus et praesumptionibus", fragmento n. 2).

Não era correta, todavia, essa construção doutrinária porque, em determinados casos, a alegação feita pelo réu envolvia um fato capaz de modificar, impedir ou extinguir o direito do autor. Reconheceu-se, então, que a resposta do réu continha (ou poderia conter) também uma afirmação; daí por que a ele se atribuiu o ônus da prova sempre que isso ocorresse, erigindo-se, em seguida, a regra *"reus in excipiendo fit actor"*, que Ulpiano (*Digesto*. Livro XLIV, Título I, "de exceptionibus", fragmento n. 1) assim enunciou: *"reus in exceptione actor est"* ("o réu, na contestação, é autor").

Esclareça-se que a "exceptione" (exceção) referida no texto de *Ulpiano* correspondia à atual *defesa.*

Posteriormente, os glosadores, manuseando os textos romanos e baseados em Paulus (*Digesto.* Livro XXII, Título III, fragmento n. 2), elaboraram um sistema de distribuição da carga probatória calcado em duas regras fundamentais: *"afirmanti non neganti incumbit probatio"* e *"negativa non sunt probanda"* ("não se provam fatos negativos").

A partir daí, empenhou-se — equivocadamente — a doutrina em pôr à frente, na elaboração de critérios voltados à distribuição desse ônus, se a prova era *positiva* ou *negativa,* pois se sustentava ser impossível a segunda. Essa atitude constitui a grande característica do Direito medieval, que se infiltrou em parte no Direito português antigo e acabou por repercutir no próprio Código de Processo Civil brasileiro, de 1939, em cujo art. 209, § 1.º, se estatuía: "Se o réu, na contestação, negar o fato alegado pelo autor, a *este* incumbirá o ônus da prova" (grifamos).

Observa Porras López (ob. cit., p. 249) que esses princípios se fizeram mais rigorosos na Idade Média "debido al procedimiento esencialmente inquisitorial que privo en aquélla, en este sentido, terrible época de la humanidad. Los principios tradicionales invocados perfeccionados se aplicaban en la obscuridad de la clandestinidad, no en el debate público y contradictorio y sobre principios de igualdad, sino en la penumbra, en la obscuridad y en el secreto apenas alumbrado por las lúgubres y terribles velas del Santo Oficio, en donde el poderoso aplastaba al débil".

A propósito dos métodos de inquisição medieval, das pessoas acusadas de heresia, sugerimos a leitura do livro *Manual dos Inquisidores*, de Nicolau Eymerich, escrito em 1376 (Brasília: Rosa dos Tempos. 2. ed., 1993).

A afirmação, porém, de que o fato negativo não se prova é inexata, ao menos como regra geral. Há hipóteses em que uma alegação negativa traz, inerente, uma afirmativa, conforme veremos em item específico deste Capítulo. Antecipe-se, contudo, que o princípio de que a negativa não se prova só prospera quando se trata de *negativa indefinida,* exatamente porque aí a impraticabilidade da prova reside não na negatividade, mas, sim, na *indefinição* do que a parte alegou.

Acertadamente, pois, a doutrina passou a extrair outra interpretação dos textos romanos mais consentânea com a nova tendência, concluindo por estabelecer que o ônus da prova incumbia ao autor. Tal regra, todavia, não era absoluta, pois ao réu se deslocava esse encargo toda vez que, a par de negar a situação jurídica narrada pelo autor, a ele opusesse uma outra, visto que *"reus in exceptione actore est"*, como afirmava Ulpiano. E foi sob essa nova orientação que se edificou a teoria clássica do encargo da prova, segundo a qual "incumbe o ônus da prova àquela das partes que alega a existência ou inexistência de um fato do qual pretenda induzir uma relação de direito" (SANTOS, Moacyr Amaral. *Primeiras Linhas...*, p. 305).

Dentre os autores que contribuíram para a construção dessa teoria se encontram Lessona, Mattirolo, Ricci, Garsonnet et Bru, João Monteiro e outros, conquanto, ao longo dos anos, novas correntes de pensamento se formaram como resultado da inteligência idiossincrática dos textos romanos, *v. g.*, as lideradas por Bentham, Webber, Bethmann-Hollweg, Fitting, Gianturco, Demogue — apenas para nomear alguns.

Bentham, por exemplo, entendia que a questão relacionada ao ônus *probandi* deveria ficar reservada ao exame de cada caso concreto, quer dizer, provaria a parte a quem fosse mais fácil e menos dispendioso o atendimento a esse ônus; Bethmann-Hollweg, por sua vez, asseverava que o encargo incumbiria sempre ao réu, cujo pensamento o ilustre jurista fazia estribar no próprio Direito germânico, de acordo com o qual o autor não litigava em tutela do seu direito, e, sim, para fazer cessar a injustiça proveniente da parte contrária. Assim também Heinrich Beck (*Die Beweislast*, *apud* Pontes de Miranda. *Comentários ao CPC*, p. 326).

Declareuil (*apud* Raphael Cirigliano, ob. cit, p. 38), de maneira algo peculiar, entendia que todas as teorias construídas a respeito do tema eram imaginosas, destituídas de fundamentos históricos e destrutíveis pela lógica; daí por que, a seu ver, o princípio assente de que provar compete sempre ao réu é falso, quer se considere a prova um encargo ou um favor; para o referido jurista, em consequência, a prova incumbe àquele que é *fraco*. Comumente, o mais fraco é o que é acusado pelo mais forte, embora em alguns casos possa ocorrer o oposto; diante disso, sendo mais forte o acusado, este constrangerá, mesmo sendo réu, o adversário a provar. Segundo Bar e Laband (*ibidem*), o ônus da prova não deveria ser fixado em leis, mas imposto pelo juiz ao litigante que oferecesse melhores argumentos, ou parecesse, à primeira vista, estar com a razão; esse sistema, como se constata, caracterizava-se pelo arbítrio do magistrado, que, em certos casos, tinha mesmo de prejulgar para poder impor o encargo da prova à parte que lhe parecesse estar com a razão.

Dentro desse caleidoscópio doutrinário podemos mencionar, ainda, Unger (*apud* Campos Batalha, ob. cit., p. 489), para quem o ônus da prova não deveria ser atribuído, por princípio, a nenhum dos litigantes, porquanto, partindo-se do pressuposto da igualdade entre eles, venceria quem houvesse produzido a *melhor* prova.

João Monteiro (*ibidem*, p. 490) proclamava que esse encargo recaía sobre a parte que alegasse determinados fatos em juízo, para deles deduzir algum direito, embora admitisse as regras estabelecidas por Lessona, no sentido de que: a) o ônus não é determinado com vistas à qualidade do fato probando, mas pela qualidade jurídica que, na ação, possui aquele que o invoca; b) ao autor compete provar o fundamento da ação, assim como ao réu, o da defesa.

A moderna concepção doutrinária

Podemos dizer que, ressalvadas pequenas dissenções secundárias, a doutrina moderna a propósito da partição do ônus da prova se concentra em Chiovenda, que atribuiu ao autor o encargo de provar os fatos constitutivos do seu direito, e ao réu, os fatos capazes de modificar, impedir ou extinguir o direito daquele. São do notável jurista as palavras: "o ônus de afirmar e provar se reparte entre os litigantes, no sentido de que é deixado à iniciativa de cada um deles provar os fatos que deseja sejam considerados pelo Juiz, isto é, os *fatos que tenham interesse sejam por este tidos como verdadeiros"* (*apud* Moacyr Amaral Santos. *Primeiras Linhas...*, p. 306).

Para Chiovenda, os fatos *constitutivos* são os que dão vida a uma vontade concreta da lei e à expectativa de um bem por parte de determinada pessoa; os *extintivos* são, em sentido contrário, os que fazem cessar a vontade concreta da lei e a consequente expectativa de um bem; os *impeditivos* se relacionam à falta de uma das circunstâncias que devem concorrer com os fatos constitutivos a fim de que estes produzam os efeitos que lhe são inerentes e normais.

Perfilhando o entendimento de Chiovenda, de quem fora discípulo, Enrico Tullio Liebman (*apud* Campos Batalha, ob. cit., p. 493) afirma que "l'attore deve provare i fatti costitutivi, che sono il fondamento delia sua domanda; tocca poi ai convenuto provare i provare i fatti impeditivi, extintivi o modificativi che possono giustificare il rigetto della domanda del Pattore", ressalvando ainda que a posição do réu (*convenuto*) *é* muito cômoda, visto que "non sorge a suo carico nessun onere, finchè l'attore non abbia provato il fatto costitutive ('actore non probante, réus absolvitur'); soltanto se il fatto costitutivi sia provato, soergerà per lui la necessita di contrapporgli un'eccezione e di provare i fatti impeditivi, estintivi o modificativi su cui si fonda ('reus in excipiendo fit actor')".

Carnelutti, contudo, classificou os fatos a respeito dos quais se deveriam estabelecer as regras do ônus *probandi* em constitutivos, extintivos, convalidativos e invalidativos (impeditivos). Leciona Campos Batalha (ob. cit., p. 492) que o ilustre jurista italiano, em seu *Sistema di diritto processuale civile* (Padova: Cedam, 1936), fizera uma diferenciação básica entre fatos principais e fatos secundários, tendo incluído na primeira categoria os fatos constitutivos e os extintivos (que são antitéticos) e na segunda, antitéticos os impeditivos e os modificativos. Essa classificação, entretanto, não satisfez a Carnelutti, *para* quem a solução deveria ser buscada no estudo da relação entre a situação jurídica inicial e a situação jurídica final, dado que entre ambas pode existir uma relação de compatibilidade ou de incompatibilidade; sendo assim, o efeito jurídico do fato está em permitir que a situação jurídica inicial seja mantida, ou impor que seja eliminada. Segue-se, portanto, que o fato dito extintivo na verdade é um fato constitutivo em relação à nova situação jurídica criada pelo réu, embora a sua eficácia extintiva se refira à situação jurídica inicial, a que deu causa o autor.

Nem sempre a nova situação jurídica exclui a anterior, limitando-se, apenas, a retirar-lhe ou acrescentar-lhe alguma coisa, do mesmo modo como pode ocorrer de as duas situações serem autônomas ou complementares: "Sob este ponto de vista, o binômio fato constitutivo ou fato extintivo se integra no trinômio fato constitutivo, fato extintivo (ou melhor, fato substitutivo) e fato complementar" (CAMPOS BATALHA, *idem*).

Daí resulta ter Carnelutti concluído que o fato impeditivo, também dito invalidativo, constitui a espécie negativa do fato complementar, cuja espécie positiva seria o fato convalidativo.

Segundo Porras López (ob. cit., p. 251), a doutrina moderna concernente ao ônus da prova pode ser resumida nestes princípios: "a) La carga de la prueba es una obligación[(48)], un derecho y un deber[(49)], en la ciencia procesal moderna; b) Debe probar, el que este en aptitud de hacerlo, independientemente de que sea el actor o el demandado[(50)]; c) Para la distribución de la carga de la prueba debe atenderse no tanto a la situación de los contendientes, sino a la finalidad del proceso, ya que quien ofrezca mejores pruebas, obtendrá una sentencia favorable; d) Las pruebas se dirigen al juez, a fin de que este resuelva los juicios *'secundum allegata et probata'*".

No plano do direito positivo brasileiro vigente a investigação a propósito das teorias relacionadas à distribuição do ônus da prova perde o interesse prático, porquanto o CPC adotou a que atribui ao autor o encargo de provar os fatos constitutivos do seu direito, e ao réu, os fatos modificativos, impeditivos ou extintivos desse direito (art. 373, I e II).

Essa disposição do CPC, contudo, *não* incide supletivamente no processo do trabalho, como se tem suposto, e conforme pretenderemos demonstrar no item "O problema do ônus da prova no processo do trabalho" (neste Capítulo).

Ônus e obrigação

Não há, em rigor, uma obrigação legal de provar, tão somente, um *ônus*. Cumpre, então, que se distinga um do outro.

---

(48) Com o que não concordamos. Vejam-se, a propósito, as razões que expenderemos no item subsequente.

(49) *Idem*.

(50) Princípio que deve incidir, a fundo, no processo de trabalho.

Disse Carnelutti (*Sistema*..., p. 94 e 95): "A diferença entre ônus e obrigação se funda na sanção diversa a quem não cumpre determinado ato; existe obrigação quando a inatividade dá lugar a uma sanção jurídica (execução ou pena); se, ao contrário, a abstenção, em relação ao ato determinado, faz perder somente os efeitos últimos desse mesmo ato, nos encontramos frente à figura do ônus".

O ônus *probandi* se vincula ao interesse da parte em ver provados os fatos narrados em juízo; daí por que a lei fixou, de maneira objetiva, e com base nesse interesse, os critérios relativos à distribuição desse encargo processual.

Tanto é verdadeiro que o ônus da prova não constitui uma obrigação, que, em certos casos, mesmo que a parte dele não tenha se desincumbido, poderá ter acolhida a sua pretensão, que tinha como pressuposto o fato que deixou de provar: isso poderia ocorrer, por exemplo, na hipótese de a parte contrária, inadvertidamente, produzir, em benefício da outra, a prova que a esta competia.

Entendemos correta, de outro lado, a distinção que a doutrina tem feito entre ônus perfeito e ônus imperfeito; no primeiro caso, se a parte dele não se desincumbe, terá, contra si, consequências jurídicas prejudiciais, como *v. g.*, quando deixa de interpor recurso da sentença que lhe foi desfavorável; no segundo, todavia, nem sempre a incúria ou a inércia da parte, quanto à produção da prova que lhe competia, trar-lhe-á consequências danosas. E aqui se encaixa, perfeitamente, o exemplo que mencionamos há pouco, acerca do fato de uma parte acabar por produzir, de forma desastrada, determinada prova em favor da outra.

Enfim, à ideia de ônus da prova não se adjunge a de sanção processual, como pretende Eduardo Couture (*Fundamentos del derecho procesal*, 1951).

Ônus e dever

Para Pontes de Miranda (*Comentários*..., p. 322), a diferença entre dever e ônus está em que "(a) o dever é em relação a alguém, ainda que seja a sociedade; há relação jurídica entre dois sujeitos, um dos quais é o que deve: a satisfação é do interesse do sujeito ativo; ao passo que (b) o ônus é em relação a si mesmo; não há relação entre sujeitos: satisfazer é do interesse do próprio onerado. Não há sujeição do onerado; ele escolhe entre satisfazer, ou não ter a tutela do próprio interesse. Por onde se vê como a teoria do ônus da prova diz respeito, de perto, à pretensão à tutela jurídica".

Inexiste, portanto, também um dever de provar, seja em face da parte contrária, seja perante o próprio juiz. Há, sim, mero *ônus*, em virtude do qual a parte que dele não se desincumbiu corre o risco (*álea iudiciorum*) de não ver acolhida a sua pretensão, que se fundamentava na existência do fato cuja prova deixou de produzir[(51)].

A *necessidade* de provar, pois, não emerge de uma *obrigação* ou de um *dever* processual das partes, se não que se vincula, diretamente, ao seu interesse em ver admitidos como verdadeiros, pela sentença, os fatos que constituem o pressuposto da pretensão *in iudicio deducta.*

Sem razão, por isso, Kisch (*apud* José Frederico Marques. *Manual de direito processual civil.* 1. ed., v. II, n. 457, p. 187), que, embora tenha afirmado que o ônus *probandi* se articula com a necessidade de a parte provar para vencer na causa, conclui ser possível reconhecer-se, aí, uma imposição e uma sanção de ordem processual.

Ônus objetivo e ônus subjetivo

Adotando como critério os *sujeitos* do processo, o eminente Coqueijo Costa (*Direito judiciário do trabalho.* Rio de Janeiro: Forense, 1978. p. 290), provavelmente com apoio em Cintra, Grinover e Dinamarco (ob. cit., p. 318), distingue entre ônus *subjetivo* e ônus *objetivo,* consistindo o primeiro na indagação que se deve fazer acerca de qual dos litigantes há de suportar o "risco da prova frustrada", sendo que o segundo se volta para o magistrado, porquanto, para este, quando da elaboração da sentença, importará o demonstrado e não quem o demonstrou.

Discordamos, *data venia,* em alguns aspectos, do entendimento do ilustre jurista. Primeiramente, porque não nos parece ser possível sustentar-se a afirmação de que há um ônus objetivo voltado para o juiz, quando se sabe que, na apreciação da prova, o julgador deverá valer-se de certos *critérios* de avaliação (e o nosso sistema consagrou o da *persuasão racional* ou do livre convencimento motivado), sendo, assim, inadmissível supor-se que esses critérios constituam, no caso, um ônus, segundo a acepção que o vocábulo sugere à ciência jurídica processual. Por outra parte, cremos que, se não como regra genérica, ao menos em determinadas hipóteses, deve o juiz levar em consideração *quem* produziu a prova. A nossa divergência, no particular, não é, em rigor, quanto ao pensamento do notável Coqueijo Costa, mas, em sentido mais amplo, em relação ao próprio princípio da *aquisição processual,* consagrado pela doutrina civilista, e segundo o qual pouco importa para o Juiz *quem* produziu a prova, já que ela pertence ao processo e será apreciada de acordo com o seu valor intrínseco. Imaginemos, por exemplo, que a prova da despedida sem justa causa do empregado tenha sido feita (desastradamente)

---

(51) Este é, também, o pensamento de Trueba Urbina (*Nuevo derecho procesal del trabajo.* México: Porrua, 1971. p. 374).

pelas testemunhas apresentadas pelo próprio réu: por certo que, diante disso, o juiz estará muito mais seguro na formação do seu convencimento, quanto ao fato, do que estaria se essa prova houvesse sido feita pelo empregado. Por fim, não nos parece que o ônus, em relação às partes, seja *subjetivo;* trata-se, ao nosso ver, de ônus nitidamente *objetivo,* pois oriundo de *disposição legal* específica; vale dizer, porque fixado pelo *direito positivo* processual.

A objetividade, assim, se relaciona à distribuição da carga da prova, feita por lei, e não à pessoa do juiz: e conquanto essa participação legal do ônus tenha como destinatários os litigantes, nem por isso se pode afirmar que ele seja subjetivo(52).

A distribuição da carga da prova no processo civil

Dispõe o art. 373 do CPC de 2015 — reproduzindo a regra inscrita no art. 333 do CPC de 1973 — que o ônus da prova incumbe (I) ao autor, quanto ao fato constitutivo do seu direito; (II) ao réu, quanto à existência de fato modificativo, impeditivo ou extintivo daquele direito. Constata-se, diante disso, que o legislador processual civil adotou, no particular, a teoria de Chiovenda e, em especial, a de Carnelutti, para quem, quando determinada pessoa "opõe uma pretensão em juízo, deve provar os fatos que a sustentam; e quem opõe uma exceção deve, por seu lado, provar os fatos de que resultam" (*apud* Moacyr Amaral Santos, ob. cit., p. 307).

Nada mais *lógico* e *justo* que tenha o processo civil distribuído, dessa forma, o ônus objetivo da prova entre os litigantes, sabendo-se que partiu do pressuposto da *igualdade formal* que os caracteriza. Desse modo, e porque formalmente colocados em um plano de isonomia jurídica, ao autor incumbirá a prova dos fatos que alegou, como condição necessária à incidência, em seu benefício, da vontade concreta da lei que ampara a sua pretensão deduzida em juízo, do mesmo modo como ao réu se atribuirá esse encargo processual sempre que opuser um fato capaz de modificar, impedir ou extinguir o direito do autor, pois, conforme vimos, *"reus in excipiendo fit actor".*

Na prática, todavia, há casos nos quais ocorre certa dificuldade em distinguir-se, com precisão, entre fatos constitutivos, modificativos, impeditivos e extintivos, quando se busca estabelecer a quem incumbirá o *onus probandi.* Cremos ser conveniente, diante disso, rememorar a lição de Liebman (*Corso di diritto processuale civile.* 1952, p. 153), que poderá, inclusive, ser utilizada como critério doutrinário para separar as espécies de fatos mencionados. Para o festejado jurista, o melhor critério é o que qualifica como constitutivo o fato

(52) Contra: Arruda Alvim (*Manual de Direito de Processo Civil.* São Paulo: Revista dos Tribunais, 1978. p. 231).

específico de que decorre o efeito jurídico invocado pela parte, "despido de todas aquelas circunstâncias concomitantes que, embora sejam imprescindíveis para a produção de consequências jurídicas, não necessitam de prova, pelo seu caráter de normalidade, desde que para o fato específico a prova foi produzida".

Quer nos parecer que esse critério, assente em uma tétrade de fatos (constitutivos, modificativos, impeditivos e extintivos), não só atende, no geral, às necessidades do processo civil neste aspecto, mas respeita, de perto, um dos seus princípios medulares, estadeado na *igualdade formal* das partes — cujo pressuposto igualitário, aliás, é reflexo direto do direito material civil e tem raízes no próprio texto constitucional (CF, art. 5.º, *caput*).

O CPC de 2015, porém, não se limitou a repetir a regra do art. 333 do CPC de 1973, havendo incluído alguns parágrafos no art. 373, que ficou assim redigido: "§ 1.º Nos casos previstos em lei ou diante de peculiaridades da causa relacionadas à impossibilidade ou à excessiva dificuldade de cumprir o encargo nos termos do *caput* ou à maior facilidade de obtenção da prova do fato contrário, poderá o juiz atribuir o ônus da prova de modo diverso, desde que o faça por decisão fundamentada, caso em que deverá dar à parte a oportunidade de se desincumbir do ônus que lhe foi atribuído. § 2.º A decisão prevista no § 1.º deste artigo não pode gerar situação em que a desincumbência do encargo pela parte seja impossível ou excessivamente difícil. § 3.º A distribuição diversa do ônus da prova também pode ocorrer por convenção das partes, salvo quando: I – recair sobre direito indisponível da parte; II – tornar excessivamente difícil a uma parte o exercício do direito. § 4.º A convenção de que trata o § 3.º pode ser celebrada antes ou durante o processo".

A CLT, todavia, não é omissa quanto à matéria, conforme veremos a seguir.

O problema do ônus da prova no processo do trabalho

Nas edições anteriores deste livro, escrevemos:

"Provavelmente em virtude da disposição *didática* do art. 333 do CPC de 1973, que ao intérprete trabalhista desavisado tanto impressionou, erigiu-se, no âmbito da Justiça do Trabalho, a praxe de adotar-se o mesmo critério estampado naquele dispositivo para resolver o problema relacionado à distribuição da carga da prova entre os litigantes, fazendo-se, inclusive, sempre que fosse o caso, expressa invocação da mencionada norma processual civil. A mesma tendência tem sido observada em relação ao art. 373, *caput*, do CPC de 2015.

Sem pretendermos ser deselegantes, acreditamos, com sinceridade, que tal atitude do intérprete trabalhista revela um desses hábitos cuja quebra honraria mais do que a observância — nas palavras do imortal

Shakespeare (*Hamlet*. São Paulo: Melhoramentos. sem data. Trad. Carlos Alberto Nunes. p. 42-43). Justifiquemo-nos.

A CLT, ao estatuir, no art. 818, que 'A prova das alegações incumbe à parte que as fizer', demonstra, à evidência plena, que possui dicção expressa e específica sobre a matéria, desautorizando, dessa maneira, que o intérprete — a pretexto de que o art. 769 do mesmo texto o permite — incursione pelos domínios do processo civil com a finalidade de perfilhar, em caráter supletivo, o critério consubstanciado no art. 373, *caput*, e incisos. Não seria equivocado asseverar-se, portanto, que tais incursões são irrefletidas, pois não se tem dado conta de que lhes falece o requisito essencial da *omissão* da CLT.

Com efeito, o art. 769 da CLT, longe de constituir permissivo para a invocação subsidiária daquela norma processual civil, se planta como obstáculo intransponível para a admissibilidade desse procedimento ínvio. Nada obstante esse fato nos pareça incontestável, segue grassando, na prática, o costume sobre o qual estamos a lançar censura.

Dir-se-á, provavelmente, que o conteúdo do art. 373, *caput*, do CPC não colide com a expressão do art. 818 da CLT, porquanto, literalidade à parte, em essência um e outro dizem a mesma coisa, consagram idêntico critério. Ainda que se admita, por apego à argumentação, que colidência inexista, não se pode negar que, mesmo assim, subsistirá íntegro o *veto legal* (CLT, art. 769) à adoção supletória do art. 373, do diploma processual civil, por não ser a CLT omissa quanto à matéria, como expusemos. Ademais, se ambos os textos expressam a mesma coisa, como se tem equivocadamente suposto, seria, por certo, redundante e tautológica a atração para o processo do trabalho da norma processual civil referida — cujo fato tornaria, por isso, no mínimo desaconselhável essa atitude.

A colisão, porém, do dispositivo pertencente ao processo civil com o art. 818 da CLT é frontal. É o que pretendemos demonstrar nas linhas que se seguirão.

Argumentemos com um exemplo significativo, encontrável a mancheias no cotidiano forense: o pedido de horas extras. Pois bem. Alegando o autor (empregado) que realizava trabalho em jornada extraordinária (cujo fato, contudo, é contestado pelo réu), mas não produzindo prova quanto a isso, o seu pedido relativo às horas extras, em consequência, será rejeitado pelo órgão judicante, constituindo corolário desta assertiva a manifestação jurisprudencial vogante.

Certamente que o julgador, aqui, fez incidir, consciente ou inconscientemente, o critério estabelecido pelo art. 373, *caput*, do CPC (I), do ponto de vista do qual o fato (trabalho em jornada excedente da normal) era constitutivo do direito do autor. Daí, a consequente rejeição do seu pedido.

Diverso, todavia, haveria de ser o resultado da entrega da prestação jurisdicional, caso, na hipótese, se houvesse apreciado a matéria, rigorosamente, sob a óptica sensível do art. 818 da CLT.

Realmente, o réu, ao contestar a pretensão do autor (*causa petendi* + pedido), afirmando que ele jamais trabalhou em jornada extraordinária, atraiu para si, de maneira automática, o *onus probandi,* visto que expendeu uma *alegação relevante* e *substitutiva da anterior,* não se podendo ignorar que, ao teor do art. 818 da CLT, 'A prova das alegações incumbe à parte que as fizer' — itere-se. E, se o réu não se desincumbe desse encargo, ter-se-á como verdadeira a jornada de trabalho indicada na peça inicial.

Esclareça-se, entretanto, com propósito proléptico, que, no caso: a) não ocorreu a inversão do ônus objetivo da prova contra o réu (cuja inversão, no plano doutrinário, tem buscado apoio apenas em *razões de fato* e não no direito positivo vigente), mas, sim, a aplicação do exato sentido da dicção do art. 818 da CLT; b) o réu, ao negar a existência de trabalho em jornada extraordinária, não opôs um fato impeditivo ao direito do autor, como se possa imaginar; se assim se devesse entender, então o ônus da prova passaria a ser do réu, não havendo razão plausível para que a jurisprudência uniforme tivesse repelido a pretensão do autor. *Fato impeditivo* haveria se, por exemplo, o réu, reconhecendo a jornada alegada pelo autor, juntasse aos autos prova de que havia acordo escrito prevendo a prorrogação da jornada, em decorrência da supressão do trabalho aos sábados; e *extintivo* seria o fato oposto se o réu, admitindo a jornada apontada pela parte contrária, comprovasse que as horas extras correspondentes foram pagas; c) seria errôneo supor-se que, ao se atribuir ao réu a prova de que não houve jornada extraordinária, estar-se-ia exigindo a produção de *prova negativa.* Nada mais inexato. A prova, na hipótese, seria eminentemente *positiva,* pois a ele caberia demonstrar que a jornada do autor sempre foi *a ordinária,* tal como fixada em lei. Por outro lado, conforme exporemos ao seu tempo, a moderna concepção doutrinária processual deitou por terra, acertadamente, a complexa construção do Direito Romano antigo quanto à impossibilidade da prova dos fatos negativos, corporificada na máxima *negativa non sunt probanda.*

Se dúvida ainda possa existir quanto à dessemelhança dos efeitos processuais resultantes da aplicação, a um mesmo caso, das disposições constantes do art. 373, *caput,* do CPC, e das insertas no art. 818 da CLT, acresça-se um outro exemplo. O empregado alega que foi despedido sem justa causa legal (logo, a princípio, o *onus probandi é* seu); o réu, entrementes, afirma que não o despediu (mas não alega abandono de emprego). Não provando o empregado o despedimento injusto, o seu pedido (indenização, aviso-prévio, etc.), à luz do processo civil (art. 373, I), seria rejeitado, na medida em que o fato era constitutivo do seu direito, sendo certo que o réu, ao negar a despedida, não opôs nenhum dos fatos integrantes da tríade (impeditivos, modificativos e extintivos) a que o legislador processual civil o jungiu em matéria de ônus da prova.

Fazendo-se incidir, no entanto, em sua extrema sensibilidade, o critério consagrado pelo art. 818 da CLT, ao réu incumbiria provar que não despediu o empregado, sob consequência de, não o fazendo, admitir-se como verdadeira a alegação de ter havido dispensa sem justa causa legal — até mesmo porque não é crível, como princípio, que o empregado deixe voluntariamente o emprego, em detrimento dos direitos adquiridos em virtude do contrato de trabalho e da própria subsistência física, pessoal ou familiar.

A prova, nesse caso, seria negativa, mas não impossível: bastaria que se procurasse saber do empregado quem o despediu, cabendo ao réu trazer a Juízo a pessoa então indicada para ser inquirida como testemunha. Não a trazendo, deixaria de produzir a prova que lhe incumbia, e a consequência seria a admissão de ser verdadeiro o fato (despedida injusta) narrado pelo empregado.

Tudo o que até agora se disse acerca do ônus da prova no processo do trabalho se aplica, *mutatis mutandis,* às demais controvérsias que são trazidas ao conhecimento da Justiça do Trabalho, como, *v. g.*, a concernente à existência ou inexistência de relação de emprego, sem prejuízo de, à disposição do art. 818 da CLT, se engajarem, para perfeccioná-la, as *presunções* e a própria contribuição doutrinária.

Isso nos leva a afirmar, por conseguinte, que a grande tarefa da doutrina trabalhista brasileira, que tanto se tem empenhado em cristalizar o princípio da inversão do ônus da prova, em benefício do trabalhador — cuja preocupação, aliás, tem unido pensadores de diversos países[(53)] —, consistirá em encontrar, no próprio conteúdo do art. 818 da CLT, os fundamentos que até então vem procurando, abstratamente, para dar

(53) Dentre as conclusões aprovadas pelo IV Congresso Ibero-Americano de Direito do Trabalho e Previdência Social está a que dispõe: "Sendo a inversão do ônus da prova, em favor do empregado, uma das características do Direito Processual comum que amplie essa inversão contra o empregado, sobretudo no que diz respeito à confissão feita por falta de depoimento pessoal do trabalhador".

Na doutrina brasileira, o eminente Evaristo de Moraes Filho (*A Justa Causa na Rescisão do Contrato de Trabalho.* Rio de Janeiro: Forense, 1968. p. 183) vinha, de longa data, propugnando pela inversão do ônus *probandi* em prol do empregado.

concreção ao princípio da inversão do encargo da prova em prol do trabalhador. Vale dizer: o caminho sugerido é o da elaboração de uma precisa exegese daquele artigo, cujo verdadeiro sentido ainda não foi idealmente apreendido pela inteligência doutrinária.

Nada obsta, contudo, a que paralelamente a doutrina continue perseguindo outros fundamentos *de fato* para a consolidação desse princípio, com o que estará, sem dúvida, robustecendo ainda mais o espírito que anima o art. 818 da CLT.

O que não nos parece ser possível, pelas razões expostas, é trasladar-se para o processo do trabalho, onde a *desigualdade real* das partes é fato inomitível, o critério civilista a respeito da distribuição do ônus objetivo da prova, que se sabe estar estribado, ao contrário, no pressuposto da *igualdade formal* dos litigantes. Não somos nós quem estamos a proclamar essa *desigualdade;* já a denunciou, há muito, a própria doutrina alienígena, como se lê em Giovanni Tesorierí (*Lineamenti di diritto processuale dei lavoro.* Padova: Cedam, 1975. p. 4): "Quando o dador de trabalho e o trabalhador assumem no processo as vestes formais de partes, não cessam por isso de ser o que sempre terão sido; a história das suas relações não se transforma numa outra história: é a mesma, que continua".

Por esse motivo, temos para conosco que o mesmo caráter *anti-igualitário* do direito material — na feliz expressão de Camerlynck/ Lyon-Caen (*Derecho del Trabajo.* Madrid: Aguilar, 1974. p. 24) — deverá presidir tanto a interpretação das normas processuais quanto o seu processo de elaboração legislativa: é o que recomendam a lógica e a consciência jurídica(54).

Ao elaborar o Relatório Geral do Tema I do II Congresso Ibero-Americano de Direito do Trabalho, realizado em Lima, Peru, no distante novembro de 1967, o eminente Russomano encontrou oportunidade para lançar, com apoio em Enrique Júlio Villarreal (*Derecho Procesal Laboral.* Buenos Aires, 1951. p. 16), estas notáveis palavras: 'Aqui — como foi escrito anteriormente — o Direito Processual do Trabalho se molda segundo o contexto do Direito do Trabalho, porquanto, ao contrário do que ocorre segundo a lei física dos líquidos, no mundo jurídico o continente se ajusta à forma do conteúdo'.

---

(54) Lamentavelmente, porém, antigo anteprojeto de atualização da CLT, já referido, reproduzindo, por inteiro, o critério adotado pelo CPC, dispunha em seu art. 811, *verbis:* "O ônus da prova incumbe: I – ao reclamante, quanto ao fato constitutivo do seu direito; II – ao reclamado (*sic*), quanto à existência de fato impeditivo, modificativo ou extintivo do direito do reclamante".

Essa atitude *anti-igualitária,* que se alvitra seja alteada à categoria de princípio informativo do processo do trabalho[(55)], ainda mais se faz exigível no capítulo das provas, pois não podemos ignorar que a prova não apenas se situa 'entre os problemas vitais do processo', como bem observou Leo Rosenberg (*Tratado de derecho civil.* 1955. v. II, p. 228), mas é justamente nessa fase do procedimento onde se avulta, sobremaneira, essa desigualdade do trabalhador — fato que não passou despercebido à acuidade de Wagner Giglio (*Direito processual do trabalho.* São Paulo: LTr, 1977. p. 69), que, em face disso, advertiu quanto à 'necessidade de uma nova estrutura conceitual do processo trabalhista, lastreada nessa desigualdade'. Filiamo-nos a essa linha de *vanguarda,* cuja construção parece constituir mesmo um dos grandes desafios do futuro à doutrina processual.

Concluímos, portanto, que o art. 818 da CLT, desde que o intérprete saiba captar, com fidelidade, o seu verdadeiro conteúdo ontológico, deve ser o único dispositivo legal a ser invocado para resolver os problemas relacionados ao ônus da prova no processo do trabalho, vedando-se, dessa forma, qualquer invocação supletiva do art. 373, *caput*, do CPC, seja porque a CLT não é omissa, no particular, seja porque há manifesta incompatibilidade com o processo do trabalho.

Discordamos, por essa *razão,* dos que sustentam ser o art. 818 da CLT *insuficiente para* disciplinar a distribuição da carga probatória entre os litigantes (com o que se insinua a necessidade de incidência complementar da norma processual civil). Interessante é observar que essa insuficiência somente passou a ser alegada após a vigência do atual CPC...

Admitamos, apenas *ad argumentandum,* que em determinado caso o art. 818 da CLT se revele, efetivamente, insatisfatório para resolver a matéria; nem por isso, todavia, deverá o intérprete, ato contínuo, arremessar-se aos braços do CPC, buscando socorro no art. 373. Constatada que seja a insuficiência do dispositivo processual trabalhista, competirá ao julgador verificar, em concreto, *quem estava apto a produzir a prova,* segundo os meios e as condições de que realmente dispunha, pouco importando que se trate de prova positiva ou negativa ou de que o interesse fosse desta ou daquela parte.

---

(55) Concluíram, a propósito, os participantes do IV Congresso Ibero-Americano de Direito do Trabalho e Previdência Social (São Paulo, setembro de 1972) que "O caráter tutelar do Direito do Trabalho há de se refletir no processo do trabalho na medida em que, atendendo à posição desigual do trabalhador frente ao empregador, se pretende obter a igualdade das partes no processo".

Assim, o *princípio da aptidão para a prova,* a que já se referira Porras López (p. 53), deve ser eleito como o principal elemento supletivo do processo do trabalho, em cujo âmbito permanecerá em estado de latência, vindo a aflorar sempre que convocado para dirimir eventuais dificuldades em matéria de ônus da prova, proscrevendo-se, em definitivo, a presença incômoda do art. 373 do CPC, que nada mais representa — em última análise — do que uma abstração da realidade prática do processo do trabalho.

Não se pretende, com isso, criticar o critério que o processo civil adotou *para o seu uso;* censura-se, sim, o fato de ele estar sendo adotado sem maiores reflexões pelo intérprete trabalhista, sem se dar conta de que esse procedimento está causando profundas lesões nos princípios doutrinários e nas disposições positivadas, que dão corpo e alma a esse processo de notória *especificidade,* não apenas técnica (ou material), mas, sobretudo, ontológica e finalística.

Sem contradizermos as nossas afirmações, entendemos, todavia, que o critério da *utilidade para* o processo do trabalho recomenda que se adote, subsidiariamente, o ônus da prova a respeito da *falsidade de assinatura,* previsto no inc. II do art. 429 do CPC.

Debruçados sobre o quadro que a realidade nos coloca diante dos olhos, podemos concluir, pela voz da consciência jurídica e sem perdermos o senso do comedimento, que a adoção reiterada de normas processuais civis e com a generalidade com que vem sendo feita poderá desaguar em uma fatal transubstanciação do processo do trabalho, com profundas alterações em sua estrutura orgânica e em seu conteúdo axiológico, com a consequente perda da própria identidade enciclopédica; o que será, sem dúvida, lamentável.

A necessidade vital de preservação do processo do trabalho está, portanto, a convocar os estudiosos da disciplina, para que se empenhem em fornecer adminículos doutrinários capazes de conferir a esse processo uma efetiva autonomia *científica,* vez que a meramente didático-curricular já não satisfaz — sem desprezar-se, nesse mister, a elaboração de uma *teoria geral* própria. É verdade que Trueba Urbina (*Nuevo derecho procesal del trabajo.* México, 1971. p. 25) entende que o direito processual do trabalho já conquistou essa autonomia 'pela especificidade das instituições, dos seus princípios básicos e pela sua independência frente a outras disciplinas, ainda que isto não exclua a existência de relações entre as mesmas', terminando por afirmar que 'Estas características fundamentais definem a autonomia científica'. A razão que possa ter o ilustre jurista mexicano se circunscreve aos limites geográficos do seu país, em virtude do direito positivo lá vigente; no máximo, compreenderia um restrito grupo de países, dentre os quais não se inclui o Brasil, onde o processo do trabalho ainda se ressente, legal e doutrinariamente, de fundamentos capazes de proclamar-lhe a almejada autonomia.

Por derradeiro, se em alguma hipótese for absolutamente necessária a adoção supletória de determinada disposição pertencente ao processo civil, deverá o intérprete trabalhista ter em mente que 'as normas do processo comum devem adquirir o espírito do processo trabalhista sempre que forem transportadas para o Direito Processual do Trabalho', segundo a prudente recomendação de Nicola Jaeger (*Corso di diritto processuale del lavoro*. p. 5), *apud* Russomano (ob. cit., p. 1.127).

Posteriormente às primeiras edições deste livro, foi publicada a Lei n. 8.078, de 11 de setembro de 1990, que dispôs sobre a proteção do consumidor — e que passou a ser denominada, pela praxe, de Código de Defesa do Consumidor (CDC).

Dispõe o art. 6.º, inciso VIII, dessa norma legal constituírem direitos básicos do consumidor, dentre outros: 'a facilitação da defesa de seus direitos, *inclusive com a inversão do ônus da prova, a seu favor*, no processo civil, quando, a critério do juiz, for *verossímil a alegação* ou quando for ele *hipossuficiente*, segundo as regras ordinárias de experiência' (grifamos).

Como se nota, o Código de Defesa do Consumidor, numa atitude vanguardeira, sob a perspectiva legislativa, autorizou o juiz a inverter o ônus da prova, em benefício do consumidor, em duas situações específicas, a saber: a) quando forem verossímeis as suas alegações; b) quando este for hipossuficiente, ou seja, economicamente debilitado.

Anteriormente à vigência do CPC de 2015, escrevemos:

"(...) Conquanto entendamos que o art. 818, da CLT, é autossuficiente, em matéria de *onus probandi*, nada obsta a que se utilize, em caráter supletivo, a regra inscrita no inciso VIII, do art. 6.º, do CDC, máxime, nos casos em que o trabalhador for, verdadeiramente, hipossuficiente. Essa adoção não implicará transgressão ao art. 769, da CLT, pois este não declara que o processo civil será 'fonte' subsidiária do processo do trabalho, e sim, que essa fonte poderá ser o 'direito processual comum' (destacamos), em cujo conceito se encaixam as normas processuais do CDC.

Em resumo: em que pese ao fato de entendermos que o art. 818, da CLT — mercê de uma interpretação sensível à natureza protetiva do processo do trabalho —, seja bastante para resolver o problema da distribuição do encargo da prova no âmbito do referido processo, ponderamos que, se em algum caso extraordinário, em que esta norma não for suficiente para solucionar o problema, a invocação subsidiária deverá ser feita não ao art. 333, do CPC (referíamo-nos ao Código de 1973) e sim, ao inciso VIII, do art. 6.º, do CDC.

Temos plena consciência de que esta nossa opinião é heterodoxa; nem por isso, todavia, nos sentimos desolados em sustentá-la. O tempo dirá se estamos certos ou errados — se é que o inciso VIII do art. 6.º, do CDC, já não nos deu esta resposta."

Ainda:

"Desse modo, sempre que o empregador expender uma alegação oposta à do empregado e capaz de eliminá-la (de onde deriva o seu caráter *substitutivo*, em relação àquela), sobre ele recairá o ônus de demonstrar ser verdadeira, ainda que se trate de *negativa*; não se desincumbindo, satisfatoriamente, desse encargo probatório, presumir-se-á autêntica a que foi formulada pelo empregado, na medida em que a objeção que se lhe fez restou ineficaz para elidi-la.

E é sob esse novo ângulo que se verifica, mais uma vez, a sutileza genial do critério estampado no art. 818 da CLT, ainda que se tenha de admitir que ele se sobreponha à própria *mens legislatoris*. O que importa é que ele se manifesta intimamente consentâneo com o ideal de tutela do economicamente débil, que se anseia deva ser o substrato teleológico das normas processuais trabalhistas."

Pois bem.

A nossa interpretação do art. 818, da CLT, em sua redação primitiva, foi lançada por terra em decorrência da alteração que a Lei n. 13.467, de 13-7-2017, impôs a esse texto legal. A nova redação passou a ser a seguinte:

> "Art. 818.O ônus da prova incumbe:
>
> I – ao reclamante, quanto ao fato constitutivo do seu direito;
>
> II – ao reclamado, quanto à existência de fato impeditivo, modificativo ou extintivo do direito do reclamante".
>
> "§ 1.º Nos casos previstos em lei ou diante de peculiaridades da causa relacionadas à impossibilidade ou à excessiva dificuldade de cumprir o encargo nos termos deste artigo ou à maior facilidade de obtenção da prova do fato contrário, poderá o juízo atribuir o ônus da prova de modo diverso, desde que o faça por decisão fundamentada, caso em que deverá dar à parte a oportunidade de se desincumbir do ônus que lhe foi atribuído. *(Incluído pela Lei n. 13.467, de 2017)*

§ 2.º A decisão referida no § 1.º deste artigo deverá ser proferida antes da abertura da instrução e, a requerimento da parte, implicará o adiamento da audiência e possibilitará provar os fatos por qualquer meio em direito admitido. *(Incluído pela Lei n. 13.467, de 2017)*

§ 3.º A decisão referida no § 1.º deste artigo não pode gerar situação em que a desincumbência do encargo pela parte seja impossível ou excessivamente difícil. *(Incluído pela Lei n. 13.467, de 2017)*

I – recair sobre direito indisponível da parte;

II – tornar excessivamente difícil a uma parte o exercício do direito.

§ 4.º A convenção de que trata o § 3.º pode ser celebrada antes ou durante o processo."

A Lei n. 13.467/2017 pastichou, portanto, o art. 373, do CPC.

Convenção sobre o ônus da prova

Tendo à frente o fato de que as partes possuem, em alguns casos, a disponibilidade dos seus direitos e, em outros, muitos mais raros, do próprio processo, facultou-lhes o legislador processual civil de 1973, em atitude inovadora, a possibilidade de estabelecerem, mediante acordo de vontades, critério diverso do previsto em lei quanto à distribuição do ônus da prova (CPC, art. 333, parágrafo único).

O CPC de 2015 manteve a regra, conforme demonstram os §§ 3.º e 4.º do seu art. 373.

Essa convenção pode ser celebrada antes de instaurado o processo, ou durante a tramitação deste. No primeiro caso, ela visa a disciplinar a questão na hipótese de uma das partes vir a ingressar em juízo, em face da outra, com o propósito de solver um conflito intersubjetivo de interesses decorrente do ato ou negócio jurídico que as vinculam.

Veda o CPC (art. 373, § 3.º), contudo, essa avença — fulminando-a de nula — se concernir (I) a direitos indisponíveis da parte ou (II) tornar excessivamente difícil a uma delas o exercício do direito.

Até onde sabemos, a convenção sobre o encargo da prova tem sido infrequente (para não dizer insólita), mesmo no plano do processo civil.

A CLT, todavia, não possui qualquer disposição idêntica ou assemelhada sobre essa matéria; em face disso, uma indagação necessária logo surge: seria aplicável ao processo do trabalho o ajuste de vontades a que se referem os §§ 3.º e 4.º do art. 373 do CPC?

Embora a questão esteja, em tese, aberta a debates, apressamo-nos em responder negativamente. Duas são, fundamentalmente, as razões que sustentam o nosso entendimento.

Primeiramente, é necessário não se esquecer de que essa convenção pode ser feita de maneira extrajudicial, o que significa que admitir-se a sua incidência no processo do trabalho seria reconhecer, *ipso facto, a* possibilidade de ser realizada na vigência do contrato de trabalho, ou seja, quando o trabalhador ainda se encontra formalmente subordinado ao comando volitivo do empregador em decorrência de um inerente *estado de sujeição* que se origina no exato momento em que o contrato é firmado. Assim sendo, é medida de extrema cautela e bom-senso repelir-se a aplicação da referida norma processual civil ao processo do trabalho.

Em segundo lugar, o acentuado componente inquisitivo do processo do trabalho, impede que as partes ajustem, entre si, critérios a respeito da distribuição do ônus da prova diversos — e acima de tudo conflitantes — do previsto no ordenamento processual trabalhista, a quem repulsa, segundo pensamos, a adoção subsidiária do próprio *caput* do art. 373 do CPC.

Entendemos, ademais, que o ônus da prova se relaciona, diretamente, com a atividade do juiz, motivo por que não se deve consentir que manifestação de vontade das partes possa influir sobre essa atividade, máxime quando se trata de juiz do trabalho, diante da disposição contida no art. 765 da CLT.

Cumpre lembrar, aliás, que muito antes do advento do próprio CPC de 1973 pensadores de nomeada(56) já não admitiam o estabelecimento dessas convenções, tendo Chiovenda afirmado que "Não é lícita a distribuição convencional do ônus da prova" (*Principii*..., p. 797), pois "As partes não podem tolher ao juiz a liberdade de avaliação da prova" (*idem*). Nada obstante, o CPC a adotou, com as restrições indicadas.

Ainda sob a ótica do processo do trabalho, acreditamos que nem mesmo o condicionar-se a validade e a eficácia dessa convenção à inexistência de prejuízo ao trabalhador, ou a ocorrência de benefício a seu prol, como *de lege ferenda* já se cogitou(57), eliminará a sua *inconveniência* para o processo especializado e para os princípios substanciais que o animam, porquanto a essa mera *adaptação formal* subsistirá o ranço civilista da medida.

---

(56) Chiovenda (*Instituzioni*. 3.º vol., n. 281); Silva Melem (*La prueba procesal*. 1963, 1.º vol., p. 94); Jaime Guasp (*Derecho procesal civil*. p. 304); Devis Echandía (*Tratado*. 5.º vol., n. 731).

(57) O parágrafo único do art. 811, de antigo anteprojeto de atualização da CLT, dispunha que "Será nula a convenção que distribuir o ônus da prova de modo diverso, salvo se favorável ao empregado", com o que pastichou o parágrafo único do art. 333 do CPC de 1973, embora tenha subordinado a validade do ajuste a ser favorável ao empregado. Melhor seria, contudo, que se suprimisse não somente esse parágrafo, mas o próprio *caput* do art. 811 do referido anteprojeto.

O instante sugere, a propósito, uma observação crítica. Ainda que, em determinada hipótese, seja omissa a CLT e mesmo ausente o óbice da incompatibilidade, não se deve, *só por isso,* transportar-se para cá, avidamente, a norma processual civil, cuja regra de prudência deveria nortear sempre o intérprete nas vezes em que tivesse, diante de si, a tarefa de suplementar lacuna do processo do trabalho.

Essa observação nos conduz à reiteração de outra.

Se é certo afirmar-se que o direito material do trabalho é um direito *inacabado* (e, quiçá, seja essa a sua grande virtude), por estar em permanente transformação, não menos exato será declarar-se que o processo do trabalho está ainda na pré(ou proto)-história de sua autêntica elaboração científica — como tal entendida a criação de institutos próprios, que não apenas reflitam, de modo fiel, a especificidade desse processo e sejam aptos para resolver os problemas que lhe competem, mas, sobretudo, que possibilitem, em concreto, a atuação da vontade do *direito material* correspondente.

Somos dos que entendem que o direito processual do trabalho deve, teleologicamente, *servir ao Direito do Trabalho,* pois, a não ser assim, esse processo perderá o caráter de *especialidade* que lhe conferiram a lei e a doutrina. Essa convivência simbiótica entre o processo do trabalho e o direito material a que se refere é vital para ambos. E a harmonia de tal convívio só será possível se a preeminência for do direito material, na medida em que "El procedimiento no tiene una finalidad en si; nace y vive por y para el derecho material" (Bartoloni Ferro. El Procedimiento Civil y el Orden Jurídico y Político. In: *Estudios de derecho procesal en honor de Hugo Alsina*, p. 90, citado por Júlio J. Martinez Vivot, conferência sobre "La Organización de los Tribunales del Trabajo", no Congresso Internacional sobre Justiça do Trabalho, Brasília, abril de 1981).

No mencionado Congresso, aliás, a maioria dos relatores manifestou a sua preocupação no sentido de que o processo do trabalho deva nutrir-se do mesmo caráter tuitivo que informa o direito substancial do trabalho, como se constata pelas palavras do professor Enrique Alvares Del Castillo, do México: "Restabelecer la verdadera igualdad procesal es un propósito necesario y fundamental del nuevo derecho procesal social del trabajo que asiste a las clases trabajadoras y que es cumplimiento indispensable de la justicia social. El derecho procesal del trabajo en sus expresiones legales, de diferente manera, vive en general un retraso histórico, mantenido por un juridicismo individualista que hace prevalecer la idea de la estricta igualdad formal de las partes en el proceso de trabajo y que mantiene una confusión de principios y políticas que han impedido establecer e implementar un juicio de trabajo en que impere la equidad y la buena fe. Este fenómeno perjudica directamente a los desiguales, que teniendo derecho a procedimientos que les favorezcan y les ayuden, se ven privados de su aplicación real, porque a fin de cuentas, se les niega el caracter social y de clase que debe tener el derecho procesal del trabajo, instrumento indispensable de los tribunales del trabajo".

O professor Ricardo Nugent, do Peru, citando Stafforini (obra referida), pôde afirmar com grande propriedade: "las reglas procesales han de adaptarse a la índole de los derechos que tienden a hacer efectivos y cuando se trata de materias jurídicas especiales, como la del trabajo, que justifican la existencia de un derecho autónomo ha de admitirse la necesidad de un fuero y procedimiento propios".

Daí por que uma das conclusões do Congresso Internacional sobre Justiça do Trabalho, relacionadas ao Tema III ("Características do Processo do Trabalho"), foi, precisamente, de que "Quanto aos princípios universais do mesmo processo, são três: o da sua adequação ao Direito do Trabalho material; o do tratamento desigual, para melhorar a igualdade processual; e o teleológico, da sua finalidade específica" (*Anais*..., p. 151).

Não pretendemos, em momento algum, ao revelar o nosso pensamento a respeito do assunto e ao fazer convergir o de outros juristas, muito mais ilustres, proclamar a necessidade de que a *Justiça do Trabalho* seja protecionista; o que se deseja, sim, é a exata adequação do *processo do trabalho* ao direito substancial a que corresponde e em relação ao qual existe para servir. Bater-se por um órgão do Poder Judiciário parcial seria insânia, pois estar-se-ia negando a base institucional e ontológica sobre que se assenta esse Poder: a neutralidade na composição estatal das lides.

Após todas essas considerações, devemos dizer que o máximo que poderíamos transigir, quanto à incidência, no processo do trabalho, da regra contida no art. 373 do CPC, seria aceitar a convenção entre as partes, tendo como objeto a distribuição do ônus da prova, somente nos casos em que essa distribuição se desse em benefício do trabalhador; fora disso, a convenção será nula.

A prova do fato negativo

Conforme expusemos, os glosadores, compulsando os textos romanos, antigos e notadamente apoiados em Paulus, elaboraram um sistema de distribuição do ônus da prova que se estribava em algumas regras basilares, dentre as quais a de que o fato negativo não poderia ser objeto de prova ("*negativa non sunt probanda*"). Irnério, igualmente, argumentava com essa impossibilidade, cuja opinião acabou penetrando no *"Corpus Iuris Canonici"*, onde permaneceu, imperando por longo período.

Esse princípio, contudo, hoje já não vigora, porquanto a doutrina e a jurisprudência modernas everteram, a poder de judiciosos argumentos, a complexa construção do direito antigo acerca do ônus da prova quanto aos fatos negativos.

Como exemplos marcantes dessa nova concepção doutrinária podemos citar, entre outros, Adolf Dietrich Wegger (*Über die Verbindlichkeit zur Beweisführung*. 3. ed., p. 104 s.) e Chiovenda (*Instituições de direito processual civil*. 1943, v. II, p. 505), havendo o notável mestre italiano esclarecido que toda afirmação é, ao mesmo tempo, uma negação, pois, quando se atribui a uma coisa um predicado, negam-se todos os predicados *contrários* ou *diversos* dela. Vale ser reproduzido o seu pensamento: "En caso de predicados contrarios resulta esto evidentísimo; quién dice mueble, dice no inmueble: quién dice esclavo, dice no libre, quién dice mayor de edad, dice no menor. En todos estos casos no habría medio de saber quién afirma y quién niega, quién debe probar y quién no. Pero también en el caso de predicados solo diferentes es, sin duda, incierto el predicado que se afirma implicitamente por el que niega, pero este podría determinarlo; por consecuencia, no se podría considerar nunca como negante en términos absolutos y por lo mismo exento de la prueba. Así el que dice esta tela no es encarnada, no puede ser considerado, solo por esto, como negante, porque en realidad afirma que la tela es de otro color que el podría determinar; así quién dice que una casa no tiene la fachada al norte, dice al mismo tiempo que tiene otra orientación que él podría determinar, etc.".

Os próprios jurisconsultos do passado aludiam à "*negativam praegnantem*" para expressar, segundo Neves e Castro (*Teoria das Provas*..., p. 49), a "alegação dum fato que está em antinomia com outro, mas que, apesar de ser exprimido dum modo negativo, não deixa de ser afirmativo"(58). Realmente, se afirmo que alguém não é desonesto, estou dizendo, de maneira implícita, que é honesto.

Já tivemos oportunidade de, neste mesmo Capítulo, nos manifestar sobre a matéria, do ponto de vista do processo do trabalho.

---

(58) As próprias Ordenações Filipinas dispunham, já: "posto que seja regra que a negativa se não pode provar, e por conseguinte se não pode articular, esta regra não é sempre verdadeira; porque bem se pode provar se é coarctada a certo tempo e certo lugar, e bem assim se pode provar se é negativa que se resolve em afirmativa e pode-se ainda provar por confissão da parte feita no depoimento" (Livro II, Título 53, § 10).

Capítulo XI

Procedimento Probatório

Pode-se falar, também no processo do trabalho, de um procedimento probatório a que se subordinam as partes.[59]

Esse procedimento (ou disciplina) se desenvolve em três estádios distintos: a) a proposição; b) o deferimento; c) a produção.

A proposição

Compete às partes indicar o *thema probandum,* ou seja, os fatos que deverão constituir o objeto da prova. Dessa forma, deverão autor e réu, cada um por sua parte e já na fase dos articulados (petição inicial e contestação), mencionar os fatos em que se fundam a ação e a resposta, respectivamente (CPC, arts. 319, III, e 336).

A proposição da prova se complementa com a indicação dos *meios* com que se pretende demonstrar a verdade dos fatos.

O *thema probandum,* contudo, só se refere às provas *constituendas,* isto é, àquelas que ainda estão por ser produzidas, como no caso dos depoimentos pessoais, da inquirição de testemunhas, de exames periciais. Evidentemente que, em se tratando de provas *constituídas,* como são os documentos, deverão, desde logo, acompanhar a petição inicial (CLT, art. 787) e a contestação (CPC, art. 434), somente sendo de admitir-se a sua apresentação fora desses dois momentos próprios quando destinados a provar fatos ocorridos posteriormente aos articulados, ou para contrapô-los aos que foram produzidos nos autos (CPC, art. 435). Consente-se, por exemplo, que o autor junte documentos necessários à fundamentação de sua impugnação à resposta oferecida pelo réu.

---

(59) Para Chiovenda (ob. cit., p. 316), são procedimentos probatórios a totalidade das atividades necessárias para colocar o juiz em comunicação com os meios de prova ou para declarar a atendibilidade de uma prova, observado, ainda, que "En cada medio y en cada motivo de prueba precísase distinguir la eficacia objetiva y la atendibilidad", exemplificando que a afirmação de um fato de influência direta no litígio, por parte de uma testemunha ocular, é um motivo de prova objetivamente muito eficaz; porém, a sua aceitação pode ser remota se a testemunha for pessoa suspeita ou pouco idônea.

É certo, por outro lado, que os documentos que devem, desde logo, instruir a inicial e a resposta são aqueles fundamentais para a comprovação dos fatos narrados nessas peças.

Em sede de ação de mandado de segurança, por exemplo, a prova é sempre documental, por ser pré-constituída. E, por ser o documento em que se funda a ação indispensável, a jurisprudência não tem admitido a possibilidade de o relator abrir prazo para que o impetrante junte o referido documento. Veja-se, a esse respeito, a Súmula n. 415 do TST: "MANDADO DE SEGURANÇA. PETIÇÃO INICIAL. ART. 321 DO CPC DE 2015. ART. 284 DO CPC DE 1973. INAPLICABILIDADE. (atualizada em decorrência do CPC de 2015) – Res. n. 208/2016, DEJT divulgado em 22, 25 e 26-4-2016. Exigindo o mandado de segurança prova documental pré-constituída, inaplicável o art. 321 do CPC de 2015 (art. 284 do CPC de 1973) quando verificada, na petição inicial do *'mandamus'*, a ausência de documento indispensável ou de sua autenticação. (ex-OJ n. 52 da SBDI-2 – inserida em 20-9-2000)".

No terreno da ação rescisória, por outro lado, é necessário que o autor junte à petição inicial certidão ou documento comprobatório do trânsito em julgado da decisão rescindenda. Aqui, entretanto, autoriza-se o relator a fixar o prazo de quinze dias (CPC, art. 321) para que o autor supra a falta (Súmula n. 299, II, do TST).). Esse suprimento deverá ser realizado mesmo na fase recursal, oportunidade em que o relator concederá o prazo de cinco dias para a parte complementar a documentação legalmente exigível (CPC, art. 932, parágrafo único).

Vale anotar, ainda, que se o réu, em sua resposta, alegar quaisquer das matérias enumeradas no art. 351 do CPC (inexistência ou nulidade de citação, incompetência absoluta, inépcia da petição inicial, perempção, litispendência, coisa julgada, conexão, incapacidade da parte, defeito de representação, falta de autorização, carência de ação — apenas para mencionar as que são compatíveis com o processo do trabalho), o juiz ouvirá o autor no prazo de quinze dias, *permitindo-lhe a produção de prova* (CPC, art. 351).

Nem se omita que a produção de prova relativa à existência ou vigência de norma legal (municipal ou estadual) ou de direito consuetudinário ficará condicionada à determinação do juiz, quando for o caso (CPC, art. 376).

As regras até aqui expostas, no tocante à *proposição* das provas, são aplicáveis tanto ao procedimento ordinário quanto ao sumaríssimo.

O deferimento

Feita, pelas partes, a indicação do *thema probandum,* o passo seguinte será a apreciação, pelo juiz, sobre a admissibilidade ou não das provas propostas.

Esse ato é privativo do magistrado, tanto que dispõe o CPC, em seu art. 370: "Caberá ao juiz, de ofício ou a requerimento da parte, determinar as provas necessárias ao julgamento do mérito. Parágrafo único. O juiz indeferirá, em decisão fundamentada, as diligências inúteis ou meramente protelatórias".

O processo civil apresenta um momento que, se não é o único, é sem dúvida o principal, em que o juiz deverá se pronunciar quanto à admissibilidade, ou não, das provas apontadas pelos litigantes: é na oportunidade da decisão a que se refere o art. 357: "Não ocorrendo nenhuma das hipóteses deste Capítulo, deverá o juiz, em decisão de saneamento e de organização do processo: I – resolver as questões processuais pendentes, se houver; II – delimitar as questões de fato sobre as quais recairá a atividade probatória, especificando os meios de prova admitidos; III – definir a distribuição do ônus da prova, observado o art. 373; IV – delimitar as questões de direito relevantes para a decisão do mérito; V – designar, se necessário, audiência de instrução e julgamento".

Essa decisão, contudo, inexiste no processo do trabalho, porquanto é na audiência que o juiz, em regra, toma contato, pela primeira vez, com a petição inicial, sendo aí também oferecida pelo réu a sua resposta. Considerando que a realidade prática consagrou o fracionamento da audiência, no procedimento ordinário, como pudemos observar, é exatamente na *primeira* (dita *inicial*) e com vistas à *segunda* (denominada *instrutória*) que o juiz deverá apreciar os pedidos das partes, relativamente às provas que pretendem produzir. Conquanto o processo do trabalho se caracterize pela simplicidade, é recomendável que o magistrado do trabalho, em audiência, determine que as partes especifiquem quais os *meios* de que pretendem se valer para produzir as provas relacionadas aos fatos narrados, pois a mera referência, costumeiramente feita na inicial e na contestação, a que visarão produzir "todas as provas em direito admitidas, como depoimentos pessoais, inquirição de testemunhas, etc.", além de genérica, pode, em certos casos, constituir motivo para a alegação de cerceamento de defesa, na medida em que o juiz poderá deixar de apreciar o pedido de produção de certa prova, inserida ou insinuada naquela alusão ampla, formulada pelos litigantes.

Reconhecemos, todavia, que em concreto essa providência judicial não vem sendo adotada, provavelmente em decorrência do amplo poder de direção do processo que a lei (CLT, art. 765) confere ao juiz do trabalho e que se manifesta até mesmo na iniciativa de realizar diligências probatórias.

Entendemos, porém, que essa faculdade do juiz não deve ser exercida com intensidade tal, a ponto de acabar por substituir a atividade das partes, a quem a lei atribui, fundamentalmente, a iniciativa da prova e o correspondente ônus de produzi-las (CLT, art. 818), como medida necessária à admissão de serem verdadeiros os fatos alegados.

Na hipótese de o juiz indeferir a produção de determinada prova, desse despacho não caberá recurso, competindo à parte que se sentir prejudicada externar a sua discordância na primeira vez em que tiver de falar em audiência ou nos autos (seja mediante protesto imediato ou nas razões finais, conforme o caso), sob pena de preclusão temporal, ressalvado o seu direito de renovar a arguição em grau de recurso.

Se o indeferimento, por exemplo, ocorreu no início da audiência de instrução, o instante oportuno para arguir possível restrição do direito de defesa — e a consequente nulidade processual — será o das razões finais, embora a praxe tenha consagrado, mesmo nesse caso, a adoção do imediato "protesto" antipreclusivo.

A nulidade, contudo (e desde que, em verdade, se houvesse configurado um indeferimento irregular), só será declarada (e não decretada) se do ato inquinado derivar manifesto prejuízo para a parte, por força do disposto no art. 794 da CLT, que positivou o princípio doutrinário alienígena *pás de nullité san grief,* igualmente incorporado pelo CPC de 1973, em seu art. 249, § 1.º, e pelo CPC de 2015, no art. 281, § 1.º.

Se o juiz acolher a arguição da parte, poderá — desde que a sentença não tenha sido ainda prolatada — reabrir a instrução processual, para efeito de possibilitar que ela produza a prova que fora indeferida. A matéria, nesse caso, se rege pelo princípio da *proteção,* corporificado no art. 796, alínea *a*, da CLT, que estabelece: "A nulidade não será pronunciada: a) quando for possível suprir-se a falta ou repetir-se o ato".

Declarada que seja a nulidade, o juiz ou o tribunal (conforme seja a competência) especificará os atos a que ela se estende (CLT, art. 797; CPC, art. 282, *caput*), sendo certo que a nulidade não prejudicará senão os posteriores, que do ato inquinado dependam ou dele sejam consequência (CLT, art. 798; CPC, art. 281).

Há situações, legalmente previstas, em que o magistrado deverá indeferir a produção da prova requerida pela parte; uma dessas situações está materializada no inciso III do art. 464, do CPC: quando o exame pericial for *impraticável.* Imagine-se que o empregado tenha requerido a realização de exame pericial destinado a apurar a existência da alegada insalubridade (e a fixação do grau desta), quando o estabelecimento em que prestava serviços já se encontrava totalmente demolido. Nessa hipótese, não seria possível a realização do exame pretendido, motivo por que bem faria o juiz se viesse a indeferi-lo, sob o argumento de a verificação ser impraticável.

No procedimento *sumariíssimo,* o deferimento ou indeferimento de produção de provas deverá ser feito no início da audiência (que, em princípio, deve ser una, nos termos do art. 852-C da CLT). De resto, aplicam-se a esse procedimento, *mutatis mutandis*, as considerações que expendemos quanto ao *ordinário*.

A produção

Submetido o requerimento de produção de provas ao crivo criterioso do juiz, e sendo deferido, caberá à parte que o formulou produzir as provas especificadas. A partir desse momento, o *onus probandi* se torna concreto.

Conforme expusemos, anteriormente, em geral as provas orais (depoimentos das partes, das testemunhas) são produzidas em audiência, salvo as exceções previstas em lei e sobre as quais também já nos pronunciamos (Capítulo VII, retro); os *materiais* (documentos) não se subordinam, por princípio, ao prévio exame de admissibilidade, pois devem acompanhar, desde logo, a inicial e a contestação (CLT, art. 787 e CPC, art. 320; CPC, art. 434). Poderá, contudo, o juiz indeferir a prova documental, sempre que se revelar desnecessária, intempestiva, ou estiver imbuída de escopo tumultuário do procedimento.

Em face do disposto nos arts. 787 e 848, §§ 1.º e 2.º, da CLT, é lícito afirmar-se que a *ordem legal* do interrogatório é: a) partes; b) testemunhas; c) perito — o que nada tem a ver, em rigor, com a ordem de *produção* dessa prova; esta, em geral, obedece à seguinte sequência: 1. documentos; 2. perícia; 3. depoimentos pessoais; 4. inquirição de testemunhas, cuja sequência, todavia, não é absoluta, razão por que o juiz a pode alterar, segundo entenda conveniente, e desde que: a) não perca de vista o momento oportuno para a produção da prova *documental*; b) proceda ao interrogatório das partes antes da inquirição das testemunhas. De resto, qualquer alteração nos parece lícita.

Nos casos em que o autor postula o reconhecimento judicial de relação de emprego e, simultaneamente, pleiteia adicional de insalubridade, é recomendável que primeiro se proceda à colheita da prova documental e das orais (depoimentos das partes e das testemunhas) para, depois, determinar a realização do exame pericial tendente à apuração da existência ou inexistência de atividade insalubre e à fixação do grau correspondente. A não ser assim, poderia ocorrer, *e. g.*, que, realizada a prova pericial, se viesse a aplicar ao autor a "pena de confissão" quanto à matéria de fato (relação de emprego), em virtude do seu não comparecimento à audiência em que deveria ser interrogado. Ressalvado o nosso entendimento de que essa "pena" não incide quando se trata do empregado (ou de trabalhador, *lato sensu*), não se há negar que, do ponto de vista do entendimento contrário, a pretensão do autor seria rejeitada porquanto a *ficta confessio* fez gerar a presunção de serem verdadeiros os fatos narrados na contestação, na qual se afirmava inexistente a pretendida relação de emprego. Disso decorre que a perícia realizada restaria inútil, a par de ter implicado considerável perda de tempo para as partes e, talvez, de onerar o autor com o pagamento dos honorários do experto.

Por outra parte, o princípio da *concentração* dos atos do procedimento, que se vincula diretamente ao da *celeridade,* recomenda que não se fracione a prova (globalmente considerada), máxime a *oral;* por outro modo de expressar: que, na mesma audiência, se interroguem os litigantes e se inquiram as testemunhas, evitando de, numa audiência, tomar-se os depoimentos daqueles e, noutra, realizar-se a inquirição destas. Essa divisão da coleta da prova não apenas retarda a entrega da prestação jurisdicional como acarreta maiores despesas para as partes, que, embora não necessitassem comparecer à audiência de inquirição de testemunhas (pois já prestaram depoimento), em verdade, o fazem, seja para acompanhar de perto a inquirição, seja para conduzir as testemunhas a juízo, seja pelo que mais for.

As *razões de fato* — que em determinadas circunstâncias são invocadas para justificar esse fracionamento — não têm o condão de torná-lo uma regra genérica, quanto mais não seja diante da expressão legal contrária.

Não é conveniente, acima de tudo, que as testemunhas tenham conhecimento do teor do depoimento pessoal das partes, pois esse fato poderia influenciar, deliberada ou involuntariamente, em seus depoimentos, ao ensejo da inquirição.

Na Terceira Parte desta obra minudenciaremos o exame dos diversos meios de prova, até aqui mencionados.

A iniciativa do Juiz do Trabalho quanto à produção de provas: princípios dispositivo e inquisitivo

A análise do tema não será suficientemente precisa se não expendermos, antes, algumas considerações acerca dos princípios *dispositivo* e *inquisitivo* do processo — com necessária definição do processo do trabalho em face deles.

O princípio *dispositivo* ("Dispositiomaxime") significa que o juiz só pode julgar segundo o alegado e o provado: *"iudice secundum allegata et probata iudicare debet"*. Evidentemente que a prova, em consonância com esse princípio, deve ser produzida *pelas partes*[60].

---

(60) Informa, a propósito, Pestana de Aguiar (ob. cit., p. 47) que a doutrina italiana costuma apresentar a regra latina relativa às limitações do juiz ante a prova, mediante a expressão: "*judex secundum allegata et probata partium judicare debet*" (Satta. *Commentario al Códice di Procedura Civile*. Libro Primo, art. 115, p. 450). O vocábulo *partium,* constante da manifestação doutrinária italiana, dá a medida exata do princípio dispositivo do processo, pois a expressão latina antiga, que a inspirou, não fazia alusão explícita às *partes.*

Conforme afirmou Chiovenda (*Princípios de derecho procesal civil*. Madrid: Instituto Editorial Réus. tomo II, sem data, p. 293), o predomínio do princípio dispositivo em um processo não significa domínio da *vontade* das partes, mas acentuada apreciação da sua *atividade*, "no es reconocimiento de un pretendido derecho suyo *de disposición* sobre el material del pleito, sino sanción de *responsabilidad* en la procuración del material de conocimiento al juez".

Pelo princípio *inquisitivo* ("Offizialmaxime"), também dito *autoritário*, se dá prevalência à iniciativa do juiz não somente na direção do processo, como também na constituição do complexo probatório, sendo que, em casos excepcionais, a ele se outorga o poder-dever de iniciar a ação, mesmo sem a provocação da parte.

Com apoio em *Campos Batalha* (ob. cit., p. 381-383), podemos indicar como características do processo *inquisitivo* as seguintes:

a) "*Ne procedat judex ex officio. Nemo judex sine actore*" (Não proceda o juiz de ofício. Não há juízo sem autor"). Com isso se quer dizer que o exercício da função *jurisdicional*, que constitucionalmente se cometeu ao Estado-juiz, requer a regular provocação (iniciativa) da parte interessada (CPC, art. 2.º). Daí por que, salvo exceções previstas em lei, o juiz não pode agir de ofício, *sponte propria;* logo não se admite, à luz desse princípio, a existência de ação sem autor (parte). E assim o é porque não conviria à própria estabilidade social que pudesse o magistrado sair a fomentar lides, quando nem mesmo o titular do interesse ou do direito subjetivo tomou a iniciativa de fazê-lo.

A jurisdição, em nosso sistema processual, se caracteriza, portanto, pela *inércia* (CPC, art. 2.º). A petição inicial constitui o instrumento pelo qual o autor *ativa* a atividade jurisdicional do Estado (retirando-a do seu ontológico estado inercial) com o objetivo de promover a tutela de um bem ou de uma utilidade da vida, lesado ou na iminência de sê-lo.

Uma vez provocado, regularmente, o exercício da função jurisdicional, estando presentes os pressupostos de constituição e desenvolvimento da relação jurídica processual, bem assim as condições da ação, não poderá o juiz omitir-se na entrega da prestação jurisdicional invocada; seria proclamar, indiretamente, o antigo *non liquet,* cuja atitude é defesa pelo art. 140, *caput*, do CPC vigente. O juiz pode, até mesmo, julgar mal (embora não tenha sido essa a sua intenção); o que o sistema legal não lhe consente é *recusar-se* a julgar.

b) *"Sententia debet esse conformis libello. Ne eat judex ultra petita partium. Secundum allegata et probata partium judex judicare debet. Judex judicat secundum allegata et probata partium, non secundum conscientiam suam. Quod non est in actis, non est in mundo."*

A sentença deve conter-se nos limites do pedido. O juiz não pode conceder além do pedido pela parte. O juiz deve julgar segundo o alegado e provado pela parte. O juiz julga segundo o alegado e provado pela parte, não segundo a sua consciência. O que não está nos autos não existe no mundo — tais são os apotegmas jurídicos, de origem latina, que, em conjunto, dão conteúdo ao princípio dispositivo.

c) *"Narra mihi factum, dabo tibi jus. Iura novit curia."*

Às partes cabe narrar os fatos em que se fundamenta a ação ou a resposta, e ao juiz, aplicar a lei à espécie, pois se presume que o julgador conheça o direito (*iura novit curia).*

O processo do trabalho em face de ambos os princípios

Quando se trata de indagar quais dos princípios — dispositivo ou inquisitivo — preside o processo do trabalho, cumpre que se distinga, antes de responder, entre ações (dissídios) individuais e coletivas.

No que tange à segunda, não hesitamos em afirmar que o processo que as rege tem caráter nitidamente *inquisitivo,* visto que, dentre outras características, a) tem legitimidade para "instaurar a instância" (na linguagem já obsoleta do art. 856 da CLT) também o Presidente do Tribunal do Trabalho, de ofício ou a requerimento da Procuradoria daquela Justiça, sempre que ocorrer suspensão do trabalho; b) não se aplica ao acórdão normativo o mandamento de *julgamento "esse conformis libello"*, podendo o Tribunal conceder *ultra petita* (o art. 858, alíneas *a* e *b* da CLT, aliás, nem mesmo exige que da petição conste o *pedido*); c) é possível estender-se as decisões aí proferidas "aos demais empregados da empresa que forem da mesma profissão dos dissidentes" (CLT, art. 868, *caput*).

Com relação às ações individuais, entendemos que, diante da lei vigente, não se pode deixar de reconhecer que o seu caráter é preponderantemente *dispositivo,* pois, em geral: a) a "propositura" da ação depende da iniciativa da parte; b) o juiz não pode julgar *extra* ou *ultra petita;* c) o julgamento deve ter em conta o que foi alegado e provado pelas partes. Isso não significa, porém, que se deva deixar de reconhecer, em alguns casos, certo componente *inquisitivo* como ocorre, por exemplo, na hipótese do art. 39 e parágrafos da CLT, em que haverá *ação sem iniciativa do autor,* sendo certo que o traço de inquisitoriedade também está insculpido no próprio art. 765 do mesmo texto. Nem se ignore a faculdade de o juiz ou o tribunal converter o pedido de reintegração de empregado estável em indenização dúplice, na forma do permissivo do art. 496 da CLT e a execução da sentença ou do acordo *ex officio* (CLT, art. 878, *caput*).

Concluímos, por isso tudo, que o processo do trabalho é *inquisitivo* no que concerne às ações coletivas[(61)], sendo informado por ambos os princípios quanto às ações individuais, em que pese haja aqui preponderância do *inquisitivo*[(62)].

O reconhecimento desse fato, todavia, não impede que se possa sustentar, com apoio na lei em vigor, a possibilidade de o Juiz do Trabalho tomar a iniciativa de determinar, em certas hipóteses, que a parte produza prova dos fatos alegados. Basta que se veja a faculdade que, nesse sentido, lhe confere o precitado art. 765 da CLT. Observe-se que não estamos asseverando que o Juiz possa (ou deva) *produzir* a prova — o que seria absurdo; afirmamos, sim, que o julgador pode, desde que entenda necessário para a formação do convencimento do Colegiado, ordenar que *a parte* faça vir aos autos a prova de serem verdadeiros os fatos narrados. O próprio CPC faculta ao juiz determinar, inclusive ex officio, que a parte produza as provas necessárias ao julgamento do mérito (CPC, art. 370, *caput*).

Enfatize-se que, modernamente, o juiz não é mero espectador do litígio que se desenvolve entre as partes, *"no es un convidado de piedra en el proceso, sino una figura principal, premunida de lo que la doctrina denomina poderes de dirección, justificados por la misma naturaleza del proceso, en el que no se debate unicamente el interés individual del trabajador sino un interés social tutelado por el Estado"* (Prof. Ricardo Nugent, Congresso Internacional sobre Justiça do Trabalho, Brasília, 1981).

Verificamos, portanto, que a própria doutrina estrangeira, embora reconhecendo que o impulso processual deve caber, essencialmente, às partes, em termos gerais, não nega que, em certos casos, "el juez debe ejercitarlo de oficio ordenando la práctica de algunas diligencias para el mejor esclarecimiento de los hechos controvertidos, sin esperar que los sujetos de la relación procesal lo soliciten" (Prof. Ricardo Nugent, *idem*).

No tocante à *prova emprestada,* entendemos que o juiz, desde que tenha conhecimentos de que, em outros autos, se produziu prova que poderá ser utilizada na ação que lhe compete julgar, poderá tomar a iniciativa de fazer com que ela seja para cá trasladada; não se há de invocar, na espécie, o componente *dispositivo* do processo do trabalho, porquanto se trata de fato que é do conhecimento do julgador, quanto mais não seja se a prova que se irá tomar por empréstimo foi produzida perante o mesmo juízo, embora em

---

(61) Até mesmo porque, a entender-se em sentido contrário, estar-se-ia negando, desacauteladamente, a eficácia normativa dos acórdãos proferidos em ações (dissídios) coletivas.

(62) Concordamos, por isso, com a conclusão a que chegou o IV Congresso Ibero-Americano de Direito do Trabalho e de Previdência Social, sobre ser "O impulso processual de ofício, próprio do sistema inquisitivo, que predomina no processo do trabalho...". Em edições anteriores, manifestamos opinião diversa.

autos distintos. Lembremos, todavia, que a prova emprestada não pode ser *imposta* pelo magistrado, em *substituição* a que as partes pretendiam produzir. A prova emprestada deve ser negociada, consensual, sob pena de uma das partes (ou ambas, talvez) arguir a nulidade do processo por cerceamento ao direito constitucional de ampla defesa.

No mais, o juiz do trabalho deve aplicar apenas em casos excepcionais o disposto no art. 313, V, *a* e *b* do CPC, que determina a *suspensão do processo* nas hipóteses que menciona, pois a entrega da prestação jurisdicional trabalhista deve ser célere em virtude do caráter alimentar de muitas das lides que tornam a Justiça do Trabalho, seguramente, o mais pletórico dos Órgãos Judiciários brasileiros.

Capítulo XII
Valoração da Prova

Sistemas

Para Miguel Reale (*Filosofia do direito.* São Paulo: Saraiva, 1965. p. 60), valorar não é o mesmo que avaliar, pois no primeiro caso se analisa a coisa sob o critério de valor: "Quando se compra um quadro não se valora, mas se avalia. Em tal caso, compara-se um objeto com outros. Valorar, ao contrário, pode ser a mera contemplação de algo, sem cotejos ou confrontos, em sua singularidade, sob um prisma de valor. O crítico de arte valora um quadro ou uma estátua, porque os compreende sob um prisma valorativo, um seu 'sentido' ou 'significado'."

Os ordenamentos processuais, ao longo de sua história, admitiram, basicamente, três sistemas de apreciação das provas, a saber:

a) o da prova legal ou positiva;

b) o da livre convicção; e

c) o da persuasão racional.

Façamos uma breve exposição sobre cada um deles.

a) da prova legal

O sistema da *prova legal* tem raízes nas *ordálias* ou *juízos de Deus,* muito em voga na Antiguidade. A ordália consistia em submeter a pessoa a determinada prova, supondo-se que Deus não a deixaria sair com vida, ou sem algum sinal evidente, no caso de não dizer a verdade; por isso, as ordálias também foram denominadas de juízos de Deus.

Essas provas eram aplicadas mediante bebidas acres; pelo fogo; pela água, em temperatura muito baixa ou muito alta; pelo cadáver; pelas serpentes; pela cruz e por muitos outros — sendo que todas elas fugiam ao controle do julgador, a quem competiria, apenas, aguardar o resultado que provocavam, proclamando-o logo em seguida(63).

Dentre os povos que adotaram esse sistema se encontram os hebreus, os gregos e os hindus, muito embora tenham sido os europeus quem, sob o domínio germânico-barbárico, fizeram difundir, largamente, a utilização das ordálias.

A esse tempo, contudo, havia um outro meio de prova, de feição nitidamente religiosa, chamado *juramento,* que era usado pelos gregos, hindus e romanos. Mesmo com a reprovação da Igreja, o *juramento* logrou se difundir na Idade Média. Considerando, no entanto, a grande incidência de *juramentos falsos,* houve necessidade de instituir-se a figura dos *conspurcadores* (*juratores, conjuratores*) — consistente no juramento, feito por terceiros, em abono ao que era prestado por outrem.

Lembra Moacyr Amaral Santos (*Comentários...*, p. 19) que no século X generalizou-se o *duelo,* ou *combate judiciário,* que era a mais apreciada e utilizada das ordálias. E de tal modo se desenvolveu essa modalidade de prova "*per pugnam*", "que até mesmo as testemunhas — conjuratores — de uma e outra parte combatiam entre si".

No sistema (ou critério) das ordálias, como dissemos, o juiz possuía uma função eminentemente passiva, pois se limitava a assistir aos litigantes se digladiarem, vindo, depois, a declarar o resultado da lide.

Mais tarde, "Sob a influência do Direito Canônico e dos estudos e do Direito Romano, a partir do século XI, abolidas as ordálias, e, a contar do século XIV, condenado o duelo, restabeleceram-se os meios romanos de prova, documentos e testemunhas, especialmente estas" (Moacyr Amaral Santos, ob. cit., *idem*). Sucede, contudo, que nesse sistema cada prova tinha uma valoração prévia e inflexível, estabelecida por lei, razão por que R. W. Millar (*Los principios formativos del procedimiento civil.* 1945. p. 122) pôde afirmar, com grande propriedade, que o objetivo era reduzir o juiz a um mero contador.

As "Conclusiones Probactionum" de Mascardus, publicadas em 1588, retratam um dos mais significativos exemplos da inflexibilidade desse sistema,

---

(63) A prova das bebidas amargas era utilizada em relação à mulher acusada de adultério; se após ingerir a bebida o seu rosto se contraísse e os olhos ficassem impregnados de sangue, era considerada culpada; na prova pelo fogo, o acusado tocava com a língua em um pedaço de ferro incandescente, ou tinha de caminhar com os pés descalços sobre barras de ferro, sem manifestar dor; na prova das serpentes, ele era posto no meio delas, havendo a crença absurda de que somente seria picado se fosse, realmente, culpado; na prova do pão e queijo, se impunha ao acusado deglutir quantidade considerável desses alimentos: caso não o conseguisse, era tido como culpado. Tais exemplos mostram, aos olhos da moderna ciência processual, a absurdeza de um tal sistema de provas.

que se assentava no prévio tarifamento do valor das provas. De tal arte, para ele o depoimento de uma só testemunha nada valia (*testis unus, testis nullus*)(64); já o depoimento de duas testemunhas fidedignas (*testis classi*) constituía prova plena (*plena probatio*): *"testibus duobus fide dignis credendum"*.

O rigor do sistema, contudo, não se detinha aí: um testemunho fidedigno poderia valer como *meia prova* (*semiplena probatio*), um testemunho duvidoso (*testis suspectus*) tinha valor inferior a *meia prova* (*probatio semiplena minor*), sendo que um testemunho fidedigno mais um testemunho duvidoso equivaliam a mais de meia prova (*probatio semiplena major*).

Salta aos olhos do processualista moderno a irracionalidade desse sistema, em que a avaliação da prova era feita segundo critérios estereotipados por lei, dando-se, inclusive, prevalência ao aspecto quantitativo (e não qualitativo) da prova testemunhal. Afinal, sabemos que há uma série de fatores que devem ser sopesados pelo juiz, sempre que tiver de apreciar o teor dos depoimentos das testemunhas: "Assim, umas vezes, o mérito interno do depoimento, outras vezes, as qualidades e reputação das testemunhas, outras, o seu número, outras as coincidências que venham em socorro de algumas, tais são as circunstâncias, que o juiz deverá examinar com religiosa atenção, e escrupulosa imparcialidade", ressalta Paula Batista (*Compêndio de teoria e prática*. 1901, § 159, p. 207).

b) da livre convicção

O sistema da *livre convicção* surge como verdadeira *antítese* do anterior; sua origem é romana e foi amplamente utilizada pelos germânicos — ou povos de cultura germânica.

Com o advento da Revolução Francesa, o sistema da *prova* legal foi profundamente sacudido; em relação ao processo penal, *e. g.*, um decreto da Assembleia Constituinte de setembro de 1791 dispunha que os jurados decidissem *"suivant votre conscience et votre intime conviction"* (segundo a sua consciência e a sua íntima convicção). Por esse motivo, o sistema da *livre convicção é* também conhecido como da *íntima convicção.* Independentemente da nomenclatura, contudo, ele consagrou a soberania do juiz no campo da investigação da verdade e da apreciação das provas. De tal sorte, a verdade surgia na consciência do julgador sem que ele tivesse de subordinar-se a

---

(64) Quer nos parecer, porém, que a antiga afirmação de que "testemunha única é testemunha nenhuma" não é originária da máxima *testis unus, testis nullus,* do Direito Romano, mas, sim, da *dictum unius, dictum nullius,* extraída do *Deuteronômio* (Capítulo XIX, v. 15), onde se lê: "Não valerá contra alguém uma só testemunha, qualquer que seja o delito de que o acusem, mas tudo passará como certo se depuserem duas ou três testemunhas". A origem da expressão parece-nos, assim, canônica.

certas regras legais de valoração da prova. A sua convicção se originava, ademais, não somente do conjunto probatório existente nos autos, mas até mesmo de certos conhecimentos privados que pudesse ter acerca dos fatos. E a liberalidade desse sistema atingiu a sua culminância ao dispensar que o juiz indicasse os motivos que influíram na formação do seu convencimento(65).

Essa liberdade racional no julgamento estava expressa na antiga máxima latina *"iudex prout religio suggerit, sententiam proferre debet"* (o juiz deve proferir a sentença segundo a sua consciência). Daí também resultava a faculdade que se deferia aos julgadores de não decidirem o litígio quando a prova era insuficiente. O juiz, enfim, era o *senhor do processo.*

c) da persuasão racional

O sistema da *persuasão racional,* ou do *convencimento racional,* constitui uma espécie de síntese dos anteriores, se bem que, em verdade, tenha surgido com os códigos napoleônicos "como reação ao critério da livre convicção, aplicado em seu processo" (Moacyr Amaral Santos, ob. cit., p. 20).

A respeito desse sistema, assim se pronunciou Porras López (ob. cit., p. 254): "Durante el siglo pasado se estructuró el sistema misto en virtud del cual se formó un solo sistema con la concurrencia del aspecto positivo de los sistemas de la prueba libre y de la legal o tasada". Por isso dissemos que se trata de uma síntese dos outros dois.

No sistema da persuasão racional, embora se permita ao juiz apreciar livremente as provas, isso não significa que possa se deixar orientar por suas impressões pessoais: ao contrário, a sua convicção deverá ser formada com base na prova produzida nos autos ("*iudex secundum allegata et probata partium iudicare debet*": "o juiz deve julgar conforme o alegado e provado pela parte"). O seu convencimento, por isso, longe de ser arbitrário, fica ajoujado a certas regras jurídicas específicas, bem como a regras de lógica jurídica, sem desprezo pelas máximas de experiência. Por esta razão, ele apreciará livremente a prova, atendendo aos fatos e às circunstâncias constantes dos autos, ainda que não alegados pelas partes, *mas deverá indicar, "na decisão, as razões da formação de seu convencimento"* (CPC, art. 371). Destacamos

(65) Tornou-se antológico, aliás, o caso do *bom juiz Magnaud,* na França, que na qualidade de Presidente do Tribunal de primeiro grau de Château-Thierry, entre 1889 e 1904, revelou-se manifestamente piedoso para com os fracos, os pobres, os oprimidos e, com o mesmo ardor, enérgico e insensível em relação aos ricos, aos poderosos, aos influentes em geral. Na observação precisa de Carlos Maximiliano (*Hermenêutica e Aplicação do Direito.* 8. ed. Rio-São Paulo: Freitas Bastos, 1965. p. 95), nas mãos do juiz *Magnaud*, "a lei variava segundo a classe, mentalidade religiosa ou inclinações políticas das pessoas submetidas à sua jurisdição".

Pode-se estabelecer, portanto, que, sob a óptica desse sistema, a convicção do magistrado fica adstrita a quatro pressupostos legais: a) aos fatos deduzidos na ação; b) à prova desses fatos, feita nos autos; c) às regras legais específicas e às máximas de experiência; e d) à indicação do motivo que determinou a formação do seu convencimento.

O CPC de 1973 adotou, claramente, o princípio da persuasão racional, ao qual melhor se poderia designar *do livre convencimento motivado*, como se constatava pela expressão do art. 131. O CPC de 2015 trata da matéria no art. 371.

Não há dúvida de que o sistema da *persuasão racional* foi também adotado pelo Direito Processual do Trabalho, cuja inferência se extrai — embora palidamente — da leitura do art. 832, *caput*, da CLT, no qual se alude à "apreciação das provas" e aos "fundamentos da decisão". A adoção supletiva de certas normas processuais civis, entrementes, como é o caso do art. 371, robustece essa conclusão.

Equivocou-se, portanto, o ilustre Wagner Giglio (ob. cit., p. 163) ao supor que o art. 131 do CPC de 1973 consubstanciasse o princípio do *livre convencimento*; o que ali está é o da *persuasão racional.* No mesmo lapso incorreu C. P. Tostes Malta (*Prática do processo trabalhista*. Rio de Janeiro: Ed. Trabalhistas, 1979. p. 378).

Quanto às ações (dissídios) coletivas, cremos não haver erronia em afirmar-se que prepondera aí o sistema do *livre convencimento* (ou livre convicção), pois não ocorre, necessariamente, a vinculação da decisão às provas dos autos; a ser assim, estar-se-iam subtraindo, em muitos casos, a normatividade dessas decisões e o próprio caráter *jurígeno* que lhe é peculiar.

Essa dualidade do processo do trabalho, que também se manifesta em outros aspectos (é informada, como vimos, pelos princípios dispositivo/inquisitivo, no plano das ações individuais, e inquisitivo, no das ações coletivas), faz vincar ainda mais a sua dessemelhança com o processo civil, que repele, em regra, qualquer tratamento anfibológico de seus princípios ou institutos — nada obstante os embargos de declaração constituam exceção marcante a esse monomorfismo sistemático do CPC.

O princípio *in dubio pro misero* e a apreciação da prova

Certamente que inspirada no princípio *in dubio pro reo,* próprio do processo penal, a doutrina processual trabalhista construiu o do *in dubio pro misero* (ou *pro operario*), para resolver o problema da dúvida que, frequentemente, toma de assalto o espírito julgador, ao ensejo de prolatar a sentença.

Procurando justificar a adoção desse princípio, disse o eminente professor Cesarino Júnior (*Direito processual do trabalho*, p. 38, *apud* Campos Batalha, ob. cit., p. 533): "Na dúvida, isto é, quando militam razões pró e contra, é razoável decidir a favor do economicamente fraco, num litígio que visa, não satisfazer ambições, mas a prover às necessidades imediatas da vida. Isto é humano, isto atende ao interesse social, ao bem comum. Nada tem de ousado, ou de classista. Classista seria sempre decidir a favor do empregado, com dúvidas ou sem dúvidas, com a lei, sem a lei ou contra a lei". E mais adiante: "... assim, o elemento ético-social, concretizado na tutela razoável do trabalhador, contribui para uma solução humana e justa".

Discrepando, todavia, do pensamento do notável jurista pátrio — e por extensão da própria manifestação doutrinal predominante em que ele se insere(66) —, entendemos que o princípio *in dubio pro operario* não incide em matéria de apreciação e valoração da prova.

Há de se destacar, primeiro, que o *estado de hesitação da inteligência*, que caracteriza a dúvida, é de foro essencialmente *subjetivo*, nascendo no imo do intérprete (no caso, o julgador). Vale dizer, a dúvida não está na *prova produzida* (que muitas vezes contém uma definição em prol de um dos litigantes), e, sim, na pessoa a quem compete apreciar essa mesma prova. Tem-se, então, que essa possibilidade de hesitação do julgador, ou mesmo de haver idiossincrasia interpretativa da prova, revela a fragilidade do princípio, fazendo com que deva ser rechaçado pelo processo do trabalho. Não é este, contudo, o nosso principal argumento. Ora, o pressuposto concreto para a incidência desse princípio (isso para os que sustentam o seu cabimento) é a falta ou a insuficiência de provas. Excepcionalmente poderá concernir à existência recíproca de provas (ambas as partes provaram os fatos alegados). Em qualquer caso, porém, a questão deverá ser solucionada à luz do ônus objetivo da prova, segundo o critério contido no art. 818 da CLT.

Decidir-se em favor do empregado — apenas porque empregado o é — é atitude piedosa, de favor, que se ressente de qualquer lastro de juridicidade. Torna a sentença frágil, suscetível de virtual reforma pelo grau da jurisdição superior.

Não estamos caindo em contradição, relativamente ao que até aqui expusemos em defesa de um reconhecimento sistemático quanto à existência de

---

(66) Concluiu o IV Congresso Ibero-Americano de Direito do Trabalho e Previdência Social que "O princípio *in dubio pro operario* incide nos processos trabalhistas, quando no espírito do julgador não exista uma convicção derivada de análise das provas produzidas".

Data venia, a "dúvida" há de ser resolvida segundo o ônus da prova — que a cada litigante incumbia — sem prejuízo da possibilidade de o juiz determinar a reabertura da instrução para a coleta complementar de provas, com o propósito de melhor formar a sua convicção.

uma desigualdade real entre o empregado e o empregador. A compensação dessa desigualdade, contudo, há de ser outorgada por leis processuais adequadas e não pela pessoa do julgador, a poder de certos critérios subjetivos e casuísticos.

Convém frisar: ou se prova ou não se prova. Se em determinado caso, entretanto, as provas forem insuficientes (de ambos os lados), o resultado do provimento jurisdicional deve ser desfavorável a quem incumbia o *onus probandi*. Se os litigantes, ao contrário, fizerem prova satisfatória dos fatos narrados, de modo a que se possa admitir que a prova ficou dividida, deverá o julgador, autorizado pelo princípio da *persuasão racional,* apreciar qual a *melhor* prova, tendo em vista a natureza dos fatos, as circunstâncias dos autos e outros elementos de que possa se valer para indicar como motivos formadores do seu convencimento. Certamente que não nos abalançamos a tarifar critérios doutrinários que deverão ser observados pelo julgador quando tiver diante de si uma prova dividida. Está perdida no tempo, felizmente, a *prova legal*. Desse modo, a sua apreciação ficará reservada ao discernimento de cada juiz. O que nos parece imprescindível é que ele, com maior ou menor intensidade, *forme a sua convicção,* evitando decidir, piedosamente, em prol do empregado, como se o princípio (?) *in dubio pro operario* possuísse qualquer eficácia nesse campo.

Não negamos, contudo, que esse princípio possa, em outras hipóteses, incidir no ordenamento *processual* trabalhista. Nem há paradoxo na afirmação.

Sem embargo, em matéria de interpretação de *norma legal,* seja substancial ou processual, deve o juiz decidir — sempre que houver dúvida razoável — em prol do empregado, porque essa atitude estará perfeitamente cônsona com o caráter tuitivo que anima tais normas, notadamente as primeiras.

Efetivamente, se a legislação do trabalho é protetiva do empregado, nada mais lógico do que admitir-se que o juiz, sendo tomado de assalto por dúvida razoável quanto ao verdadeiro conteúdo e alcance de determinada norma legal, opte pela interpretação que for mais favorável ao empregado, notadamente se essa norma for de natureza material. Se o todo (direitos material e processual) é protecionista, não se pode negar que uma sua parcela (determinada norma integrante desses direitos) tenha natureza diversa; afinal, o fragmento participa da mesma natureza do corpo do qual saiu.

Considerações finais: as indagações de Eduardo Couture e de Sentis Melendo

Eduardo Couture formulou cinco indagações básicas a respeito da prova: 1. o que é a prova? 2. o que se prova? 3. quem prova? 4. como se prova? e 5. que valor tem a prova?

Sentis Melendo (*Revista Forense*, vol. 246, p. 93), todavia, acresceu a essas indagações três outras: 6. com o que se prova? 7. para quem se prova? e 8. com que garantias se prova?

As respostas correspondentes, que serão a seguir indicadas, valerão também como conclusão do que expusemos desde o início da obra até esta parte.

1. *O que é a prova:* é a demonstração da verdade dos fatos relevantes, pertinentes e controvertidos, em que se funda a ação ou a resposta. Prova não é meio; é resultado.

2. *O que se prova:* provam-se, como dissemos, os fatos (pois o direito, por princípio, independe de prova — *iura novit curia*); não, porém, qualquer fato, mas apenas os que são importantes para a lide e que a ela se relacionem, desde que sobre eles haja controvérsia. Fatos notórios não necessitam ser provados, assim como os confessados e aqueles em relação aos quais milita a presunção legal de existência ou veracidade (CPC, art. 334).

3. *Quem prova:* o encargo da prova incumbe à parte a quem interessa ou aproveita a demonstração de serem verdadeiros os fatos narrados na causa, o que não impede que o juiz, entendendo conveniente, determine que ela tome a providência de produzir certa prova. No processo do trabalho, o único critério de distribuição do ônus entre os litigantes é o espelhado no art. 818 da CLT.

4. *Como se prova:* segundo um procedimento (ou disciplina) estabelecido em lei, que fixa os locais, os momentos próprios, os meios eficazes, etc.

5. *Que valor tem a prova:* a avaliação da prova é feita na sentença, "mediante normas de sã crítica" (Pestana de Aguiar, ob. cit., p. 51), tendentes a formar o convencimento do órgão judicante. Se não como regra genérica, ao menos em determinados casos é conveniente verificar-se *quem* provou. O sistema vigente no Direito Processual do Trabalho é, nas ações individuais, o da persuasão racional (igualmente adotado pelo processo civil), e, nas ações coletivas, o do livre convencimento. Não há, na lei processual moderna, qualquer tarifação quanto ao valor que possam possuir as provas. Em alguns casos, porém, certos meios de prova são imprescindíveis (o comprovante de pagamento de salários deve ser feito mediante recibo; a apuração de insalubridade ou periculosidade é realizada via perícia, etc.).

6. *Com o que se prova:* com os meios previstos em lei (documentos, depoimentos pessoais, inquirição de testemunhas, perícias, inspeção judicial, etc.) e por outros, que, embora não tenham sido expressamente contemplados, sejam moralmente legítimos.

7. *Para quem se prova:* as provas são produzidas para o processo; por isso, não pertencem ao autor, ao réu ou ao juiz — ressalvado o nosso entendimento pessoal de que, em certas circunstâncias, convém realçar *quem* provou. O destinatário racional da prova, em princípio, é o magistrado, uma vez que por meio dela se visa a convencê-lo (e também a parte contrária, em algumas hipóteses), para obter um pronunciamento favorável.

8. *Com que garantias se prova:* com as que são asseguradas pelos diversos sistemas processuais. Essas garantias não se limitam somente à prova, mas se estendem à contraprova. O próprio art. 369 do CPC traz, implícita, essa garantia. A admissibilidade da prova proposta, entretanto, ficará reservada ao prudente arbítrio do juiz, que deverá indeferir diligências inúteis, ou meramente procrastinatórias (CPC, art. 370, parágrafo único), em nome da necessidade de uma rápida solução do conflito de interesses. O juiz é o destinatário, por excelência, das normas dos arts. 5.º, LXXVIII, da CF, e 139, II, do CPC.

Conquanto outras indagações possam ser acrescidas, cremos que as oito, formuladas por Couture e por Sentis Melendo, bem se prestam para fornecer uma noção panorâmica dos aspectos propedêuticos do poliédrico instituto da prova judiciária.

Capítulo XIII

Revelia e Produção de Provas

Comentário

A revelia constitui, sem dúvida, um dos temas que, ao longo dos anos, mais controvérsia provocaram nos planos doutrinário e jurisprudencial — seja internamente, seja entre um e outro —, inspirando, até mesmo, que juristas dedicassem ao problema obras específicas[67].

Parece razoável supor que a causa de uma tão profunda disputa tenha residido (e de certa forma ainda resida) no fato de o Direito Processual do Trabalho se haver descuidado de sistematizar esse poliédrico instituto, bastando ver que a CLT a ele faz apenas perfunctória referência em seus arts. 844, *caput*, e 852, segunda parte.

Reconhecemos, entretanto, que essa cizânia, nos dias de hoje, apresenta caráter tópico, na medida em que muitos dos pontos outrora controvertidos se encontram sepultados por força de judiciosos acertamentos realizados, principalmente pela inteligência jurisprudencial. Não pretendemos, por isso, neste momento, revolver antigas discussões sobre a matéria, já cobertas pela pátina do tempo. O interesse que a revelia, como *fato processual* de extrema significação, apresenta para esta obra se circunscreve, somente, aos *efeitos* que provoca, ou pode provocar, no campo da prova.

A revelia provém, como sabemos, da *ausência de contestação* do réu (CPC, art. 344); a essa incúria da parte passiva, a CLT adjunge a consequência da *ficta confessio* (art. 844, *caput*), de sorte a gerar a presunção de veracidade dos fatos narrados pelo autor. Não é correto afirmar que a revelia traduz ausência de *resposta* do réu. Ora, a resposta do réu, no sistema do processo do trabalho, compreende a exceção, a contestação e a reconvenção. No do CPC, apenas a contestação (arts. 335 a 342) e a reconvenção (art. 343). Pois bem. Se revelia fosse ausência de *resposta*, deveríamos concluir que se o réu não oferecesse exceção ou reconvenção (quando fosse o caso, por certo), seria revel. Nada mais equivocado, porquanto, desde que houvesse contestação à ação, o fato de não excepcionar, nem reconvir, não o tornaria revel. Logo, só haverá revelia quando o réu deixar de *contestar*, no prazo legal.

---

(67) ROCHA, Osíris. *Revelia* — contradições e justificativas. São Paulo: LTr, 1972.

Nas edições pretéritas deste livro escrevemos:

"Justamente por isso, é que divergimos da Súmula n. 122, do TST, assim redigida: 'A reclamada, ausente à audiência em que deveria apresentar defesa, é revel, ainda que presente o seu advogado munido de procuração, podendo ser ilidida a revelia mediante a apresentação de atestado médico, que deverá declarar, expressamente, a impossibilidade de locomoção do empregador ou do preposto no dia da audiência' (destacamos). Cremos não haver nenhum excesso em nossa opinião quanto a ser essa uma das mais desacerta das Súmulas do TST (na parte destacada), de quantas foram adotadas por esse Tribunal. Com efeito, se o advogado do réu comparece à audiência, portando contestação ou pretendendo aduzi-la, oralmente, é evidente, é elementar que o réu jamais poderá ser considerado revel, pois a revelia traduz, exatamente, a *ausência injustificada de contestação*. Ora, chega a ser surrealista o entendimento de ser revel quem está desejando defender-se em juízo. O máximo que se poderia admitir, na situação prevista na Súmula, é que o réu seria confesso, em virtude da ausência do preposto. Dessa forma, cumpriria ao juiz receber a contestação e os documentos que, acaso, a instruíssem, dando vista à parte contrária, pelo prazo que assinar. A propósito, se levarmos à risca a situação em exame, veremos que o réu nem mesmo deveria ser considerado confesso. Ao contrário do que se possa imaginar, o argumento de que nos valemos, para chegar a essa conclusão, não é ideológico, e, sim, rigorosamente jurídico. Se não, vejamos. Ninguém ignora que a praxe judiciária e a própria jurisprudência consagraram a tripartição da audiência concernente ao procedimento ordinário em: a) inicial; b) de instrução; e c) de julgamento. Não menos exato é que a audiência dita inicial se destina, na prática, a formular a primeira proposta de conciliação, a receber a resposta do réu e a designar a audiência de instrução (ou de julgamento, conforme seja o caso). Nada mais do que isso. Está evidente, portanto, que, nessa audiência, não se procede ao interrogatório dos litigantes nem à inquirição de testemunhas. Sendo assim, salta aos olhos o absurdo de considerar-se o réu confesso, em decorrência de o preposto haver deixado de comparecer à audiência inicial (embora o advogado do réu estivesse presente, com procuração), *sabendo-se que o preposto não seria interrogado nessa oportunidade!* Logo, fica perceptível a impropriedade técnica da praxe de considerar-se confesso quem, na verdade, não seria interrogado na audiência inicial!

Para resumir: o conteúdo da Súmula n. 122, do TST, a nosso ver, é juridicamente insustentável (reiteremos: na parte por nós destacada) pelas seguintes razões: a) considera revel o réu, cujo advogado está presente à audiência inicial, regularmente munido de procuração e de contestação, ou que pretendia formular, oralmente, a defesa; b) considera confesso o réu, quando se sabe que o preposto ausente não seria interrogado naquela audiência. Daí, o caráter algo surrealista da precitada Súmula, no particular.

Não menos equivocado é o hábito de o juiz, verificando, na audiência inicial, a ausência do preposto, lançar na ata a declaração de que o réu é confesso. Ora, a que título o magistrado estaria emitindo essa declaração? Seria uma antecipação do provimento de mérito? Qual a natureza jurídica desse seu ato, enfim: decisão com traço interlocutório? Na verdade, ao assim agir, o juiz está sendo precipitado, estará prejulgando a lide, pois somente a sentença de mérito deverá proclamar as consequências processuais do não comparecimento, injustificado, do preposto, à audiência inicial. Desse modo, o que o juiz deveria fazer constar da ata é, precisamente, a observação de que os efeitos da ausência do preposto seriam apreciados pelo pronunciamento jurisdicional de fundo.

Já tarda, pois, a hora de a jurisprudência rever a sua posição em face da matéria, para reconhecer que a declaração de revelia, quando o réu está regularmente representado por advogado, na audiência inicial, é algo que afronta a garantia constitucional da ampla defesa (CF, art. 5.º, inciso LV); e que a ausência do preposto, a essa audiência, não deveria acarretar nenhuma consequência processual, porquanto: a) o preposto poderia ser ouvido (juntamente com o autor) na audiência "de instrução"; b) a audiência inicial jamais foi destinada ao interrogatório das partes.

O sistema construído pela praxe, como se nota, está totalmente desajustado, motivo por que merece uma imediata correção de rumo, a fim de ser amoldado aos princípios constitucionais e ao bom-senso.

Não nos ouviu a jurisprudência; ouviu-nos, todavia, o legislador. Assim dizemos, porque a Lei n. 13.467, de 13-7-2017,

Introduziu no art. 844, da CLT, entre outros parágrafos, o 5.º, com esta redação: "Ainda que ausente o reclamado, presente o advogado na audiência, serão aceitos a contestação e os documentos eventualmente apresentados".

A propósito, *de lege ferenda*, bem que se poderia determinar que a resposta do réu (exceção, contestação, reconvenção) fosse apresentada na Secretaria da Vara, em prazo preestabelecido, evitando-se, assim, os transtornos derivantes do sistema atual, que exige a designação de audiência para essa finalidade. A conveniência de a resposta ser apresentada em Secretaria é inegável, pois, dentre outras coisas, pode ensejar uma considerável celeridade na prestação jurisdicional — se considerarmos o fato de que, atualmente, há Varas do Trabalho designando a audiência inicial com prazo superior a um ano.

Está lançada a sugestão — que é aplicável ao processo tradicional (dito físico), não, ao eletrônico.

O art. 341 do CPC, numa espécie de emanação tópica da regra inscrita no art. 336 do mesmo Código (princípio da eventualidade), declara que, se o réu não contestar a ação, serão presumidos verdadeiros os fatos alegados na petição inicial (princípio da impugnação especificada).

É importante, no entanto, indagar: poderá o revel produzir provas, ou para ele precluiu, em definitivo, esse direito?

Entendemos que, *por princípio,* ele não poderá produzir provas perante o juízo de primeiro grau, não tanto em decorrência da preclusão desse direito, se *não que pela falta de oportunidade processual para fazê-lo.* Justifiquemos.

Embora o revel possa intervir no processo, em qualquer fase, recebendo-o no estado em que se encontra (CPC, art. 346, parágrafo único), isso não significa que esteja aberta para ele, sempre, a *oportunidade* de produzir provas; com efeito, na prática, caracterizada a revelia, procede-se, ato contínuo, ao julgamento antecipado do mérito (CPC, art. 355, II), prolatando-se a sentença na mesma audiência em que se verificou a ausência injustificada de resposta do réu. Daí falarmos em inexistência de oportunidade para ele produzir as provas pretendidas.

Mesmo que o juízo, por qualquer motivo justificável, deixasse de emitir a sentença na referida audiência, vindo a designar outra, para essa finalidade, ao revel se haveria de negar a produção de provas, na medida em que, de qualquer modo, a instrução havia sido encerrada; o que se fez, na hipótese, foi apenas designar outra audiência para proferir a sentença.

Ao dispor, no art. 349, que "Ao réu revel será lícita a produção de provas, contrapostas às alegações do autor, desde que se faça representar nos autos a tempo de praticar os atos processuais indispensáveis a essa produção", o CPC de 2015 não está permitindo que o réu revel tenha, em qualquer situação, o direito de produzir provas. Essa norma somente é aplicável no caso de a revelia não produzir os efeitos previstos no art. 344 desse Código, lembrando-se que o art. 345 indica as situações em que esse efeito não se verificará.

Na hipótese, algo rara, de a instrução processual não haver sido encerrada, a prova que ao réu se consentiria produzir não seria a pertinente aos fatos da causa, porquanto esses teriam sido alcançados pela presunção de veracidade decorrente da confissão presumida; assim, o réu poderia produzir, por exemplo, prova pericial, como nos casos em que houvesse, dentre os seus pedidos, o de adicional de insalubridade ou de periculosidade.

Torna-se oportuno esclarecer, a propósito, que o julgamento antecipado do mérito, emanante da revelia, não implica, necessariamente, prolatar a decisão na própria audiência onde a incúria do réu se configurou; tal *julgamento antecipado,* a que se refere à lei processual (CPC, art. 355), significa que se prescinde da fase probatória, em regra exigível quando há controvérsia acerca dos fatos em que se apoiam a inicial e a resposta. Sendo assim, não haverá nenhum *error in procedendo* do juiz ao designar outra data para que se proceda ao proferimento da decisão.

É, entretanto, altamente respeitosa dos princípios medulares do procedimento trabalhista a praxe que se formou no sentido de prolatar a sentença na própria audiência em que ocorreu a revelia (com a consequente declaração de confissão quanto à matéria de fato, se for o caso); daí por que deve ser elogiada e estimulada. De qualquer forma, convém reiterar: quando o art. 335, inciso II, do CPC autoriza o juiz a julgar antecipadamente a lide, no caso de revelia, não está, com isso, dizendo, necessariamente, que o julgamento deve ser feito *na mesma audiência* em que se verificou a ausência injustificada do réu. A expressão legal "julgamento antecipado do mérito" indica que não haverá necessidade de produção de provas, pois terá ocorrido o *efeito* da revelia, qual seja, a presunção de veracidade dos fatos narrados na peça inicial. Caso não ocorra esse efeito, o ônus da prova continuará com o autor, hipótese em que o juiz designará audiência de instrução (CPC, art. 345), o ônus da prova continuará com o autor, hipótese em que o juiz designará audiência de instrução.

Não ignoramos, contudo, a existência de *exceções* ao princípio de que o revel não pode, pela inoportunidade, produzir provas; vejamos algumas delas.

a) Quando pretender elidir a revelia, perante o Tribunal

Neste caso, o revel buscará, pela via recursal, eliminar o seu *estado* processual, ou seja — para usarmos a expressão consagrada — *elidir a revelia;* para tanto, deverá juntar às suas razões de recurso documentos capazes de influírem na formação do convencimento do órgão *ad quem,* quanto à existência de razões ponderáveis que justifiquem a reforma da sentença de primeiro grau, desfazendo-se, dessa forma, a revelia, e determinando-se a remessa dos autos ao juízo *a quo,* a fim de que ofereça ao revel nova oportunidade para responder à ação, proceda-se à instrução e o mais e profira-se, ao final, outra sentença, que poderá apresentar resultado igual ao da anterior, ou diverso.

Se o Tribunal der provimento ao recurso ordinário e proceder, ato contínuo, a novo julgamento da lide, estará, por certo, cerceando o direito de defesa do réu, pois este não terá tido oportunidade de oferecer contestação, após a anulação do processo. Mesmo que o réu, em uma situação anômala, houvesse apresentado, juntamente com o recurso, a contestação, isso não autorizaria o Tribunal, na situação em exame, a julgar novamente a lide, porquanto esse ato implicaria manifesta supressão de grau jurisdicional: afinal, o órgão de primeiro grau não teria se pronunciado acerca da contestação. Não se aplica, à espécie, portanto, a regra contida no art. 1.013, § 3.º, I, do CPC, pois essa cogita de recurso interposto de sentença que haja determinado a extinção do processo *sem* julgamento do mérito (art. 485) — fato que não ocorre, à evidência, nos casos de revelia.

A junção de documentos na fase recursal, embora seja, no geral, vedada, está autorizada, no particular, pelas Súmulas ns. 8 e 122 do TST; dispõe a primeira que: "A juntada de documentos na fase recursal só se justifica quando provado o justo impedimento para a sua oportuna apresentação ou se referir a fato posterior à sentença"; e a segunda: "(...) podendo ser ilidida a revelia mediante a apresentação de atestado médico, que deverá declarar, expressamente, a impossibilidade de locomoção do empregador ou do preposto no dia da audiência".

É relevante observar, quanto à Súmula n. 122, que não basta o réu juntar atestado médico, para tentar, com isso, elidir a revelia, em grau de recurso; é essencial que do atestado conste, de maneira expressa, a declaração de que ele (ou o preposto) se encontrava impossibilitado de *locomover-se,* no dia da realização da audiência a que deixou de comparecer. É importante que o atestado especifique a enfermidade, ou a causa que impediu a parte de comparecer à audiência. No caso de doença, a propósito, é recomendável que se indique o correspondente código médico. O médico, aliás, deve mencionar o seu número de inscrição no CRM. Todos esses rigores formais, pertinentes ao atestado, são necessários porque será, essencialmente, com base nesse documento que o Tribunal apreciará o recurso interposto pelo réu, com o objetivo de elidir a revelia.

b) Quando se tratar de exame pericial obrigatório

Como demonstraremos no Capítulo V, Terceira Parte, desta obra, há exames periciais que são obrigatórios e outros que são meramente facultativos.

Exemplo típico do primeiro, no processo do trabalho, é o destinado a apurar, qualitativa e quantitativamente, a insalubridade; a exigibilidade desse exame promana do art. 195, § 2.º, da CLT; dessa maneira, versando o pedido do autor relativo a esse adicional, impõe-se ao juiz determinar a realização do correspondente exame pericial, mesmo que o réu seja revel.

Nesse caso, torna-se evidente que ele poderá, nada obstante, indicar assistente técnico e formular quesitos, desde que obedeça ao prazo assinado pelo juiz.

Ocorre que, no exemplo mencionado, os efeitos da confissão fictícia não atingem o pedido de adicional de insalubridade, pois esse não envolve matéria de fato, mas, sim, de conhecimento técnico; assim sendo, apenas o perito poderá dizer da existência, ou não, de insalubridade e, em caso positivo, mensurar o seu grau. Isto significa dizer que, em tais ações, o réu, embora revel, poderá ser vencedor na causa.

De resto, devemos observar que no caso de o local a ser periciado encontrar-se desativado, ou, por qualquer outra razão, já não existir, dispõe a OJ n. 278, da SBDI-I, do TST: "ADICIONAL DE INSALUBRIDADE. PERÍCIA. LOCAL DE TRABALHO DESATIVADO (DJ 11-8-2003). A realização de perícia é obrigatória para a verificação de insalubridade. Quando não for possível sua realização, como em caso de fechamento da empresa, poderá o julgador utilizar-se de outros meios de prova".

c) Quando se tratar de liquidação mediante artigos

A liquidação, como procedimento preparatório da execução, é indispensável, sob pena de nulidade do processo, em face da iliquidez e da consequente inexigibilidade do título (CPC, arts. 783 e 786); assim o é porque, sem a liquidação, nem o devedor sabe quanto deve pagar, nem o credor sabe quanto tem para receber.

Quando for o caso de liquidação mediante *artigos*, dispõe a lei que será observado o procedimento ordinário (CPC, art. 509, II), justamente porque haverá necessidade de abrir-se uma fase de instrução, destinada a produzir provas relativas aos fatos novos, que a legitimam. A locução legal *fatos novos* se revela equivocada. O que se deverá provar é a expressão de fato já reconhecido nos autos como verdadeiro. Se, por exemplo, a sentença condenou o réu ao pagamento de horas extras, mas reservou a quantificação dessas horas à fase de liquidação mediante artigos, o fato básico já está provado, cabendo ao autor apenas comprovar a expressão desses fatos, ou seja, a quantidade de horas extras.

Não se poderá negar ao devedor, que fora revel no processo de conhecimento, a possibilidade de produzir provas, sob consequência, uma vez mais, de nulidade não apenas da liquidação como de todo o processo de execução que dela decorrer. Rememore-se que, no processo do trabalho, o próprio devedor pode tomar a iniciativa da execução, a despeito de isso ser algo infrequente; logo, na espécie, a ele incumbirá a produção de provas acerca dos articulados. Se a liquidação for promovida pelo credor, como via de regra ocorre, o devedor terá assegurado o direito de produzir contraprova.

O que não se consentirá, isto, sim, é que o devedor (revel) busque produzir prova relativa àqueles fatos que se tenham tornado imutáveis, por força da autoridade da coisa julgada material; nem mesmo, aliás, poderá o credor fazê-lo (CLT, art. 879, § 1.º).

d) Na execução

Também na execução, propriamente dita, poderá o revel (agora devedor) fazer prova, ao ensejo da impugnação (art. 525) ou dos embargos que oferecer, de, por exemplo, haver adimplido a obrigação oriunda do título executivo judicial, assim como da quitação outorgada pelo credor (CLT, art. 884, § 1.º) e de outros fatos que possa, legalmente, invocar (CPC, art. 525).

Estabelecidas essas considerações, relativamente ao binômio revelia/ prova, uma nova indagação surge: o autor poderia produzir provas no caso de o réu haver sido declarado revel?

Aparentemente, não há interesse dele, nesse sentido, em face da *ficta confessio* do réu proveniente da sua incúria; presumidos verdadeiros os fatos narrados na peça inaugural, torna-se, por princípio, desnecessária qualquer prova por parte do autor. Eventual argumento de que ele poderia ter interesse, mesmo assim, de provar, mediante testemunhas ou documentos, serem verdadeiros tais fatos (tendo em vista a possibilidade de o revel vir a interpor recurso ordinário da sentença) cometerá o equívoco de supor que o Tribunal poderia, dando provimento ao remédio, examinar os pedidos formulados pelo autor. Fato que, como se sabe, não ocorreria, porquanto o órgão de reexame, na hipótese, iria pronunciar-se, exclusivamente, sobre a declaração de revelia contida na sentença impugnada: se desse provimento ao apelo, seria apenas para elidi-la e não para apreciar o conteúdo condenatório do julgado, sob pena de, fazendo-o, perpetrar injustificável supressão de grau jurisdicional.

Por isso, entendemos que, embora legalmente não se proíba o autor de produzir provas (orais ou materiais) em ação em que se declarou a revelia do réu, razões de ordem prática — e acima de tudo lógica — dizem da inconveniência ou da desnecessidade dessas provas, em decorrência da presunção de serem verdadeiros os fatos alegados na inicial. Conquanto seja, ontologicamente, *relativa* essa presunção, no caso concreto, ao contrário, ela assume foros *de absoluta,* se levarmos em conta que o revel não terá oportunidade para elidi-la mediante prova em contrário.

Assinale-se, outra vez, que o juiz não estará obrigado a satisfazer-se com a referida presunção *iuris tantum,* podendo, por isso, interrogar o autor e até mesmo inquirir as testemunhas, dele ou do réu, que se encontram em juízo, tudo em busca da verdade real.

Essa afirmação, entrementes, não colide com a anterior, no sentido de que, do ponto de vista do autor, é desinteressante requerer a produção de provas no caso de revelia; afinal, poderia ele, de maneira inadvertida, acabar provando em benefício do réu, cujo acidente não é tão invulgar quanto se possa supor.

Ressalvemos, todavia, mais uma vez, o disposto no art. 345, do CPC, que permite a produção de provas (seja pelo autor, seja pelo réu), quando a revelia não produzir o efeito mencionado no art. 344, do mesmo Código.

Capítulo XIV

Produção Antecipada de Provas

Nota introdutória

Em capítulo anterior (VII), pudemos demonstrar que as normas procedimentais, como é da sua índole, impõem, regra geral, aos litigantes uma rígida *disciplina probatória*, que, por sua vez, constitui manifestação específica de uma disciplina mais ampla, a que estão sujeitos em toda relação processual.

Nesse quadro de disciplinamento da atividade das partes, no campo das provas, destacam-se as normas fixadoras do *momento* oportuno para a produção dos elementos probantes, respeitada sempre a previsão legal quanto à partição do correspondente ônus (CLT, art. 818).

Em rigor, a lei estabelece, ao lado do *momento,* o *lugar* em que as provas devem ser produzidas, segundo seja a natureza do meio escolhido.

Eventual desrespeito do demandante a essa disciplina traz-lhe, como consequência, a preclusão temporal do direito de demonstrar a veracidade dos fatos em que funda a sua pretensão *in iudicio deducta.* É conveniente lembrar, a propósito, a regra inscrita no art. 200 do CPC, a teor da qual a exaustão do prazo para a prática do ato acarreta, entre outras consequências, a automática extinção de direitos processuais (ou seja, independentemente de declaração judicial nesse sentido), ressalvada, é certo, a existência de justa causa impeditiva da realização do ato processual de incumbência da parte.

Como é elementar, esses *momentos oportunos* para a prática de tais atos (entre eles, o concernente à produção de provas) pressupõem o ajuizamento da ação principal; por outro lado, revelam a preocupação do legislador em evitar atitudes tumultuárias do procedimento, o que fatalmente ocorreria caso não submetesse a atuação dos litigantes a essa inflexível disciplina ordenadora.

Não é raro, entretanto, surgir para a parte o interesse ou a necessidade de produzir determinada prova *antes do instante* que a norma legal indica como *oportuno,* seja para utilizá-la na ação já em curso, ou em ação a ser ajuizada.

No sistema do CPC de 1973, a produção antecipada de provas integrava o capítulo dedicado aos procedimentos cautelares específicos (arts. 846 a 851) e se justificava nos casos em que a parte ou a testemunha: a) tivesse de ausentar-se (por longo período); b) por motivo de idade ou de moléstia grave houvesse justo receio de que ao tempo da prova já não existisse, ou estivesse impossibilitada de depor (art. 847).

O CPC de 2015 alterou essa disciplina, prevendo a produção antecipada de prova nos casos mencionados no art. 381, a saber: I – quando houver fundado receio de que venha a tornar-se impossível ou muito difícil a verificação de certos fatos na pendência da ação; II – quando a prova a ser produzida for suscetível de viabilizar a autocomposição ou outro meio adequado de solução de conflito; III – quando o prévio conhecimento dos fatos puder justificar ou evitar o ajuizamento de ação.

Sob certo aspecto, podemos afirmar que as situações previstas no art. 847, do CPC de 1973, estão compreendidas na disposição genérica do art. 381, inciso I, do Código atual. Por outro lado, conquanto o CPC de 2015 – à desse-melhança do CPC anterior — não contenha um Livro destinado ao processo cautelar, a produção antecipada de provas, sob o ponto de vista sistemático, participa dessa natureza, quando menos, no caso do inciso I do art. 381, conjugado com o art. 300, do mesmo Estatuto Processual.

Em outras hipóteses, como de exame pericial destinado a constatar a existência, ou não, de insalubridade ou de periculosidade, a necessidade de antecipar-se a elaboração da prova pretendida pode estar relacionada ao fato de o estabelecimento a ser examinado encontrar-se em vias de ser desativado ou extinto, ou mesmo de passar por uma profunda reformulação, de modo que, a esperar-se o advento do momento adequado, na ação principal, já não haveria condições de ser realizada essa prova. Segue-se, que o requerimento, formulado apenas nesta última situação, haveria de ser indeferido diante da manifesta impraticabilidade da verificação pretendida (CPC, art. 464, § 1.º, III). Ressalve-se, contudo, a possibilidade de o juiz, a requerimento das partes ou *ex officio*, substituir a perícia (inclusive, a *impraticável*) pela produção de prova técnica simplificada, sempre que o ponto controverso apresentar menor complexidade (art. 464, § 3.º), caso em que a prova consistirá somente na inquirição de especialista, pelo juiz (*ibidem*, § 3.º).

Sempre, pois, que a parte julgar necessária a produção antecipada das provas, em que fundamenta ou fundamentará o seu direito, deverá valer-se do procedimento traçado pelos arts. 381 a 383, do CPC — desde que presentes os pressupostos legais correspondentes.

Às provas produzidas antecipadamente, a doutrina vogante ao tempo do CPC de 1939 denominava *ad perpetuam rei memoriam,* na medida em que a sua finalidade era (como hoje ainda é) perpetuar, conservar o meio de prova de que o interessado iria utilizar-se mais adiante.

O CPC de 1973 declarava, no art. 847, que a produção antecipada de provas poderia ser requerida tanto *antes* do ajuizamento da ação principal, quanto no curso desta. Em que pese ao fato de o art. 381, do CPC de 2015, não conter declaração expressa nesse sentido, é evidente que o procedimento da produção antecipada de provas poderá ser instaurado tanto antes do ajuizamento da ação principal, quanto na pendência do processo que a esta diga respeito.

Quando a antecipação da prova ocorre no curso do processo principal, diz-se que é *incidental;* vindo a ser feita antes mesmo do exercício da ação principal, tem caráter *antecedente.* Tanto lá como aqui, todavia, ela não perde o seu traço característico de *medida cautelar,* com procedimento específico.

Origem. O direito estrangeiro

A origem da prova *ad perpetuam* remonta ao direito romano. Extrai-se essa conclusão pela leitura das "Pandectas", particularmente do Fr. 40 D. *"Ad Legem Aquiliam"* (IX, 2) e Fr. 3, § 5.º, D. *"De Carboniano edicto"* (XXXVII, 10).

Observa Carlo Lessona que na novela 90, Cap. IX, se encontra a verdadeira demonstração da existência da *prova para futura memória* (*ad perpetuam*), embora tendo como pressuposto a lesão, já configurada, do direito. Conclui o ilustre jurista: "Aqui temos, verdadeira e precisamente, a prova para futura memória (...) e, como se vê da premissa de *Justiniano,* ela teria sido criada pela prática judiciária, que o imperador se limitou a consagrar e tornar real"[(68)].

De maneira algo generalizada, o direito estrangeiro moderno — atendida a peculiaridade da legislação de cada país — prevê essa modalidade de prova; podemos citar, como exemplo, Portugal, Alemanha, Áustria, Itália, Espanha, Argentina, Colômbia, sem embargo de outros.

A prova *ad perpetuam* também estava no texto das antigas Ordenações portuguesas. Ilustremos com o que dispunham, sobre o assunto, as Afonsinas: "E se o auctor, antes da demanda começada, requerer ao Julgador que lhe sejam perguntadas algumas testemunhas sobre a cousa, que entende demandar, alegando que são muito velhas, ou enfermas de grande enfermidade, ou estão aviadas para se partir para fora do Reino, e que seus ditos stém cerrados para os dar em ajuda de sua prova, e se abrirem e publicarem ao tempo, que com direito se deva fazer, mandalas-a o julgador perguntar, sendo elle primeiramente informado da dita velhice e enfermidade, ou longa absencia, sendo outrossim a parte contraria citada, para ver como juram, em sua pessoa, se poder ser achada, se não à porta de sua casa, presente sua mulher, ou visinhança, que lho hajam de notificar".

---

(68) *Trattato delle prove in matéria civile.* 1916, vol. 4, n. 365.

"E se por parte do réo for feito semelhante requerimento, ainda que as testemunhas não sejam velhas, nem enfermas, nem esperem ser absentes, serão perguntadas em todo caso, sendo a parte citada em sua pessoa, ou em sua casa, para ver como juram, e as inquirições cerradas, assim como dito he no requerimento feito por parte ao auctor; porque dito réo não sabe quando lhe será feita a demanda, nem está em seu poder de lhe ser feita tarde ou cedo; e se lhe assi não fossem perguntadas as testemunhas em todo o tempo por elle requerido, poderiam falecer ao tempo da demanda feita, e perecer seu direito."

Iter, a *vistoria* poderia ser efetuada *ad perpetuam rei memoriam,* como relata Lobão*:* "Podem-se figurar muitos casos em que seja necessária Vistoria ainda mesmo antes do ingresso da lide, e *'ad perpetuam rei memoriam'*; como *v. g.* examinando-se o damno feito em hum animal, em huma escrava, e em qualquer cousa que possa variar de estado no progresso da demanda, Código Civil do Imperador José II, § 202"[(69)].

O Regulamento Imperial n. 737, de 1850, não se descuidou da matéria, à qual dedicou o Título VII — "Processos Preparatórios, Preventivos e Incidentes"; o seu art. 178 dispunha sobre a produção *ad perpetuam* da prova testemunhal: "Se alguma testemunha houver de ausentar-se, ou por sua avançada idade ou estado valetudinário houver receio de que ao tempo da prova já não exista, poderá, citada a parte, ser inquirida a requerimento dos interessados, aos quais será entregue o depoimento para dele se servirem quando e como lhes convier".

Anota Moacyr Amaral Santos que o referido Regulamento era omisso acerca do *depoimento das partes,* observando, entretanto, que a doutrina, calcada nas próprias Ordenações reinóis e em *Ribas,* permitia o depoimento *ad perpetuam,* embora "apenas antes do período probatório, mas depois de intentada a ação, nunca anteriormente a esta"[(70)].

Torna-se necessário esclarecer que o Regulamento n. 737 também nada continha a respeito da produção *ad perpetuam* de *exames* ou *perícias;* ambos os meios de prova, contudo, eram admitidos pela doutrina e pela jurisprudência, tanto em caráter *preparatório* (antes da propositura da ação) quanto *incidental* (no curso desta). Nessa última hipótese, a prova *ad perpetuam era* consentida ainda que os autos se encontrassem em segundo grau de jurisdição ("segunda instância", na linguagem imperfeita da época).

Tempos depois, os códigos de processo estaduais, inspirados naquele notável Regulamento, previram a prova *ad perpetuam rei memoriam;* em

---

(69) Colleção de dissertações e tractados vários. In: *Segundas linhas*. Tractado XIV, § 5.º.

(70) *Prova judiciária no cível e comercial*. São Paulo: Saraiva, 1983. v. 1, p. 323.

linhas gerais, os casos de admissibilidade da medida eram semelhantes aos existentes no Regulamento n. 737: permitiam o depoimento dos litigantes apenas depois de proposta a ação, antes ou após a dilação probatória; já os exames e as vistorias (*ad perpetuam)* eram admitidos inclusive como medida *preventiva.*

Medidas preventivas e preparatórias

Segundo a dicção do art. 796 do CPC de 1973, o procedimento cautelar poderia ser instaurado antes ou no curso do processo principal, deste sendo sempre dependente.

Posta à margem a investigação quanto ao acerto ou desacerto do legislador em haver proclamado a dependência do processo cautelar, relativamente ao principal, interessa-nos chamar a atenção para a inexistência de sinonímia processual entre as medidas *preventivas,* de um lado, e as *preparatórias*, de outro.

O traço comum, entre elas, reside sabidamente na particularidade de ambas serem requeridas *antes* do ajuizamento da ação principal.

As medidas preventivas *típicas,* entretanto, não possuem um objeto imediato, não perseguem uma finalidade próxima: quem delas se vale pretende apenas constituir uma prova, de que não necessita na atualidade, conquanto ela possa ser-lhe útil no futuro. É o caso do art. 381, § 5.º, do CPC. Por meio desse procedimento não se deseja *preparar* ação a ser proposta: colima-se, isto sim, tornar concreto, materializado, um direito e, para tanto, precisa-se produzir a prova correspondente. Seria o caso, *e. g.*, de um empregado que recebesse, por força de cláusula do contrato de trabalho, um veículo para utilizar em serviço e que, segundo o termo de responsabilidade, que assinou, estaria em perfeitas condições materiais (mecânica, lataria, etc.), quando, em verdade, tais condições eram precárias. Receoso de que, mais tarde, o empregador viesse a responsabilizá-lo por um suposto desgaste excessivo do veículo (sob a alegação de que o entregara em estado de novo), o empregado poderia providenciar medida *preventiva,* a fim de comprovar o verdadeiro estado em que recebeu o veículo, precavendo-se, por essa forma, de problemas que futuramente adviriam se a providência não fosse adotada.

Note-se que no exemplo apresentado o empregado não teria como escopo *preparar* ação que, eventualmente, viesse a propor em face do seu empregador; estaria a presidir-lhe a atitude, nessa hipótese, apenas a preocupação de salvaguardar o seu direito de não vir a ser, posteriormente, responsabilizado por aquilo a que não deu causa.

Já as medidas caracteristicamente *preparatórias,* como a própria denominação está a indicar, visam a preparar a ação a ser ajuizada; tanto isso é exato que se a parte não a propuser no prazo de trinta dias, contados da efetivação da medida cautelar, dar-se-á a caducidade desta (CPC, art. 309, I).

No sistema do processo civil regido pelo CPC de 1939, as medidas preventivas estavam inseridas no Livro V (Título I), que compreendia os *processos acessórios;* dentre as medidas dessa natureza, previstas no art. 676 daquele código, incluíam-se a exibição de livro, coisa ou documento (inc. V) e as vistorias, os arbitramentos e as inquirições *ad perpetuam rei memoriam* (inc. VI). Dessas medidas não tratou o CPC de 1973, conquanto o silêncio da lei não devesse ser interpretado como proibição à sua admissibilidade, a despeito dos aparentes obstáculos representados pelos incs. III e IV do art. 801, e I, do art. 808 (combinado com o art. 806 do mesmo diploma processual).

Em termos de *processo cautelar,* a propósito, o CPC de 1973 recebeu fartos encômios da doutrina por havê-lo considerado como um *tertium genus,* ao lado do processo de conhecimento e do de execução, dedicando-lhe todo um Livro (III), constituído por 94 artigos (796 a 889).

O CPC de 205, entrementes, preferiu inserir as Tutelas Provisórias (entre as quais, as de natureza cautelar) na Parte Geral, sem dedicar-lhes Livro específico.

Pelo quanto até esta parte expusemos, torna-se possível assinalar que o elemento distintivo das medidas *preventivas,* em cotejo com as *preparatórias,* está no *fim a* que se destinam. As primeiras buscam "resguardar, acautelar, assegurar um direito, prevendo a possibilidade de sua violação e, pois, do litígio"(71), ao passo que as segundas têm em mira um direito já lesado, ou na iminência de sê-lo, "pelo que tendem a preparar os elementos que sirvam de fundamento à ação em que vai ser pleiteada a sua restauração, ou o seu reconhecimento"(72).

Conforme asseveramos há pouco, no sistema do CPC de 1973 a produção antecipada de provas constituía procedimento *cautelar* específico.

Se bem examinarmos as disposições do art. 381, do CPC de 2015, veremos que houve uma considerável alteração quanto à natureza dessa medida. Assim dizemos, porque no caso do inciso I ("haja fundado receio de que venha a tornar-se impossível ou muito difícil a verificação de certos fatos na pendência da ação"), a medida revela a sua índole cautelar *preparatória.* O que consta dos incisos II ("a prova a ser produzida seja suscetível de viabilizar

(71) SANTOS, Moacyr Amaral. Ob. cit., p. 326

(72) *Idem.*

a autocomposição ou outro meio adequado de solução do conflito") e III ("o prévio conhecimento dos fatos possa justificar ou evitar o ajuizamento de ação") traduz a presença de cautelar *preventiva*.

O procedimento da produção antecipada de provas

Na vigência do CPC de 1973, a produção antecipada de provas integrava o Livro III, que versava sobre o processo cautelar. Em razão disso, como a ela nos referíamos como *ação*, cuidamos, nas edições anteriores deste livro, em dedicar algumas considerações introdutórias acerca da ação:

> "Antes de ingressarmos na prospecção da matéria que dá conteúdo a este item é de grande proveito realçar que no ordenamento legal brasileiro a ação foi alteada à categoria de *direito constitucional* (CF, art. 5.º, XXXV). Exterioriza-se, portanto, sob a forma de um direito público subjetivo, de origem constitucional, cujo efeito prático radica na impossibilidade de ser eliminado ou constrangido por lei ordinária.
>
> Levando-se em conta de critério a *natureza* do provimento jurisdicional que se deseja obter, as ações — designadamente, no processo do trabalho — podem ser classificadas, basicamente, em três espécies: a) de conhecimento; b) de execução; c) cautelar. É dessa última que cuidaremos, rememorando, apenas, que as ações de conhecimento se subdividem em *declaratórias*, *constitutivas* e *condenatórias*. Embora se possa incluir nesse rol também as ações mandamentais e as executivas — classificação quinária — por enquanto, fiquemos com as três primeiras indicadas.
>
> As ações de *conhecimento* se subdividem em *declaratórias*, constitutivas e condenatórias."

A produção antecipada de provas não constitui ação, e sim, mero *procedimento*.

Seja em caráter *preparatório* ou *incidental,* o objetivo do procedimento da produção antecipada de provas concentra-se no interesse ou na necessidade de produzir-se a prova *antes* do momento legal oportuno, sob pena de, a ter-se de aguardá-lo, já não ser possível a obtenção da prova. Há judiciosidade, por isso, na correntia afirmação de que por intermédio desse procedimento a parte manifesta uma pretensão à sua *segurança,* porquanto o que ela procura nada mais é do que acautelar-se, via conservação de uma prova que talvez não pudesse conseguir se permanecesse esperando o instante oportuno para produzi-la.

Com efeito, os fatos do cotidiano forense estão a revelar que, em certas situações, quando já aforada a ação, a parte vê frustrada a sua intenção de obter, na fase de instrução do processo, a prova de que necessita para demonstrar a veracidade das alegações que expendeu em juízo, como fundamento do direito invocado. Essa frustração resulta, na espécie, não na sua inabilidade em conseguir a prova, mas na impossibilidade de realizá-la, como quando a testemunha houver se ausentado ou encontrar-se morta.

Em tais hipóteses aflora a reverberatória utilidade da medida cautelar com o seu escopo característico de, obtido o provimento acautelatório, propiciar à parte uma *segurança* consubstanciada na elaboração de uma prova que talvez o tempo (esse "ministro da morte", nas palavras sentenciosas de Machado de Assis) fizesse desaparecer, em prejuízo do seu direito.

Estamos convencidos de que a adequada utilização dessa medida será capaz de prestar bons serviços ao processo do trabalho, no qual impera o *mito* da celeridade do procedimento. Mito porque essa celeridade representa, nos dias atuais, mero ideal de todos; em concreto, ela inexiste, menos pela morosidade do procedimento do que pela notória insuficiência de órgãos jurisdicionais — máxime de primeiro grau — para fazerem face à pletora de ações que, dia a dia, deságuam nessa Justiça Especializada.

Vem-nos à lembrança, a propósito, certo caso em que a ação de produção antecipada de provas pôs à mostra a sua indiscutível utilidade prática: alguns empregados souberam que o estabelecimento onde prestavam serviços seria totalmente reformulado, com o objetivo de serem eliminadas as causas da insalubridade, lá existente, e cujo adicional jamais lhes fora pago. Tínhamos, então, a seguinte situação: de um lado, o empregador, pretendendo reformular o seu estabelecimento, a pretexto de modernizá-lo, com o que restariam eliminados os agentes causadores da insalubridade; de outro, os empregados, temerosos de que, a prevalecer essa deliberação do empregador, já não lhes fosse possível produzir, na instrução do processo principal, a prova pericial de que necessitavam para comprovar a insalubridade e classificar-lhe o grau. Surgiu, diante disso, como solução jurídica eficaz, a ação cautelar de produção antecipada de provas, em caráter preparatório, pela qual se pôde efetuar o exame pericial (*ad perpetuam*), assegurando-se, por essa forma, o direito dos empregados, que veio, mais tarde, a ser por eles invocado como fundamento da ação principal — ocasião em que o referido estabelecimento já passara pelas reformas deliberadas pelo empregador.

Com essa providência, evitou-se, portanto, que o requerimento de exame pericial — se formulado no curso da ação principal — viesse a merecer indeferimento correto por ser *impraticável a* verificação pretendida.

A produção antecipada de provas consiste em: a) interrogatório da parte; b) inquirição de testemunhas; e c) exame pericial.

Cabimento da produção antecipada de provas

É de boa didática que analisemos os casos de cabimento da produção antecipada de provas à luz na *natureza* dos meios de prova que ela pode ter como objeto. Disto resulta a sistematização desses meios em: *a*) orais; *b*) documentais; *c*) exame pericial; e *d*) oculares.

Os *orais* abarcam o interrogatório da parte e a inquirição de testemunhas e, em alguns casos, do perito.

Os *documentos* não são objetos de antecipação e, sim, de *exibição*; o procedimento que a eles concerne tem sede nos arts. 396 a 404 do CPC. O conceito de documento foi por nós esboçado em obra anterior, merecendo ser aqui reproduzido pela oportunidade: é todo o meio idôneo e moralmente legítimo, capaz de comprovar, materialmente, a existência de um fato. Não é exato asseverar que documento é algo que "contenha escritos", pois a prevalecer essa definição teríamos de negar, em ingente equívoco, a qualidade de documento à fotografia e a outros meios probantes materiais, como as reproduções cinematográficas e os registros fonográficos e os eletrônicos.

A *prova pericial* abarca o exame, a vistoria e a avaliação; o art. 846 do CPC anterior aludia, em injustificada restrição, apenas ao exame pericial, como se não pudessem ser objeto de produção antecipada as vistorias e as avaliações.

Meio *ocular* de prova, típico, é a inspeção judicial, a que conceituamos como o ato pelo qual o juiz, no curso do processo, por sua iniciativa ou a requerimento da parte, e com o propósito de buscar esclarecimentos acerca de fatos relevantes para a decisão da causa, examina, diretamente, em juízo, ou no local em que se encontrem, pessoas ou coisas, utilizando-se para isso, de suas percepções sensoriais comuns. Pode o magistrado, assim, no exercício do seu poder geral de cautela, inspecionar pessoas ou coisas, até mesmo antes do aforamento da ação principal. O inspecionamento no *curso* do processo principal (CPC, art. 481) está restrito às ações não cautelares. Nada há que obste, todavia, seja a inspeção derivante do poder geral de cautela do magistrado, hipótese em que, a providência poderá ser requerida *antecedentemente* ao ingresso em juízo da ação de mérito.

Examinemos as situações que, nos termos do art. 381 do CPC de 2015, autorizam a produção antecipada de provas.

I – haja fundado receio de que venha a tornar-se impossível ou muito difícil a verificação de certos fatos na pendência da ação.

O art. 849 do CPC (inserido no Livro III, que tratava do *processo cautelar*) anterior previa a realização antecipada do exame *pericial* quando houvesse fundado receio de que viesse a tornar-se impossível ou muito difícil a verificação de certos fatos na pendência da ação. O inciso I do art. 381 do CPC atual, como se percebe, aproveitou, em grande parte, aquela redação, sem restringi-la, todavia, ao exame pericial. Destarte, qualquer prova poderá ser produzida de modo antecipado, desde que se verifique o pressuposto legal da impossibilidade ou da dificuldade de ser realizada na pendência da causa.

A antecipação da prova, no caso do inciso I, tem natureza, tipicamente, cautelar.

Conquanto o art. 381 do CPC atual não tenha reproduzido a expressão literal dos incisos I (se a parte ou a testemunha tiver de ausentar-se) e II (se, em virtude da idade ou de moléstia grave, houvesse justo receio de que ao tempo da prova já não existam a parte ou a testemunha, ou estejam impossibilitadas de depor) do art. 847 do CPC revogado, podemos dizer que o conteúdo desses incisos está compreendido pela expressão genérica "haja fundado receio de que venha a tornar-se impossível ou muito difícil a verificação de certos fatos na pendência da ação" do inciso I do art. 381 do CPC em vigor.

Por esse motivo, iremos nos pronunciar acerca das duas situações previstas nos incisos I e II do art. 847 do CPC anterior, como exemplos que se encaixam na dicção do inciso I do art. 381 do CPC atual.

Assim sendo, é proveitoso repetirmos o que dissemos, a este respeito, em outro livro (*Curso de direito processual do trabalho.* v. III. São Paulo: LTr, 2009. p. 2.570-2.572):

> *a.a) Ausência.* Embora o inc. I do art. 847 do CPC não o declarasse, de maneira expressa, era curial que a ausência, de que ele cogitava, deveria ser: 1) iminente; e 2) duradoura.

Realmente, se a parte ou as testemunhas forem ausentar-se em data muito distante (dali a vários meses), por princípio não se justifica a antecipação do depoimento ou da inquirição, pois umas e outras ainda não se terão ausentado ao tempo da realização da audiência instrutória relativa ao processo principal. Não há, contudo, regra fixa para isso. Na Justiça do Trabalho, como sói acontecer, as audiências pertinentes à ação de mérito vêm sendo designadas para datas muito distantes, de tal sorte que, em determinadas situações, esse fato pode justificar a produção *antecipada* da prova oral, ainda que a possibilidade de ausência da parte contrária e das testemunhas não seja *iminente.* Caberá ao juiz, como é de seu ofício, verificar, em cada caso concreto, quanto à necessidade, ou não, de ser antecipada a prova pretendida.

Não basta, no entanto, que a ausência seja iminente; para a concessão da providência acautelatória impõe-se que tenha caráter *duradouro* ou mesmo *definitivo.* Se a parte ou as testemunhas forem ausentar-se momentaneamente, por pouco tempo, de forma que seja razoável presumir que estarão de volta quando da realização da audiência concernente ao processo principal, deverá o juiz recusar o pedido cautelar de antecipação de seus depoimentos, que acaso tenha sido formulado. Tecnicamente, faltará ao requerente o necessário *interesse* de obter a antecipação da prova, bem andando o juiz que, por sentença, declará-lo carecedor da ação, com a consequente extinção do processo (CPC atual, art. 485, VI).

A ausência pode ser em relação à comarca, à seção judiciária ou ao próprio país, cabendo, em qualquer caso, ao requerente justificar a necessidade de antecipação da prova. Aí, também, atuará o prudente arbítrio do magistrado, que poderá, *e.g.*, negar a antecipação sempre que se convencer de que a ausência da parte ou das testemunhas — conquanto iminente e duradoura — nenhum prejuízo ou transtorno trará ao autor, que as poderá ouvir por meio de carta precatória ou rogatória. Reconhecemos, porém, que na hipótese de ausência do país o autor ficará mais à vontade para demonstrar a necessidade da antecipação do depoimento ou da inquirição, diante das notórias dificuldades que terá para obter essas provas por intermédio de carta rogatória, que reclama um procedimento embaraçante, cabendo lembrar a exigência do art. 192, parágrafo único, do CPC de que apenas poderá ser juntado aos autos documento (e a rogatória o é) redigido em língua estrangeira (ou seja, contendo depoimento da parte ou das testemunhas) quando acompanhado de versão em português, firmada por tradutor juramentado — com todos os inconvenientes que as dúvidas suscitadas quanto à fidelidade da versão costumam acarretar.

Não está fora de propósito afirmar que em certos casos poderá o juiz até mesmo deter-se no exame da *necessidade* de a parte ou as testemunhas se ausentarem, pois pode dar-se de a alegada ausência constituir mero pretexto para o requerente conseguir a antecipação da prova. É apropriado observar que a expressão legal *ter de* indica uma obrigatoriedade de ausentar-se; houvesse o legislador empregado a locução "ter que", estaríamos diante de uma ausência meramente facultativa.

a.b) Idade avançada ou *moléstia grave*. Estatuía o inc. II do art. 847 do CPC que se por motivo de idade ou de moléstia grave houvesse "justo receio" de que ao tempo da prova a parte ou as testemunhas já não existissem ou estivessem impossibilitadas de depor, poderia o interessado pedir que sejam ouvidas antecipadamente. Melhor seria que o Código, ao invés de "justo receio", houvesse dito *risco*, porquanto aquela expressão apresentava uma tônica no elemento *subjetivo* (que é, na prática, de difícil constatação), ao passo que o termo *risco*, por seu sentido *objetivo*, permitiria uma verificação mais fácil e mais segura quanto à sua existência concreta.

Incumbirá ao requerente provar a senectude ou o estado valetudinário da parte ou das testemunhas; caso contrário, o seu pedido será indeferido.

A regra legal é de que as provas (orais) devem ser produzidas em audiência (CLT, arts. 846 a 848). Pode acontecer, todavia, de a parte ou as testemunhas, cujos depoimentos se deseja obter antecipadamente, em decorrência de idade senil ou de grave enfermidade, nem sequer possuírem condições de comparecer à audiência cautelar; comprovado o fato, o juiz designará, conforme as circunstâncias, dia, hora e *lugar* para serem ouvidas. Se elas nem ao menos reunirem condições para depor, cumprirá ao juiz denegar a medida acautelatória impetrada, diante da impossibilidade de ser produzida essa prova oral. Caracteriza-se, aí, o fenômeno da *impraticabilidade* da obtenção da prova.

O alcance prático das disposições do inciso I do art. 381 do CPC não se limita às situações por nós examinadas, senão que compreende todo e qualquer caso em que haja risco de que se venha a tornar impossível ou extremamente dificultosa a verificação de fatos relevantes para a solução do conflito de interesses submetido à apreciação jurisdicional.

II – a prova a ser produzida seja suscetível de viabilizar a autocomposição ou outro meio adequado de solução de conflito.

Estamos diante de uma inovação.

O processo civil, inspirando-se na experiência de décadas do processo do trabalho, exalta a conciliação, ou seja, a transação como modalidade de solução não jurisdicional — logo, consensual — do conflito de interesses (art. 334).

Foi, justamente, com vistas a isso que o legislador permitiu a antecipação da prova sempre que ela possa influir na tentativa de conciliação. Aqui, como se nota, a antecipação não possui índole cautelar, pois a sua realização não pressupõe risco algum de dano aos direitos ou interesses dos litigantes. Trata-se, isto sim, de medida de caráter adminicular, devotada à criação de condições para que a conciliação se efetive.

Teoricamente, o preceito é aplicável ao processo do trabalho, conquanto tenhamos profunda dúvida sobre se os juízes do trabalho dele se valerão. A antecipação da prova poderá retardar, ainda mais, a solução do conflito na hipótese de a conciliação não ocorrer. Além disso, constituirá tarefa algo delicada e tormentosa para o juiz verificar, *a priori*, se a prova a ser produzida de maneira antecipada será "suscetível de viabilizar a autocomposição ou outro meio adequado de solução de conflito" (art. 381, II). Não é insensato imaginar que, em determinados casos, a prova por essa forma obtida produza efeitos contrários aos desejados pelo legislador e pelo magistrado, vale dizer, torne-se um obstáculo à solução negociada do conflito — ou seja, à conciliação. Seja como for, a norma legal coloca à disposição dos magistrados a possibilidade de autorizarem a produção antecipada da prova quando estiverem convencidos que essa providência contribuirá para a solução negociada da lide.

A despeito disso, não nos parece lícita a atuação *ex officio* do magistrado, pois o escopo de viabilizar a conciliação pode ser sobrepujado pela sensação de parcialidade do juiz manifestada pela parte à qual a antecipação da prova prejudicou. Será sempre desejável, por isso, que o magistrado apenas aja mediante requerimento do interessado. A propósito, o art. 397 permite concluir que a antecipação da produção da prova será sempre *requerida* pelo interessado.

III – o prévio conhecimento dos fatos possa justificar ou evitar o ajuizamento de ação.

Outra inovação do CPC em vigor.

A preocupação do legislador, aqui, não foi o de conduzir às partes à conciliação, e, sim, justificar ou evitar ao ajuizamento da ação.

Não cremos que essa medida tenha aceitação na prática — máxime se tivermos os olhos postos no processo do trabalho.

Em primeiro lugar, porque a ação judicial traduz inegável direito constitucional (CF, art. 5.º, XXXV), cujo exercício não pode ficar, portanto, submetido a condições além daquelas que se justificam por motivos de ordem lógica e que se encontram consagradas pela pátina do tempo, quais sejam, a legitimidade e o interesse. Como seria possível "evitar o ajuizamento da ação", com base na prova produzida antecipadamente, sem que isso implicasse espantosa transgressão ao inciso XXXV do art. 5.º da Constituição Federal?

Em segundo lugar, o procedimento destinado à produção antecipada de provas — independentemente do resultado a que conduziria — exigiria que os órgãos jurisdicionais tivessem, nas pautas de audiências (estamos cogitando das provas orais), espaços que bem sabemos não existirem, fazendo com que as audiências ficassem designadas para datas muito mais distantes do que as que seriam reservadas para o caso de a parte ingressar em juízo sem submeter-se ao procedimento da produção antecipada de provas.

O tempo encarregar-se-á de demonstrar se estamos certos ou equivocados em nossa opinião. Por enquanto, envolve-nos a impressão de que, visto sob a perspectiva do processo do trabalho, o inciso III do art. 381 do CPC é produto de algo muito próximo a um devaneio do legislador.

Valoração da prova produzida antecipadamente

Pertencem ao passado os sistemas da *prova legal* (com suas raízes nas ordálias ou juízos de Deus) e da *livre convicção* (de origem romana e amplamente utilizada pelos germânicos e ampliada pela influência da Revolução Francesa), ambos extremados: o primeiro, por meter uma camisa-de-força no convencimento do juiz quanto às provas; o segundo, por dar muitas asas à liberdade do juiz nessa atitude valorativa.

Modernamente, o princípio que informa o sistema de valoração judicial das provas é o da *persuasão racional*, também dito do *livre convencimento motivado*, que corresponde a uma espécie de síntese aperfeiçoada dos anteriores. Surgiu com os códigos napoleônicos e foi incorporado pelo atual Código de Processo Civil brasileiro, como demonstra o art. 371. Segundo ele, o juiz apreciará a prova, atendendo aos fatos e circunstâncias dos autos, ainda que não alegados pelas partes, mas *deverá* indicar, na sentença, os *motivos* que influíram na formação do seu *convencimento*.

Sob a óptica desse sistema, a formação da convicção jurídica do juiz se subordina a quatro pressupostos legais: *a)* os fatos narrados na causa; *b)* a prova desses fatos, feita nos autos; *c)* a incidência das normas legais específicas e a eventual invocação das máximas de experiência; *d)* a indicação do motivo que influiu na formação do seu convencimento.

O princípio da persuasão racional (a que preferimos denominar de *livre convencimento motivado*), mesmo antes do advento do atual CPC, já se encontrava timidamente insinuado na CLT, conforme revela o art. 832, *caput*, quando determina que da sentença deverão constar, dentre outros elementos, a *apreciação das provas* e *os fundamentos da decisão*.

A valoração da prova produzida antecipadamente em nada difere da realizada no curso do processo, inclusive, no tocante à inaplicabilidade da máxima *in dubio pro misero* (na dúvida, o juiz deve decidir a favor do empregado).

O procedimento judicial

1. Petição inicial

Dispõe o art. 319 do CPC: "A petição inicial indicará: I – o juízo a que é dirigida; II – os nomes, os prenomes, o estado civil, a existência de união estável, a profissão, o número de inscrição no Cadastro de Pessoas Físicas ou no Cadastro Nacional da Pessoa Jurídica, o endereço eletrônico, o domicílio e a residência do autor e do réu; III – o fato e os fundamentos jurídicos do pedido; IV – o pedido com as suas especificações; V – o valor da causa; VI – as provas com que o autor pretende demonstrar a verdade dos fatos alegados;

VII – a opção do autor pela realização ou não de audiência de conciliação ou de mediação".

No caso específico do procedimento da produção antecipada de provas, a petição inicial não necessitará atender a todos esses requisitos.

Antes de nos dedicarmos ao exame da matéria, devemos separar os requisitos de validade da petição inicial em duas classes: a) subjetivos e b) objetivos. O art. 319, do CPC, cuida, apenas, dos objetivos. Os subjetivos fazem parte do senso comum.

Esquematicamente, os *subjetivos* compreendem: a) a precisão; b) a clareza; e c) a concisão; os *objetivos* dizem respeito: a) ao juiz ou tribunal a que a petição é dirigida; b) aos nomes, prenomes, estado civil, a existência de união estável, profissão, domicílio e residência das partes (ou ao endereço eletrônico); c) ao CPF; d) ao fato e aos fundamentos jurídicos do pedido; e) ao pedido, com as suas especificações; f) ao valor da causa; g) às provas com que o autor pretende demonstrar a verdade dos fatos alegados; h) a opção do autor pela realização ou não de audiência de conciliação ou de mediação — observada, no processo do trabalho, a ressalva feita no que atine aos requisitos aludidos nas letras *f*, *g* e *h*, *retro*.

Passemos, agora, ao exame pormenorizado dos requisitos *subjetivos* consoante a classificação que apresentamos.

a) *Precisão*. Significa que os fatos devem ser narrados, na inicial, com determinação, ou seja, ser *precisados*. Uma exposição vaga, imprecisa, desses fatos dificultará não só a resposta do réu (e o regular exercício do seu direito constitucional de ampla defesa) como a própria intelecção do magistrado acerca de qual seja, efetivamente, o conjunto factual, com base no qual o autor extraiu os pedidos formulados (*res in iudicio deducta*).

Essa precisão dos fatos está ligada, por certo, às particularidades de cada caso concreto. Assim, p. ex., se o empregado pretende pedir a condenação do empregador ao pagamento de horas extras deve indicar, na petição inicial, não apenas o horário de início e de término da jornada e seus intervalos e o valor do salário e sua evolução cronológica, como a data da admissão, e, se for o caso, a da cessação do contrato. Cabe-lhe, ainda, esclarecer se havia, ou não, controle escrito da jornada e se os assentamentos constantes desses controles são corretos, ou não. Enfim, cumpre ao autor narrar, de modo preciso, todos os fatos necessários ao conhecimento do juiz, e, em seguida, formular os correspondentes pedidos.

Não seria admissível — retomando o exemplo que utilizamos há pouco —, por isso, que o autor se limitasse a dizer que prestou serviços ao réu (sem mencionar o período em que isso ocorreu) e que as horas extras trabalhadas não lhe foram pagas (sem indicar a jornada de trabalho a que estava sujeito, os intervalos concedidos, o valor do salário e sua evolução, etc.). Uma inicial, que assim se apresentasse, estaria roçando as fímbrias da inépcia. Devemos esclarecer que a petição inicial será inepta não somente quando lhe faltar a exposição dos fatos (*causa petendi*), mas, também, quando os fatos forem narrados de maneira imprecisa, de tal arte que não se possa saber, ao certo, quais sejam. É verdade que, em qualquer caso, o decreto jurisdicional de inépcia só será possível se o autor deixar de atender ao despacho do juiz, que lhe ordenou a emenda ou a complementação da inicial, no prazo de quinze dias (CPC, art. 321).

b) *Clareza*. Não basta que os fatos sejam precisados; impõe-se, ainda, que sejam expostos com clareza, para que possam ser entendidos pelo juiz, pela parte contrária e, se for o caso, por terceiros. O requisito em exame concerne, pois, à inteligibilidade da manifestação do autor, lançada na inicial. Se ele não se fizer entender, seguramente, não será atendido pelo juiz em sua postulação.

A clareza, aliás, é algo que não se exige, apenas, da petição inicial; claras devem ser, por igual, a resposta do réu, as razões finais, a sentença (esta, sob pena de render ensejo ao oferecimento de embargos declaratórios), as razões de recurso e as pertinentes contrarrazões, etc. A clareza, em síntese, deve estar presente em todos os atos processuais — para não dizermos que também é requerida em toda e qualquer manifestação do pensamento ou da vontade do indivíduo, mesmo no plano coloquial. Sem clareza não pode haver comunicação de vontade ou de ideia.

Não nos compete tentar empreender, aqui, um estudo das causas que levam a parte a elaborar petições obscuras, ininteligíveis, embora seja razoável supor que essa patologia mantenha íntimas ligações com certos estados de desordem mental do indivíduo, fazendo com que o seu pensamento seja externado sob a forma de mistifório. Mas, uma coisa é certa: petições iniciais confusas, incompreensíveis, por serem enigmáticas, tendem a causar prejuízo maior ao próprio autor do que ao réu. Ironia à parte, trata-se de uma das situações em que a criatura se volta contra o criador, para devorá-lo...

A linguagem forense, sem prejuízo da terminologia técnica que lhe é característica, deve ser simples, fluir com naturalidade, sem construções fraseológicas empoladas ou postiças, que só fazem impressionar ao próprio escrevinhador. Não raro, a grandiloquência verbal constitui ingênuo subterfúgio destinado a encobrir a falta ou a escassez de ideias. Evite-se, também, o uso de estrangeirismos, de neologismos ou de arcaísmos. Quanto a estes, merecem lembrança as sentenciosas palavras de Rui Barbosa: "O gosto da antiguidade levado ao arcaísmo, isto é, a mania de rejuvenescer inutilmente formas anacrônicas, ininteligíveis ao ouvido comum na época em que se exumam com o vão intuito de as modernizar, avulta entre os mais ridículos e insensatos vícios do estilo, no falar idiomas vivos" (*Réplica.* Rio de Janeiro: 2 v., Ministério da Educação e Saúde, 1953, p. 397, n. 481).

No tocante aos estrangeirismos (designadamente os galicismos, os anglicanismos e os italianismos), soem tornar o estilo presunçoso e afetado, sem nada contribuir para a força do argumento. Dispunha, aliás, o art. 156, do CPC anterior, que em todos os atos e termos do processo era obrigatório o uso do *vernáculo*. Como afirmamos em linhas anteriores, a um primeiro lançar de olhos, parecia ter sido intenção do legislador impor, na realização desses atos e termos, o uso exclusivo de línguas indígenas, sabendo-se que *vernáculo* significa *aquilo que é da própria terra*. O que pretendeu o legislador, contudo, foi proibir o uso de línguas estrangeiras. Nesse sentido, talvez tivesse sido melhor que fizesse constar do art. 156 a referência à Língua Portuguesa, que é a adotada, oficialmente, em nosso País. A propósito, a expressão "Língua Portuguesa" estava no Anteprojeto daquele Código, vindo a ser substituída por "vernáculo" no Projeto encaminhado ao Congresso Nacional. Essa novidade trazida pelo estatuto processual civil de 1973 foi necessária para coibir o emprego de línguas alienígenas na linguagem forense, seja oral ou grafada, que tanto dificultam a defesa do réu e a própria intelecção do magistrado.

O Código atual, mais cioso da técnica, faz expressa alusão à Língua Portuguesa (art. 192).

Essa regra do processo civil é compatível com o do trabalho, mormente se considerarmos a presença do trabalhador na relação jurídica processual (pois a resposta do réu poderia vir recheada de frases escritas em língua estrangeira). Mais do que isso, a norma precitada alcança, em princípio, os vocábulos e as expressões latinos. E inevitável reconhecer, entrementes, que o uso dessas expressões está arraigado com profundidade em nosso meio, sendo insensato, por isso, imaginar-se possível fazer desaparecer uma inveterada tradição mediante simples ato legislativo. O que deve ser evitado é o emprego abusivo de termos latinos; ninguém pode negar, contudo, a utilidade e o extraordinário poder de síntese de locuções como: *data venia*, *habeas corpus*, *ad iudicia*, *in itinere*, *a quo*, *ad quem,* etc.

Entre os vícios de linguagem mais frequentes que temos verificado nos escritos forenses, destacam-se: a) a *cacografia* (erro de grafia); b) a *sínquise* (inversão tumultuária na ordem dos termos da oração, tornando a frase incompreensível); c) a *ambiguidade* (uso de palavra ou frase com mais de um sentido); c) a *tautologia* (pleonasmo vicioso; redundância); e) a *cacofonia* (som desagradável ou obsceno, oriundo da reunião da última sílaba de uma frase com a primeira, da seguinte); f) o *parequema* (variação abrandada do cacófato, consistente em um efeito sonoro apenas desagradável); g) a *assonância* (rima entre palavras próximas); h) a *colisão* (sequência desagradável de palavras em que se repete a mesma consoante); i) *o plebeísmo* (palavras ou expressões próprias do populacho); j) o *preciosismo* (de certo modo, a antítese do plebeísmo, caracterizado pelo emprego de palavras extravagantes, inusitadas, parecendo que o autor elaborou o texto com os olhos postos em um dicionário de vocábulos insólitos).

> c) *Concisão*. Os fatos devem ser relatados, na petição inicial não somente de maneira precisa e clara, mas concisa. O art. 840, § 1.º, da CLT, com grande descortino e sensibilidade, diz que o autor deverá fazer "uma breve exposição dos fatos". Essa brevidade se justifica, ainda mais, no processo do trabalho, em virtude da especialização (constitucional) do juízo, por força da qual esse ramo do Poder Judiciário só aprecia determinadas classes específicas de lides. Assim, bastará uma resumida exposição dos fatos para que os juízes façam incidir o direito correspondente, quando for o caso.

Petições iniciais verborrágicas trazem vários inconvenientes para o próprio autor, a saber: a) aumentam a possibilidade de serem cometidos erros gramaticais em geral; b) agravam o risco de serem omitidos determinados fatos, essenciais para a informação da demanda, pois o autor acaba se envolvendo com o relato de fatos irrelevantes ou impertinentes; c) tendem a provocar um fastio no juiz — que, na maioria das vezes, deixará para ler a inicial em outra oportunidade, dando preferência às elaboradas com laconismo; d) predispõem à contradição interna, ou seja, ao antagonismo entre os fatos expostos na própria inicial. Além disso, implicam maior consumo de tempo, de papel, de tinta e de tudo o mais.

Concisão, nem por antonomásia, é sinônimo de omissão. Quando se afirma que a petição inicial deve ser concisa se está, na verdade, dizendo que o autor deverá, em primeiro lugar, fazer uma espécie de depuramento prévio dos fatos, selecionando aqueles que são, efetivamente, relevantes para a causa (e com a qual tenham pertinência) e menosprezando os demais, por serem desúteis. Se, *v. g.*, o empregado está pedindo equiparação salarial, é despiciendo, com vistas a essa postulação, o fato de haver sido demitido por justa causa, se nenhum pedido ele pretender formular com relação a isto. Logo, a causa da ruptura do contrato de trabalho constitui fato desprezável, para os efeitos da petição inicial em que o autor esteja pleiteando, exclusivamente, a equiparação salarial. Em segundo lugar, selecionados os fatos essenciais, incumbirá ao autor narrá-los com brevidade, o que equivale a dizer, de maneira objetiva. Unicamente em situações especiais a exposição dos fatos deverá ser alongada. Em suma, a quantidade de narração deve estar articulada com a necessidade de intelecção dos fatos narrados. A falta, neste caso, não é menos prejudicial do que o excesso, conquanto as petições lacunosas possam acarretar maiores prejuízos para o autor do que as verborrágicas. Pior, muito pior, no entanto, são as petições iniciais que conseguem reunir essas duas falhas: omissas a respeito de alguns fatos essenciais e verborrágicas quanto a outros, essenciais ou não.

De modo genérico, não será equivocado concluir que a graforreia vicejante pelos foros judiciais deste País decorre, em larga medida, de nossa cultura "bacharelística", nascida nos bancos das Faculdades de Direito, no qual o argumento, quase sempre, é avaliado segundo a quantidade de palavras que se emprega para formulá-lo, e, não, pela sua qualidade intrínseca. É oportuno observar que, na prática, a verborreia tem sido usada, amiúde, como artifício para dissimular a falta de razão jurídica de quem a ela se dedica. O advogado loquaz assim procede embalado pela esperança de confundir os juízes e, com isso, reverter a situação desfavorável de seu constituinte, perante os fatos e o Direito. Segundo o adágio popular, "vagem com muita folha é sinal de pouco feijão".

Dediquemo-nos, agora, ao exame dos incisos do art. 319, do CPC.

1.1. Juízo a que é dirigida (I)

Esse é o primeiro requisito objetivo, a que a petição inicial deve atender, nos termos do art. 319, I, do CPC. A CLT determina que essa petição contenha a "designação do presidente da Vara, ou do Juiz de Direito, a quem for dirigida" (art. 840, § 1º). Tratando-se, contudo, de matéria que integra a competência originária dos tribunais (ação rescisória, mandado de segurança, ação coletiva, etc.) a petição inicial, também no processo do trabalho, indicará, no seu cabeçalho, o tribunal a que é encaminhada. A propósito, o CPC revogado fazia referência à indicação *do juiz* (art. 282, I); o Código atual, em melhor técnica, se refere ao *juízo.*

No caso de instauração incidental do procedimento da produção antecipada de provas, a petição é dirigida ao juiz da causa principal. Tratando-se de instauração *antecedente*, o problema de se saber a quem a inicial deve ser dirigida se resolve, sem maiores dificuldades, segundo as normas legais definidoras da competência dos diversos órgãos jurisdicionais; algumas dessas normas são de ordem constitucional, como é o caso do art. 114, da Suprema Carta, que fixa a competência material da Justiça do Trabalho.

Seja como for, não deve a parte mencionar o nome do juiz, como destinatário da petição inicial, pois este não atua, na qualidade de diretor do processo, como pessoa física, senão como órgão estatal. Assim, no primeiro grau da jurisdição trabalhista a inicial deve ser dirigida à Vara do Trabalho ou ao Juiz de Direito que se encontrar, circunstancialmente, investido nessa jurisdição especializada — vale dizer, ao juízo. Ademais, a referência nominal ao juiz pode insinuar uma certa intimidade da parte com o magistrado, o que é de todo desaconselhável, em decorrência do dever de neutralidade a que este se acha legalmente jungido. Sob este ângulo, podemos dizer que o juiz é sujeito não só desinteressado, como impessoal, do processo. É claro que o juiz não constitui uma abstração no mundo fenomênico, não é uma espécie de entidade mediúnica; ao contrário, ele é um elemento real e palpável, a quem a lei atribuiu o encargo de reger o processo, com vistas à solução dos conflitos de interesses que forem submetidos à sua cognição. Os traços pessoais da vida do magistrado só adquirem relevância para efeito de configurar a suspeição, proveniente, dentre outras coisas, de amizade íntima com o autor ou de inimizade com o réu.

De resto, a inaplicabilidade, ao processo do trabalho, do princípio da identidade física do juiz (TST, Súmula n. 136) demonstra a absoluta desrazão dos que costumam indicar, na petição inicial, o nome do magistrado que, naquele momento, está respondendo pelo órgão jurisdicional. Não só na inicial, mas em qualquer petição, portanto, deve ser evitada essa *nominalidade*, esse culto injustificável à personalidade do magistrado.

1.2. Nomes, prenomes, estado civil, existência de união estável, profissão, número de inscrição no CPF ou no CNPJ, domicílio e residência do autor e do réu (II)

A CLT menciona, apenas, a qualificação das partes (art. 840, § 1.º).

O nome, o prenome, o estado civil, a existência de união estável, o número de inscrição no CPF, a profissão, o endereço eletrônico, o domicílio e a residência dos litigantes se destinam não só a propiciar o exame da legitimidade (ativa e passiva), como a verificar a configuração de litispendência ou de coisa julgada e a evitar certos problemas ligados à homonímia. A mera indicação do nome seria insuficiente para isso; daí por que a lei exige a consignação do prenome, ou apelido-de-família. A informação quanto ao estado civil, ou a existência de união estável, em rigor, só se justifica para definir se há necessidade de consentimento uxório ou marital ou de citação de ambos os cônjuges. Nas ações trabalhistas, quase sempre, o réu é pessoa jurídica; assim, caberá ao autor apontar a denominação do estabelecimento ("empresa"), e, de preferência, a sua forma de constituição (sociedade por quotas de responsabilidade limitada, sociedade anônima etc.) e a sua natureza jurídica (de direito público ou de direito privado), assim como o número de inscrição no CNPJ do Ministério da Fazenda.

No caso de grupo econômico-financeiro, é indispensável a indicação de todas as sociedades que o integram, desde que o autor pretenda que elas se tornem responsáveis pelo adimplemento da obrigação que se contiver no título executivo emitido em seu favor. A pessoa jurídica que não fez parte da relação jurídica estabelecida no processo de conhecimento não terá legitimidade para figurar no polo passivo da relação processual que se constituir na execução. Embora a Súmula n. 205, do TST, tenha sido cancelada, não há razão jurídica para abandonar o entendimento que nela estava expresso. Essa regra deve ser observada, enfim, *mutatis mutandis*, sempre que o autor pretender que mais de um réu venha a satisfazer, patrimonialmente, no momento oportuno, os direitos que lhe forem reconhecidos pela sentença passada em julgado (regimes litisconsorciais).

No processo do trabalho, a menção ao domicílio e à residência do réu dizem respeito menos aos aspectos de definição da competência (porquanto esta se encontra fixada pelo art. 651, da CLT) do que à necessidade de comunicação dos atos processuais, máxime, o citatório. Se o réu estiver em lugar incerto, ou desconhecido, esse fato deverá ser esclarecido na inicial, cumprindo ao autor requerer que a citação seja efetuada por meio de edital (CLT, art. 841, § 1.º).

Nas ações de segurança (Lei n. 12.016/2009), por outro lado, não há réu, e, sim, autoridade apontada como coatora; a esta não cabe reparar, com seu patrimônio, eventuais prejuízos causados a direito líquido e certo do impetrante, por ato que tenha praticado. Logo, é desnecessário mencionar-lhe, p. ex., o estado civil, a profissão, o domicílio e a residência.

Se o trabalhador não tiver capacidade para estar em juízo (legitimidade *ad processum*) deverá ser representado pelo pai, mãe, tutor, curador, ou, na falta destes, pela Procuradoria da Justiça do Trabalho (CLT, art. 793), ou, finalmente, por um curador à lide. Nestas hipóteses, a petição inicial deverá referir a representação processual, a fim de que o juiz possa examinar a sua regularidade. A capacidade para estar em juízo (assim como para ser parte, que a precede) traduz pressuposto legal indispensável para a constituição e o desenvolvimento regular da relação jurídica processual, motivo por que a sua falta, não sendo suprida no prazo assinado pelo juiz (CPC, art. 76, *caput*), provocará a extinção do processo sem resolução do mérito da causa (CPC, art. 485, IV), podendo, exatamente por isso, ser declarada *ex officio* (*ibidem*, § 3.º).

Mesmo quando estiver atuando em causa própria, o autor deverá fornecer o endereço em que recebe intimações (CPC, art. 106, I).

1.3. O fato e os fundamentos jurídicos do pedido (III)

A CLT, como dissemos, exige que o autor elabore, na inicial, "uma breve exposição dos fatos de que resulte o dissídio" (art. 840, § 1º).

Os fatos e os fundamentos jurídicos dos pedidos formam a causa de pedir *(causa petendi*).

Fatos, para os efeitos dos art. 840, § 1.º, da CLT, e 319, III, do digesto processual civil, não compreendem apenas os acontecimentos da vida, mas, também, aqueles sucessos que se acham abstratamente previstos em lei. São, pois, fatos jurídicos, cuja subsunção à norma legal incidente é obra que compete ao juiz (*da mihi factum, dabo tibi ius*). Incumbe às partes, portanto, proceder à narração (fiel) dos fatos, e, ao juiz, à (precisa) categorização jurídica dos mesmos.

Em termos práticos, isso equivale a afirmar que eventual erro do trabalhador, na categorização jurídica dos fatos expostos na inicial, em nada o prejudicará porquanto essa conformação dos fatos ao ordenamento jurídico é mister que está afeto ao juiz. O processo do trabalho, mais do que qualquer outro, deve mostrar-se sensível a essa possibilidade de o juiz corrigir ocasional equívoco do autor na tipificação jurídica dos fatos, em nome do princípio da simplicidade — cada vez mais vergastado pelo formalismo injustificável que se vem instalando no âmbito desse processo. Referida providência judicial só não deverá ser adotada se passível de acarretar manifesto prejuízo ao direito de defesa do réu. De outro extremo, se o autor conferiu exata categorização jurídica aos fatos, mas formulou erroneamente os pedidos, não será lícito ao juiz realizar a necessária adequação dos pedidos. A solução, que se dá aqui ao problema, é diversa da sugerida no tocante à mera imperfeição na categorização dos fatos porque o juiz se encontra legalmente vinculado aos pedidos formulados pelo autor (CPC, art. 492). É por esse motivo que falamos, em linhas anteriores, no *princípio da adstrição aos pedidos* (Pontes de Miranda), que é subordinante da entrega da prestação jurisdicional, inclusive a trabalhista, exceto em sede de ação coletiva.

Não deve o autor, porém, relatar todo e qualquer fato que se relacione com o seu contrato de trabalho; cabe-lhe realizar uma prévia seleção desses fatos e indicar, somente, aqueles que sejam relevantes para a causa, tendo em vista os pedidos que pretende formular. Fatos que não se vinculem a esse objetivo são insignificantes, devendo, em decorrência disso, ser postos de lado. Podemos, por isso, enunciar a regra de que, considerado em si mesmo, o fato não é relevante nem irrelevante; a sua relevância ou irrelevância será determinada pelo pedido que o autor desejar formular em juízo. O fato, p. ex., de ele trabalhar em local insalubre é relevante (essencial, mesmo) para a causa em que esteja pleiteando o adicional correspondente; será, contudo, despiciendo numa demanda em que postule, exclusivamente, reintegração no emprego.

Como assinalamos no início deste comentário, não é bastante, para atender às exigências legais (e, por certo, aos ditames do bom-senso), que o autor narre, tão só, os fatos relevantes; é imprescindível que o faça de modo preciso, claro e conciso, ou seja, com especificação, nitidez e brevidade, sob pena de não serem compreendidos pelo juiz, ou, se o forem tornar-se maçante a leitura de sua narração.

Acrescentemos que a exposição dos fatos, além disso, deve obedecer a uma sequência lógica, ordenada, de tal forma que fluam com leveza e naturalidade, do primeiro ao último. Poucas coisas provocam tanta irritação no leitor quanto as narrações a que denominamos de "dessultórias", assim conceituadas aquelas em que o narrador salta de um fato para outro, vai ao fim e retorna ao começo, e nisso se consome, emaranhando e encambulhando os fatos com esses tumultuantes volteios do seu pensamento, que só fazem render tributos à obscuridade ou à ambiguidade, além de instalar uma justificável irritação no espírito do juiz e do adversário.

Fundamentos jurídicos do pedido. Após realizar a exposição dos fatos, o autor deverá mencionar os fundamentos jurídicos de sua pretensão. Tais fatos e fundamentos compõem, assim, a causa de pedir e revelam os motivos pelos quais o autor está a impetrar a prestação da tutela jurisdicional.

A ausência da *causa petendi* tornará inepta a petição inicial (CPC, art. 330, I, e § 1.º) e ensejará a extinção do processo, sem pronunciamento sobre as questões de fundo, da demanda (CPC, art. 485, I), se o autor não a emendar ou a complementar no prazo de quinze dias (art. 321).

Nos domínios doutrinais, formaram-se duas correntes acerca da causa de pedir, que vieram a desembocar nas teorias: a) da *substanciação* e b) da *individuação*. Diz-se, pela primeira, de origem germânica, que a *causa petendi* corresponde ao fato ou ao conjunto factual capaz de fundamentar as pretensões do autor, pois é dele que emana a conclusão (pedido). Dessa forma, é bastante que o autor aponte a relação jurídica substancial, da qual decorre o seu pedido, para que a causa de pedir se defina. A segunda, também nascida no seio da doutrina alemã, considera que a causa de pedir é a relação ou estado jurídico afirmado pelo autor como base de sua pretensão, colocando-se, com isso, o fato em posição secundária, salvo quando indispensável para individualizar a relação jurídica. Em suma, a *causa petendi*, para essa teoria, é formada pelos fatos alegados e pela correspondente repercussão que esses fatos produzem na ordem jurídica.

Não versando, nosso comentário, sobre norma que trate de teoria geral do processo não nos cabe, aqui, entretecer demorados comentários a respeito de outros aspectos concernentes às teorias citadas. Cumpre-nos observar, entretanto, que o art. 319, inciso III, do CPC, ao exigir, como um dos requisitos para a validade da petição inicial, a indicação dos fatos e dos fundamentos jurídicos do pedido, dá mostras de haver perfilhado a teoria da *substanciação* da causa de pedir. Não há, nisso, aliás, nenhuma novidade, pois o art. 158, inciso III, do diploma processual anterior de 1939, já refletia a adoção da aludida teoria, advertindo, inclusive, que os fatos e os fundamentos jurídicos deveriam ser expostos "com clareza e precisão", de maneira que o réu pudesse preparar a defesa — e, também, que fosse possível ao juiz compreendê-los, aditamos.

Peculiarmente, contudo, o art. 840, § 1.º, da CLT, não menciona os fundamentos jurídicos do pedido como um dos requisitos da petição inicial. Teria havido, nisso, mera inadvertência do legislador, ou, ao contrário, uma sua efetiva intenção de dispensar a inicial trabalhista da indicação desses fundamentos? Por outras palavras: no processo do trabalho a *causa petendi* estaria circunscrita aos fatos?

Antes de respondermos a essa indagação, devemos investigar em que consistem, verdadeiramente, os fundamentos jurídicos do pedido, exigidos pelo processo civil.

Apressemo-nos em esclarecer que fundamentos jurídicos e fundamentos legais, ao contrário do que se tem imaginado, não são a mesma coisa. Enquanto estes últimos se referem aos dispositivos constantes do ordenamento normativo (leis, cláusulas contratuais ou inseridas em acordos ou convenções coletivas, ou, ainda, em acórdãos proferidos pelos tribunais, no exercício da jurisdição normativa), que atribuem ao autor o direito alegado, aqueles constituem a moldura jurídica dos fatos narrados, ou seja, a relação jurídica em que se baseiam os pedidos. Os fundamentos jurídicos, por estarem ligados ao objeto do processo, são extremamente importantes, entre outras coisas, para: a) aferir a juridicidade dos pedidos; b) determinar a individuação da demanda, com a finalidade de configurar a existência, ou não, de litispendência; c) estabelecer os limites — subjetivos e objetivos — da coisa julgada material.

Demais, conquanto o juiz possa apreciar os pedidos por fundamentos legais diversos dos apresentados pelo autor não lhe será lícito fazê-lo por fundamentos jurídicos não indicados pela parte.

Exaradas essas considerações, devemos concluir que, a despeito do silêncio do art. 840, § 1.º, da CLT, a petição inicial, no processo do trabalho, deve referir os fundamentos jurídicos do pedido, que não se confundem, como procuramos demonstrar, com os fundamentos legais. Para clarificar: embora não se exija (mas, também, não se proíba, como é óbvio) ao trabalhador a indicação, na inicial, dos dispositivos legais que, segundo ele, estariam a conter o direito alegado, não lhe será permitido deixar de especificar, nessa peça postulatória, os fundamentos jurídicos do pedido, que são integrados, num sentido geral, pela relação jurídica, pelos fatos constitutivos e pela violação do direito, praticada pelo adversário.

Estatuía o art. 264, *caput*, do CPC revogado, que após a citação do réu o autor somente poderia modificar a causa de pedir (e o pedido) mediante o consentimento daquele, concluindo o parágrafo único desse dispositivo que a modificação não seria admissível, em nenhuma hipótese, após o saneamento do processo. Perguntávamos, na altura, se essa norma incidiria no processo do trabalho; e nós mesmos respondíamos: "sim, em termos". Argumentávamos que o que parecia ter levado o legislador processual civil a redigir o normativo em exame fora o fato de que qualquer modificação da *causa petendi* após a citação do réu poderia trazer prejuízo a este, pois o prazo para a contestação era legalmente preestabelecido (art. 297). No processo do trabalho, contudo, em que a resposta é oferecida em audiência, isto é, sem prazo fixo, não haja razão para obstar-se a modificação da causa de pedir, mesmo após a citação. Dava-se que, de ordinário, a audiência era realizada muitos meses depois de praticado o ato citatório, motivo por que deveria ser permitida a modificação de que estávamos a cuidar. É elementar que se deveria definir um prazo máximo, para que dita modificação pudesse ser feita. Assim sendo, poder-se-ia consenti-la desde que fosse assegurado ao réu o prazo mínimo de cinco dias, de que fala o art. 841, § 1.º, da CLT, que seria quadruplicado no caso de tratar-se de pessoa jurídica abrangida pelas prerrogativas instituídas pelo Decreto-lei n. 779/69 (art. 1.º, inciso II). Não havendo, no processo do trabalho, despacho saneador, a modificação da *causa petendi* poderia ser autorizada, uniformemente, de acordo com o critério que sugeríamos. O que não nos parecia recomendável era a estrita aplicação ao art. 294, do CPC, pois isso só faria render homenagem aos rigores formalísticos daquele processo, que não se coadunavam com a simpleza que deveria presidir o do trabalho.

O CPC atual permite o aditamento ou a alteração do pedido e da causa de pedir: a) independentemente de consentimento do autor, até a citação; b) com a anuência do réu, até o saneamento do processo, assegurando-se a este o contraditório (art. 329, I e II, respectivamente).

1.4. O pedido e suas especificações (IV)

A CLT, em seu art. 840, § 1.º, como não poderia deixar de ser, faz expressa referência ao pedido.

A necessidade de a petição inicial especificar os pedidos pode ser mensurada pelo fato de o pedido constituir-se numa espécie de bitola que delimita a lide, e, em consequência, a própria entrega da prestação jurisdicional. Rememore-se a advertência feita pelo art. 141, do CPC, de que o juiz deve solucionar o mérito "nos limites propostos pelas partes". Mencionemos, também, o art. 492.

Por enquanto, devemos apenas antecipar que o pedido constitui o objeto da demanda, o motivo, enfim, pelo qual alguém ingressa em juízo para impetrar a prestação da tutela jurisdicional. Ninguém vai a juízo, simplesmente, por ir;

provoca-se o exercício da função jurisdicional do Estado para formular pedidos, para deduzir pretensões. Podemos, na verdade, classificar os pedidos em *imediatos* e *mediatos*. O *imediato* consiste, exatamente, na referida invocação da tutela jurisdicional; aqui, o indivíduo se limita a ativar essa função estatal. O *mediato* é representado pela utilidade ou pelo bem da vida, que o autor pretende obter, ao impetrar a proteção jurisdicional do Estado. Essa é a mais pura razão pela qual ele ingressa e juízo.

A propósito, as partes (e o autor, em especial), têm uma visão eminentemente pragmática do processo, diferente, portanto, daquela que muitas vezes os magistrados possuem — escolástica, com algum menosprezo à realidade concreta.

No caso do art. 381, do CPC, a parte deverá indicar, na inicial, a prova que pretende ver produzida por antecipação, mencionando, também, os fundamentos de fato e de direito dessa postulação. O art. 382, aliás, determina que o autor apresente as razões que justificam a necessidade de antecipação da prova, além de mencionar, com precisão, os fatos sobre os quais a prova incidirá.

1.5. Valor da causa (V)

O valor da causa deveria ter sido o último requisito mencionado pelo art. 319, do CPC, seja por um motivo de ordem lógica, seja porque, na prática, há longos anos, é assim que as petições iniciais se apresentam.

Pois bem. O digesto de processo civil exige que a petição inicial indique o valor da causa. A CLT nada nos diz a respeito. Seria, então, de perguntar: no processo do trabalho a inicial não precisa mencionar esse valor? Respondamos com prudência.

É evidente que as causas judiciais, inclusive as trabalhistas, devem, em princípio, ter um valor econômico estimado (CPC, art. 291). No sistema do processo civil esse *quantum* deve ser apontado desde logo, ou seja, na petição inicial. No do trabalho, entretanto, embora não se proíba que o valor venha referido nessa peça, não se exige que ela o contenha. Tanto isso é certo, que o art. 2.º, *caput,* da Lei n. 5.584/70, dispõe que se o juiz verificar que a inicial não menciona o valor da causa, ele, antes de passar à instrução, o arbitrará. Ao contrário do CPC (art. 321), a norma trabalhista não diz que o juiz assinará prazo para que o autor supra a (suposta) omissão. Dessa maneira, podemos concluir que, a despeito de as causas trabalhistas também deverem possuir um valor econômico, este não necessita ser apontado na inicial.

No processo civil, vários são os motivos pelos quais as causas devem apresentar um valor econômico (na inicial, como vimos), entre os quais se destacam: a) a determinação da competência, em razão, exatamente, do valor da causa naqueles Estados cuja lei de organização judiciária haja criado cargos de juízes, togados ou leigos, incumbidos do julgamento das causas de que trata o art. 98, I, da Constituição Federal; b) a fixação da taxa judiciária, das custas e de outras despesas processuais; c) a limitação da interponibilidade de recurso extraordinário para o Supremo Tribunal Federal.

O CPC, em seu art. 292, estabelece os critérios a serem considerados para efeito de atribuir-se valor econômico à causa.

No processo do trabalho, a necessidade de dar-se valor à causa emana de três razões fundamentais: a) estabelecer o procedimento (ordinário ou sumariíssimo) a que a causa se submeterá; b) definir a possibilidade de a sentença, aí proferida, ser recorrível, ou não; c) calcular o valor das custas, em casos como o de extinção do processo, sem julgamento do mérito, decorrente da ausência injustificada do autor à audiência "inicial"; do indeferimento da petição inicial; da desistência da ação etc.

No tocante à letra "a", devemos acrescentar que a Lei n. 5.584/70 (art. 2.º, § 4.º) instituiu as denominadas "ações de alçada exclusiva dos órgãos de primeiro grau", cujo efeito prático foi o de impedir a interposição de recurso (ordinário) das sentenças aí proferidas, exceto se a decisão violar a letra da Constituição Federal ou os princípios em que ela se apoia (Const. Federal, art. 52, § 2.º). Nesta hipótese, caberá recurso extraordinário ao STF, ficando a matéria impugnada ("devolução") restrita à que tenha perpetrado ofensa à Constituição.

Alguns intérpretes afoitos, do texto constitucional em vigor, chegaram a afirmar que o § 4.º, art. 2.º, da sobredita Lei n. 5.584/70, teria sido revogado pelo art. 5.º, inciso LV, da atual Suprema Carta Política. O fundamento dessa tese se concentra na suposição de que a antedita norma constitucional, ao assegurar aos litigantes e aos acusados em geral o contraditório e a ampla defesa, "com os meios e recursos a ela inerentes", teria feito desaparecer aquela norma infraconstitucional. *Data venia*, se esses intérpretes açodados houvessem se dedicado a um estudo de nossa história constitucional, teriam percebido que, com pequenas nuanças de literalidade, as Constituições Republicanas de 1891 (art. 72, n. 16), 1934 (art. 113, n. 24), 1946 (art. 141, § 25), 1967 (art. 150, § 15), com a Emenda n. 1/69 (art. 153, § 15), numa sequência cronológica somente quebrada (por motivos políticos conhecidos) pela Carta outorgada em 1937, sempre asseguraram aos indivíduos (e às coletividades) o contraditório e a ampla defesa, com os "meios e recursos" a esta imanentes. Sublinhando: o fato de a vigente Constituição empregar o vocábulo *recurso*, ao cuidar do contraditório e da ampla defesa, não constitui, portanto, nenhuma novidade, pois isso faz parte de nossa tradição constitucional, como procuramos demonstrar. É algo que coincide com a aurora de nossa vida republicana.

Além disso, a Constituição Federal não é um código de processo, de tal maneira que as palavras, nela inseridas, devam ser interpretadas segundo o rigor técnico da terminologia processual.

Em síntese, o art. 52, inciso LV, da Constituição Federal de 1988, não revogou o § 4.º, do art. 2.º, da Lei n. 5.584/70. Segue-se, que, tirante a possibilidade de ofensa à Constituição, continuam a ser irrecorríveis as sentenças emitidas nas ações de alçada exclusiva dos órgãos de primeiro grau da jurisdição trabalhista, salvo se implicarem violação à Constituição da República. Daí, a importância que ostenta o valor atribuído à causa. Advirta-se que o valor a ser levado em conta para definir a recorribilidade, ou não, de tais sentenças, é o atribuído *à causa*, e, não, o do pedido ou o arbitrado à condenação. Expliquemo-nos.

Basicamente, cinco valores são fixados em uma ação: 1) o da causa; 2) o do pedido; 3) o da condenação; 4) o da execução; 5) o da transação. O que define a possibilidade de a sentença ser impugnada, ou não, é, como asseveramos, o valor dado *à causa*, seja na inicial ou mediante arbitramento do juiz, em audiência, antes de dar início à instrução. Dessa forma, se à causa se atribuiu valor inferior ao de dois salários mínimos, mas o da condenação corresponde, digamos, a cem salários mínimos, a sentença será irrecorrível, observada a ressalva feita quanto à violação constitucional.

Essa conclusão nos coloca diante de uma outra indagação, de relevante interesse prático: pode o juiz do trabalho, por sua iniciativa, alterar o valor que o autor deu à causa, na inicial?

Mesmo no tempo em que o sistema do CPC repelia essa possibilidade, sustentávamos o entendimento de que o juiz do trabalho poderia alterar, por sua iniciativa, o valor atribuído à causa, na inicial.

Em linhas gerais, estes eram os nossos argumentos: via de regra, o valor da causa deve corresponder ao do pedido. Isso era absolutamente essencial à compreensão do assunto. A razão era palmar: se a toda causa deve ser atribuído um valor econômico, é elementar que esse valor está ligado àquilo que o autor pede em juízo, vale dizer, ao pedido mediato, à obtenção de um bem ou de uma utilidade da vida, economicamente apreciáveis. Ora, se, por exemplo, os pedidos do autor, expressos sob a forma líquida, na inicial, equivalem a *cem* salários mínimos, nenhum motivo eticamente defensável haverá para o fato de atribuir, p. ex., valor inferior ao de *dois* salários mínimos.

Sabemos que, em situações como essa, o autor concede à causa um valor irrisório por encontrar-se seguro quanto ao sucesso na ação (talvez, em face da matéria que dá conteúdo à demanda). Com esse expediente, ele visa a impedir o réu de recorrer da sentença condenatória. O processo, no entanto, é provido de um substrato ético, enquanto método estatal de solução dos conflitos de interesses. Esse inafastável conteúdo ético, a propósito, justifica as sanções previstas no CPC para os casos de litigância de má-fé, assim como para os embargos de declaração protelatórios e para os atos atentatórios à dignidade do Poder Judiciário.

Sob o pano de fundo desse substrato ético, toma-se despicienda a circunstância de o réu não haver impugnado o valor dado à causa, na inicial. Sobreleva à sua inadvertência o fato de o processo consistir, como advertimos, um método não só oficial e heterônomo (logo, indisponível), mas, essencialmente, ético, de solução dos conflitos. Assim, se o juiz, na qualidade de condutor do processo, convencer-se de que qualquer das partes está praticando ato capaz de acarretar lesão ao mencionado conteúdo ético, deverá tomar a iniciativa de dar cobro a isso. Na espécie de que estamos a cuidar, caber-lhe-á modificar o valor dado à causa (seja para mais ou para menos), sempre que tiver diante de seus olhos elementos que lhe permitam concluir que o autor está atribuindo à causa um valor irreal.

Insistíamos nesse assunto, para que a nossa opinião fosse adequadamente entendida.

Então, prosseguíamos: não estamos a sugerir que o juiz, em todo e qualquer caso, tome a iniciativa de alterar o valor da causa. Por isso, formularemos algumas regras para que essa intervenção *ex officio* se legitime. Em primeiro lugar, a iniciativa judicial nessa matéria só se justifica se a modificação do valor da causa, por ele realizada, for capaz de gerar repercussão em tema de procedimento ou de recorribilidade da sentença. Exemplifiquemos. No primeiro caso, se o autor der à causa um valor não superior a quarenta salários mínimos, o procedimento será sumariíssimo (CLT, art. 852-A); no segundo — que mais nos interessa —, se a ela for atribuído valor inferior ao de *dois* salários mínimos, quando o do próprio pedido corresponde, *e. g,* a muito mais do que dois salários mínimos, torna-se necessária a intervenção judicial *ex officio*. O mesmo se diga na situação inversa: o valor pespegado à causa é muito superior ao de dois salários mínimos, quando o do pedido mal chega a um salário mínimo. Ademais, essa iniciativa do juiz deve ser norteada por elementos objetivamente perceptíveis, vale dizer, a elevação ou redução do valor da causa, que vier a efetuar, deverá, de modo geral, derivar de um confronto entre o valor constante da inicial e o do pedido. Isso significa afirmar que se o pedido não se encontrar expresso em valores líquidos, dificilmente o juiz terá condições (concretas) de alterar o valor dado à causa, na inicial, pois qualquer modificação que fizer, quanto a isso, poderá ser de foro subjetivo. É claro que se o valor do pedido for ilíquido, mas os autos contiverem elementos objetivos, que permitam ao juiz concluir que o valor atribuído à causa não corresponde à realidade desses elementos, o valor daquela deverá ser modificado. Muitas vezes, p. ex., embora o pedido não se apresente sob a forma líquida (em decorrência de um gesto estratégico do próprio autor), os autos indicam que o seu salário mensal correspondia a dez vezes o do mínimo legal; ora, tendo este pedido a condenação do réu ao pagamento de aviso-prévio (30 dias), de férias e de 13.º salário integrais, sem precisar, no pedido, os pertinentes valores, mas der à causa um valor inferior ao de dois salários mínimos, estará patente o seu intuito de beneficiar-se (ainda que em tese, pois se a sentença lhe for desfavorável ele poderá ser vítima de sua própria velhacada) dessa atitude sorrateira e desleal.

E arrematávamos: o juiz do trabalho, a quem a lei concede ampla liberdade na direção do processo (CLT, art. 765), não pode permitir que sejam perpetrados, sob seus olhos, semelhantes assaltos contra o substrato ético desse mesmo processo. Nesse concerto, eventual tolerância do magistrado soaria a conivência lamentável. Ou a uma quase-prevaricação.

Nossos argumentos, embora não tenham sensibilizado a jurisprudência trabalhista da época, parecem ter sensibilizado o CPC atual. Realmente, estabelece o § 3.º do art. 292 desse Código que "O juiz corrigirá, de ofício e por arbitramento, o valor da causa quando verificar que não corresponde ao conteúdo patrimonial em discussão ou ao proveito econômico perseguido pelo autor, caso em que se procederá ao recolhimento das custas correspondentes". Nunca nos sentimos desolados por havermos adotado, outrora, uma atitude heterodoxa em face da doutrina e da jurisprudência trabalhistas, que, apegadas a velhas concepções, não admitiam a possibilidade de o juiz do trabalho alterar o valor atribuído à causa, na inicial — ainda que esse valor estivesse a causar escoriações a certos princípios éticos do processo. Pois bem. Com o advento do atual CPC, somente por teimosia obstinada se poderá continuar sustentado a impossibilidade de o juiz do trabalho alterar, por sua iniciativa, o valor da causa, nos termos do § 3.º do art. 292 do CPC.

A fixação do valor da causa em salários mínimos, para efeito de recorribilidade da sentença, é estabelecida pela Lei n. 5.584/70 (art. 2.º, § 4.º, com a redação que lhe deu a Lei n. 7.402, de 5-11-85). Não estaria, contudo, esse dispositivo da norma ordinária revogado pelo art. 7.º, inciso IV, da Constituição Federal em vigor, que veda a vinculação do salário mínimo "para qualquer fim"? Entendemos que não. Como afirmamos em linhas anteriores, o que a Constituição está a proibir, a nosso ver, é a utilização desse salário com vistas, p. ex., à fixação do valor de aluguéis, de multas, de preços em geral, pois isso tem efeito reconhecidamente inflacionário. A simples adoção do salário-mínimo, porém, para a definição das ações da alçada exclusiva dos órgãos de primeiro grau da Justiça do Trabalho não tem nenhuma repercussão inflacionária; logo, não afeta a economia do país. Destarte, a mantença do salário mínimo, para essa finalidade, não entra em conflito com os verdadeiros motivos que determinaram a elaboração da citada norma constitucional. Esse entendimento, que desde sempre sustentamos, acabou sendo perfilhado pela Súmula n. 356 do TST.

Também no processo do trabalho podem ser aplicados alguns dos critérios traçados pelo art. 292 do CPC, para efeito de fixar-se o valor da causa, seja pelo autor ou pelo juiz. Assim: 1) na cobrança de dívida, serão computados o principal e a correção monetária e outras penalidades, se houver (I). Conforme o CPC, entrarão ainda os juros da mora "vencidos até a propositura da ação". Esse critério, no entanto, não deve ser observado no processo do trabalho, em que os juros moratórios somente são devidos a contar do ajuizamento da inicial (CLT, art. 883); 2) havendo cumulação de pedidos, o valor da causa será obtido pela soma de todos eles (VI); 3) sendo alternativos os pedidos, considerar-se-á o de maior valor (VII); 4) existindo pedido subsidiário, adotar-se-á o valor do principal (VIII); 5) o valor do contrato ou de sua parte incontroversa (II); 6) nas ações de indenização, inclusive, por dano moral, o valor pretendido (V); 7) no caso de prestações vencidas e vincendas, levar-se-á em conta o valor de umas e de outras. O valor das prestações vincendas será igual a uma prestação anual, se a obrigação for por tempo indeterminado ou por tempo superior a um ano; se por tempo inferior, será igual à soma das prestações (§ 1.º).

As situações previstas nos demais incisos do art. 292 (III e IV), do CPC, são inaproveitáveis no terreno peculiar do processo do trabalho, por versarem sobre matérias que não se encaixam na competência desta Justiça Especializada.

O Supremo Tribunal Federal firmou o entendimento de que, na ação rescisória, o valor da causa deve ser o mesmo que se atribuiu à demanda que foi apreciada pelo acórdão rescindendo. Para que esse critério seja aceitável, torna-se indispensável, todavia, a correção monetária do aludido valor, que não é "rendimento" do capital, como tem alardeado a retórica oficial, senão que mero fator de recomposição do poder de compra, do dinheiro. O TST, no entanto, pela Instrução Normativa n. 31/2007, regulamentou a forma de realização do depósito prévio, em ação rescisória, previsto no art. 836 da CLT (arts. 2.º e 3.º).

Ainda se controverte, na doutrina, quanto à necessidade de a inicial, na ação de segurança, mencionar o valor da causa.

Sustentam, alguns estudiosos, que a indicação desse valor é dispensável, pois a reparação que se busca, nesse tipo de ação, não é em pecúnia, mas em espécie. Em que pese ao fato de a reparação aí pretendida não ser, efetivamente, de natureza pecuniária — pois o acórdão nunca é condenatório, mas declaratório ou constitutivo —, não pode ser colocado de parte o mandamento inscrito no art. 291, do CPC, no sentido de que a toda causa deve ser atribuído um valor certo, ainda que não tenha conteúdo econômico aferível de imediato.

Tanto na ação rescisória quanto na de segurança se o relator verificar que a inicial não contém o valor da causa não deve assinar prazo de quinze dias para que o autor supra a falta — sob pena de indeferimento (CPC, art. 321) e consequente extinção do processo sem resolução do mérito (CPC, art. 485, I) —, mas, fixar, ele próprio, esse valor, nos termos do art. 2.º, *caput*, da Lei n. 5.584/70.

Nas ações coletivas, torna-se necessária a menção do valor da causa, cuja falta poderá ser suprida mediante despacho do relator. Mesmo nas ações em que o pedido se restrinja à interpretação de norma legal ou de cláusula normativa (os comumente denominados "dissídios coletivos de natureza jurídica") esse valor deve ser indicado, pois a pretensão, aí formulada, que aparenta ser exclusivamente jurídico-interpretativa, se encontra, sempre, vinculada a um conteúdo econômico.

1.6. As provas com que o autor pretende demonstrar a verdade dos fatos alegados (VI)

Devemos fazer um pequeno reparo na dicção do art. 319, VI, do CPC, porquanto, em rigor, naquele processo, a inicial deve indicar não as *provas* com que o autor pretende demonstrar a veracidade dos fatos alegados, e, sim, os *meios* de prova que serão utilizados para esse fim. Prova não é meio, mas resultado. O CPC de 1939, mais preciso que o de 1973, e do que o atual, neste ponto, aludia aos meios de prova (art. 158, V).

São dois, basicamente, os motivos pelos quais o processo civil exige que o autor especifique, na inicial, os meios de prova a serem utilizados, a saber: a) atender ao princípio da boa-fé processual; b) permitir ao juiz verificar, em alguns casos, se o meio escolhido é, efetivamente, adequado, ou moralmente legítimo.

Com *meios adequados de prova* queremos expressar aqueles que são aptos para demonstrar a verdade do fato probando. Podemos, mesmo, construir a regra de que, segundo seja a natureza do fato objeto da prova, será o meio legal a empregar-se. Ainda: a natureza do fato determina o pertinente meio de prova. Assim, para a prova de horas extras, *v. g.*, admitem-se os meios documental e testemunhal; para o pagamento de salários só é adequado o meio documental (CLT, art. 464, *caput*), do mesmo modo como a prova da insalubridade ou da periculosidade deve ser feita mediante perícia (CLT, art.195, § 2.º).

Não basta, à evidência, que o meio de prova seja adequado; requer-se, acima de tudo, que seja *moralmente legítimo*. O art. 5.º, inciso LVI, da Constituição Federal, por seu turno, declara serem inadmissíveis as provas obtidas "por meios ilícitos". Deve-se entender por meios moralmente ilegítimos, dentre outros, os que atentem contra os direitos da personalidade, aí incluídos os relativos à liberdade de pensamento e à privacidade — que foram alteados à categoria constitucional (art. 52, incisos IV, X, XI e XII).

1.7. A opção do autor pela realização ou não de audiência de conciliação ou de mediação (VII)

Esse requisito do art. 319, do CPC, não é exigível na produção antecipada de provas. Aqui, em rigor, não há processo, e sim, mero procedimento. Dir-se-á, talvez, que nosso argumento está em desacordo com o art. 764, da CLT, conforme o qual os dissídios individuais ou coletivos serão sempre sujeitos à conciliação. Se assim se disser, devemos contra-argumentar em caráter proléptico, que na produção antecipada de provas, considerada em si mesma, não há litígio, entendido este como um conflito de interesses caracterizado por uma pretensão resistida e insatisfeita. O litígio se contém no processo principal — este sim, sujeito à conciliação, à solução consensual da lide.

2. Citação dos interessados

Atendendo aos princípios constitucionais do contraditório, da ampla defesa e do devido processo legal, a norma em exame determina que o juiz cite os interessados na produção da prova ou no fato a ser provado. A citação poderá ser ordenada *ex officio* ou a requerimento da parte (autor); não será necessária, todavia, se não existir caráter contencioso, ou seja, se o interessado desejar produzir a prova para simples documentação.

O CPC anterior conceituava a citação como "o ato pelo qual se chama a juízo o réu ou o interessado, a fim de se defender" (art. 213). Esse conceito, entretanto, não era correto. Assim dizemos porque, em rigor, a finalidade da citação não é "chamar" o réu a juízo, e, sim, dar-lhe ciência da existência da ação, para que se possa defender. O verbo "chamar", utilizado na redação do art. 213, do CPC de 1973, poderia induzir à equivocada conclusão de que o réu estaria obrigado a vir a juízo ou que a relação jurídica processual somente se estabeleceria se ele se defendesse. Na verdade, como dissemos, o escopo da citação é o de comunicar ao réu a propositura da ação, a fim de que ele responda aos termos da petição inicial, se desejar. Mesmo que o réu deixe de responder à ação, a relação processual terá sido regularmente estabelecida, cujo processo tramitará à sua revelia.

O Código atual conceitua a citação como "o ato pelo qual são convocados o réu, o executado ou o interessado para integrar a relação processual". Não é, também, uma redação perfeita, pois o verbo *convocar* sugere a ideia de obrigatoriedade de comparecimento a juízo. Por isso, seguimos entendendo que a citação é o ato pelo qual o juiz dá *ciência* ao réu, ao executado ou ao interessado quanto à existência da ação. Ademais, da maneira como está redigida a norma legal em exame, tem-se a falsa impressão de que se as pessoas aí referidas, depois de citadas, não vierem a juízo não estarão integrando a relação processual. Ora, sabemos que essa integração se dá não com o comparecimento a juízo, ou a postulação nos autos, mas com a simples citação. Este ato processual traduz, pois *cientificação* e não, *convocação* — como se a parte, o executado ou o interessado, ao não atenderem a essa convocação, seriam conduzidos a juízo de modo coercitivo ("debaixo de vara", na linguagem do passado).

A citação constitui manifestação dos Estados Democráticos de Direito, porquanto, a um só tempo, oferece ao réu oportunidade para defender-se, e lhe permite exercer o direito constitucional de ampla defesa.

A CLT, pouco apegada aos rigores científicos, utiliza o vocábulo *notificação* para designar não apenas a citação, mas os demais atos de comunicação processual, como a intimação (art. 841).

Consta do art. 239 do CPC: "Para a validade do processo é indispensável a citação do réu ou do executado, ressalvadas as hipóteses de indeferimento da petição inicial ou de improcedência liminar do pedido. § 1.º O comparecimento espontâneo do réu ou do executado supre a falta ou a nulidade da citação, fluindo a partir desta data o prazo para apresentação de contestação ou de embargos à execução. § 2.º Rejeitada a alegação de nulidade, tratando-se de processo de: I – conhecimento, o réu será considerado revel; II – execução, o feito terá seguimento".

Caput. O CPC anterior aludia, apenas, à citação do réu; o atual incluiu a do executado. Aquele Código do passado fazia referência, aliás, à citação inicial do réu, como se existissem citações posteriores, no mesmo processo.

Sem a citação do réu o processo de conhecimento será nulo; o mesmo se afirme quanto ao processo de execução em que não houver citação do executado.

Ao comentarmos o art. 238, dissemos que a citação é o ato pelo qual se dá ciência ao réu da ação ajuizada; ampliemos, a agora, esse conceito, para tê-lo como o ato indispensável pelo qual se dá ciência ao réu da existência da ação, e, ao executado, ciência da execução.

A citação é pressuposto legal para a existência do processo; logo, a sua falta faz com que o processo seja considerado juridicamente inexistente; se a citação for realizada com desrespeito à norma legal, o processo será nulo. Em que pese ao fato de a doutrina asseverar que a ausência de citação torna o processo inexistente, parece-nos mais apropriado à técnica e aos princípios cogitar, na espécie, de processo ineficaz. Como a ausência de citação pode ser convalidada pelo comparecimento espontâneo do réu a juízo, fica difícil admitir-se a possibilidade de validar-se um ato inexistente.

O art. 239, entretanto, dispensa a citação em dois casos: a) de indeferimento da petição inicial (art. 330); b) de "improcedência" liminar do pedido (art. 332).

§ 1.º Pode acontecer, todavia, de o réu ou o executado comparecerem a juízo, de maneira espontânea, ou seja, sem terem sido citados. Nesta hipótese, a nulidade estará suprida, contando-se o prazo (para a defesa ou para os embargos do devedor) a partir da data desse comparecimento.

É necessário, observar, contudo, que se o comparecimento não for pessoal, por parte do réu, mas de seu advogado, este deverá juntar aos autos não apenas a procuração, sendo necessário que desta constem também poderes para receber citação (CPC, art. 105).

Lancemos uma ponderação oportuna: se o réu, em uma ação trabalhista, não tiver sido formalmente citado, mas, a despeito disso, ficar ciente da existência da ação e do teor da petição inicial e, no prazo legal, oferecer contestação, na qual alega, em preliminar, a nulidade (ou inexistência jurídica) do processo por falta de citação, não deveria o juiz acolher a preliminar, pois a ausência de citação não acarretou nenhum prejuízo ao réu. Convém lembrar a particularidade de o processo do trabalho haver consagrado o princípio da transcendência, conforme o qual não há nulidade sem prejuízo (CLT, art. 794). Na situação por nós imaginada, seria render injustificado apego ao formalismo a declaração de nulidade processual, pelo simples fato de o réu não haver sido citado — embora tenha podido oferecer, sem prejuízo ou constrangimento, resposta à inicial. Razão teria o réu, isto sim, se viesse a saber, por acaso, da existência da ação dois ou três dias antes da audiência (em desrespeito ao art. 841, *caput*, da CLT), na qual deveria oferecer a sua resposta, e, em razão disso, elaborasse, às pressas, e de maneira imperfeita, essa resposta. Aqui, além de ter ocorrido violação à garantia constitucional da ampla defesa (CF, art. 5.º, LV), o prejuízo seria manifesto, por modo a autorizar a declaração judicial de nulidade do processo, por falta de citação.

§ 2.º Sendo rejeitada a alegação de nulidade, as consequências processuais serão as indicadas nos incisos seguintes.

Inciso I. No processo de conhecimento, o réu será considerado revel; é necessário esclarecer, porém, que nem sempre ocorrerá o *efeito* característico da revelia, que é a presunção de veracidade dos fatos alegados na petição inicial (CLT, art. 844, *caput*, CPC, art. 344). O CPC prevê as situações em que esse efeito não se verificará (art. 345, I a IV).

Inciso II. No processo de execução, diz a norma que "*o feito terá prosseguimento*". Essa declaração legal, contudo, precisa ser interpretada com certa reserva, pois também no processo de conhecimento *o feito terá prosseguimento* mesmo que o réu seja revel.

Dispõe o art. 240 do CPC: "A citação válida, ainda quando ordenada por juízo incompetente, induz litispendência, torna litigiosa a coisa e constitui em mora o devedor, ressalvado o disposto nos arts. 397 e 398 da Lei n. 10.406, de 10 de janeiro de 2002 (Código Civil). § 1.º A interrupção da prescrição, operada pelo despacho que ordena a citação, ainda que proferido por juízo incompetente, retroagirá à data de propositura da ação. § 2.º Incumbe ao autor adotar, no prazo de 10 (dez) dias, as providências necessárias para viabilizar a citação, sob pena de não se aplicar o disposto no § 1.º. § 3.º A parte não será prejudicada pela demora imputável exclusivamente ao serviço judiciário. § 4.º O efeito retroativo a que se refere o § 1.º aplica-se à decadência e aos demais prazos extintivos previstos em lei".

Caput. O assunto era tratado no *caput* do art. 219 do CPC revogado.

A norma se ocupa dos *efeitos* processuais da citação válida.

Litispendência. Ocorre quando se repete ação que está em curso (CPC, art. 337, § 3.º). Uma ação é idêntica à outra quando tiverem as mesmas partes, a mesma causa de pedir e mesmo pedido (*ibidem*, § 2.º). Cuida-se, como se vê, de uma tríplice identidade. Quanto à identidade das partes, porém, queremos chamar a atenção para o fato de que, para os efeitos exclusivos da litispendência, deverão ser consideradas iguais as ações em que figure, numa, como autor, determinado trabalhador ou grupo de trabalhadores, consorciados na lide, e, noutra, o sindicato da classe, atuando como substituto processual, desde que as causas de pedir e os pedidos sejam os mesmos. O que se deve ter em mente, em situações como esta, é que, em ambas as ações, o titular do direito material é o mesmo: o trabalhador.

Em sede de mandado de segurança, estabelece a Lei n. 12.016, de 3 de agosto de 2009: "art. 22 (...). § 1.º O mandado de segurança coletivo não induz litispendência para as ações individuais, mas os efeitos da coisa julgada não beneficiarão o impetrante a título individual se não requerer a desistência de seu mandado de segurança no prazo de 30 (trinta) dias a contar da ciência comprovada da impetração da segurança coletiva".

Coisa litigiosa. A litigiosidade, aqui, se refere à coisa que constitui objeto da demanda. Este efeito processual da citação válida alcança tanto as partes quanto os terceiros. Sobre as partes se revela, por exemplo, sob a forma de proibição de inovarem o estado de fato da causa; se isto ocorrer, a parte prejudicada poderá invocar o poder geral de cautela do magistrado, a fim de que este imponha à parte a obrigação de abster-se da prática do ato.

Constituição em mora. Estamos diante de um dos efeitos materiais da citação válida. É legalmente considerado em mora o devedor que não efetuar o pagamento e o credor que não quiser recebê-lo, no tempo, lugar e forma que a lei ou o contrato estabelecer (Código Civil, art. 394). Duas observações se tornam necessárias, acerca do tema. Primeiramente, o devedor será constituído em mora mesmo que a citação tenha sido ordenada por juiz incompetente; segundamente, como procuramos demonstrar, no processo do trabalho deve ser levada em conta, para essa finalidade, não a citação, mas a simples entrega da petição inicial em juízo, ou a sua distribuição. A acrescentar, que a mora, como havíamos anotado há pouco, traduz um efeito de natureza material da citação válida.

Interrupção da prescrição. Em um primeiro lançar de olhos, pareceria haver omissão do *caput* do art. 240, do CPC, ao não mencionar a interrupção da prescrição, decorrente da citação válida. Pensamos, no entanto, que o legislador procurou separar as situações, que antes estavam englobadas no art. 219 do CPC revogado. Assim, é a *citação* (válida) que induz litispendência, torna litigiosa e coisa e constitui o devedor em mora, ao passo que o *despacho* que ordena a citação é a causa interruptiva da prescrição (art. 240, § 1.º).

É interessante observar que a redação primitiva do § 1.º, do art. 219, do CPC anterior, possuía a seguinte redação: "A prescrição considerar-se-á interrompida na data do despacho que ordenar a citação". Por força da Lei n. 8.952/94, no entanto, a redação daquele dispositivo passou a ser esta: "A interrupção da prescrição retroagirá à data da propositura da ação". Diante disso, indagávamos: qual das duas disposições prevaleceria? Entendíamos que era a do Código Civil, pois este (Lei n. 10.406, de 10-1-2002) era posterior à Lei n. 8.952/94, que alterou a redação do § 1.º do art. 219, do CPC. O CPC atual volta a dizer que a prescrição é interrompida pelo *despacho* que ordena a citação. Logo, este é o princípio legal a ser observado.

É proveitoso ressaltar o seguinte, acerca da interrupção da prescrição: esta será interrompida somente uma vez (Código Civil, art. 202, *caput)*. Em termos concretos, isto significa que, no processo do trabalho, se o processo em que ocorreu a citação do réu foi extinto, sem resolução do mérito, embora o autor possa intentar, novamente, a ação (CPC, art. 485, *caput*), a nova citação não interromperá a prescrição. De qualquer modo, mesmo tendo sido extinto o primeiro processo, terá havido interrupção da prescrição, ainda que restrita aos pedidos lá formulados (TST, Súmula n. 268).

O *caput* do art. 240, em exame, faz expressa ressalva aos arts. 397 e 398 do CC. O primeiro estabelece: "O inadimplemento da obrigação, positiva e líquida, no seu termo, constitui de pleno direito em mora o devedor. Parágrafo único. Não havendo termo, a mora se constitui mediante interpelação judicial ou extrajudicial"; e, o segundo: "Nas obrigações provenientes de ato ilícito, considera-se o devedor em mora, desde que o praticou".

§ 1.º A interrupção da prescrição, ainda que derivante de despacho exarado por juízo incompetente, retroagirá à da propositura da ação (*ibidem*, § 1.º).

§ 2.º No processo do trabalho, a citação (notificação) do réu, em rigor, independe de requerimento formulado na inicial (CLT, art. 840, § 1.º), pois esse ato é praticado *ex officio* (CLT, art. 841, *caput*). Assim, dificilmente haverá situação que justifique a incidência, nesse processo, do art. 238, § 2.º, do CPC. Se, contudo, em situação verdadeiramente excepcional, o juiz do trabalho determinar que a parte promova a citação do réu, ela disporá do prazo de dez dias para cumprir o despacho. Não sendo cumprido no prazo, não se considerará interrompida a prescrição.

§ 3.º A parte não poderá ser prejudicada pela demora imputável exclusivamente aos serviços judiciários. A regra possui conteúdo ético.

§ 4.º *Decadência*. O CPC anterior era omisso quanto ao efeito interruptivo da decadência, produzido pela citação válida. O CPC atual supriu essa lacuna ao declarar que esse efeito se verificará não somente quanto à decadência, senão que também aos demais prazos extintivos previstos em lei.

Lê-se no art. 241 do CPC: "Transitada em julgado a sentença de mérito proferida em favor do réu antes da citação, incumbe ao escrivão ou ao chefe de secretaria comunicar-lhe o resultado do julgamento".

A norma em apreciação está vinculada ao art. 332, nos termos do qual, independentemente da citação do réu, o juiz rejeitará, desde logo, o pedido nos casos previstos nos incisos I a IV do aludido artigo. Dispõe o § 2.º do mesmo dispositivo legal que se não for interposta apelação, pelo autor, o réu será intimado do trânsito em julgado da sentença.

O art. 241 esclarece que a comunicação do trânsito em julgado da decisão de mérito favorável ao réu, antes da citação, será feita pelo escrivão — ou pelo diretor da secretaria, no caso da Justiça do Trabalho. Mesmo que a comunicação seja efetuada por outro serventuário, que não o chefe da secretaria (no caso da Justiça do Trabalho), não haverá nulidade, desde que o réu tenha sido, efetivamente, cientificado do trânsito em julgado da decisão.

Nos termos do art. 242 do CPC: "A citação será pessoal, podendo, no entanto, ser feita na pessoa do representante legal ou do procurador do réu, do executado ou do interessado.

§ 1.º Na ausência do citando, a citação será feita na pessoa de seu mandatário, administrador, preposto ou gerente, quando a ação se originar de atos por eles praticados.

§ 2.º O locador que se ausentar do Brasil sem cientificar o locatário de que deixou, na localidade em que estiver situado o imóvel, procurador com poderes para receber citação será citado na pessoa do administrador do imóvel encarregado do recebimento dos aluguéis, que será considerado habilitado para representar o locador em juízo.

§ 3.º A citação da União, dos Estados, do Distrito Federal, dos Municípios e de suas respectivas autarquias e fundações de direito público será realizada perante o órgão de Advocacia Pública responsável por sua representação judicial".

Caput. Regra semelhante estava no *caput* do art. 215, do CPC revogado.

O destinatário natural da citação, no processo de conhecimento, é o réu; no de execução, o devedor. Opostamente ao processo civil (CPC, art. 242), o processo do trabalho não exige que a citação seja *pessoal* no processo de conhecimento. Eventual exigência quanto a essa pessoalidade poderia permitir ao réu colocar em prática certas manobras protelatórias, que não conviriam ao autor, nem à seriedade da Justiça do Trabalho. Por isso, a citação é realizada via Correio, mediante registro postal, com aviso de recebimento (CLT, art. 841). Considera-se realizada a citação, tanto que o seu instrumento seja recebido no endereço dele constante. Se, por exemplo, esse instrumento for recebido pelo porteiro de edifício, seja comercial ou residencial, o fato de acabar não chegando ao conhecimento do destinatário (réu) é algo que a jurisprudência trabalhista atribui a uma desorganização interna dos serviços do prédio. A citação terá sido realizada.

A Súmula n. 16, do TST, presume recebida a "notificação" 48 horas depois de sua postagem, esclarecendo que o seu não recebimento ou a entrega após o decurso desse prazo constitui ônus da prova do destinatário. Esse prazo de 48 horas foi extraído do parágrafo único do art. 774, da CLT, de acordo com o qual se o réu não for encontrado ou recusar-se a receber a citação, "o Correio ficará obrigado, sob pena de responsabilidade do servidor, a devolvê-la no prazo de 48 horas, ao Tribunal de origem".

O CPC revogado, convém salientar, que só admitia a citação pelo correio quando o réu fosse comerciante ou industrial domiciliado no país (art. 222, *caput*, em sua redação primitiva); todavia, inspirado no processo do trabalho, aquele estatuto processual civil acabou convertendo essa exceção em regra, para admitir a citação por via postal, ressalvados os casos apontados as letras "*a*" a "*f*" da redação do art. 222, dada pela Lei n. 8.710, de 24-9-1993. O art. 247, do CPC em vigor, manteve essa norma.

No processo do trabalho, se o réu criar embaraços ao recebimento da citação, ou não for localizado, esta será feita por edital, inserto no jornal oficial ou particular, que publicar o expediente forense. Inexistindo quaisquer desses jornais, a citação será realizada mediante a afixação do seu instrumento na sede da Vara (CLT, art. 841, § 1.º). Pode-se aplicar ao processo do trabalho, em caráter excepcional, a citação com hora certa, prevista nos arts. 252/254, do CPC.

Na execução trabalhista, o devedor será citado por oficial de justiça (CLT, art. 880, § 2.º). Se o devedor, procurado por duas vezes no espaço de 48 horas, não for encontrado, a citação será realizada por meio de edital, publicado no jornal oficial ou, na falta deste, afixado na sede da Vara ou Juízo, durante cinco dias *(ibidem*, § 3º).

Embora afirme que a citação será pessoal, o art. 240 do CPC permite que seja realizada na pessoa do representante legal ou do procurador do réu, do executado ou do interessado.

§ 1.º No sistema do CPC, se o réu estiver ausente, a citação será feita na pessoa de seu mandatário, administrador, preposto ou gerente, quando a ação decorrer de atos por eles praticados. No processo do trabalho, como dissemos, a citação será realizada pelo Correio, mediante registro postal (CLT, art. 841, § 1.º). Se o réu criar embaraços ao recebimento da citação ou não for encontrado, a citação será realizada por edital *(ibidem)*; e, em casos excepcionais, com hora certa.

§ 2.º A matéria de locação de imóveis não é da competência da Justiça do trabalho.

§ 3.º União, dos Estados, do Distrito Federal, dos Municípios e de suas respectivas autarquias e fundações de direito público serão citados perante o órgão da Advocacia Pública responsável por sua representação em juízo.

O art. 243 do CPC, *caput*, esclarece: "A citação poderá ser feita em qualquer lugar em que se encontre o réu, o executado ou o interessado. Parágrafo único. O militar em serviço ativo será citado na unidade em que estiver servindo, se não for conhecida sua residência ou nela não for encontrado".

Caput. Repete-se a regra do *caput* do art. 216 do CPC revogado, acrescentando-se a referência ao executado e ao interessado.

O princípio legal é de que o réu, o executado ou o interessado serão citados em qualquer lugar em que se encontrarem. Essa norma só é aplicável ao processo do trabalho na execução, pois a citação, no processo cognitivo, é efetuada pelo Correio, mediante registro postal, sendo, por isso, irrelevante cogitar-se do lugar em que se encontra o citando: o instrumento de citação será entregue à pessoa que estiver no endereço constante desse instrumento.

Se, em situação excepcional, a citação do réu trabalhista dever ser efetuada por oficial de justiça, no processo de conhecimento, estará presente o pressuposto para a incidência do art. 243, *caput*, do CPC.

Parágrafo único. Mesmo no caso de militar, a citação, no processo do trabalho, será efetuada mediante registro postal, exceto se tratar-se de execução, quando o ato citatório será feito por oficial de justiça. Apenas neste último caso é que se atenderá à regra do parágrafo único do art. 243.

O art. 244 do CPC dispõe: "Não se fará a citação, salvo para evitar o perecimento do direito: I – de quem estiver participando de ato de culto religioso; II – de cônjuge, de companheiro ou de qualquer parente do morto, consanguíneo ou afim, em linha reta ou na linha colateral em segundo grau, no dia do falecimento e nos 7 (sete) dias seguintes; III – de noivos, nos 3 (três) primeiros dias seguintes ao casamento; IV – de doente, enquanto grave o seu estado".

Caput. Repete-se o *caput* do art. 217 do CPC revogado.

Somente se for necessário para evitar o perecimento do direito é que se fará a citação nas situações indicadas nos incisos deste artigo. O perecimento do direito pode ocorrer em casos como os de prescrição e de decadência.

Inciso I. *Ato de culto religioso*. A pessoa que estiver assistindo a ato dessa natureza não pode ser citada. Algumas dificuldades de ordem prática podem surgir em relação a esse preceito legal. Em primeiro lugar, o que se deve entender como religião? O culto ou a devoção prestados a qualquer ser, entidade, mesmo que não possuam natureza divina ou extraterrena? A solução dessa questão deverá ficar reservada a cada caso concreto. Por outro lado, o que se deve entender por "estar assistindo" a ato de culto religioso? Se a pessoa estiver assistindo a esse ato pela televisão não poderá ser citada? Pensamos que o inciso em exame somente deverá ser aplicado em benefício da pessoa que estiver assistindo ao ato religioso no lugar em que este esteja sendo realizado. É o que se poderia denominar de assistência "presencial". Enfim, o escopo do preceito legal é respeitar o sentimento religioso das pessoas. Pela mesma razão, não poderá ser citado quem estiver *oficiando* o culto, como os padres, os pastores e outros líderes religiosos.

Inciso II. *Falecimento*. Também não poderá ser citado o cônjuge, o companheiro ou qualquer parente do falecido, consanguíneo ou afim, em linha reta ou na linha colateral em segundo grau, no dia do óbito e nos sete dias subsequentes, pouco importando o lugar em que se encontrem essas pessoas. O CPC anterior não incluía o *companheiro* (ou companheira) nesse rol.

Inciso III. *Casamento*. O CPC anterior aludia às *bodas*. O substantivo *bodas* tanto pode referir-se a aniversário de casamento (bodas de prata, de ouro, de rubi etc.), quanto às próprias núpcias. É neste último sentido que se deveria interpretar a norma legal revogada. A atual substituiu o vocábulo, passando a falar, com mais acerto, em casamento. Assim, os noivos não poderão ser citados nos três dias de casamento, aqui incluído o próprio dia em que as núpcias se realizaram.

Inciso IV. *Doentes.* Por motivos piedosos, humanitários, a lei veda a citação dos doentes, enquanto for grave o seu estado de saúde. Em alguns casos, aliás, a pessoa, dado o seu elevado grau de enfermidade, nem mesmo teria lucidez ou discernimento para receber a citação. A gravidade do estado de saúde do "citando", ou, de qualquer modo, o seu discernimento para receber a citação deverão ser comprovados por declaração médica, seja mediante atestado, seja mediante laudo.

A teor do art. 245 do CPC: "Não se fará citação quando se verificar que o citando é mentalmente incapaz ou está impossibilitado de recebê-la. § 1.º O oficial de justiça descreverá e certificará minuciosamente a ocorrência. § 2.º Para examinar o citando, o juiz nomeará médico, que apresentará laudo no prazo de 5 (cinco) dias. § 3.º Dispensa-se a nomeação de que trata o § 2.º se pessoa da família apresentar declaração do médico do citando que ateste a incapacidade deste. § 4.º Reconhecida a impossibilidade, o juiz nomeará curador ao citando, observando, quanto à sua escolha, a preferência estabelecida em lei e restringindo a nomeação à causa. § 5.º A citação será feita na pessoa do curador, a quem incumbirá a defesa dos interesses do citando".

Caput. A norma constava do CPC anterior, cujo art. 218, *caput*, aludia, em linguagem inapropriada, à *demência* da parte.

A citação não será efetuada se o réu foi mentalmente incapaz ou, por qualquer motivo, estiver incapacitado de recebê-la. A razão é elementar: ele não terá consciência do conteúdo do ato judicial e das consequências que este acarretará.

§ 1.º Verificando quaisquer das situações mencionadas no *caput* deste artigo, o oficial de justiça descreverá e certificará de maneira minuciosa a ocorrência, vale dizer, demonstrará o motivo pelo qual deixou de cumprir o mandado citatório. Essa descrição detalhada é necessária para que o juiz verifique sobre a necessidade de agir da maneira prevista no parágrafo seguinte.

§ 2.º Devolvido o mandado aos autos, e certificando-se do que dele consta, o juiz nomeará médico para examinar o citando. O laudo médico deverá ser apresentado em cinco dias. A escolha do médico ficará, portanto, a critério do juiz, que deverá atender às qualificações e à especialização do referido profissional.

§ 3.º Não haverá necessidade de nomeação de médico, na forma do § 2.º, se algum familiar do citando apresentar declaração do médico deste, atestando a sua incapacidade.

§ 4.º Se o laudo concluir pela impossibilidade de a pessoa ser citada, o juiz — desde que concorde com as conclusões do *expert* —, dará um curador ao citando. Para efeito de designação do curador, deverão ser observadas as preferências estabelecidas na lei; além disso, a nomeação ficará restrita à causa.

A curatela pode ser conceituada como o instituto destinado à proteção da pessoa e à administração do seu patrimônio econômico. O art. 1.766 do CC declara estarem sujeitos à curatela: a) as pessoas que, por enfermidade ou deficiência mental, não possuírem o necessário discernimento para os atos da vida civil; b) aqueles que, por outra causa duradoura, não puderem manifestar a sua vontade; c) os deficientes mentais, os ébrios habituais e os viciados em tóxicos; d) os excepcionais sem completo desenvolvimento mental. A interdição pode ser promovida: a) pelos pais ou tutores; b) pelo cônjuge, ou por qualquer parente; c) pelo Ministério Público (CC, art. 1.768). O cônjuge ou o companheiro, desde que não esteja separado judicialmente ou de fato, é, de direito, curador do outro, quando interdito (CC, art. 1.775).

§ 5.º A citação será realizada na pessoa do curador, incumbindo a este promover a defesa judicial dos direitos e interesses do réu.

Quanto à *forma* pela qual a citação deverá ser realizada, estabelece o art. 246 do CPC: "A citação será feita: I – pelo correio; II – por oficial de justiça; III – pelo escrivão ou chefe de secretaria, se o citando comparecer em cartório; IV – por edital; V – por meio eletrônico, conforme regulado em lei. § 1.º Com exceção das microempresas e das empresas de pequeno porte, as empresas públicas e privadas são obrigadas a manter cadastro nos sistemas de processo em autos eletrônicos, para efeito de recebimento de citações e intimações, as quais serão efetuadas preferencialmente por esse meio. § 2.º O disposto no § 1.º aplica-se à União, aos Estados, ao Distrito Federal, aos Municípios e às entidades da administração indireta. § 3.º Na ação de usucapião de imóvel, os confinantes serão citados pessoalmente, exceto quando tiver por objeto unidade autônoma de prédio em condomínio, caso em que tal citação é dispensada".

Caput. Reproduz-se, com pequenas alterações, o *caput* do art. 221 do CPC revogado.

A norma passa a indicar, em seus incisos, as formas pelas quais a citação será realizada.

Inciso I. *Pelo correio.* Conforme afirmamos há pouco, no processo do trabalho a citação pelo correio, mediante aviso de recebimento, constitui o princípio a ser observado nos processos de conhecimento e cautelar (CLT, art. 841). De certa maneira, esse princípio acabou sendo adotado pelo processo civil, após longo período de hesitação. Mesmo assim, o CPC veda a citação por esse meio: 1) nas ações de estado; 2) quando o réu for incapaz; 3) quando o réu for pessoa jurídica de direito público; 4) quando o réu residir em local não atendido pela entrega domiciliar de correspondência; 5) quando o autor a requerer de outra forma (art. 247). O CPC atual excluiu, do elenco dessas exceções, os *processos de execução,* aos quais se referia a letra *"d"* do art. 222 do CPC de 1973.

Inciso II. *Por oficial de justiça.* No processo de conhecimento trabalhista, a citação do réu não é feita, em regra, pelo oficial de justiça, e sim mediante registro postal. Na execução, todavia, esse ato é praticado pelo oficial de justiça (CLT, art. 880, § 2.º). O mandado executivo não se destina, apenas, a citar o devedor. As outras finalidades (decorrentes da citação) são para que pague no prazo de 48 horas ou nomeie bens à penhora; se o devedor não fizer nenhuma coisa nem outra, ser-lhe-ão penhorados tantos bens quantos bastem para satisfazer o escopo da execução (CLT, art. 883). No mesmo mandado o oficial de justiça nomeará o depositário dos bens e intimará o devedor para oferecer embargos, no prazo de cinco dias (CLT, art. 884).

Embora a citação por oficial de justiça seja a forma consagrada na execução, isto não quer dizer que esses oficiais somente possam atuar na execução. Há casos, embora excepcionais, em que a citação no processo de conhecimento é efetuada por oficial de justiça. Tal ocorre, geralmente, nos casos em que o Correio não encontra o endereço do réu. Enfim, ficará sempre reservado ao prudente arbítrio do juiz do trabalho a possibilidade de — repitamos: em caráter excepcional — determinar a citação do réu por oficial de justiça. O próprio CPC permite a citação por oficial de justiça "nas hipóteses previstas neste Código ou na lei, ou quando frustrada a citação pelo correio" (art. 249).

Nas situações que justifiquem a citação por oficial de justiça, no processo de conhecimento trabalhista, o mandado deverá conter os requisitos do art. 250, do CPC: a) nomes do autor e do réu, com seus domicílios ou residências; b) o objetivo da citação, com todas as especificações da petição inicial, bem como a menção do prazo para contestar, sob pena de revelia, ou para embargar a execução; c) a aplicação de sanção, se houver; d) a intimação do citando para comparecer, acompanhado de advogado ou de defensor público, à audiência de conciliação ou de mediação, com a menção do dia, da hora e do lugar do comparecimento; e) a cópia da petição inicial, do despacho ou da decisão que deferir tutela provisória; f) VI — a assinatura do escrivão ou do chefe de secretaria e a declaração de que o subscreve por ordem do juiz.

Inciso III. *Pelo escrivão ou chefe da secretaria.* Essa forma de citação será possível quando o réu comparecer ao cartório ou à secretaria do juízo.

Inciso IV. *Por edital*. No processo do trabalho, há previsão de citação por edital quando: a) o réu, no processo de conhecimento, criar embaraços para recebê-la ou não for localizado (CLT, art. 841, § 1.º); b) o devedor, no processo de execução, procurado no espaço de 48 horas, não for encontrado (CLT, art. 880, § 3.º).

Levando em conta o conteúdo ético do processo, como método estatal de solução de conflitos de interesses tutelados pela ordem jurídica, a lei pune, com multa correspondente a cinco salários mínimos, a parte que requerer a citação por edital, alegando, de maneira dolosa, os requisitos do art. 256, I e II, do CPC (*ibidem*, art. 258, *caput*). A fixação da multa com base em salários mínimos atenta contra o disposto no art. 7.º, IV, da Constituição Federal, motivo por que o juiz deverá adotar um outro critério. A multa verterá para a parte contrária *(ibidem*, parágrafo primeiro).

Inciso V. *Por meio eletrônico*. A possibilidade de citação por este meio foi instituída pela Lei n. 11.419, de 19 de dezembro de 2006, que inseriu o inciso IV, no art. 221, do CPC anterior. O art. 6.º, da precitada norma legal, dispõe que, sendo observadas as formas e as cautelas do seu art. 5.º, as citações, inclusive da Fazenda Pública, poderiam ser feitas por meio eletrônico, "desde que a íntegra dos autos seja acessível ao citando". É evidente que se o réu não puder ter acesso integral ao conteúdo dos autos, a citação eletrônica será inválida, porquanto manifesto o seu prejuízo (CLT, art. 794). No CPC atual, a previsão de citação por meio eletrônico consta do inciso IV do art. 246.

§ 1.º As empresas públicas e privadas devem manter cadastro junto aos sistemas de processo em autos eletrônicos, com a finalidade de receberem citações e intimações, cujos atos deverão ser realizadas, de preferência, por esse meio. Excluem-se dessa exigência legal as microempresas e as empresas de pequeno porte.

§ 2.º A regra contida no § 1.º é aplicável à União, aos Estados, ao Distrito Federal, aos Municípios e às entidades da administração indireta.

§ 3.º A Justiça do Trabalho não possui competência para apreciar ações de usucapião.

O princípio inscrito no sistema do atual CPC é de que a citação será sempre realizada pelo correio. Estatui, a esse respeito, o art. 247: "A citação será feita pelo correio para qualquer comarca do país, exceto: I – nas ações de estado, observado o disposto no art. 695, § 3.º; II – quando o citando for incapaz; III – quando o citando for pessoa de direito público; IV – quando o citando residir em local não atendido pela entrega domiciliar de correspondência; V – quando o autor, justificadamente, a requerer de outra forma".

Caput. Regra idêntica estava no *caput* do art. 222 do CPC revogado.

Após enunciar o princípio de que a citação pelo correio poderá ser efetuada para qualquer comarca do país, o texto legal aponta algumas exceções a essa regra.

Inciso I. *Ações de estado*. A Justiça do Trabalho não possui competência para apreciar ações pertinentes a essa matéria.

Inciso II. *Réu incapaz*. Também no processo do trabalho deverá ser observada essa exceção. A incapacidade pode ser absoluta (CC, art. 3º) ou relativa (CC, art. 4.º); no primeiro caso, o incapaz será representado por quem a lei designar; no segundo, será assistido. A citação será efetuada por oficial de justiça, na pessoa do representante ou do assistente.

Inciso III. Tratando-se de processo de conhecimento, a norma não incide no processo do trabalho. Aqui, como tantas vezes assinalamos, a citação é realizada pelo correio, mediante registro postal (CLT, art. 841, § 1.º).

Inciso IV. Elementarmente, se o local em que o réu residir ou exercer as suas atividades não for atendido pela entrega domiciliar de correspondência, a citação não poderá ser feita pelo correio, devendo ser realizada, isto sim, por oficial de justiça — mesmo no processo do trabalho.

Inciso V. Se o autor requerer que a citação não seja efetuada pelo correio, mas por outra forma, que indicar, cumprirá ao juiz verificar: a) se o fundamento desse requerimento é justificável; b) se a forma alternativa de citação, apontada pelo autor, é legalmente adequada. Se o fundamento não se justificar, o juiz indeferirá o requerimento. Deferindo-o, não significa que o ato citatório será realizado pela forma indicada pelo autor, pois o juiz poderá decidir-se pela forma que seja legalmente adequada ao caso concreto.

Uma observação complementar: o inciso em exame afirma que a citação não será realizada pelo correio "quando o autor, justificadamente, a requerer de outra forma". Não basta, portanto, que haja o requerimento do autor: é fundamental que esse requerimento seja: a) fundamentado; b) acolhido pelo magistrado. Logo, a não realização do ato citatório pelo correio não dependerá de instância do autor, como faz parecer a norma legal, senão que de acolhimento judicial dessa postulação.

O CPC, no art. 248, disciplina o procedimento a ser observado no tocante à citação pelo correio: "Deferida a citação pelo correio, o escrivão ou o chefe de secretaria remeterá ao citando cópias da petição inicial e do despacho do juiz e comunicará o prazo para resposta, o endereço do juízo e o respectivo cartório. § 1.º A carta será registrada para entrega ao citando, exigindo-lhe o carteiro, ao fazer a entrega, que assine o recibo. § 2.º Sendo o citando pessoa jurídica, será válida a entrega do mandado a pessoa com poderes de gerência geral ou de administração ou, ainda, a funcionário responsável pelo recebimento de correspondências. § 3.º Da carta de citação no processo de conhecimento constarão os requisitos do art. 250. § 4.º Nos condomínios edilícios ou nos loteamentos com controle de acesso, será válida a entrega do mandado a funcionário da portaria responsável pelo recebimento de correspondência, que, entretanto, poderá recusar o recebimento, se declarar, por escrito, sob as penas da lei, que o destinatário da correspondência está ausente".

Caput. A matéria era regida pelo *caput* do art. 223 do CPC revogado.

Nos termos do art. 841, *caput,* da CLT, caberá ao escrivão ou ao diretor da secretaria, no prazo de 48 horas, remeter a segunda via da petição inicial (ou do termo) ao réu, notificando-o, ao mesmo tempo, para comparecer à audiência de julgamento, que será a primeira desimpedida, depois de cinco dias. Uma breve análise dessa norma legal nos autoriza às seguintes conclusões: a) a citação pelo correio constitui a forma clássica do processo do trabalho; logo, aqui não se cogita do *deferimento* judicial por essa forma, a que se refere o art. 248 do CPC: a citação mediante registro postal não só é *automática,* como característica do processo do trabalho; b) o prazo para a resposta do réu, em princípio, não é preestabelecido pois ela será apresentada ou formulada no dia da audiência; c) a audiência nem sempre será de julgamento: poderá ser meramente inicial naqueles juízos que adotarem a praxe de fragmentar a audiência; d) conquanto o art. 841, § 1.º, da CLT, não o exija, o instrumento trabalhista de citação ("notificação") indica o juízo por onde se processa o feito e o seu endereço.

§ 1.º O carteiro, ao fazer a entrega do instrumento de citação, no endereço deste constante, exigirá que a pessoa que o receber assine o recibo correspondente.

§ 2.º A norma não incide no processo do trabalho; aqui, como dissemos, mesmo que o réu esteja constituído sob a forma de pessoa jurídica, considerar-se-á realizada, validamente, a citação cujo recibo seja assinado por quem se encontrar no endereço estampado no correspondente instrumento, pouco importando se a pessoa é dotada, ou não, de poderes de gerência geral ou de administração. Essa pessoa pode ser, por exemplo, até mesmo o porteiro do edifício; o que não se admite é que seja simples cliente do réu.

§ 3.º No processo de conhecimento, o instrumento de citação deverá conter os requisitos do art. 250. Examinaremos esses requisitos ao comentarmos o precitado artigo.

§ 4.º O adjetivo *edilício* significa, no texto da lei, aquilo que se refere à edificação. O princípio insculpido neste parágrafo consagra, de certo modo, o procedimento há muito adotado pela Justiça do Trabalho, consistente em considerar válida a citação cujo instrumento é recebido pelo serviço de portaria de condomínio ou de loteamento com controle de acesso. A norma, porém, autoriza o empregado da portaria a recusar o recebimento da correspondência se declarar, por escrito e sob as penas da lei, que o destinatário está ausente. O que se deve entender por *ausência*, para os efeitos da norma legal em estudo? Antes de mais nada, não se trata, necessariamente, da ausência a que se refere o art. 22, do Código Civil, capaz, até mesmo, de autorizar a abertura provisória da sucessão (art. 26). Por outro lado, não se pode considerar ausente o citando que, por exemplo, estiver por algumas horas fora do local em que reside ou trabalha. É necessário, pois, que a ausência seja razoável, considerável, decorrente, digamos, do fato de o citando estar em viagem por alguns dias. O problema é que o empregado do serviço de portaria deve declarar a ausência do destinatário ao funcionário do Correio incumbido da entrega da correspondência. Em virtude disso, deverão surgir alguns problemas de ordem prática, a começar pelo fato de o referido funcionário do Correio nem mesmo esperar que o empregado da portaria redija a declaração de que fala a norma legal.

Havendo dúvida sobre se o destinatário está, ou não, ausente, a sua citação poderá ser feita por oficial de justiça.

Conquanto o § 4.º do art. 248 do CPC faça alusão a *condomínios* edilícios (e a loteamentos com controle de acesso), as suas disposições são aplicáveis aos edifícios em geral, mesmo que não integrantes de condomínio.

Quanto à citação pelo oficial de justiça, estabelece o art. 249 do CPC: "A citação será feita por meio de oficial de justiça nas hipóteses previstas neste Código ou em lei, ou quando frustrada a citação pelo correio".

Preceito semelhante estava no art. 224 do CPC revogado.

Na Justiça do Trabalho, a citação por meio de oficial de justiça é realizada, de ordinário, no processo de execução; somente em casos excepcionais será efetuada por esse meio no processo de conhecimento, como quando o réu residir em local não servido pelo serviço domiciliar de entrega de correspondência, ou ficar frustrada a citação pelo correio.

Os requisitos que o mandado de citação deve conter estão descritos no art. 250: "O mandado que o oficial de justiça tiver de cumprir conterá: I – os nomes do autor e do citando e seus respectivos domicílios ou residências; II – a finalidade da citação, com todas as especificações constantes da petição inicial, bem como a menção do prazo para contestar, sob pena de revelia, ou para embargar a execução; III – a aplicação de sanção para o caso de descumprimento da ordem, se houver; IV – se for o caso, a intimação do citando para comparecer, acompanhado de advogado ou de defensor público, à audiência de conciliação ou de mediação, com a menção do dia, da hora e do lugar do comparecimento; V – a cópia da petição inicial, do despacho ou da decisão que deferir tutela provisória; VI – a assinatura do escrivão ou do chefe de secretaria e a declaração de que o subscreve por ordem do juiz".

Caput. Reproduziu-se a regra do *caput* do art. 225 do CPC.

Estabelecem-se, aqui, os requisitos que deverá conter o mandado citatório a ser cumprido pelo oficial de justiça.

Inciso I. *Nomes do autor e do citando.* São necessários para definir os limites subjetivos da lide. Não há necessidade de mencionar as suas qualificações pessoais. A indicação do endereço do domicílio ou residência do réu ou citando se destina à verificação da fidelidade do mandado em relação ao endereço contido na inicial. No tocante ao autor, essa exigência perde um pouco o sentido prático.

Inciso II. *Finalidade da citação.* No processo de conhecimento é dar ciência ao réu da existência da ação e dos pedidos formulados pelo autor — que são "*as especificações constantes da petição inicial*" a que alude o texto legal em estudo. Em princípio, no processo do trabalho não há necessidade de o mandado indicar o prazo para a contestação, pois esta, em regra, é apresentada em audiência. O que o mandado trabalhista deve conter é a advertência de que se a contestação não for oferecida no momento processual oportuno configurar-se-á a revelia. Por outras palavras, na Justiça do Trabalho o mandado citatório (CLT, art. 841, § 2.º) deverá expressar a advertência contida na parte final do *caput* do art. 844, da CLT. No processo de execução, o ato citatório se destina, entre outras coisas, a convocar o devedor a adimplir obrigação contida no título executivo e espelhada no correspondente mandado, sob pena de penhora.

Inciso III. *Aplicação de sanção.* Se o mandado consubstanciar alguma ordem judicial, dele constará a sanção aplicável no caso de descumprimento dessa ordem.

Inciso IV. Cuida-se, aqui, de intimação do citando para comparecer à audiência de conciliação ou de mediação, mencionando-se o dia, a hora e o lugar em que será realizada. Nos casos em que a norma puder ser aplicada ao processo do trabalho não haverá necessidade de o citando comparecer acompanhado por advogado, pois ainda vigora (contra nossa opinião) o art. 791, *caput*, da CLT, que atribui às partes a capacidade postulatória, mediante a qual podem ingressar em juízo e aí praticar todos os atos necessários à defesa dos seus direitos e interesses, sem a presença de advogado. Exige-se a presença de procurador judicial, apenas, A Súmula n. 425, do TST, limita o *ius postulandi* às Varas e aos Tribunais Regionais do Trabalho.

Do instrumento de intimação do citando deverá constar a advertência de que o seu não comparecimento injustificado à audiência configurará ato atentatório à dignidade da justiça, sendo-lhe aplicada multa de até dois por cento da vantagem econômica pretendida ou do valor da causa, cuja penalidade verterá em benefício da União ou do Estado, conforme seja o caso (art. 334, § 8.º).

Inciso V. Cópia da inicial e do despacho. No processo do trabalho, via de regra, o juiz não exara despacho na inicial, pois o ato de citação é realizado pelo escrivão ou pelo diretor da secretaria, *ex officio* (CLT, art. 841). Nos casos em que o juiz lançar o despacho na inicial (como se dá nas ações civis públicas, nas ações cautelares inominadas, nas ações consignatórias) cópia do despacho deverá acompanhar o mandado de citação, embora seja aceitável a sua transcrição nesse instrumento. Tendo ocorrido o deferimento de tutela provisória, cópia da correspondente decisão deve acompanhar o mandado.

Ordinariamente, como dissemos, a defesa, no processo do trabalho, é apresentada (escrita) ou formulada (oralmente) na própria audiência. Sob o rigor da lei, aliás, deveria ser sempre manifestada sob a forma oral (CLT, art. 847); no entanto, ponderáveis razões de ordem prática levaram os juízes do trabalho a aceitar as defesas escritas, de tal modo que, hoje, muitos magistrados chegam a irritar-se quando o réu informa que fará oralmente a sua defesa.

Em situações extraordinárias, como no caso de ações civis públicas, alguns juízes entendem que a resposta do réu não deverá ser apresentada em audiência, e sim em prazo por eles predeterminado; sendo assim, o mandado citatório deverá indicar qual será esse prazo. A propósito, alguns despachos judiciais exarados na inicial das mencionadas ações causam profundas inquietações no espírito dos réus quando dizem: "Cite-se o réu para contestar no prazo legal". Qual seria esse *prazo legal*, do ponto de vista do juiz, quando a lei não o define?

Inciso VI. O escrivão deverá assinar o mandado, explicitando que o faz por ordem do juiz. No processo do trabalho não há necessidade de dessa explicitação.

A atuação do oficial de justiça

Convém reproduzirmos, agora, as normas do CPC que disciplinam a atuação do oficial de justiça, na diligência citatória, tecendo breves comentários sobre essas normas.

> "Art. 251. Incumbe ao oficial de justiça procurar o citando e, onde o encontrar, citá-lo: I – lendo-lhe o mandado e entregando-lhe a contrafé; II – portando por fé se recebeu ou recusou a contrafé; III – obtendo a nota de ciente ou certificando que o citando não a apôs no mandado."

Caput. Reprodução literal do *caput* do art. 226 do CPC revogado.

O texto legal em exame afirma que o oficial de justiça deverá citar o réu no lugar em que o encontrar. Não se aplicará esta norma, entretanto, nas situações indicadas nos arts. 244 e 245.

Inciso I. No processo civil cumprirá ao oficial de justiça ler o mandado ao réu e entregar-lhe a contrafé (cópia da petição inicial). Se o réu for surdo-mudo, mas souber ler, entendemos que o fato de o oficial de justiça deixar de ler-lhe o conteúdo do mandado não será causa de nulidade processual; afinal, o réu tomou ciência, pela leitura realizada, do teor dessa ordem judicial. Nulidade haverá se o réu, embora não sendo surdo, seja cego ou não saiba ler.

Seja como for, no processo do trabalho a citação (processo de conhecimento) não é realizada por oficial de justiça e sim pelo correio. Nas situações em que se impõe a citação por meio de oficial de justiça não se tem exigido que leia o teor do mandado ao réu: basta que lhe informe o motivo da citação e lhe entregue a contrafé.

Inciso II. O oficial de justiça declarará, ainda, se o réu recebeu a contrafé ou se recusou a recebê-la.

Inciso III. O oficial de justiça deverá solicitar ao réu que aponha a sua nota de "ciente" na cópia do mandado, que ser juntado aos autos. Se o réu recusar-se a lançar essa nora, incumbirá ao oficial de justiça certificar o fato, submetendo-o à consideração do juiz. É aconselhável, por isso, que o oficial procure inteirar-se do motivo da recusa, mencionando-o no mandado, a fim de que o juiz possa avaliar se o ato do réu foi justificável, ou não. Muitas vezes, o citando alega não ser parte legítima, indicando outra pessoa para ser citada, caso em que o juiz deverá mandar intimar o autor para que se manifeste a respeito no prazo que lhe assinar.

> "Art. 252. Quando, por 2 (duas) vezes, o oficial de justiça houver procurado o citando em seu domicílio ou residência sem o encontrar, deverá, havendo suspeita de ocultação, intimar qualquer pessoa da família ou, em sua falta, qualquer vizinho de que, no dia útil imediato, voltará a fim de efetuar a citação, na hora que designar.
> Parágrafo único. Nos condomínios edilícios ou nos loteamentos com controle de acesso, será válida a intimação a que se refere o *caput* feita a funcionário da portaria responsável pelo recebimento de correspondência."

Caput. Transcreveu-se o art. 227 do CPC revogado.

Sempre sustentamos, em livros, que a citação com hora certa não era admissível no processo do trabalho, em razão de a CLT não ser omissa (art. 769) quanto ao assunto. Com efeito, consta do art. 841, § 1º, desse texto legal que se o réu criar embaraços para receber a citação esta será realizada por edital.

Estamos propensos a rever nossa opinião; aliás, já o fizemos em páginas anteriores deste livro.

A citação edilícia, prevista no § 1.º do art. 841, da CLT, não só consome muito tempo, como impõe ao autor o pagamento das despesas de publicação — salvo se for beneficiário da justiça gratuita. A citação com hora certa não apresenta os problemas acarretados pelo edital. Ademais, não expõe a imagem do réu à curiosidade popular. Por essas razões, cremos que o processo do trabalho possa adotar a citação com hora certa, nas situações em que não for possível realizar esse ato pelo correio e quando se verificar que o réu está se esquivando de receber a citação.

O procedimento atinente a essa modalidade citatória é este: a) o oficial de justiça comparecerá por três vezes, em dias (e, talvez, horários) diferentes ao endereço do réu, constante do mandado; b) não o encontrando, e havendo suspeita de ocultação, deverá intimar qualquer pessoa da família de que, no dia seguinte (sendo útil), retornará para realizar a citação na hora que indicar; c) se o oficial de justiça não encontrar pessoa da família do réu, deverá fazer a intimação a qualquer vizinho.

É necessário enfatizar este ponto: para que a citação com hora certa seja legalmente possível, é imprescindível que o oficial de justiça se convença de estar havendo intuito de ocultação ao recebimento da citação por parte do réu. Se, por exemplo, as diligências desse serventuário forem frustradas em razão de o réu estar ausente por motivo justificável (viagem, doença, etc.) não poderá haver citação com hora certa, incumbindo ao oficial certificar o fato e submetê-lo à apreciação do magistrado, que deverá adotar as providências que o caso comportar.

Estando presente o pressuposto legal para a citação com hora certa, o oficial de justiça deverá atender ao procedimento estabelecido no art. 252.

Parágrafo único. O adjetivo *edilício* significa, no texto da lei, aquilo que se refere à edificação.

Será válida a intimação de que trata o *caput* feita a empregado da portaria responsável pelo recebimento de correspondência.

Conquanto a norma legal faça alusão a *condomínios* edilícios (e a loteamentos com controle de acesso), as suas disposições são aplicáveis aos edifícios em geral, mesmo que não integrantes de condomínio.

> "Art. 253. No dia e na hora designados, o oficial de justiça, independentemente de novo despacho, comparecerá ao domicílio ou à

> residência do citando a fim de realizar a diligência. § 1.º Se o citando não estiver presente, o oficial de justiça procurará informar-se das razões da ausência, dando por feita a citação, ainda que o citando se tenha ocultado em outra comarca, seção ou subseção judiciárias. § 2.º A citação com hora certa será efetivada mesmo que a pessoa da família ou o vizinho que houver sido intimado esteja ausente, ou se, embora presente, a pessoa da família ou o vizinho se recusar a receber o mandado. § 3.º Da certidão da ocorrência, o oficial de justiça deixará contrafé com qualquer pessoa da família ou vizinho, conforme o caso, declarando-lhe o nome. § 4.º O oficial de justiça fará constar do mandado a advertência de que será nomeado curador especial se houver revelia."

Caput. No dia e hora designados, o oficial de justiça voltará ao endereço de residência ou de domicílio do réu para realizar a diligência. Esse retorno ao local mencionado no mandado independe de despacho judicial.

§ 1.º Não estando presente o réu, o oficial de justiça deverá informar-se acerca do motivo da ausência, dando por feita a citação, mesmo que o réu se tenha ocultado em outra comarca ou seção judiciária. Uma observação relevante: é recomendável que o oficial de justiça busque certificar-se do motivo da ausência do réu não neste momento, mas quando de suas anteriores tentativas de citação (art. 252), porquanto será este o momento oportuno para ele convencer-se de que a ausência do réu é justificável ou faz parte da estratégia deste de fugir à citação. Após decidir-se pela citação com hora certa (que, reitere-se, independe de novo despacho judicial) não faz muito sentido o oficial de justiça procurar saber a razão da ausência do réu.

§ 2.º A citação com hora certa será considerada efetivada em uma destas situações: a) se a pessoa da família ou o vizinho, que houver sido intimado, estiver ausente; b) embora presente uma dessas pessoa, se recuse a receber o mandado.

§ 3.º Em seguida, o oficial de justiça certificará a ocorrência, deixando contrafé com pessoa da família do réu ou com qualquer vizinho deste, conforme seja o caso. Da certificação deverá constar o nome do familiar ou do vizinho.

§ 4.º Incumbirá ao oficial de justiça fazer constar do mandado a advertência de que, se houver revelia, será nomeado curador especial.

> "Art. 254. Feita a citação com hora certa, o escrivão ou chefe de secretaria enviará ao réu, executado ou interessado, no prazo de 10 (dez) dias, contado da data da juntada do mandado aos autos, carta, telegrama ou correspondência eletrônica, dando-lhe de tudo ciência."

Reprodução, quase integral, do art. 229 do CPC revogado.

A citação com hora certa nem sempre traduzirá a certeza de que o réu, o executado ou o interessado foi, efetivamente, cientificado da existência da ação, pois o vizinho pode não lhes entregar o instrumento citatório (contrafé) deixado pelo oficial de justiça. Por isso, a lei determina que, efetuada a citação com hora certa, o escrivão remeta, no prazo de dez dias, ao réu, ao executado ou ao interessado carta, telegrama ou correspondência eletrônica, dando-lhe conhecimento de tudo. A ausência do envio de carta, telegrama ou correspondência eletrônica às pessoas mencionadas no texto legal tornará, a nosso ver, nula a citação — exceto se, a despeito disso, elas oferecerem a contestação.

> "Art. 255. Nas comarcas contíguas de fácil comunicação e nas que se situem na mesma região metropolitana, o oficial de justiça poderá efetuar, em qualquer delas, citações, intimações, notificações, penhoras e quaisquer outros atos executivos."

Repete-se, em essência, o art. 230 do CPC revogado.

Se as comarcas forem contíguas e entre elas houver fácil acesso ("comunicação", diz a lei), ou se estiverem situadas na mesma região metropolitana, o oficial de justiça poderá efetuar, em qualquer delas, citações, intimações, notificações, penhoras e quaisquer outros atos executivos.

Parece-nos, efetivamente, que a expressão legal "fácil comunicação" deva ser interpretada como "fácil acesso". Ocorre que, modernamente, com os expressivos e incessantes avanços tecnológicos, especialmente a *Internet*, a citação de alguém residente ou estabelecido a milhares de quilômetros de distância em relação ao juízo da causa poderia ser considerada lícita, tendo em vista essa facilidade de comunicação.

Seja como for, a incidência do art. 255 pressupõe: a) que as comarcas sejam contíguas; ou b) integrem a mesma região metropolitana. A Constituição Federal, em seu art. 25, § 3.º, autoriza os Estados federados, por meio de lei complementar, "instituir regiões metropolitanas, aglomerações urbanas e microrregiões, constituídas por agrupamento de municípios limítrofes, para integrar a organização, o planejamento e a execução de funções públicas de interesse comum". Foi dentro desse espírito e desse objetivo constitucionais que o art. 255 do CPC permitiu a citação de que se ocupa.

> "Art. 256. A citação por edital será feita: I – quando desconhecido ou incerto o citando; II – quando ignorado, incerto ou inacessível o lugar em que se encontrar o citando; III – nos casos expressos em lei. § 1.º Considera-se inacessível, para efeito de citação por edital, o país que recusar o cumprimento de carta rogatória. § 2.º No caso

> de ser inacessível o lugar em que se encontrar o réu, a notícia de sua citação será divulgada também pelo rádio, se na comarca houver emissora de radiodifusão. § 3.º O réu será considerado em local ignorado ou incerto se infrutíferas as tentativas de sua localização, inclusive mediante requisição pelo juízo de informações sobre seu endereço nos cadastros de órgãos públicos ou de concessionárias de serviços públicos."

Caput. Disposição semelhante estava no *caput* do art. 231 do CPC revogado.

Cuida-se, aqui, dos casos em que a citação por edital será realizada.

Inciso I. Podem existir casos em que o autor desconhece ou não tem certeza de quem deva figurar na relação processual na qualidade de réu. Diante disso, a citação será feita por edital. Essa situação é remotíssima no processo do trabalho.

Inciso II. A citação também será realizada por edital quando for ignorado, incerto ou inacessível o lugar em que o réu se encontrar.

Inciso III. Nos demais casos previstos em lei a citação será edilícia. Insere-se aqui o § 1.º do art. 841 da CLT, em que pese ao fato de havermos manifestado propensão a admitir a citação com hora certa quando houver suspeita de que o réu esteja se esquivando à ação da justiça.

§ 1.º Lugar inacessível, para os efeitos da norma legal em estudo, não é apenas o país que recusar o cumprimento de carta rogatória — como parece sugerir o texto legal —, senão que todo aquele em que o acesso não for possível, por motivos geográficos (montanhas, rios caudalosos), perigosos (favelas hostis, áreas de terras tomadas por posseiros ou em permanente estado de conflito social), bélicos (guerras, guerrilhas) etc.

§ 2.º A citação por edital, nos casos de ser inacessível o lugar no qual se encontre o réu, deverá ser divulgada pelo rádio, nas comarcas em que houver emissoras de radiodifusão. O objetivo é dar a maior publicidade possível a esse ato processual.

§ 3.º Este parágrafo articula-se com o inciso II, que alude ao fato de o citando estar em lugar incerto e inacessível. O réu será assim considerado se revelarem infrutíferas as tentativas de sua localização, inclusive mediante requisição pelo juízo de informações sobre seu endereço nos cadastros de órgãos públicos ou de concessionárias de serviços públicos.

> "Art. 257. São requisitos da citação por edital: I – a afirmação do autor ou a certidão do oficial informando a presença das circunstâncias autorizadoras; II – a publicação do edital na rede mundial

de computadores, no sítio do respectivo tribunal e na plataforma de editais do Conselho Nacional de Justiça, que deve ser certificada nos autos; III – a determinação, pelo juiz, do prazo, que variará entre 20 (vinte) e 60 (sessenta) dias, fluindo da data da publicação única ou, havendo mais de uma, da primeira; IV – a advertência de que será nomeado curador especial em caso de revelia. Parágrafo único. O juiz poderá determinar que a publicação do edital seja feita também em jornal local de ampla circulação ou por outros meios, considerando as peculiaridades da comarca, da seção ou da subseção judiciárias."

Caput. A matéria era tratada, de maneira algo diversa, no art. 232 do CPC revogado.

A norma estabelece os requisitos para a validade da citação por edital.

Inciso I. Aqui deverão ser e mencionadas a manifestação do autor ou a certidão do oficial de justiça sobre a ocorrência de uma das situações especificadas no art. 255.

Inciso II. A norma anterior determinava que houvesse publicação do edital uma vez no órgão oficial e pelo menos duas vezes no jornal local; exige-se, agora, que a publicação seja feita no sítio (*site*) eletrônico do respectivo tribunal e na plataforma de editais do CNJ, sendo certificada nos autos.

Inciso III. A determinação do juiz, fixando o prazo de vinte dias a sessenta dias, fluindo a contar da primeira publicação; havendo mais de uma o prazo será contado da primeira.

Inciso IV. A norma exige que do edital conste a advertência de que será nomeado curador especial em caso de revelia. Entendemos que deverá ser inserida antes a advertência de que, havendo revelia, serão considerados verdadeiros os fatos alegados na inicial.

Parágrafo único. Faculta-se ao juiz, tendo em vista as peculiaridades da comarca ou da seção judiciária, determinar que o edital seja publicado em jornal local, de grande circulação, por outros meios.

> "Art. 258. A parte que requerer a citação por edital, alegando dolosamente a ocorrência das circunstâncias autorizadoras para sua realização, incorrerá em multa de 5 (cinco) vezes o salário-mínimo.
>
> Parágrafo único. A multa reverterá em benefício do citando."

Caput. O assunto era regulado pelo *caput* do art. 233 do CPC revogado.

Trata-se de sanção processual, de natureza pecuniária, destinada a punir a parte que atenta contra o conteúdo ético das normas processuais ao requerer, de maneira dolosa, a citação edilícia sem que estejam presentes os requisitos legais. A multa será de cinco vezes o salário mínimo vigente na sede do juízo. Essa fixação com base em salários mínimo, a nosso ver, afronta o inciso IV do art. 7.º da Constituição Federal.

Parágrafo único. A multa não tem caráter de taxa judiciária; por isso, verterá em favor do réu (*citando*, diz a lei). Reverter é retornar ao ponto inicial; como a multa em questão nunca pertenceu ao réu, é evidente que não reverterá, senão que *verterá* em seu benefício.

3. Ausência de pronunciamento do juiz sobre o fato (CPC, art. 382, § 2.º)

É vedado ao juiz manifestar-se sobre a ocorrência ou a inocorrência do fato, assim como sobre as consequências jurídicas. O pronunciamento a esse respeito deverá ser realizado na sentença que solucionar a lide, se for o caso.

4. Cumulação de provas (CPC, art. 382, § 3.º)

Em princípio, as pessoas interessadas poderão requerer a produção de outras provas no mesmo procedimento, contanto que se relacionem ao mesmo fato. Essa possibilidade deverá, entretanto, ser vetada pelo juiz sempre que se convencer de que o deferimento poderá acarretar excessiva demora. Neste caso, os interessados deverão requerer a produção da prova em procedimento distinto, atendida a regra contida no *caput* do art. 382.

5. Ausência de defesa ou de recurso (CPC, art. 382, § 4.º)

A regra é a da inadmissibilidade de qualquer defesa ou recurso no procedimento da produção antecipada de provas. O recurso será cabível, apenas, no caso de o juiz indeferir, no todo, a produção da prova. A menção legal ao "requerente originário" está a indicar que somente este poderá recorrer, quando isso for possível, não se concedendo esse direito aos interessados a que se refere o § 3.º do mesmo artigo.

No sistema do processo civil, a produção antecipada de provas será objeto de procedimento específico, tenha ela sido requerida antes do ajuizamento da ação ou no curso do processo. Em termos práticos estamos a dizer que o requerimento será autuado e tramitará apenso aos autos principais, se houver.

No processo do trabalho, entretanto, se a produção antecipada for requerida no curso processual, tanto poderá ser autuada em separado quanto o requerimento poderá ser formulado nos autos do processo principal, levando-se em conta a simplicidade do procedimento trabalhista. No primeiro caso, o ato judicial que indeferir a antecipação da prova traduzirá sentença, sendo, por isso, interponível recurso ordinário; no segundo, o ato configurará decisão interlocutória, por modo a impedir a sua impugnação mediante recurso (CLT, art. 893, § 1.º). Essa solução dicotômica em tema de possibilidade de impugnação do ato judicial deriva da peculiaridade da legislação processual trabalhista.

Em alguns casos, poderá ocorrer de a parte ter indeferido o seu requerimento de produção antecipada de prova, mas, apesar disso, acabar produzindo a prova na fase processual oportuna, razão pela qual não terá argumento para alegar eventual nulidade do processo, com base nesse fato, mesmo que a sentença lhe seja desfavorável. Aliás, a particularidade de a parte haver podido produzir a prova no momento processual oportuno (fase de instrução) revela que o juiz andou certo ao indeferir a produção antecipada.

6. Os autos do procedimento

Os autos permanecerão em cartório durante 1 (um) mês para extração de cópias e certidões pelos interessados. É o que estabelece o art. 384, *caput,* do CPC.

A fim de que os interessados possam extrair cópias ou certidões, os autos do procedimento permanecerão em cartório ou em secretaria pelo prazo de um mês.

Findo o prazo, os autos serão entregues ao promovente da medida (*ibidem*, parágrafo único).

Decorrido o prazo previsto no *caput*, os autos serão entregues a quem promoveu a medida.

Os autos contendo a prova produzida por antecipação poderão ser juntados aos autos da ação principal, quando for o caso. Expliquemo-nos. Dissemos que o requerimento de produção antecipada de provas será autuado separadamente (conquanto admitamos a possibilidade ser juntado, desde logo, aos autos principais), tramitando *apenso* aos autos principais. Pois bem. Findo o procedimento da antecipação da prova os autos correspondentes serão *juntados* aos principais.

Capítulo XV

Produção de Provas em Ação Rescisória

A ação rescisória integra o elenco das competências *originárias* dos Tribunais — que, em assuntos dessa ordem, atuam circunstancialmente como espécie de órgãos de primeiro grau; tanto isso é certo que dos acórdãos aí proferidos será interponível recurso *ordinário* (CLT, art. 895, *b*).

Em sede de *iudicium rescindens* ou *rescisorium* a competência dos Tribunais não só é originária como plena e exauriente, compreendendo o conhecimento, a instrução e o julgamento. Dispõe, entretanto, o art. 972 do CPC, que "Se os fatos alegados pelas partes dependerem de prova, o relator poderá delegar a competência ao órgão que proferiu a decisão rescindenda, fixando prazo de 1 (um) a 3 (três) meses para a devolução dos autos". O CPC de 1973 dispunha, no art. 492: "Se os fatos alegados pelas partes dependerem de prova, o relator delegará a competência ao juiz de direito da comarca onde deva ser produzida, fixando prazo de, 45 (quarenta e cinco) a 90 (noventa) dias para a devolução dos autos".

O Código de 1973 havia reproduzido, com pequenas nuanças de literalidade, a regra do art. 801, § 3.º, do estatuto processual de 1939, que se encontrava assim expressa: "Se os fatos em que se fundar a petição inicial, ou a contestação, dependerem de prova testemunhal ou de exames periciais, o relator delegará a competência para dirigir as provas ao juiz de direito do termo ou comarca onde residirem as testemunhas ou onde se encontrar a coisa, objeto do exame, devendo o processo ser devolvido no prazo marcado, salvo caso de força maior".

Comparando-se a redação do art. 972 do CPC de 2015, com a do art. 492 do CPC de 1973, verificamos que o Código de 2015 trouxe as seguintes alterações: a) o que antes era uma *imposição* ao relator ("delegará a competência") passou a constituir-lhe uma *faculdade* ("*poderá* delegar a competência"). Por isso, durante a vigência do CPC de 1973 escrevemos nas edições anteriores deste livro: "A delegação de competência ao juízo inferior não se trata, como se possa pensar, de uma *faculdade* do relator, de tal modo que lhe seria lícito, em determinados casos, realizar, pessoalmente, a coleta da prova (testemunhal, pericial); esse ato delegatório de poderes traduz, ao contrário, nítida *imposição legal*, como evidencia o caráter imperativo do art. 492 ("o relator delegará a competência"; b) anteriormente, a competência era delegada ao juiz de direito da comarca em que a prova deveria ser produzida; agora, é delegada ao órgão que proferiu a decisão rescindenda.

Com relação à letra "b", lançamos a seguinte crítica, em outro livro de nossa autoria (*Comentários ao Novo Código de Processo Civil sob a Perspectiva do Processo do Trabalho*, São Paulo: LTr, 2. ed., junho de 2016, p. 1.163): "O tema constava do art. 492 do CPC revogado. Este dispunha que se os fatos alegados pelas partes dependessem de prova, o relator delegaria competência *ao juiz de direito da comarca onde deveria ser produzida*. Lamentavelmente, o art. 972 do CPC de 2015 ordena que a competência seja delegada "ao órgão que proferiu a decisão rescindenda". Imagine-se a hipótese de a ação rescisória fundar-se em prevaricação, concussão ou corrupção do juízo delegado; ou no fato de o juiz estar impedido ou o juízo ser absolutamente incompetente. Como justificar-se, sob a perspectiva ética, que este venha a ser incumbido, por delegação do relator, para produzir prova a ser utilizada na ação rescisória que tem como objeto a sentença pelo mesmo juiz proferida? Cumprirá à doutrina e à jurisprudência, em situações como a mencionada, realizar uma interpretação adequada ao art. 972, do CPC, por forma a evitar um desprestígio do próprio Poder Judiciário, aos olhos das partes e da própria sociedade.

A única possibilidade de evitarmos essas consequências desastrosas para a credibilidade do sistema seria concluirmos que o art. 972 do CPC, em rigor, não proíbe o relator de determinar a remessa dos autos a qualquer Vara do Trabalho localizada na sede do Tribunal (tal como ocorria na vigência do CPC de 1973), desde que a carta de ordem fosse regularmente distribuída, *facultando-lhe*, todavia, ordenar essa remessa "ao órgão que proferiu a decisão rescindenda".

Não há como negar que essa regra legal apresenta certos inconvenientes de ordem teorética, pois, visando a produção de provas a fornecer ao Tribunal elementos que possam influir, com eficácia, na formação do convencimento jurídico de seus membros a respeito dos fatos da causa, esse objetivo pode vir a ser frustrado, como se dará, por exemplo, na hipótese de a prova não ser produzida com a eficiência e clareza desejáveis, ou, por inadvertência do juízo delegado, a tônica da atividade probatória incidir em fatos secundários, com preterição dos essenciais. Esse risco, todavia, não pode ser atribuído apenas à precitada delegação, pois também está presente em todos os casos em que a prova deva ser produzida em juízo diverso daquele perante o qual a ação foi aforada, como ocorre, *v. g.*, com as cartas precatória e rogatória. De qualquer forma, entra — agora, sim — na *faculdade* do relator determinar a repetição de provas que tenham sido mal colhidas, *ad instar* do que se verifica na hipótese de um juiz suceder a outro, no mesmo processo.

Do ponto de vista prático — devemos reconhecer —, a delegação de competência, de que se ocupa o art. 972 do CPC, se justifica pela falta de adequada estrutura dos Tribunais para procederem à coleta de certas provas, em especial as testemunhais e as periciais (excetuado, quanto a estas, em algumas Regiões Judiciárias, o exame grafotécnico ou grafodocumentoscópico). A delegação em exame não deve ser interpretada como simples regra de comodidade, em benefício do relator, se não que como uma clarividência do legislador, que soube colocar à frente as particularidades da tradicional estrutura orgânica dos Tribunais, que tornam impraticável o cometimento de competência instrutória ao próprio relator da rescisória. *De lege ferenda,* porém, isso será possível se os Tribunais forem internamente reformulados, de sorte a permitir-se o exercício da atividade probatória, pelos litigantes, na presença do relator e sob a direção deste.

Em princípio, somente devem ser objeto da delegação de competência prevista em lei os meios de provas *orais* e *periciais,* na medida em que a prova *documental* deve ser produzida com a inicial (CLT, art. 787; CPC, art. 320) e com a resposta do réu (CPC, art. 434), embora possam as partes juntar documentos *novos,* a qualquer tempo, desde que destinados a fazer prova de fatos acontecidos depois dos articulados, ou para contrapô-los aos que foram produzidos nos autos (CPC, art. 435, *caput*), ou que venham a tornar-se conhecidos, acessíveis ou disponíveis após esses atos, cumprindo à parte comprovar o motivo que a impediu de juntá-los anteriormente. Caberá ao juiz, entretanto, em qualquer caso, avaliar a conduta da parte, à luz do disposto no art. 5.º (art. 435, parágrafo único), ou seja, segundo os preceitos de boa-fé.

Em outras situações excepcionais também será lícito ao juízo delegado permitir que as partes juntem aos autos documentos, tendentes, *e. g.*, a fundamentar a contradita de testemunhas; não faria sentido exigir-se que, na espécie, o contraditor requeresse *ao relator* a juntada de documentos relativos a fatos alegados em face do juízo ao qual se delegou competência instrutória.

A audiência que o juízo delegado vier a designar para a coleta de provas, máxime as *orais* (consistentes em interrogatório dos litigantes, inquirição das testemunhas e do perito), não será de *instrução e julgamento* (CLT, art. 843), mas apenas *de instrução,* porquanto o ato de *decidir* a causa, como é elementar, *permanece* na competência do Tribunal (e não do relator). Não se quer com isso dizer que a competência do juízo delegado ficará restrita à produção, pura e simples, da prova; é óbvio que ele, na qualidade de reitor da atividade probatória a ser desenvolvida pelas partes, deverá também dirimir, mediante decisões interlocutórias, os incidentes aí surgidos (salvo o pertinente à arguição de falsidade documental), como, *v. g.*, os relacionados com a contradita de testemunhas; com o indeferimento de perguntas formuladas pelas partes; com a escusa e a recusa do perito, etc. Levando em conta que o forte traço de interlocutoriedade dessas decisões inibe a sua impugnação pela via recursal autônoma, caberá à parte interessada requerer que seja registrada na ata da audiência a sua discordância (sob a forma de "protesto") quanto ao ato judicial, para, mais tarde, alegar, seja diante do relator ou em grau de recurso ordinário, a nulidade do processo — contanto que se sinta apta a demonstrar que o referido ato lhe acarretou manifesto prejuízo processual (CLT, art. 794).

Se, por algum motivo legalmente justificável, o juízo delegado consentir que os litigantes juntem aos autos *documentos* (fora, pois, das oportunidades fixadas pelos arts. 787 da CLT e 434 do CPC) e vindo esses a ser inquinados de falsos, caber-lhe-á processar o incidente (CPC, art. 430), com suspensão não do processo principal, e sim da atividade probatória que lhe foi delegada, devolvendo, em seguida, os autos ao relator para que se pronuncie acerca da falsidade ou da autenticidade do documento. Permitir que o juiz delegado profira decisão resolutiva do incidente em pauta seria usurpar do relator uma competência que, a nosso ver, lhe é privativa. Sendo, aliás, o incidente suscitado no Tribunal (quando esse for o caso), processar-se-á perante o relator. Não podemos perder de vista o fato de que a delegação de competência foi para fins apenas *instrutórios.* Entender que o juízo delegado deveria, na hipótese, também *decidir* o incidente de falsidade, seria consagrar a anomalia de permitir que uma decisão do juízo delegado pudesse ficar, heterotopicamente, embutida no acórdão que o Tribunal viesse a prolatar com relação à rescisória. Nem nos esqueçamos de que a decisão interlocutória que soluciona o incidente em foco *faz coisa julgada material,* uma vez que é definitiva quanto à questão prejudicial examinada. Essa peculiaridade realça, ainda mais, a anomalia de que há pouco falamos, derivante de um insólito fenômeno heterotópico, pois teríamos a infiltração de um ato do juízo delegado na competência decisória do relator.

Para os que sustentam a viabilidade de o incidente ser decidido, de modo geral, no corpo do próprio acórdão relativo à rescisória (como matéria preliminar), fica ainda mais cômodo argumentar com o veto à possibilidade de o juízo delegado resolver o incidente.

É sempre proveitoso observar que a despeito de o relator poder encaminhar ao juízo delegado os próprios autos da rescisória, para efeito de nele praticar os atos instrutórios necessários, a experiência prática sugere que essa delegação seja feita por meio de *carta,* permanecendo os autos principais com a autoridade delegante; não estamos a cogitar de carta precatória, mas, sim *de ordem*, que deverá ser instruída com os elementos necessários ao seu fiel e integral cumprimento. Para essa finalidade, fará o relator juntar à carta cópias das peças processuais indispensáveis à orientação do juízo delegado, com vistas à atividade probatória a ser perante ele desenvolvida pelas partes, além de precisar-lhe o fato probando, o objeto ou a coisa a serem examinados pelo perito, conforme seja o caso.

O CPC fixa prazo, que mediará de um a três meses, para a devolução dos autos (art. 972); é lógico que essa devolução pressupõe o *cumprimento* da carta de ordem, vale dizer, que a prova tenha sido produzida. Sendo assim, se o juízo delegado pressentir que não poderá restituir os autos no prazo assinado pelo relator, deverá solicitar-lhe, com antecedência, a dilatação pelo tempo necessário. Embora o Código atual não faça referência a essa possibilidade de prorrogação do prazo, entendemos perfeitamente invocável, para esse efeito, a *justa causa* a quem faz menção o art. 223 do CPC. Afinal, seria algo insensato fazer tábula rasa de motivos ponderosos, ou de fatos notórios, que estejam a impedir ao juízo delegado a coleta de prova e a consequente devolução dos autos, no prazo fixado pelo delegante. É de nosso parecer que mesmo tendo havido excesso de prazo, sem o consentimento do relator, isso não afetará a prova produzida, que manterá a sua eficácia como fator de influência na formação do convencimento jurídico dos membros da Corte, no que respeita aos fatos por ela abrangidos — nada obstante o juízo delegado fique sujeito às sanções correcionais, acaso previstas no Regimento Interno do Tribunal a que esteja vinculado.

Colhida a prova, exaure-se a função do juízo delegado. Desse modo, não lhe caberá formular propostas conciliatórias ou abrir oportunidade para que as partes aduzam razões finais; fazê-lo seria extravasar os limites da competência que lhe foi transferida em quantidade certa. Estamos convencidos, a propósito, de que nem mesmo o relator está obrigado a fazer propostas destinadas a conduzir as partes à conciliação, conquanto se deva conceder a essas, quando os autos retornarem ao Tribunal, ensejo para a apresentação de *razões finais,* por força do disposto no art. 973, *caput*, do CPC.

Vindo, contudo, a parte a arguir a *suspeição* do juízo delegado, a quem competirá instruir e julgar a exceção?

Sob a óptica tradicional do processo civil, a resposta apontaria para o Tribunal a que se encontra subordinado o juiz inquinado de suspeito (art. 146), sempre que esse não reconhecer a causa de suspeição irrogada (*ibidem*, § 1.º, parte final); pelo sistema *sui generis* da CLT, no entanto, competente será o próprio juiz inquinado de suspeito, como revela a expressão literal do art. 802, § 1.º: "Nas Varas e nos Tribunais Regionais, *julgada* procedente (*sic*) a exceção de suspeição, será logo convocado, para a mesma audiência ou sessão ou para a seguinte, *o suplente do membro suspeito,* o qual continuará a funcionar no feito até decisão final" (sublinhamos). Note-se: o suplente apenas será convocado *após* a exceção haver sido julgada em primeiro grau (e não pelo Tribunal), sendo certo que essa decisão é proferida pelo próprio juiz de quem se suspeitou. Proceder-se-á do mesmo modo se o juiz declarar-se, por sua iniciativa, suspeito (*ibidem*), inclusive, por motivo de foro íntimo (CPC, art. 145, § 1.º).

Bem ou mal, esse foi, à evidência, o critério adotado pelo legislador trabalhista; melhor será, todavia, que lei futura, inspirando-se na regra do art. 146, § 1.º, do CPC, o modifique, para dar cobro a essa falta contra o senso lógico, consistente em permitir que o juiz suspeito participe da instrução e profira a sentença resolutiva da exceção.

Capítulo XVI

Prova e Cognição

Comentário

Do ponto de vista filosófico, o substantivo *cognição* significa o ato de adquirir conhecimento. O verbo *conhecer,* por sua vez, traduz a noção ou a informação que se obtém quanto a determinada coisa ou a um fato.

Não é diverso o sentido que o vocábulo *cognição* apresenta no plano do processo judicial. Aqui, ele expressa o ato pelo qual o juiz toma conhecimento dos fatos narrados pelos litigantes e sobre os quais deverá emitir um pronunciamento. Há, portanto, uma relação indissociável entre o magistrado, como *ser cognoscente,* e os fatos alegados pelas partes, como *objeto cognoscível,* que pode ser sintetizada na vetusta parêmia latina: "da *mihi factum, dabo tibi ius*". Em termos gerais, portanto, às partes incumbe narrar, com precisão e fidelidade, os fatos dos quais extraem pretensões (geralmente, de direito material), e, ao juiz, proceder à categorização jurídica desses fatos, vale dizer, declarar qual a norma legal incidente.

É necessário esclarecer, todavia, que a atividade jurisdicional não deve ser vista segundo uma óptica dogmática tradicional, que de tal modo deva ser resumida a uma aplicação mecânica das normas jurídicas; modernamente, as circunstâncias da vida e as contingências do Direito têm autorizado o juiz a buscar, na lei, um sentido que, embora possa estar em antagonismo com a sua expressão literal, se harmoniza com o fim social a que ela se destina ou com as transformações dos padrões axiológicos da sociedade, impostas pela dinâmica das relações interindividuais ou coletivas. Isso não corresponde a afirmar que, no sistema normativo de nosso país, seja lícito, como princípio, ao juiz criar a norma legal, numa espécie de *judge made law,* conquanto isso seja possível em sede de ações coletivas, em face das quais os tribunais trabalhistas brasileiros podem fazer largo uso do poder normativo, que lhes atribui o art. 114, § 2.º, da Constituição Federal em vigor.

A cognição jurisdicional varia, entretanto, em amplitude e em profundidade; daí cogitar-se, em doutrina, das cognições: a) horizontal e b) vertical, respectivamente. O que determina a amplitude ou a profundidade da cognição é a pretensão material formulada em juízo.

Quando se diz que a cognição é *horizontal,* se está, com isso, realçando a *extensão* com que ela deverá ser realizada em face do conflito intersubjetivo de interesses. Sob esse ângulo, a cognição poderá ser parcial ou total, conforme tenha como objeto parte da lide ou a lide por inteiro. Assim, por exemplo, numa ação em que um trabalhador estável, demitido sem justa causa, pede, exclusivamente, a condenação do empregador ao pagamento de horas extras, não cabe discutir se a demissão teria sido correta ou não, pois esse fato não integra o conflito de interesses submetido, naqueles autos, à apreciação jurisdicional.

A cognição *vertical* se liga à *profundidade* com que deverá ocorrer a atividade jurisdicional, ou seja, ao grau com que esse conhecimento haverá de ser realizado. Destarte, se, *v. g.*, em virtude de recurso ordinário o tribunal só pode apreciar a matéria impugnada, conforme a regra latina *"tantum devolutum quantum appellatum"*, consagrada pelo art. 1.013, 1.º, do CPC, isso significa que, dentro dessa extensão (plano horizontal), a ele será permitido ir até o último grau de profundidade, em sua atividade cognoscitiva (plano vertical). Assim dizemos porque, no recurso ordinário, a cognição vertical é plena; em outros casos, contudo, ela é bem menos intensa, conforme veremos adiante. De qualquer forma, podemos, desde logo, aderir à classificação doutrinal da cognição vertical em: a) exaustiva; b) sumária; e c) superficial.

Será, justamente, com vistas ao aspecto da *profundidade* da cognição jurisdicional que examinaremos, a seguir, o problema da exigibilidade da prova judicial. Teremos em conta, portanto, a partir deste momento, o binômio *cognição vertical/prova,* ao qual a doutrina de nosso país não tem dedicado a atenção que a importância do tema está a reclamar.

Cognição exaustiva. É característica do processo de conhecimento, importa asseverar, daquele processo em que se procura a solução de um conflito intersubjetivo de interesses. A cognição, aqui, é exaustiva, não apenas sob o prisma da intensidade com que é realizada, mas, também, tendo em conta que visa, com a solução da lide, a impedir a repetição da demanda.

Esse traço peculiar do processo de conhecimento permite que a cognição do juiz seja ampla, em seu sentido vertical, na medida em que, como dissemos, a sentença se reveste de um efeito exaustivo da lide. Nesse processo, a cognição é de tal maneira intensa que deu o nome ao próprio processo. O juízo, aqui, é de certeza.

É, precisamente, por esse motivo que, no processo do tipo cognitivo, a prova deve ser plena, cabal, efetivamente suasória, porque esse caráter de exaustão se amolda inteiramente ao escopo do processo em que ela é produzida. Assim, se o trabalhador afirma que trabalhava além da jornada ordinária, é absolutamente indispensável que prove, de maneira inequívoca, o fato alegado, exceto se esse se tornou incontroverso, por não haver sido, *e. g.*, contestado pelo empregador (CPC, art. 374, II e III). Convém repisar: no processo de conhecimento, a necessidade de a prova ser cabal decorre da finalidade desse processo, que é a de solucionar *definitivamente* a lide, sabendo-se que o juiz, para formar a sua convicção jurídica acerca dos fatos da causa, deverá fundar-se na prova dos autos (CPC, art. 371), salvo se, em situações excepcionais, puder invocar as máximas de experiência, ou seja, aquelas experiências comuns "subministradas pela observação do que ordinariamente acontece" e desde que inexistam normas jurídicas específicas para o caso concreto (CPC, art. 375).

Percebe-se, por outro lado, a especial relevância com que se apresenta, diante desse quadro, o ônus da prova, porquanto se a parte dele não se desincumbir, de modo satisfatório, poderá ver o seu direito definitivamente sepultado pela sentença de mérito desfavorável. Dessa mesma particularidade extrai-se a regra de que cumpre assegurar aos litigantes, com certa amplitude, a possibilidade de produzirem as provas necessárias à comprovação dos fatos narrados, sob pena de eventual restrição ou cerceamento desse direito conduzir à decretação da nulidade do processo.

A cognição *exaustiva,* que estamos a examinar, se torna mais nítida no campo do processo civil, no procedimento ordinário, onde os princípios constitucionais do contraditório e da ampla defesa atuam com maior intensidade, exigindo, em decorrência disso, que a prova dos fatos alegados seja sempre plena, de sorte a não deixar dúvida quanto à veracidade dos fatos sobre os quais incidiu. Mesmo no procedimento sumário, a cognição é *exaustiva,* embora, aqui, por motivos de política legislativa, se tenha procurado uma simplificação do procedimento, mediante a concentração de determinados atos. O que não se deve ignorar é que, também no procedimento sumário, o escopo da sentença é o de solucionar a lide, isto é, dirimir, em caráter definitivo (= exaustivo), o conflito de interesses.

No processo do trabalho, o procedimento clássico é o ordinário (embora pareça ser sumário, se confrontado com o ordinário do processo civil). Aqui, a prova deve ser igualmente cabal, permitindo-se, todavia, que o juiz tome iniciativa, em certas situações, de produzi-la, como se dá no caso do art. 825, parágrafo único, da CLT. De igual modo, a cognição deve ser exaustiva no procedimento sumaríssimo, pois tanto este quanto o ordinário integram o procedimento *comum* (ao qual se contrapõe, de certa forma, o *especial*).

Pelas considerações até este ponto expendidas, torna-se possível concluir que, no domínio das *ações de segurança*, a cognição é exaustiva, pois o pronunciamento jurisdicional (sentença mandamental) será de mérito, se considerarmos que o pedido do impetrante não poderá ser objeto de uma nova ação de segurança, exceto se calcar-se em *causa petendi* diversa da anterior.

A prova, na ação de segurança, é, quase sempre, pré-constituída, porquanto a Lei n. 12.106/2009 estabelece, por outras palavras, que a prova é essencialmente documental, e que os documentos devem acompanhar, desde logo, a petição inicial (art. 6.º). No que tange ao *momento* da produção da prova documental, aliás, coloca-se na mesma ordem de exigência o art. 787 da CLT. A esse respeito, merece ser lembrada a Súmula n. 415 do TST: "MANDADO DE SEGURANÇA. PETIÇÃO INICIAL. ART. 321 DO CPC DE 2015. ART. 284 DO CPC DE 1973. INAPLICABILIDADE. (atualizada em decorrência do CPC de 2015) – Res. n. 208/2016, DEJT divulgado em 22, 25 e 26-4-2016. Exigindo o mandado de segurança prova documental pré-constituída, inaplicável o art. 321 do CPC de 2015 (art. 284 do CPC de 1973) quando verificada, na petição inicial do *"mandamus"*, a ausência de documento indispensável ou de sua autenticação. (ex-OJ n. 52 da SBDI-2 – inserida em 20-9-2000).

Cognição sumária. É típica dos juízos de probabilidade, das situações em que há um direito apenas *aparente.* Exatamente por isso a cognição sumária se dá em um grau de profundidade inferior ao que é próprio da cognição exaustiva.

Justifica-se a cognição sumária segundo a dramaticidade da situação trazida a juízo, cuja tutela jurisdicional não poderia ser prestada a tempo de evitar o dano ao direito da parte, se a cognição devesse ser aprofundada, ou seja, verticalmente exaustiva.

Fica evidente, pois, que a cognição sumária é própria do processo cautelar, teleologicamente instituído para atender às situações de urgência, assinaladas, de maneira dramática, pela existência de direitos periclitantes. Melhor esclarecendo: a cognição sumária é inerente não, propriamente, ao processo cautelar, como um todo, mas com vistas ao proferimento da *sentença cautelar.* Como procuraremos demonstrar, mais adiante, em sede de *liminar cautelar* a cognição não é sumária, e, sim, *superficial.*

Quando dizemos que a cognição é *sumária,* no processo cautelar, para efeito do proferimento da sentença que lhe é própria, estamos, na verdade, afirmando que se trata de um juízo de *probabilidade:* concede-se a medida cautelar, mediante sentença, tendo como pressuposto a probabilidade de o autor provar, no processo de conhecimento, de maneira cabal, a veracidade do fato alegado.

A cognição, nesse caso, incide na prova produzida no processo cautelar, sendo suficiente, para isso, que esta seja, apenas, *razoável,* em contraposição à *cabal,* que é típica do processo de conhecimento, onde o elemento *certeza* é colocado à frente.

Insistindo: enquanto, no processo *de conhecimento*, a prova deve ser plena, cabal, levando-se em consideração o fato de que, nesse processo, haverá a solução da lide, ou seja, um pronunciamento sobre o mérito da demanda, a formulação, enfim, de um juízo de certeza, de convicção, no processo *cautelar*, para efeito da sentença, será suficiente uma prova razoável (portanto, não plena), porquanto, em regra, não há lide nessa espécie de processo, vale dizer, a sentença não se pronuncia em caráter definitivo ("satisfativo") sobre o direito material alegado pelo autor; aqui, pois, como se frisou, o juízo é de mera probabilidade. Em rigor, a finalidade do processo cautelar não é a tutela do direito material, e, sim, a tutela do próprio processo de conhecimento, motivo por que se tem entendido que, sob essa perspectiva, o processo cautelar é um "instrumento do instrumento".

Seria, mesmo, ilógico, que, tendo o processo cautelar a finalidade de atender a uma situação de periclitância de direito — integrando, exatamente por isso, as denominadas "tutelas de urgência" —, de tal maneira que a sentença deva ser emitida o quanto antes, devesse exigir-se uma cognição *exaustiva,* e, em consequência, uma prova plena, cabal. A necessidade da breve entrega da prestação da tutela cautelar faz com que o magistrado se satisfaça com uma prova, apenas, *razoável* (o que não se justifica é a emissão da sentença cautelar sem um mínimo de prova do fato alegado). Tratando-se de juízo de mera probabilidade, cabe-lhe, sendo o caso, proferir a sentença, sob o pressuposto de que o autor terá condições de provar, no processo de conhecimento, de modo amplo e exaustivo, o fato em que funda as suas pretensões de direito material.

É, de igual forma, sumária a cognição jurisdicional em tema de liminar em ação de segurança, pois o juízo, nessa situação, é de probabilidade: embora se funde em prova plena (que é documental e pré-constituída), a liminar concede a segurança a título precário, sabendo-se que pode ser, inclusive, cassada. Só a sentença mandamental, que espelha um juízo de *certeza* (ainda que recaia sobre a mesma prova), tem aptidão para atribuir a segurança em caráter definitivo (exaustivo).

Cognição superficial. Sua sede, por excelência, é a liminar *cautelar.* O juízo, aqui, é de simples verossimilhança, a significar que o magistrado outorga, *in limine,* a providência acautelatória, supondo que o solicitante possa provar, no curso da instrução sumária do próprio processo cautelar, o fato alegado. Provar de maneira somente razoável, como dissemos, pois a prova cabal é exigida, apenas, no processo de conhecimento.

Embora possa revelar-se perturbadora dos princípios a nossa opinião, o fato é que, se bem verificarmos, veremos que, para efeito de concessão da liminar cautelar não se requer, nem mesmo, o clássico pressuposto do *fumus boni iuris* (embora se deva examinar o do *periculum in mora*), exigível, unicamente, com vistas ao proferimento da sentença cautelar. Dizendo por outra forma: o juízo, em sede de liminar acautelatória, é, na verdade, de pura *intuição,* pois, não sendo necessária a demonstração da veracidade do fato alegado, o que fica é, justamente, esse misto de pressentimento, de sensação e de descortino do magistrado a que se chama intuição. Nada há de aberrante nessa inferência, se tivermos a sensibilidade suficiente para perceber: 1. o caráter não definitivo de uma liminar; 2. a possibilidade de ser demonstrada, durante a instrução do processo cautelar, a dramaticidade da situação de fato que levou o indivíduo a postular a concessão liminar da medida; 3. o verdadeiro sentido do poder geral de cautela, que a norma legal comete aos magistrados (CPC, art. 300).

Abalançamo-nos a asseverar, portanto, que, em muitos casos, o juiz pode conceder, *liminarmente,* a medida acautelatória sem nenhuma prova nos autos quanto à veracidade dos fatos alegados pelo autor, como quando as experiências da vida infundirem em seu espírito a sensação de que possam estar em risco, no caso concreto, certos valores humanos fundamentais, cuja tutela jurisdicional deve ser prestada de imediato, sob pena de tais valores sofrerem lesões irreparáveis ou de difícil reparação.

Resumo

Convém efetuarmos, agora, por um imperativo didático, um resumo das ideias manifestadas neste Capítulo, sobre o binômio *cognição vertical/prova.*

1. A cognição jurisdicional pode ser vista sob duas ópticas: a) horizontal, que diz da sua amplitude, podendo, por isso, ser parcial ou total e b) vertical, que se refere à profundidade, classificando-se em: a) exaustiva; b) sumária; e c) superficial.

2. A cognição *exaustiva* é própria do processo de conhecimento, que traduz um juízo de certeza. Aqui, a prova deve ser plena, pois destinada a influenciar na formação do convencimento jurídico do magistrado, com vistas à solução do conflito intersubjetivo de interesse, vale dizer, da lide. A sentença mandamental pressupõe, igualmente, um juízo de certeza, devendo, em razão disso, fundar-se em prova cabal.

3. A cognição *sumária é* característica dos juízos de probabilidade. É o caso do processo cautelar, no que respeita à sentença, e da liminar, nas ações de segurança. A convicção do juiz se forma com base em provas, apenas, razoáveis, pois se imagina, no plano do processo cautelar, que o autor irá provar, de maneira plena, o fato, no processo de conhecimento; e se supõe que o impetrante, na ação mandamental, não terá alterado o reconhecimento do seu direito, por ser líquido e certo.

4. A cognição *superficial* é inerente às liminares cautelares, que podem ser concedidas sem que haja qualquer prova acerca do fato alegado. É um juízo de mera verossimilhança, de verdadeira intuição do magistrado,

no sentido de que o autor irá, durante a instrução do próprio processo cautelar, produzir prova razoável sobre o fato em que baseou o pedido. Nem se há que cogitar, aqui, do pressuposto do *fumus boni iuris,* exigível, apenas, para efeito de prolação da sentença cautelar.

5. Perpetrará, portanto, falta contra a natureza da cognição que é típica das liminares cautelares, o juiz que indeferir a medida, sob o argumento exclusivo de que não estava presente o pressuposto do *fumus boni iuris.* Essa aparência de bom direito, como advertimos, só se requer com relação à sentença acautelatória.

Segunda Parte
Deontologia Processual

Capítulo Único

Dos Deveres Processuais das Partes e de Terceiros

Nenhum estudo sobre a prova judiciária deve desprezar certas noções históricas e adminiculares a respeito dos deveres processuais das partes, de terceiros e de seus respectivos procuradores.

Há um manifesto entrelaçamento lógico e legal entre ambos os temas, a justificar o seu estudo e a afirmação da existência de uma *deontologia processual.*

Modernamente, já não se admite que as partes possuam ampla disponibilidade do processo. O Estado, detentor exclusivo do poder-dever jurisdicional, ao contrário, estabeleceu regras não apenas técnicas, mas também morais, que devem ser observadas pelos litigantes em juízo. Pode-se asseverar, por isso, que há uma *verdadeira disciplina processual,* imposta pelo Estado às partes, em nome do conteúdo ético do processo e da própria respeitabilidade do Poder Judiciário.

Esse disciplinamento não se restringe somente à atividade probatória, se não que se estende por todo o processo, constituindo, dessa forma, uma autêntica limitação da liberdade processual dos contendores, na medida em que lhes fixa diretrizes de conduta, a cuja observância estão compelidos.

Como observa Carnelutti, uma coisa é reconhecer a necessidade e até a insubstituibilidade da parte, ainda que para a determinação do conteúdo do processo "y otra es admitir que su acción no deba ser disciplinada. *Este es incluso el campo donde hay la mayor necesidad de una severa disciplina* (grifamos). Aqui, sobre todo, se comporta a menudo la parte como un caballo fogoso que hay que *sujetar bien a* fin de corregir los defectos, verdaderamente constitucionales, de su actividad" (Reforma alemana y reforma italiana del proceso civil de cognición. In: *Estudios de Derecho Procesal.* v. I, Ed. Jurídicos Europa-América. Trad. de Santiago Sentis Melendo, 1952, p. 171).

Dentre esses *defeitos* próprios das partes, a que se referiu Carnelutti, está o de dizer a verdade ao juiz somente até onde a ela convém. É preciso, pois, constranger-se o litigante a dizer a verdade do que souber "Y esto no está en contradición con la libertad essencial al derecho subjetivo, ya que no repugna a la libertad la exigencia de un límite determinado por el mismo interés público respecto del cual libertad y derecho subjetivo no son más que instrumentos" (*idem, ibidem*).

Sobre o dever de veracidade das partes iremos nos manifestar logo a seguir.

Deveres das partes

Estabelece o art. 77, do CPC: "Além de outros previstos neste Código, são deveres das partes, de seus procuradores e de todos aqueles que de qualquer forma participem do processo: I – expor os fatos em juízo conforme a verdade; II – não formular pretensão ou de apresentar defesa quando cientes de que são destituídas de fundamento; III – não produzir provas e não praticar atos inúteis ou desnecessários à declaração ou à defesa do direito; IV – cumprir com exatidão as decisões jurisdicionais, de natureza provisória ou final, e não criar embaraços à sua efetivação; V – declinar, no primeiro momento que lhes couber falar nos autos, o endereço residencial ou profissional onde receberão intimações, atualizando essa informação sempre que ocorrer qualquer modificação temporária ou definitiva; VI – não praticar inovação ilegal no estado de fato de bem ou direito litigioso".

A CLT é literalmente omissa quanto a tais deveres que, nada obstante, devem ser exigidos pelo processo do trabalho. A CLT contém, todavia, disposições sobre a litigância de má-fé (arts. 793-A a 793-C).

As disposições deontológicas do art. 77, do CPC, constituem emanação da regra inscrita no art. 5.º do mesmo Código, segundo a qual "Aquele que de qualquer forma participa do processo deve comportar-se de acordo com a boa-fé".

Examinemos os deveres a que estão vinculadas as partes, seus procuradores e todos aqueles que, a um título ou outro, participem do processo, como: o chefe de secretaria, o oficial de justiça, o perito, o depositário, o administrador, o intérprete, o tradutor, o mediador, o conciliador judicial, o partidor, o distribuidor, entre outros (CPC, art. 149).

a) Expor os fatos conforme a verdade

A preocupação do Estado, em relação à conduta processual das partes, já estava manifestada em legislações antigas.

No Direito Romano, por exemplo, à época dos processos das ações da lei, instituíra-se a segurança do *sacramentam;* a perda deste, em prol do Estado, constituía, segundo Elido de Cresci Sobrinho (*Dever de veracidade das partes no novo Código de Processo Civil.* São Paulo: Vellenich, 1975. p. 12), "uma pena rigorosa e absoluta suportada pela parte sucumbente, não se exigindo uma particular indagação a respeito da temeridade da ação ou da resistência; o próprio fato da sucumbência era presunção de temeridade e dolo".

Advieram: a) as *sponsiones* que as partes tinham de jurar sob *condictio certae pecuniae: era* a *sponsio* correspondente a um terço do valor da ação; b) a litiscrescência, cuja consequência implicava condenação ao dobro da garantia, na hipótese de o réu não reconhecer o pedido da ação e ter discutido sem fundamento; c) o *indicium calumniae,* também pena processual, que se aplicava ao autor quando esse fosse culpado ou deixasse perder a ação; o valor dessa penalidade era de um décimo do montante da ação ou da condenação. O juramento de calúnia tinha por finalidade prevenir a má-fé das partes — e, conseguintemente, a desonestidade (ou deslealdade) processual. Ao tempo de Justiniano, a propósito, exigiam-se de ambos os litigantes e de seus respectivos procuradores esse juramento (jurava o autor: *"non calumniandi animo litem movisse, sed existimando bonam causam habere"*; e o réu: *"quod putans se bona instantia uti ad reluctandum pervenerit"*).

Como Cresci Sobrinho, com apoio em Klein e Goerres, acreditamos que o juramento de calúnia, vigente no Direito Romano antigo, constitui o antecedente histórico mais remoto do dever de verdade que os códigos modernos contemplam.

Igualmente em outras legislações estava presente o cuidado de evitar-se a atividade desleal das partes, como ocorria nos tribunais peninsulares, onde, para tanto, se utilizava a *manquadra.* Essa era um juramento prévio, consistente na afirmação de que não se iria litigar de maneira caluniosa ou por espírito de chicana. A manquadra, cujo objetivo principal era obstar a mentira das partes, se assemelhava, nesse particular, ao juramento de calúnia, dos romanos, e ao juramento de asto do direito longobardo. À guisa de ilustração histórica, transcrevemos, a seguir, a forma com que o juramento de manquadra era prestado, conforme está expresso no *Foro de Plasencia.* "Esta es la manquadra; diga el contendor; vienes jurar que demandas ¿verdad? R. si vengo, o, si juro. Diga su contendor: si verdad dices, Dios te ayude, e si non, Dios te confonda. R. Amen" (MERÊA, Paulo. *História e Direito.* Acta Universitalis Conimbrigensis, 1967. p. 166).

A exigência de veracidade foi, depois, incorporada às Ordenações reinóis portuguesas, estabelecendo as Filipinas, em seu Livro 3.º, Título XLIII, o juramento do autor no sentido de não demandar com propósito malicioso, embora "*verdadeiramente* se defenderá até o fim..." (grifamos).

Abandonando o antigo *iusirandum calumniae,* os códigos processuais modernos passaram a disciplinar o *dever de verdade* das partes, atribuindo a doutrina(73) ao processo germânico essa iniciativa.

O CPC vigente, como vimos, também fixou os deveres processuais dos litigantes, dentre os quais está o de verdade. Daí, o interesse do tema para o processo do trabalho, em face do disposto no art. 769 da CLT. Significa que as partes devem narrar em juízo os fatos tais como aconteceram, ou seja, devem ser fiéis à *verdade real.* Nem sempre isso ocorre, todavia. Muitas vezes, uma ou ambas as partes procuram alterar a verdade dos fatos, subtraindo-a do conhecimento do juiz para, com isso, conseguir proveito pessoal. E não há como negar que, lastimavelmente, em alguns casos o conseguem, porquanto é a *verdade formal* que influi na formação do convencimento do julgador.

Aliás, há um dito universal, irônico, de que, durante o processo judicial, tudo acaba vindo à tona — tudo, menos a verdade...

Manifestando a sua censura quanto a essa conduta desonesta dos litigantes, a Exposição de Motivos do projeto de lei que instituiu o CPC de 1973 dispunha: "Posto que o processo civil seja, de sua índole, eminentemente dialético, é reprovável que as partes se sirvam dele, faltando ao dever, da verdade, agindo com deslealdade e empregando artifícios fraudulentos; porque tal conduta não se compadece com a dignidade de um instrumento que o Estado põe à disposição dos contendores para atuação do direito e realização da justiça."

Foram, precisamente, essas razões éticas e jurídicas que motivaram o legislador a estabelecer os deveres processuais dos litigantes, enumerando-os nos arts. 77, 78, 379, 396, 459, § 2.º, 481, nada obstante haja outros mais.

Na hipótese de a parte (ou terceiros em geral) alterar, deliberadamente, a verdade dos fatos, ou omitir, de modo intencional, fatos essenciais ao julgamento da causa, e desde que haja prova quanto a isso, será considerada litigante de má-fé (CPC, art. 80), respondendo, em consequência, por perdas e danos (CPC, art. 79) e pagando multa (art. 77, §§ 2.º a 5.º).

Nas edições anteriores deste livro dissemos:

"Embora o processo do trabalho também possua um acentuado conteúdo ético, entendemos que não se aplicam aqui as disposições do CPC relativas ao litigante de má-fé, no que concerne à indenização por perdas e danos, por incompatibilidade substancial.

---

(73) Klein (*apud* Cresci Sobrinho. *Dever de veracidade das partes no novo Código de Processo Civil.* São Paulo: Vellenich, 1975. p. 67).

Wagner Giglio (ob. cit., p. 109-110), em lição que adotamos, pondera que no processo do trabalho as perdas ou prejuízos de direito material, sofridos pelo empregado, já estão cobertos pelas indenizações tarifadas previamente em lei, não havendo razão para cogitar-se em apuração de perdas e danos. Quanto aos honorários advocatícios, que deveriam ser pagos pelo litigante de má-fé, somente são devidos ao empregado, e ainda assim na hipótese única da assistência judiciária (Lei n. 5.584/70, art. 14).

Também os danos que o empregado possa causar ao direito substancial do empregador estão previstos na lei trabalhista (CLT, art. 462, § 1.º, e 480).

Com referência às despesas processuais (destas excluídas as custas, que serão pagas pelo vencido), contudo, afirma o ilustre jurista que deverá o empregador indenizar o empregado "pelas despesas efetuadas com as viagens que este teve de realizar para obter o reconhecimento judicial de seu direito, bem como reembolsar-lhe com que despendeu com a remuneração de assistente técnico (tradutor, intérprete, perito-assistente e gastos com pareceres técnicos)". Sendo litigante de má-fé o empregado, adota Wagner Giglio o seguinte critério: se estiver recebendo o benefício da assistência judiciária, nada pagará; caso contrário, deverá ressarcir os prejuízos processuais causados ao empregador.

Temos, no particular, pequena divergência.

Considerando a ofensa perpetrada pelo improbus litigator ao caráter ético do processo, acreditamos que a única indagação que deve ser feita diante do fato é se deverá ser punido, ou não, de acordo com os preceitos do processo civil. Dessa forma, se foi o empregado quem agiu assim, ou é punido, ou não é. Eximi-lo de sanção processual só porque está recebendo assistência judiciária gratuita não nos parece, data venia, correto, pois não há nexo legal entre uma coisa e outra. Depara-se-nos equivocada qualquer argumentação no sentido de que a assistência judiciária tem eficácia para neutralizar as consequências que a lei prevê, em forma de sanção, para quem litiga de má-fé. A admitir-se isso, haveria, sem dúvida, uma profunda deflexão das razões finalísticas dessa assistência, que sabidamente foi elevada ao predicamento dos direitos e das garantias constitucionais por outras razões (CF, art. 5.º, LXXIV). De efeito, a isenção de despesas que a assistência judiciária compreende não inclui, por certo, as que o litigante de má-fé deva, em tese, ressarcir à parte contrária, inocente. Em síntese: entendemos que nessa matéria (litigante de má-fé) não deve haver qualquer critério que envolva cindibilidade, pois o fato é um só; logo, ou se pune, ou não se pune.

Deixemos claro, contudo, que pela nossa parte seguimos afirmando que em nenhuma hipótese (isto é, seja quem for o litigante de má-fé, e pouco importa que se refira a indenização por perdas e danos ou por despesas processuais) deverão incidir no processo do trabalho as disposições insertas nos arts. 16 a 18 do CPC, em virtude da evidente incompatibilidade.

Que o tempo diga se estamos certos ou errados, nesse modo de entender."

O tempo passou e revelou que o nosso pensamento sobre o tema era algo romântico; logo, pouco técnico. Hoje, são muito mais graves frequentes as violações ao conteúdo ético do processo, vale dizer, as transgressões aos deveres processuais a que se encontram legalmente submetidos os litigantes em juízo, de tal arte que seria insensato ignorarmos essa transformação da realidade.

Estamos a asseverar, portanto, a sujeição das partes às disposições do art. 77, do CPC, e às demais normas desse Código, respeitantes aos deveres a que se encontram jungidas e às sanções aplicáveis.

O fato de a parte (ou o terceiro) estar sendo beneficiária de justiça gratuita não a exime das consequências legais referentes à litigância de má-fé. Acima de tudo, deve ser estadeado o inalienável conteúdo ético do processo, como método estatal de solução de conflitos de interesses. Nem se ignore a particularidade de, nos tempos atuais — e ao oposto do que ocorria há alguns anos —, as partes estarem a demandar em juízo com o patrocínio de advogados, pessoas tecnicamente qualificadas para entender as disposições legais alusivas à litigância de má-fé.

Como emanação natural do dever de expor os fatos em juízo conforme a verdade há o dever de comparecer a juízo e de responder ao que for perguntado.

Dispõe o art. 843, *caput,* da CLT, em sua primeira parte, que "Na audiência de julgamento deverão estar presentes o reclamante e o reclamado (*sic*)..." não apenas para que o juiz possa tentar a conciliação entre ambos (CLT, art. 846, *caput*), mas, também, para que, rejeitada a proposta conciliatória, sejam interrogados (CLT, art. 848, *caput*), se este for o caso.

Este dever específico das partes decorre do dever genérico de colaboração com o Poder Judiciário para o descobrimento da verdade e do qual a ninguém é dado eximir-se (CPC, art. 378).

Por princípio, as partes devem comparecer *pessoalmente* à audiência; estabelece, porém, o art. 843, *caput* da CLT, com a redação conferida pela Lei n. 6.667, de 3-7-1979, que nos casos de "reclamatórias plúrimas" (*sic*) e de ação de cumprimento os empregados poderão fazer-se representar pelo

Sindicato de sua categoria. Esse dispositivo, contudo, requer algumas considerações admonitórias. Primeiramente porque, nas denominadas ações de cumprimento (CLT, art. 872, parágrafo único), a entidade sindical age como *substituta* processual dos empregados por ela abrangidos — que são os verdadeiros titulares do direito material a que se relaciona a pretensão *in iudicio deducta*. Logo, não se pode falar, na espécie, em *representação* processual, como o fez, erroneamente, o artigo *sub censura*. Por outro lado, o legislador cometeu *odiosa restringenda* ao atribuir a representação judicial dos empregados (nos casos de ações individuais plurais, é certo) somente ao Sindicato, quando tudo sugeria que fizesse menção à *entidade sindical,* expressão designativa do *gênero a* que pertence a *espécie* Sindicato. Efetivamente, sabendo-se que estando a categoria inorganizada em sindicato, a sua representação — para efeito de celebrar acordo ou convenção coletiva (CLT, art. 611, § 2.º), ou até mesmo para ajuizar ação (dissídio) coletiva (CLT, art. 857, parágrafo único) — compete às entidades sindicais de grau superior (federações ou confederações: CLT, art. 533), nada justifica o fato de o legislador haver *restringido a* representação do empregado, na audiência relativa à ação individual (embora plural), ao Sindicato.

Alvissareiramente, contudo, a doutrina e a jurisprudência, mais judiciosas, têm admitido que essa representatividade seja exercida pelas federações ou confederações, notadamente por aquelas.

Se, em virtude de doença ou de qualquer outro motivo *ponderoso* (e não "poderoso", como, estranhamente, passou a constar de algumas edições do texto da CLT), devidamente comprovado, o empregado não puder comparecer à audiência, estabelece a lei (CLT, art. 843, § 2.º) que ele poderá fazer-se representar: *a*) por outro empregado que pertença à mesma profissão, ou *b*) pelo seu sindicato.

A despeito de o legislador ter aqui laborado com acerto ao referir-se à *representação,* cometeu a mesma erronia ao restringi-la ao sindicato.

Ausente o empregado da audiência, por qualquer dos motivos mencionados no § 2.º do art. 843, entendemos que a representação, seja por outro colega que pertença à mesma profissão, seja por entidade sindical, somente terá eficácia para acarretar o adiamento da audiência, na medida em que a presença do autor, em juízo, continua sendo necessária, e por isso mesmo exigível.

Sendo *inicial* a audiência (conforme a praxe que, neste sentido, se constituiu), o não comparecimento injustificado do *autor* importará na extinção do processo sem resolução do mérito; se a ausência for do réu, será declarado revel, aplicando-se-lhe, concomitantemente, a "pena" de confissão quanto à matéria de fato (CLT, art. 844, *caput*), desde que isto seja possível. A propósito, é oportuno esclarecer que a confissão não é "pena", pois ninguém está *obrigado* a depor em juízo: há, quanto a isso, apenas, um dever. Ademais, os efeitos só poderão ser examinados por ocasião da sentença que compuser a lide; logo, é absolutamente equivocada a praxe, que se difundiu, de lançar na ata da audiência em que a parte deveria depor a "pena" de confissão. Este procedimento implica uma desautorizada antecipação do provimento jurisdicional de fundo. Posteriormente, adveio a Súmula n. 9 do TST, para esclarecer que "A ausência do reclamante, quando adiada a instrução, após contestada a ação em audiência, não importa arquivamento do processo", nem o poderia, por duas razões: contestada a ação, o réu adquire o direito processual de ver julgado o mérito, tanto que o autor, após isso, somente poderá desistir da ação como consentimento deste (CPC, art. 485, § 4.º), cujos efeitos legais, ainda assim, só terão eficácia depois de a desistência ser homologada por sentença (CPC, arts. 200, parágrafo único, e 485, VIII).

Como a Súmula n. 9 só se preocupou com o efeito *para o processo* da ausência do autor à audiência, depois de contestada a ação, o TST deu a lume a Súmula n. 74, para complementar que "Aplica-se a pena de confissão à parte (logo, autor ou réu) que, expressamente intimada com aquela cominação, não comparecer à audiência em prosseguimento, na qual deveria depor".

Tratando-se do réu (que geralmente é empregador), rege o § 1.º do art. 843, da CLT, que a ele será facultado fazer-se *substituir* (*sic*) "pelo gerente, ou qualquer outro preposto que tenha conhecimento do fato, e cujas declarações obrigarão o preponente". O deslize técnico do legislador, todavia, foi manifesto: a hipótese é tipicamente de *representação* e não de *substituição processual,* cujo conceito é inconfundível. Assim, o gerente ou o preposto, que comparecer a juízo em nome do empregador, não se torna *parte* na ação, se não que conserva a sua qualidade de mero *representante.*

Em ação (dissídio) coletiva, onde a entidade sindical representa os interesses da categoria a que corresponde, não há necessidade de as partes comparecerem à audiência de conciliação; tanto isto é exato, que estatui o art. 864 da CLT: "Não havendo acordo, *ou não comparecendo ambas as partes,* o presidente submeterá o processo (melhor, ação) a julgamento..." (sublinhamos e corrigimos).

Na *substituição processual* (também dita legitimação processual anômala ou extraordinária) o empregado, titular do direito substancial, não comparece à audiência porque não é parte.

É claro que, no interrogatório, autor e réu devem responder às perguntas que lhes são formuladas pelo juiz, ou, por intermédio deste, a requerimento de seus representantes ou advogados (CLT, arts. 848 e 820).

Quando a parte, sem motivo justificado, deixar de responder ao que lhe for indagado, ou valer-se de resposta evasiva, caberá ao juiz, tendo em vista as demais circunstâncias e elementos dos autos, declarar, na sentença, que houve recusa de depor, segundo estabelece o art. 386 do CPC, em disposição aplicável ao processo do trabalho. Os efeitos da recusa de depor correspondem aos da confissão presumida.

Não deve o juiz consentir que a parte se valha, na oportunidade do interrogatório, de escritos adrede preparados; permitir-lhe-á, todavia, a consulta a breves notas, tendentes a completar esclarecimentos (CPC, art. 387).

Embora a parte deva responder sobre os fatos que lhe são perguntados, a própria lei (CPC, art. 388) excetua esse dever quando a indagação se referir a fatos: *a*) criminosos ou torpes, que são imputados ao interrogado, ou *b*) a cujo respeito ele deva, por estado ou profissão, guardar sigilo; *c)* sobre os quais não possa responder sem desonra própria, de seu cônjuge, de seu companheiro ou de parente em grau sucessível; *d)* que coloquem em risco a vida do depoente ou das pessoas mencionadas na letra *"c"*, *retro*.

A exceção pertinente aos fatos criminosos ou torpes deve ser admitida *em termos* pelo processo do trabalho, pois em determinados casos há necessidade, por exemplo, de inquirir-se o empregado a propósito de *fato criminoso* que lhe foi imputado pelo empregador (furto, roubo, apropriação indébita, estelionato, agressão física etc.) e que foi apontado como motivo da dissolução do contrato de trabalho por justa causa, com fundamento no art. 482, alínea "*a*", da CLT (ato de improbidade). A não ser assim, estar-se-á prejudicando a instrução oral do procedimento e a investigação sobre a verdade real.

O art. 229, do Código Civil, desobriga a pessoa a depor sobre fatos: a) a cujo respeito, em virtude de estado ou profissão, deva guardar segredo; b) a que não possa responder sem desonra própria, de seu cônjuge, parente em grau sucessível, ou amigo íntimo (parentes em grau sucessível são: 1) na linha reta, os descendentes e os ascendentes; 2) na colateral, os parentes até o quarto grau); c) que o exponha, ou às pessoas referidas na letra *"b"*, *retro*, a perigo de vida, de demanda, ou de dano patrimonial imediato.

b) Não formular pretensão ou de apresentar defesa quando cientes de que são destituídas de fundamento

Duas observações de caráter objetivo: a) o vocábulo *pretensão* parece ter sido utilizado, na frase, como sinônimo de petição inicial, e *o defesa*, como significante de contestação; b) a dicção do texto legal em estudo está incompleta, pois o que se exige é que tanto a pretensão quanto a defesa não sejam destituídas de fundamento *jurídico*, que pode estar materializado não apenas na lei, mas, também, na jurisprudência, nos costumes, nos princípios gerais de direito, em disposições de instrumentos normativos sindicais (acordo ou convenção coletiva), em normas internas da empresa, etc. Em suma: que a pretensão e a defesa não traduzam ato arbitrário da parte.

Por mais forte razão não se admite que as postulações (agora, em caráter geral) formuladas em juízo sejam *juridicamente impossíveis*. A *impossibilidade*, no caso, diz respeito ao acolhimento e não, à formulação em si.

Pedido juridicamente impossível não é — ao contrário do que às vezes, se tem suposto — aquele que traduz a ausência do direito invocado pela parte, e sim, a revela a existência de veto legal à sua formulação.

c) Não produzir provas e não praticar atos inúteis ou desnecessários à declaração ou à defesa do direito

Tanto as provas quanto os atos que as partes ou terceiros pretendem produzir ou realizar em juízo se encontram vinculados ao requisito da *utilidade*, significa dizer, devem ser úteis ao resultado perseguido pelos litigantes: o acolhimento das pretensões ou a sua rejeição.

Por esse motivo, incumbe ao juiz indeferir não apenas postulações meramente protelatórias (CPC, art. 139, III), mas, também, as *inúteis*.

d) Cumprir com exatidão as decisões jurisdicionais, de natureza provisória ou final, e não criar embaraços à sua efetivação

Preocupado com o fato de que, na prática, muitas pessoas: 1) não vinham acatando as decisões dos órgãos do Poder Judiciário, ou estavam a deturpar o cumprimento dessas decisões; 2) estavam a criar embaraços à efetivação dos provimentos judiciais, fossem antecipatórios ou de mérito, provisórios ou finais, o legislador resolveu inserir no elenco dos deveres das partes o fiel cumprimento desses provimentos (CPC, art. 77, IV). Havendo desrespeito a alguns desses deveres, estará configurado o *ato atentatório à dignidade da justiça* (art. 77, § 2.º, e 774), sujeitando o infrator ao pagamento de multa — a ser fixada pelo magistrado segundo a gravidade da conduta —, correspondente a vinte por cento do valor da causa, sem prejuízo das sanções criminais, cíveis e processuais cabíveis. Se a multa, após o trânsito em julgado da sentença de fundo, não for paga no prazo fixado pela decisão que a impôs, será inscrita como dívida ativa da União ou do Estado (*ibidem*, § 3.º). Fica claro, portanto, que a multa *não* é estabelecida em favor da parte contrária. Dessas penalidades, entretanto, estarão isentos os advogados, públicos ou privados, e os membros da Defensoria Pública e do Ministério Público, "devendo eventual responsabilidade disciplinar ser apurada pelo respectivo órgão de classe ou corregedoria, ao qual o juiz oficiará" (*ibidem*, § 6.º).

Parece-nos que a intenção do legislador foi fazer com que essa multa incida no processo de conhecimento e não, necessariamente, na execução. Assim dizemos, por que: *a*) o critério de cálculo é o valor atribuído à causa; *b*) na execução, há o ato atentatório à dignidade da Justiça, que autoriza o juiz a aplicar multa de vinte por cento do valor atualizado do débito (CPC, art. 774, parágrafo único); *c*) enquanto a multa prevista no art. 77, § 3.º, do CPC, reverte para a União ou para o Estado, conforme seja o caso, a mencionada no art. 774, do mesmo Código, é aplicada em benefício da parte contrária, que, por isso, a poderá exigir no próprio processo de execução (*ibidem*, parágrafo único).

e) Declinar, no primeiro momento que lhes couber falar nos autos, o endereço residencial ou profissional onde receberão intimações, atualizando essa informação sempre que ocorrer qualquer modificação temporária ou definitiva

A necessidade de indicação, seja pelo autor, seja pelo réu, seja por terceiro, do respectivo endereço residencial ou profissional se destina a possibilitar ao órgão jurisdicional dar-lhes ciência dos atos processuais (citação, intimações, notificações e comunicações em geral).

A simples indicação do referido endereço, contudo, não satisfaz à exigência legal, pois é necessário que a parte também informe ao juiz eventual mudança, temporária ou definitiva, do endereço constante nos autos.

f) Não praticar inovação ilegal no estado de fato de bem ou direito litigioso

O CPC de 1973 dispunha, no art. 879, que cometeria *atentado* a parte que, no curso do processo: a) violasse penhora, arresto sequestro ou imissão na posse; b) prosseguisse em obra embargada; c) *praticasse qualquer inovação ilegal no estado de fato da causa* (incisos I a III, respectivamente).

O *atentado*, no sistema daquele Código, estava inserido no rol dos procedimentos cautelares específicos (ou nominados).

É a um dos pressupostos do antigo *atentado* que se refere o inciso VI do art. 77, do CPC de 2015.

Inovação do estado de fato

Quando alguém deduz determinadas pretensões em juízo, o faz com fundamento em fatos acontecidos no mundo sensível e capazes de produzir efeitos jurídicos. É conveniente rememorar que ficam fora da tutela jurisdicional do Estado as pretensões juridicamente impossíveis de serem atendidas, pois há, quanto à elas, um veto estampado no ordenamento legal.

Um princípio, portanto, pode ser tirado da afirmação que fizemos: os atos que deram origem à ação devem permanecer inalterados no curso do processo, exceto se a sua modificação for legalmente permitida. Poderíamos denominar a um tal princípio de “imutabilidade dos fatos” ou “estabilidade dos fatos da lide”. Justifica-se essa imutabilidade porque, devendo o juiz aplicar, mediante sentença que componha a lide, a regra de direito relativa aos fatos narrados pelas partes, ficaria gravemente comprometida essa atuação da ordem jurídica se os fatos, que deram ensejo à invocação da tutela jurisdicional, pudessem ser alterados no curso da demanda. Daí por que a parte que inovar, *contra legem*, o estado de fato existente ao tempo do aforamento da ação desrespeita o princípio mencionado.

Elementarmente, a *inovação ilegal*, para caracterizar a violação do dever a que se refere o inciso VI do art. 77, do CPC, deve concernir aos fatos da lide ou seja, à *res in iudicio deducta* na ação. Mais ainda: deve afetar os fatos *relevantes* à causa, porquanto se a inovação, embora ilegal, disser respeito a fatos de nonada, não trará maiores consequências.

É da parte contrária o ônus de provar que a outra está inovando, de maneira ilegal, o estado de fato da causa (CLT, art. 818). É bom elucidar que o ônus da prova, na hipótese, respeita à comprovação de que está havendo *inovação*, pois sobre ser ilegal, ou não, esse inovar é tarefa que compete ao juiz.

Ilegalidade do ato inovador

O delineamento do dever processual de que cuida o inciso VI do art. 77, do CPC, subordina-se não apenas à inovação do estado de fato praticado no curso do processo principal, mas, também, à *ilegalidade* do fato inovante.

Segundo ponderamos algures, o adjetivo *ilegal*, com que o inc. VI do art. 77 do CPC qualifica o ato modificativo do *status litis*, não deve receber uma interpretação estritamente *literal* (= contrário à lei), pois se o ato produz efeitos lesivos ao direito e aos interesses do litigante adverso a esses direitos e interesses se encontram amparados por norma legal, é obvio que, por extensão, o ato acaba agredindo a lei que os abriga.

g) Dever de praticar ato que lhe for determinado

Conquanto este dever não se encontre expresso no art. 77, do CPC, ele se encontra difuso no texto do referido Código. A propósito, o rol constante do art. 77 não é exaustivo, como revela a própria norma, ao dispor: "Além de outros previstos neste Código, são deveres (...)".

Devem, por isso, as partes cooperar, mediante a prática de atos necessários, para a busca da verdade *real* — sob o aspecto processual, esta expressão não traduz pleonasmo —, e para a formação do convencimento jurídico do magistrado a respeito dela. Ao magistrado, sobremaneira, interessa o descobrimento da verdade, mesma sabendo-se que ele deve, tecnicamente, ater-se à verdade dita *formal*, vale dizer, àquela que se constituiu nos autos do processo, pois o que não está nos autos não está no mundo, já advertida o vetusto apotegma de origem latina (*"Quod non est in autos non est in mundo").*

A realização desses atos, porém, não fica circunscrita à iniciativa dos litigantes, podendo derivar de determinação do juiz.

Visando a esse objetivo processual, a lei faculta ao juiz ordenar, entre outras coisas, que as partes compareçam a juízo para: *a*) serem interrogadas (CPC, art. 385); *b*) exibirem documento ou coisa, que se encontre em seu poder (CPC, art. 396); *c*) serem acareadas com testemunhas (CPC, art. 461, II); *d*) exibirem documento ou coisa a serem submetidos a exame pericial (CPC, art. 464); *e*) se submeterem à inspeção judicial (CPC, art. 481) e o mais.

Esses poderes diretivos também são conferidos aos Juízes do Trabalho, como se constata pelo art. 765 da CLT, que lhes faculta determinar qualquer diligência necessária ao esclarecimento das causas.

h) Outros deveres

a) de não utilizar expressões ofensivas nos escritos apresentados em juízo (art. 78);

b) de *urbanidade,* de acordo com o qual as partes devem tratar as testemunhas com respeito ("urbanidade", diz a lei), eximindo-se de formular-lhes perguntas ou considerações impertinentes, ardilosas ou vexatórias (CPC, art. 459, § 2.º),

c) de abster-se de intervir ou apartear, sem permissão do juiz, quando estiverem depondo a parte contrária, o perito, os assistentes e as testemunhas (CPC, art. 361, parágrafo único);

d) de *comportar-se convenientemente na audiência,* sob pena de o juiz determinar que se retirem da sala (CPC, art. 360, II);

e) de *não praticar atos atentatórios à dignidade da Justiça,* como ocorreria nos casos de fraude à execução (art. 792).

Deveres de terceiros

a) Dever de informar ao juiz

Também — e principalmente — no processo do trabalho compete ao *terceiro* informar ao juiz acerca dos fatos e de circunstâncias de que tenha conhecimento (CPC, art. 380, I).

Traga-se à baila, como fundamento legal desse dever, a expressão do art. 378 do CPC, de que ninguém se exime de colaborar com o Poder Judiciário para o descobrimento da verdade.

Pode o terceiro, contudo, recusar-se a prestar tais informações invocando sigilo profissional, sigilo bancário etc., em que pese ao fato de esta última hipótese não vir sendo admitida, acertadamente, pela Justiça do Trabalho.

O advogado poderá igualmente recusar-se "a depor como testemunha em processo no qual funcione ou deva funcionar, ou sobre fato relacionado com pessoa de quem seja ou foi advogado, mesmo quando autorizado ou solicitado pelo constituinte, bem como sobre fato que constitua sigilo profissional" (Lei n. 8.906/94, art. 7.º, inc. XIX).

Como terceiro, devem ser entendidos, por definição, todos aqueles que não integram a relação jurídica processual como parte, sabendo-se que aí figuram como *sujeitos* o juiz, o autor e o réu. O juiz é sujeito d*esinteressado* do processo.

b) Dever de exibir documento ou coisa

O juiz, máxime o do trabalho (CLT, art. 765), pode determinar, *ex officio*, que a parte ou o terceiro exiba documento ou coisa que se encontra em seu poder (CPC, art. 396).

A parte que desejar essa exibição deverá: a) individuar, de maneira tão completa quanto seja possível, o documento ou a coisa; b) mencionar a finalidade da prova, indicando os fatos que se relacionam com o documento ou com a coisa; c) revelar as circunstâncias em que se baseia para afirmar que o documento existe e que se encontra em poder do adversário (CPC, art. 397, I a III, respectivamente).

Caso o terceiro, sem justo motivo, se recuse a efetuar a exibição o juiz determinará: a) que ele proceda ao depósito do documento ou da coisa em cartório ou em outro lugar apropriado, fixando-lhe o prazo de cinco dias para isso; b) que o requerente ressarça o terceiro das despesas que realizar em decorrência do atendimento à ordem judicial (art. 403, *caput*).

Vindo o terceiro a descumprir a ordem, o juiz expedirá mandado de apreensão, requisitando, se necessário, força policial, sem prejuízo de responsabilidade por crime de desobediência, pagamento de multa e de outras medidas de caráter indutivo, coercitivo, mandamental ou sub-rogatório necessárias para efetivar a decisão (*ibidem*, parágrafo único).

O juiz não admitirá a recusa se: a) o requerido tiver obrigação legal de efetuar a exibição; b) o requerido tiver feito menção ao documento ou à coisa, no processo, com o objetivo de constituir prova; c) o documento, por seu conteúdo, for comum às partes (CPC, art. 399, I a III, nessa ordem).

Terceira Parte
Meios de Prova, em Espécie

Capítulo I
Interrogatório das Partes

Interrogatório e depoimento

Não apenas a doutrina como também os diversos ordenamentos jurídicos processuais vêm, ao longo de sua história, distinguindo entre interrogatório e depoimento das partes.

A distinção que se tem feito não é cerebrina como se possa cogitar, se não que decorre da própria razão finalística desses institutos processuais, segundo demonstraremos.

Interrogatório

Dispunham as Ordenações Filipinas (Livro 3.º, Título 20, § 4.º) que "Tanto que o réu for citado e vier a Juízo, o Juiz fará, assim que o autor como o réu, de seu ofício ou à petição da parte, as perguntas que bem lhe parecer, assim para a ordem do processo como para a decisão da causa". Esse interrogatório das partes acontecia *initio litis*, ou seja, antes da produção das provas; caso o juiz, pelas respostas obtidas, se considerasse capacitado para julgar, proferia decisão definitiva; se não, ordenava que o autor oferecesse libelo na primeira audiência. Tal peculiaridade levou Cândido Mendes de Almeida (*Código Filipino...*, de 1970, p. 387, *apud* Moacyr Amaral Santos. *Comentários...*, p. 84) a observar, com precisão, que, se os juízes fizessem vigorar essa prática, muitas demandas morreriam no nascedouro.

O célebre Regulamento n. 737, de 1850, também previa o interrogatório dos litigantes (conquanto ocorresse após os autos virem conclusos ao juiz, para julgamento), bem como alguns Códigos de Processo Estaduais. Desse modo, se após examinar os autos o magistrado entendesse que seria necessário, para melhor formar o seu convencimento, determinava a citação das partes para que, em dia e hora previamente designados, viessem à sua presença, a fim de serem interrogadas. Poderia acontecer, então, que se verificasse a confissão nas *respostas ao juiz,* a que se referia o art. 162 do Regulamento mencionado.

Lembra Moacyr Amaral Santos (ob. cit., p. 84-85) que o CPC de 1939 não atribuía ao interrogatório a finalidade prevista no art. 342 do Código de 1973 (art. 385, do atual CPC), pois o texto revogado se limitava a disciplinar o depoimento pessoal, ainda que determinado de ofício, a ser colhido na audiência de instrução e julgamento.

Depoimento

Não é correto dizer-se depoimento *pessoal,* porquanto *pessoais* também o são os depoimentos das testemunhas e do perito.

A lógica sugere, portanto, que se diga *depoimento das partes* — que, aliás, pode ser prestado por elas próprias (logo, nesse caso, será mesmo *pessoal*) ou por intermédio de terceiro, como se dá, comumente, com o empregador (logo, não será, em rigor, *pessoal,* no sentido da própria parte).

O depoimento pode ser ordenado, de ofício pelo juiz ou a requerimento da parte contrária (CPC, art. 385); ele, em si, não constitui *prova;* será, contudo, *meio de,* sempre que provocar a confissão.

Objeto do depoimento são os *fatos* relacionados à causa, e não o direito; nada obstante, pode-se admitir a prova de direito consuetudinário — nesse último caso, mediante depoimento da parte ou produção de provas orais (CPC, art. 376).

Distinção entre ambos

Com base no próprio ordenamento processual civil vigente, podemos apontar os mais expressivos traços de dessemelhança entre o interrogatório e o depoimento:

a) enquanto o interrogatório é sempre determinado de ofício pelo juiz (CPC, art. 139, VIII), o depoimento pode, além disso, ser requerido pela parte adversa (CPC, art. 385);

b) o interrogatório pode ser determinado em qualquer estado do processo (CPC, art. 139, VIII); já o depoimento deve ser colhido na audiência de instrução e julgamento (CPC, art. 385);

c) o interrogatório tanto pode ser único como repetir-se mais vezes, desde que assim entenda necessário o juiz; o depoimento, em regra, é um só.

A distinção fundamental, todavia, entre um e outro está em sua *finalidade:* enquanto o *interrogatório* busca obter das partes certos *esclarecimentos* (ao juiz) sobre os fatos da causa, o *depoimento*, embora não despreze esse esclarecimento, pode acarretar a *confissão.*

Dessa forma, embora o interrogatório e o depoimento tenham, no particular, um elemento comum, que é a obtenção de esclarecimento acerca dos fatos narrados nos autos, *somente este pode gerar a confissão (provocada) da parte.*

Essa distinção essencial entre ambos se manifesta, igualmente, na hipótese de ausência injustificada da parte, ou de recusa em depor. Tratando-se de *depoimento,* a parte que não comparecer, ou, comparecendo, recusar-se a depor, ensejará que se presumam verdadeiros os fatos contra ela alegados, pois se configura, na espécie, a *ficta confessio* (CPC, art. 385, § 1.º). Não se pode cogitar de confissão, todavia, se for o caso de *interrogatório,* porquanto o juiz não tem interesse em extrair a confissão da parte. Como afirmamos em linhas anteriores, o juiz é sujeito *desinteressado* do processo. Por essa razão, compartilhamos o entendimento de Moacyr Amaral Santos (ob. cit., p. 86), no sentido de que "O inadimplemento desse dever, que se reflete no de outro, qual o de 'expor os fatos em juízo conforme a verdade', autoriza a aplicação de uma sanção, *que todavia não é prevista no art. 343 (art. 385, do CPC de 2015)*". E conclui: "Não nos parece aplicável a pena de confissão, do art. 343 *(art. 385, do CPC de 2015)*, relativa ao depoimento pessoal, *porque o interrogatório não tem a finalidade deste e sim apenas a* de aclarar os fatos da causa" (destacamos)[(74)].

Parece-nos nítida, o quanto basta, a linha fronteiriça entre o interrogatório e o depoimento das partes, a desautorizar, com isso, que se afirme haver sinonímia processual entre ambos.

A matéria na CLT

A CLT, em absoluta falta de sistematização científica, ora se refere a *depoimento* (art. 819, *caput*), ora a *interrogatório* (art. 848, *caput e* § 1.º), fazendo com que o intérprete conclua, à primeira vista, que ela conferiu um tratamento *unitário* à matéria, uma vez que utiliza, indistintamente, ambos os vocábulos.

Temos para conosco que o deslinde da questiúncula deve ser buscado não pela análise isolada da significação de um e outro vocábulos, mas mediante uma visão global do problema relacionado ao comparecimento e à *audição* das partes no juízo trabalhista.

É inegável que no plano do processo do trabalho as partes *devem* comparecer à audiência: este é o comando do art. 843, *caput* da CLT, iterado pelo art. 845 do mesmo Texto. Há dois motivos que podem ser apontados como determinantes dessa disposição legal: a) propiciar a que o magistrado (CLT, art. 846, *caput, e* 850, *caput*) torne concreto o objetivo medular da Justiça do Trabalho, qual seja, a conciliação (CLT, art. 764, *caput* e §§ 1.º a 3.º); e b) possibilitar que sejam *ouvidas.*

---

(74) Contra: Pontes de Miranda. *Comentários*, p. 398.

Já é possível, a esta altura, estabelecer-se uma ilação parcial: o comparecimento das partes ao juízo trabalhista (à audiência) constitui *dever legal; consequentemente*, *independe de requerimento do litigante contrário* — em que pese ao fato de, por influência do processo civil, a petição inicial e a contestação, em geral, conterem requerimento nesse sentido (o que, em verdade, é desnecessário).

Presentes as partes e frustrada a primeira proposta conciliatória, proceder-se-á a instrução processual (procedimento ordinário), *interrogando-se* os litigantes (CLT, art. 848, *caput*), após o que poderão retirar-se (§ 1.º). A menção legal ao *interrogatório* das partes poderia, de certo modo, levar a que se concluísse, desde logo, inexistir no processo do trabalho o *depoimento;* isso seria precipitado, pois, como vimos, a CLT também aludiu ao *depoimento* no art. 819, *caput.* Cumpre, portanto, que prossigamos no exame da matéria.

Diz o *caput* do art. 848 da CLT, todavia, em linguagem clara, que não havendo o acordo "seguir-se-á a instrução do processo, *podendo o presidente, ex officio ou a requerimento de qualquer Juiz temporário, interrogar os litigantes*" (sublinhamos). Disso resulta que: a) o interrogatório das partes somente poderá ocorrer por iniciativa do juiz, considerando-se que os "juízes temporários", classistas, foram eliminados da organização judiciária trabalhista. O magistrado, contudo, não está compelido a proceder ao interrogatório dos litigantes, pois esse ato constitui *faculdade* sua, tanto que o legislador empregou o verbo *poder* (podendo) e não *dever* (devendo)[75].

Dir-se-á, contudo, que o art. 820 da própria CLT demonstra o desacerto de nossa afirmação, visto estabelecer que as partes poderão ser reinquiridas, por intermédio do juiz, a requerimento dos classistas, "*das partes,* seus representantes ou advogados" (destacamos). Convém redarguir, entretanto, em caráter proléptico, que o art. 820 deve ser entendido *em conjunto* com o art. 848. Dessa forma, somente se o juiz, por iniciativa sua, efetuar o interrogatório dos litigantes é que a parte poderá *reinquirir* (o prefixo *re* é bastante elucidativo) a que estiver sendo interrogada. Verifica-se, assim, que o art. 848 constitui o pressuposto legal para a atuação do art. 820 da CLT, na parte em que permite a reinquirição pelos litigantes. De resto, a referência, ainda existente

---

(75) Como registro histórico, mencionemos a decisão da 1.ª Turma do TST, sendo relator o eminente Ministro Raymundo de Souza Moura: "O interrogatório dos litigantes é facultado pelo Juiz, salvo comprovada pelas partes a necessidade de esclarecimento com aquela peça processual. O contrário acontece com os depoimentos das testemunhas numerárias, que só se dispensam se o Juiz fundamentar a desnecessidade da aludida prova" (Ac. RR-61/73 (22/73), de 9-8-73. In: *Revista do TST*, 1973/1974). Vale reproduzir, ainda, a seguinte ementa de acórdão proferido pelo *Pleno* da mesma Corte: "Na Justiça do Trabalho só é lícito à parte pedir a reinquirição da outra, e não o interrogatório, assim mesmo subordinada ao deferimento pelo Juiz-Presidente (CLT, art. 820)". (Ac. 1.690/73 – ERR – 1.024/74, Rei. Min. Coqueijo Costa. In: ALMEIDA, Ísis de. *Curso de direito processual do trabalho*. São Paulo: Sugestões Literárias, 1981. p. 84).

no texto do art. 820 da CLT, aos "juízes classistas" já não se justifica, pela mesma razão que não se justifica essa menção no art. 848.

O fato de o art. 820 estar compreendido na Seção das provas, e o 848, na da audiência de julgamento, em nada altera, *venia permissa,* os nossos argumentos, quanto mais não seja se colocarmos à frente a ausência de sistematização científica do legislador processual trabalhista, já denunciada.

Tem-se, então, uma outra inferência parcial: no processo do trabalho, ao contrário do comum, o interrogatório (ou a *audiência*) das partes é ato de iniciativa exclusiva do juiz. Nessa mesma linha de raciocínio — que sabemos colidente com a doutrina predominante —, entendemos que o indeferimento, pelo magistrado, de requerimento da parte, no sentido de determinar a intimação da outra, para vir a juízo a fim de depor, não configura restrição de defesa, não sendo, pois, causa de nulidade processual, por suposto. O mesmo se diga na hipótese de, em audiência, o juiz dispensar, *sponte* sua, o interrogatório dos litigantes, ainda que presentes.

Do conjunto desses fatos e da soma das conclusões parciais, ou intermediárias, construímos uma final: a CLT, manifestando o traço *inquisitivo* do processo que ela disciplina (nada obstante haja, também, um componente de *disponibilidade*), não previu o *depoimento das partes,* como fez o atual CPC (art. 385), mas apenas o *interrogatório* (art. 848), que é coisa distinta.

Aplicam-se ao procedimento sumariíssimo, *mutatis mutandis*, as considerações que até aqui expendemos com relação ao ordinário.

Por uma questão de metodologia, nos reservamos para analisar, no Capítulo concernente à confissão, as consequências processuais trabalhistas relacionadas ao não comparecimento (injustificado) das partes à audiência em que deveriam ser interrogadas. E em atitude de coerência com o nosso pensamento há pouco manifestado, aludiremos, doravante, a *interrogatório* e não a depoimento, sempre que tivermos em conta o processo do trabalho.

Temos plena consciência, todavia, de que essa nossa opinião — que estamos a sustentar há vários anos — é heterodoxa, porquanto não vem sendo aceita pela doutrina e pela jurisprudência predominantes. Nossa opinião, contudo, para além do que o senso literal do art. 848 da CLT esteja a sugerir, somente será convenientemente compreendida se forem levadas em conta as circunstâncias políticas sob as quais a CLT foi editada. Vivia-se, na altura, no terreno político e das garantias individuais, um período de exceção, imposto pela Constituição de 1937, que instituíra o denominado Estado Novo. Getúlio Vargas fechara o Congresso Nacional e decretara uma Constituição bem ao gosto da época, em que o autoritarismo, em diversos países (Alemanha, Itália, Portugal, entre outros), era a tônica. Uma das características desse regime era a concentração de poderes nas mãos das autoridades constituídas. Os magistrados do trabalho, como detentores de parcela do poder público, receberam, do legislador brasileiro, não apenas ampla liberdade na direção do processo (CLT, art. 765) como determinadas faculdades exclusivas, como a de proceder ao interrogatório das partes. Se a leitura dessa norma, da CLT, for algo que fizer surgir certa incompatibilidade com os ares democráticos que nos dias atuais, felizmente, respiramos, é algo que se pode considerar.

Quem deve ser interrogado

A regra geral é que as partes devem ser interrogadas *pessoalmente* sobre os fatos da causa. O motivo é lógico, pois foram os próprios litigantes que narraram tais fatos. Em se tratando de ações individuais plurais, os empregados (autores) poderão se fazer *representar* pelo sindicato (melhor: entidade sindical) a que são filiados (CLT, art. 843, *caput*). Quer nos parecer que o legislador (Lei n. 6.667/1979) conferiu a representação em juízo a tal entidade: a) em face do interesse presumido que ela possa ter na ação, considerando-se o elevado número de empregados que a ajuizaram (podendo-se, pois, cogitar de um interesse da própria categoria); b) como medida prática para contornar a dificuldade decorrente da exigência legal de que as partes (pouco importando qual seja o número, de cada lado) devem comparecer à audiência.

Como se trata de *representação* (e não de *substituição* processual, que somente ocorreria no caso da ação de cumprimento prevista pelo mesmo dispositivo consolidado ou do art. 8.º, III, da CF), não resta dúvida de que na hipótese de o magistrado entender conveniente, ou necessário, deverão vir a juízo, *pessoalmente,* tantos autores quantos forem indicados. A mera presença de um membro da diretoria da entidade sindical não supre, absolutamente, a ausência da parte, porquanto apenas essa se encontra apta a prestar esclarecimentos acerca dos fatos alegados. Sendo elevado o número de empregados que figuram na ação (cuja reunião se fez, certamente, ao teor do art. 842 da CLT), e acontecendo de o juiz reputar necessário o interrogatório de alguns deles, a praxe consagrou deferir-se a dois ou a três desses autores a representação dos demais, para esse efeito. Assim, tais empregados, compondo uma espécie de "comissão", serão interrogados em seu próprio nome e no dos demais, que, como eles, são autores na mesma ação. Embora essa "comissão" seja *sui generis,* não há como negar que tem contribuído, sobremaneira, para obviar essa fase do procedimento. É curial, todavia, que os outros empregados manifestem a sua concordância, no particular, devendo esse fato ser mencionado na ata da audiência. Essa outorga informal de poderes encontra amparo no princípio da *simplicidade,* que informa o processo do trabalho.

Conquanto a hipótese (ação individual plural) não configure, em rigor, o litisconsórcio ativo e facultativo, a que se refere o art. 113 do CPC, é elementar que cada autor deve ser considerado, em suas relações com a parte contrária, como litigante distinto, individualizado; sendo assim, os atos e as omissões de um não prejudicarão nem beneficiarão os outros, como, por exemplo, no caso de não comparecer a juízo para ser interrogado, a despeito de haver o juiz assim ordenado.

Por outro lado, é plenamente compatível com o processo do trabalho a regra inscrita no art. 113, § 1.º, do CPC, segundo a qual o juiz poderá limitar o número de litisconsortes ativos-facultativos, na fase de conhecimento, da liquidação ou da execução, quando esse comprometer: a) a rápida solução do conflito de interesses; ou b) dificultar a elaboração da defesa ou o cumprimento da sentença. No primeiro caso, a redução pode ser ordenada *ex officio*; no segundo, depende de requerimento do réu. Nessa última situação, apresentado o requerimento, o prazo para a resposta do réu ficará suspenso até que ele seja intimado da decisão a respeito da limitação do número de litisconsortes.

Uma nótula importante: tratando-se de um regime litisconsorcial ativo--facultativo, irregularmente formado, caberá ao réu, desde que citado para a ação, dirigir ao juiz da causa dois requerimentos: a) o primeiro, visando à extinção do processo, sem exame do mérito, em virtude da mencionada irregularidade na constituição do regime litisconsorcial (CPC, art. 485, inciso IV); b) o segundo, em caráter sucessivo (CPC, art. 326), destinado a reduzir o número de litisconsortes (CPC, art. 113, § 1.º).

Relativamente ao réu (que nem sempre é empregador), estabelece o § 1.º do art. 843 da CLT que ele poderá fazer-se representar (e não substituir) pelo gerente, ou qualquer outro *proposto* que tenha conhecimento do fato. A medida é salutar, tendo em vista que muitos empregadores não dispõem de tempo para comparecer a juízo, pois não podem se afastar de suas atividades econômicas sem graves transtornos administrativos.

Muito se discutiu, porém, na doutrina e na jurisprudência, se o *preposto* deveria ser empregado, ou não, da pessoa que representa em juízo. Integramos a corrente de pensamento que exigia, do preposto, essa *qualidade*. Duplo era o fundamento, sendo um de direito e outro de fato. De direito porque o próprio § 1.º do art. 843 da CLT alude, primeiro, ao *gerente* e, depois, ao preposto. Ficou aí patente o intuito do legislador em esclarecer que o representante do empregador deve ter vínculo de emprego com este, na medida em que não há como desvincular, no Direito do Trabalho, o gerente da relação de emprego. Não fosse assim, não haveria motivo para o legislador haver feito expressa referência à figura do gerente; bastaria que dissesse que a representação poderia ficar a cargo de qualquer *pessoa* (preposto) designada pelo empregador. Dentro desse propósito, que orienta o precitado parágrafo, só se pode concluir que o preposto deva, também, ser empregado do réu. O fundamento de fato está em que, a admitir-se que a representação pudesse ser exercida por quem não mantém vínculo de emprego com o representado, implicaria, em certos casos, permitir o exercício da procuradoria judicial por quem não estivesse legalmente habilitado a fazê-lo, a refletir-se numa espécie de "preposição profissional". Tal é a hipótese dos contadores que, em decorrência de serem, habitualmente, designados como prepostos dos seus clientes, acabavam se instruindo não apenas em matéria de Direito do Trabalho, mas até mesmo em questões processuais. O argumento contrário, de que o risco da indicação do preposto seria exclusivamente do empregador (visto que as suas declarações obrigarão o preponente) não deveria causar impressão favorável a quem estivesse familiarizado com a realidade prática. Com efeito, determinados prepostos não empregados eram extremamente habilidosos, medindo cada palavra a ser proferida por ocasião do interrogatório, sendo que alguns se abalançavam, até mesmo, a formular conclusões pessoais quanto aos fatos sobre os quais são interrogados...

Sendo o preposto *empregado* do réu, dificilmente teria condições de atuar em Juízo, nessa qualidade, em nome de outros réus: limita-lo-ia, por princípio, o contrato de trabalho.

Somente por motivos excepcionais, de conseguinte, se deveria, a nosso ver, consentir que o preposto *não* fosse empregado do réu.

Posteriormente às primeiras edições deste livro, o TST, acolhendo o ponto de vista que sempre defendemos, adotou, por sua SBDI-1, a Orientação Jurisprudencial n. 99, assim enunciada: "Preposto. Exigência da condição de empregado. Exceto quanto à reclamação de empregado doméstico, o preposto deve ser necessariamente empregado do reclamado. Inteligência do art. 843, § 1.º, da CLT", mais tarde convertida na Súmula n. 377, que recebeu esta redação: "Exceto quanto à reclamação de empregado doméstico, ou contra micro ou pequeno empresário, o preposto deve ser necessariamente empregado do reclamado. Inteligência do art. 843, § 1.º, da CLT e do art. 54 da Lei Complementar n. 123, de 14 de dezembro de 2006". Era sempre conveniente, portanto, que o preposto comparecesse à audiência, em que deporia, portando algum documento (como a CTPS) comprobatório da sua qualidade de empregado do preponente, salvo se tratasse de ação ajuizada por empregada doméstica ou por qualquer trabalhador em face de micro ou de pequeno empresário, caso em que o preposto não necessitaria manter vínculo de emprego com o réu.

De qualquer forma, entendíamos que a falta de comprovante da qualidade de empregado, do preposto, se trataria de irregularidade sanável, motivo por que o juiz deveria assinar prazo razoável para que a comprovação fosse feita, sob as penas da lei (CPC, art. 76, inciso II).

Empregamos, até aqui, os verbos no futuro de pretérito porque a Lei n. 13.467, de 13-7-2017, introdutora de denominada *Reforma Trabalhista*, acrescentou ao art. 843, da CLT, o § 3.º, contendo esta redação: "O preposto a que se refere ao § 1.º deste artigo *não precisa ser empregado da parte reclamada*" (destacamos). Pelo que nos cabe opinar, essa alteração foi infeliz, uma vez que, em linhas anteriores, procuramos demonstrar a necessidade de o preposto, em princípio, ser empregado do réu.

É proveitoso destacar, de resto, que a representação judicial, por preposto, não constitui apanágio do *empregador,* como faz supor o § 1.º do art. 843 da CLT. Mesmo nas ações em que se postula o reconhecimento de uma relação jurídica de emprego (em que somente após a prolação da sentença, e ainda assim se for o caso, se poderá dizer se o *réu* é empregador, ou não) essa representação é possível. Ademais, a Justiça do Trabalho possui competência para solucionar conflitos de interesses derivantes de relação de trabalho que nem sempre compreende uma relação de emprego.

Para aqueles que entendem que a Justiça do Trabalho sempre foi *competente* para apreciar litígios relativos às denominadas *pequenas empreitadas* (CLT, art. 652, III), é palmar que o réu, mesmo não sendo empregador (é o dono da obra, em geral), poderá constituir um preposto para representá-lo em juízo. Pela nossa parte, contudo, entendemos, como Antônio Lamarca (*O Livro da Competência*. São Paulo: Revista dos Tribunais, 1979. p. 112-114), que o inc. III do art. 652 da CLT foi revogado pela Constituição Federal de 1946, embora reconheçamos que essa competência tenha sido restabelecida pela Emenda Constitucional n. 45/2004, que deu nova redação ao art. 114, da CF.

Estabelece o art. 75 do CPC, em norma aplicável ao processo do trabalho:

> Art. 75. Serão representados em juízo, ativa e passivamente:
>
> I – a União, pela Advocacia Geral da União, diretamente ou mediante órgão vinculado;
>
> II – o Estado e o Distrito Federal, por seus procuradores;
>
> III – o Município, por seu prefeito ou procurador;
>
> IV – a autarquia e a fundação de direito público, por quem a lei do ente federado designar;
>
> V – a massa falida, pelo administrador judicial;
>
> VI – a herança jacente ou vacante, por seu curador;
>
> VII – o espólio, pelo inventariante;
>
> VIII – a pessoa jurídica, por quem os respectivos atos constitutivos designarem ou, não havendo essa designação, por seus diretores;

IX – a sociedade e a associação irregulares e outros entes organizados sem personalidade jurídica, pela pessoa a quem couber a administração de seus bens;

X – a pessoa jurídica estrangeira, pelo gerente, representante ou administrador de sua filial, agência ou sucursal aberta ou instalada no Brasil;

XI – o condomínio, pelo administrador ou síndico.

Nada impede, contudo, que esses representantes nomeiem prepostos para os efeitos processuais trabalhistas (inclusive o de submeter-se ao interrogatório), com apoio no § 1.º do art. 843 da CLT.

Inexiste, por outro lado, dispositivo legal impediente de o advogado atuar, cumulativamente, como preposto do seu constituinte — desde que mantenha vínculo de emprego com este. Houve, apenas, o Provimento n. 60, de 4-11-1987, do Conselho Federal da Ordem dos Advogados do Brasil, a proibir o advogado de "funcionar no mesmo processo simultaneamente como patrono e preposto do empregador (art.1.º)", por entender serem incompatíveis, entre si, as mencionadas funções.

Nas edições pretéritas deste livro escrevemos: "Seria de imaginar-se, no entanto — a prevalecer a opinião doutrinária de que, no passado, divergíamos —, o que ocorreria se se permitisse que o advogado fosse constituído preposto do réu, mesmo que não mantivesse vínculo de emprego com este". Agora, basta ter os olhos abertos para a realidade para perceber-se as consequências da inserção do § 3.º no art. 843, da CLT.

Interrogatório do menor de dezoito anos

Não concordamos com os ilustres juristas que afirmam ser objeto principal da inquirição das partes (ainda que se denominasse a isso de *depoimento* e não de *interrogatório*) obter a confissão(76). O que aí se busca, *data venia,* é ouvir dos litigantes determinados esclarecimentos ou complementos quanto aos fatos narrados na causa; daí por que a confissão surge, nesse concerto, como autêntico *acidente* do interrogatório. Nem se suponha estarmos pretendendo asseverar que a inquirição dos litigantes é modalidade probatória; só o é, bem o sabemos, *meio* de prova, quando conduz à confissão. Nem por isso, todavia, nos parece correto sustentar que a finalidade desse ato é extrair o reconhecimento de serem verdadeiros os fatos alegados pela parte contrária. Provavelmente os que assim entendem partem do resultado objetivo para o processo que a confissão traz.

---

(76) GIGLIO, Wagner. *Direito processual do trabalho*. São Paulo: LTr, 1977. p. 167-168. NASCIMENTO, Amauri Mascaro. Ob. cit., p. 205.

O menor de dezoito anos e maior de dezesseis deve submeter-se ao interrogatório, contanto que esteja regularmente *assistido* (não se há de falar em *representação,* ainda que possua menos de 16 anos, pois a hipótese não se rege pelo Código Civil, mas, sim, pelo art. 7.º, XXXIII, da CF, com necessária adaptação do art. 793, do texto consolidado, aos dispositivos precitados) por seu pai, sua mãe, seu tutor, seu curador, a fim de, igualmente, esclarecer ou complementar fatos relacionados à ação, e, se do interrogatório resultar a sua confissão, nada obsta que seja reconhecida e que produza os efeitos que lhe são inerentes (CPC, art. 389). Sabendo-se que o trabalhador com menos de 18 anos pode assinar recibos (CLT, art. 439), dando quitação do valor correspondente, não há por que deixar de reconhecer-lhe a capacidade de confessar, desde que: a) a confissão seja judicial; b) esteja assistido por seu pai, sua mãe, seu tutor, seu curador ou outro responsável legal; c) não se trate de *confissão ficta,* porque essa, conforme veremos a seu tempo, é inaplicável ao empregado (a despeito de a Súmula n. 74 do TST haver adotado orientação oposta).

Observe-se, aliás, que esses responsáveis podem interferir no interrogatório do autor menor de idade, salvo se o fizerem com escopo tumultuário; a não se admitir essa interveniência, de nenhuma eficácia seria a presença do responsável na audiência.

Em determinadas ações, o interrogatório do menor é absolutamente necessário, como quando houver sido despedido por justa causa legal; somente ele, nessa hipótese, poderá dizer a respeito do ato faltoso que lhe é assacado pelo empregador, de modo que negar-se a sua possibilidade de depor seria subtrair do juiz um dos caminhos conducentes à verdade formal, cuja investigação, em regra, é tormentosa, não se podendo, à vista disso, prescindir da audição daqueles que estão intimamente vinculados aos fatos.

Interrogatório mediante intérprete

O interrogatório das partes que não puderem se expressar em português, ou dos surdos-mudos, ou dos mudos, que não saibam escrever, será efetuado por meio de *intérprete* nomeado pelo juiz (CLT, art. 819 e § 1.º). Diante disso, deverá o magistrado designar um intérprete toda vez que houver necessidade de: a) verter em português (a que o art. 819 da CLT se refere, impropriamente, como *língua nacional*) as declarações das partes (e também das testemunhas) que não souberem se expressar nessa língua (o CPC, em seu art. 162, II, emprega a expressão: "que não conhecerem o idioma nacional". *Venia concessa,* a parte pode *conhecer* o português, mas não saber se manifestar nesse idioma); b) traduzir a linguagem mímica dos surdos-mudos ou dos mudos que não puderem transmitir a sua vontade por escrito (CPC, art. 162, III).

A lei impede de servirem como intérpretes as pessoas que: a) não tiverem a livre administração dos seus bens; b) forem arroladas como testemunhas ou atuarem como perito nos mesmos autos; c) estiverem impossibilitadas ao exercício da profissão por sentença penal condenatória, enquanto durar o seu efeito (CPC, art. 163, I a III).

Uma vez nomeado, o intérprete terá o dever de cumprir o ofício (não há prazo fixado, como ocorre em relação ao perito, porquanto a versão é feita no ato do interrogatório, em audiência), empregando toda sua diligência; poderá, entretanto, escusar-se do encargo alegando motivo legítimo (CPC, arts. 164 e 157, *caput*). A escusa será apresentada dentro de cinco dias da data da intimação, ou do impedimento superveniente ao compromisso, sob pena de se considerar renunciado o direito de alegá-la (parágrafo único). Caso o juiz aceite a escusa, nomeará novo intérprete (CPC, art. 467, parágrafo único).

Entendemos que o intérprete poderá ser substituído pelos mesmos motivos que autorizam a substituição do perito, ou seja, quando: a) faltar-lhe conhecimento técnico ou científico; b) sem motivo legítimo, deixar de cumprir o encargo que lhe foi atribuído (por analogia CPC, art. 468, I e II).

O intérprete que, por ato doloso ou culposo, efetuar tradução diversa da que seria correta, pagará multa fixado pelo juiz, de acordo com o valor da causa e o prejuízo derivante desse erro, além do que ficará inabilitado, por cinco anos, a funcionar como tal em outros processos, sem prejuízo das sanções penais incidentes. Efetivamente, dispõe o art. 342 do Código Penal — que integra o Capítulo dos Crimes Contra a Administração da Justiça — que incorrerá nesse crime quem fizer "afirmação falsa, ou negar ou calar a verdade, como testemunha, perito, *tradutor* ou *intérprete* em processo judicial...". (grifamos)

As despesas com intérprete correrão sempre por conta da parte sucumbente, salvo se beneficiária de justiça gratuita (CLT, art. 819, § 2.º).

Mesmo que o juiz tenha o domínio do idioma estrangeiro a ser vertido para o português, não deverá ser dispensada a nomeação do intérprete, pois a tradução direta pelo magistrado poderia implicar não apenas quebra do princípio da imparcialidade, como também provocar certas áreas de atrito com as partes, pois essas poderiam, por exemplo, discordar da fidelidade da tradução, etc.

A nomeação de intérprete, a propósito, nos casos mencionados é obrigatória (CLT, art. 819), o que afasta, por si só, a possibilidade de o julgador dispensá-lo, alegando que entende o idioma ádvena pelo qual se expressará a parte, ou a linguagem mímica do surdo-mudo, ou do mudo, que deva ser interrogado.

A proibição de desconto no salário

Estatui o art. 822 da CLT que as *testemunhas* não poderão sofrer qualquer desconto nos seus salários pelas faltas ao serviço em virtude do seu comparecimento a juízo, para serem inquiridas, quando devidamente arroladas ou convidadas. A razão reside no fato de o depoimento das testemunhas ser considerado *serviço público*, conforme declaração constante do art. 463, parágrafo único do CPC. Essa norma do CPC também estabelece, no *caput*, a proibição de a testemunha sujeita ao regime trabalhista sofrer desconto no salário e no tempo de serviço, em razão do seu comparecimento a juízo.

Curiosamente, todavia, a CLT nada dispôs, quanto a isso, em relação à pessoa dos *litigantes*, sendo razoável supor-se que a proibição de efetuar desconto no salário do empregado, quando parte em ação trabalhista, tenha parecido óbvia ao legislador; daí, a omissão a respeito.

Não obstante, o silêncio do texto legal rendeu ensejo à formação de controvérsia doutrinária e jurisprudencial a respeito do assunto. Chegou-se, até mesmo, a afirmar que a liceidade de desconto estaria condicionada ao *resultado* do provimento jurisdicional — cujo fato não elimina o desacerto da tese que entendia ser possível o desconto. Realmente, dizer-se que o desconto será lícito se as pretensões do empregado forem rejeitadas pela sentença, e ilícito, se forem acolhidas (ainda que parcialmente), é negar-se o *direito de ação,* que é público e está assegurado constitucionalmente (CF, art. 5.º, XXXV); o exercício desse direito, por esse motivo, independe da existência de um direito material e, se existente este, pouco importa se for acolhido ou rejeitado pela prestação jurisdicional.

Em boa hora, portanto, o TST editou a Súmula n. 155, que veio colocar fim à (injustificável) controvérsia, estabelecendo que "As horas em que o empregado faltar ao serviço para comparecimento necessário, como parte, à Justiça do Trabalho, não serão descontadas dos seus salários".

A Súmula, como se constata, não se restringe à hipótese de comparecimento do empregado a juízo *para ser interrogado,* muito embora seja nesse caso em que ele revele a utilidade das suas disposições; dessa forma, o desconto será ilícito quando, mesmo para outra finalidade, o comparecimento for *necessário.* Essa necessidade há de ser apurada em relação a cada caso concreto, embora se possa estabelecer, desde logo, que, estando o empregado a litigar *pessoalmente,* sempre que for intimado de algum ato processual (juntada de documentos pelo réu, prolação da sentença e o mais), dificilmente deixará de ser necessário o seu comparecimento ao juízo por onde se processa a ação. Convém enfatizar que a Súmula alude ao seu comparecimento à Justiça do Trabalho e não somente à presença *do juiz*, como ocorre no interrogatório. Assim sendo, o trabalhador terá de faltar algumas horas ao serviço para ir à Secretaria da Vara, a fim de compulsar os autos, seja para pronunciar-se sobre os documentos, seja para buscar elementos para fundamentar as suas razões ou contrarrazões de recurso, etc.

A dicção da Súmula, porém, no sentido de que não serão descontadas do salário as *horas em que ele faltar ao serviço*, para o fim mencionado, deve ser entendida em termos. Não seria justo, por exemplo, que só se deixasse de descontar o tempo em que o empregado permaneceu no interior do prédio onde funciona o órgão judiciário trabalhista se pela distância do local de trabalho até a Vara ele necessita demorar muito tempo mais, principalmente se teve de se valer de transporte coletivo. O que não se dizer, então, do trabalhador rural, cujas dificuldades para locomover-se até o perímetro urbano (onde, em regra, está instalada a Vara ou o Juízo de Direito) são enormes? É elementar, consequentemente, que *todo o tempo* que o empregado *necessitar* despender para ir à Justiça do Trabalho, como parte, bem como o em que lá permanecer e o que gastar com o retorno, não deve ser descontado do seu salário.

Como uma normatização dessas hipóteses é desaconselhável, tanto pela heterogeneidade, de um lado, quanto pelas peculiaridades individuais, de outro, é prudente que se reserve, também aqui, para cada caso concreto, a apreciação quanto ao tempo de que o empregado realmente necessitou consumir para atender, como parte, a um interesse ou a uma intimação judicial.

Esclareça-se que a Súmula incidirá mesmo se o autor (reclamante) faltar ao serviço *atual* para comparecer à Justiça do Trabalho em decorrência de ação aforada contra o seu *ex-empregador.* A Súmula não fez, acertadamente, qualquer distinção nesse aspecto. Basta, pois, que o comparecimento seja *necessário* para que o desconto reste desautorizado. Ao empregado caberá, evidentemente, fazer prova de que esteve em juízo, bem assim do tempo que para isso teve de consumir.

Técnica do interrogatório

a) A ordem do interrogatório. A inversão

Na mesma ordem cronológica em juízo devem ser interrogados os litigantes. Parece residir nesse aspecto, portanto, a base lógica que levou o legislador processual civil de 1973 a dispor que "A parte será interrogada na forma prescrita para a inquirição de testemunhas" (art. 344, *caput*), sabendo-se que primeiro seriam inquiridas as do autor e, depois, as do réu (CPC, art. 413).

Conquanto o CPC de 2015 não tenha repetido a norma do art. 344, do estatuto processual de 1973, a ordem de interrogatório das partes, em princípio, deverá obedecer à estabelecida para a inquirição das testemunhas (art. 456, *caput*).

Eis a razão por que, também na Justiça do Trabalho, se procede, em primeiro lugar, ao interrogatório do autor e, posteriormente, ao do réu, a despeito de o art. 848 da CLT não indicar, de maneira expressa, essa ordem. Se não a indica, é certo que também não a proíbe.

A preocupação por uma atitude de coerência, quanto às convicções jurídicas manifestadas, nos leva a reiterar que, no processo do trabalho, à diferença do comum, a parte não tem o direito de requerer o *depoimento* da adversa, pois o componente inquisitivo daquele processo confere somente ao juiz poderes para *interrogar* os litigantes. É o que consta, claramente, do art. 848 da CLT. Já deixamos consignado, porém, em linhas transatas, que essa nossa opinião não foi recepcionada pela jurisprudência.

No momento do interrogatório, não há necessidade de as partes serem qualificadas, pois já o foram na inicial e na contestação, respectivamente, bem como delas não se tomará o compromisso legal e nem se lhes advertirá quanto às consequências penais acerca de fazerem afirmação falsa ou calarem a verdade, pois nesse ato interrogativo não se insere nenhum meio de prova — isto sem prejuízo do dever de verdade a que estão submetidas. O interrogatório não constitui meio de prova, conforme revela o art. 139, VIII, do CPC. O depoimento, em si, também não é meio probante; somente será quando conduzir à confissão (CPC, art. 389).

Salvo nos casos de representação processual, a parte responderá pessoalmente sobre os fatos que lhe forem indagados, não lhe sendo permitido, em qualquer hipótese, servir-se de escritos adrede preparados. Desde que o objetivo, contudo, seja complementar ou precisar esclarecimento, o juiz consentirá que efetue consulta a breves notas, com a finalidade de completar esclarecimentos (CPC, art. 387), como acontece, a.e., quando o empregado manuseia a sua Carteira de Trabalho com a finalidade de verificar os assentamentos ali efetuados. Ficará, por certo, ao prudente arbítrio do magistrado apurar se a consulta a tais notas visa, efetivamente, a completar ou precisar declarações, ou se a parte está, na verdade, buscando responder às perguntas segundo as anotações que, para tanto, propositadamente preparou.

Não apenas por isso, mas igualmente para avaliar as próprias reações psicológicas das partes diante das perguntas formuladas — e assim constatar se está havendo tergiversação — é que o princípio da *imediação* do juiz constitui um dos essenciais, dentre os tantos que informam o processo moderno. Sob esse aspecto, não se pode negar a extrema utilidade do sistema audiovisual de gravação das audiências judiciais.

A prática está a demonstrar, todavia, que alguns juízes, *sponte sua,* inverteram a ordem do interrogatório dos litigantes, passando a ouvir, primeiramente, ao réu, sempre que o ônus da prova fosse deste. Fomos um dos primeiros a inaugurar esse procedimento, ao tempo em que integrávamos a magistratura do trabalho. Procedimento que possuía — e ainda possui — um caráter pragmático. Essa alteração, como era de se esperar, provocou a manifestação da doutrina e, em especial, da jurisprudência, podendo-se afirmar que, de início, se estabeleceu, no âmbito de cada uma, uma profunda cisão, balizada pela afirmativa, de um lado, e pela negativa, de outro, quanto à licitude dessa inversão.

A corrente que não admitia a possibilidade de alteração argumentava com a nulidade processual.

Tínhamos opinião divergente. Nada impedia que o Juiz do Trabalho, se assim entender conveniente, ouvisse, em primeiro lugar, o réu. Se essa inversão pudesse, em princípio, envolver descompasso com a base lógica a respeito da ordem de interrogatório dos litigantes, a que há pouco nos referimos, é indiscutível que não importava em nenhuma lesão ao processo do trabalho, que, se adotou a ordem indicada pelo CPC, o fez apenas por uma questão de comodidade e não — o que seria absurdo — por imposição daquela norma processual civil. Insta observar, ademais, que nem mesmo o CPC comina de nulo o ato que acarretar a inversão daquela ordem. Como se não bastasse, a nulidade, ainda que houvesse, somente seria declarada se do ato inquinado resultasse manifesto prejuízo para a parte, conforme se fez estampar, sabiamente, no art. 794 da CLT, que positivou o princípio doutrinal, já mencionado, de que "não há nulidade sem prejuízo" (*"pas de nullité sans grief"*).

Não víamos como pudesse a parte interessada demonstrar que a inversão da ordem do interrogatório lhe teria acarretado, por si só, manifestos prejuízos; prejuízos processuais, certamente.

Admitamos, por exemplo, que, interrogado em primeiro lugar, o réu acabasse, mesmo de modo involuntário, confessando serem verdadeiros os fatos narrados pelo autor. Estaria aqui o prejuízo a ser alegado como causa de nulidade processual? É óbvio que não. A confissão do réu, na hipótese, há de ser considerada em si mesma, ou seja, segundo a sua significação para o processo e não com vistas ao fato de haver sido obtida antes do interrogatório do autor. Ora, se de confissão real se trata (e não de *ficta confessio*), é evidente que a inversão da ordem do interrogatório, além de nada influir quanto a esse ato do réu, contribuiu, sobremaneira, para abreviar o procedimento, na medida em que, confessado o fato, já se torna desnecessário ouvir-se o autor e inquirir-se as testemunhas acerca desse mesmo fato. Afinal, confissão é confissão; é a "rainha das provas", diz-se com propriedade. E, acima de tudo, fatos "afirmados por uma parte e confessados pela parte contrária" não dependem de provas (CPC, art. 374, II).

Demais, determinada a separação das partes, no interrogatório, de modo que uma não ouça o que a outra está respondendo, a inversão, como é evidente, não repercute no que disserem ou deixarem de dizer.

O processo civil, no art. 361, não estabelece uma ordem rígida para a produção das provas orais: o que ali está apenas é uma ordem *preferencial*.

b) Proibição de a parte que ainda não depôs ouvir o interrogatório da outra

Em redação suficientemente nítida, estabelece o art. 385, § 2.º, do CPC, ser "*defeso, a* quem ainda não depôs, assistir ao interrogatório da outra parte" (destacamos). A norma é imperativa, coagente, compelindo a que o juiz, como diretor do processo, a respeite e a faça respeitar.

Embora a CLT seja omissa sobre a matéria, entendemos que o comando do art. 385, § 2.º, do CPC, *deve* incidir, supletivamente, no processo do trabalho. Em diversas Varas, aliás, já se vem procedendo dessa maneira. Seria de alvitrar-se, a propósito, que o procedimento se generalizasse.

Sem embargo, o exercício da judicatura nos revelou que quando a parte, que está sendo ouvida em juízo, já assistiu ao interrogatório da outra, a sua preocupação maior é de rebater as declarações do litigante *adverso,* e não de responder às perguntas que lhe são formuladas de acordo com as alegações que ela, depoente, expendeu na inicial ou na contestação, conforme seja o caso. Assim, o conhecimento *prévio* das declarações da parte contrária permite a que a outra, ao ser interrogada, procure construir os fatos de modo a impugnar os que foram objeto das respostas do adversário. Correta, portanto, a advertência de Pestana de Aguiar (ob. cit., p. 136) de que, a não se determinar a separação dos litigantes, "ficaria sempre em melhor posição a parte que depusesse por último, pois poderia disso auferir vantagens, em desequilíbrio da igualdade das partes, ao se armar de argumentos de defesa".

Não concordamos com os que sustentam que a determinação do juiz para que, enquanto uma das partes estiver sendo interrogada, a outra permaneça fora da sala de audiência implica: a) ofensa ao princípio da publicidade da audiência e b) cerceamento de defesa, a acarretar inevitável nulidade processual.

Venia concessa (a), se ofensa ao princípio da publicidade da audiência (CLT, art. 813, *caput*) houvesse, ter-se-ia de admitir que ela estaria sendo perpetrada *pela própria lei* (CPC, art. 385, § 2.º), pois é essa quem *proíbe,* expressamente, à parte que ainda não foi interrogada de assistir ao interrogatório da outra. Além disso, valesse o argumento de desrespeito a essa publicidade, ter-se-ia de permitir que as próprias testemunhas, que ainda não foram inquiridas, permanecessem na sala de audiência, assistindo à inquirição das outras. Estando a parte acompanhada de advogado, a sua saída da sala não lhe trará qualquer prejuízo, porquanto caberá ao seu patrono formular as reperguntas à parte contrária, desde que deferidas pelo juiz. Entendemos, por essa razão, que somente se deverá permitir que o litigante assista ao interrogatório do *ex adverso* quando estiver atuando em juízo sem advogado, pois nesse caso a sua retirada da sala de audiências o impediria de efetuar as referidas perguntas — e o seu prejuízo seria inequívoco. O mesmo se diga quando o advogado estiver postulando em causa própria, ou quando estiver acumulando a qualidade de preposto (embora, como vimos, essa acumulação seja vedada pelo Provimento n. 60/87, do Conselho Federal da OAB). Fora disso, é fazer-se cumprir a lei processual civil, que, por ser compatível com o processo do trabalho, nele incidirá em caráter subsidiário.

Por outro lado (b), a assertiva de que o procedimento de impedir-se que a parte que ainda não depôs presencie o interrogatório da outra configura *cerceamento de defesa,* envolve excesso de conteúdo. *Cerceamento* provém de cercear, verbo transitivo significante de "cortar cerce", *cortar pela raiz*; dessa forma, o que ocorreria na hipótese, no máximo, seria uma *restrição,* uma *limitação* do direito de defesa. Nunca, porém, um *cerceamento,* que somente se daria se não se houvesse possibilitado ao réu formular quaisquer das espécies de *resposta* previstas em lei (exceção, contestação, reconvenção): aqui se teria, efetivamente, *cortado rente* o seu direito constitucional de defesa (CF, art. 5.º, LV), que não se resume ao processo penal. De qualquer modo, inexistirá essa restrição ao direito de defesa, se a parte estiver acompanhada por advogado, hipótese em que aquela deixará, por momentos, a sala de audiência, e esse permanecerá para ouvir o interrogatório da parte adversa e formular-lhe reperguntas quando do retorno do seu constituinte.

Também nas ações onde haja vários autores (cumulação objetiva, estabelecida com fundamento no permissivo do art. 842 da CLT) ou vários réus, deverá o juiz aplicar a disposição vedatória do § 2.º do art. 385, do CPC, de modo a impedir que os autores e os réus, que ainda não depuseram, assistam ao interrogatório dos seus respectivos compartes.

A proibição, nessa circunstância, se destina a evitar que as partes se limitem a repetir as declarações dos seus companheiros de ação, feitas momentos antes no interrogatório a que presenciaram.

Em suma, cumpre ao Juiz do Trabalho providenciar para que o litigante que ainda não depôs não assista ao interrogatório de outros, sejam adversos ou não, sem receio de cometer ofensa a qualquer dispositivo ou princípio informativo do processo do trabalho. Não assista e nem ouça.

A fim de pacificar a matéria, aliás, é aconselhável que o legislador, *de lege ferenda,* dote esse processo de norma idêntica à do processo civil, cuja conveniência é ditada pela própria realidade forense.

Duas nótulas esclarecedoras: a) em que pese ao fato de a norma legal (CPC art. 385, § 2.º) fazer uso do verbo *assistir* (ao interrogatório da outra parte), devemos concluir que esse preceptivo legal alcança tanto os verbos *ver* quanto *ouvir*. Deste modo, o que a lei está a proibir é que a parte, que ainda não depôs, tome conhecimento do que a outra declarou; b) embora o CPC utilize a expressão: *"quem ainda não depôs"*, o juiz deverá também impedir que a parte que já depôs assista ao depoimento da adversa. Assim dizemos, porque poderá ocorrer de o juiz decidir acarear as partes e, neste caso, ficará em vantagem aquela que pôde assistir ao interrogatório da outra. Se essa acareação não é prevista no art. 461, do CPC, é permitida no processo do trabalho, por força da ampla liberdade que a lei atribui ao juiz (CLT, art. 765).

c) Perguntas. Reperguntas. Indeferimento

Os litigantes são interrogados diretamente pelo juiz que esteja a presidir a audiência, mediante a formulação de perguntas a respeito dos fatos em que se funda a ação (CLT, art. 848, *caput*). A confissão, que daí acaso advier, constituirá *acidente* e não objetivo do interrogatório.

O interrogatório, assim, dá início à instrução *oral* do procedimento, que será complementada com a inquirição de testemunhas, do perito e dos técnicos, se houver. Sem razão, a nosso ver, Ísis de Almeida (ob. cit., p. 38), ao afirmar que "A instrução, segundo o disposto no art. 848 da CLT, tem início com o interrogatório das partes...", sendo certo que o ilustre autor se referia à instrução em sentido amplo, e não à *oral*, em particular.

Para que esta fase da instrução (como também as demais) não se torne dispersiva, difusa, deverá o juiz, antes de interrogar os litigantes, fixar os *pontos controvertidos,* em relação aos quais incidirão as perguntas e as provas. Essa providência é determinada pelo art. 357, II, do CPC, e visa, salutarmente, a evitar que as partes, seus procuradores ou advogados formulem reperguntas impertinentes ou irrelevantes, ensejando com isso que o magistrado as indefira, sem se falar na grande perda de tempo que tudo isso acarreta.

A mencionada providência, no sistema do CPC, é adotada na oportunidade do *saneamento e da organização do processo*; como, no processo do trabalho, não existe, especificamente, essa fase, o juiz poderá adotá-la em audiência, antes de dar início à instrução oral do procedimento.

Destarte, cientes de quais são os pontos controvertidos, os litigantes estarão em melhores condições de efetuar as indagações que desejarem e de produzir as demais provas que forem necessárias, com substancial economia para o procedimento.

Essa norma processual civil, por seu propósito eminentemente disciplinador da atividade probatória das partes, deve ser utilizada de maneira ampla pelo processo do trabalho, com o qual guarda inegável compatibilidade.

Nem todas as respostas dos litigantes às perguntas formuladas pelo juiz deverão constar da ata da audiência, mas somente as que tiverem relevância para a causa. Incumbirá ao juiz, portanto, munido da necessária prudência, efetuar uma triagem e um depuramento prévios das respostas, com o propósito de evitar que na ata sejam lançadas as que forem inúteis para a instrução e o julgamento da causa.

No tocante ao procedimento sumariíssimo, dispõe o art. 852-F, da CLT, que da ata da audiência deverão constar, resumidamente, dentre outras coisas, as "afirmações fundamentais das partes" — vale dizer, em melhor técnica, as declarações essenciais prestadas pelos litigantes.

Em regra, devem os litigantes limitar-se a responder apenas sobre aquilo que lhes for indagado; excepcionalmente, contudo, poderá o juiz consentir que exponham com maior amplitude os fatos, com a finalidade de melhor compreendê-los, máxime quando se referirem a assuntos técnicos, ou a determinadas peculiaridades relacionadas à atividade ou à organização empresarial. Sucede que fatos dessa natureza não podem ser satisfatoriamente entendidos por meio de respostas lacônicas, monossilábicas, representadas por meros *sim* ou *não*. Cuidará o magistrado, porém, de verificar quanto à necessidade de recorrer a essa exceção, sob pena de permitir as respostas *narrativas*, expendidas, muitas vezes, com o objetivo de desviar-lhe a atenção e de contornar a pergunta formulada.

A lei não indica como se deve portar o litigante que esteja se submetendo ao interrogatório; o bom-senso, no entanto, sugere que fiquem colocados de frente para o juiz (que assim poderá, como dissemos, analisar as suas reações emocionais às perguntas feitas) e de costas para os seus advogados (impedindo, com isso, que possam comunicar-se com eles). Nada há de fútil em tais considerações, que emanam, em concreto, de uma realidade forense, na qual esses fatos soem acontecer.

O juiz facultará que, sempre por seu intermédio, as partes, seus representantes ou advogados formulem *reperguntas*. O vocábulo, que tem previsão léxica, provém do verbo transitivo *reperguntar*, formado da adição do prefixo *re* ao verbo *perguntar*. Não se trata, pois, de neologismo; logo, depara-se-nos injustificável a censura que, vez ou outra, se tem feito quanto ao seu emprego na linguagem processual.

Cientes de quais são os pontos controvertidos, fixados pelo juiz, as partes poderão fazer reperguntas à adversa, que estiver sendo interrogada. Não se deve permitir que o advogado formule reperguntas ao seu próprio constituinte, pois o expediente, além de desútil, pode se prestar a eventual conluio entre ambos, segundo o qual a parte responderia às indagações previamente elaboradas por seu advogado ou por ela própria. Apenas se circunstâncias extraordinárias exigirem, o magistrado permitirá que isso seja feito.

Legalmente investido na direção do processo, ao juiz caberá indeferir reperguntas *indutivas* ("liderantes" para Wagner Giglio, ob. cit., p. 184), isto é, capazes de conduzir a parte a expender uma resposta não pretendida e que atenda aos interesses do interlocutor (perguntante), como, *v. g.*, quando se discute se o empregado teria ou não perpetrado agressão física ao empregador e este, no interrogatório daquele, indagar com que objeto a agressão foi cometida. Evidentemente que nessa pergunta se *insinua* que a agressão teria acontecido, razão por que bem obrará o magistrado em indeferi-la.

A despeito de o CPC só prever a transcrição, na ata (e desde que o requeira a parte interessada), de perguntas indeferidas pelo juiz e formuladas às *testemunhas* (art. 459, § 3.º), somos de opinião que, no processo do trabalho, essa transcrição caberá igualmente no caso de a repergunta haver sido dirigida à parte, na oportunidade do seu interrogatório, bastando, para tanto, que o interessado requeira. Como a lei não esclarece se a transcrição deverá ser feita, ato contínuo, ao indeferimento, ou ao final da ata, caberá ao juiz adotar o critério que melhor lhe convier, embora o primeiro nos pareça mais apropriado. O interesse da parte, no sentido de ver transcrito na ata o teor das reperguntas indeferidas, está em que, com base nisso, poderá argumentar, perante o Tribunal competente, quanto à nulidade do processo em face dessa presuntiva restrição do direito de defesa.

Em edições anteriores deste livro, dissemos:

> "Tenha-se como certo: a *discordância* da parte, seu representante ou advogado, quanto ao indeferimento de reperguntas, não deve ser consignada na ata, ainda que o requeiram. Tal 'protesto' constitui, manifestamente, modalidade canhestra de comportamento processual, conquanto tolerado em alguns juízos. Nada há de despótico em vedar a inserção desse 'protesto' na ata; a parte, que não se conformou com o indeferimento da repergunta, terá, nas *razões finais,* o momento processual apropriado para manifestar essa e outras contrariedades a atos do juiz, bem como para arguir a nulidade do processo, se assim o pretender."

Reconhecemos, contudo, que a falta de uma uniformidade, pelos juízos, quanto ao procedimento a ser adotado pela parte, diante de atos do magistrado, que considere prejudiciais aos interesses manifestados na causa, tem feito com que o referido "protesto" se torne necessário, a fim de evitar preclusão. Essa situação fica tanto mais clara quando o ato judicial, contra o qual o litigante se insurge, é praticado na audiência dita "inicial": muitas vezes, a parte, receosa de que se deixar para arguir a nulidade processual apenas nas razões finais ouvirá do magistrado a declaração de estar precluso o seu direito, acaba por externar, desde logo, o seu "protesto", numa reação humana espontânea a compreensível, à luz da Psicologia Individual. Por esse motivo, a praxe, com sua reconhecida criatividade, tem rotulado esse peculiar "protesto" de "antipreclusivo".

Se, outrora, éramos contrários a tal "protesto" (pela razão já exposta), acabamos por ceder à força da prática e, hoje, o aceitamos, sem restrições.

Vale observar que o ordenamento processual não exige nem impede que o juiz justifique, na própria ata, ou na sentença, os motivos pelos quais indeferiu as reperguntas; o escrúpulo e o zelo profissionais, no entanto, sugerem que o faça.

Nada obstante as atas, tradicionalmente, sejam elaboradas com redação compacta, sem espaços, parágrafos, etc., a prática consagrou que as relativas a audiências fossem redigidas ao estilo até certo modo literário, com parágrafos, títulos e o mais. Não há por que negar que essa maneira de elaborá-las facilita a localização das respostas, a par de contribuir para o aspecto estético. A localização, a que nos referimos, é quanto a quem respondeu e não a quem perguntou ou reperguntou, porquanto, em relação a isso, não há necessidade de especificação — em que pese, mais uma vez, ao fato de a lei não vedar que seja feita.

É sempre prudente advertir que, enquanto tiverem sendo interrogadas as partes (ou inquiridas as testemunhas, o perito, os assistentes técnicos), não poderão a parte contrária, seu representante ou seu advogado ou o Ministério Público intervir ou apartear sem o consentimento do juiz (CPC, art. 361, parágrafo único). Algumas vezes, as conhecidas "questões de ordem", que são brandidas como justificativa para a intervenção, visam, no fundo, a tumultuar o interrogatório, a instaurar um estado de intranquilidade em quem está sendo submetido a ele; por isso, deverá o juiz manter-se atento, coibindo, com rigor e justiça, essas interferências tumultuárias tão a gosto dos que pressentem o insucesso na ação.

Dispõe o art. 848, § 1.º, da CLT, que terminado o interrogatório qualquer dos litigantes poderá retirar-se, prosseguindo a instrução com seu representante; dever-se-á providenciar, contudo, para que, ao deixar a sala de audiência, a parte não se comunique com as suas testemunhas, que nas dependências da Vara se encontrem, pois poderá relatar-lhes o que se passou no interrogatório.

Por essa mesma razão é que não se deve fracionar a audiência, dita instrutória, interrogando-se as partes em uma oportunidade e inquirindo-se as testemunhas em outra. Salta aos olhos a inconveniência dessa divisão: o futuro depoimento das testemunhas poderá ser fortemente influenciado (para não dizer conduzido) pelo que fora prestado pelas partes.

A saída, aliás, de um ou de ambos os litigantes da sala de audiências após o interrogatório é desaconselhável em alguns casos, pois poderá ocorrer de o magistrado desejar acareá-los com as testemunhas, na mesma audiência, sendo que isso não será possível se já tiverem se ausentado.

Recusa de depor

Dentre os deveres processuais das partes se inclui o de comparecer a juízo e responder ao que lhes for interrogado. Como se percebe, esse dever, que é previsto em lei (CPC, art. 379, I), não resta atendido pelo simples fato de as partes virem a juízo para serem interrogadas; há necessidade de que respondam ao que lhes for indagado.

Daí por que, quando o litigante deixar de responder, injustificadamente, ou utilizar evasivas, cumprirá ao juiz, apreciando as demais circunstâncias e os elementos dos autos, declarar, na sentença, que houve *recusa de depor* (CPC, art. 386). O anteprojeto do CPC de 1973, em seu art. 375, aliás, procurava formular algumas hipóteses de recusa: "quando a parte, sem motivo justificado, deixar de responder a algumas perguntas, ou empregar evasivas, como *'não saber'*, ou *'não recordar'*, o juiz, apreciando cuidadosamente todas as demais circunstâncias e elementos de prova, declarará se houve recusa de depor" (destacamos).

É importante assinalar, portanto, que essa recusa, segundo a lei, decorre de (a) a parte deixar de responder sem motivo justificado, ou (b) responder mediante evasivas.

a) No primeiro caso, a ausência de resposta é desprovida de qualquer motivo justo: a parte tem conhecimento do fato sobre o qual foi interrogada, mas nada responde. Para que a recusa se configure, porém, não há necessidade de que o litigante diga, expressamente, que não quer responder à indagação; basta que deixe de fazê-lo sem motivo defensável — o que equivalerá, tacitamente, à recusa. É elementar que não se poderá cogitar de recusa se a parte desconhecer o fato que foi objeto da indagação. Nessa hipótese, aliás, cumpre que se verifique se a ignorância do fato é escusável ou não; se não o for, a parte deverá ser declarada confessa quanto a tal fato. Exemplifiquemos: se o réu (pessoalmente ou por preposto) afirma desconhecer por que motivo o empregado foi despedido, embora na contestação houvesse dito que foi em decorrência de haver cometido ato de insubordinação, torna-se evidente que a ignorância desse fato essencial o fará confesso; se, todavia, o desconhecimento se relaciona a fato irrelevante para a causa, ou, se a cognição de fato relevante for inexigível (como, *e. g.*, no caso de indagar-se a um balconista preposto de que maneira era feito o lançamento contábil de determinada verba), não se caracterizará a negativa de responder, a que se refere o art. 386 do CPC, de aplicação subsidiária ao processo do trabalho.

b) Poderá ocorrer, por outro lado, que a parte responda às perguntas formuladas, fazendo-o, contudo, por meio de *evasivas*, ou seja, valendo-se de subterfúgios, de tergiversações, de tal modo que não afirme nem negue o fato indagado, com o propósito de não definir a sua posição diante dele e de criar um estado de incerteza na consciência do julgador. Nessa hipótese, o interrogado procura confundir os demais sujeitos do processo a respeito do fato, formulando respostas ambíguas, que provocarão o surgimento de *zonas grises* no campo da instrução processual. Não têm sido infrequentes, na prática, comportamentos dessa índole.

Itere-se: convencendo-se o juiz, pelas demais circunstâncias e provas dos autos, que a parte se utilizou, propositadamente, de evasivas para responder às indagações, deverá, *na sentença* (não se deve aplicar, *incontinenti*, a "pena" de confissão), declarar que houve recusa de depor, reputando-a, em consequência, confessa quanto ao fato ou a um conjunto deles.

Situação delicada se forma quando o interrogado alega que *não se recorda* do fato; se estiver falseando a verdade (o que nem sempre é fácil de descobrir), isso equivalerá à recusa de depor; caso contrário, o seu lapso mnemônico não lhe deverá acarretar nenhuma sanção processual, quanto mais não seja quando a pergunta se referir a fatos muitos antigos, ou a cifras, estatísticas, a quantidades expressivas, etc. Ninguém, afinal de contas, é um computador. Por essa razão, deve o juiz, sempre que possível, indeferir reperguntas que imponham ao interrogado responder acerca de tais assuntos, de difícil memorização. Nada obsta, contudo, a que o depoente consulte a breves apontamentos (CPC, art. 387) com a finalidade de poder responder a indagações dessa natureza.

Muitas vezes, a resposta que se pretende extrair da memória do interrogado é exclusivamente obtenível por intermédio de documentos ou de perícia técnica, por força de lei; diante disso, caberá ao juiz também indeferir reperguntas nesse sentido.

Em consideração ponderativa sobre o problema, disse Carlo Lessona (*Prueba em Derecho Civil*. 1928, 1.º vol., n. 553, *apud* Moacyr Amaral Santos, ob. cit., p. 103-104): "Tudo depende, para isso, do critério do Juiz, que apreciará a pretensa falta de memória em suas relações com os fatos e com o estado da pessoa que depõe e reconhecerá, de conseguinte, em dita alegação, uma escusa provável ou um artificioso pretexto".

Fatos sobre os quais a parte não é obrigada a depor

Dispõe o art. 388 do CPC que os litigantes estarão desobrigados de depor de fatos (a) criminosos ou torpes, que lhes forem imputados, ou, (b) a cujo respeito, por estado ou profissão, devam guardar sigilo; (c) sobre os quais não possa responder sem desonra própria, de seu cônjuge, de seu companheiro ou de parente em grau sucessível; (d) que coloquem em perigo a vida do depoente os das pessoas mencionadas no inciso III.

Analisemos essas hipóteses excludentes do dever de as partes responderem ao que lhes for perguntado, ou reperguntado.

a) Fatos criminosos ou torpes

Leciona Moacyr Amaral Santos (ob. cit., p. 110) que a regra canônica "*'positioni criminosae non est respondentum"* calcava-se na moral e na equidade natural, sob o argumento de que obrigar alguém a responder sobre tais fatos seria constrangê-lo a mentir ou confessar a própria torpeza. "Daí a máxima jurídica, vigorante por muito tempo e mesmo acolhida expressamente no Direito pátrio anterior àquele Código: *'nemo tenetur detegere propriam turpitudinem'*."

A despeito de o CPC vigente eximir o interrogado de responder acerca de fatos criminosos ou torpes que lhe são irrogados, repetimos que essa disposição não deve incidir, com amplitude, no processo do trabalho. Em certas situações, há necessidade absoluta de que a parte responda sobre tais fatos. Como desobrigar-se, assim, o empregado de responder à alegação de haver se apropriado, indebitamente, de coisa móvel do empregador, se esse fato (1) foi apresentado como justa causa para a resolução do contrato de trabalho (CLT, art. 482, alínea *"a"*) e (2) constitui *crime* contra o patrimônio, *ex vi* do disposto no art. 168 e seguintes do Código Penal? Desobrigando-se o empregado de responder a respeito desse *fato criminoso* que lhe foi atribuído, a instrução processual trabalhista ficaria sensivelmente prejudicada — cujo prejuízo se avultaria, à míngua de outros elementos de prova. É imprescindível, portanto, que, nessas hipóteses, o litigante seja ouvido (até porque se presume que tenha interesse em esclarecer os fatos), sob pena de, deixando de responder sem justo motivo às perguntas, configurar-se a recusa de depor — a ensejar, em consequência, a aplicação das sanções processuais correspondentes.

O argumento de que a *moralidade* constitui o conteúdo ideológico do inc. I do art. 388 do CPC, *data venia,* não nos convence; ora, conforme a escorreita redarguição de Mattirolo (*Trattato di diritto giudiziario civile italiano.* 2. v., n. 739, *apud* Moacyr Amaral Santos, p. 111), "Na verdade, não compreendemos como se possa invocar a moralidade, para repelir nos Juízos Cíveis os interrogatórios sobre fatos torpes ou criminosos, quando sobre os mesmos fatos a pessoa pode e deve ser interrogada nas causas penais pelo magistrado. A moralidade é coisa absoluta, não relativa: aquilo que é considerado moral no Juízo Criminal não pode ser tido como imoral no Juízo Cível".

Resumindo: sempre que o fato — mesmo que seja criminoso ou torpe — se revele importante para a instrução da ação trabalhista, principalmente se com ela se relacionar, *diretamente*, deverão os litigantes responder às indagações que lhes forem formuladas e que tenham por objeto aludido fato. Não é inútil lembrar que até mesmo alguns comentaristas do CPC de 1973 manifestaram discordância ao fato de o legislador, desprezando a melhor doutrina, haver introduzido, via inc. I do art. 347, tão indesejável exceção ao dever de a parte responder ao que lhe for inquirido. O legislador do CPC de 2015, como vimos, reproduziu essa norma no art. 388, I.

b) Manutenção de sigilo

Dispensa o CPC, igualmente, as partes de responderem sobre fatos a cujo respeito, em virtude de estado ou profissão, devam guardar sigilo.

Adverte Carvalho Santos (*Código de Processo Civil interpretado*. 5. ed. Rio de Janeiro-São Paulo: Freitas Bastos, 1959. v. III, p. 337) que o vocábulo *estado,* contido na lei, foi empregado não como significativo de uma situação jurídica, mas de "uma condição pessoal da atividade social, habitual e inteiramente distinta da profissão, da arte e do ofício, porque inspirada em princípios religiosos, morais ou cívicos, como, *v. g.*, o estado de sacerdote, o estado de irmã de caridade".

Indubitavelmente, o sigilo envolve uma questão de foro íntimo do interrogado; sendo assim, a ele caberá, segundo seu arbítrio, mantê-lo ou rompê-lo. Ao magistrado incumbirá, todavia, verificar se o resguardo do sigilo é *legítimo,* vale dizer, se ele se insere na previsão legal ou, ao contrário, constitui mero pretexto para a parte esquivar-se de responder a determinadas perguntas.

As *cláusulas de confidencialidade*, que soem ser inseridas em determinados contratos de trabalho, não podem ser invocadas pela parte como fundamento para recusar-se a responder, em juízo, ao que lhe for perguntado. Ditas cláusulas só se aplicam às relações entre empresas, ou, em sentido mais amplo, às relações extrajudiciais.

O advogado pode recusar-se a depor e a informar o que constitua sigilo profissional, por força do disposto no art. 7.º, inciso XIX, da Lei n. 8.906/94. Esse direito de recusa, porém, só se concretiza na hipótese de o advogado haver sido arrolado como testemunha em processo no qual atuou, ou deva atuar, ou quando tenha de depor sobre fato relativo a pessoa de quem seja ou foi procurador judicial, ainda que o seu constituinte o autorize e tanto ou assim o solicite. Logo, quando o advogado estiver litigando em causa própria, não poderá invocar o resguardo de sigilo, como causa da recusa em ser interrogado. Nem o poderia, pois, se isso fosse possível, ter-se-ia de interrogar apenas a parte contrária, a implicar grave escoriação ao princípio da bilateralidade desse ato.

c) Sobre os quais não possa responder sem desonra própria, de seu cônjuge, de seu companheiro ou de parente em grau sucessível

O que justifica, neste caso, a parte recusar-se a depor é a preservação da sua honra, de seu cônjuge, de seu companheiro ou de parente em grau sucessível.

No processo do trabalho, o juiz deve ser muito cauteloso na aplicação desta norma, pois há situações em que a parte precisa responder sobre fatos que lhe possam afetar a honra, como quando o trabalhador está sendo acusado de haver praticado determinada falta grave capaz de ensejar a ruptura do seu contrato de trabalho. Essa resposta da parte é fundamental para a instrução do processo e para o descobrimento da verdade dos fatos da causa.

d) Que coloquem em perigo a vida do depoente ou das pessoas mencionadas na letra **"c" retro**

Está claro que se houver perigo de vida à própria parte, ao seu cônjuge, companheiro ou parente em grau sucessível, a parte poderá recusar-se a depor. O problema é a prova quanto a isso. Nos casos em que a parte possuir comprovação documental ou testemunhal será mais fácil provar o perigo à vida das pessoas previstas na lei; a dificuldade aflorará, todavia, quando a parte não dispuser de prova quanto a isso, embora tenha recebido ameaças se depusesse.

O interrogatório nas ações de rito sumário *sui generis*

Nas ações trabalhistas de procedimento ordinário as respostas das partes às perguntas e reperguntas, assim como os "trâmites de instrução e julgamento", serão *resumidos* na ata da audiência (CLT, art. 851, *caput*). Por isso afirmamos, em linhas anteriores, que nem todas as respostas deverão ser consignadas na ata, mas somente as relevantes.

A Lei n. 5.584, de 26-6-70 (*DOU* de 29 do mesmo mês), todavia, que a par de outras disposições instituiu as denominadas ações de alçada exclusiva do juízo de primeiro grau, estabeleceu que, em tais ações, "será dispensável o resumo dos depoimentos, devendo constar da ata a conclusão da Junta quanto à matéria de fato" (art. 2.º, § 3.º). É o que também se lê no § 1.º do art. 851, da CLT.

Abreviou-se com isso, ainda mais, o tempo necessário para lançar na ata o que disseram, em resposta, os litigantes interrogados.

Cumpre que se aplique essa norma legal, na prática, com muita prudência, sob pena de o que se criou para obviar a entrega da prestação jurisdicional acabar se transvertendo em causa inusitada de protraimento da sentença de mérito (antiga *definitiva*). Elucidemos com um exemplo. Inexistindo, na inicial, valor atribuído à causa (não há obrigatoriedade: CLT, art. 840, § 1.º), caberá ao juiz fixá-la antes de passar à instrução (Lei n. 5.584/1970, art. 2.º, *caput*). Fixando-o em valor inferior a duas vezes o do salário mínimo vigente na sede do juízo[(77)], a ação será de rito sumário, com o que ficará dispensado o resumo, na ata, das respostas expendidas pelas partes, quando do seu interrogatório. Em razões finais, contudo, uma das partes impugna o valor fixado para a causa, entendendo que deveria ser superior, digamos, em *dez vezes* o do salário mínimo. Mantido, pelo juiz, o valor original, a parte formula um pedido de revisão ao Presidente do Tribunal Regional correspondente (art. 2.º, § 2.º). Pois bem. Ocorrendo de esse pedido ser acolhido, e fixado o valor da ação em *dez* vezes o do salário mínimo, como pretendido, resulta inequívoco que a ausência do resumo dos depoimentos se tornou irregular, na medida em que a ação deixou de processar-se sob o rito sumário, passando a reger-se pelas disposições concernentes ao procedimento ordinário, que determinam que já feito esse resumo (CLT, art. 851, *caput*).

Ter-se-ia, então, de *repetir o* interrogatório (aproveitando-se, todavia, os demais atos da instrução), a fim de sanear o procedimento, sob pena de nulidade. A possibilidade de repetição apenas do interrogatório se ampara no princípio da *proteção,* consubstanciado na alínea *a* do art. 796 da CLT, desde que, certamente, os atos posteriores, já praticados, dele não dependam ou sejam consequência (CLT, art. 798).

É aconselhável, diante disso, que o juiz procure sempre colocar na ata o resumo das respostas dos litigantes interrogados, mesmo que a ação seja de procedimento *sumário,* pois a eventual convolação para o procedimento ordinário já encontraria o resumo regularmente feito; e a manutenção, pelo Presidente do Tribunal, do valor primitivamente fixado pelo juiz, não traria nenhum prejuízo ao procedimento.

---

(77) A adoção do salário mínimo, para esse efeito, não viola o inciso IV do art. 7.º da CF (TST, Súmula n. 356).

O interrogatório no procedimento sumariíssimo

O interrogatório das partes, no procedimento sumariíssimo, em nada difere do que é realizado no procedimento ordinário.

A registrar-se, apenas, o fato de o art. 852-F, da CLT, aludir a surrealistas "afirmações fundamentais das partes", quando, na verdade, se trata de declarações feitas pelos litigantes, na oportunidade do seu interrogatório ou depoimento. Essas declarações deverão constar, resumidamente, da ata.

Considerando que a CLT trata de maneira extremamente lacônica o interrogatório das partes, no procedimento sumariíssimo, podem ser invocadas, em caráter supletivo, as normas no procedimento ordinário, acerca do assunto, desde que não conflitem com os princípios e com os escopos do sumariíssimo. A propósito, o CPC, sempre mais criterioso do que a CLT, contém regra específica, conforme a qual "O procedimento comum aplica-se subsidiariamente aos demais procedimentos especiais e ao processo de execução" (art. 318). O CPC de 1973 dispunha:"O procedimento especial e o procedimento sumário regem-se pelas disposições que lhes são próprias, *aplicando-se-lhes, subsidiariamente as disposições gerais do procedimento ordinário*" (art. 272, parágrafo único; destacamos).

Capítulo II

Confissão

Conceito

A lide, inclusive a trabalhista, é informada por um conflito intersubjetivo de interesses emergente de uma pretensão (do autor empregado) que foi resistida (pelo réu empregador), ficando insatisfeita. Raramente, a primeira figura como réu na relação jurídico-processual, embora isso seja possível (CLT, art. 494).

Com efeito, é natural que o homem manifeste interesse sobre determinado bem ou utilidade da vida; não menos compreensível é que ocorra a coincidência de duas (ou mais) pessoas externarem interesse acerca de um mesmo bem ou utilidade da vida. Se isso acontecer, e uma ou mais dessas pessoas desistir da sua pretensão, por forma a ficar uma só pessoa interessada naquele bem, não haverá conflito de interesses. Entrementes, não raro, as pessoas não renunciam às suas pretensões, fazendo com que se configure, então, um conflito de interesses. Se esse conflito não for solucionado de maneira negociada, consensual (transação, por exemplo), só restará a uma delas ingressar em juízo, com o escopo de obter um provimento que lhe assegure o bem ou a utilidade da vida pretendidos — com a consequente exclusão das pretensões manifestadas pelas demais pessoas interessadas.

Dessa forma, porque extremados na ação em virtude de interesses contrapostos, nada mais lógico e necessário do que exigir-se dos litigantes o desempenho de uma atividade processual tendente a demonstrar, segundo o critério legal objetivo de distribuição do respectivo *onus probandi* (CLT, art. 818), serem verdadeiros os fatos narrados perante o juiz.

Assim, por intermédio da prova, a parte buscará demonstrar não apenas a veracidade dos fatos que alegou, mas, também, de certo modo, que os fatos deduzidos pelo adversário são inverídicos; vale repetir, de conseguinte, que a necessidade de provar decorre diretamente do interesse que possui o litigante em ver admitidos como verdadeiros, pelo juiz, os fatos em que se fundamenta a ação ou a resposta, segundo seja a hipótese.

Não há impropriedade, portanto, na afirmação de que incumbe à parte, segundo os meios de prova legalmente admitidos, e o ônus que lhe é atribuído pelo sistema, reproduzir, em juízo, a situação de fato da vida real — da qual extraiu as pretensões deduzidas na causa —, a fim de que o magistrado, tendo diante de si essa reprodução, possa examinar os fatos e aplicar a norma jurídica incidente na espécie.

Poderá ocorrer, contudo, de o litigante, inadvertidamente ou não, acabar reconhecendo a verdade de um fato, contrário ao seu interesse e favorável ao do adversário: tal é a configuração e o próprio conceito genérico de *confissão,* que a lei procurou estabelecer (CPC, art. 389) didaticamente.

Essa característica da confissão levou a *communis opinio doctorum* a qualificá-la de "a rainha das provas" (*regina probationum*; *probatio probatissima*) e a proclamar que não existe maior prova do que a confissão pela própria boca (*nulla esta maior probatio quam proprio ore confessio*), pois confessar em juízo é o mesmo que se condenar (*confessus in iure pro condemnato habitur*).

O conceito legal de confissão foi tomado à doutrina de Chiovenda (*Principios de derecho procesal civil.* tomo II, p. 291), segundo a qual "La confesión es la declaración que hace una parte de la verdad de los hechos afirmados por el adversario y favorable a este". Nesse sentido, a propósito, a unanimidade doutrinária(78).

Em rigor, no entanto, esse conceito está correto em parte, na medida em que não se pode aplicá-lo por inteiro à denominada *ficta confessio,* na qual, conforme veremos oportunamente, não há uma *declaração* da parte a respeito da veracidade dos fatos alegados pela outra, mas mera *presunção* quanto a isso.

A confissão, quando feita pelo réu, não se confunde com o reconhecimento jurídico do pedido, pois ela não implica extinção do processo (com julgamento de mérito), como acontece no caso desse último (CPC, art. 487, III, *"a"*). Mesmo confessado o fato, o processo não terá o seu curso prejudicado, vindo a sentença a ser proferida em seu momento próprio. Na hipótese, entretanto, de o réu deixar de comparecer, injustificadamente, à primeira audiência trabalhista, será, além de revel, confesso quanto à matéria de fato (CLT, art. 844, *caput*), ensejando, com isso, a que se proceda ao julgamento antecipado do mérito (CPC, art. 355, II), com a consequente prolação da sentença na própria audiência, se for o caso.

---

(78) JOFRÉ, Tomás. *Manual de procedimiento civil y penal.* 5. ed. Buenos Aires: La Ley, 1942. tomo 3, p. 239; MARQUES, José Frederico. *Manual de direito processual civil.* São Paulo: Saraiva, 1979. p. 197; SANTOS, Moacyr Amaral. *Primeiras linhas de direito processual civil.* São Paulo: Saraiva, 1979. p. 379; ALVIM, Arruda. *Manual de direito processual civil.* São Paulo: Revista dos Tribunais, 1978. v. II, p. 308; NASCIMENTO, Amauri Mascaro. *Curso de direito processual do trabalho.* São Paulo: Saraiva, 1978. p. 205; COSTA, Coqueijo. *Direito judiciário do trabalho.* Rio de Janeiro: Forense, 1978. p. 303-304, apenas para citar alguns nomes.

Confissão não é pena

Ao contrário do que tem proclamado boa parte da doutrina, a confissão não é *pena,* segundo a acepção desse vocábulo na ciência processual. Trata-se de mero reconhecimento — expresso, ou presumido — de serem verdadeiros os fatos narrados pela parte adversa. Mesmo no caso de *ficta confessio,* não se pode asseverar a existência de uma *pena, uma* vez que a parte não é *punida* em virtude da sua ausência ao interrogatório; o seu não comparecimento enseja, tão somente, que se presumam verdadeiros os fatos referidos pelo adversário. Essa presunção, ademais, porque *iuris tantum,* pode ser elidida por outros meios de prova moralmente legítimos, como o documental e o pericial. Convém rememorar que a palavra *pena* (do latim *poena*) designa, no plano do Direito em geral, qualquer tipo de "*imposição, de castigo* ou de *aflição,* a que se submete a pessoa por qualquer espécie de falta cometida" (De Plácido e Silva, ob. cit., p. 1.138); daí por que atribuir-se, modernamente, à confissão o caráter de *castigo* (pena) implica utilização imprópria do vocábulo.

Pontes de Miranda (*Comentários ao CPC*, de 1973, p. 401) também reconheceu que "*Pena,* propriamente dita, não há mais; há a *cominação*" (grifamos); tem-se, pois, que a expressão *poena confessis* possui, nos dias de hoje, um significado meramente histórico.

Elementos da confissão

Podemos identificar na confissão três elementos que estão intimamente interligados: a) o elemento objetivo; b) o elemento subjetivo; e c) o elemento intencional, que dizem respeito ao seu objeto, ao seu sujeito e à intenção, respectivamente.

a) Elemento objetivo

O objeto da confissão são os fatos desfavoráveis ao confitente e favoráveis à parte contrária. É evidente que tais fatos devem ter sido alegados pelo adversário; estes constituem, conseguintemente, um dos *pressupostos* para que a confissão se configure.

Moacyr Amaral Santos (ob. cit., p. 382-383) indica como *condições* para que o fato possa ser confessado as seguintes:

1. *Que seja próprio e pessoal do confitente,* vale dizer, se o fato for de terceiro, o seu reconhecimento pela parte não poderá valer como confissão, mas como testemunho.

2. *Que seja favorável à parte que o invoca e desfavorável ao confitente,* a significar que a confissão prejudicará apenas o confitente e não os terceiros

ou os compartes (litisconsortes, CPC, art. 391), pois os compartes ou litisconsortes são considerados, relativamente à parte contrária, como litigantes distintos, razão por que os atos e as omissões de um não prejudicarão nem beneficiarão os outros (CPC, art. 117).

3. *Que o fato seja suscetível de renúncia.* A confissão só é possível se os fatos se referirem a direito que o confitente poderia renunciar ou sobre ele transigir, pois a confissão acerca de *direitos indisponíveis* é ineficaz (CPC, art. 392, *caput*). De tal arte, estará destituída de validade a confissão — ainda que feita judicialmente — do empregado, no sentido de que concordou em receber menos que o salário mínimo, conquanto cumprisse jornada de trabalho normal e não fosse aprendiz; considerando-se que as disposições legais concernentes ao salário mínimo são de *ordem pública,* a confissão que implicar renúncia a esse direito de índole constitucional (CF, art. 7.º, IV) é absolutamente *ineficaz.*

4. *Que o fato seja de natureza que a sua prova não exija forma especial.* Em determinados casos, a CLT impõe forma especial para a comprovação do ato; mencione-se o *pagamento de salários,* que o art. 464 estabelece que seja efetuado *mediante recibo* assinado pelo empregado. Sendo assim, não se deve consentir que a confissão possa valer como sucedâneo de um meio de prova (documental) expressamente fixado por lei — como sendo da substância do ato — salvo se as circunstâncias peculiaríssimas autorizarem a tanto.

b) Elemento subjetivo

O ponto de referência, aqui, não é o fato confessado, mas a *pessoa* do confitente, de quem se requer possua *capacidade* e *legitimação.* Capacidade, porque se há de verificar se o confitente é capaz e maior de idade; sendo menor, a confissão, para alguns autores, é inadmissível. Entendemos que somente não poderá confessar o empregado menor de 16 anos de idade, porquanto abaixo dessa faixa etária não se consente que trabalhe (CF, art. 7.º, XXXIII). Não estamos, com isso, revelando ignorância quanto à distinção entre capacidade para confessar e capacidade para agir: apenas estamos adequando tais normas do direito positivo comum às particularidades do Direito do Trabalho e do correspondente processo.

Embora a confissão seja ato próprio da parte, a lei permite que o faça por intermédio de representante (preposto, no caso do empregador, contanto que possua poderes específicos para isso: CPC, art. 390, § 1.º). Forçoso é admitir, contudo, que o poder de o preposto confessar está implícito no art. 843, § 1.º da CLT, ao estabelecer que as suas declarações, em juízo, "obrigarão o proponente". Também o advogado, como mandatário, poderá confessar em nome do constituinte, bastando que da procuração conste o necessário poder (CPC, art. 105).

c) Elemento intencional

Vem afirmando a doutrina, de maneira praticamente uniforme[(79)], que a confissão pressupõe a *vontade* de o confitente reconhecer como verdadeiros os fatos narrados pelo adversário, de tal modo que nesse ato volitivo se assenta o *animus confitendi.* Acreditamos, todavia, que essa afirmação não pode ser feita em caráter genérico, porque se é verdade que o elemento *intencional* preside a confissão *espontânea,* não menos certo é que ele está ausente na confissão *provocada* e na *fictícia.* Não atinamos como se possa sustentar, com êxito, que o *animus confitendi* ocorra nessas duas últimas modalidades, quando se sabe que, na *provocada, a* confissão é extraída e, na *fictícia,* decorre de uma presunção; significa dizer que a *intenção* do confitente inexiste, nada obstante os efeitos processuais sejam os mesmos da confissão espontânea.

Espécies de confissão

A confissão é (a) judicial ou (b) extrajudicial (CPC, art. 389).

a) Judicial

Como a palavra indica, é a confissão feita em juízo; compreende (a.a) a espontânea, (a.b) a provocada e (a.c) a fictícia.

a.a) *Confissão espontânea* (ou voluntária) é a que a parte geralmente faz por meio de petição, daí por que é também designada de *confissão por petição.* É preciso entender-se, porém, não se resumir essa petição à forma *escrita* (embora seja a mais frequente), pois petição significa *o ato de pedir* — e isso pode ser feito, também, *oralmente,* em audiência. Essa espécie de confissão se aplica tanto ao autor quanto ao réu. Aqui, o reconhecimento de serem verdadeiros os fatos alegados pelo adversário decorrem de *iniciativa* do confitente; logo, o elemento intencional (vontade) existe. Judicial também é a confissão quando a parte, na ansa do seu interrogatório, admite, *sponte sua,* a veracidade de fatos contrários aos seus interesses; nesse caso, a confissão constará da ata da audiência. Aliás, da confissão espontânea, em geral, se lavrará um *termo* nos autos.

a.b) *Confissão provocada,* segundo o sistema do CPC (art. 390, § 2.º), é a que se origina do *depoimento pessoal* do litigante; como, no processo

---

(79) SANTOS, Moacyr Amaral. Ob. cit., p. 383; MARQUES, José Frederico. Ob. cit., p. 198; ALVIM, Arruda. Ob. cit., p. 311.

do trabalho, não há depoimento, mas interrogatório das partes, é necessário que se adapte a espécie em exame a essa característica do processo especializado, de tal forma que se possa afirmar, como agora o fazemos, que a confissão *provocada* é a que se obtém no *interrogatório* dos litigantes, seja em face das perguntas formuladas pelo juiz, ou pelas partes, seus representantes ou advogados. Não se descure de observar que o interrogatório previsto na CLT (art. 885, *caput*) não corresponde, exatamente, ao que se refere o Código de Processo Civil (art. 385, *caput*). Sob o rigor da dicção do art. 139, VIII, do CPC, no interrogatório não incidirá a "pena" de confesso; embora o sistema do processo do trabalho se funde em interrogatório (CLT, art. 848), a jurisprudência acabou por admitir essa modalidade de confissão (TST, Súmula n. 74, I).

a.c) *Confissão fictícia.* Contrariamente às espécies de confissão já examinadas, que são todas *expressas* (por escrito ou oralmente), a *ficta confessio* é presumida; logo, tácita (inexpressa).

Sobre essa modalidade de confissão judicial expenderemos, mais adiante, considerações específicas e pormenorizadas, antecipando, desde logo, que entendemos não se aplicar ao empregado.

b) Extrajudicial

O CPC de 1973 previa que se a confissão fosse feita extrajudicialmente, por escrito, à parte ou a quem a representasse, teria a mesma eficácia probatória do que a judicial (art. 353).

Sempre sustentamos que essa modalidade de confissão deveria ser repelida pelo processo do trabalho, notadamente quando o confitente fosse o empregado; e assim haverá de ser, porque, não raro, o documento que conteria a sua confissão teria sido obtido na vigência do contrato de trabalho, ou seja, quando o empregado ainda se encontrava naquele *estado de sujeição* às ordens e à vontade do empregador.

O CPC de 2015 não reproduziu a regra do art. 353, do CPC de 1973.

Qualquer confissão *real* (e não *fictícia*) do trabalhador ou do empregador somente deverá ser aceita se realizada *em juízo,* em que eles poderão manifestar a sua vontade livre de pressões, constrangimentos ou coações; por esse motivo, também não devem ser admitidas as confissões extraídas em inquéritos policiais, nos quais, muitas vezes, ficam gravemente comprometidas as garantias constitucionais do contraditório e da ampla defesa (CF, art. 5.º, inciso LV).

Não basta, portanto, que o CPC contemple determinada figura ou instituto para que, automaticamente, o processo do trabalho dela se valha em suas reconhecidas omissões; é imperativo, acima de tudo, que ditas figuras ou institutos sejam compatíveis com o processo para o qual são trasladadas, sendo que, em certos casos, a compatibilidade, por si só, também se revela insuficiente, pois esbarra em um elemento muito mais sutil: a *inconveniência*.

Por outras palavras, para a incidência supletiva, no processo do trabalho, de normas do processo civil não basta que aquele seja omisso e que as normas deste sejam compatíveis com os princípios daquele: é necessário investigar-se, também, se o processo do trabalho efetivamente *necessita* de tais normas do processo civil, com vistas ao atingimento de seus objetivos.

Dessa maneira, não apenas a confissão extrajudicial do empregado feita a terceiro, como prevê o CPC, mas igualmente a realizada ao empregador, deverá ser livremente apreciada pelo magistrado, que lhe atribuirá a eficácia que entender possível. Por outras palavras: na apreciação dessa espécie de confissão, o julgador trabalhista valer-se-á de sua *persuasão racional* — elevada à categoria de princípio pelo CPC vigente (art. 371).

Por mais forte razão, em nenhuma hipótese — entendemos nós — deverá o processo do trabalho admitir a confissão extrajudicial feita por empregado menor de idade; este somente poderá confessar *em juízo,* e, ainda assim, se (a) devidamente assistido por seu responsável legal e (b) se se tratar de confissão *real.*

Já a confissão extrajudicial *oral,* admitida pelo CPC, deverá ser confirmada em juízo por testemunhas; assim sendo, ela se converterá em *prova testemunhal,* perdendo, em consequência, a qualificação original, o que equivale a afirmar que, considerada em si mesma, a sua eficácia é nenhuma.

O CPC, todavia, cogita de uma outra modalidade de confissão (ficta), que será examinada no item subsequente.

O problema da *ficta confessio* no processo do trabalho

A CLT não prevê a confissão fictícia do empregado; fá-lo, apenas, em relação ao empregador, ao declarar que o seu não comparecimento à audiência importará, além de revelia, confissão quanto à matéria de fato (art. 844, *caput*).

Essa inexistência de previsão legal acerca da matéria, como era de se esperar, rendeu ensejo ao surgimento de intensa cizânia doutrinária e jurisprudencial e desaguou na formação de duas correntes de pensamento, algo opostas: uma, a entender que não se pode, no processo do trabalho, presumir a confissão do empregado; outra, ao reverso, a sustentar que a *ficta confessio* *é* perfeitamente compatível com ele.

Visando a dar cobro à controvérsia, o TST conforme vimos editou a Súmula n. 74/78, adotando a orientação de que "Aplica-se a pena de confissão à parte que, expressamente intimada com aquela cominação, não comparecer à audiência em prosseguimento, na qual deveria depor" (item I).

Todavia, as Súmulas da jurisprudência uniforme dos tribunais, exceto as vinculativas, do STF (CF, art. 103-A), a nada e a ninguém obrigam. A despeito disso, percebe-se que as correntes majoritárias da doutrina e da jurisprudência admitem a confissão "fictícia" do trabalhador. Pela nossa parte, formamos com os que não a admitem, embora discordemos, radicalmente, dos *fundamentos* de que essa corrente se valeu para formar a sua convicção; une-nos, por isso, apenas a *conclusão.*

Realmente, não podemos aceitar o argumento de que a inaplicabilidade da *ficta confessio* ao empregado advém do fato de a CLT não prever essa possibilidade; *venia concessa,* a elaboração, pelo legislador, das normas processuais trabalhistas, pressupôs, inegavelmente, a *incindibilidade* da audiência (CLT, art. 849, primeira parte), cujo princípio somente seria excepcionado nos casos expressamente mencionados (CLT, arts. 825, parágrafo único, e 849, segunda parte). Elementar, portanto, que o não comparecimento do empregado à audiência (incindível) somente poderia provocar o arquivamento dos autos (CLT, art. 844, *caput);* dessa forma, se o legislador não cogitou da confissão fictícia do trabalhador, foi exatamente porque também não admitiu, em caráter ordinário, o *fracionamento* da audiência. Fosse a propósito de buscar-se a solução do problema em termos de previsibilidade, ou não, do texto legal, teríamos de concluir, inevitavelmente, que a ausência do empregado à denominada *segunda audiência* (ou de *instrução*) resultaria no arquivamento dos autos (extinção do processo sem resolução do mérito), pois é assim que dispõe a CLT. Tanto isso não é exato que o TST, com grande acerto, editou a Súmula n. 9, para esclarecer que, nesse caso, a ação prosseguiria — malgrado tenha cometido deslize técnico ao aludir ao não arquivamento do *processo,* quando a referência deveria ter sido, conforme a técnica, aos *autos.*

Segue-se, portanto, que, não somente o problema relacionado à *ficta confessio* do empregado, mas, de resto, todos os que possuem natureza processual devem ser analisados sob a óptica da *partição* da audiência, que foi ditada pela necessidade do cotidiano e está hoje admitida por todos os que exercitam as profissões forenses, inclusive pelo TST, como dão prova as Súmulas ns. 9 e 74, I, já citadas.

Por esse motivo, o fundamento utilizado para sustentar a tese ora examinada constitui, paradoxalmente, um dos mais expressivos *obstáculos a* sua admissibilidade pela inteligência jurídica.

A eversão desse fundamento, contudo, não deixa ao desamparo a tese; ao contrário, abre espaço para que sejam apresentados outros, com melhor vocação jurídica para fazê-la prosperar.

Seja-nos permitido atuar nesse espaço, sem que tenhamos a veleidade de preenchê-lo.

Vimos, em linhas anteriores, que o *sistema processual* contido na CLT, à dessemelhança do que ocorre com o CPC, consagrou o interrogatório das partes (CLT, art. 848, *caput*). Expliquemos. No processo civil, o juiz pode, de ofício, em qualquer estado do processo, determinar o comparecimento pessoal dos litigantes, com o objetivo de *interrogá-los* sobre os fatos relativos à ação (art. 139, VIII); caso não exercite esse *poder,* abre-se à *parte a* possibilidade de requerer o depoimento da outra, para a mesma finalidade (art. 385, *caput*). No processo do trabalho, entrementes, a parte não tem o direito de pedir a intimação da adversa para vir a juízo, a fim de prestar depoimento; aqui, os litigantes deverão estar presentes à audiência independentemente do comparecimento de seus representantes ou advogados (CLT, art. 843, *caput*). O fato de a realidade prática haver imposto a *fragmentação* da audiência, contudo, não afeta o *sistema* de audição das partes, perfilhado nitidamente pela CLT, sob a forma de *interrogatório.* Seria desarrazoado supor-se que esse fracionamento (matéria de fato) tivesse o condão de transmutar o interrogatório em *depoimento* (matéria jurídica). Ora, *a confissão ficta* da parte emana sabidamente do pedido de *depoimento,* formulado pela outra; já a ausência do litigante ao interrogatório, por princípio, não conduz ao mesmo efeito processual, visto que o juiz, em sua posição neutral, não tem interesse em obter a confissão. Nesse sentido, aliás, a própria doutrina processual civil[(80)], conforme se verifica em Moacyr Amaral Santos (*Primeiras linhas*..., p. 388), cujos ensinamentos merecem ser repetidos, pois não perderam a atualidade com a vigência do CPC de 2015: "O não comparecimento da parte para o interrogatório (...) importa em violação do dever processual de 'comparecer em Juízo, respondendo ao que lhe for interrogado' (CPC, art. 340, I), com a quebra correspondente dos deveres de expor os fatos em Juízo conforme a verdade e de 'proceder com lealdade e boa-fé' (CPC, art. 14, I e II). *O desrespeito a esses deveres faz resultar para o Juiz o poder, conforme a natureza e gravidade do caso, e as circunstâncias que o rodearem, ponderosamente apreciadas, de atribuir àquela atitude da parte caráter de procedimento de má-fé, equivalente à alteração intencional da* Verdade dos fatos' e de omissão intencional de '*fatos essenciais ao julgamento da causa*' (CPC, art. 17, II e III), *com a consequente aplicação, a final, da sanção do art. 18 do mesmo Código*".

(80) ALVIM, Arruda. *Manual*..., p. 299.

Aí está: mesmo no plano da doutrina processual civil se afirma que a ausência do litigante ao *interrogatório* não acarreta confissão fictícia (CPC de 2015, art. 139, VIII) podendo, contudo, caracterizá-lo como litigante de má-fé, tanto que o ilustre jurista mencionado faz menção ao art. 18 do CPC de 1973, a que corresponde o art. 81, do CPC de 2015.

É conveniente, neste passo, deixarmos claramente vincada a nossa afirmação: o sistema do interrogatório, que foi adotado pela CLT, repele, por princípio, a *ficta confessio* das partes. Sensível, contudo, ao fato de que o processo do trabalho existe para servir ao direito material do trabalho, de marcante caráter protecionista do empregado, o legislador cuidou de criar uma *exceção* à regra da inaplicabilidade da confissão presumida aos litigantes, no caso do interrogatório, para determinar, sem ambages, que o princípio não aproveita ao empregador. Prova eloquente desse tratamento anti-igualitário em matéria de confissão fictícia é o tantas vezes mencionado art. 844, *caput*, da CLT[(81)].

É alentador, contudo, verificar que um jurista do quilate de Coqueijo Costa (ob. cit., p. 238) não hesitou em asseverar que "o processo do trabalho reduziu a confissão ficta ao âmbito da revelia do reclamado, que é quase sempre patronal, *protegendo, assim, processualmente, o empregado*" (sublinhamos), conquanto entendamos que ela não ocorre, apenas, no caso de revelia, mas também na audiência em prosseguimento.

Em rigor, aliás, há certa tautologia quando se fala em revelia e confissão fictícia, conjugadamente, porquanto se a primeira caracteriza-se pela ausência de resposta do réu, é indiscutível que esse mesmo fato conduz, por si só, à presunção de serem verdadeiras as alegações formuladas na petição inicial, conforme dispõe o art. 341, *caput,* parte final do CPC. No sistema da lei processual civil vigente, como vimos, a revelia traz em si, implícita e inseparável, a *ficta confessio,* ressalvadas as exceções previstas naquele mesmo ordenamento jurídico processual. E nada desaconselha a que o processo do trabalho adote, em caráter supletivo, idêntica orientação.

Não podemos, neste momento, nos furtar de tecer algumas considerações críticas à orientação adotada pela Súmula n. 74, I, do TST. Sucede que ela, desatenta a que o sistema da CLT é o do *interrogatório*, trasladou para o processo do trabalho a solução que o processo civil confere ao problema do não comparecimento do litigante à audiência em que deveria prestar *depoimento* (que, como tal, fora requerido pela parte contrária). Ao fazê-lo, todavia, acabou por escoriar o processo do trabalho naquilo que ele tem de

(81) Reiteremos: o legislador poderia ter dito que a ausência do empregado à audiência implicaria a sua confissão, caso o empregador apresentasse defesa. Todavia, preferiu declarar que o processo seria extinto, sem resolução da lide, ensejando, com isso, a que o trabalhador pudesse propor, novamente, a ação.

mais legitimamente seu, de modo a repelir a intromissão danosa de certas normas civilistas.

Esclareça-se que não estamos dizendo que a parte não possa fazer reperguntas à *ex adversa,* no interrogatório; pode, desde que o juiz tenha deliberado interrogar os litigantes. É precisamente neste sentido que deve ser interpretado o art. 820 da CLT, quando estabelece que as partes serão inquiridas pelo juiz, podendo ser reinquiridas, por seu intermédio, a requerimento das partes, seus representantes ou advogados. Equivale a dizer: se o magistrado não quiser ouvir as partes, estas não poderão inquirir uma à outra, pois o pressuposto desse direito é o *interrogatório*, que só é realizado pelo juiz. Inexistindo este, inexistirá aquela. Não é sem propósito, pois, a referência do art. 820 da CLT à *reinquirição* pelas partes.

Eis a diferença fundamental entre o processo do trabalho e o civil, no particular, que a Súmula n. 74, I, desprezou.

Consequentemente, se ocorrer de ambos os litigantes não comparecerem à audiência em que seriam interrogados (dita "de instrução"), não se haverá de resolver o problema sob o ponto de vista do ônus objetivo da prova, que lhes incumbia, como se tem propagado, se não que se considerará confesso o empregador, por força da exceção legal a que nos referimos (CLT, art. 844) e que não se restringe ao seu não comparecimento à primeira audiência. E é o aspecto coercitivo dessa norma legal (o que é de sua natureza, aliás) que impede ao juiz decidir quanto à existência ou não de confissão do empregador: esta haverá sempre, salvo se concernir a matéria de direito ou o contrário resultar da prova dos autos. Salvo, enfim, se não se verificar o *efeito* processual da revelia (CPC, art. 348).

Verificada a ausência (injustificada) do réu à audiência em prosseguimento, na qual deveria ser interrogado, não se deve, ato contínuo, fazer constar da ata a aplicação da "pena" de confesso. Procedimento dessa ordem é irregular, pois envolve pronunciamento jurisdicional precipitado, visto que manifestado antes do momento oportuno e do seu instrumento formal específico: a sentença que comporá a lide. À sentença, portanto, e somente a ela, caberá apreciar as consequências processuais da contumácia do réu, quando, então, fará incidir a vontade concreta da lei. Caso não se verifique o *efeito* da revelia, é evidente que este fato deverá constar da ata, a fim de que o juiz determine ao autor que especifique as provas que pretende produzir na audiência (CPC, art. 338).

Irrefragável, por isso, o vetusto entendimento contido nos acórdãos do TST, cujas ementas ora transcrevemos: "Ao juiz não é dado declarar a parte confessa antes da sentença. Nesta é que se formam as presunções e se distribui o ônus de carga da prova (*omissis*)" (2.ª T., RR 2.264/73, rel. Min. Ribeiro de Vilhena) *e* "Nenhum dispositivo consolidado autoriza o juiz a aplicar em audiência a pena de confissão ficta. Esta, segundo o art. 844, é meio de prova, que deve ser considerada na sentença que decidiu a lide (*omissis*)" (2.ª T., RR 259/72 (27/72) em 29-8-72, rel. Min. Coqueijo Costa).

Considerando que a *ficta confessio* traduz mera presunção de veracidade dos fatos alegados pela parte contrária, *pode* o juiz, como já dissemos, dar continuidade à instrução oral do procedimento, interrogando o litigante presente, as testemunhas, determinando a juntada, a exibição ou a requisição de documentos. Trata-se, porém, de *faculdade* do julgador como pessoa incumbida da proferição da sentença, e que tem, por isso, justo motivo para perseguir a verdade real.

A *confissão fictícia,* dessa maneira, atuará como um pano de fundo, sendo invocada sempre que, em determinado ponto, não houver prova que favoreça ao confitente.

Não se pode cogitar, todavia, de um *direito* da parte ausente em requerer, por seu advogado, a produção das provas tendentes a desfazer a presunção oriunda da *confissão ficta,* pois a tanto se opõe o seu *estado de confesso.* A esse respeito, aliás, estatui o item II da Súmula n. 74 do TST: "A prova pré-constituída nos autos pode ser levada em conta para confronto com a confissão ficta (art. 400, I, CPC — atual art. 443, I, do CPC de 2015), não implicando cerceamento de defesa o indeferimento de provas posteriores."

Equivocou-se, ainda, a Súmula n. 74, ao condicionar, no inciso I, a incidência dos efeitos inerentes à *ficta confessio* (da qual se sabe ser destinatário exclusivo o empregador) à circunstância de haver a parte sido intimada, prévia e expressamente, dessa cominação; *rogata venia,* trata-se de nova submissão às regras do processo civil (CPC, art. 385, § 1.º), porquanto a CLT em nenhum instante assim o exige. Argumentar-se com hipotética omissão do texto consolidado acerca da matéria é acreditar que o CPC seja o *alter ego* indefectível da CLT, é dar-se ao art. 769 uma interpretação muito mais ampla do que a sua natureza comporta, é fazer tábula rasa das particularidades e dos princípios que animam o processo do trabalho.

Por tudo isso, não resta dúvida de que o item I da Súmula n. 74 deve ser parcialmente reformulado, sem prejuízo de afirmar-se, desde já, (a) que a confissão presumida (*ficta*) só se aplica ao empregador e (b) independentemente de haver sido intimado quanto a essa cominação.

Reformulada, ideologicamente, a Súmula, o seu enunciado deveria ser, mais ou menos, o seguinte: "A confissão ficta, no processo do trabalho, só se aplica ao empregador, quando réu (CLT, art. 844, *caput*), e incidirá mesmo no caso de o seu não comparecimento, para ser interrogado, ocorrer quando da audiência em prosseguimento".

Fica claro, dessa maneira, que (a) a *ficta confessio* só se refere ao empregador, (b) desde que este seja réu na ação e (c) incidirá mesmo na hipótese de a sua ausência acontecer em relação à audiência destinada à instrução oral, em que deveria ser interrogado. A expressão *mesmo no caso,* utilizada no novo enunciado proposto à Súmula, indica que se ressalvou a hipótese de configuração da *ficta confessio* já na primeira audiência, tal como prevista em lei (CLT, art. 844, *caput*). Essas conclusões, aliás, são perfeitamente extraíveis mediante uma correta interpretação do art. 844 da CLT, razão por que seria de sugerir-se, até mesmo, a revogação do item I da Súmula.

A oportunidade motiva, inclusive, que contribuamos, ainda que com um cêntimo, para a tarefa de *reconstrução doutrinária* do processo do trabalho, sugerindo um novo conceito de confissão presumida, a fim de adequá-lo à expressão legal, sem desrespeito ao pensamento dogmático vogante: "É o reconhecimento tácito, feito pelo empregador, quanto à veracidade dos fatos alegados pelo empregado, cuja presunção se extrai da quebra do dever de comparecimento à audiência, em que seria interrogado ou não."

Dissemos (a) quebra do dever; (b) à audiência, em que seria interrogado ou não; (a) porque se pressupõe a *obrigatoriedade* do comparecimento: sendo assim, não se cogitará dessa espécie de confissão quando a presença do réu não era exigível; (b) porque embora, na prática, em virtude do fracionamento da audiência não se proceda, na primeira, ao interrogatório dos litigantes, a ausência do réu resultará, mesmo assim, além de revelia, em *confissão ficta,* pois — reiteremos — esta é a dicção da lei (CLT, art. 844, *caput*); (c) falamos em *presunção* que da incomparência se extrai para demonstrar que a *confissão fictícia é iuris tantum,* podendo ser elidida mediante prova em contrário; por esse motivo, nada obsta a que o magistrado, em certos casos, proceda à regular instrução processual em busca da verdade *real.*

O próprio TST, aliás, por sua 3.ª Turma, decidiu que: "A prova de confissão pelo não comparecimento da parte para prestar depoimento pessoal não é prevista na CLT e não pode ser aplicada por invocação subsidiária do CPC por várias razões, a saber: a finalidade na CLT só está combinada com a revelia; mesmo para o CPC o depoimento não prestado só resulta em confissão se pedida pela parte com essa cominação — é a confissão dita 'provocada'; pela CLT pode o Juiz, de ofício, ou a requerimento do Classista, interrogar os litigantes (art. 848), cabendo à parte apenas o direito de requerer a 'reinquirição' (art. 820); para o Juiz, que é o Estado, nunca há o interesse quando ele determina, de ofício, o depoimento" (Ac. 178/76, Rel. Min. Coqueijo Costa. In: Ísis de Almeida, ob. cit., p. 441).

Embora já não haja juízes classistas na Justiça do Trabalho, a conclusão espelhada no aresto do Egrégio TST é perfeita; a fundamentação, contudo, deveria ser não a ausência de previsão da CLT quanto à *ficta confessio* do empregado (pois o legislador previu, em princípio, a incindibilidade da audiência), mas o fato de que no processo do trabalho somente há o *interrogatório* (e não o depoimento) dos litigantes. Embora, aí, não reconheça dita modalidade de confissão, o legislador trabalhista excepcionou esse princípio para dispor que, em relação ao empregador, ela é aplicável (art. 844).

Relativamente à confissão *real* do empregado, seja a espontaneamente feita em juízo, seja a provocada na oportunidade do interrogatório, é plenamente admissível, pois houve, na hipótese, a sua manifestação expressa, embora, no último caso, a confissão tenha sido indesejada. A restrição legal, assim, atine à *confissão presumida,* verdadeira ficção jurídica que não se coaduna com o motivo pelo qual o empregado provoca o exercício da função jurisdicional do Estado-juiz — que não se identifica, nem de longe, com a *causa petendi,* que, em geral, motiva o ingresso de alguém, como parte, na Justiça Comum.

O processo civil prevê uma outra hipótese de confissão presumida, aplicável exclusivamente ao réu; sucede que, cabendo a este manifestar-se precisamente acerca dos fatos alegados na petição inicial, o seu silêncio gerará a presunção de serem verdadeiros tais fatos (CPC, art. 341, *caput*). Trata-se do princípio legal da impugnação específica dos fatos. Entendemos que essa regra, atinente ao ônus de impugnação específica aos fatos narrados pelo autor, é plenamente compatível com o processo do trabalho, motivo por que deverá ser admitida, salvo (a) se não for possível, a seu respeito, a confissão; (b) a petição inicial não estiver acompanhada de instrumento que a lei considerar da substância do ato; c) se estiverem em contradição com a defesa, considerada em seu conjunto (CPC, art. 341, I a III).

Acreditamos ser extremamente difícil ocorrer no processo do trabalho o outro fator impeditivo dos efeitos da confissão ficta, previsto no CPC (art. 341, II), qual seja, o de a petição inicial estar desacompanhada do instrumento público que a lei considerar da substância do ato. Atente-se que não se trata de qualquer documento público, mas apenas daquele que seja, segundo o comando legal, da *substância do ato a* que se relaciona a ausência de impugnação específica por parte do réu.

Considerando que, geralmente, as iniciais trabalhistas narram diversos fatos, deve o réu precatar-se em manifestar contrariedade a todos eles; caso contrário, será reputado confesso, nos termos do art. 341, do CPC. Ao juiz também incumbirá verificar, para efeito de instrução do procedimento, se os fatos constantes da inicial foram objeto de impugnação, pois os que não o foram se presumem confessados (CPC, art. 374, II), não havendo motivo para fazerem parte do *thema probandum,* sob pena de se acabar neutralizando os efeitos dessa confissão.

Advirta-se, porém, que não se admite a *contestação genérica* (muito em voga na vigência do CPC de 1939), como, às vezes, ainda se formula; a inadmissibilidade — e a consequente ineficácia — da resposta por negativa geral, a propósito, encontra fundamento no próprio art. 341, *caput,* do CPC.

Nas ações cautelares específicas, previstas no CPC e aplicáveis ao processo do trabalho (arresto, sequestro, busca e apreensão, exibição, produção antecipada de provas, justificação, atentado)[82], desde que propostas pelo empregado, a ausência de resposta da parte contrária, no prazo legal (5 dias), fará com que se presuma a veracidade dos fatos em que a medida se funda (CPC, art. 803).

No procedimento referente à tutela cautelar requerida em caráter antecedente, se o réu não contestar os pedidos formulados pelo autor, estes serão presumidos considerados aceitos pelo réu, cumprindo, diante disso, ao juiz decidir no prazo de cinco dias (CPC art. 307, *caput*).

Conforme reconhecemos em linhas anteriores, o nosso entendimento de que, no processo do trabalho, a *ficta confessio* é aplicável, apenas, ao réu (empregador), é algo heterodoxo, pois não vem sendo aceito pela doutrina e pela jurisprudência predominantes — conquanto tenha sido acatado por setores minoritários. Nossa conclusão, a respeito do tema, decorreu não de uma intepretação meramente literal do art. 848 da CLT, como possa parecer, senão de que uma percepção do substrato *político* do *sistema* do processo do trabalho, que, ao prever, somente, o *interrogatório* dos litigantes (e não o depoimento), visou a proteger o trabalhador, embora não tenha concedido, pelos mesmos motivos políticos, idêntica proteção ao empregador, segundo evidencia o art. 844, *caput*, parte final, da CLT. Esse objetivo de proteção do trabalhador constitui uma espécie de espinha dorsal do sistema processual da CLT, como demonstra, por exemplo, o art. 844, já citado. Bem poderia o legislador, aqui, ter dito que se o empregado deixasse de comparecer à audiência (que seria sempre una), mas o réu estivesse presente e formulasse defesa, o trabalhador seria confesso. O que fez, porém, o legislador? Declarou que, nesse caso, o processo será extinto sem exame do mérito ("arquivado", na expressão pouco técnica da lei), concedendo, por esse modo, uma nova oportunidade para que o trabalhador venha a juízo em face do mesmo réu, com postulações idênticas às anteriores, ou não. Esse espírito tuitivo não foi percebido pela Súmula n. 74, I, do TST.

---

(82) Já os protestos, as notificações e as interpelações, embora incidam no processo de trabalho, não admitem defesa nem contraprotesto (CPC, art. 871).

Quem pode confessar

Por princípio, a confissão pode ser feita pelas partes, desde que tenham (a) capacidade e (b) legitimidade.

Segundo expusemos, o empregado maior de 14 anos, todavia, pode confessar, bastando que esteja regularmente assistido por seu responsável legal (pai, mãe, tutor, curador).

O processo civil só admite a confissão *provocada* se feita pela própria parte; quanto à *espontânea,* tanto poderá ser efetuada pela parte quanto por seu mandatário, desde que tenha poderes para isso (CPC, art. 390, § 1.º).

Considerando que o processo do trabalho não adotou o sistema do *depoimento* das partes (pressuposto da confissão provocada), mas o do *interrogatório,* é evidente que, feita essa adaptação, tal modalidade de confissão pode ser obtida também aqui. Daí decorre que o processo especializado acolhe a confissão *provocada,* mesmo que realizada por intermédio de mandatário (com poderes específicos, por certo, salvo se se tratar do preposto, a que alude o § 1.º do art. 843 da CLT, cujos poderes para confessar, como dissemos, estão contidos, de maneira implícita, na referida norma legal).

Relativamente ao advogado, a lei exige, para a validade da confissão, que do instrumento de mandado conste, de maneira expressa, poder para tanto (CPC, art. 105). Isso significa que, sendo *especial* esse poder, não se pode presumi-lo implícito na cláusula *ad iudicia:* ou está expressamente mencionado ou não existe.

Quanto ao preposto — insistimos em afirmar —, não há necessidade de menção de poderes específicos para isso, pois a CLT estabelece, com clareza, que as suas declarações *obrigarão* o preponente (art. 843, § 1.º), ou seja, o réu. A habilitação para que o preposto possa atuar em juízo, aliás, não se tem feito via procuração, mas apenas por meio de simples *credencial* (que a prática denomina de carta), na qual, em regra, se faz a sua apresentação ao juiz (mencionando o nome, a qualificação e umas poucas informações mais), sem qualquer especificação de poderes, exatamente em virtude do que dispõe a norma legal supracitada. Nem mesmo o reconhecimento da firma do proponente é exigido, a menos que haja dúvida quanto à autenticidade da assinatura.

Se houver alguma irregularidade na representação pelo preposto (como, *v. g.*, se deixou de trazer a credencial, etc.), o juiz deverá, *sem suspensão do processo* (ao contrário, portanto, do que determina o CPC, art. 76, *caput*), assinar prazo razoável para o saneamento do defeito; não sendo cumprido o despacho, se a providência competir: *a)* ao réu, será declarado revel (inc. II); *b)* ao terceiro, será declarado revel ou excluído do processo, conforme seja o polo processual em que se encontre (inc. III).

O não comparecimento do preposto à audiência em que deveria ser interrogado conduz à confissão ficta do empregador, que não a elidirá ainda que logre provar a negligência ou a eventual má-fé que caracterizou a ausência do seu representante.

Assim como Wagner Giglio (ob. cit., p. 168), entendemos que a presença de colega de profissão, ou de representante do sindicato à audiência, na hipótese de doença ou de outro motivo ponderoso que impeça ao empregado autor de comparecer, a que se refere o § 2.º do art. 843 da CLT, terá o efeito somente de determinar o adiamento da audiência, na medida em que tais pessoas, não podendo ser interrogadas em nome de quem é parte, também não poderão confessar.

Efeitos da confissão

Pudemos demonstrar, de modo exaustivo, que o efeito fundamental da confissão é o reconhecimento quanto a serem verdadeiros os fatos narrados pela parte contrária.

Na confissão *espontânea* há o elemento intencional do confitente; a *provocada,* a despeito de ser igualmente expressa, é feita sem que a parte propositadamente a pretendesse; a *ficta,* ao contrário das anteriores, é tácita, inexpressa, presumida e decorre do não comparecimento do litigante à audiência em que seria interrogado ou da inexistência de impugnação específica, pelo réu, dos pedidos formulados pelo autor (CPC, art. 341).

No caso das duas primeiras (espontânea e provocada), o efeito é praticamente absoluto, pois a confissão, aí, é real (ou concreta); já a terceira (presumida) envolve uma ficção, pois a confissão é tácita; assim sendo, o que ela gera é meramente a *presunção* (relativa) de veracidade de tais fatos.

Todas, é certo, são modalidades de prova (CPC, arts. 369 e 391, *caput*).

Em geral, ela afeta à parte confitente (nem sempre o confitente é parte), embora os seus efeitos possam, em determinadas circunstâncias, atingir ao seu sucessor. Assim ocorre, por exemplo, no caso de um empregador haver confessado em juízo, e o outro, que adquiriu o estabelecimento, suportar a execução da sentença promovida pelo mesmo empregado.

Na ação ajuizada por empregado de subempreiteira "contra" esta e a empreiteira principal, com fulcro no art. 455, parágrafo único da CLT, a confissão da primeira não prejudicará a segunda, pois, segundo a disposição do art. 391 do CPC, a confissão judicial faz prova apenas contra o confitente, não produzindo efeitos em relação aos demais litigantes. Essa regra, aliás, já fora estabelecida, em caráter genérico, pelo art. 117 do mesmo Diploma Processual.

Em outro sentido, lembra Arruda Alvim (ob. cit., p. 312) que a confissão "sana e convalida os erros da ação e os erros no processo, que, por definição, não sejam essenciais ou de ordem pública", observando que esse entendimento promana da aplicação das regras gerais relativas à nulidade.

O princípio legal da indivisibilidade da confissão

Estatui o art. 395 do CPC que a confissão é, em regra, indivisível, motivo por que não poderá a parte que pretender invocá-la como prova aceitá-la no tópico que a beneficiar e rejeitá-la no que lhe for desfavorável.

Eis, em síntese, o princípio legal da indivisibilidade da confissão (*confessio dividi non debet*).

O próprio Código, todavia, admite a cisão quando o confitente aduzir fatos novos, suscetíveis de constituírem fundamento de defesa de direito material ou de reconvenção (*ibidem,* segunda parte).

Em todo caso, o princípio legal estabelece que a confissão deve ser considerada como um todo incindível. Não há dúvida de que esse mandamento deve ser observado de perto pelo processo civil, principalmente se o confitente for o autor, porquanto o réu, na verdade, fica vinculado à regra do art. 341, *caput,* do CPC.

No processo do trabalho, entrementes, é desaconselhável a aceitação da indivisibilidade da confissão porque, em geral, tanto o autor quanto o réu narram fatos os mais diversos, nada impedindo, portanto, que sejam considerados confessos em relação a alguns desses fatos e não necessariamente a todos.

É preciso não se esquecer de que, no processo civil, comumente, a *causa petendi,* apontada pelo autor, é uma só (e o pedido também), daí por que a regra da indivisibilidade da confissão que aí se verificar encontra, nessa particularidade, o seu pressuposto *lógico* que inexiste, evidentemente, no caso das iniciais trabalhistas, pródigas que são em matéria de *causa petendi* e de pedido.

Nada mais coerente com a realidade das pretensões que o caracterizam, consequentemente, o CPC tem admitido o fracionamento da confissão apenas em caráter excepcional, isto é, diante de *fatos novos,* assim entendidos aqueles não haviam sido originariamente narrados na causa.

É exatamente em nome do respeito à realidade do processo do trabalho que se há de evitar, aqui, a adoção, *como princípio,* da indivisibilidade da confissão. Na hipótese, todavia, de a ação concernir a um único fato, é palmar que a confissão, acaso existente, não possibilitará ser fracionada: a unidade do fato exigirá a unidade da confissão.

Revogação da confissão

A confissão, por princípio, é irretratável. Quando ela houver decorrido de algum vício do consentimento (erro, dolo ou coação), todavia, poderá ser revogada, seja por ação anulatória, seja por ação rescisória.

a) Erro

Já estava no Direito antigo o reconhecimento de que a pessoa induzida em erro era destituída de vontade ("*cum errantis nulla voluntas sit*"). Não é qualquer erro que autorizará o desfazimento da confissão, mas somente o erro substancial, assim considerado o que interessa à natureza do negócio, ao objeto principal da declaração, ou a algumas das qualidades a ele essenciais (CC, art. 139, I). Erro substancial será igualmente o que disser respeito à identidade ou à qualidade essenciais da pessoa a quem se referir a declaração de vontade, desde que tenha influído nessa de modo relevante (*ibidem*, II); quando, sendo de direito e não implicando recusa à aplicação da lei, for o motivo exclusivo ou principal do negócio jurídico (*ibidem*, III).

Entende Ísis de Almeida (ob. cit., p. 70) que, no caso de confissão de empregado, decorrente de erro, o juiz, constatando o vício, pode e deve "ter a iniciativa de revogar a confissão, ou, simplesmente, considerá-la anulada de ofício".

Compartilhamos esse pensamento, em termos. É evidente que o processo do trabalho não se deve curvar, subservientemente, ao processo civil, em matéria de revogação de confissão, exigindo que a parte interessada (confitente) tome a iniciativa de aforar a ação anulatória.

A existência de duas ações paralelas e interdependentes seria desastrosa para o processo do trabalho, violentando profundamente os princípios medulares que o informam, e, em particular, o da celeridade.

A propósito, o projeto do CPC de 1973 já fora alvo de justas críticas, nesse particular, tendo o deputado José Camargo apresentado emenda com a finalidade de suprimir o dispositivo que condicionava o desfazimento da confissão à ação anulatória, argumentando, com razão, ser duvidoso que essa ação incidental trouxesse vantagem à outorga da prestação jurisdicional. Essa emenda, lamentavelmente, não vingou êxito.

Desse modo, acreditamos que, no processo do trabalho, não se deva exigir do confitente a "propositura" de ação anulatória; convencendo-se de que a confissão emanou de erro, dolo ou coação, deverá o juiz demonstrar as razões em que se funda, quanto a isso, a sua convicção, deixando assim de reconhecer à *ficta confessio* os efeitos legais que, em outras circunstâncias, lhe seriam inerentes; enfim, a "desconsideraria".

Diante disso, a revogação, por iniciativa da parte, somente deverá ser exigida no caso de a sentença haver transitado em julgado. O remédio adequado será, então, a rescisória, na medida em que, publicada a sentença de mérito, o juízo cumpre e acaba o ofício jurisdicional, somente podendo alterá-la nas hipóteses previstas em lei.

É legitimamente possível invocar-se, em defesa desse entendimento, não somente os princípios informadores do processo do trabalho, já mencionados, mas também o da *persuasão racional do julgador* — a que preferimos denominar de livre convencimento motivado —, tornado concreto na ordem jurídica pelo art. 371 do próprio CPC.

Vale registrar, historicamente, que, na fase de elaboração legislativa do CPC de 1973, emenda proposta pela Comissão visou a conferir ao então art. 356 do projeto, exatamente a seguinte redação: "Retratando-se o confitente, sob a alegação de erro, dolo ou violência, o Juiz apreciará a retratação *de acordo com o seu livre convencimento*".

b) Dolo

Originário do latim *dolus,* significa, em Direito Civil, "toda espécie de artifício, engano, ou manejo astucioso promovido por uma pessoa, com a intenção de induzir outrem à prática de um ato jurídico, em prejuízo deste e proveito próprio ou de outrem" (SILVA, De Plácido e, ob. cit., p. 563). Os atos jurídicos decorrentes de atividade dolosa da parte, por isso, são anuláveis (CC, art. 145). Pelas mesmas razões, a confissão, quando oriunda de dolo, poderá ser revogada.

c) Coação

A coação, como causa do desfazimento da confissão, há de ser tal que incuta à parte fundado receio de dano à sua pessoa, à sua família ou aos seus bens, iminente e igual, pelo menos, ao receável do ato extorquido (CC, art. 151, *caput*).

Dispõe a lei que o juiz, ao apreciar a coação, levará em conta o sexo, a idade, a condição, a saúde, o temperamento do confitente e todas as demais circunstâncias que lhe possam influir na gravidade (CC, art. 152).

Não se considera coação a ameaça do exercício normal de um direito, nem o simples temor reverencial (CC, art. 153).

O direito material do trabalho deveria, em respeito à sua natureza protetiva do empregado, rejeitar a figura da coação como vício da manifestação volitiva deste, porquanto, sob o ângulo civilista, a *coação não se presume,* pois se parte do pressuposto da igualdade formal das partes. Cumpre à doutrina trabalhista, portanto, propiciar condições para que a presunção de *pressão econômica,* a que se referiu o notável Oliveira Viana, já em 1939, seja admitida substitutivamente à coação civilista.

A confissão oriunda de erro, dolo ou coação poderá ser revogada(83): a) por ação anulatória, se estiver pendente a causa em que foi feita; b) por ação rescisória, se tiver ocorrido o trânsito em julgado da sentença da qual constitua o único fundamento (CPC, art. 966, III).

Desse modo, se a sentença rescindenda se houver utilizado de outros fundamentos para decidir acerca do mesmo fato, a rescisória será incabível, dado que a confissão, no caso, não influiu diretamente no resultado da prestação jurisdicional. Por outro modo de expressar: a rescisória somente será admissível se houver uma relação de causa e efeito entre a confissão e o resultado do julgamento contido na sentença.

À guisa de registro histórico, é interessante transcrevermos um trecho do livro *Manual dos Inquisidores*, escrito por Nicolau Eymerich, em 1376, e revisto e ampliado por De La Peña em 1578 (2. ed. Brasília: Editora Universidade de Brasília, 1993. p. 154-156), que retrata a forma pela qual se procedia, na época, ao interrogatório das pessoas acusadas de heresia. Estamos a falar de *tortura*:

> *O inquisidor não deve se mostrar muito apressado em aplicar a tortura, pois só se recorre a ela quando não houver outras provas: cabe ao inquisidor tentar levantá-las. Mas, se não achá-las e se considerar que há possibilidade de o réu ser culpado, e se achar também que ele não vai confessar por medo, trará até ele seus familiares e amigos, para que o convençam a confessar. O desconforto da prisão, a reflexão, as frequentes exortações de gente honesta muitas vezes levam o réu a confessar.*
>
> *Mas, se não conseguir nada, e se o inquisidor junto com o bispo acharem mesmo que o réu lhes esconde a verdade, então, devem mandar torturá-lo moderadamente e sem derramamento de sangue, lembrando sempre que a tortura é enganadora e ineficaz (*scientes quod quaestiones sunt fallaces et inefficaces*). Existem pessoas com o espírito tão fraco que confessam tudo com um mínimo de tortura, mesmo se não cometeram nada. Outras são tão obstinadas que não abrem a boca, independentemente*

(83) Pontes de Miranda (Ob. cit., p. 432) entende existir erro de terminologia no emprego, pelo legislador, na redação do *caput* do art. 352 do CPC, do verbo *revogar,* porquanto o correto seria *anular*: "anulação não é revogação, quem pode revogar retira a voz, não anula". *Data venia,* o artigo não poderia fazer referência *genérica* à anulação, uma vez que, se revogar não é o mesmo que anular, anular também não é o mesmo que *rescindir,* embora uma e outra digam respeito ao *desfazimento* judicial da confissão.

das torturtas que sofrem. Há pessoas que já foram torturadas; estas suportam mais que as outras a tortura, porque contraem os membros, endurecendo-os; porém, outras pessoas saem enfraquecidas das torturas anteriores e ficam incapazes de suportar outras. Existem os enfeitiçados que, sob o efeito de bruxarias utilizadas durante a tortura, ficam quase insensíveis: preferem morrer a confessar.

Uma vez declarada a sentença, os assistentes do inquisidor partem para a execução. Durante a preparação da execução, o bispo e o inquisidor, eles próprios, ou um fiel fervoroso, irão pressionar o réu para que confesse espontaneamente. Se o réu não confessar, ordenarão aos carrascos para que tirem as suas roupas — o que farão imediatamente, sem brincadeiras, como se tivessem tomados de emoção. Enquanto é despido pelos carrascos, pedirão a ele que confesse. Se continuar a resistir, será levado num canto, completamente nu, por esses fiéis idôneos, que lhe suplicarão cada vez mais. Começam a dizer-lhe, ao mesmo tempo que suplicam, que, se confessar, terá sua vida poupada, se jurar que nunca mais vai cometer tais crimes. Muitos confessarão a verdade, se não estiverem torturados pelo medo de morrer. (...)

*Se não se conseguir nada através desses meios, e se as promessas se revelarem ineficazes, executa-se a sentença e tortura-se o réu da forma tradicional, sem buscar novos artifícios nem inventar os mais rebuscados: mais fracos ou mais violentos, de acordo com a gravidade do crime. Durante a tortura, primeiramente, interroga-se o réu sobre os pontos menos graves, depois, sobre os mais graves, porque vai confessar mais facilmente as faltas pequenas do que as graves. O escrivão, enquanto isso, tomará nota das torturas, das perguntas e respostas. Se, depois de ter sido convenientemente (*decenter*) torturado, não confessar, vão lhe mostrar os instrumentos de um outro tipo de tortura, dizendo-lhe que vai passar por todos eles, se não confessar.*

Se mesmo assim não se conseguir nada, continua-se com a tortura no dia seguinte, e no outro, se for preciso (porém, não se "recomeçam" as torturas pois só se pode fazer isso se se dispõe de novos indícios contra o réu. Em outras palavras, é proibido "recomeçar", mas não 'continuar'). (...)

O valor da confissão é absoluto quando obtido sob ameaça de tortura ou através da apresentação dos instrumentos de tortura. Nesse caso, considera-se que o réu confessou espontaneamente, tendo em vista que não foi torturado. A mesma coisa, se a confissão foi obtida quando o réu já estava despido e amarrado para ser torturado. Se confessar durante a tortura, deve, pois, confirmar a confissão, já que esta foi obtida através do sofrimento e do terror.

Felizmente, os tempos são outros...

Na França, durante a monarquia, havia a *quéstion préalable*, que consistia em um interrogatório mediante tortura do condenado antes da execução da pena. Esse interrogatório infamante visava a fazer com que o condenado denunciasse seus cúmplices. A confissão do condenado era obtida, antes, na *question préparatoire*. Havia, ainda, o *interrogatoire sur la sallette*. A *sallette* era um pequeno banco de madeira, no qual se sentava o acusado quando do seu último interrogatório, antes da aplicação da pena. Todas essas práticas foram abolidas em 1780, por Luís XVI, como uma das medidas destinadas a tentar apaziguar o povo e os próprios nobres que se revoltavam contra ele, seja, no primeiro caso, pelo aumento do preço do pão, seja, em ambos, porque desejavam a imediata convocação dos Estados Gerais.

Capítulo III
Prova Documental

Conceito. Conteúdo

A etimologia do vocábulo *documento* reside em *documentam,* do verbo latino *docere* (ensinar, instruir, mostrar).

A doutrina apresenta diversos conceitos de documento, muito embora não sejam, em essência, conflitantes entre si. Segundo Chiovenda (*Instituições...*, trad. portuguesa, São Paulo, 1945. v. 3, n. 345), "documento é toda representação material destinada a reproduzir determinada manifestação do pensamento"; para Carnelutti (ob. cit., p. 154-156, ns. 34-35) é "uma coisa capaz de representar um fato"; para Pontes de Miranda (*Comentários ao CPC de 1939*. art. 2.º, II) é "todo objeto suscetível de servir de prova a alguma proposição"; Jaime Guasp o tem como todo objeto físico capaz de ser levado à presença do juiz; Malatesta afirma que documento é a "atestação pessoal feita com conhecimento de causa, escrita e irreproduzível oralmente, e que serve para comprovar a verdade dos fatos, asseverados por meio dela (*apud* Amauri Mascaro Nascimento, ob. cit., p. 212); para Arruda Alvim (ob. cit., p. 260) é tudo aquilo "destinado a fixar duradouramente um fato"; Moacyr Amaral Santos (*Primeiras linhas...*, p. 338) o conceitua como "a coisa representativa de um fato e destinada a fixá-lo de modo permanente e idôneo, reproduzindo-o em Juízo"; para Armando Porras López (ob. cit., p. 267) é *"el testimonio humano consignado graficamente en un instrumento material e idoneo"*.

Quanto a nós, ensaiamos o seguinte conceito: documento é todo (a) meio (b) idôneo e (c) moralmente legítimo, capaz de comprovar, (d) materialmente, a existência de um fato.

Dissemos: (a) *todo meio* porque o documento não é prova, e, sim, um *meio de*; (b) *idôneo,* porque deve ser apto, adequado, conveniente para provar o que se pretende; nem todo meio é idôneo para isso; (c) *moralmente legítimo,* porque assim exige a lei (CPC, art. 369). O processo moderno repele as provas *sub-reptícias,* obtidas à socapa; (d) *materialmente,* porque, em verdade, o que caracteriza esse meio de prova é a sua existência *material* (*"scripta, sicut monumenta, manent; verba, sicut ventus, volant"*; em tradução livre: a escrita permanece, as palavras, como o vento, voam). O resto se explica por si.

Atente-se, contudo, que a representação do ato ou do fato pode ser feita não apenas *por escrito,* mas graficamente, como ocorre com os desenhos, as cartas topográficas, as plantas de construções, etc.

Por outro lado, não se deve afirmar que o documento seja algo que "contenha escritos"; embora, no mais das vezes, tais escritos estejam presentes, a generalização dessa assertiva importaria em negar a qualidade de documento à *fotografia* (CPC, art. 422, §§ 1.º e 2.º) e a outras peças, como, *v. g.,* as reproduções cinematográficas e os registros fonográficos.

Discordamos, por essa razão, de Chiovenda quando conceitua o documento como "toda representación material destinada e idonea para reproducir una cierta manifestación del pensamiento" (ob. cit., p. 369), pois, como vimos, nem sempre o documento contém manifestação de pensamento.

Interessante — a propósito — a observação de Raphael Cirigliano (*Prova Civil.* São Paulo: Revista dos Tribunais, 1981. p. 103) no sentido de que, "sendo o documento uma coisa representativa, chega-se à conclusão de que ele não pode existir no estado natural, e sim que é produto da atividade humana sobre uma coisa. É, pois, um *opus*".

Documento e instrumento, porém, não se confundem. Enquanto o primeiro constitui a representação histórica de um fato, o segundo é o objeto representativo de um ato. Nesse sentido, então, se pode dizer que o instrumento é espécie do gênero documento.

Eduardo Pallares (*Diccionario de derecho procesal civil.* p. 164, *apud* Armando Porras López, ob. cit., p. 267) observa que o ato de declaração é coisa diversa da declaração em si mesma, pois "La declaración es un acto, mientras que el documento es una cosa. La declaración es el contenido, el documento es el continente. El documento puede ser verdadero y la declaración falsa, y viceversa; el documento puede ser hecho por persona diversa de la que la declaración, como sucede en las escrituras públicas".

De resto, reputamos ser necessário, ainda hoje, fazer-se distinção entre as antigas classes dos documentos a) *ad solemnitatem* e b) *ad probationem,* entendidos os primeiros como requisitos substanciais à validade das obrigações e os segundos como aqueles que se destinam apenas a provar a existência da obrigação. A nossa afirmação se lastreava no art. 130 do Código Civil revogado (de 1916), a teor do qual não valeria o ato que deixasse de revestir a forma especial, prevista em lei, salvo quando essa cominasse sanção diferente contra a preterição da forma exigida, e tem em vista, por exemplo, o fato de a CLT dispor, em seu art. 477, § 1.º, que "O pedido de demissão ou recibo de quitação de rescisão do contrato de trabalho, firmado por empregado com mais de 1 (um) ano de serviço, só será válido (*sic*) quando feito com a assistência do respectivo Sindicato ou perante a autoridade do Ministério do Trabalho". Atualmente, o Código Civil dispõe sobre a matéria no art. 104, inciso III, conforme o qual a validade do negócio jurídico requer, entre outras coisas, "forma prescrita ou não defesa em lei".

Classificação

Moacyr Amaral Santos (ob. cit., p. 340) nos fornece uma classificação geral e minuciosa dos documentos que merece ser mencionada:

1. Quanto ao seu autor, sua origem ou procedência:

a) públicos ou privados;

b) autógrafos ou heterógrafos: no primeiro caso, o autor do documento é o mesmo do fato documentado; no segundo, o documento foi elaborado por terceira pessoa;

c) assinados ou não assinados;

d) autênticos, autenticados ou sem autenticidade.

2. Quanto ao meio, à maneira ou ao material usado na sua formação:

a) indiretos ou diretos;

b) escritos, gráficos, plásticos e estampados: nos documentos escritos os fatos são representados literalmente; nos gráficos, a representação é feita por meio de desenho, pintura, etc.; nos plásticos, é efetuada por intermédio de gesso, madeira, etc.; os estampados "são os documentos diretos", como fotografia, cinematografia, etc.

3. Quanto ao seu conteúdo:

Podem ser narrativos e constitutivos (ou dispositivos): aqueles encerram declarações de conhecimento ou de verdade, podendo ser testemunhais ou confessórias; nestes, há declarações de vontade (constitutivas, modificativas ou extintivas) ou de relações jurídicas.

4. Quanto à sua finalidade:

Pré-constituídos ou casuais.

5. Quanto à forma (em relação à prova que produzem):

São formais ou solenes, e não formais.

6. Quanto à forma em si:

Originais ou cópias.

Não é errado afirmar-se que os documentos participam da categoria das denominadas provas pré-constituídas, porquanto, muitas vezes, são elaborados com a finalidade de serem utilizados em juízo como prova de determinado fato.

Desnecessário alertar que a classificação doutrinária dos documentos não é uniforme, variando segundo tenha sido o critério esposado pelo autor; de nossa parte, adotamos a concebida por Moacyr Amaral Santos por entendermos ser, a par de precisa, a mais completa, de sorte a poder atender, satisfatoriamente, às peculiaridades da matéria no plano do processo do trabalho.

Tendo em vista o fato de que a CLT é acentuadamente lacunosa a respeito dessa espécie de prova, reputamos conveniente, a esta altura, analisarmos, uma a uma, as disposições do CPC acerca da prova documental, a fim de verificarmos da sua compatibilidade, ou não, com o processo do trabalho (CLT, art. 769).

Antes, fixemos os conceitos de documento público e de instrumento público.

Documento público é o elaborado por oficial público sem o objetivo de ser utilizado como prova, embora possa vir a ser usado para esse fim. *Instrumento público* é o produzido por oficial público com a finalidade de preservar determinado fato, ato jurídico ou negócio jurídico.

Formação e eficácia dos documentos públicos

O documento público — diz a lei (CPC, art. 405) — faz prova não apenas da sua *formação,* mas, também, dos fatos que o escrivão, o chefe de secretaria, tabelião ou o servidor declararem que se passaram na sua presença. Isso significa dizer que referido documento possui *fé pública.*

Os fatos ocorridos *na presença* do oficial público, todavia, podem referir-se não somente àqueles que foram relatados pelas partes, consistentes nas declarações que elas pretenderam que constasse do documento, mas também outros, não oriundos de declarações, como, *v. g.,* o pagamento de certa quantia. A circunstância, contudo, de o oficial haver trasladado para o papel os fatos narrados pelas partes (declarantes) não significa que esses fatos sejam verdadeiros; dessa forma, há que se entender que o documento público prova que as declarações foram feitas (ou seja, a sua *formação*) e não que sejam verdadeiras, até mesmo porque o escrivão, o tabelião ou outro funcionário não tem condições de saber se as declarações que lhes são prestadas são sinceras ou insinceras. Por esse motivo, ditas declarações, a despeito de estarem inseridas em documento público, podem ser desmentidas mediante prova em contrário. A não ser assim, estar-se-ia atribuindo a esses documentos uma eficácia que nem mesmo as sentenças possuem.

Mantidas as restrições, a regra é compatível com o processo do trabalho.

Os documentos *eletrônicos,* desde que elaborados com obediência aos requisitos legais, podem ser considerados *públicos.*

Documento feito por oficial público incompetente

Poderá ocorrer, entrementes, que o documento tenha sido elaborado por oficial público que não possuía competência para isso, ou, se competente, não obedeceu às formalidades legais; nesse caso, informa a lei (CPC, art. 407), o documento, desde que tenha sido subscrito pelas partes, terá a mesma eficácia dos documentos particulares.

Trata-se, de conseguinte, de conversão de documento público em particular. Alerte-se, contudo, que o ato a que se refere o documento público (inservível como tal) poderia também ser objeto de instrumento particular; ou seja: o defeito apresentado pelo documento há de ser tal que torne sem efeito apenas o seu caráter público. Oportuna, portanto, a lição de Mattirolo (*Trattato di diritto giudiziario civile italiano.* 3. v., n. 49, *apud* Moacyr Amaral Santos, ob. cit., p. 176): "Assim, o instrumento público, nulo como tal, pode ser invocado pelas partes como prova da convenção, sempre que o mesmo, conquanto lhe faltem algumas das condições necessárias para ter força de instrumento público, todavia possa valer como escritura particular porque contenha o elemento essencial das escrituras provadas, ou seja, a assinatura das partes."

Documentos não originais: eficácia

O art. 830 da CLT, em sua redação original, dispunha que o documento oferecido para prova só teria a mesma força probante que o original se (a) estivesse em certidão autêntica; (b) quando conferida a pública-forma ou cópia perante o juiz ou Tribunal.

A Justiça do Trabalho vinha aplicando esse dispositivo da CLT com absoluta obediência à sua literalidade, do que resultava o não reconhecimento da eficácia probatória da *pública-forma* ou da *cópia* não foi conferida pelos órgãos mencionados no texto legal. Nada obstante a formalidade decorresse de lei, entendíamos, *data venia,* que havia rigor excessivo nesse procedimento, pois bastaria, no caso, que tais documentos estivessem *autenticados* por oficial público (tabelião). O CPC vigente, a propósito, ao se referir à pública-forma, assenta que ela fará a mesma prova que os originais "desde que *autenticadas por oficial público ou conferidas em cartório,* com os respectivos originais" (art. 405, III). Sublinhamos para enfatizar.

A *conferência* a que o art. 830 da CLT se referia visava, evidentemente, a estabelecer a *autenticidade* da *pública-forma* ou da cópia; ora — argumentávamos —, essa autenticação poderia ser perfeitamente efetuada por *tabelião,* sem que isso implicasse ofensa às razões que levaram o legislador a exigir a presença do juiz ou do Tribunal nesse ato, o que seria, aliás, embaraçante do próprio exercício da função jurisdicional.

De tal arte, o documento, estando regularmente autenticado por oficial público, deveria produzir em juízo os mesmos efeitos probantes que o original produziria, não porque estivéssemos supondo que o CPC de 1973 teria, por seu art. 365, III, revogado o art. 830 da CLT, mas em virtude de que a aplicação, à risca, da literalidade da norma legal trabalhista esbarraria, nesse caso, nas regras do bom-senso que deveriam — e ainda devem — presidir a atividade do juiz no processo, além do que acabaria sendo nimiamente injusta para a parte destinatária do seu comando.

Em acórdão cuja ementa ora transcreveremos, à guisa de adminículo ao nosso argumento, decidira o Egrégio TST que: "Se os documentos são produzidos pelo Estado, e formados e lavrados em notas públicas, dizem-se públicos e fazem prova pública quanto à sua própria origem. Fazem a mesma prova que os originais, as reproduções dos documentos públicos, *desde que autenticadas ou conferidas em cartório,* pelo que a conferência não é mais indispensável, como no regime anterior. Todavia, a cópia, ainda que sem autenticação, se não é impugnada pela parte contrária, dispensa conferência ou autenticação, exceto na hipótese da Súmula n. 38, para comprovação de divergência justificadora de recurso..." (Ac. n. 405/77, 3.ª T., Rel. Min. Coqueijo Costa. In: *DJU* de 3-6-77, p. 3.717).

O único reparo que fazíamos a essa decisão do TST era quando afirmava que "a conferência não é mais indispensável, *como no regime anterior*" (grifamos), sabendo-se que o *regime anterior,* aí, era o CPC de 1939, particularmente em seu art. 225. Conforme dissemos, conquanto o CPC de 1973 tenha revogado o de 1939, é elementar que não o fez quanto ao art. 830 da CLT; logo, não se poderia falar, no âmbito do processo do trabalho, em *regime anterior, uma* vez que o da CLT ainda é o mesmo. Assim, as razões que nos conduziram a afirmar que se deveria aplicar o disposto no art. 365, III, do CPC de 1973, se relacionavam a princípios de justiça e de bom-senso e não à hipotética revogação do art. 830 da CLT. No mais, a decisão do TST apanhara o problema com grande mestria e sensibilidade, notadamente, quando observou que, às vezes, nem mesmo a parte contrária impugnava o documento representado mediante cópia ou fotocópia sem autenticação ou conferência, ressalvada a espécie da Súmula n. 38, mais tarde cancelada.

Pois bem. Tempos depois, a Lei n. 11.925, de 17-4-2009, altera, profundamente, a redação do art. 830 da CLT, que passou a ser a seguinte: "O documento em cópia oferecido para prova poderá ser declarado autêntico pelo próprio advogado, sob sua responsabilidade pessoal. Parágrafo único. Impugnada a autenticidade da cópia, a parte que a produziu será intimada para apresentar cópias devidamente autenticadas ou o original, cabendo ao serventuário competente proceder à conferência e certificar a conformidade entre esses documentos".

Há muitos lustros vínhamos sustentando a opinião de que o Estado deveria, por princípio, conceder um voto de credibilidade às partes, mediante a presunção de serem verdadeiros os documentos juntados aos autos do processo sob a forma de cópias, dispensando, assim, a autenticação e a conferência de que tratava o art. 830, em sua redação primitiva. Essa presunção deixaria de existir quando a cópia do documento viesse a ser impugnada, de maneira fundamentada, pela parte contrária ou pelo terceiro legitimado a praticar atos no processo.

A nova redação dada a esse dispositivo da CLT atendeu, em parte, às nossas reivindicações, ao permitir que o advogado declare, sob sua responsabilidade pessoal, serem autênticas as cópias por ele juntadas aos autos. Houve, aqui, todavia, uma falha — algo grave — do legislador, pois nem sempre a parte estará a atuar em juízo por meio de advogado. Cumpre lembrar que o art. 791, *caput*, da CLT, que atribui às partes legitimidade para demandar em juízo sem advogado (*ius postulandi*), ainda está em vigor, segundo entendimento do STF. Sendo assim, é absolutamente necessário que se reconheça, nesse caso; ao próprio litigante a possibilidade de declarar, sob sua responsabilidade, a autenticidade das cópias de documentos que apresentar em juízo, sob pena de estabelecer-se uma injustificável discriminação no tocante àquelas pessoas que, por alguma razão, preferiram defender em juízo, sem a constituição de advogado, os seus direitos ou interesses. É imprescindível, enfim, que a leitura do art. 830, *caput*, da CLT, seja feita em conjunto com a do art. 791, *caput*, do mesmo texto legal.

O TST, todavia, vem dando uma interpretação injustificavelmente restritiva às disposições dessa norma da CLT, exigindo, por exemplo, que nas ações rescisórias, nas ações declaratórias e em outras, de sua competência originária, a parte autentique as cópias de documentos, juntadas aos autos, sob pena de extinção do processo sem resolução do mérito. O mais grave é que o TST vem impondo essa providência mesmo nos casos em que as cópias nem sequer são impugnadas pela parte contrária, ou seja, vem agindo *ex officio*. Essa atitude do TST merece, *data venia*, censura, pelas seguintes razões jurídicas, entre outras: a) o art. 830 da CLT está, topologicamente, inserido no Capítulo II do Título X, que trata do "Processo em Geral". É nesse mesmo capítulo que se encontra o art. 836, prevendo a possibilidade do exercício da ação rescisória. Desse modo, as disposições do art. 830 são aplicáveis a todas as ações admissíveis no processo do trabalho, aí inclusas as rescisórias, as declaratórias, as cautelares, as mandamentais e outras, da competência originária do TST. Destarte, a malsinada interpretação restritiva que mais alta Corte da Justiça do Trabalho de nosso País vem dando a esse preceptivo da

CLT está em manifesto antagonismo com o inciso II do art. 5.º da Constituição Federal, de acordo com o qual "ninguém será obrigado a fazer ou deixar de fazer alguma coisa senão em virtude de lei". A lei — no caso, o art. 830, *caput*, da CLT — permite ao advogado (ou à própria parte, segundo nossa opinião) declarar a autenticidade de cópias de documentos, dispensando-o, assim, de outras formalidades; b) a razão pela qual o legislador deu nova redação ao art. 830 da CLT, como dissemos, derivou da elogiável política de dar *credibilidade* às cópias apresentadas em juízo pelos litigantes. Desse modo, quando o TST põe de lado essa norma legal, para exigir a autenticação de cópias de documentos, está — queira ou não — para além de formular exigência *ilegal*, fazendo uma concessão ao passado, no qual o que havia, ao contrário, era uma *desconfiança* do sistema processual oficial em relação às cópias juntadas aos autos pelos demandantes, motivo por que exígua a sua conferência com os originais, pelo juiz ou Tribunal, ou pelo serventuário do juízo; c) em virtude da nova redação imposta ao art. 830 da CLT, o magistrado somente poderá exigir a autenticação das cópias ou a sua conferência com os originais quando as cópias forem impugnadas pela parte contrária (parágrafo único). Dessa maneira, o TST, mais uma vez, desrespeita a lei ao exigir das partes a adoção de uma dessas providências, mesmo quando as cópias por elas apresentadas não tenham sido impugnadas. Nunca é desútil insistir na vetusta advertência de que, embora a forma seja algo necessário ao processo, o *formalismo* representa uma deturpação, uma anomalia do sistema.

Esperamos, pois, que o TST reformule o seu entendimento sobre a matéria, com o que, além de estar dando estrito cumprimento à literalidade e ao escopo da lei, estará a prestar bons serviços à simplificação do processo do trabalho e às partes.

Que o tempo se encarregue de dizer se estamos certos, ou não, nestas nossas manifestações.

É momento de examinarmos o conceito de algumas figuras ligadas aos documentos e aos instrumentos públicos.

A recordar-se, para já, que *força probante* é a eficácia que a lei (material ou processual) reconhece ao documento para provar a existência de atos ou fatos jurídicos, inclusive processuais.

Certidões são cópias dos assentamentos constantes de livros públicos ou de autos processuais, sendo extraídas por tabeliães, escrivães ou outros funcionários. Não se confundem, contudo, com os *traslados,* pois enquanto aquelas constituem uma afirmação ou atestação autêntica efetuada por oficial público a respeito do conteúdo do documento registrado em suas notas, seus livros, seus autos, etc., estes constituem, na verdade, uma nova via dos documentos originais, a primeira cópia desses.

Pública-forma é uma reprodução, mediante cópia, também, de um documento ou de qualquer ato escrito, cujo original é representado pelo mesmo documento. Embora se trate de uma reprodução literal do documento, ela se distingue da certidão e do traslado porque, ao contrário, é feita por pessoa estranha ou que não produziu o documento ou o escrito original. A autenticidade da pública-forma decorrerá da sua conferência pelo oficial que a fez, ou por outrem, na presença da parte contrária àquela a quem o documento beneficia. Quando a cópia literal do documento ou do escrito é efetuada por um oficial público, mas conferida e assinada por outro, temos a pública-forma dita *concertada.*

Cópia. Embora os traslados, as certidões e as públicas-formas, sejam, também, cópias de originais, há que se entender como tais as reproduções mecânicas de documentos, públicos ou particulares, como no caso das difundidas *fotocópias.*

Declarações constantes em documento particular

Dizem-se particulares os documentos que foram elaborados ou assinados sem a intervenção de oficial público.

A disposição inserta no art. 408 do CPC, no sentido de que as declarações constantes de documento particular, desde que esse se encontre (a) escrito e assinado, ou (b) somente assinado, presumem-se verdadeiras quanto ao signatário, incide, supletoriamente, no processo do trabalho. A incidência, contudo, é restrita, principalmente nos casos em que o empregado apenas assinou o documento, sendo que as declarações foram feitas em seu nome pelo empregador. O valor probante desses documentos, por isso, é mínimo, podendo ser elidido por outro meio idôneo de prova que se oponha. Ademais, no que atine ao instrumento de cessação do contrato e ao consequente recibo relativo às quantias pagas, somente terá validade no caso de o empregado possuir mais de um ano de serviço, se houver assistência da entidade sindical representativa da sua categoria, ou, inexistindo, da autoridade do Ministério do Trabalho, ou do Ministério Público, ou do defensor público, ou do Juiz de Paz, segundo a ordem legal (CLT, art. 477, §§ 1.º e 3.º).

Se o documento particular contiver declaração de ciência a respeito de determinado fato, provará apenas a declaração, mas não o fato que constituiu o seu objeto, incumbindo, portanto, o ônus da prova à parte interessada na demonstração da veracidade do fato (CPC, art. 408, parágrafo único). Essa disposição é aplicável, por exemplo, às suspensões disciplinares do empregado: embora ele aponha, como de praxe, o seu "ciente" no correspondente instrumento de comunicação da penalidade, não está, só por isso, *concordando* com o fato que lhe é imputado, mas, sim, dando ciência desse comunicado.

Caberá ao empregador comprovar em juízo serem verdadeiros os fatos caracterizadores da falta venial do empregado, que ensejaram a sua suspensão, sob pena de essa ser reputada injusta ou ilegal.

Por igual se diga com relação ao instrumento de resolução do contrato, em decorrência de falta grave atribuída ao empregado e no qual ele coloca o seu "ciente". Mesmo que ele manifestasse a sua *concordância* com a falta grave, aliás, isso não subtrairia do Judiciário a possibilidade de ingressar na apreciação da matéria, desde que o documento se relacionasse com os fatos narrados na ação.

O *onus probandi* que ao empregador se atribui, nesses casos, decorre não apenas do parágrafo único do art. 408 do CPC, mas, sobretudo, do art. 818 da CLT. Em verdade, ambos os dispositivos legais se articulam para reforçar, ainda mais, o encargo da prova.

Autenticidade de documento particular

O documento público independe do reconhecimento da firma de quem o elaborou; sendo particular, todavia, a sua autenticidade está vinculada a essa providência, exatamente porque foi produzido sem a participação de oficial público.

O reconhecimento da assinatura nele lançada será feito por tabelião (CPC, art. 411, I), a quem competirá declarar que o autógrafo foi aposto em sua presença. Entendemos, todavia, que a autenticidade do documento subsistirá mesmo na hipótese de a assinatura a ser reconhecida não haver sido aposta na presença do tabelião.

Assim sendo, em alguns casos, essa regra legal deverá receber uma interpretação flexível, de modo a adequá-la às razões finalísticas que a inspiraram; não deverá o juiz, por exemplo, proclamar a inautenticidade do documento particular que, a despeito de não estar com a firma do signatário reconhecida por tabelião, nem sequer foi impugnado pela parte contrária, a quem se havia oferecido a oportunidade para fazê-lo (CPC, art. 430).

Igualmente, entendemos que deva ser considerado autêntico o documento cuja assinatura foi reconhecida por *semelhança* ou por *abonação,* desde que não tenha sido impugnado, quanto a isso, pela parte interessada. Tanto nesse caso quanto no anterior, a inexistência de contrariedade em relação à firma, constante do documento particular, o torna autêntico; se, ao reverso, a assinatura não estiver reconhecida por oficial público e houver controvérsia acerca da sua autenticidade, a disposição do art. 411 do CPC deverá incidir plenamente.

Esclareça-se, entretanto, que, por princípio, o reconhecimento da firma por semelhança gera somente uma *presunção* de sua autenticidade, dado que, nesse caso, o tabelião, comparando a assinatura constante do documento com a que possui em seus registros, as considerou semelhantes, ou seja, que ambas foram lançadas pela mesma pessoa.

É conveniente repetir que não se vem exigindo, na prática, o reconhecimento da firma do subscritor das denominadas *credenciais* (ou "cartas") *de preposição* (CLT, art. 843, § 1.º), em que pese ao fato de elas serem apresentadas, ordinariamente, mediante instrumento particular; na hipótese de dúvida quanto à autenticidade da assinatura, contudo, ao juiz só restará determinar que se proceda ao necessário reconhecimento, por tabelião, sendo irrelevante o fato de o autógrafo não ter sido lançado na presença deste.

Relativamente à procuração judicial — que documento igualmente o é — feita por um instrumento particular, havia determinação legal específica sobre a necessidade de reconhecimento da firma do outorgante (CPC, de 1973, art. 38). Posteriormente, por força da nova redação dada ao art. 38, do CPC, pela Lei n. 8.952/1994, dispensou-se o reconhecimento da assinatura na procuração dada ao advogado.

A data do documento particular

Com certa frequência surgem, na Justiça do Trabalho, controvérsias a propósito de qual tenha sido a data verdadeira em que o documento particular foi elaborado. Diante disso, a prova poderá ser feita por quaisquer dos meios previstos em lei, ou, se não previstos, desde que sejam moralmente legítimos (CPC, art. 369). Assim, a data real poderá ser comprovada por outro documento, por testemunhas, por exame pericial, etc. E dessa forma o é porque a data constante do documento particular envolve, apenas, uma presunção de veracidade, do que decorre a possibilidade de essa presunção ser elidida por prova em contrário.

No processo do trabalho, isso se aplica aos recibos salariais, ao recibo de rescisão contratual, ao instrumento de aviso prévio, ao de comunicação de suspensão disciplinar — enfim, a todos os documentos que digam respeito à relação jurídica material existente ou havida *entre as partes.*

Estatui o art. 409 do CPC, porém, que, em relação *a terceiros,* considerar-se-á datado o documento particular: (a) no dia em que foi registrado; (b) desde a morte de alguns dos signatários; (c) a partir da impossibilidade física, que sobreveio a qualquer dos subscritores; (d) da sua apresentação em repartição pública ou em juízo; (e) do ato ou fato que estabeleça, de certo modo, a anterioridade da formação do documento, cujas disposições são aplicáveis, em caráter subsidiário, ao processo do trabalho, que se ressente de qualquer previsão sobre o assunto.

O autor do documento particular

Por *autor do* documento particular se designa a pessoa a quem se atribui a sua formação. Autor, nesse sentido, não é apenas aquele que forma, pessoalmente, o documento, se não que também o é quem determina que a formação seja feita por terceiro, embora para si.

É importante para o processo, e também para a formação do convencimento do juiz, saber de quem é a autoria de documento dessa natureza; por esse motivo, o art. 410 e incisos do CPC estabelecem de maneira objetiva e em ordem de certo modo lógica uma presunção quanto a quem seja o autor do documento particular. Reputa-se como tal, diz a lei, (a) aquele que fez e assinou; (b) aquele, por ordem de quem foi composto, estando assinado; (c) aquele que, mandando compô-lo, não o assinou porque, de acordo com a experiência comum, não se costuma firmar, como acontece com os livros comerciais e os assentamentos domésticos.

Em face da Lei n. 5.859, de 11 de dezembro de 1972, que dispôs sobre a profissão de empregado doméstico (integrando-o, parcialmente, ao regime da CLT), o inc. III do art. 371 do CPC de 1973, passou a ser invocado, supletivamente, pelo processo do trabalho, que nada contém acerca dos assentos domésticos. O CPC de 2015 cuida do tema no art. 410. Observe-se, todavia, que estamos admitindo a incidência da norma processual civil que trata da *autoria* dos registros domésticos, que em regra não são assinados; a *força probante* desses assentamentos, que é coisa diversa e sobre a qual falaremos a seguir, deverá submeter-se às normas e aos princípios informativos do direito material e do direito processual, ambos do trabalho.

Posteriormente, a Emenda Constitucional n.72, de 2 de abril de 2013, modificou o art. 7.º da Constituição Federal para "estabelecer a igualdade de direitos trabalhistas entre os trabalhadores domésticos e os demais trabalhadores urbanos e rurais". Em termos concretos, essa Emenda assegurou aos trabalhadores domésticos os direitos previstos em muitos dos incisos do parágrafo único do art. 7.º da Constituição.

As cartas e os demais registros domésticos

Segundo o art. 415 do CPC, as cartas (na acepção de epístola, missiva) e os registros domésticos em geral provam contra quem os escreveu quando: (a) enunciam o recebimento de um crédito; (b) contêm anotação, que visa a suprir a falta de título em favor de quem é apontado como credor; (c) expressam conhecimento de fatos para os quais não seja exigida determinada prova.

No magistério de Moacyr Amaral Santos (ob. cit., p. 199), *registros domésticos* "são livros convenientemente encadernados, com certo caráter de fixidez, e nos quais uma pessoa escritura sucessivamente, ou faz escriturar, em forma contábil ou não, os atos de sua administração doméstica, suas receitas e despesas, suas compras e vendas". Segundo o mesmo autor, *papéis domésticos* são os escritos e as notas, reunidos em cadernos, de modo permanente ou mesmo em folhas soltas, assinadas ou não, "que a pessoa, sem estar a isso obrigada, redige com a intenção de os conservar, para fixar a lembrança de fatos ou quaisquer acontecimentos". Nesse sentido temos os diários, os canhenhos, de tanta significação na vida dos indivíduos.

Do ponto de vista do empregador, como autor da carta ou do registro doméstico, a primeira hipótese não incide no processo do trabalho, salvo exceções circunstanciais, porque, em geral, ele possui débito, e não crédito, perante o empregado; a segunda incide em termos, na medida em que, para o empregado tornar-se credor do seu empregador, não há necessidade de que exista um *título* formal, cuja falta seria suprida pela anotação feita por este em carta ou em outro assento doméstico; a terceira, porém, pode ser admitida com maior amplitude no processo especializado, pois concerne unicamente à cognição de fatos, pelo empregador.

Tendo-se como autor do registro o empregado, nada impede que se acolha, nesse processo, a primeira hipótese, uma vez que tal anotação poderá, efetivamente, demonstrar que o crédito do empregado foi, parcial ou totalmente, satisfeito pelo empregador, conquanto se deva ter extrema cautela na aplicação dessa norma processual civil, a fim de que certos princípios tuitivos do trabalhador não restem desrespeitados. A segunda dificilmente incidirá e a terceira o fará sem restrições desde que, à evidência, não haja dúvida quanto à autoria desses registros, não tenham sido obtidos por meio de dolo, coação ou outros vícios da manifestação de vontade, bem assim que não sejam falsos os documentos que contêm essas anotações.

A nota escrita pelo credor em parte do documento

Pode ocorrer, digamos, de o empregado efetuar, à margem, ao pé, no verso ou em qualquer outro lugar de um recibo de salário, emitido pelo empregador, uma declaração de haver recebido parte do valor expresso no documento. Trata-se da chamada *menção liberatória* (no caso, parcial) a que se referiu Carvalho Santos (ob. cit., p. 244). Não se justifica, no caso, que a declaração seja concernente ao recebimento *integral* daquele crédito, pois, se isso tivesse ocorrido, o recibo salarial deveria estar *assinado* pelo empregado (CLT, art. 464).

A declaração de recebimento parcial do crédito, todavia, para que se revista de eficácia liberatória do valor a que alude, deverá, necessariamente, conter, nessa parte, a assinatura do empregado. Não se aplica no processo do trabalho, por isso, o disposto no art. 416, *caput*, do CPC, a poder do qual a anotação feita pelo credor, em qualquer parte do documento representativo da obrigação, *ainda que não assinada,* faz prova do benefício do devedor. O legislador processual civil, ao assim estabelecer, pressupôs (e não se há negar que andou certo) a igualdade formal das partes; no plano material do Direito do Trabalho, contrariamente, o que há é uma nítida desigualdade real do empregado em relação ao empregador, conforme dissemos em capítulos pretéritos; logo, nem tudo o que pertence ao processo civil convém ao do trabalho.

Considerando que o empregado, em geral, não conserva em seu poder o documento representativo da obrigação do empregador (quando muito, uma cópia desse), não vemos como possa incidir no processo do trabalho o parágrafo único do art. 416 do CPC, na parte em que faz referência ao fato de que a regra da menção liberatória, prevista em seu *caput,* também se aplica no caso de "o credor conservar em seu poder" o mencionado documento. Conservar legitimamente em seu poder, acrescente-se, pois poderia acontecer de o credor apossar-se, de maneira indevida, do documento. Não reconhecendo como de sua autoria a *nota* escrita no documento, pode a parte provocar o incidente de falsidade com o objetivo de demonstrar a veracidade dessa alegação oposta (CPC, art. 390).

Telegrama, radiograma e outros meios de transmissão

O telegrama, o radiograma ou qualquer outro meio de transmissão tem a mesma eficácia probante do documento particular, bastando, para tanto, que o original, que permanece na estação expedidora, tenha sido assinado pelo remetente (CPC, art. 413, *caput*).

É correta a observação de Carvalho Santos (ob. cit., *ibidem*) de que o telegrama constitui, na verdade, cópia da tradução da mensagem, feita pela estação receptora, ou seja, não é cópia do original, assinado pelo remetente e que fica em poder da expedidora.

A assinatura do remetente poderá ser reconhecida por tabelião, sendo que se declarará esse fato no original depositado na estação expedidora (CPC, art. 413, parágrafo único).

Considerando, portanto, que o telegrama juntado aos autos é sempre *cópia* do *original,* a sua autenticidade, no caso de haver dúvida quanto ao exato teor da mensagem, ou da comunicação, ficará condicionada à conferência com o referido original. Enfim, sempre que ocorrer qualquer dúvida em relação a essa cópia, a providência será exigível à parte a quem aproveite o fato, a notícia, o comunicado, etc., contido no telegrama.

Ao radiograma e aos demais meios de transmissão se aplica, *mutatis mutandis,* o que se disse quanto ao telegrama.

Convém ressaltar, aliás, que o CPC, em seu art. 414, presume que o telegrama e o radiograma estão conformes com os respectivos originais, razão por que fazem prova sobre a data da expedição e do recebimento pelo destinatário. A presunção é relativa e se refere, exclusivamente, às datas de expedição e de recepção; sendo assim, essa *praesumptio legis* não se dirige ao *conteúdo* do telegrama (cópia), cuja veracidade, como afirmamos, dependerá, havendo dúvida a respeito, de confrontação com o original.

O *e-mail* impresso como meio de prova judicial

A *mensagem eletrônica* é o gênero, do qual o *e-mail* constitui uma das espécies; há, entretanto, outros *softwares*, como o *Skype*, as redes sociais, o *Twiter*, etc.

Interessa-nos, para efeito de nossa investigação, apenas o *e-mail* (correio eletrônico) como instrumento que possibilita produzir, receber e enviar mensagem por meio de sistemas eletrônicos de comunicação. Normalmente, o vocábulo *e-mail* (*mail*, em inglês, significa *correio*) está vinculado aos sistemas que fazem uso da *Internet* (rede mundial de computadores), baseado no protocolo SMTP, embora também possa ser aplicado à *Intranet*, sistema que possibilita a comunicação eletrônica dentro de uma mesma empresa ou de órgãos governamentais, mediante a adoção de protocolo.

Muito se discutiu, nos domínios da doutrina e da jurisprudência de nosso país, sobre a validade do *e-mail* como meio de prova judicial, pois os textos legais, então vigentes, nada dispunham a respeito do assunto. O que havia — e ainda há — é a norma do art. 369 do CPC, estabelecendo que:

> "As partes têm o direito de empregar todos os meios legais, bem como os moralmente legítimos, *ainda que não especificados neste Código*, para provar a verdade dos fatos, em que se funda o pedido ou a defesa e influir eficazmente na convicção do juiz" (ressaltamos).

Essa declaração do art. 369 do estatuto processual civil, todavia, por ser extremamente genérica, era insuficiente para dirimir as dúvidas específicas que tomavam de assalto o espírito dos juristas quando tinham como objeto de estudo o *e-mail* impresso.

A situação passou a desanuviar-se com o advento da Lei n. 11.419, de 19 de dezembro de 2006, que, entre outras modificações, acrescentou o inciso V ao art. 365, do CPC de 1973, com a seguinte redação:

> "Art. 365. Fazem a mesma prova que os originais:
>
> I – (...)

V – os extratos digitais de bancos de dados, públicos e privados, desde que atestado pelo seu emitente, sob as penas da lei, que as informações conferem com o que consta na origem" (destacamos).

O *e-mail* impresso — ou, melhor, a mensagem eletrônica impressa — constitui extrato digital do banco de dados; logo, passou a ser abrangido pelo preceito legal mencionado.

Posteriormente, tramitou na Câmara dos Deputados o Projeto de Lei n. 170/2008, de autoria da Deputada Sandra Rosado, que introduziria no CPC de 1973 o art. 375-A, com esta redação:

> "Art. 375-A. O e-mail transmitido pela rede mundial de computadores internet goza de presunção de veracidade quanto ao emitente e às suas declarações unilaterais de vontade, desde que certificado digitalmente nos moldes da Infra-Estrutura de Chaves Públicas Brasileira — ICP — Brasil".

Durante a tramitação do Projeto no Senado, o Senador Flexa Ribeiro, Presidente da Comissão de Ciência, Tecnologia, Inovação, Comunicação e Informática, chegou a sugerir, com acerto, a substituição da expressão "e-mail" por "mensagem eletrônica". O Projeto, entretanto, acabou recebendo, em 5-8-2009, parecer desfavorável (n. 1.446/2009) do Senador Demóstenes Torres, Relator *ad hoc* e Presidente da Comissão de Constituição, Justiça e Cidadania, vindo, em decorrência disso, a ser definitivamente arquivado em 1.º-10-2009.

O argumento utilizado por esse Relator foi de que a autorização do uso de mensagem eletrônica no processo, como meio de comunicação, dada pela Lei n. 11.419/2006,

> "esvazia o objeto do PLC n.170, de 2008, que deixa de cumprir o requisito da juridicidade relativo ao poder de *inovar* o ordenamento jurídico" (destaque no original).

Permaneceu, portanto, apenas o inciso V do art. 365 do CPC de 1973 a reger a matéria.

O CPC de 2015 reproduziu essa disposição no art. 425, V.

O conceito processual de *documento* pressupõe a existência de *assinatura* nele lançada (CPC, arts. 408, *caput*, 411, I, 409, III, 410, I e II, 413, 428, entre outros). Sob o aspecto de sua *validade formal, e da* consequente *eficácia probante*, portanto, o *e-mail* impresso não pode ser considerado documento, porquanto, usualmente, não contém assinatura do emitente. Visto, porém, sob o aspecto de sua *materialidade*, pode-se aceitar essa modalidade de mensagem eletrônica como documento, por traduzir a existência de um fato ou de uma declaração de vontade — que pode ser verdadeira ou falsa. A sua eficácia, como meio de prova, depende da *atestação* do emitente, a que se refere o art. 425, inciso V, do CPC.

A propósito, o *e-mail* impresso, como os documentos em geral, pode ser objeto do incidente de arguição de falsidade *material,* disciplinado pelos arts. 430 a 433, do CPC, que, inevitavelmente, culminará em exame pericial, exceto se a parte que juntou o *e-mail* decidir retirá-lo dos autos e a isso não se opuser o adversário. É necessário observar que o *e-mail* pode — e tem sido — falsificado. Os denominados *hackers,* por exemplo, usando o sistema operacional Linux, conseguem, por meio de um recurso conhecido como *Telnet,* enviar comandos *ghost* e remeter um *e-mail* falso ao destinatário.

A falsidade *ideológica*, por sua vez, poderá ser demonstrada por todos os meios de prova previstos em lei, como o testemunhal.

Nos termos do inciso V do art. 425, do CPC, para que o *e-mail* impresso possa ser admitido como prova documental em juízo é indispensável que o seu emitente — que mantém o banco de dados do qual foi extraído o extrato digital — ateste, sob pena de responsabilidade civil e criminal, que o teor da mensagem eletrônica confere com o original. Diga, enfim, de sua autenticidade. Sem essa atestação, o *e-mail* fica destituído de eficácia probatória, conquanto possa ser utilizado em caráter indiciário, com vistas à produção de provas por outros meios legais, tendo como objeto o fato a que ele se refere.

A exigência legal de que o emitente da mensagem eletrônica ateste a sua conformidade com o original armazenado no banco de dados não significa, por si só, que a mensagem original seja verdadeira. Uma coisa é a autenticidade do extrato; outra, a veracidade da mensagem nele estampada. Um documento pode ser formalmente verdadeiro, mas o seu conteúdo ser falso. Como fundamento analógico desta afirmação, podemos referir o parágrafo único do art. 408, do CPC, conforme o qual quando o documento particular contiver declaração de ciência de determinado fato, ele prova a declaração, mas não a veracidade do fato declarado, cujo ônus da prova incumbirá ao interessado.

Pode ocorrer, digamos, de determinada pessoa, que está redigindo uma mensagem eletrônica, ter de afastar-se do computador (ou de um *tablet* ou de um telefone celular) para atender a uma situação imprevista e, nesse ínterim, alguém alterar a mensagem e a enviar; para o destinatário, a mensagem é verdadeira, pois foi remetida de um computador cuja senha de acesso somente era conhecida pelo titular da conta.

A possibilidade de a mensagem eletrônica original ser alterada é enorme, se considerarmos, especialmente, o fato de que ela pode até mesmo ser resgatada virtualmente, sendo seus dados interceptados por terceiros. Sistemas como o *Data Dilling* e o *Cavalo de Troia* soem ser utilizados pelos *hackers* para a apropriação de dados e programas existentes nos computadores; para sabotar informações, remetendo-as em no lugar do verdadeiro usuário; para ou fazer uso dessas informações em benefício próprio; para quebrar o sigilo dessas informações, etc.

Enfim, pouco importa o meio por qual a mensagem eletrônica é capturada ou fraudada e com que finalidade isso é feito. O fato concreto é que o tráfego de informações na rede mundial de computadores não é tão seguro quanto se possa imaginar. A vulnerabilidade dessas informações não pode ser ignorada pelos magistrados. Dan Brown, em seu livro "Fortaleza Digital" (*Digital Fortress*) nos propicia uma nítida visão dessa possibilidade de captura e de adulteração de dados armazenados em bancos eletrônicos.

Parece-nos que o *e-mail* correria menores riscos de falsificação — e, com isso, se tornaria mais confiável ou aceitável como prova judicial — se fosse exigida para a sua validade a certificação digital nos moldes da Infra-Estrutura de Chaves Públicas Brasileira — ICP — Brasil", taL como era previsto no PLC n. 170/2008, a que aludimos em linhas anteriores. Em todo o caso, não ignoramos o risco de a mensagem eletrônica ser capturada, decodificada, lida e adulterada diante da possibilidade de quebra de algoritmos de criptografia e de invasão de *sites* e de servidores.

As mensagens eletrônicas, como é evidente, também estão submetidas à regra imperativa do inciso LVI do art. 5.º, da Constituição Federal, por força da qual: "são inadmissíveis, no processo, as provas obtidas por meios ilícitos".

Até aqui, estivemos a cogitar do *e-mail* impresso e juntado aos autos do processo. Pode ocorrer, todavia, de a parte alegar a existência de *e-mail:*

a) impresso, não juntado aos autos, que se encontra em poder do adversário ou de terceiro, tendo sido apagado no servidor;

b) não impresso e, além disso, apagado no computador ou no servidor do adversário ou de terceiro.

No primeiro caso, caberá à parte interessada requerer ao juiz a exibição do *e-mail* impresso — e sua juntada aos autos. A exibição poderá ser realizada em caráter *preparatório,* ou *incidental,* vale dizer, no curso da lide (CPC, arts. 396 a 404).

No segundo, como o *e-mail* não foi impresso e foi apagado do computador ou do servidor, haverá necessidade de exame pericial, por *expert* habilitado, que tentará recuperar os dados, se houver condições técnicas para isso.

Em ambos os casos, ao formular o pedido o interessado deverá, entre outras coisas, indicar:

a) a finalidade da prova e o fato que se relaciona com o *e-mail*;

b) as circunstâncias em que se baseia para afirmar que o *e-mail* existe e se encontra em poder da parte contrária ou de terceiro, no computador ou no provedor deles (CPC, art. 397, II e III, respectivamente).

Os livros comerciais e a escrituração contábil

A afirmação da lei processual é de que os livros comerciais provam contra o seu autor (CPC, art. 417), vale dizer, contra o comerciante. Esse princípio, que se inscreveu no CPC, reflete a disposição constante do art. 23, n. 1, do Código Comercial, segundo a qual os livros que os comerciantes são obrigados a possuir, indispensavelmente, desde que estejam sem vícios ou defeitos, fazem prova plena "Contra as pessoas que deles forem proprietárias, originariamente ou por sucessão".

De tal sorte, a conjugação de ambos os dispositivos legais autoriza a dizer-se que os livros comerciais provam não apenas contra o comerciante, mas também contra o seu sucessor, pois um e outro são seus proprietários. Pouco importa, para isso, que os livros estejam irregulares; a regularidade é requisito exigível somente no caso de o comerciante pretender que os assentamentos provem *em seu favor.*

Ao comerciante, entretanto, se assegura o direito de demonstrar, por todos os meios permitidos em direito, que os lançamentos efetuados em seus livros não correspondem à verdade, porque se originaram, *e. g.*, de erro de fato ou de dolo; fundamentará a sua pretensão, no primeiro caso, o art. 138 do Código Civil, e, no segundo, o art. 145 do mesmo Diploma Legal.

A regra de que os livros comerciais que satisfaçam aos requisitos legais para a sua validade provam igualmente em prol do seu autor no litígio entre comerciantes (CPC, art. 418) é inaplicável ao processo do trabalho, no qual o conflito de interesses é entre empregado e empregador ou entre pessoas vinculadas a uma relação de trabalho. Logo, ali inexiste litígio *entre comerciantes* (ou empregadores).

Não admite a lei a *divisibilidade* da escrituração contábil; desse modo, se dos fatos que resultam os lançamentos uns forem favoráveis ao interesse do seu autor e outros, desfavoráveis, ambos deverão ser considerados como uma unidade conjunta (CPC, art. 419). Isso significa, nas palavras de Carvalho de Mendonça (ob. cit., 6 v., n. 187), que não se pode fracionar a declaração contida na escrituração, aceitando-se a parte favorável e repelindo-se a desfavorável. É curial que esse princípio da indivisibilidade da escrituração não atuará se os lançamentos se referirem a fatos diversos, que não se inter-relacionam, pois estará ausente, na espécie, o pressuposto lógico que anima o princípio.

Exibição de livros comerciais e de documentos do arquivo

O juiz pode ordenar a exibição dos livros comerciais e dos documentos do arquivo (CPC, arts. 420 e 421), cujo poder já conferia, implicitamente a CLT (art. 765), aos Juízes do Trabalho.

A exibição será integral (art. 420) ou parcial (art. 421); no primeiro caso, dependerá de requerimento do litigante interessado; no segundo, poderá ser determinada de ofício pelo juiz.

A distinção, contudo, não se exaure nisso. Enquanto a exibição integral só pode ser determinada (a) na liquidação de sociedade; (b) na sucessão por morte de sócio e (c) quando e como determinar a lei, a parcial pode ser ordenada em qualquer processo, desde que seja necessária para a comprovação de certos fatos. Por isso, dos livros e documentos extrair-se-á um resumo e reproduções autenticadas que interessem ao litígio (CPC, art. 421).

Tem-se, assim, que a exibição não deverá ser determinada se os lançamentos não concernirem aos fatos controvertidos na ação. Reservar-se-á ao prudente arbítrio do juiz, mais uma vez, a verificação quanto à utilidade que essa exibição possa trazer para o processo, sendo que, no processo do trabalho, do despacho denegatório não se poderá interpor qualquer recurso, devendo a parte interessada ferir a questão em grau de recurso ordinário, interposto da sentença de fundo.

As reproduções mecânicas

As fotografias, as películas cinematográficas, as fonográficas, etc., como reproduções mecânicas de fatos e coisas, têm prestado bons serviços ao processo judiciário; a força probante dessas reproduções, contudo, está condicionada a que a parte contra quem foram produzidas aceite a sua conformidade com fatos e coisas representados (CPC, art. 422, *caput*). Essa aceitação poderá ser até mesmo tácita; dessa maneira, *e. g.*, juntada aos autos uma fotografia, que é a reprodução mecânica mais comum, a ausência de manifestação da parte contrária, que para tanto havia sido especialmente intimada, implica admissão desse documento.

Não ignorou o legislador, todavia, a possibilidade de essas reproduções se prestarem a fraudes, a adulterações, a montagens artificiosas, de tal sorte que acabam representando fatos ou coisas diversos do real; por isso, ensejou que a parte contra quem foram produzidas impugne quando for o caso. Impugnada que seja, o juiz determinará a realização de exame pericial (CPC, art. 383, parágrafo único).

Entendemos que a conformidade da reprodução mecânica com os fatos ou objetos representados, a que se refere a lei, não basta, isoladamente, para a sua admissibilidade em juízo: há necessidade, acima de tudo, que se verifique se a sua *formação* não ofendeu ao disposto no art. 369 do CPC. Importa em dizer, devem ser sempre exigidos os requisitos da legalidade e da moralidade em sua constituição. "Legalidade, para não desrespeitarmos direitos subjetivos invioláveis. Moralidade, para não atentarmos contra a sensibilidade e o respeito à pessoa humana" (AGUIAR, Pestana de, ob. cit., p. 238). A providência envolve medida destinada a salvaguardar os denominados "direitos de personalidade" do indivíduo. Disso decorre que, impugnada a autenticidade ou a reprodução mecânica, deverá o juiz, antes de determinar a realização da prova pericial, sindicar se ela foi obtida com o conhecimento da parte contra a qual está sendo utilizada, se esse fato houver sido alegado, também. Caso reste comprovado que a fotografia, a película cinematográfica, a fonográfica e outras espécies de reprodução foram produzidas sub-repticiamente, deverá o magistrado mandar que sejam desentranhadas dos autos, prescindindo, assim, de exame pericial para apurar a autenticidade, sem receio de ofensa ao disposto no parágrafo único do art. 383 do CPC.

Se, na hipótese, a parte contra quem o documento foi produzido não afirmar insciência quanto à sua formação, é evidente que a realização da prova pericial será exigível, vez que houve impugnação da autenticidade da reprodução mecânica.

Cópias de documentos particulares

Estabelece, por outro lado, o art. 423 do CPC que "As reproduções dos documentos particulares, fotográficas ou obtidas por outros processos de repetição, valem como certidões sempre que o escrivão ou o chefe de secretaria certificar a sua conformidade com o original".

Indubitavelmente, a norma do art. 423 guarda nítida correlação com a do art. 425, III, do mesmo Diploma Processual, que trata do valor probante das reproduções de documentos *públicos*.

Assim como Pestana de Aguiar (ob. cit., p. 243), acreditamos que o art. 423 se refere às reproduções de documentos particulares *constantes de outros autos processuais, razão* por que valerão como certidões sempre que o escrivão (ou o diretor da Secretaria) portar por fé a sua conformidade com o original.

Ainda, porém, que a repetição fotográfica, ou a obtida por outros meios, não tenha sido autenticada pelo escrivão, terá a mesma eficácia probatória que o original se a parte contra quem foi produzida não a impugnar no prazo de lei (CPC, art. 432).

Já o art. 424 do CPC contempla a hipótese de a cópia ser extraída de documento particular *não integrante de quaisquer autos processuais.* Eis a diferença em relação ao artigo antecedente (423).

A teor do art. 424, a cópia de documento particular terá a mesma força provativa do original; havendo impugnação, o escrivão intimará as partes e, na presença delas, efetuará a conferência entre a cópia e o original e certificará a conformidade ou desconformidade que daí apurar. A ausência das partes, todavia, desde que tenham sido intimadas, não impossibilita a conferição se, acaso, a cópia e o original estiverem em poder do oficial público.

Se a fotografia tiver sido publicada em um jornal (cujo recorte se juntou aos autos), será obrigatória a entrega do original e do correspondente negativo (art. 422, § 2.º).

Na esfera do processo do trabalho, a regra do art. 424, *caput*, do CPC, não tem aplicação, pois a CLT contém norma específica a respeito do tema (art. 830). Aplicam-se, todavia, os §§ 2.º e 3.º, do art. 422.

Documento contendo entrelinha, emenda, borrão ou cancelamento

Quando o documento contiver, em ponto substancial, e sem ressalva, entrelinha, emenda, borrão, cancelamento ou qualquer outro vício extrínseco, o juiz apreciará livremente a fé que deva merecer (CPC, art. 426). Eis aqui, mais uma vez enfatizado, o princípio da persuasão racional do julgador, adotado pelo CPC vigente e, por extensão, pelo direito processual do trabalho.

Pontos substanciais, para Câmara Leal (*Código do Processo Civil e Comercial do Estado de São Paulo.* 2. vol., p. 85, *apud* Moacyr Amaral Santos, ob. cit., p. 223), são "todos os tópicos de um escrito que contém matéria que, por sua natureza e importância, pode produzir efeitos jurídicos capazes de modificar a espécie, modalidade, eficácia ou consequência dos direitos ou das obrigações dele decorrentes".

Entrelinhas são inserções de palavras, números ou outros sinais gráficos entre duas linhas de redação; *emendas* constituem alterações que se fazem nas palavras, com o objetivo, geralmente, de ampliá-las para completá-las; *borrões* são manchas (de tinta ou outro elemento) capazes de tornar ilegíveis as palavras onde foram feitos; *cancelamentos* são as supressões, as raspagens ou riscaduras de letras, palavras, números, etc.

A doutrina é unânime ao afirmar que a enumeração legal desses vícios extrínsecos do documento não é taxativa.

Sempre, pois, que houver no texto entrelinhas ou emendas, borrões, cancelamentos, etc., deverão as partes ressalvá-los expressamente, de preferência no lugar onde foram feitos. Nada obsta, porém, a que a ressalva seja efetuada em lugar diverso, desde que no próprio documento.

Inexistindo a ressalva, o juiz terá ampla liberdade na apreciação da credibilidade que deva merecer o documento.

Particularmente, no caso de rasura (cancelamento, na linguagem legal), a sua configuração deve ser manifesta para que o juiz então atribua ao documento a fé que mereça; se houver dúvida quanto à existência de rasura, o bom-senso recomenda que se determine a realização de exame pericial.

No caso de os vícios incidirem em pontos não substanciais do documento, este manterá inalterada a eficácia que, como meio de prova, lhe confere a lei.

Cessação da fé quanto ao documento público ou particular

Tanto em relação ao documento público quanto ao particular cessará a sua fé ao ser declarada, judicialmente, a falsidade (CPC, art. 427, *caput*), que consistirá em (a) formar documento não verdadeiro; (b) alterar documento verdadeiro.

Doutrinariamente, "a falsidade consiste na alteração da verdade, consciente ou inconscientemente praticada, em detrimento do direito alheio" (Bonumâ).

Haverá falsidade *material* quando se elaborar ou utilizar documento falso ou adulterar, suprimir ou ocultar documento verdadeiro; a falsidade *ideológica* se relaciona ao conteúdo do documento; por isso, também é designada de *intelectual.*

A *falsidade,* para os efeitos do art. 427 do CPC, consistirá em (a) *formar documento não verdadeiro,* pouco importando que a inverdade se refira ao documento em si (falsidade material) ou ao seu conteúdo intelectual (falsidade ideológica) e (b) *alterar documento verdadeiro,* ou seja, adulterá-lo mediante entrelinha, emenda, borrão, cancelamento, etc. (CPC, art. 426).

A declaração judicial da falsidade do documento, que faz cessar a sua fé, será examinada em item específico, mais adiante.

Cessação da fé quanto ao documento particular

Dispõe o art. 428 do CPC, especificamente, sobre a cessão da fé quanto a documento particular; isto ocorrerá quando (a) lhe for impugnada a autenticidade e enquanto não se lhe comprovar a veracidade; (b) assinado em branco, for impugnado seu conteúdo por preenchimento abusivo.

A contestação da assinatura aposta em documento particular faz cessar a sua fé, que somente será restabelecida se a parte contrária demonstrar, pelos meios de prova previstos em lei, a autenticidade do autógrafo. Entendemos que essa norma do CPC é aplicável ao processo do trabalho, desde que se tenha em mente o fato de o inc. II do art. 429 do mesmo Diploma estabelecer que, em se tratando de impugnação da autenticidade, o ônus da prova incumbirá "à parte que *produziu* o documento" (destacamos). Nem há como deixar-se de interpretar, conjugadamente, ambos os dispositivos processuais.

Dessa forma, contestando o empregado a assinatura aposta, por exemplo, em recibos salariais, e que se alega ser sua, caberá ao empregador, por ter produzido ditos documentos, o encargo de provar a autenticidade da assinatura; na hipótese, porém, de o empregador não reconhecer como sua a firma constante de anotação feita na CTPS do empregado, ou de recibo de quitação de parcelas contratuais, o *onus probandi* não incumbirá ao trabalhador, como pode fazer crer a leitura insulada do inc. I do art. 428 do CPC, e, sim, ao próprio empregador, porquanto o documento *foi produzido por ele* (CPC, art. 429, II). Para esse efeito, pouco importa se o documento foi produzido, *pessoalmente*, pelo empregador, ou por *determinação deste* a terceiro.

Daí por que havermos afirmado ser aplicável ao processo do trabalho a regra contida no inc. I do art. 428 do CPC.

Também cessará a eficácia (fé) probatória do documento particular quando, tendo sido assinado em branco, for abusivamente preenchido. Segundo o parágrafo único do art. 428 do CPC, haverá abuso quando aquele que recebeu o documento assinado, com texto não escrito no todo ou em parte, o formar ou completar, por si ou por intermédio de outrem, violando o pacto feito com o signatário.

Nesse caso, o ônus da prova é do impugnante, que deverá comprovar, por todos os meios legais, ter sido o documento abusivamente preenchido. No processo do trabalho são frequentes as asseverações dos empregados no sentido de que assinaram em branco os documentos com base nos quais o empregador elaborou a sua contestação à ação. A prática demonstra que constitui tarefa tormentosa, para não dizer impossível, a esses empregados fazer prova do preenchimento abusivo desses documentos, a despeito de poderem dispor de todos os meios previstos em lei. A própria perícia grafodocumentoscópica não alcança o seu objetivo quando o preenchimento abusivo do documento é realizado em data muito próxima à da assinatura, anteriormente lançada.

O ônus da prova a respeito dos documentos

À parte que arguir a falsidade (material ou ideológica) do documento incumbirá o ônus da prova; em se tratando de impugnação da autenticidade, como vimos, o ônus será da parte que produziu o documento (CPC, art. 429, I e II).

Em quaisquer das hipóteses, contudo, poderá o Juiz do Trabalho tomar a iniciativa de determinar a realização do consequente exame pericial, sempre que entender conveniente e esse for o caso.

Temos verificado, com grande frequência, a sentença proferida pela Justiça do Trabalho rejeitar o pedido do empregado por entender que as parcelas postuladas estavam pagas, conforme os recibos juntados aos autos, cujas assinaturas, porém, foram impugnadas pelo trabalhador. Conquanto a CLT possua norma expressa acerca da repartição do encargo da prova entre os litigantes (art. 818), e sem prejuízo de nosso entendimento quanto à necessidade de que essa norma seja, no geral, a única a ser invocada para dirimir questões a esse respeito, acreditamos que o critério estampado no inc. II do art. 429 do CPC deva ser utilizado largamente, pelo processo do trabalho, tendo em vista o fato de que, na quase totalidade dos casos, é o empregador quem, por si ou por seus prepostos, *produz* os documentos nos quais o empregado lança a sua assinatura (recibos salariais, recibos de férias, de quitação na terminação do contrato, etc.). Sendo assim, no exemplo *retro*, impugnada pelo empregado a assinatura constante de documento produzido pelo empregador, a esse último incumbirá o ônus de demonstrar que é verdadeira; não fazendo, o documento se tornará desvalioso, razão por que lhe falecerá qualquer eficácia processual para comprovar o pagamento das quantias nele mencionadas.

Tem-se a impressão, a propósito, de que a regra inserida no citado inc. II do art. 429 do CPC foi feita com inspiração no processo do trabalho, embora essa sensibilidade tenha estado ausente do legislador desse processo especializado.

Requisição de documentos

Poderá o juiz, em qualquer tempo e grau de jurisdição, requisitar às repartições públicas: a) as certidões necessárias à prova das alegações das partes; b) os procedimentos administrativos nas causas em que forem interessados a União, o Estado, o Distrito Federal, o Município ou as respectivas entidades da administração indireta (CPC, art. 438, I e II).

Requisitar, que não é o mesmo que mandar exibir, significa pedir, exigir, solicitar.

A requisição pode ser ordenada de ofício ou a requerimento da parte; nesse último caso, o interessado deverá, em sua petição, mencionar que certidões pretende requisitar ou que peças do procedimento administrativo deseja reproduzir fotograficamente ou por outro meio idôneo.

A expressão "em qualquer tempo e grau de jurisdição", constante do texto legal, deve, necessariamente, ser entendida em conjugação com os arts. 787 da CLT e 434 do CPC, que fixam a *oportunidade* para a produção da prova documental, ressalvada a hipótese do art. 435 deste. Dessa maneira, por exemplo, se a parte poderia ou deveria juntar a certidão à inicial ou à resposta, mas não o faz por negligência ou desinteresse, não se deve atendê-la, mais tarde e inoportunamente, sob a suposição de que o art. 438 do CPC ampara o seu requerimento de requisição. A não ser assim, estar-se-ia subtraindo, temerariamente, o conteúdo disciplinador de que se fazem providos os mencionados arts. 787 da CLT e 434 do CPC, com inevitável reflexo tumultuário no procedimento.

O requerimento de requisição, portanto, só deve ser acolhido se houver impossibilidade de a parte obter o documento (porque a repartição pública, ao arrepio do disposto no art. 5.º, XXXIV, *"b"*, da CF, se nega a fornecê-lo); está havendo demora na sua extração; ou por qualquer outro motivo que não possa ser, legitimamente, imputado à vontade da parte interessada.

O juiz, entretanto, poderá requisitar, *ex officio,* ditas certidões ou autos de procedimento administrativo *a qualquer tempo,* porquanto, não sendo parte na relação processual, fica à margem da preclusão quanto ao direito de ver requisitados esses documentos.

Nos graus superiores da jurisdição também se poderá, com as mesmas cautelas, determinar a requisição mesmo em sessão, hipótese em que o julgamento se converterá em diligência.

Tratando-se de procedimento administrativo requisitado, o juiz, recebidos os autos, mandará extrair, no prazo máximo e improrrogável de 30 dias, certidões ou reproduções fotográficas das peças indicadas pelas partes, ou de ofício. Findo o prazo, os autos serão devolvidos à repartição pública de origem, ainda que as certidões ou reproduções não tenham sido feitas.

Os documentos poderão ser fornecidos pela repartição pública por meio eletrônico, conforme dispuser a lei, caso em que a repartição deverá certificar que se trata de extrato fiel do que consta em seu banco de dados ou documento digitalizado (CPC, art. 438, § 2.º).

Juntados que sejam os autos do processo, às partes se dará vistas pelo prazo (que deve ser sucessivo) de quinze dias, a fim de que, caso queiram, se manifestem.

Da exibição de documento ou coisa

A exibição de documento ou coisa, que provém do Direito Romano (*ad exhibendum e de edendo*), pode ser feita em caráter (a) preparatório ou (b) incidental.

No primeiro caso, trata-se de tutela de urgência cautelar (CPC, art. 301); no segundo, a exibição é ordenada no curso da ação principal, sendo regida pelos arts. 396 a 404 do mesmo Código.

Uma e outra são admissíveis no processo do trabalho, feitas as adequações que serão sugeridas à frente.

A exibição incidental pode ser ordenada pelo juiz, de ofício, ou a requerimento da parte; a cautelar há de ser pedida pelo interessado.

O requerimento, quando formulado por um dos litigantes, deverá conter (a) a individuação, a mais completa possível, do documento ou da coisa que pretende ver exibida em juízo; (b) a finalidade da prova, mediante a indicação dos fatos que se relacionam com o objeto da exibição; (c) as circunstâncias em que se fundamenta o requerente para afirmar que o documento ou a coisa existe e se encontra em poder da parte adversa (CPC, art. 397).

a) A individuação é necessária a fim de que a parte exiba, exatamente, o documento ou a coisa que foi objeto da determinação judicial. Cabe ao requerente, pois, especificar, à minudência, as características do documento ou da coisa, sob pena de possibilitar que a parte contrária exiba, voluntária ou involuntariamente, documento ou coisa diversa do desejado.

b) É imprescindível, também, que o requerente informe ao juiz qual a finalidade da prova, fazendo uma indicação dos fatos que se relacionam com o que pretende que seja exibido, pois isso permitirá ao magistrado apreciar quanto à relação, ou não, desses fatos, com o documento ou a coisa. Ainda que haja esse relacionamento, o pedido poderá ser rejeitado, caso se verifique que os fatos são irrelevantes para a causa, ou impertinentes, ou, ainda, incontroversos. Ademais, não basta que o requerente seja parte; cumpre-lhe demonstrar que possui *interesse* na exibição.

c) Se o requerente diz estar o documento ou a coisa em poder do adversário, é razoável que se exija dele um esclarecimento acerca das razões que o levam a afirmar que o documento ou a coisa existe, bem assim que estão em poder da outra parte. Essa providência ensejará que o juiz, mais tarde, possa melhor apreciar eventual alegação da parte a quem se ordenou a exibição, no sentido de que não possui o documento ou a coisa.

Solicitada a exibição, o requerido deverá apresentar a sua resposta nos cinco dias subsequentes à sua intimação; afirmando que não possui o que lhe foi mandado exibir, o juiz permitirá que o requerente prove, por meios legalmente admissíveis, que a declaração não é verdadeira.

Não será permitida a recusa, se (a) o requerido tiver obrigação legal de exibir; (b) o requerido se referiu ao documento ou à coisa, nos autos do processo, com o intuito de constituir prova; (c) o documento, por seu conteúdo, for comum às partes (CPC, art. 399).

Na hipótese de o requerido não realizar a exibição, nem efetuar quaisquer declarações no prazo legal (cinco dias), ou recusar-se, ilegitimamente, a exibir o que lhe fora ordenado, o juiz, ao decidir o pedido feito pelo requerente, admitirá como verdadeiros os fatos que, mediante o documento ou a coisa, pretendia provar (CPC, art. 400) — salvo, é certo, se as provas produzidas pelo requerido desautorizarem essa presunção.

Entendemos que a referida presunção de veracidade não se circunscreve à hipótese de a exibição haver sido determinada em caráter incidental, sendo perfeitamente admissível que se estabeleça, também, no caso de haver sido solicitada como medida preparatória, ou seja, cautelar.

Nada obstante, seguimos entendendo que uma tal presunção não será possível no caso de a exibição — mesmo que incidental — haver sido ordenada a *terceiro,* observadas as considerações que serão a seguir efetuadas.

Estando o documento ou a coisa em poder de *terceiro,* este será citado para responder no prazo de quinze dias (CPC, art. 401); caso negue a obrigação de exibir, ou a posse do que lhe foi determinado exibir, o juiz designará a realização de audiência, especialmente destinada ao seu interrogatório e ao das partes, e, se houver necessidade, à inquirição de testemunhas, proferindo sentença em seguida (CPC, art. 402).

Se o terceiro, sem justo motivo, se negar a proceder à exibição, o juiz determinará que efetue o correspondente depósito na Secretaria da Vara ou em outro lugar designado, no prazo de cinco dias. É inaplicável ao processo do trabalho, todavia, a disposição constante do art. 403 do CPC, segundo a qual o requerente ressarcirá o terceiro das despesas que tiver em virtude da exibição ordenada.

Descumprindo o terceiro a ordem judicial de exibir, o juiz expedirá mandado de apreensão, requisitando, se for necessário, força policial, sem prejuízo da responsabilidade por crime de desobediência, pagamento de multa e outras medidas indutivas, coercitivas, mandamentais ou sub-rogatórias necessárias para assegurar a efetividade da decisão (CPC, art. 403 e Cód. Penal, art. 330).

Quer nos parecer que, no processo do trabalho, as suas peculiaridades e os seus princípios fundamentais recomendam que o incidente de exibição de documento, quando se referir a terceiro, seja processado *apartadamente,* pois fazê-lo nos autos principais seria possibilitar a instalação de um tumulto do procedimento, com graves repercussões no curso da ação e no sempre presente anseio de rápida entrega da prestação jurisdicional.

O ato judicial que resolve o incidente é, por natureza, uma decisão interlocutória, sendo, por isso, irrecorrível no processo do trabalho, em face do disposto no art. 893, § 1.º, da CLT.

Malgrado a ninguém seja permitido eximir-se do dever de colaborar com o Poder Judiciário para o descobrimento da verdade (CPC, art. 378), a própria lei processual civil prevê algumas exceções a esse dever genérico. Assim, as partes (art. 388) e as testemunhas (art. 448) não são obrigadas a depor sobre determinados fatos, do mesmo modo como os litigantes e os terceiros poderão escusar-se de exibir o documento ou a coisa (CPC, art. 404) se (a) forem concernentes a negócios da própria vida da família; (b) a apresentação puder violar dever de honra; (c) a publicidade do documento acarretar desonra para a parte ou para o terceiro, bem como a seus parentes consanguíneos ou afins até o terceiro grau, ou, ainda, lhes representar perigo de ação penal; (d) a exibição implicar divulgação de fatos, a cujo respeito, por estado ou profissão, devam guardar segredo; (e) subsistirem outros motivos graves que, segundo o prudente arbítrio do juiz, justifiquem a recusa da exibição; f) houver disposição legal que justifique a recusa da exibição.

A previsão legal, contudo, não é taxativa; desse modo, a parte ou o terceiro poderão escusar-se de exibir em juízo o que lhe fora ordenado "se subsistirem outros motivos graves que, segundo o prudente arbítrio do juiz, justifiquem a recusa da exibição" (art. 404, V).

Se as razões da escusa, a que se referem os incs. I a VI do art. 404 do CPC, se referirem apenas a uma parcela do documento, a parte ou o terceiro exibirá a outra em cartório, para dela ser extraída a cópia reprográfica, de tudo sendo lavrado auto circunstanciado.

Observa Moacyr Amaral Santos (ob. cit., p. 160) que o procedimento de exibição desse resumo correrá em segredo de justiça, na forma do disposto no inc. I do art. 189 do CPC, a fim de que passe a constar dos autos, no final, somente o resumo aprovado.

Da arguição de falsidade documental

Admite o CPC, em seu art. 19, II, a *ação declaratória* para que a parte obtenha um pronunciamento jurisdicional a respeito da autenticidade ou falsidade de documento. Nos arts. 430 a 433, porém, trata o Código do *incidente de falsidade* (arguição *incidenter tantum*), que também é ação.

Entende Pestana de Aguiar (ob. cit., p. 258) que somente a falsidade material pode ser objeto da arguição; concordamos com o pensamento do ilustre jurista, pois o art. 430 do CPC, que cogita do incidente, embora não distinga expressamente entre ser material ou *ideológica*[(84)] a falsidade que esteja a eivar o documento, autoriza a conclusão de que apenas a primeira deva ser objetivo desse incidente.

Sucede que a falsidade ideológica (derivante, em geral, de simulação, erro, etc.) pode ser demonstrada pelos meios *ordinários* de prova, inclusive o testemunhal, razão por que o incidente a que se refere o art. 430 do CPC se revela, a nosso ver, inadequado a essa finalidade.

O CPC de 1939 previa a arguição de falsidade em um só momento: *após* o encerramento da instrução (art. 717). O texto de 1973, todavia, dispôs, em melhor técnica, que o incidente tem lugar em qualquer tempo ou grau de jurisdição (art. 390). O CPC de 2015, em rigor, não nega essa possibilidade, como se verifica da leitura do art. 430, *caput*. Sendo assim, na Justiça do Trabalho ele poderá ser suscitado em qualquer dos três graus da jurisdição, sem prejuízo de vir a sê-lo, igualmente, perante o Colendo STF. Admitamos, por exemplo, que o recorrente de sentença prolatada pela Vara do Trabalho junte às suas razões de recurso ordinário, com fundamento na Súmula n. 8 do TST, determinado documento com o qual vise a elidir a sua revelia (Súmula n. 122 do TST): o recorrido será, então, intimado para oferecer contrarrazões, podendo, nessa oportunidade, arguir a falsidade do documento, que será processada perante o órgão *ad quem*. É aconselhável que essa arguição seja feita por petição autônoma, pois o seu prazo não coincide com o fixado para a interposição dessa espécie de recurso: enquanto este é de oito dias (CLT, art. 895, *a* e *b*), aquele é de quinze (CPC, art. 1.009).

Tem legitimidade para propor a *ação incidente* a parte contra quem se produziu o documento. Se o documento foi juntado à inicial, deverá o interessado suscitar o incidente na contestação; se a junção ocorreu após os articulados, a parte deverá suscitá-lo no prazo de quinze dias, contados da intimação da sua juntada aos autos. O prazo é preclusivo; logo, excedidos os quinze dias sem que o interessado provoque o incidente, o seu direito estará colhido pela preclusão temporal. Por igual se diga quando ela deixar passar em branco a oportunidade da contestação, se esse for o caso.

Estatui, contudo, o art. 437, § 1.º, do CPC, que quando uma das partes requerer a junção de documentos aos autos, a outra será intimada para pronunciar-se, a respeito, no prazo de *quinze* dias.

O não oferecimento, pelo juiz, dessa *oportunidade* à parte resultará, inevitavelmente, em nulidade processual, a partir desse momento, salvo, é

---

(84) Segundo a expressão da lei (Cód. Penal, art. 299, *caput*), o crime de falsidade ideológica consiste em "Omitir, em documento público ou particular, declaração, que dele deveria constar, ou nele inserir ou fazer inserir declaração falsa ou diversa da que devia ser escrita, com o fim de prejudicar direito, criar obrigação ou alterar a verdade sobre fato juridicamente relevante".

certo, se a sentença vier a ser favorável ao litigante a quem se deixou de abrir o prazo correspondente, pois, reitere-se, inexiste nulidade sem prejuízo (CLT, art. 794).

Provocado o incidente, a parte que produziu o documento será intimada a responder no prazo de quinze dias, findo o qual o juiz determinará a realização do exame pericial (CPC, art. 432). O Código, no entanto, deixou de mencionar quais os efeitos processuais para a parte que deixar de responder, injustificadamente, no prazo legal, acerca da arguição de falsidade; tratando-se, como afirmamos, de falsidade *material,* não vemos como se possa deixar de fazer incidir o comando do art. 432 do CPC, que ordena a realização do exame pericial. É com vistas a essa particularidade que se deve interpretar o citado dispositivo legal.

O CPC de 1973 estabelecia, no parágrafo único do art. 392, as condições para que não fosse realizado o exame pericial: a) se a parte que havia produzido e juntado o documento aos autos concordasse em retirá-lo; e b) o adversário não se opusesse a isso. Na altura, criticamos o uso do verbo concordar, utilizado pelo legislador, pois fazia pressupor que tivesse havido uma proposição de alguém, dirigida à parte que havia juntado o documento, para que o desentranhasse dos autos.

Pois bem. O CPC de 2015, no parágrafo único do art. 432, condicionou a não realização da perícia a um único requisito: que a parte que produziu o documento concorde em retirá-lo. Doravante, portanto, em termos práticos, bastará que a parte resolva desentranhar o documento, para que a sua vontade tenha eficácia, vale dizer, produza os efeitos processuais desejados. Já não se exige a concordância da parte contrária. A alteração legislativa foi lamentável, por subtrair da parte contrária e do próprio magistrado a definição técnica sobre ser falso, ou autêntico, o documento trazido aos autos. Do magistrado subtraiu, ainda, a possibilidade de comunicar ao Ministério Público a eventual prática de crime, para a adoção das medidas legais. Em suma, com a retirada do documento o incidente de falsidade ficará prejudicado — para alívio de quem o tenha juntado.

Se o incidente de falsidade houver sido suscitado *depois* do encerramento da instrução, correrá em apenso aos autos principais (CPC, art. 393); nos tribunais será processado perante o relator (*ibidem*).

Sempre reputamos incompatível com o processo do trabalho a determinação contida no art. 394 do CPC de 1973, por força da qual tão logo o incidente de falsidade fosse suscitado o juiz *suspenderia* o processo principal. O princípio da *celeridade* repelia, veementemente, que o procedimento fosse sobrestado em face desse incidente. Dessa forma, somente em casos *excepcionais* se deveria ordenar a suspensão do processo principal, como, *v. g.*, quando a arguição se referisse a documento que abrangesse a satisfação de todas as parcelas que estariam sendo postuladas pelo empregado.

O CPC de 2015 não reproduziu essa regra.

A decisão que resolver o incidente declarará a falsidade ou a autenticidade do documento.

A falsificação de documento, público ou particular, constitui crime contra a fé pública (Cód. Penal, arts. 297, 298 e 299, respectivamente, conjugados com o art. 304 do mesmo Código). Em face disto, declarada a falsidade do documento, ao Juiz do Trabalho incumbirá remeter ao Ministério Público as peças necessárias ao oferecimento da denúncia.

Essa providência está implicitamente autorizada pelo art. 653, letra *"f"*, da CLT, ao teor do qual compete à Vara do Trabalho "exercer, em geral, no interesse da Justiça do Trabalho, quaisquer outras atribuições que decorram da sua jurisdição".

Em concreto, no processo do trabalho, onde vigora o princípio da simplicidade, o processamento do incidente de falsidade pode ser feito de maneira menos formal ou técnica que a prevista no CPC, malgrado o processo civil e a doutrina correspondente afirmem (com razão, segundo o tratamento que o CPC conferiu à matéria) tratar-se o incidente de falsidade de uma *ação*. No plano do processo do trabalho, em verdade, quando suscitado em primeiro grau de jurisdição, a decisão que nele for proferida tem nítida feição *interlocutória* (CPC, art. 203, § 2.º), motivo por que dela não caberá recurso para o Regional competente, assegurando-se à parte interessada, como dissemos, a possibilidade de discutir o merecimento dessa decisão quando da interposição de recurso da sentença de fundo que compuser a lide (CLT, art. 693, § 1.º)[85].

Documentos eletrônicos

Nos termos do art. 439, do CPC, a utilização de documentos eletrônicos no processo convencional dependerá de duas providências: a) a sua conversão à sua forma impressa; b) a verificação da sua autenticidade, na forma legal. Todavia, há mais providências, como as mencionadas nos arts. 194 e 195,

---

(85) Entendeu porém, a 1.ª Turma do TST, em voto da lavra do ilustre Min. Coqueijo Costa, que: "O incidente de falsidade envolve típica ação declarativa incidental, que sempre foi adotada no sistema brasileiro. A sentença que nele se profere é declaratória, definitiva sobre a questão prejudicial com possível eficácia de coisa julgada material, eis que *incidenter tantum*. Cabe ser arguido o incidente depois da existência da lide e antes do trânsito em julgado da decisão no processo principal. Não é preciso que o prejuízo resultante já se haja produzido, mas basta que se possa produzir no futuro, desde que a decisão ou parte dela dependa do documento que pode ser público ou particular. O conceito de falsidade abrange a falsificação e a falsidade" (Proc. IF 1/73, de 17-12-74, ET-5/75).

do mesmo Código, que dizem respeito a qualquer espécie de ato eletrônico. Além disso, o documento eletrônico deve ter sido produzido de conformidade com o processo de certificação disponibilizado pela ICP-Brasil (Medida Provisória n. 2200-2/01).

Caberá ao juiz apreciar o valor probante do documento eletrônico não convertido à forma impressa, assegurando, contudo, às partes o acesso ao teor do documento (CPC, art. 440). Nesse mister, o juiz poderá, desde considerar o documento como mero indício, até retirar-lhe qualquer eficácia probatória. A sua decisão deverá ser fundamentada.

Para que os documentos eletrônicos sejam admitidos em juízo, devem ser produzidos e conservados mediante observância da legislação específica (CPC, art. 441).

Documentos típicos das relações trabalhistas

Dentre os diversos documentos que são produzidos em decorrência das relações materiais entre o empregado e o empregador, destacamos, por sua importância para o estudo da matéria de que cuida esta obra, (a) a Carteira de Trabalho e (b) os recibos de quitação, relativos às parcelas pagas durante a vigência do contrato, ou em virtude da terminação deste (por revogação, resolução, resilição, rescisão, força maior, *factum principis* e o mais).

a) Carteira de Trabalho e Previdência Social — CTPS

Estabelece o art. 40 da CLT que as Carteiras de Trabalho, regularmente emitidas e anotadas, servirão de prova nos atos em que sejam exigidas carteiras de identidade e especialmente (I) nas ações entre empregados e empregadores (a referência à Justiça do Trabalho, constante do texto legal, é perfeitamente dispensável), por motivo de salários, férias, tempo de serviço e outros mais, embora não previstos no mencionado artigo. As demais hipóteses, a que ele alude, não interessam ao processo do trabalho (II e III).

Nada obstante a CTPS constitua, por excelência, a prova de existência do contrato de trabalho e de suas cláusulas (CLT, art. 456, *caput*), admite a lei que essa prova seja feita "por instrumento escrito e suprida por todos os meios permitidos em direito" (*ibidem*), inclusive mediante testemunhas, uma vez que o contrato individual de trabalho é o acordo *tácito* ou expresso que dá origem (e não "correspondente", *sic*) à relação de emprego.

As anotações exaradas na CTPS, entrementes, têm a seu favor uma presunção relativa (*iuris tantum*) de veracidade, do que decorre a possibilidade de serem elididas via prova oposta. A relatividade desses assentamentos, a propósito, foi proclamada pela Súmula n. 12 do TST. Cumpre advertir, porém, que a orientação estampada nessa Súmula deve ser estendida *em termos,* porquanto é o próprio empregador quem, pessoalmente ou mediante prepostos, efetua as anotações na CTPS do empregado. *Ergo,* se estas são favoráveis ao trabalhador, não se deve admitir uma interpretação elástica da referida Súmula, sob pena de essas anotações somente servirem ao empregador enquanto isso lhe convier. É preciso pôr à frente, em tais casos, a regra de cautela, elevada à categoria de norma processual, segundo a qual "As declarações constantes do documento particular, escrito e assinado, ou somente assinado, presumem-se verdadeiras em relação ao signatário" (CPC, art. 408, *caput*). Documento particular, na hipótese, é o *contrato de trabalho.* É exatamente o princípio de que as anotações apostas em documento particular provam contra quem o produziu, que deve preceder à interpretação da Súmula n. 12. Em sentido contrário, mas pelas mesmas razões, se os assentamentos efetuados pelo empregador forem *desfavoráveis* ao empregado, é absolutamente sensato que se atribua a eles uma presunção de veracidade *relativa,* de modo a propiciar a que o trabalhador prove serem irreais esses registros.

b) Recibos de quitação

b.a) Recibos salariais. Em linguagem translúcida, dispõe o art. 464 da CLT que os salários deverão ser pagos *contra recibos* assinados pelo empregado; se esse for analfabeto, a ausência da assinatura será suprida com a aposição de sua impressão digital no documento. Não sendo isso possível, será feita *a seu rogo.* Embora se saiba que o recibo não seja de substância do ato, mas apenas *ad probationem,* não se deve consentir que a prova do pagamento de salários seja feita por testemunhas.

Deverá o empregador, no recibo, especificar as quantias pagas, não sendo admissível o denominado "salário completivo", que engloba, de maneira indiscriminada, diversas parcelas.

Se esse documento contiver, sem ressalvas, entrelinhas, emendas, rasuras, cancelamento, etc., em parte substancial, ficará à livre apreciação do juiz a fé que deva merecer (CPC, art. 426), ainda que a parte contrária não tenha se pronunciado a respeito.

Temos visto, na prática, alguns empregadores trazerem aos autos, como comprovantes de pagamento de salários, horas extras, adicionais, etc., não *recibos*, mas meros *extratos, fichas* e quejandos (muitas vezes, microfilmados), contendo a especificação das parcelas que teriam sido pagas diretamente ao empregado ou depositadas em conta-corrente aberta em seu nome. Havendo controvérsia sobre tais parcelas, contudo, não há dúvida de que deverá ser recusada força probante a documentos desse tipo, não porque tenham sido produzidos unilateralmente pelo empregador, mas, sim, *em razão de não trazerem a necessária assinatura do empregado,* como exige a lei (CLT, art. 464).

Também não se deve deferir a realização de exame pericial, requerido pelo empregador, para verificar se da sua escrita contábil constam lançamentos relativos a pagamentos de salários. Ora, esses lançamentos, por si sós, nada provam, pois foram realizados por ato exclusivo do empregador; se, contudo, eles foram efetuados com base em *recibos* (assinados pelo empregado), então a prova de pagamento dos salários deve ser feita por intermédio destes e não de perícia contábil, que, iteramos, é meio inadmissível em lei (CLT, art. 464).

b.b) Recibos relativos à terminação do contrato. Exige a lei (CLT, art. 477, § 2.º) que do instrumento de cessação do contrato, qualquer que tenha sido a sua causa ou forma, conste a especificação da natureza de cada parcela paga ao empregado, bem como a discriminação dos respectivos valores, esclarecendo que a quitação terá eficácia apenas em relação a essas parcelas.

Em decorrência da dúvida que se estabeleceu diante da interpretação desse dispositivo, o TST editou a Súmula n. 41 para aclarar que a quitação, no caso, "concerne exclusivamente aos *valores* discriminados no documento respectivo" (sublinhamos). Mais tarde, o TST adotou a Súmula n. 330, cujo teor é o seguinte: "A quitação passada pelo empregado, com assistência de entidade sindical de sua categoria, ao empregador, com observância dos requisitos exigidos nos parágrafos do art. 477 da CLT, tem eficácia liberatória em relação às parcelas expressamente consignadas no recibo, salvo se oposta ressalva expressa e especificada ao valor dado à parcela ou parcelas impugnadas. I – A quitação não abrange parcelas não consignadas no recibo de quitação e, consequentemente, seus reflexos em outras parcelas, ainda que essas constem desse recibo. II – Quanto a direitos que deveriam ter sido satisfeitos durante a vigência do contrato de trabalho, a quitação é válida em relação ao período expressamente consignado no recibo de quitação". Posteriormente, a Súmula n. 41 foi cancelada.

Repita-se que o recibo de quitação atinente à terminação do contrato de trabalho, se o empregado possuir mais de um ano de serviço, somente terá validade quando feito com a assistência da correspondente entidade sindical (e não do Sindicato, como consta, restritiva e injustamente, da lei), ou da autoridade do Ministério do Trabalho (CLT, art. 477, § 1.º); inexistindo na localidade quaisquer desses órgãos, a assistência deverá ser prestada pelo representante do Ministério Público, ou, onde houver, pelo Defensor Público e, na falta desse, pelo Juiz de Paz (§ 3.º).

A inobservância dessas formalidades legais acarretará a nulidade do documento, a menos que o empregado confesse o recebimento das quantias nele expressas.

A oportunidade nos anima a uma breve digressão.

Tendo como fundamento antigo e isolado acórdão do Colendo STF(86), alguns empregadores passaram a alegar, na sua resposta à ação em que figuram como réus, a impossibilidade de a Justiça do Trabalho apreciar pedidos formulados por empregados, no sentido de complementação dos valores recebidos em virtude da terminação do contrato de trabalho, ou mesmo referentes a parcelas que não constaram daquele instrumento, sob o argumento de que, "homologado" na forma do art. 477 e parágrafos da CLT, o ato se tornou *juridicamente perfeito,* estando, em consequência, amparado pelo inc. XXXVI do art. 5.º da Constituição Federal. O objetivo manifesto dessa asseveração é o de fazer com que o órgão judicante rejeite, liminarmente, pretensões tais dos empregados.

Venia permissa, discordamos da decisão do Excelso Pretório por, basicamente, duas razões, sendo uma de *fato* e outra de *direito.* De fato porque, cessada a vigência do contrato de trabalho — principalmente se a *causa* não for imputável ao empregado —, o trabalhador, sem emprego, não tem condições de recusar o recebimento das quantias que foram apuradas *pelo empregador* e que lhe são por este oferecidas, pois isso acarretaria inegáveis transtornos para a sua subsistência física e da própria família, além do que o impossibilitaria de saldar compromissos financeiros que, por certo, teria assumido perante terceiros. De tal sorte, ao trabalhador só resta, então, receber essas importâncias, com o que terá menores dificuldades na luta pela sobrevivência, sem que isso, todavia, deixe de ser-lhe penoso. A quitação que ele outorgar em decorrência desse recebimento surge como mera *circunstância* que interessa ao empregador, que fez o pagamento e disso precisa documentar-se. Em geral, aliás, os termos da quitação já se encontram impressos no recibo.

Dir-se-á, porém, que esse argumento é piedoso, bem como não se aplica no caso de o empregado haver tomado a iniciativa de resilir o contrato, sem justa causa, ou de a cessação haver decorrido de um acordo de vontade das partes. Diga-se, prolepticamente, que, embora essa objeção tenha certa eficácia nesses casos, ela se revela frágil na hipótese que mais atenção requer do legislador, da lei, do intérprete e do próprio juiz, que é a da despedida do empregado *sem justa causa legal.* Aqui se avultam, sobremaneira, os motivos pelos quais ele acaba recebendo o que lhe é ofertado e dá a correspondente quitação.

Há, contudo, uma inafastável razão de direito a repelir a tese de ato jurídico perfeito — cuja expressão soa bem, apenas, ao Direito Comum. Sucede que se ao empregado se paga, na ocasião da ruptura do contrato de trabalho,

---

(86) "Recibo de quitação de rescisão de contrato de trabalho, formalizada de acordo com a lei vigente ao tempo de sua assinatura, configura ato jurídico perfeito, e decisão que o desconsidera fere o disposto no art. 153, § 3.º, da Constituição Federal" (STF, RE-92.721-2/MG — Ac. 2.ª T. 10-3-81, Rel. Min. Djaci Falcão. In: *Revista LTr,* 45-10/1197).

quantias *inferiores* às que fazia jus, se está perpetrando uma indisfarçável lesão a seus direitos, previstos no ordenamento material. E se a lesão houve, nem mesmo a lei poderá impedi-lo de provocar o exercício da função jurisdicional do Estado-juiz, com o escopo de obter a necessária reparação; daí por que a ação é um direito público, subjetivo, alçado à categoria constitucional, conforme está expresso no art. 5.º, inciso XXXV, da Carta Máxima.

Seria nimiamente desarrazoado supor-se que o fato de a entidade sindical, ou quaisquer das autoridades mencionadas em lei, haver prestado assistência ao ato de terminação do contrato de trabalho pudesse — a pretexto de que se configurou um ato jurídico perfeito — obstar a que o trabalhador ingressasse em juízo para deduzir uma pretensão relacionada a certas parcelas que não foram, espontaneamente, satisfeitas pelo empregador. Fosse assim, não estaríamos falando de direito substancial do trabalho.

Nenhum dispositivo legal trabalhista, ademais, impõe que o órgão assistente *ressalve,* no instrumento, que alguns direitos do trabalhador não foram abrangidos pelo ato e pela consequente quitação; essa ressalva se destina, unicamente, a eximir, no futuro, a entidade ou a autoridade de eventual irrogação de incúria na assistência, ou de ignorância quanto aos direitos que possuía o empregado.

Agira, portanto, com descortino jurídico e sensibilidade elogiáveis o Egrégio TST ao adotar a orientação estampada na Súmula n. 41, cuja orientação, todavia, veio a ser modificada pela de n. 330[(87)].

Desentranhamento de documentos

Findo o processo, os documentos que houverem sido juntados aos autos poderão ser desentranhados a requerimento da parte que os juntou, devendo ficar traslado, que é cópia fiel — verdadeira segunda via — do documento.

Constata-se, na prática, que, efetuada a conciliação (transação) entre as partes, cujo pagamento, contudo, será feito parceladamente, se tem deferido, ato contínuo, o pedido de desentranhamento dos documentos que se encontram nos autos. Conquanto a transação, mesmo que descumprida, impeça discussão futura acerca do exame do mérito (salvo no caso de ação rescisória), desatende ao preceito legal (CLT, art. 780) o desentranhamento assim determinado, pois, nessa hipótese, a ação ainda não se extinguiu.

Em alguns casos, devolvem-se os documentos que haviam sido apresentados em audiência, sem que estivessem, ainda, inseridos nos autos; logo,

---

(87) Essa Súmula acabou sendo alterada pela Resolução Administrativa n. 108/2001, que lhe deu a redação atual, acima reproduzida.

não se pode cogitar aqui de *desentranhamento,* mas de simples *devolução,* embora a eles se houvesse feito alusão na ata.

Uma vez devolvidos, aliás, esse fato deve ser registrado, também, na ata — que é, por excelência, o instrumento de documentação e de especificação dos atos processuais praticados em audiência.

Por outro lado, será *ilegal* o ato do juiz, consistente em *condicionar* o desentranhamento de documentos juntados pelo autor ao pagamento das custas a que foi condenado, em virtude da sua ausência à audiência (inicial), que fez gerar a extinção do processo sem exame do mérito. Logo, essa imposição judicial desafiará a impetração de mandado de segurança, pois inexiste norma legal a amparar o referido ato (CF, art. 5.º, II).

Capítulo IV
Prova Testemunhal

Considerações introdutórias

Visto sob o aspecto histórico, o testemunho constitui, juntamente com a confissão, o mais antigo meio de prova judiciária. Alguns Códigos primitivos, como o de Manu, bem assim como determinadas leis (egípcias, gregas, romanas) priscas continham disposições acerca da prova testemunhal e do valor que ela representava para a demonstração da verdade dos fatos. Mesmo com o surgimento, mais tarde, dos meios escritos, o testemunho manteve a sua preeminência, a ponto de haver-se, como na França, estabelecido um brocardo segundo o qual *témoins passent lettres,* isto é, as testemunhas valem mais do que os escritos. Tal era a importância da prova testemunhal, nessa época, que Bentham (*apud* Pestana de Aguiar, ob. cit., p. 286) a ela se referiu como sendo "os olhos e os ouvidos da Justiça".

Os tempos, contudo, mudaram. O aparecimento de outros meios modernos de prova fez com que se fosse restringindo, no âmbito do processo civil, o campo de atuação das testemunhas, a ponto de torná-las até mesmo inadmissíveis em determinadas hipóteses, conforme veremos.

Essa profunda alteração quanto à importância da prova testemunhal para o processo proveio da constatação da sua falibilidade(88), da sua natureza condutível, plástica, segundo seja o interesse da parte em ver provados certos fatos, ainda que não tenham ocorrido. É possível falar-se, portanto, nos dias de hoje, em um desprestígio, um certo descrédito (inclusive popular) nesse meio provativo, cuja causa Porras López atribui, preponderantemente, "a la

---

(88) Anatole France (*Crainquebille*), citado por Alberto Pessoa. *Prova testemunhal.* Lisboa, 1931 (*apud* Pestana de Aguiar. Ob. cit., p. 287), referindo-se a propósito da fragilidade da prova testemunhal, narrou: "Un jour qui *Walter Raleigh,* enferme à la Tour de Londres, travaillait, selon sã coutume, à la seconde partie de son Histoire du Monde une rixe éclata sous sã fenêtre. Il alia regarder cês gens qui se querellaient, et quand il se remit au travail, il pensait lês avoir três bien observes. Mais lê lendemain, ayant parle de cette afaire à un de sés amis qui y avait été présent et qui même y avait pris part, il fut contredit par cet ami sur tous lês points. Réfléchissant alors à la difficulté de connaître la verité sur dês événements lointains, quand il avait pu se méprendre sur cê qui se passait sous sés yeux, il jet ao feu lê manuscrit de son histoire. — Se lês juges avaient lês mêmes scrupules que sir *Walter Raleigh,* ils jetteraient au feu toutes leurs instructions. Et ils n'en ont pás lê droit".

crisis moral del régimen económico-social en el que vivimos" (ob. cit., p. 274). No que está certo.

A despeito disso, é indubitável que, em certas situações, a prova testemunhal se revela necessária, e até imprescindível, se levarmos em conta que ela tem por objeto os fatos controvertidos na ação, que, por sua natureza imaterial, não podem ser apreendidos por outros meios de prova. Daí por que o filósofo González Serrano, citado por Porras López (*ibidem*, p. 275), pôde afirmar, com razão, que "El testimonio, es la admisión, de la experiencia propia".

Com efeito, as testemunhas contribuem com suas percepções sensoriais a respeito de tais fatos que interessam à causa e que não eram da cognição privada do juiz; ainda que o fossem, aliás, ao magistrado apenas seria lícito julgar segundo seus conhecimentos pessoais somente em casos extraordinários. Eis por que às testemunhas cabe *reproduzir,* perante o juiz, a realidade que captaram; mas o descrédito que se tem manifestado quanto a esse meio de prova reside, exatamente, na possibilidade de essa realidade ser subvertida, contrafeita, em virtude de certas regras de conveniência da própria testemunha ou da parte que a apresentou em juízo. Ninguém ignora a existência de *testemunhas profissionais,* que tanto mal causam à honorabilidade e ao conteúdo ético do processo judiciário. Nem mesmo o compromisso que elas prestam, ao início da inquirição, e a advertência que recebem quanto às sanções penais que incidirão no caso de fazerem afirmações falsas, calarem ou ocultarem a verdade (CPC, art. 458 e parágrafo único) produzem o efeito intimidante pretendido pelo legislador.

Foi visando a evitar, mediante a adoção de certos critérios objetivos, que a testemunha propenda, deliberadamente, em favor do interesse da parte que a conduziu a juízo, seja por motivos de parentesco, de afinidade política ou ideológica, de interesse pessoal e outros mais, que a lei erigiu os obstáculos do *impedimento* (CPC, art. 447, § 2.º) e da *suspeição* (art. 3.º), a que também se refere a CLT (art. 829), embora de maneira menos técnica.

Conceito de testemunha

João Monteiro (ob. cit., p. 250, § 162) a conceituava como a "pessoa, capaz e estranha ao feito, chamada a juízo para depor o que sabe sobre o fato litigioso"; para Moacyr Amaral Santos (ob. cit., p. 261), testemunha "é a pessoa distinta dos sujeitos processuais que, convocada na forma da lei, por ter conhecimento do fato ou ato controvertido entre as partes, depõe sobre este em juízo, para atestar sua existência"; "é a pessoa física, distinta das partes do processo, que, admitida pela lei, vem informar o juiz — a pedido das partes e por determinação do juiz, ou só por ordem deste — sobre fatos suscetíveis de serem provados por esse tipo de prova" (Arruda Alvim, ob. cit., p. 280); para

Paula Batista (*apud* Humberto Theodoro Júnior, ob. cit., p. 585), testemunhas são "as pessoas que vêm a juízo depor sobre o fato controvertido"; "es la persona extrãna al juicio, que declara acerca de los hechos o cosas controvertido en la relación procesal" (PORRAS LÓPEZ, ob. cit., p. 274); Hugo Alsina (*apud* Amauri Mascaro Nascimento, ob. cit., p. 207) a tem como "a pessoa capaz, estranha ao processo, que é chamada a declarar sobre fatos que caíram sob o domínio dos seus sentidos".

Poderíamos reproduzir, aqui, algumas dezenas de conceitos formulados pela doutrina com relação à testemunha; os que já mencionamos, contudo, bem se prestam para demonstrar certos *elementos substanciais* que devem ser observados para uma exata conceituação dessa figura.

Se não, vejamos. A testemunha:

a) *é, necessariamente, uma pessoa física,* pois apenas ela é capaz de ter percepções sensoriais, de forma a poder narrar ao juiz, mais tarde, os fatos presenciados e que interessam à causa; as pessoas *jurídicas,* embora também contribuam com o Poder Judiciário para o descobrimento da verdade, o fazem mediante *informações*, e não testemunho;

b) *distinta das partes do processo.* Melhor será que se diga distinta dos *sujeitos* do processo, cujo conceito é mais abrangente que o de *partes.* Por isso, o juiz, que também é sujeito processual, não pode servir, por princípio, como testemunha na causa que lhe está sendo submetida a apreciação e julgamento. Um outro reparo se impõe: a testemunha, em rigor, não é pessoa estranha ao processo, como se afirmou em alguns dos conceitos transcritos; tanto não é que ela aparece, surge, *no processo.* O que se quis dizer — e nos parece ser lícito supor neste sentido — é que a testemunha é estranha à *relação jurídica processual,* que é coisa diversa;

c) *admitida como tal pela lei,* isto é, apenas podem depor como testemunhas as pessoas que não sejam *incapazes, impedidas* ou *suspeitas,* nada obstante (e desde que seja estritamente necessário) ao juiz seja facultado ouvir, como meras informantes, pessoas impedidas, menores ou suspeitas (CPC, art. 447, § 4.º); nunca, porém, as incapazes;

d) *que inquirida pelo magistrado.* As testemunhas são sempre inquiridas pelo magistrado, seja o juiz da causa ou aquele a quem se deprecou a inquirição. Não é correto dizer-se que elas sempre *comparecem a juízo* porque, embora em regra essa modalidade de prova *oral* deva ser colhida em audiência (CPC, art. 336, parágrafo único), há casos em que isso não acontece, pois assim permite ou determina a lei, como em virtude de doença ou de outro motivo relevante que impeça a testemunha de vir a juízo (CPC, art. 449), ou se se tratar das pessoas a que faz menção o art. 454 e incisos do mesmo Código. Mesmo assim, tais testemunhas serão inquiridas pelo juiz, o que importa também em dizer: na sua presença, conquanto não em juízo. São inquiridas pelo magistrado porque somente a ele compete, como diretor do processo, interrogar os litigantes (CLT, art. 848, *caput*), facultando-se que, por seu intermédio, as partes, seus representantes ou procuradores formulem reperguntas;

e) *voluntariamente ou em decorrência de intimação.* Quer dizer, as testemunhas tanto podem se submeter à inquirição espontaneamente (são convidadas pela parte e depõem) quanto em virtude de intimação (porque, convidadas, se esquivaram da inquirição ou porque foi o juiz quem, *sponte sua,* decidiu ouvi-las);

f) *a respeito de fatos controvertidos, relevantes e pertinentes,* pois o objeto da inquirição são os fatos controvertidos. A controvérsia, contudo, por si só, não basta; os fatos têm de ser pertinentes à sua causa e, ainda assim, relevantes para ela. Destarte, fatos pertinentes, mas irrelevantes, não interessam, do mesmo modo que há desinteresse em relação aos fatos relevantes, mas que não pertinem à causa. Depara-se-nos, *data venia,* cerebrina a distinção pretendida por Ísis de Almeida (*Curso de direito processual do trabalho.* São Paulo: Sugestões Literárias, 1981. p. 393), entre fatos *controversos e controvertidos,* porquanto, a nosso ver, estão identificados por uma sinonímia léxica e, consequentemente, processual.

g) *dos quais tem conhecimento próprio,* porque se exige da testemunha uma cognição pessoal dos fatos (*ex proprius sensibus*), assim, o testemunho de quem soube dos fatos por intermédio de terceiro (por "ouvir dizer" — "hearsay testimony") é frágil, é nonada, pois desatende à razão teleológica pela qual se admite esse meio de prova no processo; *"testis debet deponere de eo quod novit et praesens fuir et sic per proprium sensum, nom autem presensum alterius"* — adverte, com exação, a máxima latina.

Cabe, aqui, uma nótula não inserida nas edições anteriores deste livro. Ocorre que, em princípio, testemunha é a pessoa que tem conhecimento *pessoal* dos fatos. As diversas situações da vida, entretanto, fizeram com que fossem levadas a juízo — e aceitas pelo magistrado — pessoas que tinham ciência dos fatos da causa por intermédio de terceiros. Até então, a expressão *testemunha presencial* soava a pleonasmo vicioso, pois, como dissemos, testemunha era a pessoa que esteve presente na cena dos acontecimentos que deram origem à ação. Todavia, hoje, essa expressão deixou de ser pleonástica, pela razão já exposta. É evidente que o magistrado, no momento em que for *valorar* a prova testemunhal produzida nos autos, levará em conta a particularidade de a testemunha ter cognição pessoal dos fatos, ou não (CPC, art. 371).

Utilizando esses elementos substanciais, propomos o seguinte conceito de testemunha: é toda pessoa física, distinta dos sujeitos do processo, que, admitida como tal pela lei, é inquirida pelo magistrado, em juízo ou não, voluntariamente ou por força de intimação, a respeito de fatos controvertidos, pertinentes e relevantes, acerca dos quais tem conhecimento.

O problema da inverdade das declarações

Os sistemas processuais, como se sabe, reservaram às testemunhas — notadamente as *in facto,* ou históricas — a incumbência (sob a forma de dever) de relatar em juízo, com fidelidade, os fatos que ficaram retidos em sua memória e que interessam à causa.

Nem sempre, todavia, se verifica a necessária identidade entre os fatos reais e o resultado da manifestação das percepções sensórias da testemunha; de um modo geral, podem ser apontadas como de três ordens às causas desse descompasso, ou seja, da inverdade das declarações prestadas:

a) intenção deliberada de falsear a realidade;

b) firmeza com que os fatos controvertidos são narrados, embora a testemunha não tivesse certeza quanto à verdade dos mesmos; e

c) suposição de que as suas declarações eram, efetivamente, verdadeiras.

Nesse último caso, a deflexão da verdade poderá ter origem na denominada "memória falsa", que, para ser mais bem compreendida, requer uma pequena incursão pelos domínios da psicologia individual.

Com efeito, a lembrança, ou o ato de memória, pressupõe cinco condições: 1. a fixação; 2. a conservação; 3. a revocação da lembrança; 4. o reconhecimento; e 5. a localização dos estados de consciência passados[(89)]. Daí por que os fatos que tenham sido mal fixados, do ponto de vista fisiológico, pela pouca plasticidade dos tecidos nervosos, ou mesmo sob o aspecto psicológico, pelo pouco interesse que despertaram na pessoa, acabam não sendo lembrados; quando não o são de maneira imperfeita, máxime se entre a fixação e a revocação decorreu largo espaço de tempo.

Raphael Cirigliano (ob. cit., p. 270) observa, com apoio em Baudin, que há várias doenças da memória, impeditivas de a pessoa depor como testemunha; dentre essas doenças, temos a *disnésia* (incapacidade de fixação e conservação das lembranças, sendo frequente nos casos de idiotia e de imbecilidade); a *amnésia* (perda das lembranças que haviam sido normalmente registradas, podendo ser total ou parcial); lá, o doente esquece a sua vida

---

(89) Conforme Baudin. *Psychologie*. 5. ed. *Apud* Raphael Cirigliano. Ob. cit, p. 269-270.

pregressa, dando início a uma outra, nova; aqui, a perda atinge apenas um certo grupo de lembranças — temos, então, a *afasia* motriz, que é a perda de lembrança da articulação das palavras; a *agrafia,* consistente na perda das lembranças motrizes do ato de escrever; a *alexia,* que se revela sob a forma de perda do sentido das palavras lidas; a *surdez verbal,* que é a perda do sentido das palavras ouvidas; a *hipernésia,* ou a exacerbação da faculdade de revocar, com o despertar de lembranças que se encontravam por muito tempo adormecidas no passado; a *paramnésia,* que é a memória falsa, propriamente dita, decorrente das ilusões do reconhecimento.

Conclui Baudin haver memória falsa sempre que a lembrança se altera sem que disso nos apercebamos; o resultado é que atribuímos a ela uma objetividade que não possui: "Esta ilusão de reconhecimento é o perigo perpétuo da introspecção e do ato de testemunhar. É necessária uma análise muito sutil para a discernir; porque o sentido comum é levado a negar até a sua possibilidade e a crer que uma testemunha de boa-fé e inteligente é mesmo uma testemunha irrecusável. Não é certamente nada disto. A lembrança é normalmente exposta a toda sorte de deformações inconscientes e pode ser cumulada de numerosas ilusões."

Essa é uma lição que deveria ser absorvida por todos os magistrados.

Espécies de testemunhas

Nicola Framarino Dei Malatesta (*A lógica das provas em matéria criminal.* Lisboa, 1927) classifica as testemunhas em três espécies: (a) *ante factum;* (b) *in facto* e (c) *post factum.*

a) *Ante factum* são as testemunhas escolhidas para fazer fé quanto a um contrato a ser realizado entre as partes ou de um ato que se deva cumprir. Quando elas são convidadas para apor sua assinatura em um documento, podem ser chamadas de *instrumentárias;* quando são chamadas a dar fé a um contrato verbal, ou de qualquer ato que seja realizado sem forma escrita, é aconselhável que sejam denominadas de *verbais, para* distingui-las das anteriores.

b) *In facto* são as que, tendo presenciado, casualmente ou não, determinado fato, estão em condições de narrá-los ao juiz.

c) *Post factum* são as trazidas para "testificar ciertas condiciones particulares del hecho, no percibidas por el común de los hombres, sino tan solo por el que tiene una especial pericia" (Malatesta, *ibidem*). Esclareça-se, entretanto, que, se o técnico presenciou o fato, será havido, de acordo com a classificação elaborada pelo ilustre jurista italiano, como testemunha técnica *in facto* e não *post factum.*

De modo geral, essa classificação pode ser aproveitada, mediante algumas adaptações, pela doutrina processual trabalhista, valendo assinalar que o conceito de testemunha *in facto* nos parece intocável sob o ponto de vista desse processo especializado.

Porras López (ob. cit., p. 277), por seu turno, apresenta outra classificação das testemunhas, de cunho eminentemente processual, conforme ele mesmo reconhece: "testigos constantes, testigos abonados y testigos falsos". As primeiras são aquelas cujas declarações coincidem "en el fondo respecto de los hechos controvertidos"; as segundas são as que, segundo Escriche, "no pudiendo calificarse en su declaración por haber muerto o hallarse ausente, es tenido por idoneo y fidedigno mediante la justa apreciación que se hace de su veracidad y no tener tachas legales"; as terceiras compreendem as que, por sua condição pessoal, e pelos conhecimentos a respeito dos fatos controvertidos, merecem fé no que declararem.

Gabriel de Rezende Filho (ob. cit., p. 273) se refere à classificação das testemunhas em:

a) *instrumentárias,* que asseguram, com a sua presença e assinatura, a verdade dos atos jurídicos, colaborando na formação da prova literal pré-constituída. São, na classificação de Malatesta, as *ante factum*;

b) *judiciais,* que depõem, em juízo, acerca dos fatos (relevantes) da ação. Correspondem, portanto, às *in facto,* a que se referiu Malatesta;

c) *oculares e auriculares,* que depõem segundo os fatos que presenciaram ou de que tiveram notícia, respectivamente. Essas últimas são as conhecidas testemunhas "por ouvir dizer";

d) *originárias e referidas,* conforme tenham sido indicadas pelas partes ou mencionadas por outras testemunhas, em suas declarações, respectivamente;

e) *idôneas e inidôneas,* segundo seja o valor do seu depoimento, sendo que as segundas são afetadas por algum vício ou defeito capaz de tirar-lhes ou diminuir-lhes a credibilidade.

A classificação das testemunhas, enfim, variará conforme seja o critério que se venha a adotar para elaborá-la. Corolário disso é a classificação que a seguir apresentamos, sem a pretensão de negar as anteriormente mencionadas, mas, ao contrário, com o propósito de a elas somar-se a fim de possibilitar uma visão mais ampla da matéria.

Levando-se em consideração quais dos *sujeitos* do processo teriam provocado o comparecimento da testemunha a juízo, poderíamos falar em (a) testemunhas *indicadas pelas partes* ou (b) *pelo juízo*, conforme a sua presença no processo tivesse resultado de *requerimento dos litigantes* ou de ato *voluntário do magistrado,* respectivamente. As testemunhas indicadas pelas partes, por sua vez, seriam *unilaterais,* se feita a indicação apenas por *uma delas,* ou *bilaterais* (ou comuns), se a indicação fosse feita por ambos os litigantes.

Quanto à *extensão* do conhecimento que possuam acerca dos fatos controvertidos na ação, teríamos as testemunhas (a) *de cognição plena* e as de (b) *cognição parcial;* no primeiro caso, o seu conhecimento abrange *todos* os fatos probandos; no segundo, compreende apenas alguns deles.

Tendo-se em conta a *relação* das declarações com a ciência dos fatos controversos, a testemunha seria (a) *direta* ou (b) *indireta;* lá, a percepção sensorial se refere aos próprios fatos que constituem objeto do *thema probandum*; aqui, o conhecimento concerne a *outros* fatos e circunstâncias que, todavia, têm íntima relação com os narrados em juízo. O testemunho indireto (que não se confunde com o "por ouvir dizer"), como se vê, conduz, quase sempre, à formação de uma presunção *iuris tantum.*

Poderíamos prosseguir com outras classificações; as que expusemos, entretanto, bastam para revelar o aspecto multifário dessa figura processual, que conduz, em consequência, a manifestações heterogêneas do estudioso que busque classificá-la.

A obrigação de testemunhar

Salvo se forem incapazes, impedidas ou suspeitas, e ressalvada a hipótese do art. 448 do CPC, todas as pessoas são obrigadas a testemunhar a respeito de fatos que são do seu conhecimento e que interessam à causa. É oportuno recordar, a esse respeito, a norma do art. 378 do CPC, de acordo com a qual "Ninguém se exime do *dever* de colaborar com o Poder Judiciário para o descobrimento da verdade" (destacamos). Acresça-se a declaração contida no art. 463, do mesmo Código, de que o depoimento testemunhal prestado em juízo é considerado serviço público. A expressão legal: *prestado em juízo* não pode ser interpretada de maneira restritiva, assim entendida aquela que conduza à conclusão de que a testemunha tenha comparecido ao fórum para ser inquirida. Há casos em que a inquirição das testemunhas ocorre extra fórum, ou seja, em sua residência ou no local em que exercem as suas funções, como nos casos mencionados no art. 454; nem por isso, o depoimento delas deixará de ser considerado serviço público.

Na exceção de que falamos há pouco, se incluem, ainda, os agentes diplomáticos, em decorrência das imunidades que usufruem; embora não estejam obrigados a testemunhar, nada impede que o façam, caso pretendam.

Com apoio na legislação do seu país, o jurista argentino Eduardo R. Stafforini (ob. cit., p. 569) afirmou: "Declarar como testigo implica una verdadera carga pública y todos los habitantes del país tienen la obligación de hacerlo, con las excepciones referentes al secreto profesional, que permiten al procurador o abogado dejar de declarar en contra de su representado; a los sacerdotes, médicos, farmacéuticos y parteras, absternerse de prestar declaración sobre hechos que se les haya confiado bajo secreto, en ejercicio de su ministerio o profesión".

Não se suponha, no entanto, que a pessoa estivesse atendendo à obrigação de testemunhar ao fazer, por instrumento particular ou público, *declarações* acerca dos fatos que pertencem ao seu conhecimento, juntando-as, depois, aos autos; esse procedimento é absolutamente inadmissível, pois atenta contra os princípios da oralidade do procedimento e da imediação.

Demonstração inequívoca dessa obrigação é o fato de a testemunha, se intimada, deixar de comparecer à audiência sem motivo justificado, sujeitar-se à *condução coercitiva* ("debaixo da vara", na linguagem antiga), *ex vi* do disposto no art. 455, § 5.º, do CPC, e sem prejuízo da multa de um décimo do valor de referência a uma vez esse valor, prevista no art. 730 da CLT.

Pessoas que não podem depor como testemunha

O princípio legal é de que podem depor como testemunha todas as pessoas (físicas, certamente), à exceção das (a) incapazes, (b) impedidas e (c) suspeitas.

a) Incapazes

Incapacidade é a ausência de aptidão de alguém para ser ouvido como testemunha. Dispunha, a propósito, o CPC de 1939 que "Poderão depor como testemunhas as pessoas a quem a lei não proíbe (art. 235), incorporando, deste modo, a máxima latina: *'donei sunt omnes qui testemonium dicere nom proibentur'*."

Alfonso de Paula Perez (*La prueba de testigos en el proceso civil español*. Madrid, 1968. p. 44) aponta a existência, no quadro do direito comparado, de quatro sistemas principais relativos à capacidade de testemunhar:

1. *Sistema romano justinianeu,* no qual se arrolavam diversas pessoas incapacitadas para testemunhar, como, *v. g.,* os infames, os apóstatas, os escravos, os hereges, os condenados em juízo público e outros;

2. *Sistema de livre testemunho,* que surgiu como uma espécie de reação ao sistema anterior, dito tradicional; sendo assim, propugnou pela eliminação da incapacidade, em caráter de extrema amplitude e liberalidade,

chegando a admitir, até mesmo, o testemunho da própria parte. Foram seus defensores, dentre outros, Bentham, Malatesta e Carnelutti. A inconveniência desse sistema, como se vê, era manifesta;

3. *Sistema germânico.* Embora estenda a todas as pessoas a capacidade de testemunhar, aceita, em determinados casos, a escusa de depor, como no de parentesco por afinidade, consanguinidade ou adoção, bem assim dos colaterais em terceiro grau de consanguinidade ou afinidade;

4. *Sistema latino, ou francês.* Transformou a grande maioria das incapacidades previstas no sistema romano justinianeu em causas de impedimento e de suspeição, deixando, todavia, algumas das incapacidades mencionadas naquele sistema tradicional.

O direito processual brasileiro integra o sistema latino, conforme se percebe pela leitura dos arts. 829 da CLT e 447 do CPC, conquanto neste a matéria esteja, sistematicamente, mais bem tratada. Por essa razão, faremos uma análise das *incapacidades, tais* como relacionadas no art. 447 do CPC, que se sabe ser aplicável, em caráter subsidiário, ao processo do trabalho.

a.a) *Interdito por enfermidade ou deficiência mental.* A linguagem do CPC de 1973 ("interdito por demência") foi mais apropriada que a do Código Civil anterior (de 1916), que fazia menção aos "loucos de todo gênero" (art. 142, I), censurada pela doutrina do período por seu sentido muito amplo. O CC atual alude à "enfermidade ou retardamento mental" (art. 228, II). Em que pese ao fato de o vocábulo *demência,* empregado pelo legislador processual de 1973, também compreender os idiotas, os imbecis, os débeis mentais, os psicastênicos, enfim, toda a gama de *doentes mentais,* devemos observar que a sua incapacidade para testemunhar somente surgia — e ainda surge — com a *interdição.* Vale dizer: a enfermidade ou doença mental, por si só, não os torna, a princípio, incapacitados para isso. Como pondera Pestana de Aguiar (ob. cit., p. 306), "o depoimento de um débil mental ou de um fronteiriço, desde que traga algum resultado probatório pelo discernimento demonstrado, pela transmissão coerente das percepções estimuladas, merece ser considerado".

O CPC de 2015 passou a utilizar a expressão "enfermidade ou deficiência mental" (art. 447, § 1.º, I).

O procedimento para a interdição está disciplinado pelos arts. 747 a 758 do CPC. É proveitoso ressaltar que a interdição poderá ser levantada por sentença judicial, fazendo, então, com que a pessoa recupere a sua capacidade para oferecer testemunho em juízo.

a.b) *Enfermo ou deficiência mental.* Dissemos que a enfermidade ou a deficiência mental, em si mesma, não causa a incapacidade de testemunhar; todavia, se a pessoa, ao tempo em que os fatos ocorreram, não pôde discerni-los porque se encontrava acometida de enfermidade ou deficiência mental, ou, ainda, se estava mentalmente sã àquela época, mas no momento de depor estiver inabilitada para transmitir as suas percepções sensórias, a sua incapacidade para testemunhar estará configurada.

Essa causa de incapacidade não se confunde com a prevista na letra anterior (a.a), que cogita da interdição; ao contrário, completa a hipótese de incapacidade em decorrência de enfermidade ou de deficiência mental.

a.c) *Menores de 16 anos.* Nas edições anteriores deste livro sustentamos a opinião de que o menor de 18 anos não poderia depor em juízo como testemunha, por ser penalmente inimputável, nos termos do art. 27 do Código Penal. Logo, mesmo que viesse a falsear ou a ocultar a verdade não cometeria o crime de falso testemunho.

Já não pensamos assim. Caso o menor de 18 anos, e maior de 16, venha a faltar com a verdade, ou a encobri-la, ficará sujeito às medidas previstas na legislação específica. O art. 103 da Lei n. 8.069, de 13-7-1990 (Estatuto da Criança e do Adolescente), por exemplo, considera "ato infracional a conduta descrita como crime ou contravenção penal", devendo, para esse fim, ser considerada a idade do adolescente na data do fato. As medidas socioeducativas, a serem adotadas em relação ao maior de 16 anos e menor de 18, quando, na qualidade de testemunha, falsear a verdade em juízo, estão previstas no art. 112 do Estatuto e compreendem: I – advertência; II – obrigação de reparar o dano; III – prestação de serviços à comunidade; IV – liberdade assistida; V – inserção em regime de semiliberdade; VI – internação em estabelecimento educacional; VII – qualquer uma das previstas no art. 101, I a VI.

a.d) *Cegos ou surdos.* Quando a percepção dos fatos depender dos sentidos que lhes faltam, o cego e o surdo estarão incapacitados para testemunhar. Por isso, o cego não pode ser admitido como testemunha ocular, assim como o surdo não o poderia como testemunha auricular. Nada obsta, contudo, a que o cego deponha acerca daquilo que *ouviu*, e o surdo, do que *presenciou*.

O surdo-mudo não é incapaz para testemunhar, desde que o conhecimento do fato não dependa dos sentidos que não possui; se ele não puder transmitir ao juiz, por escrito, em audiência, a sua vontade, este nomeará *intérprete* a fim de que ele traduza a sua linguagem mímica (CPC, art. 162, III).

b) Impedidas

Mesmo que a pessoa seja capaz para testemunhar, poderá ser considerada *impedida* para tanto "em razão da sua posição jurídica relativamente às partes na demanda *incompatível* com a função de testemunhar" (Moacyr Amaral Santos, ob. cit., p. 289). Dentre as pessoas legalmente impedidas, temos:

b.a) *O juiz*. Ao conceituarmos a figura da testemunha pudemos deixar claro que ela é, fundamentalmente, uma pessoa alheia, estranha à relação jurídica processual. O juiz da causa, todavia, não o é, pois representa o Estado e é entre este e o autor que a relação se estabelece, embora se angularize com a citação do réu. Ademais, é manifesta a incompatibilidade entre as funções de julgar e de testemunhar. Como ressaltou Carnelutti (*Sistema*..., n. 288, *b*, 1. v.), a testemunha narra os fatos *perante* o magistrado; seria um contrassenso, dessa forma, que o juiz narrasse a si próprio, salvo, repetimos, em casos excepcionais.

Impedimento haverá ainda que a testemunha, ao tempo em que depôs, não fosse juiz (CPC, art. 144, I).

Pode acontecer, porém, de o juiz da causa ser arrolado como testemunha; nessa hipótese, (a) se tiver conhecimento dos fatos relevantes (e que, por isso mesmo, possam influir na decisão), declarar-se-á impedido; (b) se desconhecer os fatos, mandará excluir o seu nome do rol (CPC, art. 452).

O juiz não pode julgar com base nos conhecimentos pessoais que possa ter dos fatos da causa. Esse conhecimento ele os pode utilizar, quando muito, para efeito de instrução oral do processo, ou seja, no momento em que estiver interrogando as partes ou inquirindo as testemunhas. Ainda assim, essa utilização não deverá ser manifesta, como: "Eu presenciei os fatos e sei que o você está mentindo!" (pois, neste caso, o juiz estará a agir como testemunha), senão que sutil, de maneira a fazer com que a parte ou a testemunha sejam levadas a admitir que distorceram a verdade.

Se a pretensão da parte, no sentido de que o juiz funcione como testemunha, for manifestada em audiência, o requerimento deve ser indeferido de plano, fazendo-se registrar na ata esse fato (CLT, art. 851, *caput*).

Pergunta-se: se um juiz do trabalho tiver conhecimento pessoal de determinado fato, poderá ser intimado para comparecer à Vara do Trabalho diversa da que ele é titular, para prestar depoimento como testemunha? O assunto é, sem dúvida, delicado. Em rigor, não há norma legal que impeça a inquirição desse magistrado, supondo-se que não seja o caso do art. 448 do CPC. Nem se trate do art. 452 do mesmo Código. Mesmo assim, é manifestamente *desaconselhável* a inquirição do magistrado, seja porque terá de comparecer a uma audiência presidida por magistrado do mesmo grau jurisdicional (este, por acaso, irá tomar-lhe o compromisso de dizer a verdade e de adverti-lo quanto às sanções penais a que se sujeitará caso oculte ou modifique a verdade dos fatos?), seja porque uma das partes figura como litigante em processo que está sob a condução do magistrado cujo depoimento uma delas está a requerer, seja pelo que mais for. Nenhum problema haverá, todavia, se o magistrado do trabalho, mesmo por sua iniciativa, dispuser-se a ser ouvido como testemunha na justiça estadual ou na justiça federal comum, acerca de fatos que são do seu conhecimento pessoal.

b.b) *A parte.* É elementar que a parte está impedida de depor como sua própria testemunha (CPC, art. 447, § 2.º, II). Isso apenas era possível no *sistema do livre testemunho,* como vimos. Frise-se, mais uma vez, que somente pode depor como testemunha quem for *estranho à* relação processual — o que não ocorre, por definição, com a parte. Estas, portanto, possuem incompatibilidade *frontal* com a qualidade de testemunha. Pelos mesmos motivos, um dos *compartes* não pode testemunhar em favor do outro. As razões óbvias desse impedimento prescindem que façamos outras considerações a respeito.

Tem-se visto, em alguns casos em que a ação foi ajuizada pelo sindicato, na qualidade de substituto processual, ser levado para depor em juízo, como testemunha, um dos substituídos, cujo nome consta do rol anexado à petição inicial. Embora o substituído não seja parte, na relação processual, ele possui inegável *interesse* na causa, pois, afinal de contas, ele é o titular do suposto direito material alegado na causa. Em suma, nesse caso, embora o substituído não esteja *impedido* (CPC, art. 447, § 2.º, II) de depor como testemunha, a sua *suspeição* (*ibidem*, § 3.º, IV) é manifesta.

b.c) *O cônjuge ou parente.* O impedimento de servir como testemunha atinge, igualmente, ao cônjuge, ao ascendente e ao descendente em qualquer grau, ou a colateral, até o terceiro grau, de alguma das partes, por consanguinidade ou afinidade, salvo se o exigir o interesse público (CPC, art. 447, § 2.º, II). A outra exceção, prevista nesse inciso do CPC (causas relativas ao estado da pessoa), não tem lugar no processo do trabalho.

O impedimento para o cônjuge pressupõe, necessariamente, que o casamento tenha sido celebrado *legalmente;* daí decorre que não se pode falar em cônjuge quando a união entre essas pessoas (parte e testemunha) não derivou de matrimônio. É o caso, por exemplo, do concubinato, que Ruggiero (*Instituições de direito civil.* Trad. de Ari dos Santos, 2/52, *apud* Barros Monteiro. *Curso de direito civil.* São Paulo: Saraiva, 1966. 2. v., p. 15) definiu como a união entre o homem e a mulher, sem casamento.

Tecnicamente, portanto, a testemunha que vive em concubinato (CC, art. 1.727) com a parte não está *impedida* de depor, nos exatos termos do inc. I do § 2.º do art. 447 do CPC, pois não é casada com ela (CC, art. 1.511 e seguintes); a sua *suspeição,* porém, em razão de uma *amizade íntima* (CPC, art. 447, § 3.º, I), é inafastável. Igualmente se diga com relação às pessoas que vivem em *união estável* (CC, arts. 1.723 a 1.726).

O impedimento pelo CPC atinge os ascendentes (pai, mãe, avós, bisavós) e os descendentes (filhos, netos, bisnetos) em qualquer grau(90); no caso dos colaterais (parentesco que, embora oriundo do mesmo tronco familiar, é elastecido *lateralmente* e não na ordem descendente ou ascendente), esse parentesco começa já do segundo grau, no qual se situam os *irmãos;* no terceiro *grau,* até onde o impedimento subsiste, estão os tios e os *sobrinhos.*

A propósito da incompatibilidade entre cônjuge e parentes, de um lado, e a parte, de outro, para efeito de testemunho, observou Rossi (*apud* Moacyr Amaral Santos, ob. cit., p. 291-292): "Em primeiro lugar, qualquer pessoa tão estreitamente ligada a uma das partes não pode ter necessária serenidade para depor com exatidão no que concerne à pessoa que lhe é cara e por cujos interesses se preocupa como o seu próprio, e, por vezes, essa falta de serenidade impede até mesmo a percepção exata daquilo que deseja fazer chegar *ao* conhecimento do Juiz. Em segundo lugar, obrigar uma pessoa a depor contra um seu parente próximo significaria colocar sua consciência em estado de gravíssima perplexidade, o que poderia ocasionar graves inconvenientes; impor tal obrigação, por outro lado, não seria justo, visto que não é necessário pretender de um cidadão, no qual se pressupõem energias e sentimentos morais comuns, mais do que ele pode dar, constrangendo-o a um doloroso conflito entre o cumprimento de um dever, em favor do adversário do ente que lhe é caro, e os seus mais sagrados sentimentos".

Indaga-se, entretanto: estaria impedida de depor como testemunha a pessoa que fosse parente comum às partes? Entendemos que sim. Não há que se falar, na espécie, em *neutralização* do impedimento, em face de a testemunha ser parente do autor e do réu. O CPC faz clara referência a parentesco com *alguma das partes (*art. 447, § 2.º, I) e não a parentesco com a parte que indicou a testemunha. Se o parentesco com uma das partes impede alguém de depor como testemunha, por mais forte razão — a nosso ver —, o parentesco com ambos os litigantes reforça esse impedimento legal.

b.d) *Outras causas.* Estabelece, ainda, o art. 447 do CPC, em seu § 2.º, inc. III, que também estará impedido o que intervém em nome de uma das partes, como o tutor na causa do menor, o representante da pessoa

(90) Na Justiça do Trabalho, contudo, o impedimento do ascendente ou do descendente só vai até o *terceiro grau* (CLT, art. 829).

jurídica, o juiz, o advogado e outros, que assistam ou tenham assistido às partes. Entendemos, a partir da interpretação desse inciso, que estará impedido de depor como testemunha qualquer membro da diretoria da entidade sindical que estiver ministrando assistência judiciária ao empregado, na forma do art. 14 e segs., da Lei n. 5.584/70.

c) Suspeitas

Suspeição (do latim *suspectio*) significa suspeita, desconfiança, conjetura desfavorável acerca da probidade de alguém (CALDAS AULETE, ob. cit., p. 3.854).

Foi objetivando garantir a necessária probidade da testemunha e a consequente credibilidade das suas declarações que o legislador processual criou restrições quanto ao testemunho de determinadas pessoas, reputando-as, antecipadamente, *suspeitas,* seja em decorrência de causas de foro subjetivo (inimizade capital, amizade íntima) ou objetivamente constatáveis (condenação criminal, interesse no litígio, maus costumes).

Nem mesmo se admite que a presumida parcialidade dessas pessoas possa ficar desfeita pelo fato de prestarem o compromisso legal de dizer a verdade e de serem advertidas de que incorrerão em sanção penal se fizerem declaração falsa, calarem ou ocultarem a verdade (CPC, art. 458).

Do Código de Manu, aliás, já constava a seguinte disposição a respeito das testemunhas suspeitas: "Não devem ser admitidos em juízo homens cúpidos; nem aqueles denominados por interesse pecuniário; nem os amigos; nem os inimigos; nem os criados de servir; nem os homens de reconhecida má-fé; nem os enfermos; nem os criminosos; nem os que estão na dependência de outrem; nem os que se dedicam a misteres cruéis; nem os velhos e as crianças; nem os homens da classe mista; nem os ébrios; nem os loucos; nem os que sofrem fome e frio; nem os afadigados; nem os coléricos; nem os enamorados; nem os ladrões".

Constatamos, assim, que a preocupação quanto à neutralidade e serenidade dos depoimentos das testemunhas esteve presente no filho de Brahma, quando da elaboração desse Código — preocupação, diga-se, que constituiu sempre um traço comum entre os textos legais em geral, variando, apenas, as *causas* de suspeição, segundo fosse o critério do legislador.

No Brasil, o CPC de 1939 se limitava a estabelecer que as testemunhas *inidôneas* poderiam ser contraditadas pela parte contrária, desde que fundamentadamente (art. 240, *caput*). Abandonando esse critério de deixar ao magistrado a averiguação quanto à idoneidade da testemunha, o CPC de 1973 relacionou especificamente as causas de suspeição, nos incs. I a IV do

§ 3.º do art. 405. Acreditamos que a inovação do legislador, no particular, foi acertada porquanto ao indicar, uma a uma, as causas de suspeição, eliminou em boa parte a discussão — possível no Código revogado — a respeito de quando se deveria considerar alguém suspeito e quando não. A dificuldade não era apenas do juiz, mas também das próprias partes, pois, de um lado, quem havia apresentado a testemunha não sabia, exatamente, se ela seria havida como insuspeita, o mesmo se dando com a parte contrária, que não podia contraditá-la com segurança. Tudo ficava, pois, no domínio do subjetivismo, das impressões pessoais do magistrado e de cada litigante. A fixação de um casuísmo legal relativo às pessoas suspeitas para depor como testemunhas foi salutar, na razão em que, como dissemos, possibilita, mediante uma consulta à lei, verificar-se de antemão quem ela considera como tal — embora certas causas, aí mencionadas, também envolvam aspectos subjetivos (amizade íntima, inimizade capital).

O CPC de 2015 manteve a tradição iniciada com o texto de 1973, indicando, no art. 447, § 3.º, as causas de suspeição das testemunhas, embora as tenha reduzido. Com efeito, no sistema do CPC de 1973 (art. 405, § 2.º) eram considerados suspeitos: a) o condenado por crime de falso testemunho, desde que houvesse transitado em julgado a sentença (I); b) aquele que, por seus costumes, não fosse digno de fé (II); c) quem fosse inimigo capital da parte ou seu amigo íntimo (III); d) quem possuísse interesse no litígio (IV). O CPC de 2015 eliminou do rol dos suspeitos: Permaneceram, portanto: a) o inimigo da parte ou o seu amigo íntimo; e b) o que possuir interesse no litígio.

A CLT se limitou a fazer menção à amizade *íntima* e à *inimizade* (sem tê-la adjetivado de *capital*), segundo consta do seu art. 829; as demais causas de suspeição, contudo, previstas no CPC incidem no processo do trabalho, desde que convenientemente aplicadas.

Conquanto o CPC de 2015 haja eliminado do elenco das causas de suspeição das testemunhas: a) o condenado por crime de falso testemunho, desde que houvesse transitado em julgado a sentença; e b) aquele que, por seus costumes, não fosse digno de fé, manteremos, para efeito histórico e de orientação geral, os comentários que fizemos a essas duas causas, nas edições anteriores deste livro, mantendo, *somente nestes dois casos*, a referência aos artigos do CPC de 1973.

c.a) *Condenação por crime de falso testemunho.* Inaugurando o elenco legal das causas de suspeição (CPC, art. 405, § 3.º, I) está a condenação criminal por crime de falso testemunho. Esta causa já estava inserta no n. 1, § 2.º, do cânone 1.757 do "*Codex Iuris Canonici*", onde se lia: "*Ut suspecti: 1.º Excommunicati, periurii, infames, post sententiam declaratoriam vel condemnatoriam*".

A só condenação criminal por esse crime, todavia, não torna a pessoa suspeita para testemunhar: impõe-se que a sentença condenatória tenha *transitado em julgado*. As razões de o CPC haver instituído essa causa de suspeição é notória: a absoluta falta de credibilidade na pessoa que foi condenada pela justiça criminal precisamente por *falso testemunho*.

> c.b) *Maus costumes*. Aquele que, por seus costumes, não for digno de fé, não poderá depor como testemunha, pois a lei o qualifica de suspeito (inc. II). É o indivíduo de má fama, que revela um comportamento antissocial ou socialmente censurável. Nessa malta de pessoas suspeitas para prestar testemunho se incluem, *e. g.*, os ébrios habituais, os arruaceiros, as prostitutas, os rufiões e tantos mais. Moacyr Amaral Santos (ob. cit., p. 295) aponta, ainda, os condenados por crime de falsidade, estelionato, furto, roubo ou por crime contra a honra, a cujo rol Pestana de Aguiar (ob. cit., p. 311) sugere, com razão, o acréscimo dos que tenham sido condenados por vadiagem, bem assim os toxicômanos.

Enfim, todo aquele que apresenta uma conduta social desregrada, ou seja, fora dos padrões normalmente exigíveis, faz com que essa pecha o torne suspeito para testemunhar em juízo. Os homossexuais, só por serem homossexuais, todavia, não podem ser considerados suspeitos para testemunhar, sob pena de isso configurar preconceito ou discriminação vedada pela Constituição Federal (art. 5.º, *caput*).

> c.c) *Inimizade capital ou amizade íntima*. A expressão *inimigo capital*, utilizada pelo legislador, tem sentido de *inimizade mortal, figadal*, pouco importando que seja recente ou inveterada. Na linguagem da psicologia individual diríamos que essa inimizade deve provir de uma *emoção* (reação de afeição ou desagrado de grande intensidade, mas de curta duração) e não de um *sentimento* (estados afetivos de simpatia ou antipatia, mais brandos e duradouros). Essa inimizade deve, pois, ser de tal intensidade que obnubile ou perturbe o espírito e a serenidade do indivíduo, tornando-o, conscientemente ou não, parcial, tendencioso. Nenhuma utilidade teria para o processo, consequentemente, um tal testemunho. A inimizade capital pode ser decorrente de questões familiares, políticas, religiosas, profissionais, etc. A sua origem é irrelevante; interessa, sim, o grau de profundidade com que se entranhou no espírito ou no coração da pessoa.

Assim como a inimizade profunda, a *amizade íntima* torna o indivíduo suspeito para depor como testemunha. É sabido que a amizade, muitas vezes, constituiu um dos grandes obstáculos para o descobrimento da verdade, pois há uma tendência psicológica quase irresistível de, no caso, a pessoa "proteger" a parte, seja falseando o que é verdadeiro, seja revelando, seletivamente, apenas aquilo que é favorável ao amigo. A amizade íntima, assim, é o polo inverso da inimizade capital; os efeitos deletérios que provocam na busca da verdade, no entanto, são praticamente os mesmos. Por isso, o amigo íntimo também é tido, pela lei (art. 447, § 3.º, I), como suspeito para depor como testemunha.

Constitui tarefa extremamente difícil detectar-se, em alguns casos, se ali está presente uma amizade *íntima* ou mera amizade.

Não podemos ignorar que o homem é um ser gregário por natureza e, em razão disso, tem necessidade de relacionar-se com os demais integrantes do seu círculo social. Os anacoretas, os eremitas constituem exceções anômalas. O empregado, por exemplo, está integrado a uma comunidade de trabalhadores existente no âmbito do estabelecimento ou local onde trabalha. Nada mais *humano,* de conseguinte, que ditas pessoas se tornem amigas; isto é necessário, inclusive, para a própria execução harmoniosa dos serviços que lhes competem. De tal arte, um empregado apenas será considerado *suspeito para* depor como testemunha se a sua amizade com a parte transcender os limites do local de trabalho: visitam-se com frequência nas respectivas casas; costumam ir juntos a jogos de futebol, a pescarias, a festas, à igreja e a outros lugares. Em alguns casos são compadres entre si; embora o compadrio não constitua parentesco, faz supor, subjacente, uma profunda amizade entre essas pessoas, em face dessa *aproximação familiar.*

De igual maneira, quem é empregado do réu não se torna, somente por isso, suspeito para testemunhar em favor deste; ora, se em regra os fatos ocorrem no âmbito do local de trabalho, é irrefutável que o empregador tenha de valer-se em juízo de seus empregados que presenciaram os fatos. A suspeição apenas se configurará se houver entre o empregado testemunha e o empregador réu uma amizade efetivamente íntima, estabelecida antes ou durante a relação de emprego.

Embora, no sistema processual brasileiro, não se tenha incluído no rol dos suspeitos os *enamorados* (a exemplo do que fizera, como vimos, o Código de Manu), é indiscutível que, por princípio, o testemunho da pessoa que se encontra enamorada da parte que a indicou ou arrolou deve ser recusado pelo juiz, visto que, em verdade, o amor (como afeição profunda) representa uma espécie de grau máximo, de paroxismo, de quinta-essência da *amizade íntima,* que o legislador instituiu como causa de suspeição da testemunha.

Logo, por mais forte razão se deve admitir como suspeito o enamorado, porquanto não se pode ignorar que: "O amor apresenta, como as ideias fixas, fenômenos muito evidentes de obsessão e de impulsão: a obsessão implica uma restrição especial do campo de consciência, que explica o exclusivismo, que é o caráter distinto da paixão. O homem enamorado é, por conseguinte, testemunha medíocre, pela obtusidade da sua consciência para percepcionar acontecimentos estranhos ao seu amor, e pelos frequentes erros de juízo que comete" (ALTAVILA, Enrico. *Psicologia judiciária*. v. I. São Paulo: Saraiva. *apud* Jayme de Altavila. *Origem dos direitos dos povos*. São Paulo: Melhoramentos, 1963. p. 50).

c.d) *Interesse no litígio.* O Código faz suspeitos, ainda, os que têm interesse no litígio (art. 447, § 3.º, II); preferível seria que houvesse dito interesse no *objeto* da ação, expressão que consideramos de melhor técnica, pois a medida do interesse há de ser avaliada com vistas ao *objeto* do conflito de interesses e não quanto a este em si.

Temos para conosco que o interesse, como causa de suspeição do indivíduo, deve ser *objetivo, palpável, real;* importa dizer: não se deve *presumir* a existência de um interesse; ou se prova, *in concreto,* que existe, ou suspeição não há. Seria muito cômodo para a parte alegar abstratamente que a testemunha da adversa tem interesse no objeto do litígio e, com isso, desqualificá-la.

Como afirmamos em página anterior, o substituído, na ação proposta pelo sindicato, conquanto não esteja impedido de depor como testemunha, por não ser parte na relação processual, é suspeito, uma vez que possui indisfarçável interesse no objeto da lide, por ser o titular da relação jurídica *material* submetida à apreciação jurisdicional.

c.e) *O problema da testemunha que possui ação em face do réu.* Amiúde se tem contraditado a testemunha apresentada pelo empregado, sob o argumento de que ela também ajuizou ação "contra" o mesmo empregador réu. Indagado o fundamento da contradita, a resposta alterna entre (a) inimizade capital e (b) interesse no litígio.

Ambas, *venia concessa,* são insustentáveis.

O fato de o empregado haver provocado o exercício da função jurisdicional do Estado-juiz, buscando a tutela dos seus direitos subjetivos que afirma terem sido lesados, não o torna, apenas por esse motivo, inimigo capital do empregador, réu na ação. Quer nos parecer que a contradita, nessa hipótese, emana de uma confusão entre os significados distintos de *adversário* e de *inimigo.* Nem sempre a parte *ex adversa* é inimiga. É despiciendo indagar-se se a ação está em curso ou já se findou; e, nesse caso, se os pedidos do autor (ora testemunha) foram acolhidos ou rejeitados, parcial ou totalmente. A ação é um direito público, subjetivo, de índole constitucional (CF, art. 5.º, XXXV). Constituiria absurdo, consequentemente, supor-se que a pessoa que viesse a exercitar esse direito se transformasse, de maneira automática, em *inimigo capital* da parte que fez constar como ré.

Daí vem a nossa discordância de Valentin Carrion (ob. cit., p. 498), quando assevera que: "A testemunha que está em litígio contra a mesma empresa deve ser equiparada ao inimigo capital da parte; o embate litigioso é mau ambiente para a prudência e isenção de ânimo que se exigem da testemunha; entender de outra forma é estimular as partes à permuta imoral de vantagens em falsidades testemunhais mútuas, mesmo sobre fatos verdadeiros; extremamente fácil 'reclamante de hoje, testemunha de amanhã'".

Data venia, como afirmamos anteriormente, o fato de alguém haver promovido ação em face de outrem não o torna, só *por isso,* inimigo capital deste, para efeito de incidência da disposição proibitiva constante do inc. I, § 3.º, do art. 447 do CPC. O adjetivo *capital* foi outrora utilizado pelo legislador exatamente para enfatizar que a inimizade deveria — como, efetivamente, deve — ser entranhada, profunda, mortal. Ademais, a pressuposição de inimizade, de que partiu o ilustre jurista — a cuja memória rendemos a nossa admiração —, não tem assento em lei: ou se é inimigo figadal ou não se é; e a constatação desse fato só poderá ser feita pelos meios de prova admitidos em lei e não por mera presunção *hominis,* de manifesta fragilidade.

Pode ocorrer que, em determinada hipótese, a testemunha se declare, *sponte sua,* inimiga do réu, ou se produza prova nesse sentido; em tais casos, a sua inimizade se configurará não pela simples circunstância de estar demandando em juízo com o réu, mas porque houve demonstração suasória dessa causa de suspeição.

Além do mais, se devemos, *ad argumentandum,* aceitar o fato de que "o embate litigioso é mau ambiente para a prudência e isenção de ânimo" da testemunha, não podemos, pela mesma razão, negar que a testemunha apresentada pelo réu possui interesse, em tese, de favorecê-lo, seja para conseguir certas vantagens pessoais, como promoção funcional, seja pelo receio de vir a perder o emprego, etc., não sendo absurdo, portanto, concluir-se que ela procurará, com o objetivo de concretizar esse propósito, alterar propositadamente a verdade dos fatos.

Quanto à possibilidade de o reclamante de hoje ser a (virtual) testemunha de amanhã, é acontecimento que, em rigor, dependerá muito mais do réu do que da própria testemunha.

O juiz, todavia, não é uma figura monolítica, um convidado de pedra no processo; dessa forma, o seu senso de justiça e o seu comedimento poderão reputar *desaconselhável,* sob certas circunstâncias, a ouvida da testemunha que possui ação "contra" o réu, ainda que inexista prova concreta da inimizade capital ou do interesse na ação; esses casos excepcionais, porém, não implicam contradição ao nosso pensamento, há pouco manifestado, a respeito da pessoa que é, a um só tempo — embora em autos de processos distintos, e tendo como elemento comum o réu —, testemunha e autora.

O que não aceitamos, isto sim, é a afirmação, feita em caráter genérico e inflexível, de que essa espécie de testemunha deva ser sempre *considerada* (e resumo aqui o caráter eminentemente subjetivo desse julgamento) *inimiga mortal* do réu, com a finalidade de submetê-la à restrição do mencionado inc. I, § 3.º do art. 447 do CPC.

É indiscutível que, se ficar provada a existência dessa espécie de inimizade de testemunha para com a parte contrária, ela será considerada suspeita; veja-se, porém, que a suspeição decorreria da sua inimizade profunda e não do fato de haver proposto a ação.

Se, por outro lado, a prova foi quanto ao *interesse* no objeto do litígio, será esta a causa da suspeição e não o ingresso em juízo em face do empregador. Reitere-se que dito interesse há de ser *concreto*: a pessoa, indicada como testemunha, é credora, fiadora, sócia, etc., do empregado, daí por que deseja que este resulte vencedor na ação. Não se cogite de interesse, no entanto, somente porque a testemunha, supostamente propulsionada por algum ressentimento em relação ao empregador, deseja vê-lo vencido; ou, talvez, em razão de ela estar postulando parcelas idênticas na ação onde figura como autora. Tudo isso, como dissemos, é abstrato, vago e, por isso, imponderável.

Houve casos concretos, inclusive, em que se demonstrou nos autos que a testemunha, embora possuísse ação em face do mesmo réu, era cliente regular deste, com o qual mantinha frequentes transações comerciais. Onde, pois, a inimizade capital que, por suposto, haveria sempre de emanar da propositura de uma ação?

Consagrando este nosso entendimento, o TST adotou a Súmula n. 357 (Resolução Administrativa n. 76/96), segundo a qual "Não torna suspeita a testemunha o simples fato de estar litigando ou ter litigado contra o mesmo empregador". Esta Súmula derivou da Orientação Jurisprudencial n. 77, da SDI-II, do mesmo Tribunal, assim redigida: "Testemunha que move ação contra a mesma reclamada. Não há suspeição".[91]

Há, contudo, um caso que não está compreendido pela mencionada Súmula: trata-se da denominada "troca de favores". Isso ocorre quando, por exemplo, o empregado A promove ação em face do empregador, e o empregado B atua neste processo como testemunha de A; posteriormente, o empregado B ajuíza também ação diante do mesmo empregador, e o empregado A é indicado como testemunha pelo B. A situação, aqui, é algo delicada, pois deixa transparecer uma efetiva "troca de favores" processuais entre esses

(91) Embora o art. 447, § 3.º, inciso II, do CPC de 2015, não tenham feito referência à inimizade *capital* — mas, apenas, à *inimizade* —, a que se referia o art. 405, § 3.º, inciso III, do CPC de 1973, é inegável que essa inimizade, para tornar a testemunha suspeita, deve ser profunda, estranhada, a ponto de influir no senso de honestidade e de lisura desta.

empregados — troca que pode derivar de amizade íntima ou de interesse recíproco das respectivas causas. Em princípio, no exemplo há pouco formulado, haverá de ser considerado suspeito o empregado A, indicado pelo B como testemunha para ser ouvida na ação por este promovida, especialmente, se ficar demonstrado que o empregado B possui outras testemunhas (que estão no fórum), ou poderia ter-se valido de diversas outras pessoas para serem ouvidas como testemunha.

c.f) *O problema do proposto indicado como testemunha.* Há certa controvérsia, na doutrina e na jurisprudência, quanto à possibilidade de o preposto servir como testemunha do próprio empregador. Não estamos nos referindo, à evidência, à hipótese de ele pretender testemunhar nos *mesmos autos* em que funcionou como preposto, pois a incompatibilidade, aí, é manifesta. O pressuposto da perquirição é o fato de ele ter sido preposto em uma ação e vir a ser testemunha em outra.

Salvo se argumentos contrários nos dissuadirem, pensamos que nada impede que isso ocorra, embora o nosso entendimento não tenha a veleidade de fazer-se aplicar à generalidade heterogênea dos casos; sendo assim, admitimos, por princípio, que o preposto possa, em outra ação, prestar declarações como testemunha, exceto se determinadas circunstâncias, cuja apreciação ficará reservada ao prudente arbítrio do julgador, aconselharem em contrário.

Há, todavia, quem negue, peremptoriamente, essa possibilidade, argumentando com o disposto no inc. III do § 2.º do art. 447 do CPC, que considera impedido de depor como testemunha, dentre outros, "o representante legal da pessoa jurídica". Parece-nos, entretanto, que o representante, aí, é o mencionado no inc. VIII do art. 75 do mesmo Código, ou seja, a pessoa que for *estatutariamente designada,* ou, inexistindo designação, os seus *diretores.*

O preposto, em rigor, é representante do representante legal da pessoa jurídica; algo semelhante ao caso da massa falida, cuja representação em juízo é realizada pelo administrador judicial (*ibidem,* inc. V), que poderá credenciar alguém para atuar como preposto.

Inquirição de pessoas impedidas ou suspeitas

As pessoas a quem a lei processual considera impedidas ou suspeitas não podem depor como testemunhas; sendo estritamente necessário, contudo, o juiz as ouvirá, assim como aos menores (CPC, art. 447, § 4.º). Essa faculdade aberta ao juiz pelo legislador promanou, certamente, da sua previsão de que, em certos casos, os fatos controvertidos poderiam ter sido presenciados apenas por pessoas impedidas ou suspeitas, o que — se fosse absoluta a regra que as impede de depor — causaria grandes transtornos à instrução, à míngua ou inexistência de outros elementos capazes de influir na formação do convencimento do julgador.

Em ações promovidas por empregadas domésticas, a título de exemplo, é comum as pessoas indicadas como testemunhas serem da própria família para quem ela prestou serviços; nem poderia ser de modo diverso, visto que, de ordinário, os fatos narrados em juízo ocorrem no âmbito da residência familiar. Raro é, por esse motivo, que terceiros (como tais entendidos aqueles que não pertencem à família) tenham conhecimento direto desses fatos (carteiro, entregador de gás e o mais).

A parte, porém, não pode exigir que o juiz ouça menores, pessoas impedidas ou suspeitas; este o fará se *entender necessário.* É profícuo ressaltar que, algumas vezes, embora a parte pudesse trazer pessoas aptas a testemunhar, prefere convidar outras, a que a lei impede de prestar declarações como tal. Essa ignorância, ou mesmo má-fé, por parte do litigante não deve ser tolerada pelo juiz, a quem caberá então dispensar a audição dessas pessoas.

Entendendo o juiz que há necessidade de ouvir indivíduos menores, impedidos ou suspeitos, estes deporão sem que se lhes seja tomado o compromisso legal (CPC, art. 447, § 5.º), atribuindo-se ao depoimento o valor que possa merecer (*ibidem*). Referidas pessoas são os denominados *informantes* e suas declarações, como não constituem meio de prova, não têm eficácia para influir na formação do convencimento do julgador.

Os *incapazes, exceto os menores,* contudo, não podem ser inquiridos mesmo como informantes, pois o princípio legal inibitivo (CPC, art. 447, § 1.º e incisos), quanto a eles, é absoluto, embora no processo do trabalho a incapacidade só exista aquém dos 14 anos de idade.

Fatos sobre os quais a testemunha não é obrigada a depor

A testemunha é obrigada a depor, em audiência, a respeito dos fatos controvertidos na ação e dos quais tem conhecimento. Essa é a regra legal (CPC, art. 378), que o art. 448 do CPC, de certo modo enfatiza, às avessas. Determinadas pessoas, contudo, não obstante tenham capacidade, e sem que sejam consideradas impedidas ou suspeitas, poderão recusar-se a depor em virtude de certos fatores morais, éticos ou patrimoniais, expressamente previstos em lei (CPC, art. 448, I e II).

Note-se que a escusa, no caso, constituirá ato de livre-arbítrio do indivíduo. Desta maneira, caberá à pessoa escusar-se, ou não, de depor como testemunha, segundo seja a sua manifestação volitiva e cuja eficácia somente será reconhecida se lastreada com quaisquer dos motivos previstos no art. 448 do CPC.

Se se tratasse de incapacidade ou de suspeição, somente o juiz poderia deliberar quanto à audição dessas pessoas, cujo testemunho a lei veda (CPC, art. 447, § 4.º), por princípio.

Temos para conosco que o legislador, ao elaborar tais motivos de escusa, pôs à frente da obrigação de testemunhar o dever que o Estado tem de proteger certos direitos e interesses legítimos do indivíduo, de seu cônjuge, ou parentes, de natureza imaterial (morais, éticos) ou material (patrimoniais). No que andou certo, sem dúvida.

a) Graves danos

Dispõe o inc. I do precitado art. 448 que a testemunha não é obrigada a depor se as suas declarações acerca dos fatos lhe acarretarem graves danos, assim como ao seu cônjuge e a parentes consanguíneos ou afins, em linha reta, ou na colateral em terceiro grau.

A referência legal, como se verifica, é a *danos* em sentido lato: dano moral ou patrimonial; não, porém, simples dano, pois a *gravidade* lhe é pressuposto essencial.

Dentre os danos morais, temos de considerar o feito à honra como um dos mais graves, pois a honra igualmente é um *bem* da pessoa e, por isso, merece a tutela estatal. Permite-se, destarte, que a testemunha não revele eventual desonra própria, do cônjuge ou familiar, o que não seria possível se tivesse de responder a *todas* as perguntas que lhe fossem formuladas em juízo.

Não é, entretanto, apenas a defesa da *honra* que deverá o indivíduo invocar para escusar-se ao depoimento, se não que qualquer outro interesse *moral* legítimo, como, *v. g.,* o relacionado ao receio de a testemunha (ou familiares) vir a ser demandada por outrem em decorrência de suas declarações. O CPC de 1939, aliás, se referia ao *perigo da demanda* (art. 241, I).

Há mais. A escusa poderá visar, também, à defesa contra danos ao patrimônio da testemunha e das demais pessoas mencionadas pela lei processual. A exigir-se o contrário seria, nas palavras de Pedro Batista Martins (ob. cit., p. 98), "colocar a testemunha entre as pontas do dilema: ou o perjúrio ou o sacrifício", ensejando-se, com isso, e em nome do interesse público, uma ofensa à natureza humana.

O grave dano que possa advir ao patrimônio da testemunha, para eximi-la de depor, deve articular-se diretamente com as declarações que expenderia; entenda-se, ademais, que esse dano deve ser imediato, sob pena de indeferimento da escusa.

Pela nossa parte, cremos não se poder exigir que a testemunha diga (quanto menos comprove), em audiência, quais são os fatos cuja revelação lhe importaria em graves danos; referido proceder, porque ilógico, faria com que restasse desatendido o caráter protecionista de seus direitos e deveres, que informa o art. 448 do CPC. Por outro lado, porém, a dispensa de qualquer esclarecimento a propósito desses fatos possibilitaria, na prática, que muitas testemunhas, sob o pretexto de que as suas declarações redundariam em danos de intensa gravidade, se esquivassem, comodamente, da obrigação de depor. Somos de opinião, à vista disso, de que, apresentada a escusa, deve o juiz inteirar-se, junto à testemunha, *reservadamente*, sobre os fatos que ela afirma ou supõe que não devam ser revelados em audiência. Esse procedimento do Juiz do Trabalho é necessário pelas razões já expostas.

b) Manutenção de sigilo

A testemunha, igualmente, não é obrigada a responder acerca de fatos a cujo respeito, por estado ou profissão, deva guardar sigilo (art. 448, II do CPC). Esse dever de segredo possui, hoje, incidência muito ampla, na medida em que não se circunscreve ao advogado e ao médico, mas abrange a toda pessoa que, pelas razões previstas em lei, tivesse de servir como testemunha, como se dá com os religiosos, as parteiras e outros.

O Código Penal Brasileiro, aliás, por seu art. 154, considera como crime a violação de segredo profissional, consistente em: "Revelar alguém, sem justa causa, segredo, de que tem ciência em razão de função, ministério, ofício ou profissão e cuja revelação possa produzir dano a outrem". A pena será de detenção, de três meses a um ano, ou multa, de 2 mil a 20 mil reais.

Pestana de Aguiar (ob. cit., p. 317) cogita de uma gradação quanto ao respeito ao sigilo, segundo a sua infringência tenha caráter criminoso (Código Penal, arts. 154 e 196, § 1.º, XII) ou somente importe na aplicação de sanções civis (violação do dever de sigilo com justa causa).

Da mesma forma como sustentamos, relativamente à escusa anterior (grave dano), a testemunha não precisa aqui demonstrar, de maneira detalhada, os fatos que constituem o motivo de haver invocado o dever de sigilo, visto que seria levada, inevitavelmente, a quebrar esse segredo. É suficiente, para tanto, que ela exponha apenas "os motivos de ordem geral, e as suas relações com os fatos ou as partes na causa, de modo a tornar séria a razão da recusa, e não simples escapatória" (SANTOS, Moacyr Amaral, ob. cit., p. 306).

O sigilo bancário, todavia, não pode ser invocado em juízo com a mesma eficácia, como vem proclamando, com acerto, a jurisprudência. Afinal, ao sigilo individual do banqueiro se sobrepõe, muitas vezes, o interesse coletivo; daí, o Poder Judiciário exigir a informação, sempre que entender necessário.

Joseph Hamel (*apud* Raphael Cirigliano, ob. cit., p. 330) adverte, a propósito, que o segredo profissional do banqueiro não chega ao ponto de tornar-se um direito de recusar-se a testemunhar em juízo, lembrando que Garçon estabeleceu a existência de uma diferença profunda entre a proteção do segredo profissional, que impede a divulgação de certos fatos, e a recusa de testemunhar em juízo, que obstrui a pesquisa da verdade. A recusa de testemunhar em juízo não permitiu senão que certas pessoas a invocassem, em nome de um interesse geral, que se sobrepunha ao interesse particular do processo: "tal é o segredo do médico, garantindo a saúde pública, ou o segredo do ministro de um culto, assegurando a paz das consciências religiosas. Nenhum interesse geral do mesmo gênero garantiu o segredo detido pelo banqueiro; é um autêntico interesse privado que constitui a causa; ele não saberia, portanto, justificar uma recusa de testemunhar em juízo".

Conforme adverte Edgard Moura Bittencourt, em sentença que prolatou no Juízo Cível (TR 179/653), "O banqueiro deve guardar o segredo até que o interesse coletivo, apreciado pelo Poder Judiciário, exija a informação".

Fique claro que se a parte, inadvertida ou voluntariamente, acabar revelando fatos que, por força do dever, deveriam ser mantidos em sigilo, isso em absoluto não retirará a eficácia e a força probante de suas declarações. Repita-se que a testemunha, nas hipóteses do art. 448 do CPC, *poderá* escusar-se de depor, caso queira; desejando, porém, ser ouvida, nada impede que o faça.

Obrigações e direitos da testemunha

Como o cidadão em geral, a testemunha possui obrigações e direitos perfeitamente identificáveis no ordenamento legal. É conveniente e oportuno que os relacionemos.

Quanto às *obrigações,* podemos mencionar, dentro de uma sequência lógica: a) de comparecer a juízo, para depor, quando convidada ou intimada; nesse último caso, desobedecida a intimação, a testemunha será conduzida, coercitivamente, por força policial (CPC, art. 455, § 5.º), o que demonstra, com nitidez, a existência dessa obrigação de *comparência* a juízo. Dispõe, ainda, o CPC que a testemunha conduzida responderá pelas despesas provenientes do adiamento da audiência, em decorrência do seu não comparecimento (*ibidem*). Essa disposição, no entanto, é inaplicável ao processo do trabalho, uma vez que a CLT contém norma expressa sobre a matéria. Efetivamente, estabelece o seu art. 730 que as pessoas que se recusarem a depor como testemunha, sem motivos justificados, incorrerão na *multa* de um décimo do valor de referência regional; b) atendendo ao convite ou à intimação, a testemunha deverá responder consoante à verdade sobre aquilo que souber e lhe for perguntado em juízo (CPC, art. 458), sob pena de, não o fazendo, perpetrar o crime de falso testemunho, previsto no art. 342 do Código Penal. Convém esclarecer que na hipótese de a pessoa não prestar o consequente *compromisso* (CPC, art. 447, § 4.º), por ser menor, impedida ou suspeita, sendo ouvida apenas como *informante,* não incidirá no crime de falso testemunho se fizer afirmação falsa, calar ou ocultar a verdade, exatamente porque testemunha não o é.

Relativamente aos *direitos* da testemunha, temos: a) o de escusar-se de depor (CPC, art. 457, § 3.º), nas hipóteses do art. 448, I e II do CPC; b) de ser inquirida em sua residência ou no local (repartição) onde exerce as suas funções, em se tratando das pessoas mencionadas no art. 454 do CPC; c) de prestar depoimento antecipadamente; de ser inquirida por carta precatória ou rogatória e de depor extrajudicialmente no caso de doença ou outro motivo relevante (CPC, art. 453, I, II e III); d) de ser inquirida pelo juiz (CPC, art. 459, § 1.º), que nem sempre é o da causa (CPC, art. 453); e) de ser tratada com urbanidade pelas partes, por seus representantes ou advogados (CPC, art. 459, § 2.º); f) de ler o que declarou, antes de lançar a sua assinatura na ata, e de requerer, se for o caso, a retificação de trechos do depoimento (CPC, art. 460, § 1.º); g) de não sofrer descontos nos seus salários quando tiver de comparecer a juízo para depor, quer tenha sido convidada ou intimada (CLT, art. 822). Não nos parece que deva ser acolhida, pelo processo do trabalho, contudo, a norma constante do CPC (art. 462), segundo a qual a testemunha poderá requerer ao juiz a determinação para que a parte que a arrolou satisfaça o pagamento das despesas efetivadas em função do seu comparecimento a juízo. Reputamos ser incompatível com o processo do trabalho essa disposição do CPC, ainda que se admita não escoriar, em rigor, a relativa gratuidade do procedimento. A incompatibilidade deriva da presença do empregado na relação jurídica processual, a quem não se deve *impor* qualquer encargo de índole pecuniária, máxime se não previsto na CLT. Seria iníquo, de outro lado, que se impusesse apenas ao empregador o ressarcimento das despesas feitas por suas testemunhas. Tais despesas, tanto as relativas às testemunhas do empregado quanto as do empregador, entendemos nós, devem ser ressarcidas *voluntariamente* pela parte interessada, conforme seja a sua possibilidade de fazê-lo. Afaste-se o Juiz do Trabalho, portanto, dessa questão, que bem melhor ficará se reservada ao domínio dos litigantes.

A produção da prova testemunhal no processo do trabalho

No sistema do CPC de 1973, as partes deveriam, no prazo que o juiz fixasse para a realização da audiência, depositar em cartório o rol das testemunhas, precisando-lhes o nome, a profissão, a residência e o local de trabalho; caso o juiz se omitisse nessa fixação, o rol deveria ser apresentado até dez dias antes da audiência (art. 407, *caput*).

O CPC de 2015 alterou essa sistemática. Agora, os róis devem ser apresentados em prazo comum, não superior a quinze dias, contados da data da intimação do despacho judicial proferido na oportunidade do saneamento e da organização do processo (art. 357, § 4.º). A intimação será feita na pessoa do advogado da parte.

Cumpre *ao advogado* — e não ao juízo — informar ou intimar a testemunha (mediante carta com aviso de recebimento) quanto ao dia, hora e local da audiência a ser realizada (art. 455, *caput*). Se a parte se comprometeu a levar a testemunha a juízo, independentemente de intimação, e ela não comparecer, presume-se que a parte desistiu da sua inquirição (art. 455, § 2.º).

Tais disposições do CPC, em alguns casos, vêm sendo aplicadas, em manifesto equívoco, no processo do trabalho, como se a CLT não possuísse norma específica sobre a matéria. De efeito, a CLT, em nenhum momento, *exige* que os litigantes depositem em juízo os róis de suas testemunhas, conquanto não obste a que isso possa ser feito. Estamos cogitando, contudo, de uma *imposição* legal e não de uma *faculdade* da parte. Ora, bem. No processo do trabalho, as testemunhas, em regra, são apresentadas no dia da própria audiência, sem necessidade de qualquer *nomeação* anterior — salvo se houvesse pretensão de que fossem intimadas. Essa inexigibilidade do depósito prévio do rol, se, por um lado, dificulta à parte contrária oferecer contradita (pois não possui, naquele instante, elementos concretos ou precisos para comprovar as suas alegações de objeção), por outro, põe a testemunha ao largo de certas pressões ou assédios que lhe seriam feitos na hipótese de saber-se, com antecedência, o seu nome, endereço, local de trabalho, etc.

Provavelmente por esse motivo não tenha o legislador processual trabalhista instituído, em caráter obrigatório, o referido rol, como o fez o CPC. Não nos cabe, de qualquer forma, investigar a *mens legislatoris,* mas, sim, apreciar a matéria à luz do texto legal, no qual não se encontra nenhuma exigência a esse respeito. A CLT, ao contrário, estatui que as testemunhas que não comparecerem *serão intimadas de ofício ou a requerimento da parte interessada* (art. 825, parágrafo único). Assim, qualquer interpretação concludente de que o mencionado dispositivo pressupõe que tenha sido *requerida, previamente, a intimação* (e à qual a testemunha não atendeu) é passível de censura acerba, porquanto visa a instalar no corpo do processo do trabalho um espírito nimiamente civilista.

Mesmo que a parte, no procedimento ordinário, tenha se comprometido em levar a testemunha à audiência, independentemente de intimação, e essa, por motivo inclusive desconhecido da parte, não comparecer, caberá ao juiz providenciar a sua intimação, *de ofício* ou a requerimento do interessado, salvo se esse desistir da inquirição.

Divergimos, por isso, do ilustre Amauri Mascaro Nascimento (ob. cit., p. 211) quando afirma que se haveria de presumir que a parte desistiu de ouvir a testemunha ausente. Essa é a solução que o processo civil confere ao problema; não nos parece possível, contudo, aplicá-la ao processo do trabalho, ante a redação *induvidosa* do parágrafo único do art. 825 da CLT.

É preciso ter em consideração o fato de que a *surpresa* que o comparecimento à audiência das testemunhas não arroladas provoca na parte contrária tem contribuído, sobremaneira, para o processo de descobrimento da verdade, o que certamente não aconteceria (pelo menos com igual intensidade) se se soubesse, antecipadamente, quem seriam elas. Ademais, como dissemos, a inexistência de um rol prévio evita que as testemunhas — notadamente, as do empregado — sejam pressionadas por quem essa espécie de injunção aproveite, de tal modo que acabem se esquivando de depor sob qualquer pretexto, ou, depondo, venham a alterar ou calar a verdade dos fatos. Em muitos casos, as testemunhas do empregado ainda mantêm vínculo de emprego com o réu, hipótese em que, do ponto de vista das circunstâncias expostas, teria consequência muito mais desastrosa a sua identificação prévia, em um rol depositado em juízo.

Voltemos ao tema da indivisibilidade da audiência trabalhista para reforçar os nossos argumentos. Se a audiência, como no desejo do legislador, fosse efetivamente *contínua, indivisível,* como justificar-se, em um processo de extrema *simplicidade,* no qual se insere como peculiaridade marcante o *ius postulandi,* que estivesse o trabalhador obrigado a depositar, alguns dias antes da audiência (que seria uma só), a relação de testemunhas a serem intimadas, sob pena de, não o fazendo e deixando de trazê-las a juízo, *presumir-se* (!) que desistiu de ouvi-las? Estaria essa inferência respeitando as dificuldades que caracterizam a estada do trabalhador em juízo? Seria essa a atitude desejável de um processo especializado cuja razão teleológica fundamental é a de servir ao direito substancial do trabalho? Não seria, ao contrário, fazer com que o caráter tuitivo deste fosse algo que ficasse reservado ao campo do cumprimento *espontâneo* das suas disposições?

Não ignoramos que, em algumas hipóteses, a incidência do art. 825, parágrafo único, da CLT propiciaria ao empregador réu obter o adiamento da audiência sob a alegação de que as suas testemunhas não compareceram. Isso é resultado inevitável da reciprocidade da norma legal em exame, que não invalida, de modo algum, o seu conteúdo tuitivo dos interesses do empregado. Pior será que se presuma a *desistência* do trabalhador em ouvir as suas testemunhas, caso não as traga à audiência, conquanto a isso se tenha comprometido: as consequências, aqui, podem ser *fatais* e *definitivas,* quanto mais não seja se observarmos que se tem atribuído a ele o *ônus objetivo da prova*.

No procedimento ordinário do processo do trabalho, portanto, não há exigência para o depósito prévio, por qualquer das partes, do nome, da qualificação, do endereço, local de trabalho, etc., das suas testemunhas; se essas, convidadas, deixarem de comparecer, serão intimadas pelo juiz, por iniciativa própria ou a requerimento do litigante interessado — repelindo-se, por ser incompatível com esse processo, as disposições constantes do CPC acerca da matéria.

A *faculdade* que ao Juiz do Trabalho se defere, quanto à intimação *de ofício,* decorre da declaração genérica que se insere no art. 765 da CLT e da específica, contida no art. 825, parágrafo único do mesmo texto, revelando ambos o *traço de inquisitoriedade* de que também se faz provido o processo do trabalho no capítulo dos dissídios (ações) individuais.

À dessemelhança do processo civil (CPC, art. 451), ainda, podem as partes apresentar na audiência testemunhas diversas das que constam na relação que, acaso, tenham voluntariamente depositado, mesmo que não ocorram as hipóteses de falecimento, enfermidade ou mudança de endereço que tenha impossibilitado ao Oficial de Justiça intimá-las. Essa substituição é perfeitamente congruente com a simplicidade do procedimento trabalhista; por esse motivo, não deve ser impedida na prática, como resultado de uma desautorizada adoção dos dispositivos integrantes do CPC.

No procedimento *sumariíssimo*, entretanto, a disciplina legal não é a mesma. Ocorre que, nesse procedimento, a audiência somente será adiada, para a intimação das testemunhas ausentes, se a parte comprovar que essas haviam sido convidadas (CLT, art. 852-H, § 3.º). Essa comprovação poderá ser documental ou por outro meio legalmente admissível. Se, porém, a testemunha for previamente intimada e, apesar disso, deixar de comparecer, poderá o juiz determinar a sua imediata condução coercitiva (*ibidem*), porquanto — cabe reiterar — ninguém pode se eximir do dever de colaborar com o Poder Judiciário para o descobrimento da verdade (CPC, art. 378).

Conforme pudemos escrever, em outro livro (*O procedimento sumaríssimo no processo do trabalho*. 2. ed. São Paulo: LTr, 2000. p. 119-122), a respeito desse assunto, o § 3.º do art. 852-H da CLT, acertadamente, exige esse convite. Haverá dificuldade, contudo, na prática, de a parte *comprovar* o convite, pois a norma legal em estudo cogita do fato de a testemunha ausente haver sido "comprovadamente convidada". Não nos parece que essa comprovação deva ser *exclusivamente* por escrito, sob pena de impor-se certos danos ou constrangimentos à parte. Danos porque, se a ausência da testemunha não fosse comprovada por esse meio, a audiência não seria adiada; constrangimento porque toda vez em que a parte convidasse alguém para testemunhar em juízo teria de pedir que a pessoa assinasse um comprovante desse convite.

Pensamos, pois, que essa comprovação possa ser feita, até mesmo, sob a forma de *justificação verbal* ao magistrado, que levará em conta os argumentos e as circunstâncias de cada situação concreta. Como dissemos antes, durante muitos anos administramos, sem maiores problemas, a aplicação do disposto no próprio art. 825, parágrafo único, da CLT, de forma a fazer com que o objetivo da lei fosse cumprido, sem deturpações decorrentes de eventuais atitudes desonestas das partes.

Em todo caso, o meio mais seguro de que a parte disporá para demonstrar ao magistrado, no momento oportuno, haver convidado a testemunha que não compareceu à audiência será, sem dúvida, o *documental*. A esse respeito, algumas considerações complementares, de ordem prática, devem ser formuladas. Ao convidar a testemunha para comparecer a juízo para depor, esta pode apresentar uma de duas reações: a) aceitar o convite ou b) recusá-lo. No primeiro caso, será prudente que o advogado (ou a parte) solicite à testemunha que assine um documento específico, previamente elaborado, pelo qual possa comprovar ao juiz a formulação do convite; no segundo, deverá o advogado ou a parte remeter o convite à testemunha, pelo correio, mediante aviso de recebimento, ou pelo cartório de títulos e documentos, de tal maneira que também possa demonstrar ao magistrado que o convite foi tempestivamente feito. Esse procedimento também poderá ser adotado na hipótese de a testemunha, ao ser convidada, comprometer-se a comparecer à audiência, mas recusar-se a assinar o correspondente documento comprovativo do convite, que lhe foi apresentado pelo advogado.

Em termos objetivos, teremos o seguinte quadro em audiência, na fase da instrução oral: ausente a testemunha, a parte requererá a sua intimação e o consequente adiamento da audiência. Diante disso, o juiz indagará, primeiramente, se a parte a convidou; se esta responder que não, o requerimento deverá ser indeferido, sem que possa vir a ter sucesso, em grau de recurso ordinário, possível arguição de nulidade processual, em virtude de presuntivo "cerceamento de defesa". Se, ao contrário, responder que sim, o juiz perguntará se possui *comprovação* do convite: nesse momento, a parte (ou seu advogado) exibirá o documento assinado pela testemunha ausente, fazendo com que o juiz acolha o requerimento de intimação desta, com o consequente adiamento da audiência.

Intimação imediata. O texto legal sob comentário estabelece, ainda, que, se a testemunha intimada deixar de comparecer, o juiz poderá ordenar a sua *imediata* condução coercitiva.

Duas nótulas a esse respeito são necessárias:

Em primeiro lugar, não se suponha que a parte somente poderá requerer a intimação da testemunha se essa (comprovadamente convidada) deixar de comparecer à audiência. A intimação poderá ser requerida *com vistas à audiência de instrução*, ou seja, antes mesmo da realização desta. Assim, se a parte, ao convidar a testemunha, perceber que esta não está disposta a comparecer a juízo, não necessitará aguardar a audiência para, nesta, requerer a intimação: tão logo perceba a recusa da testemunha, ou a má vontade desta, poderá dirigir-se ao juiz e solicitar que determine a intimação da testemunha, a fim de comparecer à audiência. Convém lembrar que "Ninguém se exime do dever de colaborar com o Poder Judiciário para o descobrimento da verdade" (CPC, art. 378) e que "O serviço da Justiça do Trabalho é relevante e obrigatório, ninguém dele podendo eximir-se, salvo motivo justificado" (CLT, art. 645).

Em segundo, será *facultado* ao juiz determinar a *imediata* condução coercitiva da testemunha que, intimada, não compareceu. Essa faculdade será exercida pelo juiz de acordo com o seu prudente arbítrio. Haverá casos em que será possível essa imediata condução coercitiva, de tal modo que a testemunha acabará sendo trazida à audiência a que deveria ter comparecido; em outras situações, entretanto, como quando não se tiver certeza se a testemunha será desde logo encontrada, a prudência sugere ao juiz *adiar* a audiência — para a qual a testemunha será conduzida de modo coercitivo. Na hipótese em exame, não deveria o juiz inquirir as testemunhas presentes e designar outra audiência para ouvir a testemunha ausente, pois isso acarretaria transgressão ao princípio da incomunicabilidade, inscrito no art. 456 do CPC, com virtual nulidade do processo.

A regra da condução coercitiva está expressa no art. 34, § 2.º, da Lei n. 9.099/1995, que alude à condução mediante o "concurso da força pública" e corresponde, em essência, à do art. 455, § 5.º, do CPC, que faz elegante referência à condução da testemunha, sem, com isso, negar o caráter coercitivo do ato judicial.

Observe-se, por fim, que o § 3.º do art. 852-H afirma que "*Só será* deferida *intimação de testemunha...*" (ausente), a deixar transparecer que o juiz não poderá determinar essa intimação *ex officio*; se a norma fala em *deferida*, significa que a intimação foi *requerida*. Esse é um dos pontos sobre o qual poderá incidir acentuada controvérsia doutrinária e jurisprudencial. Como se sabe, o art. 825, parágrafo único, da CLT, que cuida do procedimento *ordinário*, permite a intimação *ex officio* da testemunha. Embora seja esse um traço característico do processo do trabalho (procedimento *ordinário*, insista-se), confessamos que, no exercício da judicatura em primeiro grau, nunca nos sentimos muito à vontade na utilização prática dessa faculdade. Se a parte nos dizia que a sua testemunha, convidada, não havia comparecido, *mas não requeria* a sua intimação, sempre nos pareceu algo perigoso tomar a *iniciativa* dessa intimação, quando a própria parte interessada nada havia requerido. Não estamos a afirmar que essa intimação *ex officio* seria ilegal, pois, como reconhecemos antes, está prevista no parágrafo único do art. 825 da CLT, mas, sim, que ela colocaria o juiz em situação delicada, por parecer, aos olhos da outra parte, estar a afastar-se do seu indeclinável dever de imparcialidade (CPC, art. 139, I).

Sob o influxo dessas experiências de vida e, acima de tudo, com base na expressão literal do texto legal em foco, concluímos que, no procedimento *sumaríssimo*, inversamente ao ordinário, o juiz *não pode* determinar, por sua iniciativa, a intimação de testemunha que, convidada pela parte, tenha deixado de comparecer à audiência. Para isso, portanto, será indispensável o *requerimento* (oral) da parte interessada.

O serventuário da Vara arrolado como testemunha

Há casos em que a parte arrola como testemunha um serventuário da própria Vara por onde se processa o feito; constituirá *error in procedendo* do juiz a recusa, em caráter sistemático, quanto à indicação do serventuário, pois essa *qualidade* não o proíbe, só por isso, de prestar declarações como testemunha. Basta verificar-se que os arts. 829 da CLT e 447 do CPC, ao excepcionarem o princípio de que todos podem depor como testemunha, não fizeram qualquer menção ao serventuário público que estiver lotado no mesmo órgão judiciário perante o qual foi aforada a ação em que deva servir como testemunha; logo, não é lícito ao juiz distinguir onde a lei não o faz.

Eventual recusa do magistrado, quanto a isso, somente seria correta se calcada no fato de o serventuário ser incapaz, estar impedido ou ser considerado suspeito, segundo a expressão legal (CPC, art. 447, §§ 1.º a 3.º); a rejeição, nessa hipótese, seria com fulcro em uma dessas causas e não no simples fato de tratar-se de serventuário público, que, aliás, perpetrará o crime de falso testemunho, como outra pessoa qualquer, se vier a incidir na previsão do art. 342 do Código Penal.

Só excepcionalmente, portanto, poderá o magistrado, segundo seu prudente arbítrio, opor-se ao depoimento do serventuário, e desde que determinadas peculiaridades significativas ou circunstâncias ponderosas, capazes de influírem no espírito da testemunha, assim o aconselharem.

Se no rol for inserido nome de serventuário que presta serviços em outro órgão, seja do Poder Judiciário ou não, e desde que tenha de depor, como testemunha, no horário de trabalho, o juiz o requisitará ao chefe da repartição para que compareça à audiência (CLT, art. 823).

É oportuno lembrar o disposto no inc. VI do art. 102 da Lei n. 8.112, de 11-12-1990 (Estatuto dos Funcionários Públicos Civis da União), no sentido de ser considerado de efetivo exercício o afastamento do funcionário em decorrência de júri "e outros serviços obrigatórios por lei", como é o caso típico, por exemplo, do testemunho (CPC, art. 463).

Admissibilidade e inadmissibilidade da prova testemunhal

A prova testemunhal é sempre admissível (princípio), salvo se a lei dispuser de modo diverso (exceção), conforme estabelece o art. 442, *caput,* do CPC, aplicável subsidiariamente ao processo do trabalho.

A declaração legal, como se vê, é de que todos os atos e fatos podem ser objeto de prova testemunhal; as exceções, por essa razão, devem estar expressamente mencionadas em lei.

É com fundamento na própria expressão excepcional do direito positivo do trabalho que sustentamos ser, em princípio, inadmissível a prova testemunhal, pelo empregador, quando se tratar de: a) fixação do horário de trabalho (CLT, art. 74, § 1.º); b) horário de entrada, de saída e de intervalo para repouso, no caso de estabelecimento com mais de dez empregados (§ 2.º); c) jornada de trabalho, quando os serviços forem realizados fora do estabelecimento (§ 3.º); d) concessão de férias (art. 135); e) prorrogação da jornada de trabalho (arts. 59, 60, 61 e §§); f) pagamento de salários (art. 464), etc., porquanto a prova, em tais casos, por força de lei, deve ser *documental.*

Coerente e necessária será a atitude do julgador que rejeitar a pretensão da parte no sentido de provar com testemunhas os fatos em relação aos quais a lei impõe a forma escrita; não apresentando o empregador os documentos que lhe eram exigíveis legalmente, presumir-se-ão verdadeiros os fatos correspondentes narrados pelo empregado. Corretíssima, pois, a manifestação jurisprudencial que consagra esse entendimento.

Porque desnecessária, deverá ser indeferida pelo juiz a inquirição de testemunhas sobre fatos já provados ou confessados da parte (CPC, arts. 374, II, e 443, I).

Note-se que a lei diz que o juiz *indeferirá a* inquirição; da literalidade do texto, então, se extraem as seguintes conclusões, que nos parecem irrefutáveis: a) a lei pressupõe que tenha havido um *requerimento* da parte *confessa* ou contra quem já produziu prova documental; b) caso o juiz queira, *poderá, sponte sua,* proceder à inquirição; c) nada obsta a que, em tese, a parte a quem a *confissão* ou o documento *beneficiou* requeira a inquirição das próprias testemunhas — malgrado isso seja extremamente raro (para não dizer, insólito), na prática.

Na hipótese da letra *"a"*, o indeferimento não importará restrição ao direito de defesa da parte confessa, porquanto o ato do juiz estará amparado pelo citado art. 443, I, do CPC; na letra *"b"*, *a* deliberação do juiz em ouvir, por sua iniciativa, as testemunhas da parte confessa, e mesmo as da outra, encontra apoio no art. 765 da CLT, e no anseio de trazer aos autos a verdade *real;* no caso da letra *"c"*, *a* parte a quem a confissão ou o documento aproveita poderá pretender reforçar a prova produzida (tendo em vista a possibilidade de reforma da sentença), daí o seu interesse em ver inquiridas as testemunhas que levou a juízo. O indeferimento desse pedido, todavia, dificilmente constituirá causa de nulidade processual, exceto se a parte provar que o ato do juiz lhe acarretou manifesto prejuízo (CLT, art. 794), o que nos parece improvável.

E, porque inadequada, também deverá ser repelida a inquirição quando se relacionar a fato que, somente via *documento,* ou exame pericial, possa ser provado (CPC, art. 443, II).

O disposto no inc. II, *supra*, em verdade, nada mais faz do que explicitar o *caput* do artigo em que se insere, na parte em que faz referência a *não disporá lei de modo diverso*, além disso, fundamenta a nossa assertiva de que os fatos trabalhistas há pouco mencionados só admitem, em princípio, prova documental (ressalvamos, portanto, algumas situações excepcionais, em que se admitirá a prova testemunhal, como quando os documentos tenham sido consumidos por incêndio, inundação, comprovadamente roubados, etc.).

A existência do contrato individual de trabalho, contudo, pode ser provada com testemunhas, a partir da afirmação formulada pelo art. 443, *caput*, da CLT, quanto à possibilidade de esse contrato ser acordado até mesmo tácita ou verbalmente (melhor: oralmente).

Igualmente, por intermédio da prova testemunhal, a parte inocente poderá demonstrar, nos contratos de trabalho, o vício do consentimento (CPC, art. 446, II), como o erro, o dolo, a violência, a fraude.

Inquirição antecipada

Em regra, a testemunha depõe (a) no curso da ação e (b) em um momento processual específico: a audiência de instrução. Pode ocorrer, todavia, que por necessidade de ausentar-se, ou em virtude de moléstia grave, ou de idade avançada, a testemunha tenha de ser inquirida antecipadamente (CPC, art. 453, I) — desde que haja justo receio de que, ao tempo da prova, já não exista ou esteja impossibilitada de depor.

O depoimento antecipado dar-se-á em relação à audiência instrutória ou à própria "propositura" da ação.

Cumprirá ao requerente justificar, ainda que de modo sumário, a necessidade da antecipação, mencionando com precisão os fatos que deverão ser objeto da prova (CPC, art. 382, *caput*). Os interessados deverão ser obrigatoriamente citados para a audiência em que a testemunha deporá (*ibidem*, § 1.º). Tomado o depoimento, os autos permanecerão na secretaria da Vara, por um mês, possibilitando-se aos interessados solicitar a extração de cópias ou as certidões que desejarem (art. 383, *caput*). Esgotado o prazo, os autos serão entregues ao promovente da medida (*ibidem*, parágrafo único).

Essa inquirição antecipada constitui procedimento específico, regulado pelos arts. 381 a 383 do CPC. É de esperar-se que, *de lege ferenda*, o processo do trabalho seja dotado de medidas como esta e outras mais, previstas no CPC, desde que sejam respeitados de perto os princípios informativos daquele processo.

A inquirição mediante carta precatória

Residindo a testemunha em lugar situado fora da jurisdição do órgão perante o qual a ação foi aforada, a sua oitiva deverá ser feita mediante carta precatória (CPC, art. 236, § 1.º), salvo, é certo, se comparecer voluntariamente à sede desse.

Sempre que o juízo deprecado comunicar ao deprecante a designação do dia e horário da audiência para a inquirição da(s) testemunha(s), a esse incumbirá intimar as partes ou seus procuradores quanto a isso; a ausência dessa intimação poderá ensejar a arguição de nulidade processual a partir da audiência para a qual as partes não foram intimadas.

É no juízo deprecado onde deverá ser alegado eventual incapacidade, impedimento ou suspeição das testemunhas que serão lá inquiridas, cabendo ao mesmo juízo decidir o incidente.

Temos constatado, na prática, entretanto, que alguns juízos, para quem se deprecara a inquirição de testemunhas, devolvem a carta precatória sem *a realização da audiência,* sob o argumento de que não se procedeu à ouvida porque as partes não remeteram, por intermédio do juízo deprecante (ou por outro meio qualquer), as *reperguntas* que deveriam ser formuladas às testemunhas.

Data maxima venia, procedimento dessa natureza, a par de deselegante, é nimiamente irregular, sendo passível, por isso, de procedimento correcional, porquanto:

> a) a inquirição é ato que compete, eminentemente, ao juiz, sendo que às partes, aos seus representantes ou advogados se defere tão somente o direito de formular *reperguntas* (CLT, art. 820);
>
> b) a anexação à precatória dos róis de reperguntas a serem feitas às testemunhas *não se inclui entre os requisitos formais exigidos por lei* (CPC, art. 260, I a IV e § 1.º) para a validade da carta. Afinal, só o perito deve responder a *quesitos* previamente elaborados (CPC, art. 465, § 1.º, III).

Verifica-se, portanto, que a devolução da precatória, sem o seu cumprimento, baseada no fato referido, não está amparada pelo art. 267 do CPC; sendo assim, o ato do juízo deprecado, acima de irregular, é ilegal, motivo por que haverá de ser sempre e acerbamente censurado.

Houve quem se sentisse à vontade para afirmar que a inquirição de testemunhas, mediante carta precatória, seria incompatível com o procedimento *sumariíssimo*, pois isso acarretaria violação ao art. 852, inciso III, da CLT, conforme o qual a solução do conflito de interesses deve ocorrer no prazo de quinze dias, contado do ajuizamento da petição inicial. Divergimos, *data venia,* desse entendimento. Em primeiro lugar porque seria insensato imaginar que a testemunha devesse deslocar-se da localidade em que reside ou trabalha (que pode distar centenas ou milhares de quilômetros do órgão jurisdicional), para prestar depoimento em juízo. Não menos absurdo seria sustentar que, se a testemunha não pudesse submeter-se a esse deslocamento geográfico, a parte que a indicou deveria resignar-se diante do fato de não poder produzir essa prova. Em segundo, a regra do art. 852-H, inciso III, da CLT, não é inflexível, peremptória, mas, sim, recomendatória. Tanto isso é certo que, se por algum motivo a audiência for suspensa (e não "interrompida", como diz a Lei), a solução da lide deverá ocorrer "no prazo máximo de trinta dias, salvo motivo relevante justificado nos autos pelo juiz da causa" (CLT, art. 852-H, § 7.º) — vale dizer, até mesmo em prazo superior a trinta dias.

Assim, mesmo no procedimento *sumariíssimo*, o indeferimento de produção de prova testemunhal, mediante carta precatória, quando essa prova era indispensável, configura restrição à garantia constitucional de ampla defesa (CF, art. 5.º, inciso LV) e conduz à nulidade do processo (CLT, art. 794). Para isso é necessário que a parte alegue a nulidade na primeira vez em que tiver de manifestar-se nos autos ou em audiência (CLT, art. 775, *caput*).

Limite legal do número de testemunhas. Ações individuais e plurais. A testemunha referida. A testemunha única

Permite a CLT que cada parte, no procedimento *ordinário*, indique, no máximo, três testemunhas (art. 821), salvo se se tratar de inquérito (corrija-se: *ação*) para apuração de falta grave, quando esse número será elevado para seis (*ibidem*). Modernamente, contudo, não há motivo para tão elevado número de testemunhas nessa espécie de ação, porquanto, como demonstramos, a avaliação dessa prova se faz sob o ponto de vista qualitativo e não quantitativo, sem nos esquecermos, ademais, de que já não há lugar para a expressão de Mascardus, no sentido de que *testis unus, testis nullus.*

No procedimento *sumariíssimo*, o número máximo de testemunhas é dois, para cada parte (CLT, art. 852-H, § 2.º).

Equivocam-se, *venia permissa*, os que sustentam ser aplicável ao processo do trabalho a disposição do art. 357, § 6.º, do CPC, conforme o qual cada litigante poderá oferecer até dez testemunhas, sendo três, no máximo, para a prova de cada fato. É preciso opor-se a isso o argumento de que a

CLT contém norma expressa sobre a matéria (art. 821), desautorizando, desta forma, qualquer adoção supletiva de disposições do CPC.

Havendo mais de um réu, tem-se admitido que cada um apresente três testemunhas no procedimento ordinário (CLT, art. 821), ou duas, no sumariíssimo (CLT, art. 852-H, § 2.º); o mesmo não se tem consentido, todavia, no caso de haver mais de um autor, provavelmente em face de os fatos (*causa petendi*) serem comuns a todos eles. Não o sendo, seria de indagar-se, antes de mais nada, se essa cumulação subjetiva de ações poderia se ter beneficiado da faculdade deferida pelo art. 832 da CLT, pois, aparentemente, o pressuposto legal da *identidade de matéria* estaria ausente. Ou seja, nessa hipótese, é bem provável que o regime litisconsorcial ativo-facultativo houvesse sido constituído de forma irregular, fato que ensejaria à parte contrária a possibilidade de requerer a extinção do processo, com fulcro no art. 485, inciso IV, do CPC.

Caberá ao juiz, em qualquer hipótese, verificar quanto à necessidade de os réus (ou até mesmo os autores) indicarem, cada, três testemunhas (procedimento ordinário), ou duas (procedimento sumaríssimo), devendo rejeitar essa indicação sempre que entender de nenhuma utilidade para a instrução e consciente de que isso não resultará em restrição do direito de defesa da parte.

É importante ressaltar, neste momento, que a lei *não* concede às partes, como em regra se tem suposto, nenhum direito de ver inquiridas as três testemunhas ou duas, que, acaso, tenham apontado. Basta verificar que, no tocante ao procedimento ordinário, o art. 821 da CLT fala, claramente, em *indicar* (no máximo) três testemunhas; ora, os léxicos ensinam que indicar significa *apontar, indigitar, revelar, mostrar.* Desse modo, o direito que da lei para elas resulta é tão somente o de apontar aquele número-limite de testemunhas, cabendo ao juiz, entretanto, decidir pela inquirição de todas, ou de parte delas, conforme entenda conveniente ou necessário à instrução processual. Por igual se afirme com relação ao procedimento sumaríssimo, porquanto o art. 852-H, § 2.º, da CLT é incisivo ao aludir ao número máximo de duas testemunhas para cada litigante.

A amplitude na direção do processo (CLT, art. 765) autoriza o juiz a, orientando-se pelo mesmo critério, proceder à inquirição de *mais* de três testemunhas por litigante, no procedimento ordinário, ou mais de duas, no sumaríssimo, ainda que não se trate de inquérito (*sic*) para a apuração de falta grave; sucede que a proibição estampada nos arts. 821 e 852-H, § 2.º, do texto consolidado tem como destinatárias exclusivas as *partes;* nunca o juiz, a quem não se pode manietar na investigação da verdade real, sob pena de impor-lhe uma formação do convencimento com apoio em elementos de prova insuficientes, ou — o que é pior — inverossímeis. Elementar regra de prudência sugere, no entanto, que o magistrado, ao decidir-se pela inquirição de testemunhas em número superior ao limite legal, o faça de modo igualitário. Assim, se desejar ouvir quatro testemunhas do autor, deverá ouvir, também, quatro testemunhas do réu, exceto se este satisfizer-se com menor número. Essa *possibilidade* concedida ao réu torna extremamente reduzido o sucesso de sua eventual alegação de nulidade do processo. Nulidade haveria, isto, sim, se não se lhe concedesse — no exemplo que formulamos — a referida oportunidade, porquanto aqui haveria, por parte do magistrado, tratamento anti-igualitário.

Neste particular, incide, em termos, no processo do trabalho a expressão do art. 461, I, do CPC; dizemos *em termos* porque, ao contrário do que ali se faculta, as partes não podem requerer a inquirição de testemunhas *referidas* nas declarações da própria parte ou das outras testemunhas, quando três delas já tiverem sido ouvidas. No processo do trabalho, as denominadas *testemunhas referidas,* **nesse caso**, somente poderão ser inquiridas por *iniciativa* do magistrado, diante da restrição que o precitado art. 821 da CLT estabelece às partes.

É sempre conveniente advertir que se deve evitar, o quanto possível, a audição de *testemunhas referidas,* uma vez que isso implica quebra do princípio da *incomunicabilidade* entre elas, a que se referem os arts. 824 da CLT e 456 do CPC, nada obstante saibamos não ser esse princípio absolutamente inflexível.

Quanto à testemunha única, cuja admissibilidade era vedada pelo axioma do *testis unus, testis nullus,* que vigorou no Brasil e em Portugal até o final do século XIX, por influência de Pothier, na França, hoje é plenamente aceita pela ciência processual.

Aliás, no início do século XX, o ilustre jurista português Neves e Castro já reconhecia que "Atualmente tem prevalecido a máxima de que os depoimentos das testemunhas devem ser *pesados* — e não *contados*", por outras palavras: a avaliação da prova testemunhal, hodiernamente, se faz com observância ao critério qualitativo, e não quantitativo. Nem poderia ser de modo diverso, a partir da própria permissão legal para que o Juiz *aprecie a prova* (CPC, art. 371).

Dessa maneira, e desde que a qualidade do seu depoimento assim o autorize, uma só testemunha será apta para provar os fatos controvertidos na ação, ainda que duas ou três outras, trazidas pela parte adversa, também tenham sido ouvidas a respeito dos mesmos fatos. São precisamente possibilidades dessa ordem que evidenciam o princípio da *persuasão racional do julgador,* sabiamente incorporado ao nosso direito processual civil e do qual também compartilha o processo do trabalho.

Temos para conosco, por outro lado, que o informante deve ser computado para efeito de constituição do limite máximo de testemunhas, fixado por lei; assim, se a parte apresenta certa pessoa que, por estar impedida ou ser suspeita, é ouvida como informante, somente poderá indicar (na mesma ação, é claro) *duas* testemunhas no procedimento ordinário.

Poder-se-ia argumentar, em contrário, que o informante, exatamente por não ser testemunha, não deveria ser considerado para o efeito em questão.

É imperioso não se esquecer, todavia, que a fixação, por lei, de um número máximo de testemunhas por litigante teve o propósito manifesto de contribuir para a *celeridade* do procedimento; não fosse assim, teria o legislador consentido que se apresentasse uma quantidade *ilimitada* de testemunhas.

Reside, justamente, nesse escopo legal de obviar o procedimento a razão por que entendemos que o informante deva influir na apuração do número máximo de testemunhas; apenas em casos excepcionais, portanto, deverá o juiz deixá-lo à margem desse limite — cuidando, em qualquer hipótese, para não ferir o princípio que ordena um tratamento equânime às partes.

A técnica da inquirição. A ordem de inquirição e a separação das testemunhas

Nada dispõe a CLT quanto à *ordem* em que devam ser ouvidas as testemunhas; é de aplicar-se, à vista disso, a regra do art. 456 do CPC, que determina que sejam inquiridas, primeiro, as do autor e, depois, as do réu. Conquanto haja certo fundamento *lógico* para a fixação dessa sequência, por levar em conta a própria ordem de ingresso das partes em juízo, nada impede que, havendo necessidade, ou entendendo o juiz ser conveniente, ela seja invertida, ouvindo-se, por primeiro, as testemunhas do réu, nomeadamente, nos casos que o ônus da prova é deste.

O art. 456, parágrafo único, do CPC, somente permite essa inversão da ordem da inquirição das testemunhas se houver concordância das partes. Essa norma, todavia, não incide no processo do trabalho, porquanto, aqui, tendo o juiz ampla liberdade na direção do processo (CLT, art. 765), a inversão da mencionada ordem poder ser determinada *ex officio*, vale dizer, independentemente de concordância das partes.

Alguns juízes do trabalho têm, a propósito, ouvido primeiramente as testemunhas do empregador sempre que a controvérsia se referir a falta grave que teria sido cometida pelo empregado. Nada há de esdrúxulo ou de ilegal nesse procedimento, que se harmoniza com o ônus da prova e com os poderes que o juiz do trabalho possui, como diretor do processo; exatamente por isso, é que entendemos que devam ser sempre inquiridas por primeiro as testemunhas do *empregador,* porquanto — devidamente interpretado o art. 818 da CLT — o encargo da prova, em regra, lhe é incumbido.

A partir da dicção legal (CLT, art. 824 e CPC, art. 456) de que o depoimento de uma testemunha não pode ser ouvido pelas demais que ainda tenham de depor, é evidente que essa inversão não poderá ser arguida como causa de nulidade processual; onde residiria, no caso, o pressuposto legal do manifesto prejuízo? (CLT, art. 794).

A proibição legal quanto à possibilidade de as testemunhas que ainda não depuseram ouvirem o depoimento de outra revela o princípio da *incomunicabilidade,* que ao magistrado compete observar. Constatando, por exemplo, que determinada testemunha, que ainda não foi inquirida, está *ouvindo* o depoimento de outra, deverá o juiz recusá-la, fazendo constar da ata essa ocorrência, sem receio de estar desautorizado pelo art. 447 e parágrafos do CPC, cujo rol de pessoas impedidas ou suspeitas não é taxativo, como se possa cogitar — mormente se considerarmos as peculiaridades do processo do trabalho. Nada impede, por outro lado, que o juiz a ouça como informante, vindo a avaliar as suas declarações segundo a faculdade que lhe defere o § 4.º do mencionado dispositivo do CPC.

Ressalte-se, uma vez mais, que o princípio da incomunicabilidade resta, *inevitavelmente,* desatendido nas hipóteses de inquirição antecipada (CPC, arts. 381 e 453, I); de carta precatória ou rogatória (CPC, art. 453, II); de testemunhas referidas (CPC, art. 461, I); das pessoas mencionadas no art. 454 do CPC; de anulação do processo. Em tais casos, não há nulidade, porque se trata de exceções previstas em lei. O que não se admite, porém, é ouvir-se, perante o mesmo juízo, as testemunhas de uma das partes num dia e as da parte contrária em dia posterior. O prejuízo processual aí é facilmente demonstrável, conduzindo, assim, o órgão *ad quem,* em grau de recurso, a uma correta declaração de nulidade — salvo, é certo, se a sentença for favorável ao litigante, cujas testemunhas foram inquiridas em data anterior.

Nenhuma norma legal veda, todavia, que as testemunhas sejam ouvidas em data posterior ao interrogatório das partes, em que pese à circunstância de esse fracionamento dever ser desestimulado o quanto possível, a fim de evitar-se que, cientes do teor do interrogatório, as testemunhas procurem refutá-lo ou reproduzi-lo segundo seja a sua conveniência.

A qualificação. A contradita

No processo do trabalho, a testemunha, antes de depor, deverá ser qualificada, indicando o nome, a nacionalidade, a profissão, a idade, a residência, e, quando empregada, o tempo de serviço prestado ao empregador (CLT, art. 828, *caput*).

Na prática, contudo, se tem feito constar também o estado civil, provavelmente em face de essa exigência ser formulada pelo CPC (art. 457, *caput*).

Em seguida à qualificação, indagar-se-á à testemunha se tem parentesco com a parte ou interesse no objeto da ação (CPC, *ibidem*).

O requisito da *nacionalidade,* aparentemente, colide com a disposição estampada no art. 5.º, *caput*, da Constituição Federal. O objetivo dessa especificação, contudo, não é discriminar a testemunha em decorrência do seu país natal; serve, de um lado, para, no caso de ser estrangeira, alertar o juiz quanto à necessidade de indagar se ela sabe se expressar em língua portuguesa. Não sabendo, o juiz nomeará intérprete (CPC, art. 162, II). De outra, o requisito da nacionalidade se presta para complementar a qualificação para efeito, por exemplo, de procedimento penal, na hipótese de cometimento de crime de falso testemunho (CP, art. 342). Enfim, a sua exigência não é supérflua nem afronta o texto constitucional.

O tempo de serviço prestado ao empregador (réu na ação) é outro requisito necessário, pois propicia ao juiz e às próprias partes verificar se, ao tempo em que os fatos ocorreram, a testemunha estava prestando serviços ao réu. A cautela recomenda que o juiz solicite da testemunha a exibição, em audiência ou não, da sua carteira de trabalho para verificar se as suas declarações, quanto a esse aspecto, são verdadeiras.

Antes de a testemunha prestar o compromisso legal poderá ser contraditada pela parte interessada (esse é o momento oportuno), que lhe arguirá a incapacidade, o impedimento ou suspeição (CPC, art. 457, § 1.º). Contradita, portanto, é a denúncia, pela parte interessada(92), dos motivos que impedem ou tornam suspeito o depoimento da testemunha. Corresponde, assim, à *tacha* a que se refere a doutrina em língua espanhola.

Para clarificar: a contradita deve ser suscitada após a qualificação da testemunha, mas antes de ela prestar o compromisso legal. Nada obsta, todavia, a que, em situações extraordinárias, a contradita ocorra após a prestação do compromisso legal, hipótese em que, acolhida, o juiz poderá converter a testemunha em informante, atribuindo às declarações desta a importância que possam merecer. Algumas vezes, por exemplo, a testemunha declara não ser amiga íntima da parte que a indicou ou inimiga da outra parte, nem possuir interesse no objeto do litígio, mas, durante a sua inquirição acabam

---

(92) Dissemos parte *interessada* e não *contrária* porque, como Antônio Lamarca (*O Processo do Trabalho Comentado*, p. 327), somos de opinião que a parte pode, em certos casos, contraditar a sua própria testemunha, embora o fato, na prática, seja invulgar. Seria de admitir-se a contradita, por exemplo, se a parte desconhecia a causa capaz de tornar a testemunha impedida ou suspeita, ou se essa causa aflorou supervenientemente ao compromisso legal, isto é, no curso da inquirição.

por aflorar motivos suficientes para caracterizar a amizade íntima, a inimizade ou o interesse aqui referidos. Diante disso, cumpre à parte interessada arguir a suspeição *superveniente* da testemunha.

Estabelece o processo civil (CPC, art. 457, § 1.º) que se a testemunha negar os fatos que lhe são imputados, a parte poderá provar a contradita com documentos ou com testemunhas, em número de três, no máximo, *apresentadas* no ato e inquiridas em separado. Como no processo do trabalho não há obrigação de a parte arrolar, previamente, as suas testemunhas (essas comparecerão independentemente de intimação: CLT, art. 825, *caput*), torna-se evidente que, havendo contradita, o litigante, colhido de surpresa pela apresentação da testemunha, não poderá provar *no ato* a contradita, como prevê o CPC. Haverá necessidade, por isso, de o juiz suspender a audiência e designar outra, para o mais breve possível, a fim de possibilitar que a parte contraditante possa produzir prova dos fatos em que se fundam as suas alegações. A não ser assim, estar-se-ia a lesar-lhe um direito líquido e certo. Seria temerário, ademais, que o juiz, baseando-se exclusivamente nas declarações da parte contraditante ou da testemunha destinatária, acolhesse ou rejeitasse a contradita, conforme fosse o caso. Daí por que há necessidade de proceder-se à *instrução,* desde que, como é elementar, a parte contraditante tenha formulado requerimento nesse sentido.

Provados ou confessados que sejam os fatos alegados pelo contraditante, o juiz dispensará a testemunha; reputando conveniente, contudo, *poderá* (é uma faculdade, portanto) tomar-lhe o depoimento como mero informante. A isso o autoriza a lei (CPC, art. 457, § 2.º, parte final).

Seja qual for a decisão do juiz a propósito da contradita apresentada (e instruída), dela não caberá nenhum recurso, pois se trata de decisão interlocutória (CPC, art. 203, § 2.º); dessa forma, a parte que não se conformar com essa decisão deverá aguardar para manifestar a sua contrariedade quando do recurso ordinário que acaso venha a se interpor da sentença de fundo que compuser a lide (CLT, art. 893, § 1.º). Nas edições anteriores deste livro afirmamos ser inadmissível, por conseguinte, fazer-se constar da ata da audiência o seu "protesto" quanto ao resultado do julgamento da contradita, embora se verifique a existência de uma certa tolerância a esse procedimento canhestro. Por força da tradição forense estabelecida, entretanto, recuamos nesse entendimento castiço para admitir a necessidade de ser realizado o mencionado *protesto*, a fim de evitar-se a preclusão do direito de arguir a nulidade processual. Cuida-se, portanto, de um protesto *antipreclusivo.*

Reiteremos: se *no curso* do depoimento ficar evidenciada uma das causas típicas de incapacidade, impedimento ou suspeição, previstas em lei, qual deverá ser a atitude do juiz? Entendemos que, nesse caso, ele deverá *desqualificar* a testemunha como tal, nada obstante tenha sido compromissada e advertida; a não ser desse modo, incidir-se-ia no absurdo de permitir, contra expressa disposição legal, que tais pessoas servissem como testemunhas. Tratando-se de *impedimento* ou de *suspeição* (superveniente), poderá o juiz aproveitar as declarações, já expendidas como se fossem de *informante;* isso não seria possível, entretanto, no caso de *incapacidade, exceto se tratar-se de menor de idade* (CPC, art. 447, § 4.º).

Mesmo que não tenha sido contraditada, a testemunha poderá pedir ao juiz que a escuse de depor, mediante a alegação de quaisquer dos motivos previstos no art. 448 do CPC. Como no processo do trabalho inexiste exigência de depósito prévio do rol correspondente, é curial que, por princípio, o requerimento de escusa poderá ser feito ao juiz, *oralmente,* na própria audiência, conquanto não se proíba a sua formulação por escrito. Acolhendo o requerimento, deverá o juiz ensejar que a parte por quem a testemunha foi indicada apresente outra, em substituição. Há nesse particular, pois, uma nítida diferença em relação ao processo civil, no qual, doutrinariamente, não se vem admitindo a substituição.

O compromisso. A advertência

Nada havendo que possa impedir a testemunha de depor, essa deverá, antes da inquirição, prestar ao juiz o compromisso legal de dizer a verdade do que souber e lhe for perguntado (CPC, art. 458). Vemos nessa *promessa* uma reminiscência do *juramento* que era adotado pelas legislações antigas.

A lei não estabelece uma forma sacramental para tomar-se esse compromisso à testemunha; sendo assim, o juiz dirigir-se-á a ela conforme entender adequado, podendo, até mesmo, reproduzir, oralmente, a literalidade do texto legal.

O objetivo desse compromisso é, evidentemente, evitar o falseamento intencional da verdade; o mero conteúdo *moral* da promessa, todavia, é ineficaz para atingir o propósito de preservação da verdade; por isso, competirá ao magistrado *advertir* à testemunha que cometerá o crime de falso testemunho caso venha a fazer afirmação inverídica, calar ou a ocultar a verdade dos fatos sobre os quais será inquirida (*ibidem,* parágrafo único).

Tal advertência constitui, de certo modo, um complemento da promessa de dizer a verdade; esta, sem aquela, é ineficaz; aquela, sem esta, é imperfeita, irregular, pois lhe falta o pressuposto essencial, indicado em lei.

No crime de falso testemunho, o sujeito passivo é o Estado; por esse motivo cumpre ao juiz formular essa advertência específica à testemunha, a fim de evitar que a função jurisdicional venha a ser desviada de sua finalidade indeclinável de dizer com quem está o direito, em virtude de um falseamento da verdade.

Também com relação à advertência inexiste uma forma solene, pragmática, de formulá-la. Poderá o juiz limitar-se a fazer alusão à existência de sanções penais específicas, como esclarecer, objetivamente, que incidirá no crime de falso testemunho, mencionando, inclusive, a pena aplicável. As circunstâncias de cada caso concreto, enfim, sugerirão ao juiz a maneira de melhor advertir a testemunha: ora de modo mais ameno, ora, mais incisivo. Em resumo, o fará "conforme seja o grau de conhecimento do seu destinatário", segundo Moacyr Amaral Santos (ob. cit., p. 322). O importante é que o juiz, nesse mister, não se desvencilhe do *dever de urbanidade* a que se refere o § 2.º do art. 459 do CPC, cuja disposição, ao contrário do que se possa imaginar, não está circunscrita às partes. A propósito, nos termos do art. 22 do Código de Ética da Magistratura Nacional (Resolução n. 60, de 19-9-2008, do CNJ), "O magistrado tem o *dever de cortesia* para com os colegas, os membros do Ministério Público, os advogados, os servidores, as partes, *as testemunhas* e todos quantos se relacionem com a administração da Justiça" (destacamos). Essa regra foi incorporada — e ampliada — pelo CPC de 2015, conforme patenteia o seu art. 360, IV: "tratar com urbanidade as partes, os advogados, os membros do Ministério Público e da Defensoria Pública e qualquer pessoa que participe do processo". Nem ignoremos o disposto no art. 8.º, do mesmo estatuto processual, que impõe ao magistrado o dever de resguardar e de promover a *dignidade da pessoa humana*.

É justamente em decorrência da sua inimputabilidade penal que o menor de 18 anos de idade não pode depor como testemunha, mas, sim, como simples informante, quando, então, será dispensado do compromisso legal e da consequente advertência acerca das sanções penais em que incorrerá se desvirtuar a verdade; vai daí a razão de a lei (CPC, art. 447, § 4.º) haver deixado ao alvedrio do juiz a atribuição do valor que possam merecer as declarações do informante. No que foi prudente.

A formulação das perguntas. O indeferimento

Qualificada, compromissada e advertida, a testemunha estará apta para depor.

O depoimento será sempre oral, pois o processo moderno não admite a forma *per tabellas* (por escrito), utilizada no Direito Romano antigo e em parte admitida pelas Ordenações reinóis portuguesas, com o que se dispensava, em alguns casos, a testemunha de comparecer a juízo, porquanto as suas declarações haviam sido apresentadas por escrito.

No sistema brasileiro moderno, só não depõe oralmente o surdo-mudo (CPC, art. 162, III). Estes se manifestam por meio da Língua Brasileira de Sinais (Libra), valendo-se o juiz de intérprete habilitado.

Tradicionalmente, tanto no sistema do processo civil quanto no do trabalho, quem interroga a testemunha é o juiz, em face do princípio da imediação.

Podemos indicar quatro razões fundamentais para que a inquirição seja feita pelo próprio magistrado (que poderá ser o da causa, ou o deprecado): a) para impor o respeito devido aos atos do procedimento e à dignidade do Poder Judiciário, coibindo, assim, certos escopos tumultuários das partes e das testemunhas; b) para manter a ordem na colheita dos depoimentos, indeferindo perguntas inoportunas, irrelevantes, impertinentes ou vexatórias e evitando o debate entre partes e testemunhas; c) para esclarecer o depoimento, ou completá-lo, solicitando, para isso, que a testemunha se pronuncie a respeito de certos fatos que não ficaram nitidamente configurados, ou cujo relato foi incompleto; e d) para observar, de perto, as reações das testemunhas, suas tergiversações, sua impaciência, seu entusiasmo, sua convicção, seu movimento dos olhos ou das mãos, enfim, todas aquelas reações que possam fornecer ao juiz algum elemento de certeza de que a testemunha estava sendo sincera, ou, ao contrário, falseando, de maneira deliberada, a verdade.

O CPC de 2015, entretanto, rompeu com a tradição ao dispor, no art. 459, *caput*, que *"As perguntas serão formuladas pelas partes diretamente à testemunha (...)"*, embora faculte ao juiz inquirir as testemunhas tanto antes quanto depois da inquirição realizada pelas partes (*ibidem*, § 1.º). A inovação, inspirada no art. 212, *caput*, do Código de Processo Penal, contudo, não incide no processo do trabalho, que não é omisso sobre o tema. (CLT, art. 769). Com efeito, estabelece o art. 820, da CLT: "As partes e testemunhas *serão inquiridas pelo juiz* ou presidente" (...). (Destacamos)

Parece-nos aconselhável que, em determinados casos, o juiz que estiver realizando a inquirição das testemunhas faça registrar na ata da audiência as suas reações mais expressivas (de dúvida, de certeza, de serenidade, de perturbação, etc.), a fim de que possam ser levadas em consideração por outro magistrado, a quem couber o encargo de realizar o julgamento.

Anota, aliás, Carlo Lessona (ob. cit., p. 339) que essa recomendação já era formulada pela antiga doutrina: *"Et quando testes vacilant debet notarius, de mandato judieis, hoc scribere: idem si trepidant, vel mutant colorem in facie"*.

Forçoso é reconhecer, contudo, que o juiz poderá equivocar-se, profundamente, nessa sua circunstancial função de analista sutil das reações humanas, extraindo ilações nesse campo que não correspondem aos postulados da psicologia individual. O sistema de gravação audiovisual da audiência, permite ao magistrado realizar, com maior precisão, essa análise das reações da testemunha.

A inquirição será a respeito dos fatos pertinentes, relevantes e controvertidos, narrados pelas partes. Em rigor, não somente os fatos serão em si objeto das indagações do juiz, mas também as *circunstâncias* que a eles se relacionam. João Mendes Júnior (Inquirição de Testemunhas. In: *Revista da Faculdade de Direito de São Paulo*, 3. v., p. 81 e segs.) demonstra a distinção entre fatos e circunstâncias: aqueles são toda "ação transitiva na ordem oral e todo o acontecimento da ordem física"; estas "são as condições da realização do fato, condições estas que, conquanto extrínsecas ao fato, o afetam física ou moralmente e a ele se referem pelo próprio ato ou fora do ato".

Em seguida, a inquirição será feita pela parte que arrolou a testemunha e, depois, pela adversa (CPC, art. 459, *caput*). As perguntas formuladas pelos litigantes terão a finalidade específica de esclarecer ou complementar o depoimento. Cuidará o juiz, portanto, para que essa determinação legal não reste desatendida (CPC, art. 820).

O juiz, contudo, pode indeferir perguntas formuladas pelas partes. Qual é, porém, o critério que ele deverá observar para isso?

Primeiramente, atentar se as perguntas visam, efetivamente, a esclarecer ou complementar o depoimento das testemunhas (CLT, art. 820). Desatendida essa finalidade, a pergunta haverá de ser indeferida. Segundamente, o mero esclarecimento ou complementação, todavia, não basta, pois há casos em que ele deverá verificar se a indagação formulada pela parte se relaciona ao *thema probandum*, se não constitui repetição de outra, já respondida, se é relevante e se não é daquelas indutivas, capciosas ou mesmo vexatórias à testemunha (CPC, art. 459, *caput*). Sendo, impõe-se o indeferimento.

Quer nos parecer que sejam, em resumo, esses os critérios legais que devem orientar o magistrado na apreciação das perguntas que, por seu intermédio, a parte pretende dirigir às testemunhas, sem prejuízo de outros que as circunstâncias autorizam a adotar-se, casuisticamente.

Dispunha o art. 451, do CPC de 1973, que o juiz, ao iniciar a instrução, em audiência, após consultar as partes, deveria fixar os pontos controvertidos em relação aos quais incidiria a prova. Sempre sustentamos a aplicação dessa norma ao processo do trabalho, por possuir um caráter organizador da produção das provas, destacadamente, as orais. O CPC de 2015, no entanto, alterou esse procedimento, passando a determinar que, mediante decisão de *saneamento e de organização do processo*, o juiz, entre outras providências, delimite "as questões de fato sobre as quais recairá a atividade probatória, especificando os meios de prova admitidos" (inciso II). Como o processo do trabalho não possui essa fase específica de *saneamento e de organização*, caberá ao juiz seguir aplicando a antiga regra do art. 451, do CPC, que sempre se revelou extremamente salutar.

As perguntas que forem rejeitadas serão transcritas na ata da audiência, desde que a parte interessada assim o requeira (CPC, art. 459, § 3.º)(93). Exige-se, como se vê, a iniciativa do interessado. Ao tempo em que havia juízes classistas, na Justiça do Trabalho, entendíamos que ao magistrado não era dado indeferir, em qualquer hipótese (embora estivesse investido na direção do processo), as perguntas feitas pelos classistas, pois esses também eram juízes (de fato); sendo assim, tinham interesse em perscrutar amplamente os fatos que eram da cognição das testemunhas. Afinal — nunca é inútil lembrar —, era a eles que a lei cometia o ofício de julgar (CLT, art. 850, parágrafo único) e não ao juiz togado, que só interviria para desempatar ou proferir decisão que melhor atendesse ao cumprimento da lei e ao justo equilíbrio entre os votos divergentes e o interesse social (*ibidem*).

Logo, não se poderia restringir ou cercear a possibilidade de os classistas, mediante perguntas que pretendessem formular, apurarem, com minudência, os fatos, com a finalidade de formar a sua convicção jurídica.

Transformadas as Juntas de Conciliação em Varas, ou seja, em órgãos monocráticos, aquelas considerações que expendemos nas edições anteriores deste livro, acerca do tema, passaram a ter interesse meramente histórico.

Nada obstante a parte deva encaminhar as perguntas ao juiz (que, em análise seletiva, as formulará ou não à testemunha), em determinadas situações peculiaríssimas ele poderá permitir que as perguntas sejam efetuadas diretamente às testemunhas, como, por exemplo, no caso de a indagação envolver matéria técnica, científica, etc. Esse procedimento, repita-se, tem caráter *excepcional,* só se justificando diante de circunstâncias em que a pergunta fosse repassada pelo juiz às testemunhas e não sendo suficientemente explícita, ou mesmo quando o próprio juiz não tenha entendido, com precisão, a pergunta, mas pressentido que a testemunha a captou.

---

(93) O CPC de 1973, em sua redação primitiva (art. 416, § 2.º) dispunha que as perguntas indeferidas pelo juiz deveriam ser transcritas no termo de audiência (se a parte interessada requeresse). Apesar do caráter impositivo da norma ("serão transcritas"), certos setores da doutrina colocaram em dúvida a obrigatoriedade dessa transcrição. Diante disso, foi editada a Lei n. 7.005, de 28-6-1982 (DOU de 29 do mesmo mês e ano), que inseriou o advérbio *obrigatoriamente* na redação do referido artigo do CPC. A contar, a redação da norma passou a ser esta: "As perguntas que o juiz indeferir serão obrigatoriamente transcritas no termo se a parte o requerer". Pois bem. O art. 459, § 3.º, do CPC de 2015 estabelece: "As perguntas que o juiz indeferir serão transcritas no termo, se a parte o requerer". Não se fez uso, aqui, do advérbio *obrigatoriamente*. Esperamos que, diante disso, não volte à tona a antiga (e infundada) dúvida, suscita na vigência do CPC de 1973, quanto à obrigatoriedade da transcrição das perguntas indeferidas pelo juiz.

Mesmo que a sequência da inquirição tenha sido completada (juiz, partes, representantes, advogados), poderá o magistrado consentir que outras perguntas sejam formuladas, sempre que entender necessário para a elucidação de certas questões.

Falávamos, há pouco, de perguntas vexatórias. Acrescentamos agora, em conclusão, que o indeferimento de perguntas dessa natureza decorre do dever que se atribui às partes de tratarem as testemunhas com *urbanidade,* com delicadeza (CPC, art. 459, § 2.º), evitando-se, com isso, expô-las ao ridículo ou colocá-las em situação atentatória à sua dignidade como pessoa e como colaboradora com o Poder Judiciário no descobrimento da verdade. Bem observa Moacyr Amaral Santos (ob. cit., p. 325) que a testemunha "tem o incontestável direito de exigir que sua dignidade seja respeitada, solicitando ao juiz providência contra manifestações descorteses, desaforadas, injuriosas ou caluniosas das partes ou de seus procuradores" — ou representantes, aduzimos nós.

Estabelece o art. 460 do CPC, que o depoimento, quando digitado ou registrado por taquigrafia, estenotipia ou outro método idôneo de documentação, será assinado pelo juiz, pelo depoente e pelos procuradores. Essa é também a *praxe* que se vem observando no processo do trabalho, conquanto a CLT, em rigor, prescinda da assinatura das testemunhas e das partes, dispondo apenas que a ata será, no prazo improrrogável de 48 horas (contado da audiência), assinada *pelo juiz* que participou da audiência (art. 851, § 2.º).

A acareação

Acarear significa colocar frente a frente, *vis a vis,* duas ou mais pessoas.

É comum haver divergência entre as declarações das testemunhas, ou entre estas e as partes. Se a discrepância se referir a fatos de somenos importância, não haverá qualquer inconveniente ou prejuízo para a instrução; na hipótese, contudo, de ela concernir a fatos significativos, considerados como tais os que possam influir, decisivamente, no julgamento da ação, poderá o juiz, por sua iniciativa ou a requerimento da parte interessada, acarear testemunhas entre si ou estas com as partes (CPC, art. 461, II), com a finalidade de dirimir as controvérsias constatadas entre as declarações que prestaram.

Embora, no geral, a acareação ocorra entre testemunhas de partes distintas, nada impede que sejam acareadas testemunhas da mesma parte, sempre que isso se tornar necessário para esclarecer a divergência verificada entre os seus depoimentos.

A acareação poderá ser feita na própria audiência em que os depoimentos foram prestados, ou, não sendo possível, em audiência que será especialmente designada.

Colocadas *tête-à-tête* tais pessoas, o juiz procurará extrair delas a verdade dos fatos, demonstrando a colidência das suas declarações e solicitando que esclareçam esse conflito. Conforme consta do § 1.º do art. 461, do CPC, os acareados serão reperguntados para que expliquem os pontos de divergência, reduzindo-se a termo o ato de acareação. Reconhecemos, contudo, que em concreto a acareação, na maioria das vezes, resta frustrada em sua finalidade, porquanto as partes ou testemunhas se limitam a afirmar o que anteriormente haviam dito, de tal sorte que o juiz não tem como saber quem teria falseado a verdade.

Em todo caso, do juiz se exigirá, mais do que nunca, perspicácia e acuidade extremas, a fim de verificar, pelas declarações das testemunhas acareadas, por suas reações emocionais e mesmo fisiológicas (inquietação, respostas hesitantes, ruborização, etc.), qual delas falseou a verdade; as reações mencionadas podem constituir bom indício.

Por outro lado, entendemos que, na acareação, somente o juiz poderá formular perguntas aos acareados, pois é ao órgão judicante que interessa, mediante o cotejo das declarações, descobrir a verdade. Nada impede, porém, que em determinados casos o juiz faculte às partes a formulação de perguntas, indeferindo-as, se inadequadas.

A acareação entre testemunhas que depuseram em juízos distintos, embora relativamente à mesma ação, é inviável, seja porque mediante precatória isso seria impossível, seja porque ordenar que a que depôs no juízo deprecado compareça ao deprecante constituiria medida algo além dos limites do poder diretivo do juiz.

A lei permite, contudo, que a acareação seja realizada por videoconferência ou por outro recurso tecnológico de transmissão de sons e imagens em tempo real (CPC, art. 461, § 2.º).

Admitindo a testemunha haver falseado a verdade, competirá ao juiz da causa oficiar ao Ministério Público para a adoção das providências penais cabíveis, remetendo-lhe cópia das peças processuais necessárias. Independentemente do *resultado* da ação penal, o testemunho prestado na ação trabalhista, por ser falso, não se revestirá de qualquer eficácia probatória.

A gravação dos depoimentos das testemunhas

Dispunha o *caput* do art. 417 do CPC de 1973: "O depoimento, datilografado ou registrado por taquigrafia, estenotipia ou outro método de documentação, será assinado pelo juiz, pelo depoente e pelos procuradores, *facultado às partes a sua gravação*" (destacamos).

A respeito dessa norma do processo civil escrevemos nas edições anteriores deste livro:

> "A inovação mais expressiva, introduzida pela nova redação do dispositivo legal acima reproduzido, é, sem dúvida, a que faculta às partes a gravação, em fita magnética, do depoimento das testemunhas.
>
> Pensamos que o objetivo do legislador tenha sido o de dotar os litigantes de um meio de prova moderno, que possa ser por eles controlado, destinado a provar eventual desconformidade entre o que foi dito pelas testemunhas e o que constou da ata. Essa discrepância entre o que foi respondido e o que se registrou na ata sempre atormentou os advogados.
>
> Agora, munidos de seus gravadores, eles podem comparecer às audiências, e, aí, gravar os depoimentos das testemunhas. É certo que a realidade prática, com sua dinâmica e sua riqueza de sucessos, irá fornecer situações curiosas e inusitadas, como saber se a parte tem o direito de requerer a suspensão da audiência porque se esgotou a carga das pilhas ou das baterias de seu gravador...
>
> Ironia à parte, a verdade é que o uso de gravações em fita magnética (ou qualquer outro recurso tecnológico semelhante ou que se venha a criar) foi legalmente permitido para atender a uma necessidade ou conveniência dos litigantes. Assim, se a parte (melhor, seu advogado), atenta ao que se passa na audiência (e com o gravador ligado), verificar que o que está sendo lançado na ata não é fiel ao que foi declarado pela testemunha (seja sua ou do adversário, pouco importa), deverá invocar uma questão de ordem e intervir para que seja retificado o assentamento. Para tanto, poderá utilizar a gravação, a fim de demonstrar ao juiz a desconformidade entre o que deseja a testemunha e o que se registrou na ata.
>
> Quando a testemunha diz "a" e o juiz entende "b", fazendo, em consequência, constar da ata esse "b", o erro é perceptível (audível), podendo ser combatido pelo advogado, desde logo, ou seja, ato contínuo à constatação. Há, contudo, uma situação particular que fica fora do controle imediato do advogado: é quando a testemunha diz "a" e o juiz entende "a", mas o serventuário, que está datilografando a ata, escreve "b". Essa discrepância, como não pôde ser *ouvida* pelo advogado, poderá trazer-lhe, certamente, grandes dissabores, como quando perceber, mais tarde, que a sentença, desfavorável aos seus interesses, baseou-se na declaração da testemunha — que foi distorcida pelo serventuário. Nessa hipótese, seria muito difícil ao advogado provar, perante o tribunal, em grau de recurso, essa discrepância, pois, a essa altura, teria assinado, sem ressalvas, a ata da audiência, e, antes disso, deixado de alegar, em razões finais ou qualquer outro momento, o fato. Em suma: é muito

provável que ao pretender arguir a nulidade da sentença, em grau de recurso, com base nessa desconformidade, o seu escopo seja fulminado pela preclusão.

De qualquer maneira, caber-lhe-á instruir as razões de recurso não somente com a fita contendo a gravação do depoimento como transcrever o trecho que lhe interessa. A juntada da fita se justifica por tratar-se de documento destinado a provar fato trazido pela sentença (TST, Súmula n. 8). Insistamos, entrementes, que o fantasma da preclusão estará rondando as pretensões do recorrente.

Nas Varas em cuja sala de audiência há um monitor de computador colocado na mesa em que se acomodam as partes e seus advogados, esse risco de desconformidade entre o que foi dito pela testemunha e o que constou da ata fica extremamente reduzido, pois, de modo geral, os advogados acompanham pelo monitor o que está sendo lançado na ata, podendo, assim, mediante a invocação de uma questão de ordem, intervir de imediato para solicitar ao juiz a necessária retificação.

Do ponto de vista eminentemente técnico, não há como negar que o direito à gravação está restrito ao depoimento *das testemunhas*. É importante salientar que o art. 417, que a possibilita, integra a Subseção II da Seção VI, que se ocupa com a produção da prova testemunhal. Bem poderia o legislador ter permitido também a gravação do depoimento das próprias partes, uma vez que a desconformidade entre o que declararem e o que contar da ata poderá ter consequências muito mais graves do que as derivantes das declarações (distorcidas) das testemunhas, bastando alertar que sempre que um dos litigantes admite como verdadeiro um fato contrário aos seus interesses (como pareceu da leitura da ata) esse fato traduz *confissão real*, proclamada pela doutrina como a "rainha das provas".

A gravação dos depoimentos das partes, todavia, não figura como direito dessas, motivo por que só lhes será lícito proceder a gravação se forem autorizadas pelo juiz.

De igual forma, não poderão as partes gravar, sem consentimento do magistrado, por exemplo, as razões finais ou a formulação das propostas tendentes à conciliação.

Cabe, nesta quadra de nossa exposição, uma pergunta inomitível: a gravação dos depoimentos das testemunhas não atentaria contra o direito de personalidade destas? Por outros termos: a parte final do *caput* do art. 417 do CPC não estaria em antagonismo com o disposto no art. 5.º, inciso X da Constituição Federal? Cremos que não. Devemos levar em conta que a audiência é pública, podendo ser assistida por todos, exceto nos raros casos em que o processo se realiza em segredo de justiça. Os depoimentos que as testemunhas aí prestarem são, pois, ouvidos por quem estiver na sala de audiência. Por outro lado, o acesso aos autos não é restrito aos sujeitos do processo, podendo ser deferido a terceiros interessados. Se o receio é de que o conteúdo das gravações em fitas magnéticas possa ser divulgado para outros fins, que não processuais, então esse receio estará presente também com relação às atas das audiências, que podem ser reproduzidas e distribuídas a mancheias, sempre que isso for conveniente a alguém.

As gravações contidas em fitas magnéticas somente não podem constituir meio de prova em juízo quando obtidas de modo sub-reptício, vale dizer, às escondidas, sem que a pessoa saiba que as suas palavras estão sendo gravadas; aqui, sim, poderá haver violação dos direitos de personalidade — embora a jurisprudência do STF entenda ser lícita a gravação assim realizada por um dos litigantes, para ser usada contra o outro. O que não se admite é que a gravação tenha sido efetuada por terceiro. Não se há, portanto, que inquinar de transgressora do direito de personalidade a gravação feita em audiência, na qual impera a regra da publicidade (CLT, art. 813).

A possibilidade de gravação do depoimento das testemunhas é compatível com o processo do trabalho, motivo por que a proibição infundada do exercício desse direito, em algumas situações, poderá acarretar a nulidade do processo, a contar do momento em que não se permitiu a gravação.

Do resto, o depoimento das testemunhas poderá ser registrado por meio de taquigrafia ou de estenotipia, devendo, entretanto, ser passado para a versão datilográfica quando houver recurso da sentença ou sempre que o juiz assim determinar, por sua iniciativa ou a requerimento da parte (CPC, art. 417, parágrafo único).

Quanto ao registro dos depoimentos das testemunhas pelo sistema audiovisual, constitui, a nosso ver, um meio mais eficaz do que a gravação em fita magnética. Assim dizemos, por permitir o registro fiel não apenas das palavras (áudio), mas, também, das imagens (vídeo) de todas as pessoas que estão participando da audiência. Com base nas imagens das testemunhas, por exemplo, o juiz, no momento da elaboração da sentença, poderá observar, entre outras coisas: a) as reações emocionais ou psicológicas, por parte destas, ao responderem às indagações que lhes foram formuladas, permitindo, assim, ao magistrado, melhor percepção do fato representado pelo trinômio: pergunta/resposta/reação emocional; b) se as respostas das testemunhas foram dadas de maneira segura ou vacilante; c) se houve comunicação visual da testemunha com o advogado que a indicou, tendo esse, mediante gestos sutis e codificados, sugerido que as respostas fossem afirmativas ou negativas, conforme a conveniência.

Enfim, o sistema de registro audiovisual oferece ao magistrado uma percepção mais fiel e completa dos depoimentos das testemunhas do que a que é propiciada pela simples gravação em fita magnética, motivo por que deveria ser incentivada a adoção do mencionado sistema. Esse sistema também permite registrar a atuação do próprio magistrado, de forma a permitir que a parte interessada possa tentar obter a nulidade do processo, no âmbito dos tribunais, em decorrência, por exemplo, de atitude discriminatória adotada pelo juiz na audiência ou de tratamento anti-igualitário ou cerceador de direitos.

É interessante reproduzir, neste momento, ementa do TRT da 9.ª Região, a respeito do sistema de gravação de que estamos a falar:

> AUDIÊNCIA REALIZADA VIA SISTEMA AUDIOVISUAL COM ANUÊNCIA DAS PARTES — INCOMPATIBILIDADE DE PROGRAMA INFORMATIZADO DO MICROCOMPUTADOR DA PARTE NÃO AUTORIZA O RECONHECIMENTO DO CERCEAMENTO DE DEFESA — A alegação da parte no sentido de não ter conseguido ouvir e visualizar a audiência registrada por meio audiovisual por incompatibilidade entre os programas utilizados pelo Poder Judiciário e o seu particular não enseja nulidade da audiência quando as partes foram previamente informadas e advertidas sobre o sistema a ser utilizado e o consentiram expressamente. No mais, se o Tribunal confere o conteúdo do CD ou do DVD, fornecido pela Vara sempre que justificadamente solicitado, e verifica a possibilidade de fácil visualização e audição, inviável se falar em nulidade da audiência. Além disto, não resta configurado o cerceamento de defesa quando a parte produziu as provas que entendeu necessárias ao deslinde da questão. Recurso da parte autora a que se nega provimento. (TRT 9.ª R. – ACO 03016-2007-673-09-00-9 – Rel. Edmilson Antonio de Lima – J. 2-9-2008).

Tanto a gravação em fita magnética quanto pelo sistema audiovisual são instrumentos tecnológicos a serviço não somente da imprescindível fidedignidade do registro dos fatos ocorridos na audiência, mas — em consequência — da própria segurança jurídica dos litigantes. Sob o aspecto da fidedignidade dos registros, aliás, o sistema audiovisual apresenta eficiência superior à do sistema tradicional.

É compreensível que o sistema audiovisual possa apresentar, no início, algumas falhas ou imperfeições técnicas, fazendo com que as próprias partes manifestem uma certa desconfiança ou insatisfação em relação a ele ou encontrem argumentos para arguir nulidade processual. O tempo, todavia, cuidará de corrigir essas falhas e de instilar no espírito das partes a necessária confiança no referido sistema."

Pois bem. O art. 460, *caput*, do CPC de 2015, estabelece: "O depoimento poderá ser documentado por meio de gravação".

Nas edições anteriores deste livro afirmamos que, do ponto de vista eminentemente técnico, a gravação estava restrita ao depoimento das testemunhas, considerando que o art. 460 está inserido na Seção IX, que se ocupa da *Prova Testemunhal. Com o passar do tempo, acabamos entendendo que a inserção dessa faculdade processual no precitado artigo teria derivado de um equívoco topológico do legislador, de tal maneira que seria possível concluir que essa faculdade compreenderia não só o depoimento das testemunhas, mas todo e qualquer ato praticado em audiência: depoimentos das partes, do perito, razões finais, resolução de incidentes, emissão da sentença, etc. Sob a perspectiva do democrático princípio da transparência processual, sentimo-nos muito mais confortável com a nova interpretação que demos ao art. 460, caput. A amplitude dessa faculdade não encontraria limites, contudo, nos casos em que o processo tramita em segredo de justiça? Entendemos que não. É preciso lembrar que esse segredo não é aplicável às partes, mas somente a terceiros. Logo, se estes desejarem realizar a gravação de atos da audiência devem demonstrar o seu interesse jurídico ao magistrado e obter, este, a necessária autorização. Será prudente que, em tais situações, o magistrado, antes de decidir, consulte as partes, a fim de evitar que a gravação por terceiros possa implicar violação ao direito de privacidade ou à honra, delas. Recordemos que um dos fundamentos em que se assenta a nossa República é a dignidade da pessoa humana (CF, art. 1.º, III).*

O depoimento, quando digitado ou registrado por meio de estenotipia ou outro método idôneo de documentação, será assinado pelo juiz, pelo depoente e pelos procuradores (CPC, art. 461, § 1.º). Caso haja interposição de recurso em autos de processo físico, o depoimento somente será digitado quando for impossível a remessa de sua documentação eletrônica (*ibidem*, § 2.º). Tratando-se de autos eletrônicos, deverão ser observadas as pertinentes disposições do CPC e a legislação específica sobre a prática eletrônica de atos processuais (*ibidem*, § 3.º).

Capítulo V
Prova Pericial

Conceito de perícia e de perito

Para Moacyr Amaral Santos (*Comentários...*, p. 335), a perícia consiste "no meio pelo qual, no processo, pessoas entendidas e sob compromisso verificam fatos interessantes à causa, transmitindo ao juiz o respectivo parecer".

Realmente, há casos em que determinados fatos podem ser percebidos, com precisão, apenas por pessoas que possuam determinado conhecimento *técnico* ou *científico.* Daí por que Carnelutti se refere aos *fatos de percepção técnica* (*Sistema di diritto processuale civile*. 1. vol., n. 209), que não se incluem no cabedal de conhecimentos das pessoas comuns.

A perícia visa não somente à verificação de tais fatos, mas também à sua apreciação pelo experto; em verdade, o laudo pericial contém um *parecer* do perito acerca dos fatos verificados e interpretados tecnicamente. Com base no laudo (mas não necessariamente em obediência a ele), o juiz apreciará os fatos, formando o seu convencimento. Verifica-se, desse modo, que a perícia não é prova, mas, sim, um *meio* probante.

De nada valeria uma inspeção judicial a pessoas ou coisas (CPC, art. 481) se os fatos a elas relacionados não pudessem ser captados pelas faculdades sensoriais do magistrado, visto que inaptas (isto é, não especializadas) para tanto. Ainda que, eventualmente, o juiz possuísse conhecimentos técnicos a respeito da matéria, não lhe seria permitido agir como perito, pois estaria, em última análise, funcionando como uma espécie de assessor do litigante, cuja parcialidade seria sobremaneira censurável. Esses conhecimentos especializados, o juiz poderia utilizá-los *na apreciação do laudo*, a fim de convencer-se, ou não, da conclusão a que chegou o perito. Aliás, a possibilidade de o juiz atuar *como perito* está vedada, dentre outros dispositivos legais, pelo art. 156 do CPC, cuja expressão é imperativa: "O juiz *será assistido* por perito quando a prova do fato depender de conhecimento técnico ou científico, o juiz *será* assistido por perito, segundo o disposto no art. 421" (grifamos).

O perito é um auxiliar do juízo (CPC, art. 149) contribui, mediante compromisso, com a sua cognição técnica para o descobrimento da verdade. E porque *auxiliar* o é, não substitui o juiz, em suas funções jurisdicionais. Supre-lhe, apenas, o desconhecimento ou a ciência imperfeita a respeito de certos fatos de natureza técnica ou científica.

Correta, portanto, a observação de Coqueijo Costa (*Doutrina e jurisprudência do processo trabalhista*. São Paulo: LTr, 1978. p. 16) de que o perito fica alheio aos resultados do processo; ele apenas "contribui para formar o material de conhecimento de que o juiz precisa, sem participar da decisão, que cabe exclusivamente ao magistrado, dada a jurisdição a esse ínsita, da qual resulta a coisa julgada, garantida constitucionalmente por ser a maior das certezas humanas". Ao apreciar o laudo, o juiz não julga os fatos em sua essência, mas apenas o resultado da investigação efetuada pelo perito: este surge, pois, como um *tradutor* especializado de tais fatos. Daí a razão de falar-se, na doutrina, em *perito perceptivo*, ou seja, aquele cuja função é substituir o juiz na percepção dos fatos, opostamente ao *judicante*, que se destina a indicar ao magistrado as regras de experiência ou a aplicá-las; nessas últimas funções, o perito presta *assistência* ao magistrado, a quem caberá perceber, pessoalmente, os fatos, como ocorre, *v. g.*, na inspeção judicial (CPC, art. 482).

O experto, como é evidente, tem de estar habilitado para exercer a função que lhe foi destinada pelo juiz, sob pena de ser recusado, salvo, é certo, se não houver na localidade pessoa habilitada, ou, havendo, estiver impedida de atuar nos autos, ou, ainda, por qualquer motivo legalmente invocável, não aceitar o encargo. É elementar que o exercício das funções periciais por quem não estiver habilitado para isso somente deverá ser admitido se, além das razões já mencionadas, a) for extremamente difícil trazer de outra localidade perito habilitado e b) o perito não habilitado possuir conhecimentos técnicos necessários ao desempenho das funções, ou seja, para a realização do exame para o qual foi nomeado.

O perito, contudo, não se confunde com a testemunha; embora ambos sejam terceiros na relação jurídica processual, o primeiro relata fatos do presente, enquanto o segundo versa sobre fatos pretéritos. Daí por que se diz, em doutrina, que a testemunha envolve uma apreciação *histórica* dos acontecimentos que constituem o motivo da controvérsia estabelecida na ação. Ela, assim, reconstitui em juízo os fatos do passado que ficaram retidos em sua memória e que interessam à instrução do procedimento. Por esse motivo, não se pode exigir que a testemunha narre, com absoluta fidelidade, fatos ocorridos vários anos antes; seria exigir-lhe acima da sua capacidade mnemônica, com resultados não raro prejudiciais para a ação e para a própria investigação da verdade real que se procura transportar para os autos.

Ademais, enquanto o perito é eminentemente neutro (pois foi nomeado pelo juiz), a testemunha se caracteriza, em regra, pela parcialidade, porquanto a sua presença em juízo deriva de indicação de um dos litigantes.

Da testemunha, por outro lado, não se exige habilitação para prestar declarações; basta, apenas, que tenha *ciência* dos fatos acerca dos quais será interrogada.

Os assistentes técnicos, ao contrário, são *parciais,* no sentido de que funcionam como auxiliares ou consultores do litigante que os indicou. Também deles se exige, em alguns casos, habilitação profissional.

Perito e testemunha

Sabemos que o perito e as testemunhas são pessoas que têm funções distintas no processo; por isso, a doutrina costuma estabelecer as seguintes diferenças entre eles:

a) *a* testemunha depõe sobre os fatos da causa, por ela presenciados ou que lhe chegaram ao conhecimento por intermédio de terceiros; já ao perito cabe *esclarecer* o órgão judicante a propósito dos fatos controvertidos na ação, mediante a prévia formulação de quesitos pelos interessados ou pelo próprio juiz;

b) a testemunha é ouvida, quase sempre, acerca de fatos *pretéritos,* valendo-se, para tanto, de sua capacidade retentiva; o perito, ao contrário, constata o estado atual da coisa ou do objeto, utilizando-se, nesse mister, dos seus conhecimentos técnicos;

c) não se admite, por princípio, que uma testemunha seja substituída por outra, cujo impedimento não se aplica ao perito;

d) a testemunha, em regra, não pode se escusar de comparecer a juízo e de responder ao que lhe for perguntado (salvo nos casos expressamente previstos em lei), enquanto o perito pode se recusar a exercer as funções para as quais foi nomeado;

e) a testemunha não recebe nenhuma quantia para prestar depoimento, pois o que a lei prevê, apenas, é que a parte a reembolse das despesas efetuadas em decorrência do seu comparecimento a juízo; o perito, contudo, aufere honorários pelo trabalho realizado;

f) a testemunha depõe em audiência (ressalvadas as exceções legais), sendo que o perito só tem de vir a juízo para prestar esclarecimentos, caso as partes requeiram ou assim determine, de ofício, o juiz;

g) quanto às testemunhas, incide o princípio da *incomunicabilidade* entre elas (CPC, art. 456); já o perito pode conferenciar com os assistentes, para efeito de elaboração do laudo;

h) o fato de alguém ser indicado como testemunha decorre, quase sempre, da *casualidade* de haver presenciado certo acontecimento sobre o qual controvertem as partes; o perito, ao contrário, é nomeado especialmente em face de possuir conhecimento e competência técnicos acerca dos fatos.

Espécies de prova pericial

Três são as modalidades de prova pericial previstas em lei: exame, vistoria ou avaliação (CPC, art. 464, *caput*).

No *exame*, a atividade do perito consiste em inspecionar, analisar, investigar *pessoas, coisas móveis e semoventes.* Das espécies de perícia, o exame é das mais frequentes no processo do trabalho. Assim, examinam-se, constantemente, assinaturas, escriturações contábeis, documentos em geral, etc. Raramente, o exame tem por objeto pessoas, embora do ponto de vista legal isso seja possível; somente a realidade prática poderá dizer da conveniência ou necessidade desse exame *in personae.* A diferença entre o exame e a vistoria está em que, nessa, o perito inspeciona *imóveis* (terrenos, prédios e o mais). A *avaliação,* por sua vez, implica atribuir-se, estimativamente, um valor monetário às coisas (móveis ou imóveis), e aos direitos e às obrigações que constituem o objeto da perícia. A avaliação, contudo, não se confunde com o *arbitramento,* pois aqui ocorre a apuração do valor da coisa, do direito ou da obrigação, que é o *objeto do litígio.* Destarte, haverá arbitramento quando, por exemplo, inexistirem na sentença quaisquer elementos capazes de propiciar a sua liquidação, ou quando se tiver de fixar o valor do salário devido ao empregado, e o critério apontado pelo art. 460, da CLT, revelar-se insatisfatório etc.

Classificação da prova pericial

Tendo como ponto de referência a existência ou não de ação em curso, podemos classificar a perícia em a) judicial e b) extrajudicial. A primeira é a mais comum. Provém de ação proposta, sendo determinada de ofício ou a requerimento de uma parte ou de ambas as partes. É a essa espécie que se referem os arts. 464 a 480 do CPC, 195, § 2.º da CLT, e 3.º da Lei n. 5.584/1970, entre outros. Embora a perícia *extrajudicial* seja menos frequente, ela se verifica, por exemplo, na hipótese do art. 195, § 1.º, da CLT, quando, objetivando caracterizar, classificar ou delimitar as atividades insalubres ou perigosas, poderão as empresas e os sindicatos representativos das categorias profissionais interessadas requerer ao Ministério do Trabalho a realização de perícia em estabelecimento ou setor deste.

A perícia, por essa forma realizada, conterá um forte componente de prova pré-constituída, razão por que poderá a parte contrária requerer, em juízo, que uma outra seja efetuada por perito a ser indicado pelo magistrado.

Produzida *antecipadamente,* contudo (na forma dos arts. 381 a 383 do CPC), a prova pericial será *judicial,* porquanto requerida ao juiz (CPC, art. 382) e por esse deferida.

Adotando-se como critério a existência de norma legal impositiva ou não impositiva, teremos a perícia a) obrigatória e b) facultativa. Exemplo típico de perícia *obrigatória* é a que concerne à apuração e classificação das atividades insalubres ou perigosas (quanto a essa, em rigor, só haverá apuração, pois o percentual é um só); tanto isso é certo que estabelece o art. 195, § 2.º, da CLT: "Arguida em juízo insalubridade ou periculosidade, seja por empregado, seja por sindicato, em favor de grupo de associados, *o* juiz *designará perito* habilitado na forma deste artigo..." (grifamos). Onde não houver perito habilitado, caberá ao juiz requisitar a perícia ao órgão competente do Ministério do Trabalho (Delegacia Regional do Trabalho). O art. 510, do CPC, aplicável subsidiariamente ao processo do trabalho (pois o art. 879, *caput*, da CLT é insuficiente para disciplinar a matéria), indica um outro caso de perícia obrigatória: o arbitramento, sempre que não for possível a liquidação mediante cálculos ou artigos.

Fora as poucas exceções, de resto, no processo do trabalho, a perícia é *facultativa:* a sua realização dependerá de requerimento do interessado ou da iniciativa do próprio juiz.

Convém, todavia, lançar mais algumas considerações a propósito da perícia obrigatória. Sucede que, em certos casos, nada obstante a lei determine a sua realização, o bom-senso recomenda não que se descumpra o mandamento legal, mas que se afirme já haver sido atendida a sua vontade. Não nos referimos às hipóteses de indeferimento, mencionadas no parágrafo único e incisos do art. 420 do CPC. Argumentemos com um exemplo concreto. O empregado postula o adicional de insalubridade, digamos, em grau médio. Na convenção coletiva de trabalho, juntada por ele ou pelo empregador, há cláusula assegurando o direito de os empregados, que exerçam funções como a do reclamante, perceberem, a título de adicional de insalubridade, percentual correspondente ao grau médio — exatamente o pleiteado na inicial. Ora, sendo autêntica a convenção juntada e apta para obrigar o empregador, não se justifica a determinação judicial no sentido de proceder-se à perícia. A única prova que talvez devesse ser produzida, nesse caso, estaria relacionada à função efetivamente exercida pelo autor da ação. Essa prova tanto poderia ser documental quanto testemunhal.

Em outros casos, inclusive, a matéria relativa à perícia se torna exclusivamente de fato, como ocorreria, *v. g.*, na hipótese de o empregador, reconhecendo que em determinada seção do estabelecimento mencionado na inicial há atividade perigosa, alegar que o reclamante não trabalhava na referida seção.

Daí por que, na espécie, a prova se resumirá à matéria de fato, consistente na verificação de ter ou não o reclamante trabalhado naquele local. O meio probante, então, será testemunhal.

Enfim, malgrado a lei exija, em certos casos, a prova pericial, é preciso que o juiz verifique se, em concreto, o objetivo que anima a imposição legal não foi atendido, em virtude de certos fatos, circunstâncias ou peculiaridades que possam ser legitimamente invocados. Não podemos nos esquecer de que os exames periciais, em regra, são dispendiosos, sob o aspecto financeiro, além de acarretarem um elastecimento do prazo de duração do processo.

No final deste capítulo, retornaremos ao assunto pertinente à dispensa da prova pericial.

Indeferimento da prova pericial

Reitor exclusivo do processo, o juiz necessita de poderes para coibir diligências inúteis ou meramente procrastinatórias, requeridas pelos litigantes; por isso, a lei lhes concedeu (CPC, art. 370, parágrafo único). O exercício desse poder específico, entretanto, constitui faculdade do juiz, que dela se valerá com sensatez e oportunidade.

Em determinados casos, porém, o indeferimento de pedido dessa natureza não decorre do arbítrio do julgador, mas do comando cogente da própria lei, como acontece, por exemplo, em matéria de prova pericial. Tanto isso é verdadeiro que o art. 464, § 1.º, do CPC dispõe que ele *indeferirá* a produção dessa prova técnica quando:

a) *o* fato probando independer de conhecimento especial, técnico ou científico;

b) for desnecessária em face de já haver sido produzida outra prova;

c) *a* verificação for impraticável.

As razões do veto legal são de ordem lógica e pragmática, porquanto:

a) quando a prova do fato controvertido puder ser feita mediante documentos ou pelo testemunho comum das pessoas, não se justifica a prova pericial, em regra, mais demorada e onerosa, como dissemos. Diríamos, inclusive, que essa prova, eminentemente técnica, tem caráter estrito, pois o seu deferimento não se dá com a mesma amplitude que ocorre em relação aos demais meios probantes;

b) se a demonstração da verdade do fato alegado já foi feita, é palmar que, a partir daí, a prova pericial (ou mesmo outra qualquer) será de todo inútil. É necessário verificar, todavia, se a prova fora feita por meio efetivamente idôneo; se não o foi, deverá o juiz deferir a realização da prova pericial. Seria o caso, *e. g.*, de testemunhas haverem afirmado que a atividade exercida no estabelecimento do réu era insalubre: ora, as testemunhas constituem, sabidamente, meio inadequado para a prova desse fato, motivo por que caberá ao juiz determinar (em algumas hipóteses, como essa, até mesmo de ofício) a realização da perícia — único meio idôneo para tanto (CLT, art. 195, § 2.º);

c) em certas circunstâncias, embora a prova pericial fosse, por princípio, exigível, não se haverá de deferi-la, por ser impraticável. Isso ocorreria, *v. g.*, no caso de o objeto da perícia já não existir (documentos destruídos, prédios demolidos, etc.), de tal sorte que a realização dessa prova seria, acima de tudo, impossível (CPC, art. 464, § 1.º, III).

Havendo, todavia, sinais ou vestígios da coisa destruída, ficará ao prudente arbítrio do juiz deliberar quanto à realização da perícia.

Requerimento

Já dissemos que o processo do trabalho, ao contrário do civil, não possui uma fase específica, destinada ao saneamento e à organização do processo (CPC, art. 357). É na audiência onde, em regra, o Juiz do Trabalho toma conhecimento do teor da petição inicial e da resposta do réu e, consequentemente, dos requerimentos que as partes formularam quanto à produção de provas, e, em particular, da pericial.

Assim, o momento processual em que o Juiz do Trabalho deve apreciar esses requerimentos é o da primeira audiência. Compulsando os autos, ele tratará de verificar se não ocorreu qualquer das hipóteses previstas pelos incisos I a III do parágrafo único do art. 464, § 1.º, do CPC; em caso positivo, indeferirá, fundamentalmente, o requerimento, devendo o mesmo ocorrer nos outros casos que há pouco mencionamos.

Se os fatos em que se apoia o pedido do autor dependerem de prova exclusivamente pericial, o juiz determinará desde logo a sua realização; embora difundida na prática, não se deve ordenar a retirada dos autos de pauta até a conclusão da perícia: é o conhecido adiamento da audiência *sine die*. Não nos parece correto esse procedimento, pois nada impede (ao contrário, tudo recomenda) que o magistrado designe outra data para o prosseguimento da audiência, em espaço de tempo suficiente para a realização da perícia. Essa audiência se destinará não apenas para, se for o caso, o interrogatório do perito e dos assistentes, mas para o encerramento da instrução, a apresentação de razões finais e a renovação da proposta conciliatória.

Se apenas parte do pedido depender de prova pericial, caberá ao juiz deliberar, segundo a sua experiência e o que lhe parecer aconselhável, ordenar, primeiro, a produção da prova técnica e, depois, as demais, ou vice-versa.

Ao deferir a produção da prova pericial, o juiz, segundo a praxe vogante: a) nomeará perito habilitado (segundo seja a espécie da perícia), intimando-o a vir prestar o compromisso legal; b) determinará que indique, previamente, o dia, horário e local em que terão início as diligências; c) fixará prazo para a entrega do laudo; d) facultará às partes, no prazo comum e preclusivo de cinco dias, a indicação de assistentes técnicos e a formulação de quesitos; e) determinará que uma delas, ou ambas, antecipe, parcialmente, os honorários do perito, cujo valor arbitrará, provisoriamente.

Analisemos, a seguir, cada uma dessas providências.

a) Nomeação de perito habilitado e compromisso

Em geral, nas Secretarias da Vara há uma relação de peritos, que o juiz consulta sempre que tiver de nomear algum deles para funcionar em determinados autos. De qualquer modo, a nomeação do experto é ato de livre escolha do magistrado; e assim o é porque a lei instituiu o perito único (Lei n. 5.584/70, art. 3.º, *caput*). Já não há, portanto, perito *desempatador*, figura presente no CPC de 1939. O que as partes indicam são apenas *assistentes técnicos* (CPC, art. 465, § 1.º, II).

O perito tem de ser pessoa habilitada ao exercício da função. Assim, a caracterização e a classificação da insalubridade e da periculosidade deverão ser feitas por médico ou por engenheiro do trabalho, respectivamente (CLT, art. 195, *caput*). A propósito, a Orientação Jurisprudencial n. 165, da SBDI-I, do TST, estabelece: "Perícia. Engenheiro ou médico. Adicional de periculosidade e insalubridade. Válido. Art. 195 da CLT. O art. 195 da CLT não faz qualquer distinção entre o médico e o engenheiro para efeito de caracterização e classificação da insalubridade e periculosidade, bastando para a elaboração do laudo seja o profissional devidamente qualificado." As perícias contábeis, por sua vez, só podem ser realizadas por intermédio de *contador* e não de técnico em contabilidade, por força do disposto no art. 25 do Decreto-lei n. 9.295, de 27 de maio de 1946, que foi regulamentado pelo Conselho Federal de Contabilidade pela Resolução n. 96, de 13 de dezembro de 1958.

Nomeado, o perito será intimado para comparecer à Secretaria da Vara, a fim de prestar o compromisso legal. Embora o art. 466, *caput*, do CPC, dispense o *expert* de prestar compromisso legal, essa formalidade é exigida pelo art. 827, da CLT: "O juiz ou presidente poderá arguir os peritos *compromissados*" (destacamos).

Se, por dolo ou culpa, o perito prestar informações inverídicas, responderá pelos prejuízos que ocasionou à parte e ficará inabilitado por dois a cinco anos para funcionar em outras perícias, sem prejuízo das sanções penais aplicáveis (CPC, art. 158), que no caso consistirão em pena de reclusão, de um a três anos, e multa de dois mil cruzados a seis mil cruzados (Cód. Penal, art. 342). Além disso, o juiz deverá comunicar o fato ao respectivo órgão de classe para a adoção das medidas que entender cabíveis (CPC, art. 158).

Deixando o perito, sem motivo legítimo, de prestar o compromisso legal ou de cumprir o encargo no prazo fixado (CPC, art. 468, II), será destituído, sem prejuízo de comunicação à correspondente corporação profissional e de pagar multa estabelecida pelo Juiz, segundo o valor da causa e o possível prejuízo decorrente do atraso do processo (CPC, art. 468, § 1.º). O perito substituído restituirá, no prazo de quinze dias, os valores recebidos pelo trabalho não realizado, sob pena de ficar impedido de atuar como perito judicial pelo prazo de cinco anos (*ibidem*, § 2.º). Se o perito deixar de efetuar a devolução no prazo legal, a parte que tiver realizado o adiantamento dos honorários poderá promover a execução contra ele, valerá como título executivo a decisão judicial que determinou a devolução do numerário.

Caso a perícia seja complexa, abrangendo mais de uma área de conhecimento especializado, fica facultado ao juiz nomear mais de um perito e, às partes, indicar mais de um assistente técnico. É evidente que cada perito deverá estar habilitado em relação à área de conhecimento que será objeto do exame (CPC, art. 475).

b) Determinação para que indique, previamente, o dia, horário e local em que terão início as diligências

Não é bastante que o juiz determine o comparecimento do perito à secretaria da Vara e que esse preste o compromisso legal; é necessário, ainda, que o perito comunique ao magistrado, com razoável antecedência, a data, o horário e o local em que dará início às diligências. Essa providência é indispensável para que o juiz possa mandar intimar as partes a esse respeito. É oportuno observar que as partes e seus advogados têm o direito de acompanhar a realização dos trabalhos periciais; para isso, como dissemos, é fundamental a cientificação do dia, do horário e do local em que o exame, a avaliação ou a inspeção será realizada. Sem que as partes ou seus advogados sejam intimados para o fim mencionado, o ato da perícia poderá ser inquinado de nulo.

O processo civil de 1973 não continha norma acerca do assunto; posteriormente, por força da Lei n. 10.358/2001, inseriu-se o art. 431-A, no CPC, para dispor que "As partes terão ciência da data e do local designados pelo juiz ou indicados pelo perito para ter início a produção da prova". Muito antes dessa alteração legislativa vínhamos adotando essa providência no âmbito da Justiça do Trabalho, pois a CLT também era — e continua sendo — omissa quanto a isso. O art. 474 do CPC de 2015 reproduziu, literalmente, a disposição do art. 431-A, do CPC de 1973.

c) Fixação de prazo para a entrega do laudo

O princípio (ou anseio?) da celeridade do procedimento trabalhista não pode ser postergado, mesmo nos casos de realização de prova pericial. Daí por que exige a Lei (n. 5.584/70, art. 3.º, *caput*) que o juiz fixe prazo para a entrega do laudo pericial, que variará conforme seja a complexidade da perícia. O art. 465, *caput*, do CPC, também exige que o juiz, tão logo nomeie o perito, assine prazo para a entrega do laudo. Costumeiramente, fixa-se o prazo de trinta dias; não há regra legal específica quanto a isso. O importante é que sempre se assine um prazo para tanto, não somente porque assim exige a lei, mas por ser medida necessária para a *programação* e o controle do procedimento. Excedido o prazo, sem que o perito tenha entregue o laudo, o juiz determinará a sua intimação para que o faça ou justifique por que ainda não o fez. Poderá o perito, diante disso, solicitar uma dilação do prazo, expondo as razões do seu requerimento. Caso não entregue o laudo na data aprazada, nem requeira o elastecimento do prazo, deverá o juiz destituí-lo, nomeando outro em seu lugar. A possibilidade de substituição do perito está expressamente prevista no art. 468, inciso II, do CPC.

O § 2.º do art. 421 do CPC, entretanto, permitia que, quando a natureza do fato assim o possibilitasse, a perícia se resumiria à inquirição, pelo juiz, do perito, por ocasião da audiência de instrução e julgamento, acerca daquilo que houvesse examinado ou avaliado. Com essa providência, pretendeu o legislador de 1973 simplificar o procedimento e agilizá-lo, pois se tornava desnecessária a apresentação do laudo tradicional. O § 3.º do art. 465, do CPC de 2015, dispõe que a prova técnica *simplificada* consistira apenas na inquirição de especialista, pelo juiz, acerca do ponto controvertido da causa que exija especial conhecimento científico ou técnico.

Considerando, porém, os largos prazos para a realização das audiências trabalhistas, colocamos em dúvida a eficiência desse dispositivo do processo civil, ao ser aplicado no do trabalho, máxime se tivermos em conta o fato de que, neste, se firmou a praxe de não se designar audiência para obter esclarecimentos do perito (CPC, art. 477, § 3.º), preferindo-se obtê-los por meio de perguntas dirigidas por escrito ao experto e por este respondidas sob igual forma.

O § 2.º do art. 464, do CPC de 2015, faculta que o juiz, *ex officio* ou a requerimento das partes, substitua a perícia (tradicional) pela produção de *prova técnica simplificada*, quando o ponto controverso for de menor complexidade. A aplicação dessa norma deve ser feita com prudência, pois o que se tem visto, na prática, em alguns casos, é o ponto controvertido ser, extremamente, complexo, mas, apesar disso, o juiz ordenar a realização de prova técnica simplificada, na qual, em rigor, não há apresentação de assistentes técnicos nem a formulação de quesitos. Por outro lado, a declaração inscrita no § 3.º do art. 464, de que o especialista *será inquirido pelo juiz* não significa que se poderá recusar às partes o direito de formularem perguntas ou reperguntas ao especialista.

d) Indicação de assistentes e formulação de quesitos

Pondo-se à frente o fato de que, no processo do trabalho, como vimos, a nomeação do perito no mais das vezes é feita em audiência, na qual se encontram as partes, terão elas, a contar daí, o prazo comum e preclusivo de quinze dias para indicar assistentes técnicos e formular quesitos (Lei n. 5.584/70, art. 3.º, parágrafo único, e art. 465, § 1.º, II e III, do CPC.

Entendemos que somente em casos excepcionais deverá o juiz permitir a formulação de quesitos e a indicação de assistentes além do prazo fixado; a não ser assim, estar-se-ia permitindo uma injustificável desobediência ao despacho, o que seria deletério para as regras estabelecedoras da disciplina probatória em geral. A manifestação doutrinária, contudo, parece propender em sentido oposto, entendendo que o prazo de quinze dias não é preclusivo.

Ao contrário do que se vem verificando em concreto, os assistentes *não prestam compromisso* legal, uma vez que essa exigência só se concerne ao perito (CLT, art. 827). Pondera Wagner Giglio (ob. cit., p. 185) que a autorização do compromisso dos assistentes importaria dar um passo atrás, em retornar ao sistema revogado, porquanto de certa forma "o compromisso se vincula ao juiz que assina o termo", concluindo, com precisão, que "daí para o pedido de fixação judicial de honorários seria apenas mais um passo e outra concessão ao passado".

No mesmo prazo de quinze dias para a indicação de assistentes, como vimos, poderão as partes formular quesitos para serem respondidos pelo perito e pelos assistentes. Esses quesitos nada mais são do que perguntas dirigidas aos técnicos que participaram da perícia. Pode-se afirmar, por isso, que são os quesitos que orientam a perícia e delimitam o seu campo, na medida em que o perito e os assistentes não são obrigados a informar sobre fatos que não foram objeto de perguntas.

Entendendo que os quesitos são impertinentes (como, por exemplo, se versarem sobre assunto de interpretação jurídica), o juiz os indeferirá (CPC, art. 470, I), pois ao perito compete, apenas, pronunciar-se sobre *fatos* e não acerca de matéria de direito.

Interessado, primordialmente, no descobrimento da verdade, poderá o juiz também formular quesitos (CPC, art. 470, II), conquanto na prática isso quase não se verifique. Em determinadas hipóteses, entretanto, é quase imprescindível a elaboração de quesitos pelo magistrado, como, por exemplo, quando as partes, embora tenham sido intimadas para isso, deixarem de formulá-los.

Referimo-nos, até aqui, aos quesitos apresentados antes da diligência do perito. Permite a lei, todavia, que as partes apresentem, no curso desta, outros quesitos, que por esse motivo recebem a denominação de *suplementares* (CPC, art. 469). Juntados esses quesitos aos autos, o diretor da Secretaria dará ciência à parte contrária (*ibidem*, parágrafo único). Também os quesitos suplementares se submetem ao crivo do juiz, que poderá indeferi-los, nos casos previstos em lei.

É conveniente analisar-se o exato sentido da expressão legal *durante a diligência* (CPC, art. 469), utilizada para indicar até que momento os quesitos suplementares podem ser oferecidos.

Não há dúvida de que a sua apresentação poderá ocorrer inclusive *antes* das diligências; o caráter de suplementariedade, no caso, se relaciona aos quesitos que haviam sido elaborados no quinquídio fixado pelo Juiz. A nosso ver, aliás, a parte somente poderá apresentar os suplementares se houver oferecido, antes, os quesitos iniciais; a não ser assim, estar-se-á negando a própria razão de ser dos quesitos suplementares, o que equivale a dizer que se estará admitindo efeito sem causa, a par de favorecer ao litigante (ou interessado) que se revelou negligente na primeira oportunidade. Consagrando esse entendimento, sustentou o Supremo Tribunal Federal, na vigência do CPC de 1973, que: "Os quesitos principais devem ser apresentados dentro de cinco dias, contados da intimação do despacho de nomeação do perito (CPC, art. 421, § 1.º). Perdida esta oportunidade, não pode a parte apresentar quesitos suplementares" (RE-158-3-PR, rel. Min. Décio Miranda, 2.ª T. In: *DJU* de 11-4-1980, p. 2.240).

Pois bem. Pela expressão, *durante a diligência*, se deve entender que se consente a apresentação dos referidos quesitos até a realização do exame; não, porém, após isso, sob o pretexto de que o laudo ainda não foi confeccionado.

e) Depósito parcial e prévio dos honorários periciais

Na prática, alguns juízes, logo após a nomeação do perito, costumavam determinar que uma ou ambas as partes depositassem, a título de antecipação parcial dos honorários, quantia para esse fim fixada. Não negávamos a utilidade dessa medida porque, de certa forma, constituía um estímulo ao louvado, a par de lhe garantir, ainda que em parte, os honorários, cujo valor final seria arbitrado pela sentença. O fundamento legal para os magistrados que adotavam esse procedimento parecia residir no art. 82 do CPC, segundo o qual: "Salvo as disposições concernentes à Justiça gratuita, cabe às partes prover as despesas dos atos que realizam ou requerem no processo, antecipando-lhes o pagamento (...); ou, na execução, até a plena satisfação do direito reconhecido no título" e no art. 95 do mesmo Código, que estatui: "Cada parte adiantará a remuneração do assistente técnico que houver indicado, sendo a do perito adiantada pela parte que houver requerido a perícia ou rateada quando a perícia for determinada de ofício ou requerida por ambas as partes".

Conforme dissemos, nada obstante essa antecipação dos honorários visasse a motivar o perito, entendíamos que qualquer imposição aos litigantes, nesse sentido, seria a arbitrária — para não dizer ilegal, ensejando, com isso, a impetração de mandado de segurança. Assim afirmávamos porque, a nosso ver, os arts. 82 e 95 do CPC eram manifestamente incompatíveis com o processo do trabalho, no qual vigora o princípio da gratuidade — embora parcial — do procedimento.

O fato de o empregado estar, em alguns casos, recebendo o benefício da justiça gratuita (que não se confunde com a assistência judiciária a que se referem o art. 14 e segs. da Lei n. 5.584/1970) não invalidava o nosso argumento; seria de indagar-se: e quando ele não estivesse sendo beneficiado dessa justiça gratuita, deveria antecipar os honorários periciais, mesmo que parcialmente, sabendo-se que talvez nem tivesse condições financeiras para fazê-lo? Não são todos, afinal, que conseguem ser favorecidos pela gratuidade judicial. O cotidiano forense nos demonstrava, a mãos cheias, que a determinação do juiz para que o empregado realizasse o depósito para tal fim vinha causando a este enormes transtornos, fazendo, inclusive, com que o despacho acabasse sendo desatendido e, em consequência, a realização da perícia fosse retardada em meses; quando não, o empregado chegava a desistir da produção dessa prova; ou — o que é mais grave — essa acabava sendo indeferida pelo magistrado.

Exigir-se essa antecipação somente do empregador réu seria consagrar-se um tratamento de desigualdade que repulsava ao senso comum e feria o art. 139, inciso I, do CPC e, em especial, o caput do art. 5.º, da CF. É certo que se o trabalhador e o empregador, em certa hipótese, pretendessem atender à determinação judicial, efetuando o depósito, a questão perderia o interesse prático, porquanto teriam anuído com o ato do juiz, não se podendo reputar, aliás, que nesse caso o propósito objetivo, a que essa antecipação visava, teria alcançado. Negando-se a parte a tanto, porém, e insistindo o juiz em seu despacho, afirmávamos que a ela será possível cassar o ato por intermédio de reclamação correcional ou mesmo pelo remédio heroico do mandado de segurança, pois os arts. 82 e 95 do CPC, não incidindo no processo do trabalho, deixavam claro o seu direito líquido e certo em não efetuar o depósito relativo à antecipação dos honorários do experto — direito que emanava do art. 5.º, II, da Constituição Federal. Leciona, a respeito, Coqueijo Costa (*Mandado de segurança e controle constitucional*. São Paulo: LTr, 1980. p. 42) que "toda violação de forma preestabelecida, por parte do Juiz, que importa em cercear qualquer das faculdades conferidas ao demandante ou ao demandado, é constrangimento ilegal, reparável por Mandado de Segurança. Também todo aquele comportamento do Juiz que, não autorizado em lei processual, se traduza em ônus ou obrigação para o demandante ou para o demandado".

Esclarecemos que a nossa referência acima, quanto à solicitação do juiz para que a antecipação do depósito fosse feita, significava que ela poderia ser formulada aos litigantes — devendo, contudo, ser imediatamente revogada se houvesse recusa no atendimento.

Tempos depois, a Lei n. 13.467, de 13-7-2017, insere na CLT o art. 790-B, cujo § 3.º dispõe: "O juízo não poderá exigir adiantamento de valores para realização de perícias". Foi o que sempre sustentamos, conforme procuramos demonstrar em linhas anteriores. Deu-nos razão, portanto, o legislador.

O tema relativo aos honorários periciais, entretanto, não se exauria nisso; tornava-se necessário verificar, ainda, com qual das partes ficaria a responsabilidade pelo seu pagamento, sabendo que, em qualquer caso, essa obrigação, no processo de conhecimento, somente nasce com a sentença de fundo, que compõe a lide, como de resto, aliás, as demais obrigações que legitimam a execução dessa classe de título judicial.

Há alguns anos, o TST, apreciando a matéria, decidira que: "Honorários de perito. Aplicação do art. 33 do CPC. Sendo a perícia requerida pelo empregador, conforme consta da defesa, o ônus da remuneração dos honorários do perito não se transfere para o empregado. Inexiste vinculação quanto à sucumbência". (Ac 2.ª T., 2.101/83, RR 2.537/82, de 19-10-83, rel. Min. Prates de Macedo, por maioria. In: *DJU* de 21-10-83, p. 16.382) Estava implícita, portanto, nessa decisão do TST a declaração de que tais honorários deveriam ser suportados pelo empregador sempre que a perícia houvesse sido por ele requerida, ainda que o laudo lhe fosse favorável.

Já na época, divergíamos desse entendimento. Argumentávamos: o art. 33 do CPC (de 1973), invocado pelo respeitável aresto, foi, *data venia,* equivocadamente interpretado; a referência que a precitada norma legal fez ao pagamento da remuneração do perito deveria ser entendida, mesmo sob a óptica do processo civil, no sentido de que competia à parte *adiantar* esses honorários, cuja regra se harmonizava com a do art. 19, *caput*, do mesmo Código, no qual se falava, também, em antecipação do pagamento. Em nenhum instante, pois, o CPC desvinculava da sucumbência o pagamento final dos honorários periciais. Bastaria consultar o art. 20, *caput,* daquele diploma processual, para constatar-se que ali o legislador voltou a utilizar a expressão: "*despesas que antecipou*" (grifamos).

De qualquer forma, como havíamos dito, o art. 19 do CPC de 1973, era manifestamente incompatível com o processo do trabalho, que não exige o pagamento antecipado das despesas relativas aos atos do procedimento; essas, como se sabe, são pagas apenas no final, e, ainda assim, pelo vencido.

A nosso ver, por isso, a solução do problema concernente à responsabilidade pelo pagamento dos honorários do perito estava umbilicalmente presa ao resultado do laudo; de tal arte, se a conclusão técnica fosse quanto à existência, digamos, de insalubridade, periculosidade, falsidade material do documento produzido pelo empregador, etc., seria incensurável a sentença que condenasse o réu ao pagamento dos honorários; se, ao contrário, ficasse comprovada a inexistência dos elementos que constituíram o objeto da perícia, resultava evidente que se deveria atribuir ao autor o encargo de satisfazer o pagamento dos referidos honorários.

O núcleo de nosso argumento desprezava, como se percebe, a circunstância de a perícia haver sido requerida por esta ou aquela parte, para subordinar-se, segundo nos parecia jurídico, exclusivamente às conclusões estampadas no laudo, ou seja, ao resultado do exame, da vistoria ou da avaliação, conforme fosse a hipótese. Considerávamos despiciendo, também, o fato de tratar-se de perícia obrigatória ou facultativa. Essa nossa opinião acabou sendo perfilhada, mais tarde, pelo TST, como evidenciava a Súmula n. 236[(94)]: "A responsabilidade pelo pagamento dos honorários periciais é da parte sucumbente na pretensão relativa ao objeto da perícia". Posteriormente, esse entendimento jurisprudencial se converteu em norma legal (CLT, art. 790-B), acrescentando-se, apenas, a ressalva de que a parte sucumbente não será responsável pelo pagamento dos honorários periciais caso seja beneficiária de justiça gratuita. Em razão disso, foi cancelada a Súmula n. 236.

Havia, no entanto, uma indagação inquietante: se a parte vencida no objeto da perícia estivesse recebendo o benefício da justiça gratuita, quem seria

(94) A mencionada Súmula foi adotada pela Resolução Administrativa n. 15, de 25-11-85.

responsável pelo pagamento dos honorários periciais? Considerando que, na hipótese, a norma legal isenta o vencido do pagamento; que a imposição do pagamento à parte contrária, vencedora no objeto da perícia, se ressente de fundamento legal; que o perito não é obrigado a trabalhar de graça, a única solução jurídica e socialmente viável nos parecia ser a imposição de pagamento ao Estado ou à União, com fulcro no inciso LXXIV do art. 5.º, e no art. 134, ambos da CF. É oportuno lembrar que, nos termos do art. 3.º da Lei n. 1.060, de 5-2-1950, a assistência judiciária compreende, dentre outras isenções, "V – *dos honorários de* advogado e *peritos*" (destacamos).

Alguns Tribunais Regionais do Trabalho, por meio de Provimento, dispuseram sobre o pagamento de honorários periciais no caso de a parte, sucumbente no objeto da perícia, estar recebendo o benefício da justiça gratuita. Em razão disso, foi cancelada a Súmula n. 236.

É importante observar que os honorários periciais integram, como espécie, o gênero das despesas processuais, de que participam, igualmente, as custas — essas relacionadas à "informação, propulsão e terminação do processo" (Pontes de Miranda. *Comentários ao Código de Processo Civil*. Rio de Janeiro: Forense, 1975. p. 408-409).

A distinção entre honorários periciais e custas não é cerebrina nem supérflua, pois atende às razões finalísticas de ambas, conforme as previsões legais específicas, sendo que a sua consequência prática, na ordem jurídica, pode ser avaliada pela particularidade de somente o não pagamento dessas acarretar a deserção dos recursos, porquanto a satisfação das custas aí figura como um dos seus pressupostos (objetivos) de admissibilidade.

É muito provável, aliás, que alguns intérpretes se tenham deixado influenciar pela dicção do art. 789, § 1.º da CLT, a teor da qual "As custas serão pagas pelo vencido" (sublinhamos), para concluírem que se deveria aplicar o mesmo tratamento legal aos honorários do experto. Nada mais equivocado. Ora, o réu somente pagará custas em relação aos pedidos do autor que foram acolhidos pela sentença, precisamente porque elas incidem no valor da condenação (CLT, art. 789, inciso I), valendo lembrar que o processo do trabalho repele a condenação *pro rata* em custas, exceto quando se tratar de lide oriunda de relação de trabalho (TST, Instrução Normativa n. 27/2005, art. 3.º, § 3.º).

Pondo fim à controvérsia, o § 4.º do art. 790-B, da CLT dispôs: "Somente no caso em que o beneficiário da justiça gratuita não tenha obtido em juízo créditos capazes de suportar a despesa referida no caput, ainda que em outro processo, a União responderá pelo encargo". O *caput* diz respeito ao pagamento dos honorários periciais. O § 4.º do art. 790-B, da CLT, tem sido criticado, pela doutrina e pela jurisprudência, que veem nessa norma traços de inconstitucionalidade.

A escusa e a recusa do perito e dos assistentes técnicos

A *escusa* é ato do perito ou dos assistentes, consistente no direito de não aceitar o dever que lhe foi atribuído. A *recusa,* opostamente, é a manifestação de discordância da parte quanto ao perito ou ao assistente da adversa.

Tratando-se de *escusa*, deverá o perito ou o assistente, dentro de 15 dias da data da intimação, ou do impedimento superveniente ao compromisso, dirigir-se ao juiz e solicitar que o dispense do encargo, mencionando as razões que o levam a requerer nesse sentido (CPC, art. 157, § 1.º). Não o fazendo, reputar-se-á que houve *renúncia* ao direito de escusa (*ibidem).* No caso de *recusa,* essa deverá ser arguida mediante petição (que mencionará a sua causa), na primeira vez que a parte tiver de falar nos autos ou em audiência. A recusa configura, assim, um incidente, que, por isso, deverá ser processado separadamente, embora sem suspensão do processo, sendo certo que se deverá ouvir o arguido em cinco dias, possibilitando-se a produção de provas pela parte recusante. Em seguida, o juiz resolverá o incidente, de cuja decisão, por ser interlocutória, não caberá recurso (CLT, art. 893, § 1.º).

Aceitando a escusa ou acolhendo a impugnação (recusa), o juiz nomeará novo perito (CPC, art. 467, parágrafo único).

Substituição do perito ou dos assistentes técnicos

A substituição do perito ou dos assistentes dar-se-á nos casos, já mencionados, de escusa ou recusa.

Prevê o art. 468 do CPC, todavia, duas situações em que a substituição ocorrerá: a) quando faltar-lhe conhecimento técnico ou científico; e b) quando, sem motivo legítimo (relevante), deixar de cumprir o encargo no prazo que lhe foi assinado ou de prestar o compromisso legal (esse compromisso, no processo do trabalho, é exigido, apenas, do perito, pois os assistentes não o prestam).

Se o perito não possuir conhecimento técnico ou científico que o habilite a desempenhar a função, é elementar que não poderá ser aceito. Esse fato pode ser alegado inclusive como motivo de *escusa,* entendendo Moacyr Amaral Santos que o perito ou os assistentes poderão escusar-se, com apoio nessa causa, mesmo após o prazo de quinze dias constante do art. 157, § 1.º, do CPC.

Não vemos, contudo, razões lógicas para se haver autorizado o juiz a recusar os *assistentes* quando esses carecerem de conhecimentos técnicos ou científicos. Ora, ao juiz interessa a aptidão do *perito* que foi por ele nomeado; quanto aos assistentes, o eventual desconhecimento técnico ou científico acerca daquilo que constitui o objeto da perícia é questão que deveria ficar restrita às partes que os indicaram, porquanto as consequências prejudiciais dessa insciência somente a elas diz respeito.

Daí por que entendemos que não deva o juiz ingerir-se na escolha dos assistentes, a quem substituirá, todavia, na hipótese de não possuírem habilitação legal (e não aptidão ou conhecimento), quando esse for o caso.

Por outro lado, se o perito, injustificadamente, deixar de comparecer para prestar o compromisso legal (CLT, art. 827), deverá ser substituído, sem prejuízo da aplicação da penalidade pecuniária prevista no § 1.º do art. 468 do CPC e de comunicação da ocorrência à corporação profissional respectiva; a substituição deverá ser também determinada no caso de ele deixar de entregar sem justificativa plausível o laudo no prazo fixado, notadamente quando houver sido intimado para que o faça (art. 468, II, por analogia).

Perícia mediante carta

Quando a produção da prova pericial tiver de ser efetuada mediante carta precatória ou rogatória, a nomeação do perito e a indicação dos assistentes técnicos poderá ser feita no juízo deprecado ou rogado, ao qual se tenha requisitado a perícia (CPC, art. 465, § 6.º).

Caberá ao juízo deprecante ou rogante declarar o prazo dentro do qual a carta deverá ser cumprida, levando em conta a facilidade das comunicações e a natureza da diligência, no caso, pericial (CPC, art. 261, *caput*). Na prática, nem sempre o juízo deprecante estabelece prazo para o cumprimento da carta, provavelmente, para não parecer descortês aos olhos do deprecado. Não se cuida, porém, de descortesia, e sim de cumprimento a uma norma legal. Sempre que for o caso, o juízo deprecado poderá informar ao deprecante que o prazo assinado é exíguo, sugerindo outro, mais amplo.

A formação da carta obedecerá aos requisitos exigidos pelo art. 260 do CPC, podendo o juízo deprecante ou rogante mandar que sejam trasladadas quaisquer outras peças, bem assim instruí-la com mapa, desenho ou gráfico, "sempre que estes documentos devam ser examinados, na diligência, pelas partes, pelos peritos ou testemunhas" (CPC, art. 262, § 1.º), valendo observar que, no caso específico da prova pericial relativa a documento, esse será remetido no original, ficando nos autos a reprodução fotográfica (*ibidem*, § 2.º).

Dentre as providências que deverão ser tomadas pelo juízo onde a prova será produzida, está a de comunicar ao deprecante ou rogante quanto ao dia, à hora e ao local em que terá início a diligência, a fim de que esse intime as partes, se for o caso (CPC, art. 474).

O desempenho das funções de perito e de assistente

Dentro dos limites fixados para a perícia, poderão o perito e os assistentes técnicos atuar com ampla liberdade, por ocasião da diligência e para efeito de confecção do laudo, razão por que a lei lhes defere o direito de, especialmente, a) ouvir testemunhas, b) obter informações, solicitando documentos que se encontrem em poder da parte ou em repartições públicas, assim como c) instruir o laudo com plantas, desenhos, fotografias e quaisquer outras peças necessárias à fundamentação do seu parecer (CPC, art. 473, § 3.º).

Convém observar, todavia, que sendo a função pericial marcada pela *pessoalidade,* não se consente que o louvado possa delegá-la a outrem, mesmo que esse possua habilitação legal para o exercício da atividade. Afinal, quem prestou o compromisso foi o perito, e sua escolha decorreu de ato criterioso do magistrado. Ademais, a delegação das funções subtrairia do magistrado o necessário *controle processual,* que lhe compete, privativamente, exercer.

Pensamos que a referência legal às *testemunhas* que poderão ser ouvidas pelo perito e pelos assistentes não tenha a acepção técnica que se possa imaginar, porquanto somente poderá funcionar como testemunha quem, não sendo incapaz, impedido ou suspeito, prestar o compromisso legal (CPC, art. 458, *caput*) e for advertido quanto às sanções penais que incidirão no caso de fazer afirmação falsa, calar ou ocultar a verdade (*ibidem,* parágrafo único). Somente o juiz, como se sabe, tem poderes para tomar o compromisso e formular a advertência; daí por que entendemos que o art. 473, § 3.º, do CPC há de ser interpretado no sentido de que o perito e os assistentes poderão ouvir *informantes* a respeito do objeto da perícia. Caso essas pessoas se recusem, sem motivo justificado, a prestar as informações solicitadas, poderá o perito ou os assistentes comunicar o fato ao juiz, requerendo-lhe a intimação, com o objetivo de compeli-las àquilo a que, voluntariamente, se negaram.

Nessa hipótese, as informações serão prestadas diretamente ao juiz, sendo aconselhável que intime o perito e os assistentes para comparecerem à audiência em que serão ouvidos tais informantes, a fim de que, caso pretendam, dirijam perguntas a eles. Embora seja rara essa hipótese, nada obsta a que a medida seja determinada pelo juiz, desde que necessária para o esclarecimento dos fatos sobre os quais recai a prova pericial.

Podem o perito e os assistentes, ainda, requerer a apresentação de documentos que se encontrem com as partes ou em repartições públicas; havendo recusa, comunicarão ao juiz, que determinará a exibição (CPC, arts. 396, 397 e 401) ou os requisitará (CPC, art. 438), conforme se trate desse ou daquele caso.

Permite-se, entretanto, que a parte ou o terceiro se escuse de exibir o documento solicitado, alegando um dos motivos relacionados nos incisos I a VI do art. 404 do CPC.

Se a recusa for ilegítima, poderá o juiz admitir, diante de circunstâncias relevantes e valendo-se de extrema prudência, como verdadeiros os fatos que, por intermédio da perícia, a parte contrária pretendia provar — por interpretação integrativa do art. 400 do CPC; sendo recusante o terceiro, o juiz fará com que sobre ele incidam, no que couberem, as disposições do art. 402 do CPC, inclusive no que concerne à responsabilidade por crime de desobediência.

Perícia e atentado

Em determinadas hipóteses, todavia, como a da insalubridade e da periculosidade, o empregador, visando a frustrar o objetivo da perícia deferida, na ação ajuizada pelo trabalhador, modifica o *estado de fato* do local onde o exame será efetuado, seja retirando dali os aparelhos ou as substâncias prejudiciais à saúde ou à integridade física dos trabalhadores, seja instalando filtros ou outros componentes capazes de neutralizar os efeitos perniciosos — tudo com o desiderato de levar o perito a concluir pela inexistência de agentes insalubres ou perigosos.

Sabedor disso, o empregado-autor, na vigência do CPC de 1973, deveria valer-se dos artigos de *atentado*, previstos no art. 879, III, que constituíam um procedimento cautelar específico e compatível com o processo do trabalho e ao qual prestava bons serviços desde que convenientemente utilizado.

A ação de atentado era "proposta" no juízo por onde se processasse o feito principal.

A sentença, relativa ao atentado, desde que acolhesse o pedido, ordenaria a imediata cessação das modificações que estavam sendo realizadas pelo empregador, ou o restabelecimento do estado anterior (retorno da coisa ao *status quo ante*), suspendendo a causa principal e proibindo, como penalidade, ao réu de falar nos autos até a purgação do atentado (CPC, art. 881, *caput*).

O CPC de 2015, todavia, não manteve a figura formal do atentado. Isso não significa que a parte possa, doravante, praticar inovação ilegal no estado de fato de bem ou do direito litigioso, até porque proibição nesse sentido consta, de maneira expressa, no inciso VI do art. 77. O procedimento judicial para impedir essa inovação ou o restabelecimento do *status quo ante* é o da tutela de urgência de natureza cautelar (CPC, arts. 300 e 301), que materializa o clássico poder geral de cautela do magistrado, que era previsto no art. 798, do CPC de 1973. Acolhendo o pedido, o juiz adotará, entre outras, estas medidas: a) advertirá a parte que a sua conduta poderá ser punida como ato atentatório à dignidade da justiça (CPC, art. 77, § 1.º); b) desrespeitada a advertência, aplicará, sem prejuízo das sanções criminais, civis e processuais cabíveis, multa de até vinte por cento do valor da causa, segundo a gravidade da conduta (*ibidem*, § 2.º); c) determinará o restabelecimento do estado anterior, podendo, ainda, proibir a parte de falar nos autos até a purgação do atentado (*ibidem*, § 7.º). Essa proibição, a nosso ver, contém laivos de inconstitucionalidade por afrontar os princípios do contraditório e da ampla defesa, previstos no art. 5.º, LV, da Constituição Federal. Via de consequência, a proibição também malfere outro princípio constitucional: o do devido processo legal (art. 5.º, LIV).

O Código Penal considera crime contra a administração da Justiça "inovar artificiosamente, na pendência do processo civil (logo, também, do trabalho) ou administrativo, o estado de lugar, de coisa ou de pessoa, com o fim de induzir a erro o Juiz ou o perito" (art. 347).

É estranhável, porém, que os advogados trabalhistas se valham muito pouco desse profícuo procedimento cautelar previsto no CPC — posto à disposição do processo do trabalho pela porta da compatibilidade.

A lavratura do laudo

Num sentido ideal, a diligência deveria ser sempre realizada *conjuntamente* pelo perito e pelos assistentes; não veda a lei, contudo, que a averiguação seja individual, conquanto desaconselhável.

Realizado que seja o exame, a vistoria, a avaliação ou o arbitramento, o perito e os assistentes técnicos conferenciarão em caráter reservado a respeito dos fatos que motivaram a perícia; havendo acordo quanto à conclusão, lavrarão um só laudo, que será, portanto, *unânime*. Caberá exclusivamente ao perito redigir o laudo, lançando nele a sua assinatura, seguindo-se a dos assistentes técnicos.

Na prática, porém, rareiam os casos em que há consenso entre o perito e os assistentes; em geral, as suas conclusões divergem. Sendo assim, cada qual deverá escrever um laudo, em separado, indicando as razões em que se funda a sua conclusão. Em rigor, o *laudo* é apresentado pelo perito; os assistentes oferecem *pareceres* (CPC, art. 477, § 1.º).

Dilação do prazo para a entrega do laudo

A fixação do prazo para a entrega do laudo, tanto por parte do perito quanto dos assistentes técnicos (pareceres), é exigência legal (Lei n. 5.584/70, art. 3.º, *caput*) que não deve ser preterida pelo juiz, cumprindo esclarecer que o prazo é comum a todos; vale dizer, para os assistentes será o mesmo que foi assinado ao perito (Lei n. 5.584/70, art. 3.º, parágrafo único), sob pena de, excedido o prazo, o laudo ou os pareceres serem desentranhados dos autos. Não se aplica ao processo do trabalho, por isso, a regra contida no parágrafo único do art. 477, § 1.º, do CPC, conforme a qual os assistentes técnicos oferecerão os seus pareceres no prazo comum de quinze dias, após intimadas as partes para se manifestar sobre o laudo.

Seja pela complexidade da perícia, seja pelo acúmulo de serviços, ou por qualquer outro motivo ponderoso, o perito poderá requerer a prorrogação do prazo originalmente fixado para a entrega do laudo; acolhida a justificativa, o juiz prorrogará, por uma vez, pela metade do prazo originalmente fixado (CPC, art. 476). Considerando que os assistentes deverão entregar os seus laudos no mesmo prazo estabelecido para o perito, resulta evidente que eles se beneficiarão do elastecimento do prazo deferido a esse. Para isso, deverão ser intimados da dilação.

Entendemos que em situações excepcionais, como a de comprovado motivo de força maior, o juiz possa dilatar o prazo para a entrega do laudo por tempo superior à metade do prazo originalmente fixado.

Apresentação do laudo

Tendo havido ou não prorrogação do prazo, o perito e os assistentes técnicos entregarão laudo unânime ou individual, conforme seja o caso, na Secretaria da Vara. É inaplicável ao processo do trabalho a disposição do art. 477, *caput,* do CPC, que determina a entrega do laudo pelo menos vinte dias antes da audiência de instrução e julgamento, porquanto, conforme pudemos ver exaustivamente, a Lei n. 5.584/1970 determina que o juiz fixe prazo para essa entrega, sem vinculá-lo, necessariamente, à audiência. Por mais forte razão, essa norma do CPC não incide no procedimento sumaríssimo trabalhista, pois aqui, por princípio legal, a solução do conflito deverá ocorrer no prazo máximo de quinze dias da data do ajuizamento da inicial (CLT, art. 852-B, III).

Fixado o prazo, o laudo deverá ser entregue na Secretaria do juízo até o último dia do prazo.

Antes de ordenar a junção *do* laudo do perito aos autos, o juiz o rubricará (CLT, art. 827), embora essa determinação da lei quase não seja observada na prática, provavelmente porque não acarreta nenhuma subtração da eficácia e da idoneidade do laudo ou nulidade da sentença que nele se fundamentar. Essa formalidade não é exigida com relação ao laudo (pareceres) dos assistentes técnicos.

Juntados aos autos, o juiz determinará a intimação das partes para que sobre o laudo se pronunciem no prazo que lhes for assinado e que deverá estar em consonância com a extensão e a complexidade da perícia realizada. Essa intimação é imprescindível, pois somente assim se propiciará às partes que desejarem esclarecimentos do perito e dos assistentes requerer ao magistrado que mande intimá-los a comparecer à audiência, para esse fim especialmente designada (CPC, art. 477, § 3.º). Para maior comodidade das partes, é recomendável que o prazo não seja comum, mas, sucessivo, pois isso lhes permitirá retirar os autos, mediante carga, a fim de se manifestarem sobre o laudo. Reiterando o que disséramos em linhas pretéritas, julgamos aconselhável que o juiz, ao nomear o perito, apraze, desde logo, a realização da audiência em prosseguimento, exatamente porque, entregue o laudo, já haverá data fixada para a realização desse importante *ato processual,* com grande benefício para a celeridade do procedimento. Essa celeridade ficaria desatendida, por certo, se houvesse adiado *sine die* a audiência.

As perguntas que as partes desejarem formular ao perito e aos assistentes, contudo, não obedecem à forma oral, tradicionalmente utilizada quando delas são destinatários o litigante adverso, as testemunhas, os informantes — daí por que se fala em uma instrução *oral* do procedimento. Relativamente ao perito e aos assistentes, as informações que deles se desejar deverão ser enumeradas sob a forma de *quesito*(95) (CPC, art. 477, § 3.º), mediante petição, sendo lícito ao juiz, por esse motivo, indeferi-los liminarmente sempre que os reputar impertinentes (CPC, art. 470, I). Uma nótula complementar: o art. 477, § 3.º, do CPC — repetindo o disposto no art. 435, *caput*, do CPC de 1973 —, incidiu em vício tautológico ao afirmar que as perguntas das partes deverão ser efetuadas sob a forma de quesitos, pois, sob o rigor léxico, os substantivos *perguntas* e *quesitos* são sinônimos entre si.

Ficará ao comedido arbítrio do magistrado, todavia, indeferir ou não as perguntas que as partes pretendam efetuar em audiência e que não haviam sido previamente relacionadas por escrito.

Como é elementar, o comando disciplinador do art. 477, § 3.º, do CPC só se dirige às partes, aos seus representantes e advogados, mas não ao juiz, que, em razão disso, poderá formular livremente, em audiência, as perguntas que no momento lhe ocorrerem.

Só haverá, porém, obrigação de o perito e os assistentes técnicos prestarem esclarecimentos caso tenham sido intimados, no mínimo, dez dias antes da audiência (CPC, art. 477, § 4.º). Dessa maneira, se, por exemplo, o requerimento da parte, contendo os quesitos, for protocolado na Secretaria da Vara quatro (ou mesmo cinco) dias antecedentes à audiência, deverá o juiz indeferi-lo de plano por absoluta impossibilidade de atender-se ao decêndio a que se refere a precitada norma processual civil, incidente no processo do trabalho.

Se o perito não comparecer, será inevitável o adiamento da audiência (CLT, art. 844, parágrafo único); não poderá o juiz, contudo, determinar que ele compareça à outra audiência mediante condução coercitiva, pois esse constrangimento só pode ser imposto às testemunhas. O que ao magistrado

---

(95) Há tautologia em falar-se, como fez o CPC, que as *perguntas* deverão ser feitas sob forma de *quesitos,* pois, em rigor, quesito e pergunta são vocábulos sinônimos.

se consente, em tal caso, é *destituir* o perito, sem prejuízo da aplicação da multa a que se refere o parágrafo único do art. 468, § 1.º, do CPC e de comunicação ao órgão fiscalizador do seu exercício profissional.

Se ausente estiver qualquer dos assistentes, isso não impedirá a realização da audiência.

Embora não haja manifestação legal a propósito, temos para conosco que, ao ensejo da audiência, o juiz deverá providenciar para que os assistentes técnicos que não tenham ainda prestado esclarecimento não ouçam o depoimento do perito ou mesmo do assistente da parte contrária. Extraímos o nosso entendimento do *princípio* que se insere nos arts. 385, § 2.º, e 456, *caput*, ambos do CPC, que identificam a *incomunicabilidade* das pessoas que ainda não foram ouvidas com a que está depondo. É certo que estamos sugerindo a separação do perito e dos assistentes na hipótese de terem sido *divergentes* os laudos elaborados; sendo um só laudo, porque unânime, não há fundamento para essa providência.

O laudo e o princípio da persuasão racional

O art. 131 do CPC de 1973 declarava que o juiz poderia apreciar, *livremente*, a prova, atendendo aos fatos e circunstâncias constantes dos autos (ainda que não alegados pelas partes), devendo indicar, na sentença, os motivos que formaram o seu convencimento jurídico. Dessa dicção da referida norma legal, a doutrina extraiu o princípio da *persuasão racional* do julgador — a que sempre preferimos denominar de *livre convencimento motivado.*

O art. 371, do CPC de 2015, afirma que "O juiz apreciará a prova constante dos autos, independentemente do sujeito que a tiver promovido, e indicará na decisão as razões da formação do seu convencimento". Teria sido eliminado o princípio da *persuasão racional*, uma vez que o CPC vigente não fez uso do advérbio *livremente?* Certamente que não. Essa liberdade está implícita na expressão: "O juiz apreciará a prova constante dos autos". Fá-lo-á, por certo, com *liberdade*, sem prejuízo do dever de indicar os motivos que influenciaram a formaçãode seu convencimento a respeito dos fatos da causa.

Consequência concreta desse princípio é a faculdade que ao magistrado a lei defere de não ficar adstrito ao laudo pericial, podendo construir o seu convencimento com outros elementos ou fatos provados nos autos (CPC, art. 479), desde que indique, na sentença, os motivos que o levaram a assim decidir (CPC, art. 371). Correta, por isso, a difundida afirmação de que o parecer contido no laudo pericial não transita em julgado (*"dictum expertorum nunquam transit in ream iudicatam"*).

Sabendo-se que as conclusões constantes no laudo constituem mero parecer do perito, seria desarrazoado imaginar-se que pudessem constranger o juiz a acatá-las; fosse assim, estaríamos fazendo uma concessão ao passado, em que o sistema das *provas legais* imperou por longo tempo; quando menos, estar-se-ia atribuindo ao perito função jurisdicional, em virtude da soberania do laudo elaborado. Tais argumentos, no entanto, não devem ser entendidos como fundamento para que o juiz decida, costumeiramente, contra o resultado do laudo. Não podemos ignorar que a determinação judicial para que a prova técnica fosse realizada decorreu, exatamente, do fato presumido de o juiz não possuir conhecimentos técnicos ou científicos capazes de propiciar-lhe uma perfeita apreciação da matéria. Pode-se dizer, em vista disso, que haverá algo próximo a um ilogismo se, elaborado o laudo, o juiz dele discordar sem fundamentação jurídica, porquanto a realização da perícia pressupôs a insciência do magistrado em relação ao objeto da prova, ou a sua dificuldade em entendê-lo com a segurança que lhe é exigida. Pondera, por essa razão, Pestana de Aguiar (ob. cit., p. 410) que não cabe ao magistrado "tecer considerações técnicas inteiramente desapartadas da prova, máxime quando é presumido seu menor conhecimento, em relação ao técnico, da especialidade solicitada", embora admita o douto jurista possa o juiz, com apoio na prova, recorrer diretamente a fontes científicas "em sufrágio de sua convicção".

Evidentemente, essa incursão às fontes científicas somente deve ser feita em casos excepcionais e desde que as circunstâncias assim o aconselhem ou exijam; a não ser desse modo, o magistrado acabaria por prescindir do assessoramento técnico do perito, avocando, irregularmente, essas funções.

Enfim, o que não se permite é que o juiz discrepe, arbitrariamente, do resultado estampado no laudo, pois, na observação precisa de Carlo Lessona (ob. cit., p. 586-610), calcado em Stoppato, é inconcebível que "um juiz culto, inteligente e sábio negue aquilo que se acha científica e logicamente demonstrado, ou que se repila o que estiver iniludivelmente assegurado, ou se subtraia arbitrariamente aos resultados de conhecimentos específicos, quando a estes correspondem os fatos".

Nova perícia

Como visto, não concordando o juiz com o resultado expresso no laudo, poderá decidir em sentido contrário a ele; essa faculdade, apesar de prevista em lei (CPC, art. 479), deve ser exercitada com extrema cautela, pelas razões já declinadas.

A decisão divergente do magistrado, todavia, pressupõe que a matéria tenha sido suficientemente esclarecida ou apanhada pelo perito, de tal sorte que a discrepância do magistrado, em relação às conclusões do perito, é marcadamente *ideológica* ou *racional*.

Entendendo que a matéria não foi examinada de maneira satisfatória pelo perito, poderá o juiz solicitar-lhe que preste, em audiência, os esclarecimentos necessários à complementação ou à intelecção do laudo.

Subsistindo, mesmo assim, as dúvidas ou dificuldades, e para que elas não venham a prejudicar a apreciação do laudo, poderá o juiz determinar, de ofício ou a requerimento da parte, a realização de *nova* perícia (CPC, art. 480), que se regerá pelas disposições concernentes à primeira (CPC, art. 480, § 2.º).

É exigível, entretanto, que o juiz se muna de extrema prudência na determinação para proceder à segunda perícia, uma vez que a medida implicará, inevitavelmente, retardamento da entrega da prestação jurisdicional, a par de onerar as partes com mais despesas processuais. Cumpre-lhe, portanto, verificar antes se não é possível aproveitar a perícia anterior, valendo-se, para tanto, das providências saneadoras que a lei lhe coloca ao alcance.

De qualquer modo, acreditamos não ser possível, de ordinário, *deferir-se* (logo, houve *requerimento* nesse sentido) a realização de uma *terceira* perícia, não apenas diante dos transtornos e inconvenientes que isso traria para o procedimento, mas, acima de tudo, porque a própria lei não consente; tanto assim é que o art. 480, § 2.º, do CPC cogita somente de uma *segunda* perícia. Nada obstante, em casos *especialíssimos* poderá o juiz determinar *de ofício a* realização, pela terceira vez, dessa modalidade de prova, pois seria de certo modo constrangedor impor-lhe que formasse a sua convicção com base em duas perícias insatisfatórias, precárias ou inaptas, que não puderam ser salvas nem mesmo pelos esclarecimentos complementares ministrados pelo perito e pelos assistentes.

A segunda perícia, todavia, não poderá inovar ou alterar o objeto da realização da primeira; nem haveria sentido lógico para que isso ocorresse, na medida em que aquela visa, fundamentalmente, a suprir omissões ou a sanar falhas desta. A lei, aliás, é suficientemente clara ao estabelecer essa pressuposição essencial: "A segunda perícia tem por objeto os mesmos fatos sobre que recaiu a primeira e destina-se a corrigir eventual omissão ou inexatidão dos resultados a que esta conduziu" (CPC, art. 480, § 1.º).

Levando-se em conta as razões finalísticas da segunda perícia, parece-nos correto afirmar que, por princípio, não devem ser admitidos novos quesitos, porquanto isso poderia transfigurar o objeto da sua realização. Os novos quesitos, que entendemos não devam ser aceitos, estão no sentido de serem capazes de provocar uma deflexão do objeto da investigação pericial, fazendo com que recaia em fatos não compreendidos pela primeira. Destarte, nada impede que, sendo novos unicamente quanto à *forma* de serem redigidos, os quesitos sejam admitidos, pois, nesse caso, a reformulação da literalidade poderá contribuir para que a segunda perícia alcance os resultados que à primeira restaram frustrados.

É tarefa árdua, sem dúvida, que exigirá do juiz apurada argúcia e bom-senso, discernir entre serem esses quesitos novos quanto à finalidade que perseguem, ou, meramente, no que tange à forma com que foram redigidos. No primeiro caso, os indeferirá; no segundo, não.

Pergunta-se, contudo: a segunda perícia deverá ser efetuada pelo mesmo perito e pelos mesmos assistentes técnicos? Não há previsão legal a respeito. Pela nossa parte, sustentamos que a solução ficará a critério do juiz e das partes, segundo se trate de substituição do perito ou dos assistentes, respectivamente. É inegável, porém, que se a primeira perícia resultou insatisfatória em virtude de *falha* do perito (seja no desempenho das funções, por lhe faltarem conhecimentos técnicos ou científicos para realizá-la, ou por qualquer outra causa que lhe possa ser, legitimamente, imputável), esse deverá ser substituído com fulcro no permissivo do art. 468, I, do CPC, pois seria imprudente persistir-se com quem não soube se desincumbir com lealdade ou perfeição do encargo que lhe foi cometido.

Fora disso, como dissemos, ficará ao alvedrio do juiz ou das partes a mantença ou a substituição do perito ou dos assistentes.

A segunda perícia, entretanto, não substitui a anterior (CPC, art. 480, § 2.º); quer dizer: o juiz poderá acatar o resultado constante desta ou daquela, apreciando "livremente o valor de uma e outra" (*ibidem*, § 3.º). A *tendência* que a generalidade dos casos sugere é a aceitação da segunda perícia, pois, quando da sua realização, os peritos e os assistentes estão cientes das omissões ou incorreções existentes na primeira e que deverão ser agora sanadas. Entendendo, no entanto, que as conclusões contidas na primeira perícia estão mais conformes com os fatos que a motivaram, o juiz poderá adotá-las livremente, isto é, sem receio de dever obediência à segunda. Em outras hipóteses, ainda, ele poderá fundamentar-se em *ambas* as perícias, seja porque se complementam, seja porque parte da matéria foi mais bem examinada pela primeira e outra parte, pela segunda, seja por outra razão qualquer que possa ser invocada legalmente.

Perícia relativa à falsidade ou autenticidade de documento, letra ou assinatura

O fato de estarmos dedicando um item específico à espécie de exame pericial supracitada decorre do próprio tratamento particular que a lei conferiu à matéria (CPC, art. 478).

Quando o exame destinar-se à apuração de autenticidade ou de falsidade de documento, o perito deverá ser escolhido, preferentemente, dentre os técnicos dos estabelecimentos oficiais especializados. Nesse caso, o juiz autorizará a remessa dos autos, contendo o documento que será objeto da perícia, ao estabelecimento referido, perante cujo diretor o perito prestará o compromisso legal (CPC, art. 478).

Tratando-se de perícia relativa a autenticidade da *letra* (cada um dos caracteres do alfabeto, representativos dos fonemas ou sons na linguagem articulada) ou de *firma* (assinatura, autógrafo), poderá o perito requisitar, para efeito de comparação, documentos existentes em repartições públicas; na falta desses, requererá ao juiz que a pessoa a quem se atribuir a autoria do documento lance em folha de papel, mediante cópia ou ditado, palavras diferentes para serem cotejadas com o objeto da perícia (CPC, art. 478, § 3.º): são os denominados *padrões homógrafos.*

Alguns Tribunais Regionais do Trabalho possuem um Setor de Perícias Grafodocumentoscópicas destinado, especificamente, à elaboração de exames tendentes à verificação de autenticidade ou falsidade de documento, letra ou assinatura, cujo funcionamento é regulamentado por provimento do órgão, no qual são fixados, inclusive, os emolumentos relativos à perícia, que serão pagos a final, salvo se a parte estiver recebendo o benefício da justiça gratuita, quando, então, deles ficará isenta.

Arguida que seja a falsidade, o incidente será processado na forma do art. 430 e seguintes, do CPC; a sentença que o resolver (CPC, art. 395): a) declarará a falsidade ou a autenticidade do documento, da letra ou da assinatura, segundo seja a hipótese; b) declarando a falsidade, o juiz determinará, de ofício, por força do disposto no art. 40 do Código de Processo Penal, a remessa ao Ministério Público Estadual da segunda via do laudo, bem como uma cópia de outros documentos que entender necessários ao oferecimento da denúncia; c) atribuirá à parte vencida o pagamento dos emolumentos devidos em função da perícia e da remessa de peças ao Ministério Público.

Declarada, por sentença, a falsidade, o juiz do deverá proceder da forma indicada pelo art. 40 do Código de Processo Penal, mesmo que as partes se conciliem ou transacionem, pois esse fato não subtrai, absolutamente, o caráter criminoso da falsificação.

Um reparo: no sistema do processo do trabalho, a natureza jurídica do ato pelo qual o magistrado decide o incidente de falsidade é de decisão interlocutória (CPC, art. 203, § 2.º), e não de sentença, motivo por que não pode ser impugnado de imediato e de maneira autônoma. Somente quando da interposição do recurso da sentença de fundo é que essa impugnação poderá ser manifestada (CLT, art. 893, § 1.º). Não se confundem, entrementes, duas situações distintas: a impugnação do laudo, de um lado, e a impugnação da decisão acerca do incidente, de outro. No primeiro caso, a impugnação deve ocorrer dentro do prazo assinado pelo juiz, sob pena de preclusão; no segundo, trata-se de impugnação diferida para o momento do recurso que vier a ser interposto da sentença conclusiva do processo.

A falsidade do laudo

Se o perito fizer afirmação falsa, calar ou negar a verdade, estará a cometer o crime (contra a administração da Justiça) a que se refere o art. 342 do Código Penal, cuja pena será a de reclusão de um a três anos e multa pecuniária (CP, art. 342).

Embora seja de difícil ocorrência na prática, pode acontecer de o laudo ser falso; diante disso e considerando que se trata de um *documento*, poderá a parte interessada arguir-lhe a falsidade, processando-se o incidente na forma do art. 430 e seguintes do CPC, no que couber.

Caso a sentença tenha se fundamentado no laudo pericial, que veio mais tarde a ser declarado falso, poderá ser rescindida com fulcro no art. 966, VI, do CPC. Para que a rescisória seja admitida, contudo, há necessidade de demonstrar-se que a sentença não subsistiria sem o laudo declarado falso.

Produção antecipada da prova pericial

Desde que haja fundado receio de que venha a tornar-se impossível ou extremamente difícil a verificação de certos fatos na pendência da ação, permite a lei (CPC, art. 381, I) que a parte interessada requeira a realização antecipada de perícia.

Trata-se da medida de produção antecipada de provas, a que se referem os arts. 381, *usque* 383, do CPC.

Particularmente, a prova pericial será efetuada segundo as regras e o procedimento estabelecidos nos arts. 464 a 480 do CPC.

Se o juiz se convencer que o *requerido*, após ser citado, poderá tornar ineficaz a medida cautelar, poderá concedê-la liminarmente ou após justificação prévia por parte do requerente, que, no processo do trabalho, não necessitará prestar caução.

Realizada que seja a perícia, os autos permanecerão na Secretaria da Vara, durante um mês, facultando-se, todavia, aos interessados (não há "partes", em rigor), solicitar certidões (CPC, art. 383, *caput*). Decorrido o prazo legal, os autos serão entregues ao promovente da medida (*ibidem*, parágrafo único).

Nas edições anteriores deste livro, quando estava a viger o CPC de 1973, afirmamos que o não ajuizamento da ação principal no prazo de trinta dias (CPC, art. 806) implicava a caducidade da medida cautelar, nos termos do art. 808, I, do mesmo código. Em obra posterior (*As ações cautelares no processo do trabalho*. 3.ª ed. São Paulo: LTr, 1994. p. 485-486), contudo, reformulamos essa opinião. Assim o fizemos porque, tendo essa providência acautelatória um traço fortemente *administrativo*, a sua eficácia subsistirá mesmo que a demanda principal não seja posta em juízo no mencionado prazo.

Os autos do procedimento referente à produção antecipada da prova serão apensados aos do processo principal.

É elementar que a prova pericial — como as demais que sejam produzidas de maneira antecipada — não pode ser apreciada isoladamente (ou de imediato) pelo juiz, que deverá, por isso, reservar-se para fazê-lo na sentença de fundo, relativa à ação principal a ser ajuizada pelo requerente da medida cautelar.

Dispensa da prova pericial

O art. 472 do CPC permite ao juiz *dispensar a* prova pericial quando as partes, na inicial e na contestação, apresentarem sobre as questões de fato pareceres técnicos ou documentos elucidativos que reputar suficientes. Entendemos que essa regra deva incidir também no processo do trabalho, mesmo nos casos de insalubridade e periculosidade, em que, em princípio, o exame pericial seria obrigatório (CLT, art. 195, § 2.º). É que a dispensa do exame pericial, na espécie, tem o inegável mérito de evitar, a um só tempo, o retardamento da solução do conflito de interesses e a condenação do vencido ao pagamento dos correspondentes honorários (CLT, art. 790-B).

Insistamos, porém: a dispensa do exame pericial só será legalmente possível se a petição inicial e a contestação estiverem suficientemente instruídas com documentos ou pareceres que justifiquem a não realização daquela prova técnica. Não basta, por outro lado, que a inicial *ou* a contestação estejam acompanhadas por esses documentos: é essencial que uma *e* outra se encontrem por eles instruídas. Nesse caso, estará atendido o princípio constitucional do contraditório, de forma a autorizar o juiz a emitir a sentença de mérito com base nos referidos documentos ou pareceres.

Em muitos casos, aliás, as partes têm requerido a dispensa da perícia, preferindo fazer uso de *prova emprestada,* consistente em laudos técnicos elaborados em virtude de outro processo.

Note-se, entretanto, que a dispensa do exame pericial não está subordinada à existência de prova emprestada, e, sim, à particularidade de constarem *da inicial* e *da contestação* pareceres técnicos idôneos ou documentos capazes de elucidar os fatos. É relevante assinalar, de qualquer forma, que a dispensa da perícia constitui mera *faculdade (*o juiz *poderá*, diz o art. 472

do CPC*)* do magistrado, que, em razão, dela fará uso ou não, segundo seu prudente arbítrio.

Não menos importante é assinalar que a prova emprestada só pode ser utilizada *negociadamente,* ou seja, quando for aceita por ambas as partes. Isso corresponde a asseverar que a prova emprestada não pode ser *imposta* por uma das partes à outra. Admitir-se que a prova emprestada possa ser imposta será não apenas malferir o direito constitucional de ampla defesa, da parte que não concorda com a juntada dessa prova, como, se for o réu, impor-lhe uma condenação perpétua, uma vez que em todas as ações em que se discutir a matéria contida no laudo já se saberá o resultado do julgamento.

De resto, a dispensa da realização da perícia não se confunde com a substituição desta pela *prova técnica simplificada* de que trata o art. 464, § 2.º, do CPC.

O depoimento do perito

Conforme afirmamos em linhas anteriores, apresentado o laudo pelo perito, o juiz abre prazo — seja comum ou sucessivo — para que as partes se manifestem a respeito. Quase sempre, uma delas impugna o laudo; quando não, ambas o fazem. Tem sido praxe, na Justiça do Trabalho, diante disso, o magistrado determinar que o perito se pronuncie por escrito sobre a impugnação. Não raro, apresentados os esclarecimentos pelo perito, o juiz abre, novamente, vista às partes. Há casos em que, novamente, o magistrado intima o perito para manifestar-se sobre a manifestação das partes — numa sucessão de intimações para lá e para cá, que só faz retardar a solução do incidente e a tramitação do processo.

Seria aconselhável, por isso, que, apresentado o laudo e vindo esse a ser impugnado por uma ou por ambas as partes, o juiz designasse audiência, para a finalidade de, nela, o perito prestar os esclarecimentos necessários. Esse é, aliás, o procedimento estabelecido pelo CPC, conforme demonstra o seu art. 477, § 3.º: "§ 3.º Se ainda houver necessidade de esclarecimentos, a parte requererá ao juiz que mande intimar o perito ou o assistente técnico a comparecer à audiência de instrução e julgamento, formulando, desde logo, as perguntas, sob forma de quesitos". O perito e os assistentes somente estarão obrigados a comparecer à audiência se para isso forem intimados com a antecedência mínima de dez dias (art. 477, § 4.º). Quando a norma legal alude à formulação de *perguntas* sob a forma de *quesitos* está sendo tautológica, pois os quesitos nada mais são do que perguntas dirigidas pelas partes ao experto. Bastaria, portanto, que a lei dissesse que a as partes apresentariam quesitos. Com isso, teria dito tudo.

Na verdade, a CLT também prevê a possibilidade de o perito ser inquirido em audiência (art. 848, § 2.º), conquanto não trace o procedimento para isso. Pode-se aplicar, por esse motivo, o que é estabelecido pelo CPC, com umas poucas adaptações. Por exemplo, no processo do trabalho não haverá necessidade de as partes formularem, previamente e por escrito, as perguntas que desejam ver respondidas pelo *expert*. Essas perguntas poderão ser formuladas, oralmente, na própria audiência, levando-se em conta a simplicidade do procedimento trabalhista. Caso as perguntas sejam feitas por escrito, o juiz poderá indeferi-las, desde logo, sempre que as reputar impertinentes (CPC, art. 470, inciso I). Ficará reservado ao prudente arbítrio do magistrado, todavia, a aceitação ou não de perguntas orais na audiência, que não constavam dos quesitos escritos.

Reiteremos: caso o juiz do trabalho entenda ser aplicável, por inteiro, o procedimento indicado pelo art. 477, § 3.º, do CPC, deverá esclarecer às partes que as perguntas, feitas por escrito, devem ser apresentadas em juízo de modo a permitir que o perito seja intimado com a antecedência mínima de dez dias para comparecer à audiência (art. 477, § 4.º).

Presente à audiência, o perito prestará os esclarecimentos necessários acerca do laudo. Nem mesmo o CPC traça um procedimento a ser observado, com vistas a tomar o depoimento desse auxiliar da justiça (CPC, art. 149). Para suprir essa omissão, pode-se adotar, em caráter supletivo, *mutatis mutandis*, o que é estabelecido para a inquirição das testemunhas. Assim, o próprio juiz poderá assumir a iniciativa de tomar-lhe o depoimento, sendo razoável que conceda, em seguida, essa oportunidade à parte que impugnou o laudo. Se ambas o impugnaram, o primeiro a formular perguntas ao perito será o autor.

Se o perito não comparecer, será inevitável o adiamento da audiência (CLT, art. 844, parágrafo único); não poderá o magistrado, contudo, determinar que ele compareça à outra audiência mediante condução coercitiva, pois esse constrangimento pessoal só pode ser imposto às testemunhas. O que ao juiz se consente, em tal caso, é destituir o perito, sem prejuízo da aplicação da multa a que se refere o § 1.º do art. 468 do CPC, e de comunicação ao órgão fiscalizador do seu exercício profissional. Se ausente estiver qualquer dos assistentes, isso não impedirá a realização da audiência.

Ao contrário das testemunhas, o perito, no processo civil, antes de ser inquirido, não presta o compromisso de dizer a verdade do que souber e lhe for perguntado (CPC, art. 458, *caput*). Todavia, no processo do trabalho — convém esclarecer —, à diferença do processo civil (art. 466), o perito, ao assumir o encargo (CPC, art. 466) de efetuar o exame, a vistoria ou a avaliação (CPC, art. 464, *caput*), deve prestar o compromisso legal, como evidencia o art. 827 da CLT. Esse compromisso, portanto, é prestado antes mesmo de o perito dar início às diligências, não se confundindo com aquele que se poderia imaginar que ele deveria realizar antes de prestar depoimento.

Embora não haja manifestação legal a propósito, temos para conosco que, ao ensejo da audiência, o juiz deverá providenciar para que os assistentes técnicos que não tenham ainda prestado esclarecimento não ouçam o depoimento do perito ou mesmo dos assistentes da parte contrária. Extraímos o nosso entendimento do princípio que se insere nos arts. 385, 2.º, e 456, ambos do CPC, que impõem a incomunicabilidade das pessoas que ainda não foram ouvidas com a que está depondo. É certo que estamos sugerindo a separação do perito e dos assistentes na hipótese de terem sido divergentes os laudos elaborados; sendo um só laudo, porque unânime, não há fundamento para essa providência.

As respostas (ou esclarecimentos, como queiram) do perito irão integrar-se ao laudo, de tal maneira que o magistrado, no momento de proferir a sentença, deverá levar em consideração este e aquelas, como se fossem um só corpo.

Tal qual o depoimento das partes e das testemunhas, o prestado pelo perito deverá constar da ata da audiência. Em que pese ao fato de o art. 477, § 3.º, do CPC ser omisso a respeito do assunto, as perguntas que as partes desejarem formular ao perito, na audiência, devem ser feitas por intermédio do juiz, que as deferirá ou indeferirá, conforme as circunstâncias. A norma legal mencionada também é silente quanto ao direito de a parte ver transcritas na ata da audiência as perguntas que forem indeferidas pelo magistrado. Entendemos que essa transcrição deverá ser efetuada, desde que requerida pelo interessado, assim como ocorre em relação às perguntas dirigidas às testemunhas (CPC, art. 459, § 3.º).

Nos casos em que os esclarecimentos feitos pelo experto não forem satisfatórios — por mais que o juiz e as partes tenham se empenhado para que assim fossem —, o magistrado poderá designar a realização de nova perícia, dessa feita, por profissional diverso do anterior. A realização de nova perícia não traduz imposição legal ao magistrado, senão que uma faculdade deste.

Como elucida o art. 480, § 3.º, do CPC, a nova perícia não substituiu a primeira, podendo o juiz, diante disso, apreciar livremente o valor de uma e de outra. É evidente que o magistrado deverá indicar, na sentença, as razões jurídicas pelas quais optou por um dos laudos, desprezando o outro. Essa fundamentação é, acima de tudo, uma exigência constitucional (CF, art. 93, inciso IX), estando reproduzida nos textos infraconstitucionais (CLT, art. 832, *caput*; CPC, art. 489, inciso II).

Como dissemos no início deste Capítulo, os juízes do trabalho, havendo impugnação do laudo pelas partes, costumam intimar o perito para manifestar-se, por escrito, sobre as alegações dos litigantes; os magistrados assim procedem, por certo, em razão da dificuldade de encontrar espaço nas pautas das audiências. Somente em situações extraordinárias, como quando os esclarecimentos por escrito do experto não são satisfatórios, é que têm designado audiência para ouvi-lo.

Capítulo VI

Inspeção Judicial

Considerações preambulares

Em regra, compete às partes trazer à presença do juiz a prova da veracidade dos fatos narrados na ação; essa trasladação, para os autos do processo, se faz pelos meios em direito admitidos (CPC, art. 369) e na medida do interesse dos litigantes em verem admitidos como verdadeiros tais fatos. Dito interesse constitui, a propósito, o conteúdo racional do encargo ou ônus da prova, que a lei processual distribui entre as partes (CLT, art. 818).

Sendo o juiz, de conseguinte, o destinatário, por excelência, da prova, seria inadmissível que a lei não lhe permitisse vistoriar, diretamente, pessoas ou coisas, a fim de melhor formar a sua convicção jurídica acerca dos fatos controvertidos na ação.

Assim é que ele poderá, de ofício ou a requerimento da parte, realizar essa inspeção sempre que isso se fizer necessário para o esclarecimento de fatos relevantes para a decisão da causa (CPC, arts. 481 a 484). Na inspeção, diz Chiovenda (*Istitucioni*..., n. 342), "o juiz colhe diretamente, por seus próprios sentidos, as observações sobre as coisas que são objeto da lide ou que com ela têm relação".

A inspeção judicial é também prevista em legislações alienígenas, nas quais varia a sua denominação: *inspección judicial, inspección ocular, acesso giudiziario, visita giudiziale, decende sur lês Heux, inspection ata wew*, etc. Ela, contudo, não se confunde com: a) o *exame pericial*, pois a inspeção se trata de reconhecimento feito pessoalmente pelo juiz, de quem não se exige nenhum conhecimento técnico ou científico, para tanto, bastam, apenas, as suas percepções sensórias comuns; b) a *cognição privada do juiz*, porquanto aqui ele procede ao reconhecimento acompanhado pelas partes, por seus representantes ou procuradores, podendo ainda fazer-se assistir por um ou mais peritos, cuja função será, somente, a de assessorá-lo. A ausência das partes, porém, desde que tenham sido regularmente intimadas, não obsta a inspeção.

O CPC de 1939 não previa a inspeção judicial — que, aliás, é amplamente cabível no processo do trabalho.

Conceito

Para Carlo Lessona, a vistoria judicial é "o ato pelo qual o juiz se traslada ao lugar a que se refere a controvérsia, ou onde se encontra a coisa que a motiva, para obter, mediante exame pessoal, elementos de convicção"; Erich Doring a tem como "o ato por meio do qual o juiz, em vez de colher informações por intermédio de terceiros, toma ciência pessoal a respeito de um objeto concreto, com fins de esclarecimento" (*La prueba:* su práctica y apreciación. Buenos Aires: EJEA, 1972. § 63, p. 216); dela ainda disse Liebman (*Manual de direito processual civil.* 1959. 2. v., n. 238): "é a atividade instrutória do juiz destinada a examinar uma coisa ou lugar, a fim de tomar conhecimento de suas características".

Visando a contribuir para a consolidação da matéria, sugerimos o seguinte conceito: inspeção judicial é o ato pelo qual (1) o juiz, (2) no curso do processo, (3) por sua iniciativa ou a requerimento da parte, (4) e com o objetivo de buscar esclarecimentos (5) acerca de fatos relevantes para a decisão da causa, (6) examina, diretamente, (7) em juízo ou no local em que se encontrem, (8) pessoas ou coisas, (9) utilizando-se para isso de suas percepções sensoriais comuns.

Dissemos:

(1) *o juiz*, porque essa inspeção constitui ato privativo do magistrado;

(2) *no curso do processo,* porque o inspecionamento somente poderá ser realizado após a "propositura" da ação; a não ser assim, não se poderia justificar o fato de esse ato judicial destinar-se a obter *esclarecimentos* a respeito de fatos;

(3) *por sua iniciativa ou a requerimento da parte,* dado que a vistoria pode ser deliberada pelo próprio juiz, de ofício, ou em face de requerimento de um ou de ambos os litigantes. Entendemos que o juiz não está obrigado a acolher o requerimento, pois a realização da inspeção constitui nítida *faculdade* que lhe confere a lei, conforme se conclui pelo emprego do verbo poder ("pode") na redação do art. 481 do CPC;

(4) *com o objetivo de buscar esclarecimentos,* visto ser esse o pressuposto legal que autoriza a inspeção, constituindo, ao mesmo tempo, a sua finalidade. É evidente, contudo, que se a matéria estiver suficientemente esclarecida nos autos não haverá necessidade de o juiz proceder a esse reconhecimento;

(5) *acerca de fatos relevantes para a decisão da causa,* uma vez que os fatos sem importância para o deslinde da controvérsia não devem ser eleitos como objeto desse ato judicial — que, a propósito, bem poderia o legislador tê-lo incluído no elenco dos que são previstos pelo art. 203, *caput*, do CPC;

(6) *examina, diretamente,* quer dizer, sem a intermediação de alguém; o juiz, aqui, é o sujeito da vistoria, é o próprio perceptor dos fatos;

(7) *em juízo ou no local em que se encontrem,* porquanto a pessoa ou coisa tanto pode ser trazida à presença do magistrado, para ser inspecionada, quanto esse locomover-se ao lugar em que se encontra, como ocorrerá, por exemplo, nas hipóteses do art. 483 do CPC;

(8) *pessoas ou coisas,* pois essas são, por expresso pronunciamento legal, as destinatárias do exame judicial;

(9) *utilizando-se, para isso, de suas percepções sensoriais comuns,* exatamente porque do juiz não se exige, no caso, qualquer conhecimento especializado (técnico ou científico), mas, apenas, que possa apreender os fatos por intermédio das suas percepções sensórias ordinárias, entendidas como aquelas de que são dotadas as pessoas em geral.

Lugar da inspeção

Se o objeto for pessoa ou coisa móvel, a inspeção deverá ser feita na sede da Vara; nada obstante, o juiz irá ao local onde se encontra a pessoa ou a coisa móvel quando: a) entender que seja necessário para melhor verificar ou interpretar os fatos que deva observar; b) a coisa não puder ser trazida a juízo sem consideráveis despesas ou graves dificuldades; c) determinar que sejam reconstituídos os fatos (CPC, art. 483, I a III).

Tratando-se de imóvel, a inspeção será feita, evidentemente, no lugar onde ele está situado.

Na Justiça do Trabalho, em regra, a inspeção judicial tem como objeto coisas imóveis, sendo de certo modo mais frequente nas ações aforadas por trabalhadores rurais, quando, em muitos casos, avulta a necessidade de o juiz efetuar a vistoria, com o objetivo de constatar, *in loco,* a localização e as características físicas do imóvel, a distância desse em relação ao lugar em que reside o empregado, as atividades que são ali desenvolvidas, a área de plantio e o mais, sem o que dificilmente poderia captar essas particularidades, pois os demais meios de prova resultaram (ou resultariam) inaptos para tanto.

Enfim, na Justiça do Trabalho, a inspeção recai quase sempre em coisa imóvel, fundamentando-se a sua realização na hipótese do inciso I do art. 483 do CPC.

O ato de inspeção

A despeito de o juiz dever valer-se essencialmente das suas percepções sensoriais comuns, no momento da inspeção, permite a lei que ele se faça assistir por um ou mais peritos, a fim de melhor compreender os fatos relacionados ao objeto do exame (CPC, art. 482).

Contrariamente a Moacyr Amaral Santos (ob. cit., p. 390), julgamos que na inspeção as partes não podem designar assistentes técnicos, porquanto não se trata de perícia; na inspeção, o *perito* se destina a assessorar, tecnicamente, o juiz, não se admitindo, portanto, que as partes indiquem assistentes. O nosso entendimento, no particular, decorre do fato de que, sendo a inspeção um ato exclusivamente do juiz, a existência de assistentes para as partes se torna incompatível com essa *pessoalidade* relativa ao magistrado. Devemos esclarecer, contudo, que o juiz poderá consentir, por mera liberalidade, que se designem assistentes, caso entenda aconselhável a presença desses no inspecionamento.

Como vimos, ao realizar a inspeção, poderá o juiz ser assistido por um ou mais peritos, sempre que reputar necessário e desde que isso se justifique diante, por exemplo, da heterogeneidade de objetos a serem examinados. Há, assim, um fundamento lógico para a existência de mais de um perito numa só inspeção; oportuna, a respeito, a observação de Pestana de Aguiar (ob. cit., p. 428) de que a pluralidade de peritos, permitida por lei, "quer se referir à inspeção judicial que envolve mais de uma especialidade técnica".

Cumpre ao juiz determinar a intimação das partes quanto à data, à hora e ao local em que será realizada a inspeção, pois é certo que essas têm o direito de assistir ao ato, prestando inclusive esclarecimentos e formulando observações que interessem à causa (CPC, art. 483, parágrafo único). Por esse motivo, podem as partes se fazer acompanhar de técnicos, que as auxiliarão nos esclarecimentos e nas observações que pretendam formular ao juiz. Ao assim afirmar, não estamos incidindo em contradição com o que há pouco dissemos, quanto à inadmissibilidade de assistentes técnicos na inspeção. Sucede que, efetivamente, não concordamos com a designação de assistentes que tais, segundo a maneira formal com que isso se dá no caso de *exame pericial*, em que os assistentes técnicos devem, até mesmo, responder aos quesitos que tenham sido elaborados. Sendo assim, o que na inspeção se permite às partes é que se valham de pessoas versadas na matéria que dá conteúdo ao inspecionamento, com a finalidade de se consultarem com elas sempre que desejarem contribuir para o esclarecimento dos fatos relevantes para a causa. Isso, todavia, não transforma esses auxiliares das partes em seus assistentes técnicos, segundo o significado próprio dessa expressão na terminologia processual.

A ausência de intimação aos litigantes acerca do dia, da hora e do local da inspeção tornará nulo o ato porque, em se tratando de um meio de prova, a sua produção deve respeitar a alguns princípios regentes, como, em particular, o do contraditório.

O perito (ou mais de um) nomeado pelo juiz pode ser recusado por impedimento ou suspeição (CPC, art. 148, III), com fulcro em quaisquer das causas previstas em lei (CPC, arts. 144 e 145); de igual modo, poderá escusar-se alegando motivo legítimo (CPC, art. 157, *caput*).

Durante a inspeção, o juiz poderá ordenar a exibição de documentos que se relacionem com a coisa ou pessoa que esteja sendo examinada, bem assim colher informações de terceiros, sem que se atribua a esses a qualidade de testemunhas.

Inspeção cumulada com perícia

Havendo identidade ou mesmo semelhança de objetos, nada impede que a inspeção judicial seja efetuada simultaneamente à diligência do perito, nos casos em que ambos os meios de prova (inspeção e perícia) tenham sido determinados ou deferidos. Razões de ordem prática, por outro lado, sugerem que se utilize o mesmo perito nessa cumulação, sem que isso, todavia, importe em fazer com que a inspeção e a perícia se confundam ou percam as suas características e as finalidades traçadas por lei.

A conjugação, em um só ato, da inspeção e da perícia objetiva, marcadamente, atender ao princípio da concentração, que, por sua vez, tem a ver de perto com o da celeridade do procedimento.

Auto de inspeção

Concluída a inspeção, o juiz mandará que seja lavrado um *auto circunstanciado,* no qual mencionará tudo aquilo que foi observado durante a diligência e que será útil ao julgamento da causa (CPC, art. 484, *caput*); é desnecessário, por isso, que dele se façam constar observações irrelevantes ou impertinentes, que em nada contribuirão para elucidar os fatos.

Para que sejam mais bem compreendidos os fatos nele mencionados, o auto poderá ser instruído com desenho, gráfico, fotografia ou qualquer outro documento que o juiz entenda necessário juntar (CPC, art. 484, parágrafo único).

Após ser lavrado pelo diretor da Secretaria, o auto será assinado pelo juiz, pelas partes, por seus representantes e advogados, pelo perito e pelas demais pessoas que tenham, de um modo ou de outro, contribuído para o esclarecimento dos fatos que motivaram a inspeção.

Destinando-se o laudo a documentar a inspeção, é curial que nele o juiz faça mencionar, com minudência, tudo quanto for proveitoso para o julgamento do feito, cuidando, todavia, para não lançar aí as suas conclusões a propósito dos fatos; fazê-lo seria antecipar, irregularmente, a prestação jurisdicional. Dessa maneira, somente na sentença de fundo que compuser a lide é que deverá o juízo apreciar e avaliar o auto, com o objetivo de formar a sua convicção jurídica.

Nem sempre o auto é elaborado, ato contínuo, ao término da inspeção, pois determinadas circunstâncias assim o impedem. Diante disso, em poder das anotações que foram sendo feitas no curso da inspeção, o diretor da Secretaria, ou escrivão, deverá lavrar o auto no primeiro dia útil subsequente, que será a seguir assinado pelas pessoas já mencionadas. Antes de assiná-lo, contudo, poderão as partes chamar a atenção do juiz para eventuais omissões ou equívocos relacionados aos fatos ali descritos, razão por que se torna recomendável, em certos casos, que o juiz mande incluir nos autos, juntamente com o laudo, os assentamentos originais, feitos por ocasião da diligência e que forneceram os elementos para a elaboração daquele documento da inspeção. Sem a observância dessa regra de cautela, o juiz poderia encontrar dificuldades em convencer-se das falhas apontadas ou persuadir a parte no sentido de que essas falhas inexistem, segundo seja a hipótese.

Capítulo VII

Presunções e Indícios

Presunções

Originário do latim *praesumptio,* o vocábulo *presunção* significa, na terminologia jurídica, a dedução[96], a inferência que se extrai de um fato conhecido para se admitir como verdadeira a existência de outro fato ignorado. No mesmo sentido, Pothier (*apud* Raphael Cirigliano, ob. cit., p. 362): *"On peut definir présomption un jugement que la loi ou l'homme porte sur la vérité d'une chose, par une conséquence tirée d'une autre chose".* Aludimos à *dedução*, por entendermos que se parte de um fato geral para um particular, do complexo para o simples. Dessa maneira, as presunções decorrem de fatos gerais, já admitidos.

Ainda se controverte, na doutrina, se a presunção constitui meio de prova. Entendemos que não. Trata-se, como o seu próprio conceito indica, de mero raciocínio lógico, realizado pelo juiz, mediante o qual a partir de um fato conhecido (probante) deduz a existência de um outro (probando), desconhecido ou duvidoso[97]. Informa, a propósito, Campos Batalha (ob. cit., p. 524) que os antigos praxistas, fiéis à etimologia da palavra presunção, não a consideravam como meio de prova, mas, sim, como ilações anteriores às provas, e que deveriam ceder ante estas.

É bem verdade que o CPC de 1939, em consonância com o disposto no art. 136, V, do Código Civil, a tinha, expressamente, como um meio de prova, tanto que, no Livro II, a matéria estava disciplinada pelo Capítulo VI do Título VIII, que dispunha sobre as provas. O CPC de 1973, porém, assim não a classificou, acertadamente, como se constatava pelo fato de não a haver incluído no Capítulo VI do Título VIII, Livro I — sendo certo que a ela faz referências esparsas em Capítulos e Livros distintos (arts. 285, 319 e 803)[98]. O CPC de

(96) Entendemos que o método seja *dedutivo* e não *indutivo* porque parte de um fato geral para o particular, do complexo para o simples; desse modo, as presunções resultam de fatos gerais, já admitidos.

(97) Assim também Ugo Rocco (In: Batalha, p. 524); Porras López (Ob. cit., p. 279); Wagner Giglio (Ob. cit., p. 187), apenas para nomear alguns juristas ilustres.

(98) Alguns autores, em entendimento do qual discordamos, consideram tanto as presunções quanto os indícios de *prova indireta*.

2015 também não inseriu as presunções no elenco das provas. Alguns autores, contudo, classificam as presunções (e os indícios) como *prova indireta*.

Em regra, a convicção jurídica do magistrado se estabelece com apoio na constatação direta dos fatos, em relação aos quais a prova foi produzida nos autos; isso, entretanto, não ocorre com a presunção, porquanto aqui o conhecimento dos fatos pelo juiz é feito indiretamente. *João* Monteiro (*O processo civil e comercial*. § 172, *apud* Campos Batalha, idem, *ibidem*), manifestando-se sobre a diferença entre essas duas formas de o raciocínio atingir a verdade dos fatos, pôde lecionar: "O raciocínio chega à verdade por um de dois caminhos lógicos: ou diretamente, induzindo do fato conhecido (prova objetiva, *v. g.*, a escritura, a confissão, o depoimento das testemunhas, a vistoria) a prova (certeza, prova subjetiva) da existência positiva ou negativa do fato litigioso, mas de modo imediato, isto é, de modo que a relação lógica indutiva entre os dois fatos, o probante e o probando, se firme sem mediação de outro qualquer instrumento de prova ou elemento de raciocínio; ou então indiretamente, induzindo não do fato conhecido ou pretendidamente probante, pois esse é mudo acerca do fato litigioso ou probando, mas de outro fato ideologicamente preso ao primeiro fato, isto é, mediatamente, a verdade disputada. E, assim, logicamente, diferenciadas essas duas maneiras de induzir à verdade, as provas que fornecem a primeira se chamam *provas propriamente* ditas, as outras, *presunções*. Portanto, sob esse aspecto, podemos assentar que, entre aquelas e estas, constitui critério distintivo a diversidade de nexo lógico inexistente entre o fato conhecido e o fato a conhecer: nas primeiras, é *direto* e *imediato*, nas segundas, *indireto* e *mediato*".

Indícios

Oriundo do latim *indicium* (rastro, sinal, vestígio), o vocábulo indica, na linguagem jurídica, as circunstâncias conhecidas que autorizam, por um processo indutivo, a concluir-se a existência de outras circunstâncias. O indício pode ser identificado como o componente material, concreto, da presunção, justamente porque essa é deduzida daquele.

É indubitavelmente ponderável a observação doutrinária de que o indício, em si mesmo, isto é, considerado de maneira isolada, pouco representa para o processo; a sua eficácia, ou importância, só existe quando ele é correlacionado com outras circunstâncias ou elementos dos autos.

O indício, enfim, é mera probabilidade de ser verdadeiro o fato; é o vestígio do fato, o sinal palpável da sua existência.

Distinção entre ambos

Enquanto a presunção decorre da conclusão de um fato conhecido para a prova de um fato ignorado ou duvidoso, o indício revela as circunstâncias que conduzem à admissibilidade de outras circunstâncias, sendo que estas, em seu conjunto, constituem a presunção. Essa particularidade, a propósito, levou João Monteiro (ob. cit., § 174, nota 1) a asseverar que o indício é o meio, e a presunção, o resultado.

Efetivamente, podemos afirmar que o indício é a causa da presunção, o seu pressuposto material; é por intermédio, portanto, daquele que se chega a esta.

Ademais, os indícios podem se formar seja por intermédio de circunstâncias observadas, vale dizer, de ilações abstratas decorrentes de aspectos de fato, seja por intermédio de circunstâncias concretas, deduzidas de princípios de prova. Daí por que afirma Pestana de Aguiar (ob. cit., p. 43): "Seja nascido de um elemento concreto de informação componente dos autos, seja de um raciocínio indutivo, puro, o indício é sempre meio caminho para a apuração da verdade, pelo que pode ser situado na faixa do livre convencimento do juiz. Inclusive só receberá algum valor e convulsionará o campo da prova ao neste penetrar, se estiver coerente, preciso e concordante com outros elementos de convicção dos autos".

Presunção e ficção

As presunções legais e as ficções jurídicas, embora possuam um elemento comum — serem ambas concepções da lei —, não se confundem; enquanto a primeira decorre de um raciocínio sugerido pelo ordenamento legal, a segunda se assenta em disposição jurídica por força da qual se aceita como verdadeira uma coisa que não o é.

O art. 487, § 1.º, da CLT, por exemplo, contém uma ficção ao estabelecer que o período do aviso prévio, mesmo quando pago em dinheiro, integrar-se-á ao tempo de serviço do empregado (para efeito de férias, gratificação natalina, etc.).

A fórmula sugerida por Cujacio (*apud* Raphael Cirigliano, ob. cit., p. 367) parece ser satisfatória para separar ambos os conceitos: *"fingimus ea quae non esse scimus; praesuminus ea quae vera esse arbitramur ductil probadilibus argumentis"*. Não há como negar, contudo, que a presunção legal (*iuris et de iure*) e a ficção guardam certa identidade quanto ao fim.

Espécies de presunção

Adotando-se como critério a sua origem, podemos identificar, basicamente, a existência de duas modalidades de presunção: a simples (*hominis*) e a legal (ou de direito).

A primeira resulta de um raciocínio comum, ordinário, da pessoa (daí por que é igualmente denominada *de homem*), pelo qual a partir de um fato conhecido se infere a existência de outro, desconhecido; já a segunda, conquanto constitua também um raciocínio, esse está indicado, sugerido, pelo próprio texto da lei. Não se pode deixar de reconhecer que, em rigor, a presunção legal se originou da simples ou, quando menos, nela se inspirou, pois o legislador, por certo, não as concebeu abstratamente, mas, sim, em função de determinados fatos que já vinham sendo ordinariamente presumidos verdadeiros ou existentes, via presunção *hominis facti vel iudicis.*

Pela presunção simples, o juiz admite o fato como existente à mercê de um raciocínio lógico que seria comumente desenvolvido por qualquer pessoa. Sendo assim uma presunção *de homem,* a sua formação não se subordina à lei. Podemos falar, em decorrência disso, de certa liberdade racional do juiz como fonte dessa espécie de presunção. Embora a sua constituição não decorra da lei, como dissemos, isso não significa que o resultado dessa presunção possa prevalecer em face da expressão contrária de uma norma legal.

Não se pode deixar de reconhecer, ainda, que a presunção de homem, por sua *fragilidade ontológica,* não tem, em si mesma, muita eficácia processual; para que obtenha, se faz necessário que seja considerada em conjunto com as demais provas existentes nos autos, sob pena de escoriar-se, profundamente, o princípio da persuasão racional (ou do livre convencimento motivado, como preferimos) adotado pelo nosso Código Processual Civil (art. 371).

A presunção *hominis,* todavia, não se confunde com as máximas de experiência, pois enquanto aquelas emanam de um processo de raciocínio (lógico), pelo qual se induz, com base em um fato conhecido, a existência de outro, estas se estabelecem pela *observação* daquilo que costumeiramente ocorre, sem que se exija, nesse caso, uma celebração semelhante à que conduz à presunção *hominis.* Por outro modo de dizer: lá, a fonte é o raciocínio; aqui, é a faculdade mnemônica do indivíduo.

As presunções legais, por sua vez, se bipartem em absolutas (*iuris et de iure*) e relativas (*iuris tantum*)[99]. A doutrina tem admitido, ainda, a existência de uma terceira espécie de presunção, que participa da absoluta e da relativa:

---

(99) A doutrina tem admitido, ainda, um *tertium genus* de presunção, que participa da absoluta e da relativa: é a *mista,* consideradas aquelas contra as quais não se admitem todos os meios de prova, ainda que moralmente legítimos, mas apenas aqueles expressamente indicados em lei.

é a mista, considerada aquela contra a qual não se admitem todos os meios de prova, ainda que moralmente legítimos, mas apenas aqueles expressamente indicados em lei.

As *absolutas,* como a denominação está a indicar, não admitem, *por princípio,* prova em contrário; quer dizer: feita a prova do fato-base (probante), não pode o juiz concluir em sentido diverso daquele estabelecido pela lei, de tal sorte que o fato presumido (probando) haverá de ser aceito, inevitavelmente. Por essa mesma razão é que não se permite à parte, em relação a quem a presunção absoluta produzirá efeitos desfavoráveis, fazer prova contrária ao resultado dessa presunção. A parte pode, contudo, demonstrar que o fato-base não se verificou, com o que procurará argumentar que, ausente esse pressuposto essencial, será impossível tornar concreto o efeito inerente à presunção, uma vez que é inexistente a causa.

O caráter impositivo das presunções absolutas, aliás, é reconhecido pelo art. 374, IV, do CPC, que dispõe prescindirem de prova os fatos em cujo favor milita a presunção legal de existência ou veracidade.

Acreditamos, contudo, que em determinados casos, caracterizados por circunstâncias peculiaríssimas, se possa produzir prova em sentido oposto àquele indicado pela presunção *iuris et de iure*; não podemos ignorar que se trata, exatamente, de uma *presunção,* cujo caráter absoluto, que lhe tem sido atribuído, somente deve ser mantido enquanto for conveniente para a ordem social que a ditou.

Negar-se, peremptoriamente, a possibilidade de elaborar-se prova contrária a ditas presunções seria atribuir-lhes uma imutabilidade de que nem mesmo é provida a *coisa julgada,* porquanto essa pode ser desconstituída pela via rescisória.

A presunção *relativa,* porque assim o é, admite a produção de prova em sentido oposto ao resultado a que conduziu. Eis a sua dessemelhança fundamental com a absoluta. No caso de ser relativa a presunção legal, a parte a quem ela favorece não tem a mesma garantia que teria se a presunção fosse daquelas absolutas, porquanto, como afirmamos, o resultado pode ser elidido por força de prova contraposta pela parte interessada.

Encerram presunções legais, entre outros artigos da CLT, os seguintes: 447 ("Na falta de acordo ou prova sobre condição essencial ao contrato verbal, esta se *presume* existente, como se a tivessem estatuído os interessados, na conformidade dos preceitos jurídicos adequados à sua legitimidade"; (destacamos); 456, *parágrafo único* "À falta de prova ou inexistindo cláusula expressa a tal respeito, *entender-se-á* (leia-se: presumir-se-á) que o empregado se obrigou a todo e qualquer serviço compatível com a sua condição pessoal" (destacamos), que são relativas.

Em certo sentido, pode-se dizer que as presunções legais caracterizam uma disposição supletória da lei, que atua naquelas hipóteses em que inexiste expressa manifestação de vontade dos titulares dos direitos subjetivos disputados em juízo.

As presunções contidas em Súmulas do TST, contudo, pertencem à classe das legais ou das simples. Se, em tese, a Súmula se limita a repetir o comando da lei, variando apenas a literalidade, é inegável que deverá ser classificada como legal a presunção nela expressa, pois, no caso, a Súmula constitui meramente uma membrana diáfana, sob a qual repousa o texto da lei. Esta não é, no entanto, a hipótese das Súmulas trabalhistas atualmente existentes, que versam tanto de direito material quanto processual. Em verdade, essas Súmulas derivaram de interpretações das normas legais correspondentes às matérias de que tratam; por esse motivo, a elas refletem presunções *simples* — até mesmo porque não têm natureza legal — conquanto derivantes de uma jurisprudência uniforme. Essa peculiaridade, todavia, não lhes subtrai a feição de presunções comuns, porquanto oriundas de raciocínios dos julgadores, que, a partir de fatos conhecidos, induziram a existência ou a veracidade de outros fatos, ignorados ou duvidosos.

Nem se omita que o juiz pode recusar-se a fazer incidir a Súmula em determinado caso concreto, por discordar da presunção a que ela conduz — o que, salvo na hipótese de inconstitucionalidade, não lhe seria permitido se se tratasse de presunção estabelecida por lei. Ainda que ele venha a decidir em consonância com orientação contida em Súmula, a presunção que daí advier não deixa de ser do juiz, ou seja, *simples,* pois não tendo a Súmula eficácia constritiva do seu convencimento (exceto as vinculantes, adotadas pelo STF: CF, art. 103-A) resulta inequívoco que ela é produto de sua liberdade racional.

Dentre as Súmulas do TST, que versam sobre presunção, indicamos as de número 12 ("As anotações apostas pelo empregador na Carteira Profissional do empregado não geram presunção *juris et de jure,* mas apenas *juris tantum*"); 16 ("Presume-se recebida a notificação 48 (quarenta e oito) horas depois de sua postagem. O seu não recebimento ou a entrega após o decurso desse prazo constituem ônus da prova do destinatário"); 43 ("Presume-se abusiva a transferência de que trata o § 1.º do art. 469 da CLT, sem comprovação da necessidade do serviço"). A Súmula n. 26 ("Presume-se obstativa à estabilidade a despedida, sem justo motivo, do empregado que alcançar nove anos de serviço na empresa") foi cancelada pela Res. Adm. n. 121/2003).

Capítulo VIII
Justificação Judicial

Comentário

Caso se pretenda justificar a existência de algum fato ou relação jurídica, seja para simples documentação ou para servir de prova em processo regular, coloca a lei processual ao alcance do interessado a medida da *produção antecipada de prova* — que, no sistema do CPC de 1973, constituía a *medida cautelar da justificação* (art. 861).

Estabelece, a respeito, o art. 381 do CPC de 2015: "§ 5.º Aplica-se o disposto nesta Seção àquele que pretender justificar a existência de algum fato ou relação jurídica para simples documento e sem caráter contencioso, que exporá, em petição circunstanciada, a sua intenção.

Na vigência do CPC de 1973, indagamos se a *justificação* constituiria meio de prova, em face do disposto no art. 332, daquele Código.

E respondemos: pela nossa parte, entendemos que sim, pois para efeito dessa justificação os interessados:

a) deverão, necessariamente, ser citados (CPC, de 1973, art. 862), sendo que, na hipótese de isso não ser possível, deverá intervir o órgão do Ministério Público;

b) poderão contraditar testemunhas, reinquiri-las e manifestar-se acerca de documentos juntados, pelo prazo de 24 horas, contado em cartório (CPC, de 1973, art. 864).

Tais particularidades demonstram que seria ilógico admitir-se que um mero documento, produzido extrajudicialmente, constituísse meio de prova, negando-se, contudo, essa qualidade à justificação que, sabidamente, era sempre judicial e na qual os interessados, como vimos, poderiam interferir na produção das provas destinadas a instruí-la.

O próprio art. 861 do CPC de 1973, a propósito, fazia referência à justificação realizada com o objetivo de "servir de prova em processo regular", revelando, com isso, que a tem como um meio probante.

Fazíamos, entretanto, um pequeno reparo na dicção desse artigo, na medida em que a mencionada medida cautelar não teria eficácia de *prova* (cujo conceito implica *demonstração da verdade* dos fatos), quando utilizada em determinada ação, mas, sim, de mero *meio* destinado a comprovar essa veracidade.

Dá-se que o legislador, seguindo uma linha de equivocada tradição, confundiu prova com *meio* probante. Foi o que fez, de certa forma, o CPC de 2015, ao inserir a medida na Seção que trata da *produção antecipada da prova* (art. 381).

De efeito, admiti-la como *prova* seria ignorar o comando do art. 382, § 4.º, do CPC, segundo o qual nesse procedimento é inadmissível qualquer defesa ou recurso, salvo contra decisão de indeferir, totalmente, a produção da prova pleiteada pelo requerente originário. Entender-se de modo diverso implicaria, portanto, em negar o princípio do contraditório, que informa a produção das provas judiciárias — e que, acima de tudo, traduz uma salutar garantia constitucional (CF, art. 5.º, LV).

O procedimento, em termos gerais, é o seguinte:

a) na petição, o interessado deverá apresentar as razões da pretendida justificação, mencionando, com precisão, os fatos aos quais ela se refere (art. 382, *caput*);

b) o juiz determinará, por sua iniciativa ou a requerimento da parte, a citação de interessados na justificação, exceto se não houver caráter litigioso (*ibidem*, § 1.º);

c) o juiz não se poderá pronunciar sobre a ocorrência ou inocorrência do fato, nem acerca das consequências jurídicas (*ibidem*, § 2.º);

d) faculta-se aos interessados requerer a produção de qualquer prova no mesmo procedimento, contanto que relacionada ao mesmo fato objeto da justificação, salvo se a produção conjunta acarretar excessiva demora (*ibidem*, § 3.º);

e) nesse procedimento não se admitirá defesa ou recurso, salvo contra a decisão que indeferir, por inteiro, a justificação (ou da produção antecipada da prova) pleiteada pelo requerente originário (*ibidem*, § 4.º);

f) concluído o procedimento, os autos permanecerão em cartório durante um mês, para a extração de cópias e certidões pelos interessados (art. 383, *caput*);

g) esgotado o prazo legal, os autos serão entregues ao promovente da justificação (*ibidem*, parágrafo único).

Não podemos deixar de manifestar, uma vez mais, a nossa estranheza pelo fato de as partes, no processo do trabalho, quase não se valerem da justificação, nomeadamente, com vistas à sua proveitosa utilização como meio de prova em processo contencioso futuro — no qual, não raro, acabam deixando de produzir qualquer prova, com profundas repercussões prejudiciais nas pretensões que deduziram em juízo.

Capítulo IX

Ata Notarial

Estabelece o art. 384, do CPC: "A existência e o modo de existir de algum fato podem ser atestados ou documentados, a requerimento do interessado, mediante ata lavrada por tabelião.

Parágrafo único. Dados representados por imagem ou som gravados em arquivos eletrônicos poderão constar da ata notarial".

Comentário

Caput. A Lei n. 8.935, de 18 de novembro de 1994, que regulamentou o art. 236 da Constituição Federal, alude à ata notarial no art. 7º, para dizer que a sua lavratura é de competência exclusiva dos tabeliães de notas.

A *ata notarial*, como meio de atestação da existência e do modo de existir de algum fato, constitui mais uma das inovações introduzidas no sistema do processo civil pelo legislador. Nessa ata, o tabelião não realiza a categorização jurídica do fato narrado pelo declarante: limita-se a registrar tal fato. No processo do trabalho, a eficácia probante da ata não é absoluta, pois os fatos nela documentados podem e devem ser objeto de perquirição judicial e sem prejuízo do ônus da prova. Dizendo-se de outro modo: impugnada a ata e o seu conteúdo, incumbirá à parte que a trouxe aos autos valer-se de prova, produzida em juízo — como a testemunhal — para demonstrar a veracidade do conteúdo da ata. Em suma, desconsidera-se a ata e produz-se a prova por outros meios, com a indeclinável participação neutral do magistrado e em atendimento ao princípio constitucional do contraditório. O fato de a ata notarial possuir fé pública não a torna invulnerável à impugnação fundamentada, pela parte ou pelo interessado, em sentido amplo.

Parágrafo único. A ata notarial também poderá conter dados representados por imagens ou som gravados em arquivos eletrônicos.

Anteriormente à vigência do CPC de 2015, era algo frequente a parte dirigir-se ao tabelião, solicitado a lavratura de *escritura* contendo as suas declarações a respeito de determinado fato ou negócio jurídico, muitas vezes, com o objetivo de produzir prova em juízo.

A *ata notarial*, todavia, não se confunde com essa espécie de *escritura*, pois por meio daquela o tabelião atesta a existência de um fato ou do modo de ser desse fato, com a finalidade de perpetuar a memória do fato e de permitir a sua eventual utilização como prova fidedigna em processo judicial. O uso da ata notarial, a propósito, pode ser muito útil quando se tratar de fato que possa desaparecer, de dissipar-se com o tempo, de tal maneira a impossibilitar a sua prova em juízo. Seria, assim algo comparável à antiga vistoria *ad perpetuam rei memoriam*.

A *ata notarial* também não deve ser confundida com a *carta notarial*. Esta é utilizada em relação a determinada atas notarias que autenticam a expedição de cartas de sentença ou de ordens judiciais, de modo geral.

A ata notarial, conforme afirmamos, possui *fé pública*, cujo princípio indica que o seu conteúdo é verdadeiro, uma vez que foi atestado por tabelião. Apesar disso, insistimos em nossa afirmação de que, no âmbito peculiar da Justiça do Trabalho, essa espécie de ata não deve ser aceita com a eficácia probante com que sói ser admitida nos domínios da Justiça Comum, razão pela qual o juiz pode — e, sobretudo, deve — interrogar as partes e as testemunhas acerca das declarações contidas na ata. Não podemos ignorar a circunstância de a ata notarial haver sido produzida extrajudicialmente e sem atendimento às garantias constitucionais do contraditório e da ampla defesa (CF, art. 5.º, LV).

De qualquer forma, juntada a ata notarial aos autos, o juiz deverá conceder prazo para a outra parte manifestar-se a respeito (CPC, arts. 436 e 437). Entendemos que a parte oposta àquela à qual o conteúdo da carta notarial beneficia poderá suscitar o incidente de falsidade material, nos termos dos arts. 430 a 433, do CPC. Não se pode ignorar o fato de a carta haver sido falsificada, total ou parcialmente. A falsidade material deságua na perícia (CPC, art. 432, *caput*). A falsidade ideológica, quando a sua arguição for cabível, poderá ser demonstrada por todos os meios de prova legalmente admissíveis.

Bibliografia

AGUIAR, João Carlos Pestana de. *Comentários ao Código de Processo Civil.* São Paulo: Revista dos Tribunais, 1977.

ALMEIDA, Cândido Mendes de. *Código filipino* de 1970.

ALMEIDA, Ísis de. *Curso de direito processual do trabalho.* São Paulo: Sugestões Literárias, 1981.

ALMEIDA, Ísis de. *Teoria e prática das provas no processo trabalhista.* São Paulo: LTr, 1980.

ALTAVILA, Enrico. *Psicologia jurídica.* São Paulo: Saraiva, 1945.

ALTAVILA, Jayme de. *Origem dos direitos dos povos.* São Paulo: Melhoramentos, 1963.

ALVIM, Arruda. *Manual de direito de processo civil.* São Paulo: Revista dos Tribunais, 1978.

AULETE, Caldas. *Dicionário contemporâneo da língua portuguesa.* Rio de Janeiro: Delta, 1964.

BATALHA, Wilson de Souza Campos. *Tratado de direito judiciário do trabalho.* São Paulo: LTr, 1977.

BATISTA, Paula. *Compêndio de teoria e prática.* 1901.

BECKH, Heinrich. *Die Beweislast.*

CAEN/LYON — CAMERLYNCK. *Derecho del trabajo.* Madrid: Aguilar, 1974.

CARNELLI, Lorenzo. *O fato notório.* Rio de Janeiro, 1957.

CARNELUTTI, Francesco. *La prueba civil.* Buenos Aires, 1955.

CARNELUTTI, Francesco. Reforma alemana y reforma italiana del proceso civil de cognición. In: *Estudios de derecho procesal.* Europa-América, 1952.

CARNELUTTI, Francesco. *Sistema di diritto processuale civile.* Padova: Cedam, 1936.

CARRION, Valentin. *Comentários à Consolidação das Leis do Trabalho.* São Paulo: Revista dos Tribunais, 1979.

CASTILLO, Enrique Alvares del. *Congresso Internacional sobre Justiça do Trabalho.* Brasília, 1981.

CATHARINO, Martins. *Contrato de emprego.* Salvador: Ed. Trabalhistas, 1962.

CESARINO, Júnior. *Direito processual do trabalho/tratado de direito social brasileiro.* 1942.

CHIOVENDA, Giuseppe. *Istituzioni di diritto processuale civile.* Nápoles: Jovene, 1933.

CHIOVENDA, Giuseppe. *Principii di diritto processuale civile.* Nápoles: Jovene, 1923.

CINTRA; GRINOVER; DINAMARCO. *Teoria geral do processo.* São Paulo: Revista dos Tribunais, 1919.

CIRIGLIANO, Raphael. *Prova civil.* 2. ed. São Paulo: Revista dos Tribunais, 1981.

COLIN ET CAPITANT. *Cours élémentairs de droit civil française.*

COPPOLA. Presuncione. In: *Nuovo Digesto Italiano.*

COSTA, Coqueijo. *Direito judiciário do trabalho.* Rio de Janeiro: Forense, 1978.

COSTA, Coqueijo. *Doutrina e jurisprudência do processo trabalhista.* São Paulo: LTr, 1978.

COUTURE, Eduardo. *Fundamentos del derecho procesal civil.* Buenos Aires: Depalma, 1974.

CRESCI SOBRINHO, Elicio. *Dever de veracidade das partes no novo Código de Processo Civil.* São Paulo: Vellenich, 1975.

DORING, Erich. *La prueba:* su práctica y apreciación. Buenos Aires: J.E.A., 1972.

ECHANDÍA, Devis Hernando. *Teoría general de la prueba judicial.* Buenos Aires: Victor P. de Zavaglia, 1972.

FERRO, Bartoloni. El Procedimiento Civil y el Orden Jurídico y Político. In: *Estudios de Derecho Procesal en Honor de Hugo Alsina*, 1946.

FRAGA, Affonso. *Instituições do processo civil no Brasil.* São Paulo: Saraiva, 1940.

GELLIUS, Aulus. *Noctes Atticae.*

GIGLIO, Wagner D. *Direito processual do trabalho.* São Paulo: LTr, 1977.

GUASP, Jaime. *Derecho procesal civil.* Madrid, 1962.

HIRSCHBERGER, Johannes. *História da filosofia da idade média.* São Paulo: Herder, 1966.

JAEGER, Nicola. *Corso di diritto processuale dei lavoro.*

JOFRÉ, Tomás. *Manual de procedimiento civil y penal.* 5. ed. Buenos Aires: Ley, 1942.

LAMARCA, Antônio. *O livro da competência.* São Paulo: Revista dos Tribunais, 1979.

LAMARCA, Antônio. *Ação na Justiça do Trabalho.* Rio de Janeiro: Ed. Trabalhistas, 1968.

LAMARCA, Antônio. *Processo do trabalho comentado.* São Paulo: Revista dos Tribunais, 1982.

LEAL, Câmara. *Código do Processo Civil e Comercial do Estado de São Paulo.* 1930/1932.

LESSONA, Carlo. *Prueba en derecho civil.* 1928.

LIEBMAN, Enrico Tullio. *Manuale di diritto processuale civile*. Milano: Giuffré, 1976.

LIEBMAN, Enrico Tullio. *Corso di diritto processuale civile*. Milano, 1952.

LOBÃO. Colleção de dissertações e tractados vários. In: *Segundas Linhas*. Tractado XIV, § 5.º.

LÓPEZ, Armando Porras. *Derecho procesal del trabajo*. Puebla: Cajica.

MALATESTA, Nicola Framarino dei. *A lógica das provas em matéria criminal*. Lisboa, 1927.

MALTA, Christovão P. Tostes. *Prática do processo trabalhista*. Rio de Janeiro: Ed. Trabalhistas, 1979.

MARQUES, José Frederico. *Instituições de direito processual civil*. Rio de Janeiro, 1972.

MARQUES, José Frederico. *Manual de direito processual civil*. São Paulo: Saraiva, 1979.

MARTINS, Pedro Batista. *Comentários ao Código de Processo Civil*. 1941.

MASCARDUS. *Conclusiones probationum*.

MATTIROLO. *Trattato di diritto giudiziarie civile italiano*. 1898.

MAXIMILIANO, Carlos. *Hermenêutica e aplicação do direito*. 8. ed. Rio de Janeiro: Freitas Bastos, 1965.

MELENDO, Santiago Sentis. *El juez y el derecho*. 1957.

MELERO, Valentim Silva. *La prueba procesal*. Madrid, 1963.

MENDES, Castro. *Do conceito de prova em processo civil*. Lisboa, 1971.

MENDES, João-Júnior. Inquirição de Testemunhas. In: *Revista da Faculdade de Direito de São Paulo*.

MERÊA, Paulo. História e Direito. In: Acta Universitatis Conibrigensis, 1967.

MILLAR, R. W. *Los principios formativos del procedimiento civil*. 1945.

MIRANDA, Francisco Cavalcanti Pontes de. *Tratado de direito privado*. 1954.

MIRANDA, Francisco Cavalcanti Pontes de. *Comentários ao Código de Processo Civil*. Rio de Janeiro: Forense, 1979.

MONTEIRO, João. *Programa do curso de processo civil*. 3. ed.

MONTEIRO, Washington de Barros. *Curso de direito civil*. São Paulo: Saraiva, 1966.

MORAES FILHO, Evaristo de. *A justa causa na rescisão do contrato de trabalho*. Rio de Janeiro: Forense, 1968.

MOREIRA, J. C. Barbosa. *O novo processo civil brasileiro*. Rio de Janeiro: Forense, 1976. v. 2.

NASCIMENTO, Amauri Mascaro. *Curso de direito processual do trabalho*. São Paulo: Saraiva, 1978.

NEGRÃO, Theotônio. *Código de Processo Civil e legislação complementar*. São Paulo: Revista dos Tribunais, 1982.

NUGENT, Ricardo. *Congresso Internacional sobre Justiça do Trabalho*. Brasília, 1981.

PALLARES, Eduardo. *Diccionario de derecho procesal civil*.

PASSOS, Calmon de. *Comentários ao Código de Processo Civil*. Rio de Janeiro: Forense, 1979.

PAULUS. *Digesto*.

PEREZ, Alfonso de Paula. *La prueba de testigos en el proceso civil español*. Madrid, 1968.

PESSOA, Alberto. *Prova testemunhal*. Lisboa, 1931.

REALE, Miguel. *Filosofia do direito*. São Paulo: Saraiva, 1965.

REZENDE FILHO, Gabriel José Rodrigues de. *Curso de direito processual civil*. 3. ed. São Paulo: Saraiva, 1953.

ROCHA, Osíris. *Revelia — contradições e justificativas*. São Paulo: LTr, 1972.

ROSENBERG, Leo. *Tratado de derecho procesal civil*. 1955.

RUGGIERO. *Instituições de direito civil*.

SANTOS, Carvalho. *Código de Processo Civil interpretado*. 5. ed. Rio de Janeiro: 1959.

SANTOS, Moacyr Amaral. *Comentários ao Código de Processo Civil*. Rio de Janeiro: Forense, 1977.

SANTOS, Moacyr Amaral. *Primeiras linhas de direito processual civil*. São Paulo: Saraiva, 1979.

SANTOS, Moacyr Amaral. *Prova judiciária no cível e comercial*. São Paulo: Saraiva, 1983. v. 1.

SHAKESPEARE, William. *Hamlet*. São Paulo: Melhoramentos, sem data, tradução de Carlos Alberto Nunes.

SILVA, De Plácido e. *Vocabulário jurídico*. Rio de Janeiro: Forense, 1967.

SILVA, Martinez. *Tratado de pruebas judiciales*. Buenos Aires, 1947.

SILVA, Ovídio A. Baptista da. *A ação cautelar inominada no direito brasileiro*. Rio de Janeiro: Forense, 1979.

SIQUEIRA, Galdino. *Curso de processo criminal*. 1930.

STAFFORINI, Eduardo R. *Derecho procesal social*. Buenos Aires: Ed. Argentina, 1955.

STEIN. *La scienza privata dei giudice*. 1893.

TARUFFO, Michele. *Studi sulla rilevanza della prova*. Padova, 1970.

TEIXEIRA FILHO, Manoel Antonio. *Comentários às Súmulas Processuais do Tribunal Superior do Trabalho*. São Paulo: LTr, 1981.

TEIXEIRA FILHO, Manoel Antonio. *Ação Rescisória no Processo do Trabalho*. 4. ed. São Paulo: LTr, 2005.

TEIXEIRA FILHO, Manoel Antonio. *A Sentença no Processo do Trabalho*. 3. ed. São Paulo: LTr, 2004.

TEIXEIRA FILHO, Manoel Antonio. *Petição Inicial e Resposta do Réu*. 2. ed. São Paulo: LTr, 1996

TEIXEIRA FILHO, Manoel Antonio. *O Procedimento Sumaríssimo no Processo do Trabalho*. 2. ed. São Paulo: LTr, 2000.

TEIXEIRA FILHO, Manoel Antonio. *Curso de Direito Processual do Trabalho*. 3 vols. São Paulo: LTr, 2009.

TEIXEIRA FILHO, Manoel Antonio. *Manual da Audiência Trabalhista*. São Paulo: LTr, 2010.

TEIXEIRA FILHO, Manoel Antonio. *Comentários ao Novo Código de Processo Civil sob a Perspectiva do Processo do Trabalho*. São Paulo: LTr, 2015.

TESORIERI, Giovanni. *Lineamenti di diritto processuale del lavoro*. Padova: Cedam, 1975.

THEODORO JÚNIOR, Humberto. *Comentários ao Código de Processo Civil*. Rio de Janeiro: Forense. v. 5, n. 136.

THEODORO JÚNIOR, Humberto. *Processo de conhecimento*. Rio de Janeiro: Forense, 1978.

URBINA, Trueba. *Nuevo derecho procesal del trabajo*. México: Porrua, 1971.

VILLARREAL, Enrique Júlio. *Derecho procesal laboral*. Buenos Aires, 1951.

VIVOT, Júlio J. Martinez. La organización de los tribunales del trabajo. In: *Congresso Internacional sobre Justiça do Trabalho*, Brasília, 1981.

WEGGER, Adolf Dietrich. *Über die Verbindlichkeit zur Beweisführung*.